QUELLEN ZUR GESCHICHTE WALLENSTEINS

AUSGEWÄHLTE QUELLEN

ZUR DEUTSCHEN GESCHICHTE

DER NEUZEIT

FREIHERR VOM STEIN-GEDÄCHTNISAUSGABE

Begründet von Rudolf Buchner

und fortgeführt von Winfried Baumgart

Band XX

QUELLEN
ZUR GESCHICHTE
WALLENSTEINS

Herausgegeben von

GOTTFRIED LORENZ

WISSENSCHAFTLICHE BUCHGESELLSCHAFT
DARMSTADT

CIP-Kurztitelaufnahme der Deutschen Bibliothek

Quellen zur Geschichte Wallensteins /
hrsg. von Gottfried Lorenz. –
Darmstadt: Wiss. Buchges., 1987
(Ausgewählte Quellen zur deutschen
Geschichte der Neuzeit; Bd. 20)
ISBN 3-534-01245-3
NE: Lorenz, Gottfried [Hrsg.]; GT

12345

Bestellnummer 01245-3

Satz: Maschinensetzerei Janß, Pfungstadt
Druck und Einband: Wissenschaftliche Buchgesellschaft, Darmstadt
Printed in Germany
Schrift: Linotype Garamond, 9/11

ISSN 0571-9178
ISBN 3-534-01245-3

INHALT

CHRONOLOGISCHES VERZEICHNIS DER QUELLEN

QUELLEN- UND LITERATURVERZEICHNIS

Abusch, Alexander: Schiller. Größe und Tragik eines deutschen Genius. Berlin 1962.

Albrecht, Dieter: Die auswärtige Politik Maximilians von Bayern 1618–1635. Göttingen 1962 (Schriftenreihe der historischen Kommission bei der bayerischen Akademie der Wissenschaften, Schrift 6). *Zitiert als Albrecht, Maximilian.*

–: Richelieu, Gustav Adolf und das Reich. München und Wien 1952. *Zitiert als Albrecht, Richelieu.*

Aretin, Karl Maria Frhr. v.: Wallenstein. Beiträge zur näheren Kenntniß seines Charakters, seiner Pläne, seines Verhältnisses zu Bayern. Regensburg 1846.

Bartel, Wilhelm: Zur Kritik des Berichtes über die Brucker Conferenz (25. November 1626). Dissertation Marburg 1890.

Barudio, Günter: Gustav Adolf der Große. Frankfurt am Main 1982.

Bergl, Josef: Rezension zu J. Pekař, Valdštejn 1630–1634. In: Zeitschrift des Vereins für Geschichte Schlesiens 69 (1935), S. 372–374.

Bílek, Tomáš V.: Dějiny konfiskací v čechách po r. 1618. Novočeská bibliothéka vydávaná nákladem musea království českého. Číslo XXV. Prag 1882.

Biographie, Allgemeine Deutsche: Bd. 1–56. München und Leipzig 1875–1912. Neudruck 1967–1971. *Zitiert als ADB.*

Biographie Nationale: Bd. 1–41. Bruxelles 1866–1980.

Biographie, Neue Deutsche: Bd. 1–12. Berlin 1953–1980. *Zitiert als NDB.*

Biographie Générale, Nouvelle. Bd. 11. Paris 1855.

Bireley, Robert: Maximilian v. Bayern, Adam Contzen SJ und die Gegenreformation in Deutschland 1624–1635. Göttingen 1975 (Schriftenreihe der Historischen Kommission bei der Bayerischen Akademie der Wissenschaften, Bd. 13).

Breuer, Karl: Der Kurfürstentag zu Mühlhausen 18. Oktober bis 12. November 1627. Dissertation Bonn 1904.

Bricka, Carl Frederik, und Julius Albert Fridericia: Kong Christian den fjerdes egenhændige breve. Bd. 1: 1589–1625. Bd. 2: 1626–1631. Bd. 1: Kjøbenhavn 1887 bis 1889; Bd. 2: Kjøbenhavn 1889–1891. *Neudruck: København 1969.*

Brockhaus' Konversationslexikon: Bd. 1–17. Leipzig 1908–1910.

Bucholtz, Franz Bernhard v.: Geschichte der Regierung Ferdinand des Ersten. Bd. 7. Wien 1837. *Nachdruck: Graz 1968.*

Coler, Christfried: Zwischen Habsburg und dem Reich. Ein Versuch über Albrecht von Wallenstein. In: ZfG 4 (1956), S. 714–734.

Danmark-Norges Traktater: *s. unter Laursen.*

Dickmann, Fritz: Der Westfälische Friede. 2. Aufl. Münster 1965.

[Dictionary:] The Dictionary of National Biography: Bd. 1–22. London 1937–1938.

Dictionnaire de Biographie Française: Bd. 1–16. Paris 1932–1984.

Diwald, Hellmut: Wallenstein. München und Esslingen 1969.

Documenta Bohemica Bellum Tricennale Illustrantia. Hrsg. v. Československá Akademie Věd. Bd. 1–5. Prag, Wien, Köln, Graz 1971–1977. *Zitiert als Doc. Boh.*

Döblin, Alfred: Wallenstein. 3. Aufl. Olten und Freiburg i. Br. 1980 *(Erstausgabe 1920)*.

Dollinger, Philippe: Die Hanse. Stuttgart 1966.

Dudík, Beda: Waldstein's Correspondenz. Eine Nachlese aus dem K. K. Kriegsarchive in Wien. In: Archiv für Österreichische Geschichte 36 (1866).

Duhr, Bernhard: Geschichte der Jesuiten in den Ländern deutscher Zunge. Bd. 2; T. 1 und 2. Freiburg i. Br. 1913.

Dvorský, František: Historické doklady k záměrům Albrechta z Valdštýna a jeho spojencu. Prag 1867.

Enciclopedia universal ilustrada europeo-americana. Bd. 1–70. Bilbao, Madrid, Barcelona 1934–1956.

Ernstberger, Anton: Für und wider Wallenstein. Stimmen und Stimmungen in Franken und der Oberpfalz zum Tode des Generalissimus. In: Der Dreißigjährige Krieg. Perspektiven und Strukturen. Hrsg. v. Hans Ulrich Rudolf (Wege der Forschung Bd. 451). Darmstadt 1977, S. 68–88. *Zitiert als Ernstberger, Für und wider.*

–: Wallenstein als Volkswirt im Herzogtum Friedland. Reichenberg in Böhmen 1929 (Prager Studien aus dem Gebiete der Geschichtswissenschaft, Heft 19).

Förster, Friedrich: Albrechts von Wallenstein . . . ungedruckte . . . Briefe . . . aus den Jahren 1627 bis 1634. Bd. 1–3. Berlin 1828–1829.

–: Wallenstein's Prozeß vor den Schranken des Weltgerichts und des K. K. Fiscus zu Prag. Mit einem Urkundenbuch bisher noch ungedruckter Urkunden. Leipzig 1844. *Zitiert als Förster, Prozeß.*

Franz, Günther: Glaube und Recht im politischen Denken Kaiser Ferdinands II. In: Der Dreißigjährige Krieg. Perspektiven und Strukturen. Hrsg. v. Hans Ulrich Rudolf (Wege der Forschung Bd. 451). Darmstadt 1977, S. 413–427.

Frenzel, Elisabeth: Stoffe der Weltliteratur. 4. Aufl. Stuttgart 1976.

Fridericia, Julius Albert: Danmarks ydre politiske Historie i Tiden fra Freden i Lybek til Freden i Kjøbenhavn (1629–1660). Bd. 1. Kjøbenhavn 1876.

Gaedeke, Arnold: Wallensteins Verhandlungen mit den Schweden und Sachsen 1631 bis 1634. Mit Akten und Urkunden aus dem Kgl. Sächsischen Hauptstaatsarchiv zu Dresden. Frankfurt am Main 1885.

Gindelý, Anton: Waldstein während seines ersten Generalats im Lichte der gleichzeitigen Quellen 1625–1630. Bd. 1 und 2. Prag und Leipzig 1886. *Neudruck: Wien 1972. Zitiert als Gindelý I resp. II.*

–: Die maritimen Pläne der Habsburger und die Antheilnahme Kaisers Ferdinand II. am Polnisch-Schwedischen Kriege während der Jahre 1627–1629. In: Denkschrift der Kaiserlichen Akademie der Wissenschaften. Phil.-Hist. Classe. Bd. 39 Abh. IV. Wien 1891. *Zitiert als Gindelý, Maritime Pläne.*

–: Waldsteins Vertrag mit dem Kaiser bei der Übernahme des zweiten Generalats. In: Abhandlungen der königlich-böhmischen Gesellschaft der Wissenschaften VII. Folge, Bd. 3 (Phil.-hist. Classe Nr. 4), S. 3–44 (= Rozpravy třídy filosoficko-historicko-filologické Královské České Společnosti Náuk z let 1889–1890. VII. řady svazek 3. Prag 1890. *Zitiert als Gindelý, Zweites Generalat.*

Görlitz, Walter: Wallenstein. Frankfurt am Main 1949.

Goetz, Walter. Die Politik Maximilians I. v. Baiern und seiner Verbündeten 1618 bis 1651. 2. Teil, 4. Bd.: 1626–Juni 1629. München 1948 (Briefe und Akten zur Geschichte des Dreißigjährigen Krieges. Neue Folge 2, 4).

Gschließer, Oswald v.: Der Reichshofrat – Bedeutung und Verfassung, Schicksal und Bedeutung einer obersten Reichsbehörde von 1559 bis 1806. Wien 1942 (Veröffentlichungen der Kommission für Neuere Geschichte des ehemaligen Österreich. Bd. 33).

Halem, Gerhard Anton: Wallenstein. Göttingen 1786.

Hallwich, Hermann: Wallensteins erste Berufung zum Generalat. In: Zeitschrift für Allgemeine Geschichte, Kultur-, Litteratur- und Kunstgeschichte 1 (1884), S. 108 bis 134. *Zitiert als Hallwich, ZAG.*

–: Briefe und Akten zur Geschichte Wallensteins (1630–1634). Bd. 1–4 Wien 1912 (Fontes rerum Austriacarum, 2. Abt. Diplomataria et acta, Bd. LXIII–LXVI). *Zitiert als Hallwich, Briefe und Akten.*

–: Fünf Bücher Geschichte Wallensteins. Bd. 1–3. Leipzig 1910. *Zitiert als Hallwich. Fünf Bücher Wallenstein.*

–: Wallensteins Ende. Bd. 1 und 2. Leipzig 1879. *Zitiert als Hallwich, Wallensteins Ende.*

Handbuch der historischen Stätten Deutschlands: Bd. 1: Schleswig-Holstein und Hamburg, 2. Aufl. Stuttgart 1963; Bd. 2: Niedersachsen und Bremen, 4. Aufl. Stuttgart 1976; Bd. Bayern, 3. Aufl. Stuttgart 1981; Bd. 'Schlesien', Stuttgart 1977.

Handbuch der Kirchengeschichte: Bd. 4. Freiburg i. Br. 1967. Hrsg. von Hubert Jedin.

Harzen-Müller, A. Nikolaus: 'Wallenstein'-Dramen und -Aufführungen vor Schiller. In: Mittheilungen des Vereins für Geschichte der Deutschen in Böhmen. Bd. 38 (Prag 1900), S. 57–68.

Helbig, Karl Gustav: Wallenstein und Arnim 1632–1634. Ein Beitrag zur Geschichte des dreißigjährigen Kriegs nach handschriftlichen Quellen des Königlich Sächsischen Haupt-Staats-Archivs. Dresden 1850.

Henk, Herta: Der Kurfürstentag zu Mühlhausen vom 18. Oktober–12. November 1627. Dissertation Wien 1949 *(Maschinenschrift).*

Heussi, Karl: Kompendium der Kirchengeschichte. 12. Aufl. Tübingen 1960.

Hierarchia Catholica medii et recentioris aevi. Bd. 3 und 4. Münster 1928, 1935; 2. Aufl. 1960.

Hildebrand, Emil: Wallenstein och hans förbindelser med svenskarne. In: Historisk Tidskrift 3 (1883), S. 369–456. *Zitiert als Hildebrand HT.*

–: Wallenstein und seine Verbindungen mit den Schweden. Aktenstücke aus dem schwedischen Reichsarchiv zu Stockholm. Frankfurt am Main 1885. *Zitiert als Hildebrand.*

Hochheimer, Albert: Verraten und verkauft. Die Geschichte der europäischen Söldner. Stuttgart 1967.

Hoehne, Gerhard: Das religiöse Charakterbild Wallensteins. In: Zeitschrift für Kirchengeschichte, 4. Folge 1, Bd. 65 (1951), S. 268–290.

Hroch, Miroslav: Valdštejnova politika v severním německu v letech 1629–1630. In: Sborník Historický V (1957), S. 203–232.

–: Wallensteins Beziehungen zu den wendischen Hansestädten. In: Hansische Studien, Heinrich Sproemberg zum 70. Geburtstag. Berlin 1961, S. 135–161 (Forschungen zur Mittelalterlichen Geschichte; Bd. 8).

Huch, Ricarda: Wallenstein. Eine Charakterstudie. Leipzig 1915.

Irmer, Georg: Hans Georg von Arnim. Leipzig 1894.

–: Die Verhandlungen Schwedens und seiner Verbündeten mit Wallenstein und dem Kaiser von 1631 bis 1634. Teil I–III. Leipzig 1888, 1889, 1891 (Publicationen aus den Königlich Preußischen Staatsarchiven Bd. 35, 39, 46).

Írók, Magyar írók: *s. unter Magyar.*

Isenburg, Karl Wilhelm Prinz v.: Stammtafeln zur Geschichte der europäischen Staaten. Bd. 1–2 (hrsg. v. Frank Baron Freytag von Loringhoven), 2. Aufl. Marburg 1953. Bd. 3–4 (bearb. von Frank Baron Freytag von Loringhoven) Marburg 1956 resp. 1957. Bd. 5 (hrsg. v. Detlev Schwennicke) Marburg 1978. Bd. 6–8 (bearb. v. Detlev Schwennicke) Marburg 1978–1980.

Jedin, Hubert: Die Relation Ottavio Piccolominis über Wallensteins Schuld und Ende. In: Zeitschrift des Vereins für Geschichte Schlesiens 65 (1931), S. 328–357.

Jelinek, Břetislaw: Die Böhmen im Kampf um ihre Selbständigkeit 1618–1648. Ein Beitrag zur Genealogie und Biographie der böhmischen Kombattanten des Dreißigjährigen Krieges. Prag 1916.

Jörlin, Gösta: Wallenstein återtager befälet över de kejserliga stridskrafterna. In: Stockholm, Krigsarkivet: Gustaf Adolf Verket U 37 volym 7. Maschinenschrift. Stockholm 1933.

Koch, Ludwig: Jesuiten-Lexikon: Bd. 2. Paderborn 1934. *Nachdruck: Löwen 1962.*

Krejčí, Jan: Valdštejn v dramatické a románové poesii německé. In: Český Časopis Historický (Praha 1899), S. 290–311.

Kretzschmar, Johannes: Der Heilbronner Bund 1632–1635. Bd. 1–3. Lübeck 1922.

Langer, Herbert: Neue Forschungen zur Geschichte des Dreißigjährigen Krieges. In: Der Dreißigjährige Krieg. Perspektiven und Strukturen. Hrsg. v. Hans Ulrich Rudolf (Wege der Forschung Bd. 451). Darmstadt 1977, S. 89–131.

Laursen, Laurs: Danmark-Norges Traktater 1523–1750. Bd. 3: 1589–1625; Bd. 4: 1626 bis 1649. København 1916, 1917. *Zitiert als DNT.*

Leksikon, Dansk Biografisk: Bd. 1–27. København 1933–1944; Bd. 1–15. København 1979–1984. *Zitiert als DBL.*

Lenz, Max: Zur Kritik Sezyma Rašin's. In: HZ 59 (1888), S. 1–68.

Lexicon Capuccinum promptuarium historico-bibliographicum Ordinis Fratrum Minorum Capuccinorum (1525–1950). Rom 1951.

Lexikon, Biographisches Lexikon zur Geschichte der böhmischen Länder Bd. 1 (A–H), Bd. 2 (I–Kr, 1.–4. Lieferung). München und Wien 1979, 1981.

Lexikon, Svenskt Biografiskt: Bd. 1–23, Bd. 24 in Teillieferungen. Stockholm 1918 bis 1983. *Zitiert als SBL.*

Lexikona, Révai Nagy: *s. unter Révai . . .*

Londorp, Michael Caspar: Acta publica. Bd. 3. Frankfurt am Main 1668.

Londorpius suppletus . . .: *s. unter Meyer.*

Lorenz, Gottfried: Das Erzstift Bremen und der Administrator Friedrich während des Westfälischen Friedenskongresses. Münster 1969 (Schriftenreihe der Vereinigung zur Erforschung der Neueren Geschichte; Bd. 4).

Lünig, Johann Christian: Das teutsche Reichs-Archiv. Bd. [5] Pars specialis [um 1710]; Bd. [6/7] Partis specialis continuatio [1] Leipzig 1711.

Lundgren, Sune: Johan Adler Salvius. Problem kring freden, krigsekonomien och maktkampen. Lund 1945.

Lutz, Georg: Wallenstein, Ferdinand II. und der Wiener Hof. Bemerkungen zu einem erneuten Beitrag zur alten Wallensteinfrage. In: Quellen und Forschungen aus italienischen Archiven und Bibliotheken 48 (1968), S. 207–243. *Betr. die Arbeit von Suvanto.*

Magyar írók élete és munkái írók. Bd. 2. Budapest 1893.

Män och Kvinnor, Svenska: Biografisk uppslagsbok: Bd. 1–8. Stockholm 1942–1955. *Zitiert als SMK.*

Mann, Golo: Wallenstein. Sein Leben erzählt von Golo Mann. 4. Aufl. Frankfurt am Main 1971.

Mareš, Franz: Die maritime Politik der Habsburger in den Jahren 1625–1628. In: Mittheilungen des Instituts für Oesterreichische Geschichtsforschung 1 (1880), S. 543 bis 578; (1881), S. 51–82.

Maršan, Robert: Neue Beiträge zur Wallensteinforschung [= deutsche Zusammenfassung seiner Studie: Valdštejnovy choroby a jejich vliv na zmar jeho plánů. In: Sborník Musejního spolku v Jičíně. Bd. 1, Heft 1–4, S. 94–202. Jičín 1935] In: Germanoslavica 4 (1936), S. 151–159.

Masarykův Slovník Naučný: Bd. 1–7. Prag 1925–1933. *Zitiert als MSN.*

Mattutat, Heinrich: Wallenstein im Urteil seiner Zeitgenossen. Dissertation *(Maschinenschrift)* Göttingen 1947.

Mecenseffy, Grete: Habsburg im 17. Jahrhundert. Die Beziehungen der Höfe von Wien und Madrid während des Dreißigjährigen Krieges. In: Archiv für Österreichische Geschichte 121 (1957), S. 1–91.

Mehring, Franz: Gesammelte Schriften Bd. 8. Berlin 1967.

Meinecke, Friedrich: Die Idee der Staatsräson. 3. Aufl. München 1963.

Menčík, Ferdinand: Die Hofrathssitzungen im Jahre 1625. In: Sitzungsberichte der Königlich Böhmischen Gesellschaft der Wissenschaften. Classe für Philosophie, Geschichte, Philologie (Věstník královské České společnosti náuk. Třída filosofickohistoricko-jazykozpytná. Ročník 1899). Jg. 1899 (Prag 1900), S. 1–24.

Messow, Hans-Christoph: Die Hansestädte und die habsburgische Ostseepolitik im Dreißigjährigen Kriege (1627/28). Dissertation Berlin 1935.

Meusel, Alfred: Disposition des Hochschullehrbuches der Geschichte des deutschen Volkes (1400–1648). In: ZfG 1 (1953), S. 759–774.

Meyer, Martin: Londorpius suppletus et continuatus sive acta publica. Teil 1 und 2. Frankfurt am Main 1666.

Meyers Enzyklopädisches Lexikon: Bd. 1–25. Mannheim, Wien, Zürich 1971–1979. *Zitiert als Meyer.*

Michael, Wolfgang: Wallensteins Vertrag mit dem Kaiser im Jahre 1632. In: HZ 88 (1902), S. 385–435.

Mitis, Oskar Frhr. v.: Gundacker von Liechtensteins Anteil an der kaiserlichen Zentralverwaltung (1606–1654). In: Beiträge zur neueren Geschichte Österreichs. Jg. 1909, Heft 4, S. 35–118.
Opel, Julius Otto: Der niedersächsisch-dänische Krieg. Bd. 1 Halle a. d. Saale 1872; Bd. 2 und 3 Magdeburg 1878, 1894.
Ottův Slovník Naučný: Bd. 1–28. Prag 1888–1909. *Zitiert als OSN.*
Oxenstierna, Axel: Rikskansleren Axel Oxenstiernas skrifter och brefvexling. Senare Afdelningen, Bd. 1: K. Gustaf II Adolfs bref och instruktioner. Stockholm 1888. Förra avdelningen, Bd. 10: Brev 1633 Oktober–December. Stockholm 1954.
Parnemann, Friedrich: Der Briefwechsel der Generale Gallas, Aldringen und Piccolomini im Januar und Februar 1634. Ein Beitrag zum Untergange Wallensteins. Berlin 1911 (Historische Studien Heft XCII).
Paulus, Günter: Das Zeitalter der Gegenreformation und des Dreißigjährigen Krieges. Berlin und Leipzig 1948.
Pekař, Josef: Wallenstein 1630–1634. Tragödie einer Verschwörung. Berlin 1937.
Polišenský, Josef: Zur Problematik des Dreißigjährigen Krieges und der Wallensteinfrage. In: Aus 500 Jahren deutsch-tschechoslowakischer Geschichte (Berlin 1958), S. 99–135. *Zitiert als Polišenský, Problematik.*
–: The Thirty Year's War: Problems of motive, extent and effect. In: Historica XIV (Prag 1967), S. 77–90. *Zitiert als Polisenšký, Historica.*
–: Třicetiletá válka a evropské krize 17. století. Prag 1970. *Zitiert als Polišenský, Třicetiletá válka.*
Posch, Andreas: Zur Tätigkeit und Beurteilung Lamormains. In: Mitteilungen des Instituts für Österreichische Geschichtsforschung 63 (1955), S. 375–390.
Quellen zur neueren Geschichte: Heft 7: Religionsvergleiche des 16. Jahrhunderts; hrsg. v. Ernst Walder. 2. Aufl. Bern 1960; Heft 25; Die Goldene Bulle Kaiser Karls IV. 1356, bearb. von Konrad Müller. Bern 1964. *Zitiert als QNG.*
Rattay, Beate, und Wolfgang Harms: Illustrierte Flugblätter aus den Jahrhunderten der Reformation und der Glaubenskämpfe. Katalog der Kunstsammlungen der Veste Coburg. Coburg 1983.
Reichard, Konrad: De domus Habsburgicae in mare Balticum intentionibus Part. I. Dissertation Berlin 1866.
Repgen, Konrad: Die römische Kurie und der Westfälische Friede. Idee und Wirklichkeit des Papsttums im 16. und 17. Jahrhundert. Bd. 1. 1. Teil: Papst, Kaiser und Reich 1521–1644 – Darstellung. 2. Teil: Analekten und Register. Tübingen 1962 und 1965 (Bibliothek des Deutschen Historischen Instituts in Rom Bd. XXIV, XXV).
Révai Nagy Lexikona: Bd. 4 und 8. Budapest 1912, 1913.
Rippl, Eugen: Wallenstein in der tschechischen Literatur. In: Germanoslavica. Vierteljahrsschrift für die Erforschung der germanisch-slavischen Kulturbeziehungen. 2. Jg. (Brünn, Prag, Leipzig, Wien 1932–1933), S. 521–544.
Ritter, Moriz: Deutsche Geschichte im Zeitalter der Gegenreformation und des Dreißigjährigen Krieges (1555–1648). Bd. 1–3. Stuttgart 1889–1908. *Neudruck Darmstadt 1974. Zitiert als Ritter.*
–: Der Untergang Wallensteins. In: HZ 97 (1906), S. 237–303. *Zitiert als Ritter, Untergang.*

–: Untersuchungen zur Geschichte Wallenstein's (1625–1629). In: Deutsche Zeitschrift für Geschichtswissenschaft 4 (1890), S. 14–53. *Zitiert als Ritter, Untersuchung.*
–: Der Ursprung des Restitutionsediktes. In: HZ 76 (1896), S. 62–102. *Zitiert mit vollem Titel.*
Rönnefarth, Helmuth K. G.: Konferenzen und Verträge. Teil II Bd. 3. 2. Aufl. Würzburg 1958.
Schebek, Edmund: Die Capitulation Wallenstein's beim Wiederantritt des Generalates im Jahre 1632. In: Oesterreichisch-Ungarische Revue 11 (Wien 1891), S. 284–336.
Schieche, Emil: Josef Pekař und die Wallensteinforschung. In: Zeitschrift des Vereins für Geschichte Schlesiens 72 (1938), S. 380–392.
Schildhauer, Johannes; Konrad Fritze; Walter Stark: Die Hanse. 2. Aufl. Berlin 1975.
Schlesinger, Walter: Die deutschen Territorien. B: Der Osten. In: Handbuch der deutschen Geschichte, hrsg. von Bruno Gebhardt. Bd. 2. Stuttgart 1960, S. 532–617.
Schmertosch von Riesenthal, Richard: Die böhmischen Exulanten unter der kursächsischen Regierung in Dresden. In: Neues Archiv für Sächsische Geschichte und Altertumskunde 22 (1901), S. 291–343.
Schmiedt, R. F.: Vorgeschichte, Verlauf und Wirkung des Dreißigjährigen Krieges. In: Lehrbuch der Deutschen Geschichte Bd. 3: Deutschland von 1476 bis 1648 (hrsg. von Max Steinmetz) Berlin 1967, Kap. 6.
Schmitz, Otto: Die maritime Politik der Habsburger in den Jahren 1625–1628. Dissertation Bonn 1903.
Schubert, Friedrich Hermann: Wallenstein und der Staat des 17. Jahrhunderts. In: GWU 16 (1965), S. 597–611.
Schulz, Hans: Der Dreißigjährige Krieg. Leipzig und Berlin 1917.
Schwarz, Helmut: Wallenstein und Gustav Adolf nach dem Kurfürstentag zu Regensburg (1630). Dissertation Hamburg 1937.
Schweizer, Paul: Die Wallenstein-Frage in der Geschichte und im Drama. Zürich 1899.
Seidler, Josef: Khevenhüllers Bericht über die Schlacht bei Lützen 1632. In: Der Dreißigjährige Krieg. Perspektiven und Strukturen. Hrsg. v. Hans Ulrich Rudolf (Wege der Forschung Bd. 451). Darmstadt 1977, S. 33–50.
–: Untersuchungen über die Schlacht bei Lützen 1632. Memmingen 1954.
Siegl, Karl: Französische Zeitungsberichte über Wallensteins Ende. In: Mitteilungen des Vereins für Geschichte der Deutschen in Böhmen 42 (Prag 1904), S. 289–309.
Slovník Naučný: *s. unter Masarykův ... resp. Ottův Slovník ...*
Srbik, Heinrich Ritter v.: Wallensteins Ende. Ursachen, Verlauf und Folgen der Katastrophe. 2. Aufl. Salzburg 1952.
Steinberger, Sigfrid Henry: Der Dreißigjährige Krieg und der Kampf um die Vorherrschaft in Europa 1600–1660. Göttingen 1967.
Steuer, Friedrich: Zur Kritik der Flugschriften über Wallensteins Tod. In: Mitteilungen des Vereines für Geschichte der Deutschen in Böhmen 43 (Prag 1904), S. 141–168, 318–352, 480–504.
Stolpe, Sven: Drottning Kristina. 2. Aufl. Stockholm 1966.
Sturmberger, Hans: Kaiser Ferdinand II. und das Problem des Absolutismus. München 1957.

Suvanto, Pekka: Wallenstein und seine Anhänger am Wiener Hof zur Zeit des zweiten Generalats 1631–1634. Helsinki 1963 (Studia Historica Bd. 5).

Sverges Traktater: *s. unter Traktater.*

Tadra, Ferdinand: Beiträge zur Geschichte des Feldzuges Bethlen Gabors gegen Kaiser Ferdinand II. im Jahre 1623. Nebst Original-Briefen Albrechts von Waldstein. Wien 1877 (auch: Archiv für Österreichische Geschichte 55, S. 401–463). *Zitiert als Tadra, Beiträge.*

–: Briefe Albrechts von Waldstein an Karl von Harrach (1625–1627) nach den eigenhändigen Originalen des gräflich Harrachschen Archivs in Wien. Wien 1879 (Fontes rerum Austriacarum, 2. Abt. Diplomataria et acta Bd. XLI). *Zitiert als Tadra resp. Tadra, Briefe.*

Territorien-Ploetz: Geschichte Bayerns. Würzburg 1975. Baden-Württemberg. Geschichte seiner Länder und Territorien. Würzburg 1975.

[Traktater:] Sverges Traktater med främmande magter jemte andra dit hörande handlingar. Bd. V, 1: 1572–1632; Bd. V, 2: 1632–1645. Stockholm 1907, 1909. *Zitiert als ST.*

Treue, Wilhelm: Wirtschafts- und Sozialgeschichte vom 16. bis zum 18. Jahrhundert. In: Handbuch der deutschen Geschichte, hrsg. von Bruno Gebhardt. Bd. 2. Stuttgart 1960, S. 366–436.

Tupetz, Theodor: Der Streit um die geistlichen Güter und das Restitutionsedict (1629). Wien 1883.

Wagner, Georg: Wallenstein – der böhmische Condottiere. Ein Lebensbild. Wien 1958.

Wandruszka v. Wanstetten, Adam: Vom Begriff des 'Vaterlandes' in der Politik des Dreißigjährigen Krieges. In: Der Dreißigjährige Krieg. Perspektiven und Strukturen. Hrsg. v. Hans Ulrich Rudolf (Wege der Forschung Bd. 451). Darmstadt 1977, S. 175–184.

–: Reichspatriotismus und Reichspolitik zur Zeit des Prager Friedens von 1635. Eine Studie zur Geschichte des deutschen Nationalbewußtseins. Graz und Köln 1955.

Weibull, Curt: Drottning Christina. 4. Aufl. Stockholm 1966.

–: Wallensteins död. In: Acta Universitatis Gotoburgensis – Göteborgs Högskolas Årsskrift XLIV (1938), S. 3–22.

Wiegler, Paul: Wallenstein – Geschichte eines Herrscherlebens. Berlin 1920.

Wilmanns, Ernst. Der Lübecker Friede 1629. Dissertation Bonn 1904.

Winter, Eduard: Die tschechische und slowakische Emigration in Deutschland im 17. und 18. Jahrhundert. Beiträge zur Geschichte der hussitischen Tradition. Berlin 1955 (Deutsche Akademie der Wissenschaften zu Berlin. Veröffentlichung des Instituts für Slawistik Nr. 7).

Woordenboek, Nieuw nederlandsch biografisch: Bd. 1–10. Leiden 1911–1937.

Wurzbach, Constantin v.: Biographisches Lexikon des Kaiserthums Oesterreich Bd. 7; 58. Wien 1861, 1889.

Zeeden, Ernst Walter: Das Zeitalter der Glaubenskämpfe. In: Handbuch der Deutschen Geschichte; hrsg. von Bruno Gebhardt. Bd. 2 Stuttgart 1960, S. 105–202.

Zwiedineck-Südenhorst, Hans v.: Hans Ulrich Fürst v. Eggenberg – Freund und erster Minister Kaiser Ferdinand II. Wien 1880.

ABKÜRZUNGSVERZEICHNIS

Abt./Abth.:	Abteilung
ADB:	Allgemeine Deutsche Biographie
Adm.:	Administrator
an.:	anno
Anm.:	Anmerkung
Art.:	Artikel
Aufl.:	Auflage
bäpstl.:	päpstlich
Bd. (Bde.):	Band (Bände)
Bem.:	Bemerkung
bes.:	besonders
betr.:	betreffend, betrifft
Bf.:	Bischof
Bm.:	Bistum
böh./böhm./behm. (o. ä.):	böhmisch
ca.:	circa
ch./chur./churf.:	kurfürstlich
cont./contin.:	continuatio
D.:	Dero
d. Ä.:	der Ältere
DBF:	Dictionnaire de Biographie Française
DBL:	Dansk Biografisk Leksikon
d. d.:	de dato
desgl.:	desgleichen
D^{e}/D^{r}:	Deine/Deiner
d. h.:	das heißt
Dhl.:	Durchlaucht
d. J.:	der Jüngere
Dl.:	Durchlaucht
DNB:	The Dictionary of National Biography
DNT:	Danmark-Norges Traktater
Doc. Boh.:	Documenta Bohemica
Dr.:	Dero
dt.:	deutsch
Dt./dtt.:	Durchlaucht
Durchl.:	Durchlaucht
E.:	Euer
Ebf.:	Erzbischof

ebfl.:	erzbischöflich
E. f. G./e. f. g. (o. ä.):	Euer Fürstliche Gnaden
E. H.:	Euer Hoheit
Ehg./Ehgg.:	Erzherzog/Erzherzöge
E. k. Mt./E. kh. Mt./ E. K. M. (o. ä.):	Euer Kaiserliche Majestät
E. L./e. l. (o. ä.):	Euer Liebden
etc.:	et cetera
eu./Eu.:	Euer
ev.:	evangelisch
ew./Ew.:	Euer
Ew. Kays./Khay. Maj. (o. ä.):	Ewer Kayserliche Majestät
Exc./exc.:	Excellenz
f.:	a) folgende (Seite); b) fürstlich
F.:	Fürstlich
f. Dt.:	fürstliche Durchlaucht
Febr.:	Februar
F. Gn./F. G./f. g./f. gn. (o. ä.):	Fürstliche Gnaden
firstl.:	fürstlich
fl.:	a) Florin (Gulden); b) fürstlich
Fm.:	Fürstentum
Forts.:	Fortsetzung
Frhr.:	Freiherr
frstl./fürstl./fürst. (o. ä.):	fürstlich
frz.:	französisch
gd./gdigst. (o. ä.):	gnädig/gnädigst
g^e:	a) genannte; b) gedachte
geb.:	geboren
gest.:	gestorben
Gf./Gfin.:	Graf/Gräfin
Gft.:	Grafschaft
Ghg.:	Großherzog
Gn.:	Gnade
gnad.:	Gnaden
GWU:	Geschichte in Wissenschaft und Unterricht
H./h.:	a) heilig; b) Herr
Hg./Hgs.:	Herzog/Herzogs
Hgt.:	Herzogtum
Hier. Cath.:	Hierarchie Catholica
histor.:	historisch
Hlg./hlg./hl.:	heilig
Hn.:	Herrn
hui./huj.:	huius
HT:	Historisk Tidskrift
HZ:	Historische Zeitschrift

i. chf. d.:	Ihre Kurfürstliche Durchlaucht
i. chf. g.:	Ihre Kurfürstliche Gnaden
i. e.:	id est
I. K./k. Mt.:	Ihre Kaiserliche (auch: Königliche) Majestät
I. L.:	Ihre Liebden
I./i. Mt.:	Ihre Majestät
insbes.:	insbesondere
i. s.:	id sunt
J.:	Jahr
Jg.:	Jahrgang
k.:	Kaiser
K. K.:	Königlich-kaiserlich
kai./kay. (o. ä.):	kaiserlich
K. M.	Königliche/kaiserliche Majestät
Kai. Mt.:	Kaiserliche Majestät
Kap.:	Kapitel
kath.:	katholisch
kays./kayserl./käyserl. (o. ä.):	kaiserlich
Kf./Kff.:	Kurfürst/Kurfürsten
kfl.:	kurfürstlich
Kg.:	König
kgl.:	königlich
K./k. Mt.:	Kaiserliche Majestät
Khayl. (o. ä.):	kaiserlich
kön./khön./königl. (o. ä.):	königlich
Ks.:	Kaiser
ksl.:	kaiserlich
K. W./k. w.:	königliche Würde
lat.:	lateinisch
Ldn.:	Liebden
Lgf.:	Landgraf
l./L.:	Liebden (Sg.)
ll./LL.:	Liebden (Pl.)
Lic.:	Lizentiat
löbl.:	löblich
L. S.:	Locus sigilli
Maj./Majest./Mai. (o. ä.):	Majestät
Mgf.:	Markgraf
Mgft.:	Markgrafschaft
milit.:	militärisch
MSN:	Masarykův Slovník Naučný
Mtt.:	Majestät
Myt.:	Majestät
n:	nördlich
NBG:	Nouvelle Biographie Générale

NDB:	Neue Deutsche Biographie
ndl.:	nördlich
NNBW:	Nieuw Nederlandsch Biografisch Woordenboek
n/ö:	nordöstlich
Nr.:	Nummer
n/w:	nordwestlich
o. ä.:	oder ähnlich
ob.:	Obrist (Oberst)
obrl.:	Oberstleutnant
o. D.:	ohne Datumsangabe
ö.:	östlich
Öster. (o. ä.):	Österreich(isch)
östl.:	östlich
OFM Cap.:	Ordo Fratrum Minorum Capuccinorum
o. O.:	ohne Ortsangabe
OSN:	Ottův Slovník Naučný
päpstl./päbstl.:	päpstlich
part.:	partis
Pfgf.:	Pfalzgraf
PS:	Postscriptum
QNG:	Quellen zur neueren Geschichte
R./r.:	römisch
reg.:	regierend
Reg.:	Register
resp.:	respektive
RHR:	Reichshofrat
R. K. M.:	Römisch Kaiserliche Majestät
Rom./Röm./röm. (o. ä.):	römisch
rt.:	Reichstaler
RT:	Reichstag
S.:	a) Seite; b) Seine(r); c) Sankt, sanctus
s.:	a) siehe; b) südlich
SBL:	Svenskt Biografiskt Lexikon
sdl.:	südlich
Se/S^{ner}/S^{r} (o. ä.):	Seine/Seiner
Ser^{ma}:	Serenissima
SJ:	Societas Jesu
s. l./S. L.:	Seine Liebden
S. M.:	Seine Majestät
SMK:	Svenska Män och Kvinnor
s. o.:	siehe oben
s/ö.:	südöstlich
sog.:	sogenannt
Sp.:	Spalte
span.:	spanisch

spec.:	specialis
Sr./sr.:	Seiner
ST:	Sverges Traktater
Sti:	sancti
st. n./st. v.:	stilus novus/veteris
s/w:	südwestlich
t.:	Tonne
T.:	Tafel
u. a.:	unter anderem
ungar.:	ungarisch
v.:	von
Verb.:	Verbindung
vers.:	versiculo
vgl.:	vergleiche
westl.:	westlich
Whr./Wrd. (o. ä.):	Würde
ZfG:	Zeitschrift für Geschichtswissenschaft
z. T.:	zum Teil

EINLEITUNG

I

Als Wallenstein am 25. Februar 1634 auf kaiserlichen Befehl nach vorausgegangenem Todesurteil – oder Mordbeschluß – eines Ausschusses von drei leitenden Ministern[1] hingerichtet[2] – ermordet[3] – gemeuchelt[4] – niedergestochen[5] – hingeschlachtet[6] – niedergemacht[7] (die Wortwahl schon sagt etwas über die schwierige Rechtslage[8] und die Position des Verfassers aus) worden war – obwohl seine Gefangennahme leicht möglich gewesen wäre –, hielt sich

[1] Die drei leitenden Minister waren Eggenberg, Bf. Anton von Wien, Trauttmansdorff (vgl. Srbik S. 110f.; Suvanto S. 339).

Das Verfahren war in einer Denkschrift des Gundakar von Liechtenstein (vor dem 25. 12. 1633 geschrieben, am 11. 1. 1634 dem Kaiser übergeben) vorgeschlagen worden; vgl. Nr. 121; Srbik S. 102–104, 112, 356 Anm. 210; vgl. auch Mattutat S. 48f.; Meinecke S. 154; Pekař S. 9f., 602, 611; Ritter, Untergang S. 297; Siegl S. 305–307; Sturmberger, Ferdinand S. 150; Suvanto S. 321f.; Wagner S. 10, 150–152; Weibull S. 18f.

Wallenstein zu töten, war schon mehrfach vorgeschlagen worden – u. a. von Oñate (1633) und der Äbtissin Katharina Freiin v. Spaur (1628), vgl. Srbik S. 61, 341 Anm. 36; Hallwich, Fünf Bücher Wallenstein II S. 475–477.

[2] Srbik (S. 113) meint, daß es sich vom Standpunkt des Kaisers und seiner Ratgeber aus um eine Hinrichtung gehandelt habe; vgl. auch Sturmberger, Ferdinand S. 36f.; Ritter (Untergang, S. 302) hält die Tötung Wallensteins für legitim; bewußt von Exekution im Gegensatz zu Mord spricht Wagner (S. 169f.), an anderer Stelle formuliert er „mörderische Exekution" (S. 10).

Diwald (S. 537) lehnt den Begriff 'Hinrichtung' ab, da er die Rechtmäßigkeit des kaiserlichen Vorgehens gegen Wallenstein – wohl zu Recht – verneint.

[3] Von „gedungenem Mord" spricht Pekař S. 700; vgl. dazu auch S. 10, 611.

[4] Vgl. Suvanto S. 318 (Kapitelüberschrift: 'Entstehung und Verwirklichung des Meuchelmordplanes'), auch Irmer III S. LXIV.

[5] Vgl. Diwald S. 537.

[6] Vgl. Srbik S. 187.

[7] Vgl. Siegl S. 290f. (Bezug auf die Wortwahl des Kaisers Ferdinand III. in einem Brief an Gallas).

[8] Zur Rechtslage und dem damit verbundenen Problem der Staatsräson als Idee, die auf den Kaiser und seine Berater Einfluß hatte, vgl. Srbik S. 112–123, auch Huch S. 163f.; Meinecke S. 153f.; Schubert S. 597; Sturmberger, Ferdinand S. 35–37.

trotz umfangreicher publizistischer Auseinandersetzung[9] die Betroffenheit über diesen Vorgang in recht engen Grenzen:

Wallensteins Verwandte arrangierten sich mit den Siegern;[10] das Aufbegehren der von Oberstleutnant Freiberger und Samuel Schneider von Lilienfeld geführten Truppen in Troppau (2.–18. März)[11] blieb eine Episode, erwähnenswert nur, weil sie die eine Ausnahme von der Regel ist – die kaiserliche Armee nahm den Wechsel im Oberkommando trotz gelegentlicher Unmutsäußerungen und einer gegen Italiener (und Spanier) im kaiserlichen Heer aufkommenden Stimmung[12] widerstandslos hin[13]; die Generalität brauchte nicht ausgetauscht zu werden, da sie an Wallensteins Sturz wesentlichen Anteil hatte; die Henker nutzten die Situation zum Aufstieg, die mittleren und unteren Chargen orientierten sich an den Machtverhältnissen.

Wenig Betroffenheit auch auf französischer, schwedischer, kursächsischer[14] Seite – vielleicht, weil man mit Wallensteins baldigem Tod schon seit November 1633 gerechnet hatte,[15] vielleicht, weil das Mißtrauen gegen Wallenstein schon lange stärker war als die Hoffnung, mit Wallenstein gegen Habsburg vorgehen zu können[16].

[9] Vgl. dazu ausführlich den dritten Teil des Werkes von Srbik ('Das Nachspiel'), die Aufsätze von Siegl und Steuer sowie die auf einen engen Raum – die Oberpfalz – begrenzte, in ihrer Aussage aber exemplarische Untersuchung von Ernstberger (Für und wider); vgl. Srbik S. 252f.: „Man wird allerdings vergeblich in den Liedern, die dieses elende Sterben veranlaßt hat, nach dem Tone der heißen Liebe und verzweifelten Trauer suchen, die in so manchen Liedern der sonnigen Persönlichkeit des 'Löwen aus Mitternacht' und seinen Kämpfen für das Evangelium nachweinen, des Friedländers düsteres, anscheinend kaltes, im Grunde so vulkanisches Wesen hatte keine Liebe geweckt, und sein Tod weckte kein tiefes Gemütsweh [. . .]. Aber man empfand auch, daß eine gewaltige geschichtliche Erscheinung und eine mächtige dämonische Individualität vernichtet worden sind."

[10] Vgl. Srbik S. 206, 275; Mann S. 1131 (Festmahl des Grafen Max Wallenstein für Aldringen und Gallas im April 1634).

[11] Vgl. Irmer III S. LV; Mann S. 1135f.; Pekař S. 5, 691; Polišenský, Historica S. 86: wichtiger als die Geschichte von Wallensteins Tod sei "the story of an abortive pro-Wallenstein rebellion in Silesia [. . .] which enables us to analyze his real importance"; ders., Problematik S. 134; ders., Třicetiletá válka S. 199f.; Srbik S. 201f.; Suvanto S. 361f. (Troppau mit Torgau verwechselnd); Wagner S. 168.

[12] Vgl. Srbik S. 202f., auch S. 208, sowie Jedin S. 334.

[13] Vgl. Irmer III. S. LV.

[14] Über fehlendes Mitgefühl des kursächsischen Feldmarschalls Hans Georg von Arnim bei Wallensteins Tod vgl. Pekař S. 705.

[15] Vgl. Suvanto S. 279; Hg. Bernhard von Sachsen-Weimar erwähnt in seinem Brief an Feldmarschall Gustav Horn vom 19. Januar 1634 (Irmer III S. 150–153, bes. S. 152) Gerüchte, wonach Wallenstein tot sei.

[16] Vgl. zum Mißtrauen des Herzogs Bernhard Hildebrand, HT S. 429; Pekař S. 8,

Interessant, aufsehenerregend – aber auch Widerspruch erhebend – war an Wallensteins Ableben vor allem die Art,[17] weniger das Faktum seines Todes, und dieser Art war ein großer Teil der Publizistik[18] gewidmet, vermischt im protestantischen Bereich mit kaiser-, spanien- und jesuitenfeindlichen Tendenzen, wenn es auch schon 1634 ein abgewogenes Urteil wie das folgende gab: „Ob nun besagte Taten, wie sich die Konjuranten ungescheuet berühmen dörfen, daß sie dieselbe mit ritterlicher und glorwürdiger Faust verrichtet, für ein löbliches Werk zu halten; ob auch solche Prozeß bei Christen gebräuchlich und zu erweisen, daß dergleichen jemals vorgangen; ob auch der Herzog von Friedland, welcher dem Kaiser so viel gute Dienst geleistet, ein solchen Ausgang verdienet, davon mögen Verständige und Unparteiische urteilen."[19]

Als nach Wallensteins Tod die Schuld des Getöteten rechtlich haltbar nachgewiesen werden sollte, fehlten den kaiserlichen Juristen stichhaltige Beweise; sie ließen sie im Laufe der folgenden Monate[20] erstellen. Aber dennoch: Mit

688; zum Mißtrauen Axel Oxenstiernas Hildebrand, HT S. 395, 407f., 413, 419f., 422, 424, 426f.

[17] Vgl. Pekař S. 707: „Ein Dolchstoß oder Pistolenschuß erscheint in dieser Perspektive als angemessenste Lösung, als ein Schritt comme il faut"; vgl. Srbik S. 208f.

[18] Vgl. Srbik S. 210–220 (Kap. 'Die öffentliche Meinung besonders im evangelischen Deutschland im März 1634'), 245, 250f.; auch Coler S. 716f.

[19] Ernstberger, Für und wider, S. 88, mit Verweis auf „Jacobi Franci historische Beschreibung aller denkwürdigen Geschichten, so sich hin und wieder in Europa, in Hoch- und Niederdeutschland, auch in Frankreich, Engelland, Italien, Hispanien, Indien, Schweden, Hungarn, Böhmen, Polen, Preußen, Siebenbürgen, Wallachei, Moldau, Türkei etc. vor und hierzwischen nächstverschiedener Frankfurter Herbstmeß 1633 bis auf Fastenmeß dieses 1634 Jahres verlaufen und zugetragen. Frankfurt a. M. 1634, S. 86ff. Der Herausgeber dieser Frankfurter Meßrelationen nennt sich zwar noch immer Jacobus Francus (eigentlich Konrad Lautenbacher), hieß aber in Wirklichkeit anders. Francus war schon 1595 gestorben. Die von ihm begründeten Meßrelationen überlebten ihn lange. Vgl. Ludwig Salomon, Geschichte des deutschen Zeitungswesens von den ersten Anfängen bis zur Wiederaufrichtung des Deutschen Reiches, 1. Band, 2. Aufl., Oldenburg und Leipzig 1906, S. 28ff."

[20] Vgl. Diwald S. 536–538; Pekař S. 5–8, 10, 16f.; Srbik S. 206–208, 221–239 (zur kaiserlichen und katholischen Rechtfertigungspublizistik vgl. Kap. 'Die Anfänge der österreichischen Publizistik. Das Perduellionis Chaos'); S. 240–244, 257–259 (betr. das Untersuchungswirrwarr – sowohl der Kommissionen als auch der Orte), 265–271, 275–277, 298–308; Steuer S. 503; Wagner S. 170; Pekař (S. 8) führt u. a. aus: „Konnte man aus alledem [den Untersuchungen nach Wallensteins Ermordung über die 'Schuld' des Toten] den Schluß ziehen, daß Wallenstein auf einen Verrat hingearbeitet hatte, und zwar schon seit dem Jahre 1631, so hatte sich doch nichts gefunden, was für seine Schuld in dem Ausmaß zureichende Belege beigebracht hätte, wie das Patent vom 18. Februar [vgl. Nr. 131] sie umgrenzt hatte. Zudem stellte alles ein einziges undurch-

einer Ausnahme wurde kein verhafteter Offizier Wallensteins de facto streng bestraft. Die Bilanz der 'Verschwörung' lautet: acht Tote (die Egerer Opfer Wallenstein, Kinský, Trčka, Ilow, Niemann, zwei Diener, ein Page;[21] der im Juli 1635 hingerichtete Freiherr Ulrich von Schaffgotsch[22]), vier zum Tode verurteilte, gleich darauf zu lebenslanger Haft begnadigte und noch am Ende des Prozeßjahres (1635) freigelassene Offiziere[23].

Als in der Schlacht von Nördlingen (6. September 1634) die kaiserliche Armee den schwedischen Streitkräften eine schwere Niederlage beizubringen vermochte, schien dies nachträglich den Wechsel im Oberkommando der kaiserlichen Armee glänzend zu rechtfertigen – und war doch die posthume Bestätigung wallensteinischer Befürchtungen. Zwar führte der Nördlinger Sieg den Kaiser über den nicht wallensteinisch konzipierten[24] Prager Frieden zu einem scheinbaren Höhepunkt seiner Machtstellung (wenn auch nicht vergleichbar derjenigen nach der Niederlage König Christians IV. von Dänemark), aber die Folge des Sieges war der Kriegseintritt Frankreichs auf seiten der Gegner des Hauses Habsburg mit der Konsequenz, daß der Kaiser die meisten Konflikte, die in den militärischen Auseinandersetzungen seit 1618 kulminiert waren, nicht mehr zu seinen Gunsten entscheiden konnte[25]. Den Kriegseintritt Frankreichs vermieden haben zu wollen, nachdem der Schwedens auf Grund der kaiserlichen Politik in Norddeutschland nicht hatte vermieden werden können, scheint eines der Ziele Wallensteins gewesen zu sein.

Die vorsichtige Formulierung „scheint gewesen zu sein" verdeutlicht die Schwierigkeiten einer Beschäftigung mit Wallenstein, von der Polišenský meint, daß "our present knowledge makes only a very sober reckoning possi-

dringliches Chaos dar, in dem sich die Wahrheiten von den bloßen Vermutungen nicht recht unterscheiden ließen, ein Chaos voll von Ungleichmäßigkeiten und Widersprüchen, in dem die Pläne und Ziele des Herzogs weiterhin Geheimnis blieben. Was zweifelsfrei festgestellt war, war verhältnismäßig wenig" – und dabei gilt: Vertrauenswürdig sind für Pekař die Beklagten und Befragten nur, wenn sie Aussagen machen, die in Pekařs Konzept, zu seiner These von Wallensteins Verschwörung seit 1630, passen. Zitiert sei hier auch folgender Satz (S. 7): „Erst nach etlichen Wochen als gegen Schlief die Drohung mit der Folter und auch das Versprechen völliger Straflosigkeit in Anwendung gebracht worden war, verpflichtete sich dieser nicht nur zur Treue gegenüber dem Kaiser, sondern auch dazu, dem Kaiser insgeheim alles mitteilen zu wollen, was er von dem 'vorgehabten Friedlandischen, Tirzkaischen und Kinskischen tradiment' wisse."

[21] Vgl. Srbik S. 187, 190.

[22] Vgl. Mann S. 1154.

[23] Vgl. zum Kriegsgerichtsverfahren Suvanto S. 369–373.

[24] Vgl. Lutz S. 242.

[25] Vgl. Diwald S. 541f., auch Albrecht, Maximilian S. 371f., 376; Bireley S. 201f.

ble"[26]; vieles seiner Geschichte und derjenigen um ihn ist ungeklärt, wenn man nicht Spekulationen als Tatsachen nimmt; das wenige Unumstrittene in der Forschung (Wallenstein als Finanz- und Organisationstalent, Wallenstein als Unternehmer, Wallenstein als tüchtiger und fähiger Landesherr[27]) berührt nur zwei oder drei Facetten dieser Person. So kann es auch nicht Aufgabe dieser Einleitung sein, eine umfassende Darstellung der Wallenstein-Problematik zu geben. Beabsichtigt ist statt dessen, sich der Problematik der Geschichte Wallensteins, von zwei zeitgenössischen Äußerungen ausgehend, zu nähern.

II

„Der Hertzogk von Friedelandt möchte sich auch an dem ruhm nicht ersättigen, daß durch ihme das Römische Reich wieder in tranquilitet gesetzet, sondern auch noch woll die ambition haben, den nachkommen ein real gedächtnüß, entweder durch erweiterunge seines landes oder erhöhunge seines standes, hinter sich zu laßen", schreibt am 7. Januar 1633 dem Kurfürsten Johann Georg von Sachsen sein Feldmarschall Hans Georg von Arnim.[28]

Diese Bemerkung eines Mannes, der in Wallensteins zweitem Generalat als Verhandlungs- und Gesprächspartner des Herzogs von Friedland eine wichtige Rolle spielte, dem Wallenstein trotz wiederholter Spannungen allem Anschein nach vertraute,[29] auf dessen Ankunft er in den letzten Wochen seines Lebens geradezu sehnsüchtig – das Epitheton ist eher zu schwach als zu stark – wartete,[30] verdeutlicht die Problematik jeder Beschäftigung mit Wallenstein: 1. Trotz umfangreichen Quellenmaterials ist man bei Aussagen über Wallensteins Vorstellungen und Ziele angewiesen auf Mitteilungen von

[26] Polišenský, Historica S. 83.

[27] Vgl. Diwald S. 67, 224–236, insbes. S. 226–228, 271f.; Ernstberger, bes. S. 6f.; nach Ernstberger war Wallenstein ein hervorragender Ökonom, aber nicht so sehr ein 'moderner' i. S. des Merkantilismus; dieser Begriff trifft nach Ernstberger (S. 17f.) für Wallenstein nur sehr bedingt zu; vgl. Görlitz S. 156–165; Hoehne S. 275; Hroch S. 160f.; Huch S. 83–85; Pekař S. 1f., 700f.; Polišenský, Problematik S. 132–134; Schubert S. 602f., 610; Srbik S. 19f., 34, 41.

[28] Vgl. Hallwich, Wallensteins Ende II S. 252.

[29] Vgl. Pekař S. 705; Srbik S. 43; auch Huch S. 79f.

[30] Vgl. Hildebrand, HT S. 426–428; Irmer III S. XXXIII, XXXVIII–XL, LVIIf.; auch Pekař S. 674f.: „Und es ist vielleicht nicht unmöglich, [. . .] die Vermutung auszusprechen, daß Arnim auch auf Wallensteins Untergang gerechnet haben mag. Wallenstein mit seinen kaiserfeindlichen Plänen mußte Arnim als eine beständige Gefahr [. . .] für seine auf Schutz des Reiches vor den fremden Nationen gerichteten Pläne erscheinen."

Wallensteins Gesprächspartnern oder Kontaktpersonen; 2. diese Aussagen sind oft unklar oder vieldeutig und damit schon für sich selbst ausdeutbar, ganz abgesehen davon, ob sie zuverlässige Aussagen über Wallenstein machen oder ob sie vertrauenswürdige Gedankengänge und Äußerungen Wallensteins wiedergeben.

Arnims Bemerkung enthält als Kern die Feststellung, daß Wallenstein im Reich habe Frieden schaffen wollen; doch Wallensteins Suche nach Frieden wird von Arnim nicht als Selbstzweck, sondern als Ausdruck ganz anderer Impulse gesehen. – Dies kann sich so verhalten haben, doch ist Arnim ein umstrittener Zeuge.

Pekař verwendet Arnims Mitteilung fast leitmotivisch als Beleg für seine These von der Eigennützigkeit[31] der wallensteinischen Friedensbestrebungen: Wallensteins Ziel sei ein Aufstand gegen den Kaiser gewesen;[32] „maskiert und vermengt" worden sei dieses Bestreben „mit dem Programm eines gerechten Friedens, der in religiöser Beziehung im Reiche wie in den böhmischen Ländern den Zustand vor dem Kriege erneuern sollte"[33]. Wallenstein habe „den Gedanken an den Frieden vorgeschützt, weil er Schlagworte, weil er Ideen brauchte, in deren Namen er seinen persönlichen Kampf gegen den Kaiser und dessen Verbündete auskämpfen konnte. In diesem gewaltigen europäischen Ringen, in dem die führenden Männer beider Parteien das Interesse ihrer Anhänger für wirkliche oder vorgeschobene Ziele bis zum Fanatismus zu steigern wußten, in dem wirklich um den Glauben, um die Freiheit des Gewissens und des Vaterlandes gestritten wurde, konnte Wallenstein nicht mit dem Programm einer nackten Rach- und Ehrsucht hervortreten, wagte er es nicht, als Losung für seine Heere und Bundeshelfer sich selbst aufzustellen. So trat er denn in die Arena des Deutschen Reichs, in der Frankreich ein Streben nach Befreiung von Tyrannei erheuchelte, die Schweden ihren Eifer für die Gewissensfreiheit heuchelten oder doch künstlich vergrößerten, mit dem sympathischen Schlagwort vom gerechten Frieden ein"[34].

Srbik stellt dagegen, Wallenstein habe „als Generalissimus zunächst den 'gerechten Frieden' mit dem Kaiser gesucht und hat ihn dann gegen den Kaiser zu erzwingen getrachtet. Das Moment der Einheit in der wechselnden Wahl der politischen Straße war somit vorhanden. Nur wenn der Blick am Äußeren

[31] Vgl. Pekař S. IX, 110, 280f., 694f.; vgl. auch Hildebrand HT S. 398, 423f.; Huch S. 140; Wagner S. 153; vgl. kritisch hierzu Srbik S. 34, 50, 57, 76, 86, 136; Schubert S. 600.

[32] Vgl. Pekař S. VIII, 695.

[33] Pekař S. IX, vgl. auch S. 306, 693f.; Wagner S. 7–9, 125; Wagner (S. 6) spricht sich gegen eine Glorifizierung der wallensteinischen Friedenspolitik aus.

[34] Pekař S. 694; vgl. dazu kritisch Srbik S. 49; Schubert S. 599.

der Vorgänge haftet, kann man von zwei unvereinbaren Zielen des Friedländers sprechen [. . .][35]: dem Ziel der Verständigung mit Sachsen, um ohne und gegen Schweden und Frankreich das Reich dem Frieden zuzuführen, und dem Ziel der Vereinbarung mit den Fremdmächten, um das friedensfeindliche Haus Österreich und den Bayern niederzuwerfen; und nicht oder doch keineswegs allein in Ehrgeiz, Haß und Rachgier und in dem persönlichen Verlangen nach der böhmischen Krone ist das echte Motiv der wallensteinischen Umsturztendenz zu sehen [. . .].“[36]

Die Zwischenposition nimmt Gaedeke mit seiner Ansicht ein, wonach Wallensteins „eigene Interessen mit dem Wunsche nach einem allgemeinen und gerechten Frieden“ zusammengefallen seien.[37]

Arnims oben zitierte Bemerkung impliziert durchaus den Aspekt, daß Wallenstein den Frieden ohne – resp. gegen – den Kaiser habe herbeiführen wollen, ausschließlich zur Befriedigung eigener Interessen (Ruhm, Ehre, Macht). Doch spricht in Arnims Charakterisierung der Ziele Wallensteins nichts gegen die gegenteilige These, wonach Wallenstein Frieden zugunsten der kaiser-

[35] Verweis auf Pekař S. 695f.; vgl. auch Anm. 154.

[36] Srbik S. 50; vgl. Schubert S. 599, auch Hildebrand HT S. 399, 423f.: „Es spricht viel dafür, daß Wallenstein 1633 ins Feld zog mit der Absicht, Deutschlands Friedensstifter zu werden und in gewisser Hinsicht Gustav Adolfs Rolle zu übernehmen. Im Gespräch mit Bubna in Gitschin wie auch in den Juniverhandlungen mit Arnim hatte er die Grundlagen für diesen allgemeinen Religions- und Profanfrieden, wie er ihn sich dachte, dargelegt. Nimmt man diesen ehrgeizigen Traum zum Ausgangspunkt, ist man geneigt, diese wechselnden Verhandlungen – mit Schweden und mit den Kurfürsten, gemeinsam oder einzeln, wie auch mit seinen vertriebenen Landsleuten – bloß als unterschiedliche Möglichkeiten zu betrachten, um das Ziel zu erreichen, das sich seiner Phantasie darbot. Denn so gewiß die Schweden ein Hindernis für diese Pläne werden konnten und waren, so sicher ist, daß diese Pläne, wenn sie 1618 zum Ausgangspunkt hatten, früher oder später auch ihre Spitze gegen die spanisch-österreichische Familienpolitik und deren katholische Traditionen richten mußten und daß somit die Hilfe anderer zu ihrer Durchsetzung benötigt wurde. Nicht einmal die böhmische Krone braucht ihren Platz in dieser Reihe von Möglichkeiten einzubüßen, wenn wir auch gerne der Ansicht sind, daß der Gedanke daran mehr von außen kam, von seinen ungeduldigen böhmischen Freunden und Landsleuten, als von ihm selbst; sicherlich konnte sie für ihn bisweilen schimmern als sein Anteil an der endgültigen Abmachung, die doch zu einem Teil auch auf Kosten des Kaisers geschehen mußte, dieses Kaisers, an den Wallenstein selbst so große Forderungen hatte. – Daß er zumindest bis jetzt Frankreichs Hilfe zurückgewiesen hatte, scheint gewiß zu sein und gereicht ihm ja zur Ehre.

Aber Wallenstein war nicht der Mann, ein solches Friedenswerk zu schaffen oder an Gustav Adolfs Stelle zu treten, so falsch seine Stellung durch das Dienstverhältnis zum Kaiser außerdem war“ (Übersetzung vom Herausgeber).

[37] Gaedeke, S. 103.

lichen Macht und in Einklang mit dem Kaiser habe schaffen wollen, wenn er damit auch eigene Zwecke und Ziele verknüpft haben mag. Und so läßt sich auch aus den zuletzt erschienenen drei umfangreichen Werken über Wallenstein – der Studie Suvantos und den großen Biographien von Diwald und Mann – ableiten, daß an Wallensteins Friedenswillen, dem tatsächlichen, nicht zum Vorwand dienenden, wenn auch mit eigenen Interessen verknüpften, nicht zu zweifeln sei.[38] Ihr Tenor entspricht dem schönen Nachruf einer Flugschrift des Jahres 1634, in der ein ligistischer Offizier in einem Gespräch mit einem böhmischen Adeligen ausführt, daß man 'wallensteinisch spielen' müsse, „man muß dem Wallensteiner auch im Tode folgen und zusehen, ob man einen Frieden erjagen könne, hintangesetzt alle Reputation und was demselben anhängig sein möchte" [39].

Friedensschluß bedeutet in Wallensteins Kalkül zunächst den Ausgleich zwischen dem Kaiser und seinen Kontrahenten im Reich, um eine Ausweitung des Krieges – und zwar zunächst das Eingreifen Schwedens, dann Frankreichs – zu verhindern, dann aber das Bemühen um Versöhnung zwischen dem Kaiser und den evangelischen Kurfürsten, verbunden mit deren Trennung von ihren ausländischen Verbündeten,[40] die im Rahmen wallensteini-

[38] Vgl. Coler S. 729; Diwald S. 426, 500; Gaedeke S. 42–44; Görlitz S. 210, 218; Hallwich, Fünf Bücher Wallenstein I S. 417; II S. 454; Hoehne S. 285; Irmer III S. XXIX; Langer S. 112; Lutz S. 216, 218; Mann S. 792, 820, 968; Mehring S. 334; Schmiedt S. 343f.; Schwarz S. 67f.; Srbik S. 23, 29f., 34f., 49f., 53, 56–58, 76, 82, 98, 136, 142, 194; Suvanto S. 64, 119, 121, 163, 183, 196, 199f., 246, 296, 307, 309, 332f., 356; weiterhin Hildebrand HT S. 399: „Wallenstein [. . .] erwies sich als der eifrigste Freund dieses allgemein ersehnten Universalfriedens; kann man irgendwelche Sympathie seiner letzten Wirksamkeit entgegenbringen, so beruht das allein auf diesem Umstand, der nicht länger bezweifelt werden kann; die Gesichtspunkte, die er in dieser Hinsicht bei allen Wechseln nahezu unverändert beibehielt, entbehrten keinesfalls ihrer Berechtigung. Die wechselnden Kontakte, auf die er sich einließ, bekommen allein auf diese Weise eine mögliche Erklärung" (Übersetzung vom Herausgeber); Weibull S. 15, 12: „Wallensteins Verhandlungen kreuzten sich, sie waren einander widersprechend. Aber hinter ihnen liegt ein und dieselbe Idee. Der große Heerführer [. . .] will nicht Krieg. Er will Frieden" (Übersetzung vom Herausgeber).

[39] Srbik S. 278, vgl. Wandrúszka, Reichspatriotismus S. 23.

[40] Vgl. Suvanto S. 274 im Zusammenhang mit Wallensteins Sieg bei Steinau am 12. 10. 1633: Oxenstierna „merkte deutlich, dass Wallenstein mittels des Sieges versuchte, die evangelischen Kurfürsten seinem Plan gefügig zu machen: der Herstellung des Friedens und der Vertreibung der fremden Mächte, Schweden und Frankreich, aus dem Reich. Von einer Zusammenarbeit mit Schweden und Frankreich konnte nicht mehr die Rede sein. Gleichzeitig wurde es immer klarer, dass sein Streben danach früher ein reines Irreführungsmanöver gewesen war"; vgl. auch S. 278; Irmer I S. XXXVIII–XL, LXII, LXXIII; Irmer II S. VII, XXXVIIf. Vgl. ferner das Schreiben Axel Oxen-

scher Universalfriedensvorstellungen geringfügig entschädigt werden[41] und ihren Einfluß im Reich aufgeben sollten. Wallensteins Bereitschaft zum Frieden läßt sich mehrfach belegen:

1. Der Lübecker Friede[42] basiert einerseits auf Wallensteins Erkenntnis, daß der Sieg über Dänemark nicht ausgebaut werden konnte, solange König Christian IV. auf seiner Hauptinsel für die kaiserlichen Truppen unangreifbar war, und andererseits auf der realen Einschätzung dessen, was der dänische König ohne Gesichtsverlust zugestehen konnte; im Ergebnis bricht der Friede

stiernas an Jakob Löffler und Philipp Streiff v. Lauenstein (in: Rikskansleren Axel Oxenstiernas skrifter och brevväxling, Förra avdelningen Bd. 10 Nr. 43):

„Edle, gestrenge, auch veste und hochgelehrte,
sonders liebe Herrn und freunde.

Wass gestriges tages fur aviso einkommen, so von der Churfurstl. Durchl. zu Brandenburgh communicirt worden, dass haben die Herrn auss den beylagen zu ersehen, auss welchen sie den zustandt in Schlessien nach noturfft können vernemmen, und ob ess wohl scheint, ob solte der herzogh von Friedtlandt ein nit geringe victori gegen die unsserige erhalten haben, so lest er doch nit ab, furters mit tractaten sich auffzuhalten und selbige ultro den Teutschen fursten zu offeriren, die doch allerseits dohin einlauffen, dass alle frembde hülffen und insonderheit beydter cronen Schweden und Franckreich sollen vor allen dingen auss dem reich abgeschaffet, alssdann in frieden in demselben fueglich könne gestifftet werden. Wass aber solcher gestalten so wohl fur die evangelische chur-, fursten und ständte dess heyl. Röm. reichss fur ein bestendiger sicherer frieden zu hoffen, und nachgehendts auch die aussländische benachbarte potentaten und republiquen, sonderlich diejenige, die vor allen dingen wollen von den tractaten aussgeschlossen und auss dem reich geschaffet werden, zu gewarten, dass hatt jeder verstendiger leicht zu ermessen. Und weiln hieran der Königl. May:tt auss Franckreich nit wenig gelegen und deroselben hierunter zum wachen ebenmessig wil angesagt sein, alss habens Ihr Königl. May:tt die Herrn Abgesandte underthenigst zu repræsentieren, damit Ihr Königl. May:tt auff mittel, wordurch solchen schädtlichen consiliis bey zeiten magh entgegen gebahnt werden, furderligst sich gnädigst resolviren mugen. Massen die Herrn ein solches ihrer bekandten discretion nach, deren ich ess heimstelle, underthenigst anzubringen und sich darbey mueglichst wiedrumb herauss zu befurdern wissen werden, deren ich und dass consilium bey solchen furfallenden difficulteten mit verlangen erwarte. Und verbleibe denselben mit g. willen jederzeit wohlbeygethan. Datum Franckfurt am Mayn den 14. octob. anno 1633.

Der Herrn
freundtwilliger
Axell Oxenstierna mp."

[41] Vgl. u. a. die Vorstellungen nach Schlieffs Bericht vor dem kursächsischen Geheimen Rat – Suvanto S. 329–331; Srbik S. 136; vgl. auch Hildebrand HT S. 409; Irmer III S. XXXIII, XXXV; Wagner S. 154; auch Schwarz S. 66f., der allerdings nicht an Wallensteins Willen zu einer tatsächlichen Territorialentschädigung Schwedens glaubt.

[42] Vgl. Nr. 58.

Dänemark aus der antihabsburgischen Koalition heraus[43] und leitet eine Phase vorsichtiger Zusammenarbeit zwischen Dänemark und Wallenstein resp. dem Kaiser ein[44]. Wallensteins Vertragsabschluß mit Augenmaß ist das Gegenmodell zur kaiserlichen und ligistischen Haltung in der Frage eines Friedensschlusses mit Dänemark und zum Restitutionsedikt.

2. Die scharfe Ablehnung dieses Ediktes[45] durch Wallenstein[46] beruht weniger auf religiöser Indifferenz[47], seinem Atheismus[48] oder Mangel eines persönlichen Gottesbewußtseins[49] als auf der Einsicht, daß einerseits der Krieg zu dem werde, was er nach Bekunden des Kaisers und Wallensteins selbst nicht sei, nämlich ein Religionskrieg[50], und daß andererseits damit die kaiserfreundlichen protestantischen Reichsstände zu scharfer Frontstellung gegen Wien gezwungen werden und in Schweden eine Stütze finden könnten, wodurch sich der Krieg verlängern mußte. Wer dem Frieden und tolerantem Zusammenleben einen höheren Wert als Prinzipientreue in konfessionellen Fragen beimißt, wird Wallensteins Position billigen,[51] wie dies durchaus auch kaiserliche Politiker in Wien taten[52] und Historiker tun, unabhängig davon,

[43] Vgl. Diwald S. 390, 415f.

[44] Vgl. Suvanto S. 63, 108–110, 119, 129, 182f. sowie Nr. 102, 106, 111, 117, 127, 130, 139.

[45] Vgl. Nr. 59 Anm. 2.

[46] Vgl. Gindelý, Maritime Pläne S. 53; Hoehne S. 282–285; Huch S. 93; Langer S. 112; Mann S. 722; Mattutat S. 26–28; Mecenseffy S. 22; Schmiedt S. 331; Suvanto S. 64.

[47] Religiöse Indifferenz nehmen an: Görlitz S. 160; Mecenseffy S. 22; Schweizer S. 348, 354; Weibull S. 15; abgelehnt wird diese These von Hoehne S. 289f. in Verbindung mit S. 272f.

Wagner (S. 30) führt aus: „Eigentümlich war für ihn, daß der religiöse Fanatismus in dem Maße nachließ, als er äußere materielle Erfolge hatte. Er wurde gegenüber religiösen Dingen zusehends gleichgültiger, als ob seine vorgegebene echte Ergriffenheit vom Katholizismus unbewußt aus einem Instinkt sich nährte, der ihm auf dem Umweg über kirchliche Emsigkeit die Erfüllung seiner aufs rein Irdische gerichteten Machtpläne verhieß“; vgl. auch S. 79, wonach Wallenstein Gottes Gebote nicht achtete.

[48] Vgl. Wagner S. 14.

[49] Vgl. Wagner S. 30.

[50] Vgl. Diwald S. 421; zu Religionskriegsvorstellungen am Wiener Hof für 1631 vgl. Schweizer S. 108.

[51] Vgl. z. B. Srbik S. 20, 28, 34–36, 38, 42, 47, 62f., 194, 278.

[52] Z. B.: Eggenberg und Collalto, vgl. Suvanto S. 47, 79; auch S. 101f. (Gutachten des Geheimen Rates vom 18. 10. 1631), 177; vgl. weiterhin Srbik S. 53–55, auf eine Denkschrift des Gundakar v. Liechtenstein, die am 26. 1. 1633 Trauttmansdorff geschickt worden war, verweisend; diese Denkschrift scheute sich nicht, „auch 'die gezwungene Reformation in religione' gänzlich zu verurteilen“. Trauttmansdorff machte

ob das Edikt juristisch gerechtfertigt war. Problematisch ist weniger Wallensteins Ablehnung des Restitutionsediktes als die damit öffentlich deutlich gewordene[53] Gegenposition zum Kaiser, also Wallensteins Illoyalität.

Erwähnenswert ist, daß Wallenstein, ausgehend von der grundsätzlichen Rechtsgleichheit der Konfessionen,[54] allem Anschein nach eine Regelung der Konfessionsfrage vorschwebte, wie sie – in modifizierter Form – im Westfälischen Frieden durchgesetzt werden sollte: Aufhebung des Restitutionsediktes und Festsetzung eines Normaljahres für den konfessionellen Besitzstand[55].

3. Mit Rücksicht auf die Balance im Ostseegebiet, und dies bedeutet vor allem: mit Rücksicht auf Schweden,[56] scheint Wallenstein die anfängliche Förderung der habsburgischen Flottenpläne für diesen Raum aufgegeben zu haben[57].

4. Wallenstein wandte sich gegen Maßnahmen, die den Kaiser in den spanisch-niederländischen oder den spanisch-französischen Konflikt hätten hin-

von der Denkschrift i. S. des sich noch in kaiserlicher Ungnade befindenden Urhebers Gebrauch.

[53] Vgl. Nr. 59.

[54] Vgl. Diwald S. 427f.

[55] Vgl. Suvanto S. 165; in den Verhandlungen des Jahres 1633 tauchen als 'Normaljahr' auf Wallensteins Seite die Jahre 1618 (Suvanto S. 198, 208, 225, 246, 287; Hildebrand HT S. 409, 412; Irmer I S. LVIII; Irmer II S. XLIX-LI; Wagner S. 135, 137), 1615 resp. für die Pfalz 1625 (Suvanto S. 262), eine nicht präzise definierte Zeit vor dem Krieg (Srbik S. 79; Suvanto S. 275), von seiten Trauttmansdorffs die Mühlhäuser Kurfürstenversammlung von 1627 (Srbik S. 60; Suvanto S. 288) auf. Zur angeblichen Anerkennung des von Arnim verlangten Normaljahres 1618 durch Wallenstein im Juni 1633 vgl. Ritter (Untergang S. 272), demzufolge Wallenstein nicht Arnims Interpretation, sondern nur „die 'Intention', die ihn zu deren Niederschrift bewogen hat", gebilligt habe; vgl. weiterhin zu Wallensteins im ganzen positiver Haltung zum Normaljahr 1618 Ritter (Untergang S. 274–276), zum Normaljahr 'zur Zeit Rudolfs II. und Matthias' Ritter (Untergang S. 281). Vgl. für die Kaunitzer Beratungen vom 30. 11. 1631 Gaedeke S. 34–36; Irmer I S. XXIX, XXXVIIIf.; Srbik S. 46f.

Vgl. außerdem Srbik S. 55, 57f.; Wagner S. 135, 137; Weibull S. 9, 11, 13, 15.

[56] Wallenstein hat Schweden und König Gustav II. Adolf schon zeitig in sein Kalkül einbezogen – vgl. Diwald S. 352; 397f.: „Während der Erfolge Gustav Adolfs in Polen 1625 und 1626 haben nur zwei das ganze Ausmaß der schwedischen Gefahr begriffen, Wallenstein und die Spanier"; vgl. auch Gindelý, Maritime Pläne S. 9, 37, 53; Hallwich, Fünf Bücher Wallenstein Bd. II S. 335f.; Schwarz S. 22f.

Nach Gustavs II. Adolf Landung im Reich sah Wallenstein in Schweden den gefährlichsten Gegner des Kaisers; vgl. Suvanto S. 64, 119.

[57] Vgl. Nr. 8 (Einleitung); Messow S. 31, 52f.; verzerrt Wagner S. 81, 86; zu Wallensteins unveränderter Haltung in dieser Frage im Jahre 1631 vgl. Suvanto S. 63.

einziehen können.[58] Diese Haltung führte Wallenstein im Zusammenhang mit dem mantuanischen Krieg oder mit dem Konflikt um den Elsaß-Zug Ferias resp. die Reise des spanischen Kardinalinfanten zur Übernahme seines Amtes als Statthalter in Brüssel zu scharfen Gegensätzen zum Kaiser bis hin zur Befehlsverweigerung.[59]

5. Das Taktieren Wallensteins in den Feldzügen gegen die schwedischen Truppen zeigt den Willen, nicht durch Vernichtung oder eine schwere Niederlage des Gegners Frankreich auf schwedischer Seite zum Kriegseintritt zu provozieren; dieses Taktieren aber ist Wallenstein vielfach als Zögern, als Entschlußlosigkeit ausgelegt worden.

Pekařs Kritik[60] daran, daß sich „die führenden deutschen Wallensteinforscher" den Herzog von Friedland vielfach als „patriotischen deutschen Fürsten"[61] vorstellten, „der vor allem dem Heiligen Römischen Reich den ersehnten Frieden habe wiedergeben wollen", ist zuzustimmen (so problematisch es ist, ohne weiteres patriotisches deutsches Denken zu den Interessen des Heiligen Römischen Reiches in Beziehung zu setzen[62]): Wallenstein war kein Mensch, der in deutsch-nationalen Kategorien dachte, wie dies vor allem Schwarz in seiner 1937 erschienenen Dissertation meint, der in Wallenstein den Vertreter der deutschen Reichsidee gegen die Spezialinteressen Schwedens und die universalistische Politik Habsburgs sieht,[63] der von der deutschen Haltung Wallensteins spricht;[64] ebensowenig aber dachte er in nationaltschechischen.[65] Pekařs wiederholt vorgetragener Vorwurf,[66] daß die deutsche

[58] Vgl. Coler S. 732f.; Gindelý, Maritime Pläne S. 53f.; Huch S. 71; Mann S. 714, 656f., 647f.; Messow S. 17; Weibull S. 16.

[59] Vgl. Albrecht, Maximilian S. 365; Gindelý, Zweites Generalat S. 24–29; Hildebrand HT S. 411; Huch S. 93f., 107; Irmer II S. XVIf., XXXVII-XL, LV; Irmer III S. XXII; Mann S. 651, auch 687; Mecenseffy S. 24f.; Ritter, Untergang S. 249–257; Schebek, Capitulation S. 329; Schwarz S. 65f.; Suvanto S. 159, 221–224, 228f., 235, 266, 322; Srbik S. 57f., 104; Wagner S. 136, 138f., 147f.

[60] S. IX, 3; vgl. auch Wagner S. 126.

[61] Srbik (S. 20) spricht z. B. von Wallensteins Kampf „für Befreiung des deutschen Volkes von fremden Rettern, die zu Zwingmächten geworden [waren], und für die Weltgeltung des deutschen Namens"; vgl. auch Mehring S. 335f.; Meusel S. 772.

[62] Vgl. zu dieser Problematik Wandruszka.

[63] Vgl. S. 11, 51, 62f.

[64] Vgl. S. 67.

[65] Vgl. Pekař S. 705; Schieches Besprechung zu Pekař S. 388; Srbik S. 35f. Wagner S. 5.

Wallenstein hat sich sowohl der deutschen als auch der tschechischen Sprache bedient; das Tschechische scheint jedoch eher vertraulichen Schreiben – u. a. an Trčka – vorbehalten gewesen zu sein, vgl. Pekař S. 445; Wagner S. 126; nach Hallwich, Fünf Bücher Wallenstein I S. 110 benutzte Wallenstein das Tschechische nicht selten in

Forschung den böhmischen Hintergrund Wallensteins nicht kennte, nicht verstünde, auf jeden Fall aber vernachlässigte, ist nicht von der Hand zu weisen, doch ist die Kenntnis dieses Hintergrundes für Wallensteins Friedensbestrebungen insofern nicht entscheidend, als es Wallenstein als oberstem kaiserlichen General um den Frieden im Römischen Reich ging, dessen Teil Böhmen war. Friede im Reich bedeutete für Wallenstein auch Friede in Böhmen – und diesen Frieden herbeizuführen, war das Ziel wallensteinischer Bemühungen, die nach Pekařs Ansicht aber seit Wallensteins Entlassung 1630 nur einem Zweck dienten: einer Verschwörung gegen den Kaiser.

Lassen sich für den Kern von Arnims Behauptung zahlreiche Belege finden, so ergibt sich ein ganz anderes Bild bei den Motiven, die nach Arnims Meinung Wallenstein zu seiner Friedenspolitik führten, und den Absichten, die er damit verbunden haben soll.

Wallenstein selbst äußert sich nicht dazu; die Mitteilungen Dritter sind nicht nachprüfbar und stammen von Personen, die nicht sonderlich vertrauenswürdig sind – dies gilt für Arnim ebenso wie für die böhmischen Emigranten aus der Umgebung Wallensteins, für den „Berichte- und Denkschriftenkrieg" gegen Wallenstein, insbesondere während seines zweiten Generalates,[67] oder die kaiserlichen Generale, die die Verschwörung gegen Wallenstein planten und inszenierten,[68] ganz zu schweigen von den Verfassern der Rechtfertigungsschriften im Zusammenhang mit Wallensteins Tötung[69].

Problematisch bei vielen Berichten zu Lebzeiten Wallensteins ist, daß „als Gewißheit und als fester Plan des Friedländers ausgegeben wurde, was er als einen Wunsch und eine Möglichkeit mit den mannigfachsten Rücklenkungen im Geiste erwog, daß die im Zorn und Haß herausgestoßenen Drohungen des Heißblütigen als feste Willensrichtung hingestellt und ihm Absichten auf die

seiner Privatkorrespondenz; Vorliebe für die deutsche Kultur konstatieren Görlitz S. 6; Hoehne S. 270 Anm. 4; Huch S. 28.

[66] Vgl. S. IX, 41, 48, 701f.

[67] Vgl. Srbik S. 73–79, 106–109; Wagner S. 150.

[68] Vgl. zu Piccolominis Denunziationen vom Januar 1633 Mann S. 1057–1059; Pekař S. 603–610; Srbik S. 106–109, 260; Wagner S. 149; Weibull S. 19; vgl. zu den Kontakten zwischen Gallas, Piccolomini und Aldringen die Studie von Parnemann (passim, besonders aber S. 19–58, 75–93); Parnemann spricht von „geheimen im Dezember 1633 beginnenden und gegen Wallenstein gerichteten Beziehungen des kaiserlichen Hofes zu den Generalen Aldringen, Gallas und Piccolomini und dieser untereinander" (S. 19).

[69] Vgl. Diwald, S. 460, 503–510, 523; Srbik S. 240–244, 260–262, 265–271, 275–277, 299–308; Steuer S. 318–349, auch 142–160; Suvanto S. 82–87, 94f., 111–114, 246, 335–337; zu Piccolominis Relation vgl. Jedin S. 328–338 (Einleitung), der italienische Text: S. 338–357.

Länder der böhmischen Krone unterstellt wurden, die in seinen eigenen Augen ein Schelmenstück waren“ [70].

Harmlos ist Arnims Behauptung, wonach Wallenstein sich im Glanz eines Friedensbringers habe sonnen wollen; ein derartiges Motiv ist durchaus vorstellbar und wäre Wallenstein kaum zu verdenken. Weniger harmlos sind die Wallenstein nachgesagten Ambitionen, „den nachkommen ein real gedächtnüß, entweder durch erweiterunge seines landes oder erhöhung seines standes, hinter sich . . . laßen“ zu wollen. „Erweiterung seines Landes“ könnte die mehr oder weniger juristisch abgesicherte Arrondierung seines Besitzes durch kaiserliche Belehnung sein, vergleichbar der Übertragung des Herzogtums Mecklenburg, aber auch Usurpationen bedeuten, worauf der Wallenstein nachgesagte Wille zur „Erhöhung seines Standes“ weisen kann; denn eine solche Erhöhung konnte nur die Übertragung der Kurwürde oder den Griff nach der böhmischen Krone meinen, da Wallenstein zum Zeitpunkt der Äußerungen Arnims alle vorausgehenden Stufen des Aufstieges erklommen hatte. Was Arnim Wallenstein zu unterstellen scheint, ist somit entweder die Absicht zum verfassungsrechtlich bedenklichen Erwerb eines Kurfürstentums [71] – dies hätte zu diesem Zeitpunkt nur durch Absetzung eines der beiden evangelischen Kurfürsten geschehen können (die Diskussion um eine Vergrößerung des Kurfürstenkollegiums kommt erst auf dem Westfälischen Friedenskongreß auf), ein Schritt, den der Kaiser trotz des Präjudizes der Übertragung der kurpfälzischen Kur an Bayern kaum hätte wagen können, da Wallensteins Stellung nicht mit der eines alten reichsfürstlichen Geschlechtes vergleichbar war (ganz abgesehen davon, daß besonders Kursachsen, aber auch Kurbrandenburg, in den Friedensbemühungen Wallensteins und des Kaisers eine entscheidende Rolle spielten; [72] nur die Einbeziehung beider evangelischer Kurfürstentümer in einen die Reichsstände versöhnenden Friedensprozeß konnte den Krieg beenden; eine Übertragung der brandenburgi-

[70] Srbik S. 77.

[71] Vgl. hierzu Schebeks Auseinandersetzungen mit Punkt 7 der Bedingungen, unter denen Wallenstein nach Gindelý das zweite Generalat übernommen habe (Schebek, Capitulation S. 315: „7. Ueberweisung einer Kur und des damit verbundenen Besitzes“; S. 320–332); vgl. dazu Suvanto S. 151–153; Gindelý, Zweites Generalat (S. 31–34), der davon ausgeht, daß Wallenstein Kurbrandenburg habe erwerben wollen. Um eine unabhängige Herrschaft zu gewinnen, habe Wallenstein seit Mitte 1633 „seine Verhandlungen mit Sachsen, Schweden und Frankreich zum Verderben des Kaisers“ geführt (S. 39f.); vgl. auch Michael S. 429; zweifelnd: Ritter, Untergang S. 261.

[72] Vgl. Irmer III S. XIII–XVI; Ritter, Untergang S. 288; Schebek, Capitulation S. 321f.; Schweizer S. 109, 352; Suvanto S. 98, 109f., 128f., 152, 163, 165–167, 178, 196–199, 238, 275f.; zu schwedischen Gegenmaßnahmen Suvanto S. 211–213.

schen oder sächsischen Kur auf Wallenstein hätte jeden Ansatz zum Frieden im Keim erstickt) – oder der Wille zur Rebellion gegen den Kaiser, um König von Böhmen zu werden, wie dies vor allem auch Pekař behauptet, den unterschiedlichen Berichten, vor allem auch Aussagen aus der Zeit nach Wallensteins Tod, vertrauend,[73] wie dies folgender Satz zum Ausdruck bringt: „Daß das Königreich Böhmen [. . .] dem Kaiser weggenommen werden würde, daß dieses Königreich im Geiste des Programms der böhmischen Revolutionäre, die zu Wallensteins Freunden und Beratern zählten, des Herzogs köstlichste Belohnung, Ruhmesbekrönung und Siegesbeute werden sollte – wer wollte das wohl bezweifeln?“ [74]

Einen anderen Aspekt des Wallenstein zugeschriebenen Willens, König von Böhmen zu werden und den Kaiser zu verraten,[75] arbeitet Schubert heraus. Für F. H. Schubert ist Wallenstein der größte deutsche Kondottiere,[76] zugleich ein gewichtiger Schlußpunkt der Geschichte des Kondottieretums,[77] wenn auch Schuberts Definition des Begriffs ‘Kondottiere’ recht weit gefaßt ist, nämlich als eines selbständigen Kriegsunternehmers,[78] der Wallenstein so eindeutig nicht war. Der Begriff ‘Kondottiere’ schließt ein den Willen, Land als Ausgangsbasis für eine selbständige Politik zu erwerben. Wallenstein habe in dieser Beziehung mit dem Erwerb seiner Territorien größeren Erfolg gehabt als andere deutsche Kondottiere,[79] wenn auch der kurzzeitige Gewinn Mecklenburgs eher Probleme als Nutzen gebracht hätte[80]. Mit dem Verlust Mecklenburgs habe Wallenstein die Basis für sein weitreichendes Ziel, pacificator imperii Romano-Germanici zu werden,[81] verloren. Ein solches Ziel zu erreichen, sei – wenn überhaupt – nur für einen Reichsfürsten möglich gewesen. Wenn Wallenstein seine Pläne unter fremder Oberhoheit hätte durch-

[73] Vgl. Pekař S. 4–8, 18, 231f., 280–291, 307f., 629, 646–651, 687, 696, 698, 701f.

[74] Pekař S. 629

[75] Vgl. Schubert S. 608, 610.

[76] Vgl. Schubert S. 597, 610; Rezension zu Schubert: Lutz S. 210 Anm. 10, 240f.; vgl. zur Bezeichnung Wallensteins als Kondottiere auch Albrecht, Richelieu S. 32; Görlitz S. 21, 77; Hochheimer S. 143–150; Mehring S. 335; Michael S. 434; Pekař S. X, 704; Polišenský, Historica S. 82; ders., Problematik S. 132; Schmiedt S. 343, 345; Suvanto S. 21f.; Wagner S. 5, 14–17, 68, 126, 167; zur Kondottiereproblematik: Coler S. 721f.; Srbik S. 36f.

[77] Vgl. Schubert S. 601.

[78] Kondottiere seien alle die „europäischen Kriegsunternehmer [. . .], die das Geschäft in großem Stil betrieben, das heißt eigentliche Armeen selbständig auf die Beine brachten und führten“ (Schubert S. 601 Anm. 10; vgl. auch S. 602–604).

[79] Vgl. Schubert S. 603.

[80] Vgl. Schubert S. 603–606.

[81] Vgl. Schubert S. 600.

setzen wollen – als vom Kaiser abgefallener General unter fremder Oberhoheit hätte er ohnehin keine Möglichkeit gehabt, dem Reich den Frieden zu bringen[82] –, habe er nach einer anderen Reichsstandschaft streben müssen, wobei Böhmen auf Grund seiner verfassungsrechtlichen Stellung als Wahlkönigreich am ehesten geeignet gewesen sei; der Griff nach der böhmischen Krone sei für Wallenstein auf Grund seiner Interessenlage ebenso zwangsläufig gewesen,[83] wie es sein Scheitern gewesen sei. Chancen, böhmischer König zu werden, habe Wallenstein dabei nicht gehabt; zwar sei mit Georg Podiebrad ein Angehöriger des böhmischen Herrenstandes König geworden[84] – Wallensteins Herkunft aus demselben Stand wäre demnach kein Hinderungsgrund gewesen –, doch sei in der Zwischenzeit eine Entwicklung eingetreten, der zufolge die Wahlgremien von Wahlkönigreichen Angehörige landfremder europäischer fürstlicher Dynastien bevorzugt hätten,[85] abgesehen davon, daß es äußerst schwierig gewesen wäre, die Habsburger ein zweites Mal innerhalb einer Generation aus Böhmen zu vertreiben[86].

Wallenstein gehört für Schubert zu den *zwangsläufig* – Schubert benutzt dieses Wort wiederholt – zum Mißerfolg Verurteilten, zu den zu spät Geborenen – zu spät, um realistische Chancen für den Erwerb der böhmischen Krone zu haben, zu spät, um als Kondottiere Erfolg zu haben.[87]

Abgesehen davon, daß Wallenstein nach zeitgenössischen Berichten den Griff nach der Wenzelskrone als ein großes Schelmenstück bezeichnet hat[88] und daß anderslautende Äußerungen Wallensteins fehlen – wie von Wallenstein überhaupt kaum etwas überliefert ist, was Aufschluß über sein Denken, sein Planen oder seine Ziele gäbe[89] –, spricht wenig für die Vermutung, daß Wallenstein ernsthaft nach der böhmischen Krone gestrebt haben könnte,[90]

[82] Vgl. Schubert S. 600, 605, 607.

[83] Vgl. Schubert S. 600, 606, 608, 610.

[84] Vgl. Schubert S. 607.

[85] Vgl. Schubert S. 600, 608.

[86] Vgl. Schubert S. 608f.

[87] Vgl. Schubert S. 604, auch 599–601.

[88] Vgl. Huch S. 124; Srbik S. 56; Suvanto S. 202; Weibull S. 13f.; vgl. dagegen Pekař S. 280f.; Wagner S. 133f., demzufolge es sich bei dieser Äußerung um „eine diplomatische Floskel Wallensteins" handele.

[89] Vgl. Mann S. 9; auch Diwald S. 10.

[90] Mann (S. 762f.) bezeichnet den Wallenstein zugeschriebenen Wunsch, König von Böhmen zu werden, als eine Erfindung böhmischer Herren; Wallensteins Königstraum sei unbeweisbar; „was gar das Amt eines böhmischen Vizekönigs betrifft, das ihm von Gustav Adolf soll offeriert worden sein, so ist diese Legende ganz lächerlich". Auch Schubert (S. 607) meint, daß Anhänger der „böhmischen Ständepartei" sich seit 1631 bemüht hätten, Wallenstein „mit der Aussicht auf die Wenzelskrone zum Abfall vom

Anm. 90 (Forts.)
Kaiser zu verlocken"; und Suvanto (S. 201 f.) meint: „Für die Emigranten schien der gebrechliche Feldherr nur ein Mittel zu sein, mit dem sie ihre alten Illusionen verwirklichen konnten"; schwedischerseits sei das Königsproblem erörtert worden, um Wallenstein zu kompromittieren (S. 252).

Vgl. hierzu weiterhin Gaedeke S. 8f.; Irmer II S. XV, XVIIIf., XXV, XXIX; Srbik S. 32, 44f., 57, 137; Suvanto S. 200, 203, 206f., 336f. Anm. 2, 350. (Suvanto fußt seinerseits auf einer ungedruckten und unvollendet gebliebenen Arbeit Gösta Jörlins; vgl. Jörlin S. 32.) Vgl. auch Hildebrand HT S. 424, während er an anderer Stelle (S. 402) ausführt, daß Wallensteins Äußerungen, nicht nach der böhmischen Krone zu streben, die eine Seite der Medaille seien, die andere aber geprägt sei davon, daß Wallensteins „Vertrauteste davon überzeugt waren, daß die böhmische Krone doch das eigentliche und wichtigste Ziel seines Ehrgeizes war. Thurn und Bubna, Trčka und Kinský, die ihn am besten gekannt haben mußten, scheinen derselben Meinung gewesen zu sein. Wie leicht kann nicht Rašín seinen [Wallensteins] Worten und Absichten die Färbung gegeben haben, von der man in diesen Kreisen meinte, daß sie sie im Innersten hätten. Das braucht nicht in böser Absicht geschehen zu sein" (Übersetzung vom Herausgeber).

Ähnlich argumentiert Ritter (Untergang S. 284): Zwar habe Wallenstein „die Ergreifung der böhmischen Krone" abgelehnt, „allein so, daß die Ablehnung nicht als unverbrüchlich angenommen wurde".

Reale Königspläne unterstellt dem Herzog von Friedland – mit Pekař – Wagner S. 9, 14, 48–50, 93, 125, 127, 134–136, 153, 156–158; vgl. auch Görlitz S. 174, 197f., 209f.; Irmer II S. LXV (für September 1633).

Was die angeblich vom schwedischen König angebotene böhmische Vizekönigschaft anbelangt, so beruht diese Auskunft auf einem Schreiben Thurns an König Gustav II. Adolf, ohne Datum (ca. 9. bis 12. Oktober 1631), das Kaiser Ferdinand III. am 18. 2. 1637 vom Kapuziner Gregorio de Fossa übersandt worden ist (gedruckt u. a. bei Gaedeke S. 108f.). Dieses Schreiben lautet:

„Allergnedigster Khönnig und Herr.

Vor E. Kh. Mtt. bin Ich spatt khommen und Ihn der Ayl auf öffentlichen Sal urlob nemen mueßen, wahr weder zeitt glegenheit noch stoel, notturftig zu Reden, Bien in großer hofnung gewest, tag und Nacht gereiß E. Kh. Mtt. die gewüßheit zu bringen, das Nun mher alles khlar und zuem Abdrukhen Ist, hab aber Läder on wortten und gestalt abgenomen das es E. Kh. Mtt. weder erfreulich noch Annemlich whar. Sondern Jezundt ain difidenz und sorgsomkeit Ihre Ihr F. G. sezen. Nun Ist es Euer Mtt. wissent, was sie mir anbevolhen und der Raschin Ihr F. G. bericht hatt, das Euer Mtt. wollen 12 000 Man wen die Zeit begert wiertt schickhen auch Achzehen stuckh, Sich auch oferirt Ihn zuem Vicé Ré zu machen und das er den Khrieg in Euer Mtt. Namen fuehren sol, Auch die Erfordrung thuen was er von E. Mtt. begern khan und wiel. Auf dieses Ist nun der Raschin abgeordent, die Versicherung zue thuen so er 12 oder 14 Tausendt man hatt die Schlesische Arme persanlih anzugreiffen Euer Mtt. Schlesing Bohem und Marhern In Rubigen Standt zu sezen und noh Verordnung und Befelch E. Kh. Mtt. so viel hinterlassen, das Bohem gesichert sey, und der Fuerst wol noch der Wiener Brugkhen begeben, Sein Wintter quartier aufschlagen, Bey der Ersten starkhen gefrier, Noh Steu-

Anm. 90 (Forts.)
ermarkh, Kharntten und Crein gehn welches mir alles bekandt und soviel Vernunfft hab zue Urthein, das es sein khan getrau mir es auch wol zue Enden, wen nun Ihr F. G. solche Treue Dienst Lästen wiertt, So stölt ers zue E. Kh. Mtt. gnedigster belibung und Erkhantnues die Remuneration zu bekhomen, welches Euer Mtt. willich und Leicht zu thun wiertt sein.

Allergnedigster Khönnig.

Biet E. Kh. Mtt. umb Gottes Willen, solchen vorgenommen Argwon aus den Herzen schlagen den man hat khain Exempel das diese Fürstliche Persohn etwas Tratidoris Ehrvergessenes vorgenommen hett, sondern glauben und Traun gehalten das sagen freundt und Feindt. Ih bien mit Ehrn Alt geworden In Redligkeit und Aufrichtigkeit gelebt und nit zue einem solchen khindt geworden, das Ih mit mein Alzueviel Traun E. Mtt. verfhueren wuerde oder etwas vortlhafftig und betriglichs zue suechen wie auh diesser wolbekantte vom Adl dem E. Kh. Mtt. kheinen gnedigen widergrues anbevolhen. Ih fhuer mein Persohn etwas selbst zue thuen bien Ih sorgsamb und aus solchen Ursachen khlainmuettig.

Wen E. Kh. Mtt. schreiben, Ih werde den Feldmarschalk Arnhaemb geben, wiel Ih es unvermerkht dahin Richten, das er ain Vertrautten Diener Ohn Ihr F. G. wiertt schickhen der seine Versprechungen Zuesag und Vornemen selbst Combel modo khan anhören, E. Mtt. auss allen Verdacht zu bringen.

E. Kh. Mtt. haben in der Valedixirung gesagt und dahin gezielt selbst In Böhem gegen Eger zu gehn, hab es guettgehäßen, wen es E. Kh. Mtt. auf solche wais gefellig, hett wol meine bedenkhen gehabt, etwas darzue zue reden hab mir aber vorgenomen nimermehr Muntlich zue Contrastirn wieder Euer Mtt. doch so es durch befelich begehrt, wiel Ih es so guett Ihs versthe schrifftlich unthertenigst geben.

Allergn. Khönnig und Herr Wail Ihn der gepflogenen Handlung so E. Kh. Mtt. In Anfang sehr Annemlich wahr Mein Ehr und guetter Namen interessirt So hab Ih unthertenigst darumb zu Bietten, mein Verschimpfung gnedigst zue verhuetten, und das die Lieben freundt so Ih On mih geprachtt, ungefart fein genießen mögen des Versprechen so In Namen E. Kh. Mtt. Ih Ihnen gethan hab.

Flaissig werde Ih procuriren und Antraiben das die Schlesische Arme zue nichts gemacht werde, Alßdon werden E. Kh. Mtt. In der Thatt erfahren mit was unthertenigsten Treu und Euffer die Landt werden mit Laib Leben und guett derselben zuspringen. Es sein fhuerneme wakhere Adeliche Persohnen alher khomen auf mich gewartt, Was Ihr Vorbringen und Wiellen wiertt Euer Mtt. geheimer Ratt und Diener Steinberger anhörren auch Leßen was mir die Frau Trczskin schraibt geldt und Khetten geschickht, so umb alle gehamnus was und treulih befuerdert."

„A tergo: Concept An den König in Schweden vom Thurn, des Fridtländers Verrätherey betr. ohne Datum."

Vgl. zu diesem Komplex Diwald S. 464; Gaedeke S. 23; Hildebrand HT S. 390f.; Irmer I S. XXVIf.; Mann S. 770; Pekař S. 232; Schubert S. 607f.; Schwarz S. 38, 46f.; Suvanto S. 53, 56, 112.

Vgl. weiterhin zu Wallensteins angeblichem Griff nach der böhmischen Krone: Hallwich, Wallensteins Ende II S. CLXV; Irmer II S. XX, XXXIV, XXXVII; Mann S. 920, 925, 927, 930, 938f., 942.

noch dazu unter Förderung böhmischer Emigranten, die zu einem nicht geringen Teil auch Wallensteins Opfer waren und durch deren von ihnen erwartete und verlangte Restitution Wallenstein seinen seit 1620 erworbenen Besitz eingebüßt hätte.[91] Die böhmische Revolution von 1618 bis 1620 lag ein reichliches Jahrzehnt zurück, und Wallenstein war Nutznießer gerade des Erhalts der traditionellen Machtstruktur, des Sieges des als legitim angesehenen Herrschers.

Allem Anschein nach war Legitimität für Wallenstein ein hoher Wert; erfolgreich hatte er die Legitimierung seines erworbenen Besitzes durchgesetzt; die ihm durch seine Standeserhöhung zukommenden Rechte als legitimer Landesherr hat er mit aller Konsequenz wahrgenommen. Hierin liegt aber auch eine wesentliche Ursache des Konfliktes zwischen Wallenstein und dem Kaiser resp. zwischen Wallenstein und den Reichsfürsten: Denn daß Wallenstein der Hauptgewinner der Konfiskationen nach der Schlacht am Weißen Berg war,[92] daß er seinen Besitz während seiner beiden Generalate immer weiter auszudehnen und zu sichern verstand, daß er alles daran setzte, diesen Besitz in seiner Familie zu halten, selbst für den Fall der Verurteilung eines Erbberechtigten wegen Landesverrates,[93] ist die eine Seite seines Landerwerbs, die andere besteht darin, daß er in der Schaffung eines umfangreichen Territoriums, vor allem aber in der Ernennung zum Reichsfürsten nicht allein ein Mittel zur Befriedigung des Ehrgeizes sah, sondern die Basis für selbständige Politik. Wallenstein fühlte sich als Reichsfürst ebenbürtig mit den anderen deutschen Reichsfürsten,[94] die allerdings ihrerseits in ihrem „dynastischen Selbstgefühl"[95] in Wallenstein nur einen Emporkömmling[96] zu sehen ver-

[91] Vgl. hierzu Suvanto S. 212 mit Verweis auf Tungls Tagebucheintragung vom 15. 6. 1633 (vgl. Nr. 96) und die dort zu findende Beurteilung der wallensteinischen Vorstellungen durch Václav Vilém Roupovský z Roupova (= Ruppach); vgl. auch Irmer II S. XLIV; Schwarz S. 54, auch 53.

[92] Über Wallensteins Gewinne – und Verluste – durch Konfiskationen vgl. Bílek, Dějiny konfiskací v čechách po r. 1618 S. 732–832 sowie S. CXLVIf.; vgl. auch Ernstberger S. 3f.

[93] Vgl. Nr. 79 in Zusammenhang mit Nr. 72.

[94] Vgl. Diwald S. 258: „Streicht man die Kurfürstenwürde Maximilians, so stellt der Kaiser mit dem Diplom vom 13. Juni 1625 einen Heerführer dem Herrscher von Bayern als Reichsfürsten und Herzog fast ebenbürtig zur Seite."

Vgl. auch Huch S. 120; Irmer I S. XLIIf.; Suvanto S. 128; Wagner S. 90; Weibull S. 14.

[95] Vgl. Albrecht, Maximilian S. 207.

[96] Vgl. zu diesem Begriff im Zusammenhang mit Wallenstein kritisch Diwald S. 259, 316.

Als Emporkömmling bezeichnen Wallenstein: Albrecht, Richelieu S. 23; ders., Ma-

mochten und ihm ihre Ablehnung, die zu einem guten Teil auch aus dem Gefühl der Bedrohung der eigenen Stellung durch Wallenstein resultierte,[97] zeigen zu müssen glaubten, wie dies die Erörterungen auf dem Mühlhäuser Kurfürstentag, zu einem wesentlichen Teil gegen Wallensteins Kriegführung gerichtet,[98] über die Wallenstein gegenüber zu verwendende Titulatur[99] zeigt. Für Wallenstein aber implizierte die Stellung eines Reichsfürsten dieselben Rechte, wie sie z. B. Kursachsen oder Bayern für sich in Anspruch nahmen – und dies bedeutete auch Verhandlungen mit Gegnern des Kaisers, mit Diplomaten europäischer Staaten. Wenn Kursachsen Tausende böhmischer Emigranten aufgenommen hatte, warum sollte Wallenstein nicht Kontakt zu einigen von ihnen unterhalten; so wenig Bayern wegen seiner Verhandlungen und Vertragsabschlußversuche mit Frankreich[100] oder seiner Kontakte zu Schweden[101] als Rebell gegen den Kaiser bezeichnet wurde, so wenig ist vermutlich nach Wallensteins Verständnis aus seinen Kontakten mit schwedischen und französischen Diplomaten – über Dritte geführt – dieser Vorwurf zulässig.[102]

Allem Anschein nach fühlte sich Wallenstein den traditionellen Reichsfürsten ebenbürtig – wenn nicht überlegen – und war es doch nicht. Die Ursachen dafür lagen weniger in deren Verachtung gegenüber dem 'Emporkömmling' oder in Wallensteins Herkunft, denn er war kein „ringa tjeckisk adelsman“ [103], stammte durchaus nicht aus kleinem Adel, sondern aus altem böhmischen Adel mit kleinem Besitz,[104] der 1627 zudem nicht geringer war als der der Habsburger, als Rudolf I. zum ersten König aus habsburgischem Geschlecht gewählt worden war, sondern darin, daß Wallenstein auch als Reichsfürst abhängig vom Kaiser blieb, daß er letztlich dessen bezahlter Angestellter war[105]. Die Gerüchte, wonach Wallenstein entweder nach der böh-

ximilian S. 207; Bireley S. 198; Ernstberger S. 4; Huch S. 120; Pekař S. 707; Schubert S. 606; Wagner S. 17, 87.

97 Vgl. Albrecht, Maximilian S. 207f.; Bireley S. 90f.; Breuer S. 15f.; Coler S. 727f.; Hallwich, Fünf Bücher Wallenstein II S. 458; Huch S. 99f.

98 Vgl. zu den Beschwerden über Durchzüge, Einquartierungen, Musterplätze der kaiserlichen Armee und die nach Ansicht der Kurfürsten eigenmächtig von Wallenstein ausgestellten Werbepatente Breuer S. 47f., 55–73, insbes. S. 66–68; Henk S. 94–96; eine Abhilfe der Gravamina erfolgte nicht – vgl. Breuer S. 110–116; Henk S. 116f.

99 Vgl. Nr. 29; Mann S. 259–261, auch Henk S. 96.

100 Vgl. Albrecht, Maximilian S. 211–262, 303–378; Albrecht, Richelieu S. 58f., 61–78; Suvanto S. 70f., 79, 120, 131f.

101 Vgl. Suvanto S. 171 Anm. 11.

102 Vgl. Diwald S. 459f.

103 Weibull S. 4.

104 Vgl. Diwald S. 44, 259.

105 Vgl. Mann S. 603; auch Weibull S. 14.

mischen Krone strebe oder wonach Wallenstein von Kaiser Ferdinand II. Böhmen auf Lebzeiten habe eingeräumt werden sollen,[106] können verschiedene Ursachen haben: 1. De iure, wenn auch nicht de facto, wäre Wallenstein als Reichsfürst wie auch als mächtigster böhmischer Herr mit dem Vorteil des Indigenats als Träger der Wenzelskrone in Frage gekommen.[107] 2. Wesentlicher aber für die Entstehung derlei Gerüchte kann Wallensteins Tätigkeit als Landesherr gewesen sein. So kontrovers die Forschung Wallenstein beurteilt, Einigkeit besteht darin, daß er seine Territorien mustergültig regiert und verwaltet hat.[108] Wallensteins Toleranz in der Zeit des Restitutionsediktes,[109] Wallensteins ökonomische Kenntnisse und Maßnahmen in einer Zeit der Mißwirtschaft in den kaiserlichen Erblanden und vielen Reichsfürstentümern, Wallensteins ökonomisch bedingte Sorge für seine Untertanen[110] in einer Zeit verbreiteter Gleichgültigkeit unteren Bevölkerungsschichten gegenüber empfahlen ihn durchaus als König Böhmens, so unrealistisch entsprechende Vorstellungen auf Grund der Machtstrukturen auch waren[111] und so wenig vermutlich die böhmischen Herren und Ritter Wallenstein längere Zeit toleriert hätten.

Die Verdächtigung, Wallenstein habe die böhmische Königskrone an sich reißen und somit Hochverrat an dem böhmischen König und dem Kaiser verüben wollen, ist weder überzeugend belegbar noch logisch nachvollziehbar und muß daher als unwahrscheinlich bezeichnet werden.

Ein anderer Aspekt des Hochverratsvorwurfs, nämlich Hochverrat gegenüber der Reichsverfassung geplant zu haben, ist letztlich ebensowenig aufrechtzuerhalten, doch spricht – aus reichsfürstlicher Sicht – einiges für ihn. Mann hält Wallensteins Position während des ersten Generalates für in höchstem Maße kaiserlich,[112] „und wenn er nicht, wie man ihm nachsagt, den Um-

[106] Vgl. Irmer II S. XXXV.

[107] Vgl. Schuberts Ausführungen.

[108] Vgl. Anm. 27.

[109] Hoehne (S. 271f., 279f., 283) betont eine durchaus gegenreformatorische Haltung Wallensteins bis 1625, wenn er sie auch weniger scharf als der Kaiser zur Geltung brachte; ab 1625 zeichne sich eine zunehmend tolerante Haltung ab; vgl. auch Ernstberger S. 11, der Wallensteins konfessionelle Großzügigkeit auf ökonomische Gründe zurückführt; vgl. zu Wallensteins religiöser Toleranz weiterhin Hallwich, Fünf Bücher Wallenstein I S. 366; Huch S. 90–93; Wagner S. 83; Weibull S. 15.

Toleranz zeigte Wallenstein über den konfessionellen Rahmen hinaus in seiner Ablehnung von Hexenprozessen (vgl. Mann S. 706).

[110] Vgl. Görlitz S. 159; Hoehne S. 286.

[111] Vgl. Schuberts Ausführungen.

[112] Mann S. 483; vgl. auch Diwald S. 285, 292: „Kein deutscher Kaiser hat jemals einen Fürsten und General an seiner Seite, der so bedingungslos seine politischen Inter-

sturz der Reichskonstitutionen plant, so macht er sich doch einen Begriff von ihnen, welcher nicht der der großen Reichsfürsten ist" [113], wobei hinzuzufügen bleibt, daß auch der Begriff, den sich die Reichsfürsten von der Reichsverfassung machten, eine eigenwillige Auslegung war. Dem Kaiser im Reich eine von der Liga unabhängige Basis zu schaffen, wird in Wallensteins Verhalten gegenüber Kurbayern und Tilly deutlich. Der Festigung der kaiserlichen Position in Norddeutschland diente sein Modell des Friedens mit Dänemark, seine Behandlung der Hansestädte im Zusammenhang mit den kaiserlichen Seemachtplänen,[114] seine Politik gegenüber Magdeburg[115] und auch Stralsund[116], aber auch die Selbstverständlichkeit, mit der er von den Reichsständen in der Kontributionsfrage Gehorsam verlangte und durchsetzte[117]. Doch Festigung der kaiserlichen Position bedeutet nicht Bruch der Reichsverfassung.

Bedenklicher war der Erwerb des Herzogtums Mecklenburg, der jenseits dessen lag, was ein Fürst aus einer der alten Dynastien des Reiches zu akzeptieren bereit war[118] – trotz Übertragung der Pfälzer Kur an Bayern und Ächtung des Kurpfälzers. Den Unterschied zwischen sich selbst und den traditionellen Reichsfürsten – so eingebildet deren Präeminenz auch gewesen sein mag – nicht gesehen oder nicht verstanden zu haben, ist, wie oben ausgeführt, eine Ursache für Wallensteins Scheitern.[119]

essen verficht, der sich in seinem Willen, das Größte zu erreichen, als Befehlshaber der kaiserlichen Armee zugleich als Architekt des politischen Hauses der deutschen Majestät versteht, keinen auch, der so nachdrücklich [. . .] das Schwert der kaiserlichen Präeminenz führt und verkörpert"; 404, 427: „Daß der Kaiser kein politisches, sondern nur ein religiöses Konzept besitzt, das weiß der Bayernfürst seit Jahrzehnten. Kaiserliche Politik im Reich wird erst seit Wallenstein, erst durch Wallenstein getrieben"; 593; vgl. auch Coler S. 724–728; Franz S. 426f.; Hallwich, Fünf Bücher Wallenstein I S. 135, 417; Schmiedt S. 327f., 344; Srbik S. 34, 42.

113 Mann S. 483; vgl. auch S. 721–723; Diwald S. 285, 292, 428, 543; vgl. weiterhin Albrecht, Richelieu S. 24; Mecenseffy S. 21; Wandruszka, Reichspatriotismus S. 22f.

114 Zu Wallensteins hansefreundlicher Haltung im Januar 1631 vgl. Görlitz S. 104; Hroch S. 137f., 144–147, 150–161; Polišenský, Problematik S. 133; Suvanto S. 63. Vgl. weiterhin die Einleitung zu Nr. 8.

115 Vgl. Diwald S. 423; Nr. 59.

116 Vgl. Diwald S. 411–413; Hroch S. 140f.; Wagner S. 81f.

117 Vgl. Diwald S. 275; Pekař S. 629.

118 Vgl. Schebek, Capitulation S. 322; vgl. Nr. 43.

119 Vgl. Mann S. 434; anders Diwald (S. 418), der als Motiv für den Erwerb Mecklenburgs durch Wallenstein vor allem strategische Gründe sieht: „Der Besitz von Mecklenburg befriedigt jedenfalls erst ganz zuletzt seine Bedürfnisse nach Land, er befriedigt vor allem und zuerst Habsburgs maritime Bedürfnisse. Ohne Mecklenburg gäbe es keine habsburgische Ostseepolitik."

Aber andererseits: Wallenstein respektierte die Kurfürstenversammlung zu Regensburg, die militärisch auseinanderzujagen er durchaus vermocht hätte. Und seine Ablehnung des Restitutionsediktes weist weg von der Befürwortung einer absolutistischen Herrschaft Habsburgs im Reich mit deren konfessionspolitischen Komponente: Durchsetzung des Katholizismus im Reich als alleiniger Konfession.[120] Deshalb ist auch Franz Mehrings These, wonach Wallensteins Ziel ein absolutistischer Staat, ähnlich dem von Richelieu geschaffenen, gewesen sei,[121] fragwürdig – wie auch Meusels in gleiche Richtung zielende Zusammenstellung von Wallensteins Plänen: „... Reichseinigung von oben ..., die Aufrichtung eines deutschen absolutistischen Fürstenstaates", während Meusel weitgehend zuzustimmen ist, wenn er als weitere Ziele wallensteinischer Vorstellungen nennt: „... die Beugung der Stände unter den Kaiser [...], die Aussöhnung mit den protestantischen Fürsten und Städten"[122].

Durchaus bedenkenswert ist Mehrings polemische Äußerung: „Ein besseres historisches Recht als Wallenstein hat damals niemand auf deutscher Erde verfochten; es war infamer Landesverrat, als ihn [1630] die deutschen Fürsten [...] stürzten und dadurch die Tore des Reiches dem schwedischen Eroberer öffneten, nur weil sie die Wiederherstellung der kaiserlichen Macht fürchteten."[123]

Lassen sich Beschuldigungen, Wallenstein habe Hochverrat verübt oder geplant, nicht belegen,[124] so scheint der Vorwurf der Gehorsamsverweigerung berechtigt zu sein. Wallenstein hat wiederholt kaiserliche Bitten – und diese waren als Befehle gedacht – unbeachtet gelassen und im zweiten Generalat dem kaiserlichen Willen entgegengesetzte Befehle erteilt,[125] wozu ihm aller-

[120] Vgl. Mann S. 722.

[121] „Dies Ziel war kein abenteuerlicher Einfall, sondern die echt historische Erkenntnis, daß Deutschland nur gerettet werden konnte durch die Herstellung einer modernen Monarchie, wie sie gleichzeitig Richelieu in Frankreich schuf. Phantastisch waren die Pläne Wallensteins nicht an sich, sondern sie wurden es nur dadurch, daß die Vielherrschaft im deutschen Boden schon viel zu tief verwurzelt war, als daß sie noch hätte überwunden werden können" (Mehring S. 334f.); vgl. auch Coler S. 720 und dazu Schmiedt S. 328.

[122] Vgl. Meusel S. 772.

[123] Vgl. Mehring S. 335f.; Meusel (S. 772) spricht von einem „Dolchstoß der katholischen Fürsten gegen den Kaiser".

[124] Vgl. Diwald S. 519, 522f.

[125] Vgl. den Fall des Generalwachtmeisters Suys: Kaiser Ferdinand II. hatte Suys einen Befehl erteilt, den Wallenstein am 15. resp. 19. und 20. Dezember 1633 mit einem Gegenbefehl beantwortet, an den sich Suys hielt (vgl. Suvanto S. 308, 312; auch Srbik S. 85f. und Wagner S. 145).

Schwerer noch wiegt der Konflikt, den ein Befehl des Kaisers von Ende November

dings die Göllersdorfer Absprachen[126] ein gewisses Recht gegeben zu haben scheinen. Nicht beachtet worden sind diese Vereinbarungen vermutlich vom Kaiser,[127] und dies blieb nicht folgenlos, denn Wallenstein „sah sich nicht als den Diener des Kaisers an, sondern als den Reichsfürsten, der mit Ferdinand in einem Vertragsverhältnis stand, [. . .] und fühlte sich von seinen Verpflichtungen entbunden, wenn sein Partner die seinen nicht erfüllt“ [128].

Es bleibt der Vorwurf des Hochverrates in Verbindung mit Landesverrat in der Form einer Verschwörung gegen den Kaiser mit Hilfe auch der ausländischen Feinde des Kaisers.

Dies geplant zu haben, versucht Pekař in seinem Werk nachzuweisen, wobei er davon ausgeht, daß die engsten Vertrauten Wallensteins während seines zweiten Generalates, vor allem Trčka und Kinský, nichts unternommen und gesagt hätten, was Wallenstein nicht gewußt und gebilligt habe.[129] Pekařs

1633 auslöste, wonach Wallenstein dem bayerischen Kurfürsten zu Hilfe kommen sollte (vgl. Suvanto S. 299); Wallenstein zog sich statt dessen nach Böhmen zurück und führte am 1. 12. 1633 einen der kaiserlichen Anweisung entgegenstehenden Beschluß seiner Offiziere herbei (vgl. Suvanto S. 300–302; auch Srbik S. 82; Wagner S. 143f.); ähnlich verhält es sich mit dem Beschluß des Kriegsrates zu Pilsen unter Vorsitz des Feldmarschalls Ilow vom 16. Dezember 1633 betr. die von Questenberg überbrachten kaiserlichen Vorschläge für Winterquartiere und den geforderten Winterfeldzug nach Bayern (vgl. Suvanto S. 308: „Die Offiziere hielten es für unmöglich, in den vom Kaiser vorgeschlagenen Gebieten das Winterlager zu beziehen und erneut gegen den Feind nach Bayern zu ziehen. Würde man die Anweisungen des Kaisers befolgen, so bedeutete das ihres Erachtens den Verlust der ganzen Armee und den Ruin der Erblande“; vgl. Srbik S. 86f., 104; Irmer III S. XVII–XIX; aber auch Pekař S. 545–547; Wagner S. 144).

[126] Vgl. die Vorbemerkung zu Nr. 69.

[127] Vgl. Mann S. 977: „Schon Anfang September [1633] hatte Aldringen seine Truppen am Lech mit den 10 000 Hungerleidern Ferias vereinigt, und zwar auf ein Machtwort des Kaisers hin. Die Anordnung, auf die Wallenstein baute, die ihm und ihm allein das Oberste Kommando über das kaiserliche Heer insgesamt gab, war damit gesprengt“; vgl. Suvanto S. 143–146, 159, 190f., 223f., 229, 269f., 287, 291, 296f., 299: „Der Kaiser hatte also Anfang Dezember zu drei wichtigen Maßnahmen gegriffen. Er wollte über die Einzelheiten der Winterquartiere bestimmen, er erteilte den kategorischen Befehl, Bayern zu helfen, und er hatte vor, die Friedensverhandlungen vom Hofe führen zu lassen. Der Kaiser billigte in der Praxis die absoluten Rechte, die er Wallenstein erteilt hatte, nicht mehr, sondern er begann, die Befehlsgewalt wieder in seine eigenen Hände zu nehmen“; Srbik S. 58, 77f., 85f.; vgl. weiterhin Gindelý, Zweites Generalat S. 25–30; Huch S. 133; Irmer II S. XXXIX, LV, LXXI; Wagner S. 142; Ritter (Untergang S. 242) hält die kaiserlichen Befehle für rechtmäßig, wenn auch nicht für den Normalfall; vgl. auch S. 293f.

[128] Vgl. Srbik S. 105.

[129] Pekař S. 60f., 306.

Ansicht nach ist Wallensteins Schuld unbezweifelbar – „daß Wallenstein einen Aufstand gegen den Kaiser vorbereitete, wird in der bisherigen ernst zu nehmenden Literatur, man darf wohl sagen allgemein anerkannt“ [130] – ungelöst sei nur, „wie groß, wie beschaffen die Schuld des Herzogs“ gewesen sei [131] und von welchem Zeitpunkt an sich Wallenstein mit Verschwörungsabsichten getragen habe [132]. Pekař sieht im Unterschied zu denen, die Wallensteins Verhandlungen mit Kursachsen bis spät in das Jahr 1633 hinein als der kaiserlichen Politik konform betrachten, den Beginn der kaiserfeindlichen Arbeit Wallensteins in seiner Entlassung von 1630.[133] Das Movens für Wallenstein habe bestanden im unbändigen Ehrgeiz, in Rachsucht, Revanchedenken, im Wunsch nach Vergeltung und Demütigung Habsburgs.[134] Daneben, meint Pekař, sei auch „ein höher zu bewertendes Element mit im Spiel gewesen“, nämlich „das Bestreben, auch den durch das harte gegenreformatorische und absolutistische Vorgehen Ferdinands II. arg unterdrückten Rechten der Böhmen auf politischem und auch religiösem Felde zum Siege zu verhelfen“ [135]. Aber dieses – untergeordnete – Bestreben sei nur Maskierung seines eigentlichen Ziels, der Erhebung gegen den Kaiser gewesen.[136] Wallenstein habe auf Drängen böhmischer Emigranten, vor allem Trčkas und Kinskýs, geplant die „Vernichtung der Macht des Hauses Österreich auf der ganzen Linie unter direkter Beihilfe der Schweden und Franzosen, er wollte Losreißung der böhmischen Länder von den Habsburgern und Wahl eines neuen Böhmenkönigs“ [137].

Pekař führt die Eroberung Prags 1631 durch kursächsische Truppen auf Wallensteins Verrat ebenso zurück wie den Fall Regensburgs 1633.[138] Das

[130] Pekař S. VIII.

[131] Pekař S. 3.

[132] Pekař S. VIII.

[133] Pekař S. VIIIf., 74f., auch 104, 136; Wagner, Pekař folgend, S. 89f.; auch Irmer I S. XXII.

[134] Pekař S. VIIIf., 76, 81, 104, 110, 145, 147, 306, 369, 629f., 651, 692, 694–696, 698, 704, 707; vgl. auch Görlitz, vollkommen auf Pekařs Linie sich bewegend, S. 154: „Doch hinter diesem krankhaften Bemühen, das Gesicht zu wahren [nach der Entlassung 1630], lauerte ein Abgrund von Enttäuschung, Bitterkeit, Zweifel, Unruhe und Haß . . . Das war sein wahres Antlitz. Eine Welt stürzte für ihn ein“; 171, 173, 180f.; Gaedeke S. 37, 103; Srbik S. 20f., 34, 43; Wagner S. 7f., 93f., 96–98, 119, 134, 139, 153f., 159; kritisch hierzu Mann S. 766; Schwarz S. 24f., 63.

[135] Pekař S. VIII.

[136] Vgl. Pekař S. VIII, 694.

[137] Pekař S. 696.

[138] Vgl. Pekař S. 149–152, 566–570; vgl. weiterhin Gaedeke S. 27; Görlitz S. 179; Hildebrand HT S. 392f.; Wagner S. 5–7, 11–13, 140–144, 146, 159; hierzu kritisch Irmer I S. XXXIIf.; Mann S. 775, 777; Srbik S. 46.

Generalat habe Wallenstein nur deshalb erneut übernommen, um sein Ziel geschickt erreichen zu können.[139] Gescheitert seien diese Pläne außer an Wallensteins eigener Durchsetzungsschwäche (Unentschlossenheit, seinem Zögern) vor allem auch an Kursachsen mit Hilfe Arnims: Kursachsen habe 1631 – und später – einen böhmischen Aufstand ebensowenig gewünscht wie 1620.[140] Arnim habe überdies Wallensteins Pläne behindert, „weil gerade er in wahrhaft nationaldeutschem Empfinden[141] einen gerechten Frieden heiß herbeisehnte"[142], für dessen Verwirklichung Friedlands Machenschaften eine Gefahr bedeutet hätten.

So scharf Pekař den Herzog von Friedland auch verurteilt – zu Beginn des 'Nachworts' bezeichnet Pekař seinen Helden als „einen von körperlichen Leiden niedergeworfenen, durch Aberglauben verwirrten, von titanischen Rache- und Größenwahnsplänen umgetriebenen Schwächling, einen furchtsamen Verräter und törichten Intriganten"[143] –, an mehreren Stellen seines Buches gewinnt man den Eindruck, daß es weniger die Verschwörung Wallensteins gegen den Kaiser als deren Scheitern ist, das Pekař Wallenstein anlastet: So zitiert Pekař im Zusammenhang mit dem Verhandlungsangebot des schwedischen Königs an Wallenstein vor Nürnberg im September 1632 und Wallensteins Haltung zu diesem Angebot[144] ein Urteil, das Axel Oxenstierna wenige Jahre später über Wallenstein gefällt haben soll: „Wenn er [Wallenstein] es [die landesverräterische Verbindung mit Schweden] ernstlich gewollt hätte, würde er das zu Lebzeiten des ruhmreichen Königs getan haben."[145]

Die Frage, warum Wallenstein die Gelegenheit nicht ergriffen habe, „wo doch seine Friedenspläne oder, besser gesagt: seine Revolutionsabsichten dem Standpunkt Gustav Adolfs so nahe kamen und so unvereinbar mit der, jedem irgend radikaleren Vorgehen gegen den Kaiser ihren Beistand verweigernde Politik Sachsens waren"[146], beantwortet Pekař nicht dahingehend, daß Wallenstein gar keinen Landes- und Hochverrat habe verüben wollen, sondern mit dem Vorwurf, daß Wallenstein unter dem Einfluß astrologischer Voraus-

[139] Vgl. Pekař S. 306; auch Görlitz S. 180f.

[140] Vgl. Pekař S. IX, 136, 141, 144, 468.

[141] Srbik (S. 49) weist zu Recht darauf hin, daß dieser Begriff für Arnims Vorstellungen nicht benutzt werden könne; Arnims politisches Denken basiert auf dem lutherisch geprägten reichsständischen Partikularismus; vgl. auch S. 32f., 45f.

[142] Vgl. Pekař S. IX, auch 675; vgl. Srbik S. 32f.; zu Arnims Haltung gegenüber Wallenstein vgl. Wagner S. 9, 143, 155f., 162; Weibull S. 18; kritisch zu Pekař: Schieche S. 388.

[143] Pekař S. 692; vgl. auch 698f.; vgl. dazu Srbik S. 35; Schubert S. 598.

[144] Vgl. Suvanto S. 171f., 175; auch Pekař S. 226–234; Srbik S. 50.

[145] Pekař S. 233.

[146] Pekař S. 233.

sagen[147] „das gerade Gegenteil eines kühnen Waghalses gewesen" sei, alles auf die lange Bank geschoben habe „auf der Suche nach sichereren Gelegenheiten [. . .] und sich dabei die guten Gelegenheiten entgehen ließ"[148].

In anderem Zusammenhang spricht Pekař von der „wirklich tragischen Geschichte eines Mannes, der als König von Böhmen hätte sterben können"[149], und zu diesem Zitat passen zwei weitere Passagen, die deutlich machen, daß Pekař einen Sieger Wallenstein vermutlich als Nationalhelden gefeiert hätte: „Wie Anno 1620 Sachsen, die Wiege und Hauptmacht des deutschen Luthertums, zu der Katastrophe des evangelischen Böhmen, zum Siege des Kaisers und Roms beigetragen hatte, so beeilte es sich auch 11 Jahre später beim Einfall kursächsischer Truppen in Böhmen 1631, den ersten verheißungsvollen Versuch zur Wiedereroberung der böhmischen Freiheit zu hintertreiben und zu vereiteln" und machte damit nicht nur Thurns, sondern auch Wallensteins Pläne zunichte. Pekařs Buch endet mit dem Satz: „in der Klage einer Frau [der Gattin des Vilém Kinský], die die glühendste Bekennerin der Emigrantenideale gewesen ist und die in jener Blutnacht über den Leichen des Bruders und des Gatten wehklagte, in diesem Klageschrei zitterte auch die Trauer darüber mit, daß die Träume und Hoffnungen der schwarmgeistigen Emigrantenschaft vergeblich gewesen waren, daß der Kaiser zum zweiten Male einen furchtbaren Sieg davongetragen hatte und daß keine Hoffnung mehr darauf bestand, jemand könnte sich in Zukunft eines Gedankens erkühnen, an dem ein Mann von so riesiger Macht, wie der Herzog von Friedland sie besessen hatte, zuschanden geworden war"[150].

Aber: Pekařs eindeutige Schuldzuweisung ist nicht unwidersprochen geblieben; andere Aspekte als die bis in die Mitte unseres Jahrhunderts vorherrschende juristisch und moralisch verstandene Fragestellung, ob, seit wann und wieweit Wallenstein den Kaiser verraten habe oder habe verraten wollen, gerieten in das Blickfeld; Wallensteins Zielen wurde auch dann Verständnis entgegengebracht, wenn sie in ihrer Konsequenz nicht mit dem von einem hohen kaiserlichen Würdenträger verlangten Gehorsam in Einklang zu bringen waren:

Wallenstein war nicht nur Oberbefehlshaber des kaiserlichen Heeres, son-

[147] Vgl. Anm. 265.

[148] Pekař S. 233f.; vgl. auch S. 355f., 468f. sowie Anm. 209.

[149] Pekař S. X; vgl. dazu Srbik S. 33.

[150] Pekař S. 709f.

Von einer anderen Basis aus wirft Alexander Abusch (S. 245) Wallenstein Versagen vor. Seine Schuld sei die „konkrete Schuld eines 'bonapartistischen' Feldherrntyps, der sich nicht zu entschlossenem Handeln und realer Orientierung auf die progressiven Schichten des Volkes im Interesse der ganzen Nation zu entschließen vermag" gegen „die 'Ewiggestrigen'", der nicht „als nationaler Führer" agiert, „der die Sache der Armee mit den Interessen der Bürger und Bauern zu verbinden weiß".

dern auch Reichsfürst. Als Reichsfürst nahm er Rechte für sich in Anspruch, die vielen Reichsfürsten als selbstverständlich erschienen, nämlich Kontakte zu allen Seiten, auch zu Souveränen der feindlichen Seite zu unterhalten.[151] Ziel derartiger Kontakte – zumeist im Auftrag oder zumindest mit Wissen,[152] aber auch ohne Kenntnis des Kaisers[153] – war die Wiederherstellung des Friedens, notfalls mit Druck auf den Kaiser;[154] Wallenstein habe versucht, „kaiserliche Politik auch ohne den Kaiser und selbst trotz des Kaisers zu treiben", meint Mehring[155] pointiert, aber zu Recht.

Problematisch an diesen Kontakten war einerseits, daß Wallenstein von seinen ausländischen oder protestantisch-reichsständischen Gesprächspartnern nicht als Souverän empfunden wurde,[156] andererseits, daß er sich von schein-

[151] Vgl. Diwald S. 459f.; Suvanto S. 82, 108; vgl. zu den Kontakten zwischen Wallenstein und König Gustav Adolf, die mit der Übernahme des zweiten Generalates endeten, Irmer I S. XXI–XLII; zu Wallensteins loyaler Haltung vor Nürnberg 1632; Irmer I S. XLI, LXXX–LXXXII.

[152] Vgl. Suvanto S. 147–149, 167f.; auch 172, 175f., 177: Wallenstein unterrichtet den Kaiser über das Verhandlungsangebot König Gustavs II. Adolf im September 1632; 267f., 287.

[153] Vgl. den Friedensplan Wallensteins, den er Anfang Januar 1634 Schlieff gegenüber entwickelte (vgl. Suvanto S. 329–334).

[154] Vgl. Suvanto S. 333f. betr. Wallensteins Vorstellungen vom Januar 1634; entsprechende Absichten werden von Pekař (S. 695f.) Arnim als taktische Maßnahmen nachgesagt: „Im Sinne des einen sollte der Herzog sich mit der Erzwingung eines gerechten Friedens begnügen, der im Reiche (und damit wohl auch in Böhmen) in religiöser und politischer Beziehung die Zustände vor dem Krieg erneuern, womöglich auch Deutschland von den Einflüssen und Heeren der fremden Nationen – Schweden, Franzosen und Spanien – befreien sollte und von den verbündeten Heeren Wallensteins, Sachsens und Brandenburgs gegebenenfalls auch gegen den Kaiser zu erzwingen gewesen wäre", um Wallenstein von seinen Racheplänen abzubringen. Pekař konstatiert auch, daß Wallenstein zwischen seinen Rache- und Machtplänen einerseits und den von Arnim vertretenen andererseits geschwankt habe, wobei die revolutionären Pläne jedoch die Hauptrolle gespielt hätten (S. 701). Tatsächlich aber hätten Kursachsen und Arnim auch die scheinbar von Arnim vertretenen Vorstellungen hintertrieben (S. 696f.); vgl. zu diesem Themenkomplex Srbik S. 21, 32, 33 (Pekařs positive Sicht Arnims zurückweisend), 98; vgl. für 1632 (Mai) Irmer I S. LXVIII, allgemein: Irmer II S. VII; Irmer III S. XVI, XXVIII, XXXVIII; Weibull S. 12f.

Daß Wallenstein den Kaiser zum Frieden habe zwingen wollen, betont auch Ritter, Untergang S. 275, 280f., 288.

[155] Mehring S. 336; vgl. auch Coler S. 729.

[156] Vgl. Mann S. 1088: „[. . .] [Wallenstein], indem er zum europäischen Politiker wurde, gehörte keiner Partei an oder gänzlich an; fremd gegenüber seinen Standesgenossen des Anfangs, den neuböhmischen, die er verraten hatte, den altböhmischen, spanisch gesinnten, die er verachtete; fremd gegenüber den deutschen Fürsten, in deren

bar spruchreifen Abmachungen ohne – für den Partner – erkennbaren überzeugenden Grund zurückzog,[157] damit zunehmend unberechenbar wurde und somit an Vertrauen und auch Respekt überall verlor, was schließlich dazu führte, daß Kurbrandenburg und Kursachsen für weitere Verhandlungen mit Wallenstein dessen kaiserliche Vollmachten zu sehen wünschten[158].

Sich in den mannigfachen, kaum überschaubaren[159] Kontakten, vor allem denen des Jahres 1633[160], mit den Feinden des Kaisers nicht festlegen zu wollen,

Kreis er als Ebenbürtiger getreten zu sein glaubte; fremd gegenüber den Reichsstädten, um deren Gunst er sich mühte; Beziehungen pflegend zu Rom und Warschau und Madrid und Brüssel wohl, aber zu Kopenhagen, Stockholm, dem Haag, Hamburg auch. Ein Fremder, ein über den Konflikten Stehender, ein Schiedsrichter [. . .] so sah er sich 1629; so, erst recht, 1633. Konnte es einen Schiedsrichter geben? [. . .] Ihn jedenfalls wollten sie nicht, selbst dort, wo sie ungefähr dasselbe wollten wie er; fremder Eindringling, hatte er vielfach sich ihnen verdächtig gemacht; stärker als er glaubte, beruhte seine Macht auf kaiserlichem Auftrag, dem Generalat. Ging er über seine Stellung hinaus, verließ er sie gar, so geriet er ins Leere."

[157] Vgl. Hildebrand HT S. 410–412, 421f., 425; Pekař S. 444–449, 466–471; Srbik S. 56, 58f., 79; Wagner S. 137, 140–142; Weibull S. 11–13.

Vgl. zu Wallensteins Abbruch der Kontakte mit Schweden im Juni 1633; Irmer II S. XXXVIIf., XL, L; zum Abbruch im September: Irmer II S. LXXIV–LXXVII; Srbik S. 59f.

Huch (S. 129) sieht in Wallensteins Verhalten Methode, „daß er, zwischen zwei entgegengesetzten Parteien stehend, nachdem er sich eben für die eine von ihnen erklärt hatte, sich plötzlich umwendete und zur anderen überging, um sich mit dieser auf jene zu werfen. Man könnte dies die ihm natürliche, angeborene Lage nennen, indem der schwache Mensch Scheu trägt, sich nur oder hauptsächlich auf einen einzigen zu stützen, der dadurch unentbehrlich oder allzu mächtig werden könnte; während zwei, die man gegeneinander ausspielen kann, sich gegenseitig in Schach halten"; vgl. auch Huch S. 143.

[158] Vgl. zum Verlust an Vertrauen, zu der Vollmachtenforderung und zum wachsenden Mißtrauen der schwedischen Diplomaten und des Herzogs Bernhard von Sachsen-Weimar gegenüber Wallenstein: Ernstberger, Für und wider S. 70; Hildebrand HT S. 416, 423f., 427, 430f.; Irmer II S. LXIIf., LXVIII–LXXI, LXXVII; Irmer III S. XIV, XLIf., CXIII; Mattutat S. 47; Ritter, Untergang S. 274, 290–292; Schubert S. 605; Srbik S. 56, 137, 140, 195; Suvanto S. 279, 332f.; Wagner S. 10, 142f., 155, 164f.; Weibull S. 18.

[159] Vgl. Ritter, Untergang S. 268, der die Verhandlungen des Jahres 1633 als „Gewirr" bezeichnet, und Weibull S. 8, der von einem „Wirrwarr von sich widersprechenden, sich kreuzenden Projekten und heimlichen Verhandlungen" spricht; vgl. auch Görlitz S. 195.

[160] Vgl. die Einleitung zu Irmer II und III passim; Suvanto S. 194–220, 237–258.

Am übersichtlichsten entwirrt Ritter (Untergang) das Knäuel der politischen Verhandlungen Wallensteins im Jahre 1633, indem er vier Verhandlungsstränge herausarbeitet (S. 268–270):

Anm. 160 (Forts.)

„1. Verhandlungen Wallensteins mit Arnim, in denen letzterer wieder die Entschließungen der Kurfürsten von Sachsen und Brandenburg einzuholen hat. Der erste Anstoß zu diesen Verhandlungen kommt, soweit die uns vorliegenden Urkunden sehen lassen, von Wallenstein und reicht zeitlich zurück bis kurz vor den 24. April 1633.[a] In fortlaufender Kette ziehen sie sich bis zu Wallensteins Untergang. 2. Unterhandlungen zwischen Wallenstein und Thurn, geführt durch den Generalwachtmeister Bubna, von diesem auch an Oxenstierna gebracht und am 21. Juni im Sand verlaufend. Die Anregung scheint hier von Thurn auszugehen[b] und fällt in die letzte Woche des Monats April. 3. Anknüpfungen, welche zu Nikolai, dem schwedischen Gesandten in Dresden, und dem Grafen Wilhelm Kinsky, einem dort wohnenden böhmischen Emigranten, hinüberführen und in ihren Anfängen bis etwa Februar 1633 zurückgehen.[c] Wo wir in einen Abschnitt dieser Umtriebe hineinsehen (Mai 1633), erkennen wir, daß sie von einem Kreis angesehener und zugleich bei Wallenstein in Gunst stehender Böhmen ausgingen, daß deren Aufträge durch einen von ihnen beglaubigten Vertrauten den genannten beiden Personen vorgebracht wurden und auf nichts Geringeres als die Ergreifung der böhmischen Krone durch Wallenstein und mit schwedischer Hilfe zielten, daß aber eine Mitwissenschaft Wallensteins nicht vorlag, jedenfalls nicht zugestanden ward. 4. Auf dasselbe Ziel einer kriegerischen Erhebung Wallensteins gegen den Kaiser, die dem Feldherrn auf Grund eines Kriegsbündnisses mit Frankreich die böhmische Krone einbringen sollte, ging eine vierte Reihe von Verhandlungen, in welche der oben genannte Kinsky seit Mai 1633 mit dem französischen Gesandten Feuquières eintrat, auch sie begonnen und durch das Jahr 1633 fortgeführt ohne erweisbaren Auftrag Wallensteins, nur in der Hoffnung, ihn im geeigneten Augenblick für das Unternehmen zu gewinnen."

Am wichtigsten ist dabei der erste Verhandlungsstrang, den Ritter wiederum in drei Phasen untergliedert:

„Im Mittelpunkt des ersten steht der zwischen der kaiserlichen und sächsisch-brandenburgisch-schwedischer Armee, die bei Heidersdorf und Langen-Öls sich gegenüberstanden, geschlossene Waffenstillstand, anberaumt auf die vierzehn Tage vom Abend des 7. bis 21. Juni und verlängert bis zum 25. Juni.[d] Wiederum ein Waffenstillstand, abgeschlossen auf vier Wochen am 22. August, dann verlängert bis zum 2. Oktober[e], steht im Mittelpunkt des zweiten Abschnittes. Ohne Waffenruhe, zeitlich aber fast unmittel-

[a]) Hallwich II, Nr. 1097 S. 260.

[b]) Dies wird man aus Kinskys Mitteilung (Irmer II, Nr. 165 S. 173; vgl. Nr. 163 S. 170), daß zuerst Raschin (im Auftrag Thurns) zu Wallenstein gekommen, diesem aber nicht genehm gewesen sei, entnehmen. Raschins Behauptung, daß sein Kommen durch Wallensteins Berufung veranlaßt sei (Gädeke S. 321), dürfte dadurch widerlegt werden.

[c]) Als Anfang nennt Nikolai am 8. Juni den Winter (Irmer II, Nr. 171 S. 183), am 30. September die Zeit vor sieben, dann am selben Tag die Zeit vor acht Monaten (Nr. 267 S. 355; Nr. 265 S. 350). Am 23. September bemerkt er, daß er vor fünf oder sechs Monaten in dieser Angelegenheit gearbeitet habe (Nr. 256 S. 338).

[d]) Hallwich II, Nr. 1115 S. 282.

[e]) Förster III, Nr. 386 S. 50. Irmer II, Nr. 254 S. 336.

Anm. 160 (Forts.)
bar an die zweite Epoche sich anschließend, beginnt eine dritte etwa mit dem 6. Oktober[a] und zieht sich dann in schleppendem Gang, in dem die Verhandlungen zunächst vom Herzog Franz Albert von Sachsen-Lauenburg, als Vorläufer Arnims, geführt werden, bis zu Wallensteins Untergang hin.

Vgl. zu den Verhandlungen Ritter (Untergang) S. 271–281 (1. Verhandlungsrunde); 275–281 (2. Verhandlungsrunde); 281 (3. Verhandlungsrunde); 282–288 (2. Verhandlungsstrang); 289f. (3. und 4. Verhandlungsstrang). Ritters Fazit lautet (S. 288): „... sein eigenstes Verlangen ging auf die Herüberziehung der sächsisch-brandenburgischen Armee und einen Sondervertrag mit den Kurfürsten von Sachsen und Brandenburg, in dem die Grundzüge eines Reichsfriedens festzustellen waren, mit weitgehenden Zugeständnissen an die Forderungen der protestantischen Reichsstände – natürlich ohne Wallensteins Ansprüche zu vergessen –, aber auch mit der fernern Bedingung der Befreiung des Reichs von den Schweden und andern Eindringlingen. Dem Kaiser sollten diese Bestimmungen aufgenötigt werden, und mit Rücksicht auf die letzte Bedingung mochte man ja auch seine Unterwerfung mit einem gewissen Rechte fordern zu können glauben. Wie aber, wenn er sich unterstand, die Unterwerfung zu verweigern, ja im Verein mit Baiern und Spanien die Politik seines Feldherrn und dann auch diesen selbst aus dem Wege zu schaffen? Für diesen Fall hatte Wallenstein seine Beziehungen mit Schweden angeknüpft; er rechnete darauf, im entscheidenden Augenblick, wenn er den Kampf für seine Stellung aufnehmen müsse, die Kette der sächsischen und der schwedischen Beziehungen zusammenschließen zu können zu einem Bündnis mit beiden Mächten und zu einer Politik, die statt der Beruhigung und Integrität des Reichs die Rache am Kaiser und seinem Haus auf ihre Fahnen schrieb."

Insgesamt ist Ritters Urteil (S. 290) über Wallensteins „Leistungen als Staatsmann" vernichtend; er meint, „daß Wallenstein das Gewirre der politischen Verhältnisse in keiner Weise zu beherrschen vermochte. In seinen Unterhandlungen stürmt er mit blindem Selbstvertrauen auf den Partner mit seinen Vorschlägen ein, begnügt sich mit scheinbaren Abreden, in denen beide Teile einander hinters Licht führen, und springt jäh ab, wenn sich die Abrede als Scheinwerk herausstellt. Hierdurch und zugleich durch das weitschichtige, halb zugestandene, halb verleugnete Anknüpfen von Beziehungen verschiedenster Art verscherzt er am Ende überall das Vertrauen und daneben den Respekt."

Ähnlich argumentiert Weibull (S. 18): „Wallensteins Verhandlungen 1633 hatten auch nicht mit einer einzigen Macht zu einer bindenden Übereinkunft geführt. Es war in Wirklichkeit [...] Wallenstein unmöglich gewesen, solche Übereinkünfte zu erzielen. Seine Stellung als kaiserlicher General und seine noch lange gehegte Hoffnung, in Wien wie in Berlin und Dresden Gehör für seine Position zu finden, hatten ihn zu größter Vorsicht gezwungen. Das rächte sich nun. Das Unklare in Wallensteins Politik, das Doppelspiel in ihr, hatten ihn allen Vertrauens beraubt." (Übersetzung vom Herausgeber.)

Vgl. zu Wallensteins Plänen und Kontakten zum Feind im Umkreis des 1. schlesischen

[a]) Wallensteins Paß für H. Franz Albert, Hallwich I, Nr. 750 S. 621. Vgl. Wallenstein an Adam von Waldstein, Oktober 6. (Nr. 745 S. 618)."

sich die Wahl offen,[161] die Hand frei[162] zu halten – Wallenstein scheint dabei ebenso mit seinen emigrantenböhmischen, schwedischen und französischen Kontaktpersonen gespielt zu haben, wie diese ihn mit Indiskretionen durchaus erfolgreich zu kompromittieren suchten;[163] nicht zweifelsfrei be-

Waffenstillstandes (Juni und Juli 1633) Irmer II S. XL–LIII; Irmer schreibt (S. Lf.): „Will man ein Resumé aus den Verhandlungen Wallensteins in dieser Epoche ziehen, so wird man bei aller Dunkelheit, die über denselben ruht, doch mit Lenz daran festhalten müssen, daß der Herzog mit denselben zunächst die Absicht hatte, unter allen Umständen eine Einigung der schwedisch-deutschen Armee mit der kaiserlichen herbeizuführen. Daß ferner Wallenstein die Annahme des Normaljahres 1618 zur Regelung der politischen und religiösen Verhältnisse in Deutschland und damit die Aufgabe alles dessen, was kirchliche und politische Reaktion in den 15 Jahren des Krieges bisher erreicht hatte, in Aussicht gestellt hat, läßt sich im Hinblick auf die Briefe Arnims wohl mit Bestimmtheit behaupten. Auch über die Macht, gegen welche Wallenstein den gemeinsamen Angriff der vereinigten schlesischen Armee gerichtet wissen wollte und die er mit dem allgemeinen Namen der 'Störer des Friedens im Deutschen Reiche' bezeichnete, werden begründete Vermuthungen möglich sein; der kaiserliche General scheint in erster Linie damit Frankreich und die mit ihm eng liierte Liga gemeint zu haben."

Vgl. zum schwedischen und französischen Mißtrauen gegenüber diesem Waffenstillstand Irmer II S. XLIIf., XLVf.

Vgl. zur zweiten Verhandlungsrunde (Mitte Juli beginnend und Ende September 1633 endend) im Umkreis des 2. schlesischen Waffenstillstandes von Mitte August 1633: Irmer II S. LV–LXVIII; Irmer (S. LV) meint in diesem Zusammenhang, daß man nicht vergessen dürfe, „daß Wallensteins leitender politischer Gedanke, der allen seinen Verhandlungen mit Schweden und den evangelischen Kurfürsten in dieser Zeit zu Grunde gelegen hat, der gewesen ist, zunächst eine friedliche Verständigung mit denjenigen Mächten, welche über Armeen zu verfügen hatten, also mit Schweden und den Kurfürsten von Sachsen und Brandenburg herbeizuführen, um an der Spitze dieser vereinigten Armeen Jedem in Deutschland den Frieden diktiren zu können".

Vgl. zum Mißtrauen schwedischer Diplomaten und des Herzogs Bernhard von Sachsen-Weimar gegenüber Wallenstein im Zusammenhang mit den erwähnten Kontakten Irmer II S. LXIIf., LXVIII–LXXI; Ernstberger, Für und wider S. 70; Weibull S. 18; Hildebrand HT S. 422f.

161 Vgl. Huch S. 127.

162 Vgl. Coler (S. 732), der von einem „verwirrenden Hin und Her von halben Zusagen, Verschleierungen und mehr allgemein und theoretisch gehaltenen als praktisch verwertbaren Äußerungen" spricht.

163 Vgl. Suvanto S. 194–220, 237–258; zu den Kompromittierungen Wallensteins durch schwedische und französische Diplomaten vgl. S. 200, 202f., 206–208, 220, 251f., 257f., 289, 336f. Anm. 2, 350; vgl. auch Schieche S. 388, 390; Schwarz S. 57, 59f.; Srbik (S. 30) stellt gegen Pekař fest, daß Wallenstein mehr als einmal von böhmischen Emigranten für deren Ziele eingespannt worden sei; vgl. auch S. 43f.; 57, 137;

legbar und erweisbar ist bei diesen Verhandlungen Landes- oder Hochverrat, so sehr dies auch bis in neuere Zeit behauptet worden ist[164] –, ist ein Charakteristikum Wallensteins[165]. Dies beruht kaum darauf, daß er nicht gewußt

S. 44 (betr. 1631): „Graf Adam Erdmann Trčka und die alte Gräfin Maria Magdalena stellten wohl mit bewußter Berechnung Gustav Adolf manches, was in des Friedländers Geist nur eine Möglichkeit für günstige Zeit und Gelegenheit war, als festen Willen des ruhelosen Pläneschmiedes hin. In vielem lag der Impuls der schwedischen Verhandlungen bei ihnen, in vielem übersteigerten oder unterschoben sie weitgesteckte Ziele dem Zögernden und vom Entschluß Entfernten, der seine wahren Gedanken dem Schwedenkönig verbarg und mehr zum Schein auf die Ideen der Trčka und Kinsky einging [. . .]. Der Friedländer spielte mit dem Verrat an seinem früheren obersten Kriegsherrn und seinem Landesfürsten, aber er schritt nicht zum vollen Verrat, auch als [. . .] der Schwede Tilly die [. . .] Niederlage bei Breitenfeld (17. September 1631) bereitete und die Versuchung durch den nordischen Helden ernstere Gestalt annahm". Auch Hildebrand (HT) sieht in dem Kreis um Trčka „einen Herd der heimlichen Pläne für ein selbständiges Wahlreich Böhmen" (S. 386, 404–406, 423), doch könne man nicht davon ausgehen, „daß Wallenstein als ein unschuldiges Opfer für diese böhmischen Emigrantenpläne stürzte" (Übersetzung vom Herausgeber).

Weibull (S. 10) sieht in Wallensteins Kontakten zu Schweden „etwas von Spiegelfechterei"; Ernstberger (Für und wider S. 70) ist der Ansicht, daß Wallenstein „so lange mit allen und allem gespielt [habe], daß, als ihn schon der Tod jagte, noch der von ihm ausgestoßene Angstschrei nur als ein gutes Theater und nicht als der vernichtende Ernst galt"; vgl. ähnlich Coler S. 732. Vgl. auch Irmer II S. XVIIIf., XXV, XXIX; Schwarz S. 43, 51–54; Schweizer S. 352; Winter S. 35f.

[164] Vgl. dazu Suvanto S. 194f., der zu den Vorwürfen eines großen Teils der Historiker zusammenfassend schreibt: „Dunkel bleibt nur, ob die Friedensidee, die Rachsucht, der Ehrgeiz oder das Streben nach der böhmischen Königskrone das Hauptmotiv waren. Die Beurteilung schwankt, je nachdem, welchen Motiven oder Motivmischungen der Vorrang gegeben wird."

Vgl. Pekař passim; Suvanto selbst, Diwald, Mann beziehen die Gegenposition.

Schwarz meint, Wallenstein habe zu Schweden weder verräterische Beziehungen angeknüpft noch geplant (S. 10, 67 und hierzu S. 32–34, 37f., 41–58, 64f.).

[165] Vgl. Diwald S. 10, der darauf hinweist, daß Wallenstein „keine einzige Zeile hinterließ, die auch nur den Schein des Verdachts bestätigte, der ihm das Leben gekostet hatte", 460; Mann S. 951f., 968; 964, Herzog Franz Albrecht von Sachsen-Lauenburg zitierend: „Friedland hat nit schriftlich tractieren wollen, obwohl es Arnim gar oft begehrt, aber nicht erhalten können, damit man ihn nicht fassen möchte"; S. 768f. zu den Verbindungen zwischen Wallenstein und Schweden im Jahre 1631: „Von Wallenstein kein authentisches Wort. Von Trčka ein einziger Brief an Thurn, in dem er [. . .] Wallenstein [. . .] entschuldigt: er könnte nicht schreiben, wegen des Zipperleins. Von Gustav eine Vollmacht für Thurn und ein verlorener Brief an Wallenstein: beides hervorgelockt durch die Berichte Thurns und Rašins. Alles übrige ist Erzählung Dritter, die nicht dabei waren: Arnim, Kinsky enthüllen ihre Wissenschaft dem schwedischen Ge-

habe, was er wollte,[166] daß er ein Mensch ohne Kraft zu handeln, ohne Sicherheit und Selbstvertrauen gewesen sei,[167] denn das Ziel, einen für den Kaiser günstigen Friedensschluß zu erreichen, scheint Wallenstein bis zu seinem Ende nicht aus den Augen verloren zu haben; dies beruht auch nicht auf dem Wallenstein in der Forschung immer wieder vorgeworfenen Zögern in vordergründigem Sinne; vielleicht ist Manns These vom Träumer, vom unrealistischen Planer Wallenstein während seines zweiten Generalates[168] richtig; denn ein Friedensschluß war 1633 nicht mehr zu den für den Kaiser zu diesem Zeitpunkt akzeptablen Bedingungen möglich[169]. Wallensteins Friedensvorstellungen durchzusetzen, hätte es einer Rebellion des Generalfeldmarschalls gegen seinen Dienstherrn bedurft, durch die Wallenstein die Bedingungen hätte diktieren können. Dies aber scheint Wallenstein – trotz tatsächlicher

sandten in Dresden, der, mangels solider Nachrichten, schreibt darüber an den Sekretär des Königs, und so weiter. In einer Zeit, in der mit besonderer Liebe schwadroniert und phantasiert, [. . .] gelogen und verborgen wurde, können solche Zeugnisse nur einen äußerst lückenhaften Kriminalroman ergeben, und geben obendrein einen, dessen Komplott unvollzogen blieb." Vgl. auch Diwald S. 462, 464f.

Auch Hildebrand HT (S. 429) weist darauf hin, daß seines Wissens „nach Wallensteins Tod nicht eine Zeile von ihm selbst" habe beigebracht werden können, „die ihn kompromittierte". An anderer Stelle meint Hildebrandt (S. 430), „das doppelte, z. T. falsche Spiel, das er trieb, hätte in Wirklichkeit ausreichen können, eine Person zu Fall zu bringen, die auf sichereren Beinen als er stand, wie auch die eigentümliche Stellung, die er zum Kaiser einnahm, in sich selbst den Samen zu Konflikten enthielt und gleichermaßen das politische Programm, das er durchzuführen suchte" (Übersetzung vom Herausgeber).

Vgl. weiterhin Gaedeke S. 3f.: Verhandlungen seien von Wallenstein stets mündlich geführt worden; kompromittierende Schriftstücke habe er, wenn solche vorhanden waren, sicher vernichtet; Huch S. 126; Irmer III S. VI Anm. 1; Srbik S. 21, 195.

[166] Vgl. Manns (S. 1090) Kritik an dieser These Emilio Beladiez'.

[167] So R. Huch z. B. S. 12, 15, 35, 37–39.

[168] Vgl. Mann S. 968, 971f.; auch Srbik S. 28f., 42; vgl. dazu Hildebrand HT S. 423f. sowie S. 430, wo Axel Oxenstiernas Meinung über Wallenstein, positiv gemeint, wiedergegeben wird, nämlich „daß er mehr übernommen hatte, als er ausführen konnte, und daß es sich als unmöglich erweisen mußte, ein solches Vorhaben wie das seine ins Werk zu setzen, wie auch, daß seine extravagante und sonderbare Art in Wort und Handlung sich wohl eignete, ihm das Mißtrauen des Kaisers zuzuziehen" (Übersetzung vom Herausgeber).

[169] Daraus resultiert möglicherweise die Beschränkung der kaiserlichen Vollmachten für Wallenstein zu Friedensverhandlungen auf Sonderverhandlungen mit den evangelischen Kurfürsten; Wallensteins Universalfriedensvorstellungen waren dem Kaiser suspekt (vgl. Suvanto S. 290, 307).

oder scheinbarer Anläufe – letztlich nicht gewollt zu haben,[170] so daß das Paradoxon, Wallenstein habe nicht gewollt, was er wollte, eine korrekte Umschreibung seines Verhaltens sein könnte[171]. Auf dieser Ebene ist auch Ernstbergers Urteil, daß Wallenstein als ein „Opfer des eigenen Widerspruchs" gefallen sei,[172] richtig.

Daß Wallenstein bis kurz vor seinem Ende ernsthaft daran gedacht hat, in feindlichen Dienst zu treten, wird von Diwald und Mann mit Schweizer[173] wohl zu Recht für unwahrscheinlich gehalten,[174] und dies gilt auch für Wallensteins Verbindungen, die er nach Weihnachten 1633 zu den evangelischen Kurfürsten, den schwedischen und französischen Diplomaten knüpfen ließ – über Trčka, Kinský, den Herzog Franz Albrecht von Sachsen-Lauenburg. Suvanto[175] fragt sich in diesem Zusammenhang, ob Wallenstein sich „weiterhin das Zustandekommen des Friedens und die Vertreibung der Fremden aus dem Reich" erhofft habe oder ob die neuen Pläne aus Rachedenken erwachsen seien – „oder vielleicht war in seinem Handeln beides enthalten, sowohl das Streben nach Frieden als auch nach Rache?". Doch vertritt Suvanto[176] zu Wallensteins Friedensplänen, die er gegenüber Schlieff Anfang Januar 1634 entwickelte und die in der Überlieferung Schlieffs durchaus recht unterschiedliche Interpretationen zulassen, die Ansicht, daß „Wallenstein in erster Linie an den Frieden und nicht an einen Rachekrieg gegen den Kaiser" gedacht habe[177]. Srbik dagegen sieht die zweite Dezemberhälfte des Jahres 1633 als den Zeitpunkt der endgültigen Wendung des kaiserlichen Feldherrn zu den

[170] Vgl. Srbik S. 49, 50: „Die echte Tragik liegt [...] darin, daß es Wallenstein als wiederernanntem kaiserlichen Feldherrn immer klarer wurde, sein Friedensplan sei mit Zustimmung des Kaisers nicht zu verwirklichen, sondern nur durch Rebellion und Verrat an dem obersten Kriegsherrn. Er ist über dieses schwere Dilemma mit seiner zögernden, schwankenden Art nicht hinausgekommen und ist an ihm zugrunde gegangen."

[171] Vgl. hierzu auch Mann S. 964.

[172] Ernstberger, Für und wider S. 70; vgl. auch Schmiedt S. 344.

[173] Vgl. Schweizer S. 339f., 351.

[174] Vgl. Mann S. 972: „Die Mitte war er [Wallenstein], zur Mitte wollte er die deutschen Protestanten ziehen. Auf der Seite standen Schweden und Franzosen, und dorthin, trotz Kinsky und Arnim, gingen nur die allerdünnsten Fäden. Die andere Seite war die Macht, die für ihn legitime, 'unser Herr, der Kaiser', seit er in ihren Bereich geflohen war im Jahre 1619. Er hielt sie auf dem laufenden, ungefähr; er verlor den Kontakt nicht."

Vgl. Diwald S. 460, 464, 519, 522f.; Suvanto S. 94f.

[175] Suvanto S. 325.

[176] Suvanto S. 329–334; vgl. auch Srbik S. 135–137.

[177] Suvanto S. 334; vgl. anders Pekař S. 628f., auch S. 7f.

Feinden des Kaisers – und den Zeitpunkt, zu dem der Kaiser mit seinem obersten General gebrochen habe.[178]

Wallenstein werde nicht in Pilsen auf seine Mörder warten, sondern Gegenmaßnahmen ergreifen, schreibt Richel an Kurfürst Maximilian von Bayern am 20. Februar 1634,[179] aber gerade diese Gegenmaßnahmen waren – auch nach Würdigung der akribischen Untersuchungen Srbiks – eigentümlich schwach, setzt man voraus, daß Wallenstein über die ihn betreffenden Vorgänge informiert gewesen war; anderenfalls hätte der schwerkranke Wallenstein[180] einen Realitätsverlust erlitten[181]. Aus den Ereignissen folgert Diwald[182]: „Der angebliche Verrat, um dessentwillen der Kaiser seinen Feldherrn ächtet, tritt

[178] Vgl. Srbik S. 88f., 98, vgl. auch Wagner S. 153f.; Gaedeke S. 89; Wallenstein habe noch nach dem Besuch Quirogas Anfang Januar 1634 mit Ehren abtreten können, doch habe er das nicht gewollt; „er war entschlossen, sich einer zweiten Absetzung mit Gewalt zu widersetzen und an der Spitze seiner – wie er meinte – ihm blindlings ergebenen Armee im Verein mit den Schweden und Sachsen den Frieden und die Befriedigung seiner gerechten territorialen Ansprüche zu erzwingen". Irmer (III S. LVIII) dagegen meint, daß erst Wallensteins „Ächtung und der Abfall der Armee" ihn gezwungen hätten, „sich rückhaltlos in die Arme seiner bisherigen Gegner zu werfen".

[179] Vgl. Nr. 133.

[180] Vgl. zum raschen körperlichen Verfall Wallensteins von 1632 bis 1634 vor allem Maršan sowie Diwald S. 312; Görlitz S. 217f.; Hoehne S. 274f. Anm. 26; Huch S. 127f., 160; Mann S. 929; Pekař S. 616, 701; Schubert S. 597, 600; Schweizer S. 342 bis 345; Srbik S. 141, 160; Suvanto S. 61, 302, 307, 323f.; Wagner S. 149, 153; Weibull S. 20.

[181] Vgl. Diwald S. 522, 525f.; vgl. auch die Ausführungen von Maršan. Wallenstein ist allem Anschein nach erst am 17. und 18. Februar 1634 über die Gefahr, in der er sich befand, informiert worden. Seine Gegenmaßnahmen bestanden im wesentlichen in der zweiten Pilsener Offiziersversammlung, in Hilferufen an Arnim und Herzog Bernhard von Sachsen-Weimar, an Pfalzgraf Christian von Birkenfeld, in der Entsendung des friedländischen Kanzlers Elz zum Markgrafen Christian von Brandenburg-Kulmbach (vgl. Srbik S. 164, 173f., 181, 193; Steuer S. 480f., 494f., 498; vgl. auch Hildebrand HT S. 429–431) und in der Flucht nach Eger sowie in bramarbasierenden Überlegungen gegenüber Leslie, wie er sich am Kaiser rächen werde – zudem vor allem im Bericht dieses Hauptbeteiligten an den Egerer Morden überliefert (vgl. Srbik S. 167, 173f.). Und ebenso nur in den Berichten der Mörder überliefert ist Ilows erfolgreiches Unternehmen vom 25. Februar 1634, die Egerer Offiziere Wallensteins zu verpflichten (vgl. Srbik S. 177–179); zum „letzten Armeebefehl", ausgearbeitet von Ilow, Trčka und Niemann, vgl. Srbik S. 181f.

Vgl. zusammenfassend Srbik S. 137–139, 141f.; 160–168; 172–174, 178, 181f., das gesamte Kapitel 'Die Exekution' (S. 160–196) und das Kapitel 'Quellen zur Exekution Wallensteins' (S. 145–159); Steuer S. 480–504; Suvanto S. 351–354, 356; Irmer III S. LVII–LX, LXIIf.

[182] Diwald S. 522f.; vgl. auch S. 526, 528.

als Möglichkeit und aus Notwehr erst nach der Ächtung in Wallensteins Aktionsfeld." Diwald folgt hierin der Meinung des päpstlichen Hofes, der Wallenstein eher für verraten als für einen Verräter hielt, und derjenigen, die Richelieu in seinen Memoiren verbreiten ließ.[183]

Sowenig tatsächlich Grund besteht, an eine Verschwörung Wallensteins gegen den Kaiser zu glauben, so sehr kann auf Äußerungen in Wallensteins Erregungszuständen und Wutausbrüchen, dem 'Schiefer', wie auch in vertrauensseligen Gesprächen verwiesen werden, die den Schluß hoch- und landesverräterischer Absichten nahelegen. Mann wertet derlei Äußerungen zu wenig hoch, als Gerede,[184] aber Wallenstein war nicht irgendein cholerischer oder redseliger Mensch, sondern eine der führenden Personen der kaiserlichen Partei. Daß er nicht meinte oder daß er nicht wirklich wollte, was er sagte, mag für wohlwollende Kenner Wallensteins deutlich gewesen sein, aber die sind in Wallensteins Umgebung nicht vorauszusetzen, zumal sich Wallenstein bei der Auswahl seiner Vertrauten und Gesprächspartner als schlechter Menschenkenner erwies.[185] Zu berücksichtigen sind überdies die Äußerungen, die aus Wallensteins Umgebung verlauteten. Wer wollte, konnte aus all dem ein brisantes Gemisch herstellen.[186]

III

Nach seiner Erhebung zum Reichsfürsten wählte Wallenstein die Devise 'invita invidia': dem Neide – dem Haß, der Mißgunst – zum Trotz.[187] Es ist anzunehmen, daß sich Wallenstein die Wahl seiner Devise gründlich überlegt hat; sie weist auf wesentliche Zusammenhänge seiner Geschichte, die vor allem interessant ist für eine Zeitspanne von neun Jahren (von der Übernahme des ersten Generalates im Juli 1625 bis zur Tötung Ende Februar 1634); was davor liegt, immerhin 42 Jahre, hebt ihn kaum hinaus über viele seiner Zeitgenossen.[188]

[183] Vgl. Mattutat S. 70, 96f.; auch Hallwich, Fünf Bücher Wallenstein II S. 458.

[184] Vgl. Mann S. 928f., 951, 968.

Diwald (S. 315) schreibt: „Wallenstein ist kein Mann des Maßes, der inneren Disziplin, er ist von einer überdimensionalen Unausgeglichenheit, leidenschaftlich bis zum Exzeß."

[185] Vgl. Görlitz S. 222; Huch S. 56; Mann S. 294; Schweizer S. 347; Srbik S. 171; Wagner S. 122f.

[186] Vgl. zu diesem Komplex: Diwald S. 425; Görlitz S. 20; Huch S. 30–33, 124; Irmer I S. XXIIf.; Irmer II S. XXXIf.; Mann S. 929, 952; Pekař S. 608, 692, 698, 700; Schweizer S. 340; Srbik S. 44, 46, 78; Wagner S. 119f., 136.

[187] Vgl. Mann S. 261.

[188] Vgl. Diwald S. 69–75, 246; auch S. 47, 65, 152, 316; Görlitz S. 45.

Haß, Neid, Mißgunst gegenüber Wallenstein haben ihre tiefen, aber auch sehr verschiedenen Ursachen.

Zu einfach ist es, sich an Keplers Auskunft aus dem Jahre 1624 zu orientieren: „Daß die Böhmen selber seine Feinde sein sollen, ist nicht not, daß es von einem astrologo vorhergesagt wird. Denn wer ein Böhme ist und innerhalb des Königreichs sich also verhält [...], den wird man sonder Zweifel wohl nirgend anders besser kennen oder mehr hassen als eben in Böhmen." [189] Dieser Satz stimmt und stimmt nicht. Problematisch ist u. a. die Passage „wer [...] innerhalb des Königreiches sich also verhält", wobei nicht deutlich wird, welches Verhalten Wallensteins gemeint ist. Nahe liegt, auf den Haß derer zu schließen, die unterlegen waren: der Angehörigen der unter Aufsicht Wallensteins in Prag Hingerichteten; der von den Münzmanipulationen und Konfiskationen Betroffenen; der Menschen, die fliehen und emigrieren mußten – aber so eindeutig war deren Haß gegen den, der "made possible the definitive destruction of old Bohemia in 1627–28" [190] nicht, wie Wallensteins Beziehungen zu vielen Emigranten in der Zeit von 1630 bis 1634 zeigen,[191] so daß Wallenstein sogar als Vertrauensperson vieler böhmischer Emigranten bezeichnet werden kann[192].

Gemeint sein kann aber ebenso der Haß der Mitbeteiligten, der Mitsieger, der Standesgenossen, z. B. Liechtenstein, Dietrichstein, Slavata, über die Wallenstein hinauswächst.[193] Doch sind aus ihren Reihen nur wenige entscheidend an Wallensteins Sturz beteiligt: an führender Stelle der Hofkriegsratspräsident Schlick, der erst nach der Niederlage der böhmischen Truppen am Weißen Berg auf die kaiserliche Seite übergeschwenkt war, und an minder wichtiger Stelle, aber sich lautstark geltend machend, das 1618er Defenestrationsopfer Slavata.[194]

[189] Vgl. Görlitz S. 46.

[190] Vgl. Polišenský, Historica S. 84.

[191] Vgl. Pekař passim, besonders aber S. 702; Winter S. 35f.

[192] Vgl. Irmer I S. XXIX; Irmer II S. XLIV; nach Huch (S. 116) sahen die böhmischen Emigranten in Wallenstein eine Art Heiland; Polišenský (Historica S. 86) spricht von "the far-reaching negotiations of Wallenstein with the Bohemian exiles"; Wallensteins Tod bedeute "the end of the remnants of the old Bohemia, still lingering under Wallenstein's protection".

[193] Vgl. Mann S. 302, auch 305, 307.

[194] Nicht zu vergessen ist die Ablehnung Wallensteins durch böhmische Historiker des 19. und 20. Jahrhunderts – durch Gindelý, Pekař, Palacký. Des letzteren Reaktion im Wiener Heeresmuseum beim Anblick der Marmorstatue Wallensteins – die Bezeichnung des Herzogs von Friedland als „Schuft" (Diwald S. 8) – ist schwerer verständlich, als es auf den ersten Blick scheint. Bezieht sie sich – aus nationaltschechischer Position – auf die Niederschlagung der böhmischen Revolution, so spielt gerade hierbei Wallen-

Die böhmischen Widersacher allein hätten Wallenstein kaum gefährlich werden können; Haß, Neid, Mißgunst rief Wallenstein an wichtigerer Stelle hervor – am Münchener Hof, bei den Wiener Beratungsgremien des Kaisers, bei Ferdinand II. selbst.

Das gespannte Verhältnis zwischen Wallenstein und Maximilian von Bayern[195] beruht nicht nur auf der Gegensätzlichkeit beider Personen und ihrer Positionen, schon gar nicht ist es Wallenstein allein vorzuwerfen, seinem „leidenschaftlich-rücksichtslosen Haß gegen Bayern", wie dies Pekař[196] tut, der im Zusammenhang mit Kurfürst Maximilian von einer „zielbewußten und zähen, aber wohlüberlegten und vor allem ehrlichen Politik"[197] spricht, sondern steht vielfach stellvertretend für Gegensätze zwischen dem Kurfürsten von Bayern und dem Kaiser[198]. Im übrigen ist es Albrecht zu verdanken, daß er im Anschluß an A. Altmann die emotionale Komponente der Abneigung Maximilians gegen Wallenstein in Erinnerung bringt, daß also Haß ein tragendes Element des Verhältnisses Maximilians zu Wallenstein gewesen ist.[199]

Kaiser Ferdinand II. hatte auf Initiative der Liga und von deren führendem Fürsten, Maximilian von Bayern, 1625 seine militärischen Anstrengungen verstärkt, doch führten gerade die Erfolge der kaiserlichen Politik – der rasche Aufbau einer schlagkräftigen kaiserlichen Armee durch Wallenstein – zu Maximilians Abneigung gegen diese neue Armee und ihren leitenden General, da er seinen bisherigen Einfluß auf die kaiserliche Politik und die Ereignisse im Reich – die in seiner Erhebung zum Kurfürsten und der Übertragung der

stein eine wenig wichtige Rolle trotz seiner spektakulären Flucht nach Wien samt ständisch-mährischer Kriegskasse; bezieht sie sich auf Wallensteins Landgewinne, ja Gier, seinen Besitz zu arrondieren, und auf seine Beteiligung an den Währungsmanipulationen, so ist sie nicht unberechtigt – doch gehörten die Nachfahren vieler solcher 'Schufte' zur damaligen böhmischen und österreichischen Oberschicht; bezieht sie sich aber auf Wallensteins letzte drei Jahre – für die man zu Palackýs Zeit weitgehend von einer Verschwörung Wallensteins, Hoch- und Landesverrat implizierend, ausging –, so ist sie insofern eigentümlich, als Wallenstein damit nationaltschechischen Vorstellungen entgegengekommen wäre.

195 Vgl. hierzu Albrecht, Maximilian S. 141, 196, 207f., 217, 225, 228–230, 242, 267, 342f., 345, 364, 366; Albrecht, Richelieu S. 23f.; Bireley S. 73f., 91, 198; Ernstberger, Für und wider S. 77; Gindelý, Zweites Generalat S. 3, 12; Hallwich, Fünf Bücher Wallenstein I S. 218f.; II S. 458; Huch S. 97–100, 103–105; Irmer III S. XIX; Ritter, Untersuchungen S. 24, 39f.; Suvanto S. 29f., 35f., 43; Weibull S. 15f.

196 Vgl. Pekař S. IXf. sowie S. 434–436, 605, 696; vgl. auch Gindelý, Zweites Generalat S. 11; Srbik S. 48, 50, 58; Wagner S. 141–143, 146, 150.

197 Vgl. Pekař S. 707.

198 Vgl. Srbik S. 42.

199 Vgl. Albrecht, Maximilian S. 141, 207.

Oberpfalz gipfelten – zugunsten der kaiserlichen Macht schwinden sah.[200] Da Maximilian alle Vorgänge ausschließlich aus der bayerischen Perspektive beurteilt zu haben scheint, mißfiel ihm alles, was nicht unmittelbar zur Sicherung Bayerns beitrug. Seine Vorwürfe gegen Wallensteins Kriegführung sind vom subjektiv bayerischen Standpunkt aus möglicherweise gerechtfertigt, sagen aber wenig über die Berechtigung wallensteinischer Befehle und Maßnahmen.

Auch in der Friedensfrage konnte kein Konsens zwischen Wallensteins und

[200] Vgl. Wallensteins Vorwurf gegen Bayern, „allein gern dominus dominantium im Reich sein" zu wollen (vgl. Mann S. 478); vgl. auch Mann S. 369: „Der Kurfürst wollte, was nicht zu bekommen war: einer kräftigen kaiserlichen Waffenhilfe genießen und doch das liebgewordene Oberdirektorium nicht verlieren."

Die Benachrichtigung Kurbayerns erfolgte unter dem Datum Wien, 12. Mai 1625; das Schriftstück ist gedruckt bei Hallwich, Fünf Bücher Wallenstein I S. 173f.:

„Wir haben nit allein aus Eurer Liebden unterschiedlichen ausführlichen an Uns abgegangenen Schreiben und derselben Einschlüssen und von anderen glaubwürdigen Örtern eingelangten Berichten und Avisen nach Notdurft verstanden, sondern es gibts teilorten die erwiesene Feindseligkeit an den Tag, wasmaßen die hin und wieder geworbenen Armeen und stets noch emporschwebende starke Kriegsbereitschaft und Verfassungen zu dem Ende angesehen und dirigiert seien, Uns und des Heiligen Römischen Reiches getreue anverwandte Stände und Glieder, so Uns bishero treulich Beistand geleistet, und sonderlich Unsere beeden löblichen Häuser allerorten feindselig anzufallen, die längst vorgehabten und bis dahero stets kontinuierten bösen Intentionen mit äußerster Macht durchzudringen und das ganze Heilige Römische Reich in Desolation und Verwüstung zu stürzen: [. . .]

Als sind Wir aus Unseres tragenden kaiserlichen Amts Sorgfältigkeit, sonderlich auf Eurer Liebden beschehene Erinnerungen und angeheffte Erklärung, daß Sie Ihresteils gleichergestalt in mehre Gegenverfassung sich stellen wollen, ungeachtet Unsere Erbkönigreiche und Länder und derselben Untertanen auf den äußersten Grad abgemattet, ausgeschöpft und verderbt sind, zu Abwendung dieser gemeinen vorbrechenden Gefahr neben Stärkung Unserer vorigen sechs Regimenter Fußvolk, jedes auf dreitausend Mann, und Ergänzung der vierundzwanzig Kompagnien Reiter noch neue Kriegspräparation unter dem Kommando des Hochgebornen Unseres Oheims, des Reiches Fürsten und lieben getreuen Albrecht Wenzel Eusebius, Regierer des Hauses Walstein und Fürsten zu Friedland, Unseres Kriegsrates, Kämmerers und Obersten von fünfzehntausend zu Fuß und sechstausend zu Roß sowohl Unsere Erbkönigreiche und Länder auf allen Fall wider den Türken und Bethlen zu assekurieren und, da von beeden Königen, Dänemark und Schweden, etwas Feindliches attentiert werde, mit und neben Eurer Liebden und der getreuen gehorsamen Kurfürsten, Fürsten und Stände Armada zum Widerstand zu konkurrieren – vor- und an die Hand zu nehmen und anderwärtige diversiones anzustellen Vorhabens und entschlossen."

Vgl. weiterhin: Albrecht, Maximilian S. 91, 207f.; Albrecht, Richelieu S. 23; Diwald S. 256, 258, 263; Hallwich, Fünf Bücher Wallenstein I S. 159, 218f.; Huch S. 98.

Maximilians Auffassung erzielt werden, und zwar nicht deswegen, weil Maximilian ein religiöser Fanatiker gewesen wäre, der Verhandlungen mit Protestanten abgelehnt hätte (hiergegen sprechen seine Kontakte zu Schweden[201]), sondern weil Maximilian die Interessen seines Hauses (causa Palatina) höher als die des Reiches und des Kaisers stellte. Die bayerischen Vertreter in Wien ließen nichts ungenutzt, um Maximilians Ziel beim Kaiser durchzusetzen. Sie stießen dabei auf Resonanz bei einer immer größer werdenden Gruppe,[202] zu der vor allem der Sohn und Nachfolger des Kaisers, Ferdinand III., der Beichtvater des Kaisers, Lamormaini[203], der Jesuit Weingartner, der mit seiner Schrift 'Exhortatio angeli provincialis ad imperatorem et reges Austriaces' erfolgreich gegen Wallenstein wirkte,[204] die böhmischen resp. mährischen Feinde – u. a. Slavata[205] und Dietrichstein[206], verschiedene Diplomaten, vor allem die Spanier Castañeda und seit 1633 der 'Sonderbotschafter' Oñate,[207] gehörten, außerdem Personen, die als höhere Offiziere mit Wallenstein zusammengestoßen waren, nicht zuletzt, weil Wallenstein sie wegen Vergehen oder wegen mangelnden militärischen Könnens abgelehnt hatte.[208] Diese Personen urteilten dann über Wallensteins militärische Kompetenz und bezeichneten ihn als Zauderer,[209] und ihnen ist dies in der Forschung oft nachgespro-

[201] Vgl. Irmer I S. XLVI.

[202] Vgl. Diwald S. 425; Srbik S. 62, der von einer „Kronprinzen- oder Kriegspartei am Wiener Hof" spricht; 63, 75f.; vgl. auch Schlicks Geheiminstruktion für seine Reise zu Wallenstein im August 1633 (betr. Gewinnung des Offizierkorps für den Kaiser): Srbik S. 77f.

[203] Vgl. Duhr II 2 S. 707–709; Irmer III S. XVIII; Srbik S. 65–68; Lamormaini hatte wichtigen Anteil am Zustandekommen des Restitutionsediktes von 1629, das Wallenstein strikt ablehnte (vgl. Srbik S. 66; Posch S. 384–389).

[204] Zu Johannes Weingartner und seinem Pamphlet vgl. Srbik S. 90–97, 238, 285–297; Suvanto S. 313.

[205] Vgl. Srbik S. 68.

[206] Vgl. Srbik S. 68.

[207] Vgl. Albrecht, Maximilian S. 368f.; Gindelý, Zweites Generalat S. 38; Irmer III S. XVIII, XXIII, XLVI, LII; Mecenseffy S. 25f.; Parnemann S. 41f., 72–74; Ritter, Untergang S. 297; Srbik S. 61, 75f., 99.

[208] Vgl. Hallwich, Wallensteins erste Berufung S. 134; Srbik S. 62, betr. Carretto di Grana S. 68.

[209] Vgl. Pekař S. 233f.: „Es geziemt ihnen [Erklärungsversuchen für Wallensteins Verhalten vor Nürnberg 1632] meiner Meinung nach, zurückzutreten vor der einfachen Erklärung, daß der Herzog, ebenso wie in seiner militärischen Strategie, so auch in seinen verräterischen Praktiken das gerade Gegenteil eines kühnen Waghalses gewesen ist, ein Zögerer, der die Entscheidung auf die lange Bank schob, der ständig auf der Suche nach sichereren Gelegenheiten war und sich dabei die guten Gelegenheiten entgehen ließ, ein Überschlauer, der töricht handelte, auch unter dem Einfluß von Stimmungen

chen worden. Diwald hat auf die Unhaltbarkeit dieser Beurteilung der wallensteinischen Kriegführung hingewiesen,[210] da derjenige, der Wallenstein Zögern vorwirft, übersieht, daß er sehr rasch entscheiden konnte, wenn es notwendig war, und militärische Operationen in kürzester Zeit durchführen konnte, wenn er dies für vertretbar hielt – wie Wallensteins Kriegführung bis zum Lübecker Frieden durchaus offensiven Charakter hatte;[211-212] militärisch sinnvoller und damit effektiver aber war bisweilen das Abwarten – wie dies Wallenstein vor der Schlacht an der Dessauer Brücke 1626 oder bei Zirndorf 1633 vermochte[213] –, das Rücksichtnehmen auf politische Gegebenheiten, das sich nach Diwald[214] darin zeigt, daß Wallenstein den bei Dessau geschlagenen Mansfeld nicht im neutralen Brandenburg stellte – ein politisches Fingerspitzengefühl, das Tilly wenige Jahre später vermissen ließ, als er Kursachsen 1631 unmittelbar vor der Schlacht bei Breitenfeld angriff und damit in das Bündnis mit Schweden zwang.

Die militärische Gegenposition zu Wallenstein vertrat seit 1631 der schwedische König Gustav II. Adolf, nachdem er sich zu Beginn seines Feldzuges in Deutschland ähnlich behutsam wie Wallenstein verhalten hatte.[215] Sein militärisches Vorgehen seit der Breitenfelder Schlacht zeigt die Problematik seiner Strategie: obwohl er in kurzer Zeit seine Truppen erfolgreich von Sachsen bis Bayern und zurück nach Sachsen führte, blieb der kriegsentscheidende militärische resp. der politische Erfolg aus.[216]

Wallensteins zögernde – aber konsequente – Kriegführung vor Nürnberg

und Prophezeiungen, die ein durchdachtes zielbewußtes Vorgehen nahezu unmöglich machten." Vgl. Görlitz S. 206; Huch S. 60 (Schlachtenscheu Wallensteins), 62, 65f.; Mattutat S. 19; Ritter, Untergang S. 293 (betr. 1633); Ritter, Untersuchung S. 38 (betr. 1626); Srbik S. 73; Wagner S. 67 (betr. 1626).

[210] Vgl. Diwald S. 374f., auch 484–486, 490; Srbik S. 42.

[211] Vgl. Bartel S. 20–32 (positive Beurteilung der Kriegführung Wallensteins 1626 gegen Mansfeld); Diwald S. 374; Ritter, Untersuchungen S. 33f., 38 (betr. 1625 und 1627).

[212] Vgl. Diwald S. 345, 347, 350f.

[213] Vgl. Diwald S. 374, 484–486, 490; Srbik S. 50.

[214] Vgl. Diwald S. 347, 350f.: „Zu den größten Eigenschaften des Feldherrn Wallenstein gehört eine Fähigkeit, die bei den zeitgenössischen Soldatenführern kaum zu finden ist: die Gabe, abwarten zu können. Gerade sein Gewehr-bei-Fuß-Stehen in den Monaten vor der Dessauer Schlacht bis zu seinem Aufbruch nach Schlesien weist ihn als überlegenen Staatsmann aus [. . .]. Daß Wallenstein die Niederlage Mansfelds [. . .] auf sich beruhen läßt [. . .], daß er mit keinem einzigen Soldatenstiefel brandenburgisches Gebiet berührt, ist der Entschluß eines Staatsmannes." Vgl. auch Görlitz S. 77f.

[215] Vgl. Diwald S. 374f.

[216] Vgl. Diwald S. 490.

im Sommer 1633, seine Ermattungsstrategie,[217] hatte einen kaum zu überschätzenden Erfolg: sie „band Gustaf Adolfs handlingsfrihet“[218]; der schwedische König verlor den Nimbus der Unbesiegbarkeit,[219] konnte durch seinen Abzug von Nürnberg in südlicher Richtung seinen Willen Wallenstein nicht aufzwingen, sondern mußte dessen Zug nach Norden folgen, wo er schließlich in der Lützener Schlacht[220] sein Leben verlor. Aber kriegsentscheidend war auch diese Schlacht nicht, die von Wallenstein nicht gesucht worden war. „Wallenstein war Verteidiger von Haus, denn starke Verteidigung ist gewisser als Angriff, und das Gewisse spielte er gern [. . .]. Die Kräfte reichten zu einer Schlacht, und dann nicht weiter. Darum auch ist Lützen Wallensteins letzte Schlacht, darum . . . glaubte er an Schlachten nicht mehr.“[221]

Wallensteins Strategie scheint auch von Axel Oxenstierna geteilt worden zu sein. Friedrich Hermann Schubert erwähnt[222] die Differenzen zwischen Herzog Bernhard von Sachsen-Weimar und dem Feldmarschall Horn, die darauf beruhten, daß „Horn mit Oxenstierna ein Defensivsystem durchgeführt sehen wollte, Bernhard aber an Gustav Adolfs offensiver Kriegführung festhielt“. Die Nördlinger Niederlage sei u. a. darauf zurückzuführen, daß die Schlacht „auf Bernhards Drängen hin gegen Horns ursprüngliches Dafürhalten unternommen worden war“. Wie wenig andererseits dieser Sieg den Kaiserlichen nutzte, darauf ist schon hingewiesen worden.

Wer Wallenstein zaudernde Kriegführung vorwirft, übersieht überdies, daß nicht der ein guter General ist, der aus Prestigegründen oder auf Grund sinnloser Befehle eines Kaisers Armeen aufs Spiel setzt, sondern derjenige, der Verantwortung für seine Armee empfindet, die im 17. Jahrhundert – und speziell auch für Wallenstein – ein privates Wertobjekt[223] war, derjenige, der eine Armee unter geringstmöglichen Verlusten effektiv einzusetzen versteht. Wallenstein ist militärisch nicht besiegt worden,[224] und zur Zeit seiner beiden Generalate hat sich die kaiserliche Macht, die zuvor beide Male geschwächt gewesen war, weitgehend konsolidieren können.

Zu Wallensteins schwacher Stellung in Wien trug bei, daß er selbst sich dort kaum aufhielt. Wallenstein war vom 20. April bis zum 23. Mai 1627 zum

[217] Vgl. Ernstberger S. 12; Schubert S. 610; Schweizer S. 353.

[218] Vgl. Weibull S. 5.

[219] Vgl. hierzu auch Pekař S. 226; Wagner S. 105–109.

[220] Vgl. dazu ausführlich Wagner S. 109–117; auch Görlitz S. 191.

[221] Mann S. 896; vgl. auch Diwald S. 517; Irmer II S. XIVf.; Mehring S. 334f.: Wallensteins „halbe Niederlage bei Lützen war tatsächlich eine Probe seiner überlegenen Einsicht [. . .]“; Srbik S. 51.

[222] Vgl. Artikel über Hg. Bernhard in NDB 2 S. 113–115.

[223] Vgl. Ernstberger S. 6f.; Hochheimer S. 150; Huch S. 59f.

[224] Vgl. Diwald S. 346; Schebek, Capitulation S. 313.

letzten Male in Wien gewesen,[225] 1628 hatte er zum letzten Male den Kaiser gesprochen[226] – und zwar nicht deswegen, weil er aus militärischen Gründen verhindert gewesen wäre, sondern weil er nicht wollte, wie die Konferenz zwischen Wallenstein und Eggenberg in Göllersdorf, nur wenige Kilometer von Wien entfernt, zeigt. Und diese Kontaktscheu gilt ebenso für Wallensteins Verhältnis zu den Kurfürsten.[227]

Wallensteins Entfernung vom zweiten Generalat ist ein Werk der Wiener wallensteinfeindlichen Gruppe[228] in enger Zusammenarbeit mit bayerischen Diplomaten, insbesondere Richels[229], der entsprechende Befehle des Kurfürsten Maximilian, der als ein Urheber der Maßnahmen gegen Wallenstein nicht bekannt werden und sich hinter der Wiener Gruppierung verstecken wollte, mit Akribie ausführte. Die Konstellation bei Wallensteins erstem Sturz unterscheidet sich von der des zweiten Sturzes im wesentlichen nur in den Personen.[230]

Komplizierter als das Verhältnis zwischen Wallenstein und seinen böhmischen, bayerischen und Wiener Gegnern ist die Beziehung zwischen Wallenstein und dem Kaiser.

Ferdinand II. hat zweimal in einer Notsituation Wallenstein den Oberbefehl über das kaiserliche Heer – das zudem erst aufgebaut werden mußte und das Wallenstein auf 100 000 Mann gebracht hat, eine organisatorische Leistung ohne Gegenstück zu seiner Zeit,[231] die nur noch durch die Finanzierung dieser Armee durch Wallensteins Kontributionssystem übertroffen wird[232] – anvertraut: mit umfassenden, weitgehenden, wenn auch sicherlich nicht nahezu unbegrenzten Vollmachten;[233] und zweimal hat Wallenstein die kaiserliche Macht konsolidiert und in die Lage versetzt zu versuchen, das Kaisertum

[225] Vgl. Diwald S. 378–380; Hallwich, Fünf Bücher Wallenstein II S. 54; Mann S. 471, 677.

[226] Vgl. Schweizer S. 340.

[227] Vgl. Mann S. 677: „Er tat sich Schaden damit. Seine Nicht-Präsenz verstärkte, was seinem Ruf anhaftete, das Fremde, Abstrakte, Unheimliche."

[228] Vgl. Suvanto S. 281–283, 294, 313–316; zum Gutachten Gundakars von Liechtenstein S. 321; Weibull S. 16.

[229] Vgl. Albrecht, Maximilian S. 368f.; Bireley S. 195, 198; Irmer III S. X, XIX bis XXI, XXIIIf.; Parnemann S. 20; Pekař S. 582–584; Ritter, Untergang S. (294), 296f.; Srbik S. 60f., 73–75, 98f.; Suvanto S. 233f., 292, 302–305, 310–316, 319f.; Wagner S. 141, 151.

[230] Vgl. hierzu Ritter, Untersuchungen S. 36, 39f., 46f., 50 (betr. den Gegensatz der Liga resp. Bayerns zu Wallenstein), S. 27, 39f., 48f. (betr. die wallensteinfeindlichen Maßnahmen der diplomatischen Vertreter Spaniens und Bayerns am kaiserlichen Hof); vgl. auch Hallwich, Fünf Bücher Wallenstein II S. 478f.

[231] Vgl. Mann S. 800f.; auch Diwald S. 272, 285; Srbik S. 41.

[232] Vgl. zum Kontributionssystem Diwald S. 275f., 281, 284; Srbik S. 61.

[233] Vgl. zu Wallensteins Vollmachten, das erste Generalat betreffend, Nr. 44;

„in monarchischem Sinne zu transformieren“, nämlich im Restitutionsedikt und im Prager Frieden,[234] doch niemals hat der Kaiser Wallenstein Einfluß eingeräumt in Bereichen, die er sich selbst vorbehalten wissen wollte: in dynastiepolitischen und konfessionspolitischen Fragen, und an beiden Bereichen entzündeten sich schwere Konflikte zwischen dem Kaiser und seinem obersten militärischen Befehlshaber: am Restitutionsedikt und an der Unterstützung spanischer Positionen und Forderungen durch den Kaiser. Wegen des Restitutionsediktes ist Wallenstein nicht einmal konsultiert worden,[235] im Falle spanischer Wünsche wurde Wallensteins Rat nicht befolgt. Daß Wallenstein in beiden Fällen einen Standpunkt vertrat, der von vielen Historikern als der richtige betrachtet wird, läßt ihn als den bedeutenderen Analytiker politischer Verhältnisse erscheinen, ändert aber nichts daran, daß Ferdinand seinen General als illoyal empfinden konnte resp. empfunden hat, z. B. in der Art, in der er öffentlich über das Restitutionsedikt urteilte oder über den spanischen König sprach,[236] zumal unzählige Reibereien zwischen dem Kaiser resp. dem Hofkriegsrat und Wallenstein vorausgegangen waren, die Wallenstein schon ein Jahr nach Übernahme des Generalates zu Überlegungen veranlaßt hatten, den Oberbefehl niederzulegen[237].

Indem Wallenstein die 1630 vom Kaiser den Kurfürsten in Regensburg zugestandene Entlassung[238] (für seine Gegner wider Erwarten gelassen[239]) hingenommen hatte, wurde der mit dem Restitutionsedikt verbundene Loyalitätskonflikt überwunden. Wallenstein erwies sich hierbei gerade als derjenige, der er nach allen Vermutungen oder Beschuldigungen nicht war – als der Überlegene, der die kaiserliche Entscheidung Akzeptierende, als der, der gerade nicht eingriff und durch eine Machtdemonstration seine Entlassung verhindert hätte.[240] Und ebensowenig dachte er zwischen den Generalaten an nichts anderes, als sich am Kaiser zu rächen, wenn ihm dies auch immer wieder von Zeitgenossen und der Forschung unterstellt worden ist.[241]

Diwald S. 262 in Verbindung mit S. 258, auch S. 293; zu den Vollmachten der Brucker Absprache 1626 vgl. Nr. 19f.; Diwald S. 372; zu den in Göllersdorf erteilten Rechten vgl. Vorbemerkung zu Nr. 69.

Vom Militärdiktator Wallenstein spricht Wagner S. 79.

234 Vgl. Schubert S. 605.

235 Vgl. Huch S. 89.

236 Vgl. Nr. 59; Diwald S. 423; Mann S. 663.

237 Wallensteins Rücktrittsabsicht 1626 halten für ernst gemeint Diwald S. 364f.; Mann S. 403, 440f.; vgl. Nr. 17.

238 Vgl. Albrecht, Maximilian S. 270; ders. Richelieu S. 31–33, 35–40, 45.

239 Vgl. Görlitz S. 154; Huch S. 112; Mann S. 694; Suvanto S. 56f.; Wagner S. 89.

240 Vgl. Mann S. 694, 719.

241 Vgl. Mann S. 719, 733; 792: „Man sagt, er habe sich verändert seit dem Regens-

Wallensteins Wiederberufung erfolgte, nachdem sich gezeigt hatte, wie berechtigt seine Einwände gegen das Restitutionsedikt gewesen waren – eine letztlich für den Kaiser und alle diejenigen, die 1630 auf Wallensteins Entlassung gedrungen hatten, psychologisch schwierige Entscheidung.[242] Allem Anschein nach hätte auch der zweite schwere Loyalitätskonflikt mit einer von Wallenstein angestrebten ehrenvollen Entlassung[243] enden können, wenn sich nicht der Kaiser für eine andere Lösung entschieden hätte. Es spricht einiges dafür, daß diese Lösung in Wien bevorzugt wurde – und zwar nicht in Schuberts Sinn,[244] wonach wegen Wallensteins Verrat dem Kaiser nichts anderes übriggeblieben sei, „als ihn so oder so unschädlich zu machen", oder nach der von Parnemann vertretenen These, wonach vom Kaiser nur ein Haftbefehl ausgegangen sei, der Wallensteins Tötung nur für den Fall zugelassen habe, daß er sich durch Widerstand oder Flucht der Verhaftung hätte entziehen wollen[245] –, weil sie das ausnutzen konnte, worin der Kaiser Wallenstein immer unterlegen war und worauf viele neidisch und begehrlich sahen: die geordneten wirtschaftlichen Verhältnisse der wallensteinischen Territorien. Wallensteins gewaltsamer, unehrenhafter Tod befreite den Kaiser von finan-

burger Kurfürstentag; loyal bis dahin; einsamer, von Rachedurst gepeinigter Verräter von da ab. Die Zeitgenossen glaubten es, die Späteren schleppten es weiter. Wir werfen es ab. [. . .] Autonom hatte er immer sein wollen, [. . .]. Da nun alles [. . .] eingetroffen war, wovor er gewarnt hatte [. . .], so verstand das sich ihm von selber, daß er von nun an den Krieg führen würde, wie er für richtig hielt, und die Politik auch. [. . .] glimpflicher Friede möglichst bald sei das Wünschbare, einzig Erreichbare. Er hatte zur Zeit des Edikts nicht anders gesprochen. Im Ganzen seines Denkens gab es keine Neuheiten, nur Verschärfungen. Das Zweite Generalat würde denn auch eine Wiederholung des Ersten sein."

Vgl. auch Diwald S. 442, 445, 458f., 468; Srbik S. 201f.; Suvanto S. 57, 59–61, 88f., 91, 114–121; Hallwich, Briefe und Akten I S. XXXV–XXXVII.

Von den Historikern, die davon ausgehen, daß Wallenstein nach seiner Entlassung vor allem daran gedacht habe, sich am Kaiser zu rächen, seien erwähnt: Ernstberger, Wallensteins Heeressabotage (betr. Winter 1631), Gaedeke S. 13f.; Pekař S. VIIIf., 76, 81, 104, 110, 145, 147, 306, 369, 629f., 651, 692–698, 704, 707; Wagner S. 6f., 138. Vgl. die Forschungsübersicht bei Suvanto S. 57–59.

[242] Vgl. Diwald S. 469, 478f.

[243] Vgl. Suvanto S. 296, 308f., 322, 335 Anm. 2, 343, 353; Irmer III S. XXIII, LVIf.; Siegl S. 308; Srbik S. 138; vgl. aber auch Pekař, Wallensteins Aufrichtigkeit bezweifelnd, S. 615f.; auch Huch S. 165; Steuer S. 481; Wagner S. 153.

[244] Vgl. Schubert S. 598.

[245] Vgl. Parnemann S. 62f., besonders Anm. 3, sich beziehend auf Piccolominis Brief an Aldringen vom 29. Januar 1634 (vgl. S. 66, 72), in dem es heißt: „Die Person ist aus Wien zurückgekommen; sie bringt vom Grafen Oñate den Entschluß des Kaisers, sich Wallensteins durch Gefangennahme oder Tod zu versichern."

ziellen Verpflichtungen gegenüber dem Herzog von Friedland, gleichzeitig verwandte Ferdinand Wallensteins konfiszierten Besitz entgegen allen Wallenstein zugestandenen Verträgen zur Bezahlung seiner hohen Offiziere.[246]

Seine erneute Entlassung, seine Ächtung, seinen gewaltsamen Tod nicht verhindert haben zu können, liegt letztlich darin begründet, worin Wallenstein dem Kaiser immer unterlegen war, in der Legitimität, die mit der Kaiserwürde verbunden war.[247]

In Wallensteins letzten drei Monaten zeigte sich deutlich, daß das von ihm organisierte und kommandierte und finanzierte Heer – trotz Pilsener Reverse, deren erster schon nicht ohne Schwierigkeiten unterzeichnet worden ist und den Srbik[248] als „einen Akt bedingten Hochverrats" bezeichnet[249] – tatsächlich das kaiserliche Heer war, daß die eidliche Verpflichtung der Offiziere dem Kaiser gegenüber neben allen eigennützigen, opportunistischen Erwägungen – oder auch gerade wegen derselben, wegen der wirtschaftlichen Sicherung, für die nun nur der Kaiser garantierte – sie für einen Abfall vom Kaiser nicht geneigt machte[250]. Der 'gute Riecher' für Machtstrukturen, der

[246] Vgl. Mann S. 431f.: „Hoffentlich nur verhielten recht viele Fürsten, z. B. des Niedersächsischen Kreises, sich so übel, daß ihr Besitz als dem Kaiser verfallen gelten konnte. Oder aber: der Großgläubiger selber machte irgendwie sich strafbar. Welche Erlösung, rein finanziell gesehen, würde das bedeuten!" Vgl. auch Diwald S. 535; Srbik S. 259f.

Vgl. zur hohen Verschuldung des Kaisers gegenüber Wallenstein Diwald S. 442f.; Suvanto S. 342.

[247] Vgl. Mann S. 603: „Der mächtigste Mann im Römischen Reich [Wallenstein] bleibt ein Diener, ein Angestellter mit Salär; sein Reichsfürstentum hat daran nichts geändert"; vgl. zum Selbstverständnis des Kaisertums Nr. 1.

Zur Person des amtierenden Kaisers, Ferdinands II. (9. Juli 1578–15. Febr. 1637; 1617 Kg. von Böhmen, 1618 Kg. von Ungarn, 1619 römischer König und Kaiser), vgl. ADB 6 S. 644–664; NDB 5 S. 83–85; Duhr S. 285–287 (apologetisch); G. Franz; Huch S. 10–12; Lutz S. 221–224 (recht positiv); Srbik S. 63–66 (wenig positiv); Wagner S. 73–79 (freundlich).

[248] Vgl. Srbik S. 104; vgl. Nr. 122.

[249] Auch Irmer (III S. XXIX) sieht im Pilsener Schluß den „ersten Akt der autonomen Erhebung Wallensteins gegen den Kaiser [. . .], und so hat man in Wien diese Pilsener Vorgänge auch aufgefaßt". Die Begründung findet Irmer in der „Klausel 'so lange sie [Wallenstein] in seiner kaiserlichen Majestät Dienst verblieben, oder diese zu ihrer sie gebrauchen werden', die sich in dem Abdrucke bei Förster (Briefe Bd. III S. 149) findet, in dem von Hallwich zuerst veröffentlichten Originalrevers, wie derselbe im Archive Schaffgotschs zu Warmbrunn aufbewahrt wird, dagegen fehlt (Hallwich II Nr. 1007 S. 186f.)." In den kriegsgerichtlichen Untersuchungen sei den Angeklagten besonders schwer angerechnet worden, „daß sie den Revers unterschrieben hätten, ungeachtet sie gemerkt, daß jene Klausel [. . .] ausgelassen worden sei".

[250] Vgl. Coler S. 733; Gaedeke S. 102; Irmer III S. L, LV; Mann S. 41f.; Schmiedt

Wallenstein zu Beginn seiner Laufbahn auszeichnete, fehlte ihm am Ende, ihn besaßen jetzt die gegen Wallenstein opponierenden und operierenden Offiziere.

Es folgt auf Wallensteins Ermordung die auf den areligiösen Menschen des 20. Jahrhunderts zynisch wirkende Anordnung des Kaisers Ferdinand II., für Wallenstein 3000 Totenmessen[251] lesen zu lassen, ein Vorgang, der sich vergleichen läßt mit Ferdinands Wallfahrt nach Mariazell, dem Besuch von vier Messen und seiner Teilnahme an der Kommunion am 21. Juni 1621, dem Tag der Prager Hinrichtungen.[252] Manche sehen auch darin einen Ausdruck der immer wieder gepriesenen clementia Ferdinandei. Einzig Diwald[253] hat auf den Zynismus dieser Formel aufmerksam gemacht. 'Clementia' wird für den Kaiser als Topos, bezeichnend den 'guten Herrscher', gebraucht und hat mit dem realen Herrscher Ferdinand II. nichts zu tun. Ferdinands Anschlag auf Khlesl, seine Privatrache an Thurn[254], die scharf durchgeführte Gegenreformation in den Erblanden, die Konfiskationen und die Prager Hinrichtungen des Jahres 1621 lassen nichts von clementia spüren. Ferdinand II. mag im familiären Bereich und bisweilen auch darüber hinaus durchaus gutmütig gewesen sein, doch war es Gutmütigkeit als Willkürentscheidung; zur Durchsetzung seiner Ziele waren ihm nahezu alle Mittel recht.

In der Forschung ist das Prager Blutgericht von 1633 vielfach als Ausdruck von Wallensteins Härte kritisiert worden.[255] Im Vergleich zum kaiserlichen Racheakt von 1621 aber war Wallensteins Härte zumeist kriegsrechtlich begründet – als Folge von Plünderungen, Ausschreitungen, Desertionen –, war Strafe ein Ordnungsfaktor. „Wird Fahnenflucht straffrei, so bricht die Kriegsmaschinerie zusammen. Das wäre am Ende ein Unglück nicht; aber unmöglich können Generale es so sehen." [256]

S. 343f.; Schubert S. 605; Srbik S. 68–70, 72, 179, 195, 201f.; Wagner S. 12; Weibull S. 18f.; Polišenský, Historica S. 86: "Wallenstein's plans collapsed before the united opposition of this generals, whose landed property in the Czech lands was compromised by the Generalissimo's plans."

[251] Vgl. Diwald S. 534; Suvanto S. 380.

[252] Vgl. Diwald S. 148; Wagner S. 54 in Verbindung mit S. 52.

[253] Diwald S. 148f., 534; vgl. Srbik, der Ferdinand II. als gutmütig bezeichnet, S. 63, 113; überzeugt von der clementia Ferdinandei II. ist Wagner S. 15, 77, geradezu zynisch S. 124f.

[254] Vgl. Diwald S. 96f.

[255] Vgl. Wagner S. 117f.; zu Wagners völlig anderer Beurteilung der Prager Hinrichtungen am 21. 6. 1621 vgl. S. 54 in Verbindung mit S. 52; vgl. anders Hoehne S. 287; die Urteile bei Seidler, Lützen S. 141–148.

[256] Mann S. 902; vgl. Srbik S. 69f. Vgl. zum Prager Blutgericht Srbik S. 69f., 344f. Anm. 75; Suvanto S. 190.

IV

Was Wallensteins Geschichte interessant macht, sind weniger die Erfolge, sondern ist das Scheitern dieses Mannes.

Wenn ich mir zu Beginn meiner Beschäftigung mit Wallenstein notiert hatte, daß kaum einer der Handelnden ein Ehrenmann gewesen sei, daß somit Gindelýs und anderer Beschuldigungen gegen Wallenstein (Bereicherung durch Konfiskationen, Münzmanipulationen, Verhalten gegenüber den Besiegten[257]) ähnlich auf nahezu alle kaiserlichen Würdenträger anzuwenden seien und daß somit Mitgefühl mit einer dieser Personen zu haben kaum möglich sei, so kann ich diese Schlußfolgerung am Ende der Auseinandersetzung mit Wallenstein angesichts seines Scheiterns nicht uneingeschränkt beibehalten: Es ist gerade nicht nur das Scheitern eines Gewaltherrschers, sondern auch das eines intelligenten Analytikers,[258] eines durchaus verantwortungsbewußten Generals, eines 'modernen' Menschen[259]. Unterlegen war er dem Hergebrachten, dynastischer Legitimität, die durch Unbeirrtsein auf Grund des Gottesgnadentums, durch Insichruhen, Trägheit und Dumpfheit, in ideologischem Dogmatismus fest gefügt,[260] wirkte und bewirkte.

V

So schwer es ist, sich Wallenstein zu nähern, seine Geschichte und die seiner Zeit in allen Verwicklungen zu begreifen, so wenig sinnvoll ist es, die Schwierigkeiten zu überwinden mit Hilfe von Begriffen wie 'Tragödie', 'tragisch', 'tragisches Schicksal'[261] oder durch Dämonisierung Wallensteins – be-

[257] Vgl. dazu Wagner S. 49, 56f.; Wallenstein erhielt fast ein Drittel der konfiszierten Güter.

[258] Vgl. Diwald S. 13, 88, auch 122f., 175, 196f.

[259] Vgl. Mann S. 380: „Für Einen, der gemacht war wie er, so klug, so unabhängig, gab es im Gewirre der Gegensätze drei denkbare Lebenslösungen: dem Ganzen das Gesetz vorzuschreiben, das war unmöglich; oder zwischen den streitenden Teilen zu vermitteln, das war schwer; oder zu vereinsamen"; vgl. weiterhin Diwald S. 12–14, 16.

[260] Vgl. Diwald S. 319: „Die katholische Politik Ferdinands ist keine Gewissenspolitik, sondern religiöse Gefühlspolitik. Dagegen Wallenstein: Auch bei seinen größten Entwürfen findet sich nichts Schwärmerisches. Wallenstein ist kein Dogmatiker, das war unter den Erfordernissen der Epoche vielleicht sein größter Fehler."

[261] Pekař nennt den deutschen Untertitel seines Werkes 'Tragödie einer Verschwörung', während im tschechischen Originaltitel nur das Wort 'dějiny' (Geschichte) – 'Dějiny valdštejnského spiknutí' – erscheint. Im Verlauf seiner breiten Darstellung benutzt Pekař häufig Begriffe wie 'tragisch' (z. B. S. X); 'tragisches Schicksal' (z. B. S. 1);

gonnen von Zeitgenossen wie Piccolomini und Gallas (ein schrecklicher Wind sei zur Todesstunde Wallensteins aufgekommen und habe bis Mitternacht gedauert; ein lauter Knall sei beim Todesstoß von Wallensteins Körper ausgegangen[262]), fortgesetzt durch Historiker[263] und, am ehesten erlaubt, von Dichtern[264] – oder durch Vermutungen über eine Geisteserkrankung Wallensteins[265] oder über seine Abhängigkeit von der Konstellation der Sterne[266] oder durch den Gebrauch von Begriffen wie „der Zauberer" im Zusammenhang mit dem raschen Aufbau des kaiserlichen Heeres,[267] „märchenhaft" in Verbindung mit Reichtümern,[268] „Glücksritter großen Formats"[269]. Problematisch, wenn auch verständlich, ist die Anwendung des barocken Glücksradmotivs auf Wallensteins Geschichte,[270] zumal dieses Motiv allem Anschein nach allzu leicht zu einer inhaltlich nur schwer nachvollziehbaren, nur an Äußerlichkeiten haftenden Parallelisierung von Kurfürst Friedrich V. von der Pfalz und Wallenstein führt.[271]

Für unzulässig halte ich Wagners Gleichsetzung von Hitler und Wallenstein.[272]

'Tragödie' (z. B. S. 700); vgl. Srbik S. 19: „tragisches Sterben"; 22 mit R. Huch „das tragische Geheimnis seiner Seele", 63 „Tragik im Charakter"; Wagner S. 48: „Tragödie des unbändigen Ehrgeizes"; S. 16: „tragische Gestalt".

262 Vgl. Diwald S. 305f.; Ernstberger, Für und wider S. 77; Srbik S. 192.

263 Vgl. Srbik S. 34, 36: der „dämonische Mann".

264 Vgl. Döblins Wallensteinroman S. 194f., 243f., 344, (401), 473, (645f., 653), 661, 664, 703, 721, auch 344–349.

265 Vgl. Görlitz S. 7 mit Bezug auf die geistesschwache Verwandtschaft mütterlicherseits; Hoehne S. 274f. Anm. 26; Pekař S. 700; Srbik S. 36f., 56.

266 Vgl. Duhr II 2 S. 708; Görlitz S. 10f., 205; Hallwich, Fünf Bücher Wallenstein I S. 15f.; Hoehne S. 281, 286; Irmer II S. LXXVI; Pekař S. 234, 355f., 449, 468, 692, 700; Schweizer S. 348–350; Srbik S. 22, 26, 28, 37, 58; Wagner S. 9, 16, 30, 117, 124, 128f., 137, 151; Weibull S. 12. Kritisch Mann S. 975f.; Coler S. 715f.: „Jedenfalls war Wallenstein nicht der Mann, sich von Schwindlern im Gewande des Sterndeuters [. . .] düpieren zu lassen"; es sei anzunehmen, „daß er den Sternen und ihren Interpreten nicht mehr als einen Platz am Rande seines Denkens und Handelns zugewiesen hat".

267 Vgl. Srbik S. 41.

268 Vgl. Srbik S. 41.

269 Vgl. Wagner S. 30.

270 Vgl. Srbik S. 141, 251.

271 Vgl. Siegl S. 289; Wagner S. 48–50; vgl. den 1621 erschienenen Kupferstich 'Deß gewesten Pfaltzgrafen Glück vnd Vnglück', der das Glücksradmotiv auf Friedrich V. anwendet (Rattay-Harms S. 164f.).

272 Vgl. Wagner S. 11, 17.

VI

Die kontroverse Sicht der Historiker auf Wallenstein korrespondiert mit derjenigen der Schriftsteller und Dichter, die sich seiner angenommen haben. Eine ausführlichere Darstellung der belletristischen und dramatischen Werke über und um Wallenstein bis in unsere Zeit fehlt, wichtige Einzelarbeiten dagegen liegen vor.[273] Erwähnen möchte ich besonders Jan Krejčí, dessen Aufsatz 'Valdštejn v dramatické a románové poesii německé' (Wallenstein im deutschen Drama und Roman) in Deutschland bisher nicht rezipiert worden ist.[274] Krejčís Ausführungen verdanke ich u. a. den Hinweis auf das 1786 erschienene Wallensteinschauspiel des oldenburgischen Justizrates Gerhard Anton Halem, dessen Tenor sich mit der Wallensteindarstellung durch Diwald, Mann und Suvanto verblüffenderweise deckt, und auf das 1789 in Pilsen gedruckte Drama 'Albrecht Waldstein, Herzog von Friedland' des Dramatikers und Schauspielers Jan Nepomuk Komárek, der von der Unschuld seines Helden ausgeht.

VII

Der vorliegende Band 'Quellen zur Geschichte Wallensteins' im Rahmen der 'Freiherr vom Stein-Gedächtnisausgabe (Neuzeit)' ist der mittlere von drei Bänden zur Geschichte des Dreißigjährigen Krieges. Auf Grund seines Titels, der ursprünglichen Konzeption der Freiherr vom Stein-Gedächtnisausgabe entsprechend, verlangt er Konzentration auf die Titelgestalt – die Person des kaiserlichen kommandierenden Generals von Mitte 1625 bis Januar 1634. Texte der Jahre 1625 bis 1634, die, unabhängig von Wallenstein, für die Geschichte des Reiches bedeutsam sind, konnten – mit wenigen Ausnahmen (Nr. 14, 128) – auf Grund der Begrenzung des Umfangs des vorliegenden Bandes leider nicht berücksichtigt werden. Allerdings sind viele Quellen zur Geschichte Wallensteins identisch mit Quellen zur Reichsgeschichte resp. der europäischen Geschichte des ersten Drittels des 17. Jahrhunderts. Wallensteins Ernennung zum General 1625 (Nr. 12), seine Entlassung 1630 (Nr. 60–62), seine Wiederberufung (Nr. 69), die Ächtung (Nr. 125) und schließlich seine Ermordung (Nr. 137f., 143) haben die Geschichte des Dreißigjährigen Krieges ebenso bestimmt wie die wallensteinfeindliche resp. reichsföderalistische Politik Bayerns (Nr. 19, 46f., 114, 116, 126, 133, 142).

[273] Vgl. z. B. die Arbeiten von Frenzel (weitere Literaturangaben), Harzen-Müller, Rippl.

[274] Ich habe Krejčís Aufsatz im Rahmen einer Abiturschrift für den Abiturjahrgang 1985 meiner Schule übersetzt und mit einem umfangreichen Kommentar versehen.

Der Wortlaut der Erhebung Wallensteins zum Reichsfürsten (Nr. 1), seiner Ernennung zum General (Nr. 12), zum General-Obersten-Feldhauptmann (Nr. 44), des Verkaufs Mecklenburgs an Wallenstein (Anm. 1 zu Nr. 43), des kaiserlichen Privilegs zur verstärkten Sicherung des wallensteinischen Besitzes (Nr. 79) wird vor allem deswegen mitgeteilt, weil diese Texte über den faktischen Rahmen hinaus für Wallenstein von großer persönlicher Bedeutung gewesen zu sein scheinen in seiner Suche nach einer soliden Rechtsgrundlage seiner Stellung und nach Legitimität seines Herrschaftsanspruchs in den ihm übertragenen Territorien.

Zwei Komplexe nehmen einen relativ breiten, ihre Bedeutung übersteigenden Raum in der vorliegenden Textsammlung ein – die kaiserlichen maritimen Pläne und die Bemühungen um einen Austausch des schwedischen Generals Torstenson gegen einen mit Wallensteins Gattin verwandten Offizier. Während im kaiserlichen maritimen Projekt (vgl. Nr. 8, 25–28, 30–34, 36–40 sowie die umfangreiche Vorbemerkung zu Nr. 8) die Verknüpfung und das Gegeneinander kaiserlicher, spanischer, polnischer, wallensteinischer Positionen deutlich werden, deren Konflikt mit dänischen und vor allem schwedischen Interessen aufleuchtet und Wallensteins Fähigkeit zu raschem Frontenwechsel (vom Befürworter zum Liquidator des Projektes) belegt, zeigen die Bemühungen um Torstensons Freilassung (Nr. 84f., 87f.) Wallensteins Schwierigkeiten, mit Kf. Maximilian von Bayern – selbst in einer so wenig wichtigen Angelegenheit – zu einem Übereinkommen zu gelangen.

Neben Nr. 8 sind noch zwei weitere Aktenstücke – Nr. 69 (die Göllersdorfer Vereinbarungen) und Nr. 145 (der Rašín-Bericht) – mit umfangreichen Vorbemerkungen versehen worden, da diese Ausführungen einerseits zum Verständnis des mitgeteilten Textes notwendig sind, andererseits aber den Rahmen der Einleitung gesprengt hätten.

Außer in den genannten Aktenstücken habe ich mich, abgesehen von biographischen Angaben, im Kommentarteil auf knappe Erläuterungen und Hinweise beschränkt und mich weitgehend mit Verweisen auf die leicht zugängliche Literatur begnügt – auf die ‘Geschichte des Dreißigjährigen Krieges’ von Moriz Ritter und die beiden Wallenstein-Biographien von Hellmut Diwald und Golo Mann.

Die biographischen Daten für die im Band erwähnten Personen sind nicht immer leicht zu ermitteln gewesen, enthalten die Texte doch viele Namen in eigentümlichen und kuriosen Verschreibungen. Fremdsprachige Namen (auch topographische Bezeichnungen) erscheinen im Kommentar zumeist zweisprachig, um das Auffinden dieser Namen und Begriffe in den nationalen Biographien und Lexika zu erleichtern.

Da die mitgeteilten Texte – vor allem die sehr umfangreichen – nicht immer leicht zu verstehen und zu überschauen sind, habe ich das diesen Texten vorangestellte Regest oft als ausführliche Inhaltsangabe und Gliederung gestaltet, um dem Leser das Auffinden der ihn interessierenden Passagen zu erleichtern.

Zur Wiedergabe der Texte ist zu sagen:

1. Alle im Original fremdsprachigen Texte – sowohl im Editionsteil als auch in den Fußnoten – sind von mir übersetzt worden.

2. Bei allen Einschlüssen in eckigen Klammern handelt es sich um Bemerkungen des Herausgebers, bei allen Einschlüssen in runden Klammern um Bestandteile des Originals.

3. Die Originaltexte folgen in Interpunktion und Orthographie jeweils der Edition, der sie entnommen sind, doch sind drei Ausnahmen zu nennen: a) Sperrungen in der Vorlage sind durchgängig aufgehoben worden; b) die Umlaute aͤ, oͤ, uͤ werden als ä, ö, ü wiedergegeben; c) die in Editionen namentlich des 17. und 18. Jahrhunderts gebräuchliche Schreibweise 'v' statt 'u' resp. 'u' statt 'v' ist stets dem heutigen Gebrauch angepaßt worden (z. B. 'und' statt 'vnd', 'umb' statt 'vmb', 'bevor' statt 'beuor', 'avisi' statt 'auisi').

Die Auswahl der Texte ergab sich einerseits aus den Ereignissen, ist andererseits, den Richtlinien der Wissenschaftlichen Buchgesellschaft entsprechend, abhängig von den vorhandenen Quelleneditionen und deren Auswahlkriterien und editorischen Regeln. Daß der vorliegende Band nur eine fragmentarische Auswahl bieten kann, ist jedem deutlich, der die Fülle der Wallenstein gewidmeten Quelleneditionen kennt. Abhängig ist die Textauswahl aber auch von den Schwierigkeiten, die universitätsferne Personen haben, innerhalb eines relativ kurzen Zeitraums die gewünschte Literatur zu erhalten und Kopien anfertigen zu können, abgesehen davon, daß ich eine ganze Reihe Werke der Sekundärliteratur in den beiden Jahren, in denen ich mich mit dem vorliegenden Band beschäftigte, aus den unterschiedlichsten – von mir unabhängigen – Gründen nicht habe bekommen können.

Für Ratschläge, Kritik und Hilfe, die mir bei der Erarbeitung des Bandes zuteil wurden, danke ich dem Herausgeber der Reihe, Herrn Professor Dr. Winfried Baumgart, dem Lektorat, besonders Herrn Hermann Cürten, und meinem Kollegen, Herrn Wolfgang Bendokat.

Mein Dank gilt überdies den Mitarbeitern der Staats- und Universitätsbibliothek Hamburg 'Carl von Ossietzky'.

Gewidmet sei der Band meiner Schwester, Frau Christa Oertelt.

QUELLEN

1. Erhebung Wallensteins zum Reichsfürsten [1]

[1] Selbstverständnis des Kaisertums und dessen Berechtigung zu Standeserhöhungen; [2] Verdienste Wallensteins; [3] Gewährung der Primogeniturordnung für das Haus Wallenstein und Friedland; [4] Erhebung zum Reichsfürsten, Geltung der Primogeniturordnung, Titulatur; [5] Befehl an alle, die Standeserhöhung zu respektieren.

Förster, Prozeß S. 24–28.

Wien, 7. September 1623

[1] Wir [Titulatur] Bekennen offentlich mit diesem Brief, für Uns und Unsere Nachkommen am heiligen Reiche, und thuen kund allermänniglich, wie wohl die Höhe Römisch-Kaiserlicher Würdigkeit, durch Macht Ihres erleüchten Throns, hievor nit allein zu Erleüchtung und Würden, sondern auch zur Nothdurft und Zierung, des heiligen Römischen Reichs Großmächtigkeit, mit Fürsten, Ständen, und hohen edlen Geschlechtern geziert ist, jedoch seitemahl durch Absterben der Menschen, solche hohe Geschlechte, je zu Zeiten, in Mangel und Abnehmen gerathen, und jemehr die Kaiserliche Hoheit dieselben Ihren stattlichen Herkommen, Wohlthaten und Verdienen nach, mit höhern Ehren und Würden fürstehet und begabet, je herrlicher der Thron Kaiserl. Maytt. dardurch gezieret und scheinbarlicher gemacht, auch die Unterthanen bei Erkanntnus Kaiserlicher Würdigkeit, und ihrem schuldigen Gehorsamb erhalten, und zu adelichen Tugenden, Ehrlichen, Ritterlichen Thaten und getreuen stätten und beständigen Diensten bewögt und angeleitet werden, über dieses und ob Wir wohl, aus solcher Kaiserl. Höhe und Würdigkeit, darein Uns der allmächtige Gott, nach seinen göttlichen Willen gesetzet hat, auch angeborner Güte und Mildigkeit, allezeit geneigt seynd, aller und jeder Unserer und des Reichs zugewandten hohen und niedern Ständen und Glieder,

[1] Vgl. hierzu Diwald S. 213; Gindelý I S. 42, 58; Mann S. 258f. Wichtige Stationen zu dieser Ernennung waren: der Erwerb der Pfandschaft Friedland und Reichenberg am 21. Juni 1621 (Diwald S. 149f., 176; Mann S. 225 in Verbindung mit 220f.), die kaiserliche Verordnung vom 18. Januar 1622, wonach Wallenstein die genannte Pfandschaft käuflich erwerben könne (Diwald S. 176), der lehensrechtliche Erwerb der Herrschaften Friedland und Reichenberg am 5. Juni 1622 (Diwald S. 179; Mann S. 246), die Bildung des Fideikommiß Friedland im Sommer 1622 (Diwald S. 179; Mann S. 258f.), der Erwerb der erblichen Würde eines Pfalz- und Reichsgrafen im September 1622 resp. am 14. Januar 1623 (Diwald S. 179; Mann S. 258f.).

Ehr, Würde, Aufnehmen und Wohlfarth zu betrachten und zu befördern, so ist doch Unser Kaiserlich Gemüth billich mehrers gewogen und begierlicher, diejenigen, deren Voreltern, und Sie, von uralten stattlichen Nahmen, Stammen und Geschlecht herkommen, und sich gegen Unsere Vorfahrn am Reiche, Römischen Kaisern und Königen, auch Uns, dem heiligen Reiche, und Unserm Löblichen Hauß Oesterreich mit sonder getreuer embsiger Dienstbarkeit, zu Kriegs- und Friedenszeiten, vor andern gutwillig und standhaftig erzeigen und beweisen, in noch höhern und größern Stand und Ehren zu erhöben und zu setzen, [2] Und Wir dann betrachtet und zu Gemüth gezogen, die sehr angenehmb, getreu, aufrichtig, Ritterlich, tapfer, nutz und ersprießliche Dienst, welche der Hoch- und Wohlgebohrn, Unser lieber Getreuer, Albrecht Wenzl Eusebius von Waldstein, Regierer des Hauses Waldstein und Friedland, Unser Kriegsrath, Kammerer, und Obrister über Zwey Tausend Courassir-Pferd, und ein Regiment Knecht[2], wie auch seine Voreltern, Unsern Hochgeehrten Vorfahren Kaiser Rudolpho und Matthiae, Unsern geliebten Herrn Vettern und Vättern Christmildester Gedächtnus, in Unsern Königreich Hungarn, wider gemeiner Christenheit Erbfeind den Türcken[3], von Jugend auf, wie auch in andern Kriegen[4], welche höchstgedachte Unsere Vorfahren, und Wir Selbsten, an unterschiedlichen Orten, führen haben müssen, mit willigist, und ungesparter Darsetzung Ihres Leibs, Lebens, Guths und Bluths, zu gnädigsten Wohlgefallen und Belieben, auch Ihrem selbst sonderbaren Lob und Ruhm, erzeigt und bewiesen haben, in sonderheit aber obernennter von Waldstein, in dem Friaulischen Krieg, wider

[2] Bezug auf folgende Stationen der Karriere Wallensteins: Unter Ks. Matthias war Wallenstein im Winter 1612 kaiserlicher Kämmerer geworden (Diwald S. 65), am 29. Oktober 1618 wurde er „zum kaiserlichen Obristen bestellt" (Diwald S. 102); der Vertrag über Wallensteins Ernennung zum kaiserlichen Oberst datiert den 24. März 1619 (vgl. Mann S. 166f.; Diwald S. 112) – also vier Tage nach Matthias' Tod; am 28. September 1615 war Wallenstein zum Kämmerer des Erzherzogs Ferdinand von der Steiermark, dem nachmaligen Ks. Ferdinand II., ernannt worden (Diwald S. 72f.), am 2. Januar 1620 erfolgte eine weitere kaiserliche Bestallung zum Obersten, wodurch Wallenstein Inhaber eines Doppelregimentes wurde (Diwald S. 139; Mann S. 202); Anfang 1621 wird Wallenstein Mitglied des Hofkriegsrates (Diwald S. 145); am 18. Januar 1622 erfolgt die Ernennung zum Obersten in Prag, d. h. zum Oberkommandierenden über die kaiserlichen Truppen in Prag und in Böhmen (vgl. Diwald S. 158, 170; Gindelý I S. 19; Mann S. 234); am 3. Juni 1623 wird Wallenstein Generalwachtmeister (Diwald S. 212; Gindelý I S. 42).

[3] Gemeint ist der Türkenfeldzug im Sommer und Herbst 1604 (vgl. Diwald S. 39, 41; Gindelý I S. 18; Mann S. 82, 84–86).

[4] Bezug auf den Friaulischen Krieg (vgl. Anm. 5), auf den Krieg in Mähren gegen Bethlen Gábor im Herbst 1621 (vgl. Diwald S. 154–157) sowie auf den Krieg des Jahres 1623 gegen Bethlen Gábor (vgl. Diwald S. 213–220; Mann S. 279–285).

die Venediger, da Er Uns mit zwo Compagnien Reitern, auf eigenen Unkosten aufgewartet[5], und hernacher bei der anno Sechzehen Hundert Achtzehen, in Unsern Erbkönigreich Böheimb, und andern Unsern Erblanden entstandener Rebellion, da Er von Waldstein, aus unterthänigster treuer affection und beständigen Eifer, gegen Uns und Unser Hochlöbl. Hauß Oesterreich, sich aller seiner Haab und Güter begeben[6], Uns die ganze Zeit mit persönlicher seiner Gegenwart, mit einem ansehnlichen Kriegsvolck zu Dämpf- und Stillung gedachter Unser rebellirender Unterthanen, und derselben Anhänger, bevoraus aber, in der des verschienenen Sechzehen Hundert zwanzigsten Jahrs, vor Unser Königlichen Haupt- und Residenzstadt Prag erhaltenen ansehnlichen Feldschlacht, und Wiedereroberung Unsers Erbkönigreichs Böheimb gehorsambist assistirt[7], und bei solchen schweren, und gefährlichen Werck, so wohl auch in andern fürnehmen Verrichtungen, viel vortrefliche nutzliche Dienste ungespart Leibs, Guts und Bluts, willfährig und unverdrossentlich, zu Unsern gnädigsten Wohlgefallen und Begnügen, auch seinem großen ewigen unsterblichen Lob und Ruhm, nun etlich zwanzig Jahr hero unterthänigist geleistet, und bewiesen hat, solches noch täglich thuet, und hinführo zu thuen erbittig ist, auch wohl thuen kann, mag und solle. [3] So haben Wir demnach bemeldten Albrecht Wenzl Euseby von Waldstein, und nach dessen Ableiben, seinen hinterlassenen ältesten Sohn, als künftigen Regierer des Hauß Waldstein und Friedland, auch nachgehends von Erben zu Erben, so aus gedachtes Albrecht Wenzl Eusebii von Waldstein, absteigender Linie erbohren, allwegen den ältern, welcher besagt Stammhauß Waldstein, und Friedland, Kraft aufgerichteter Primogenitur besitzen und regieren wird, da aber erstgemeldter Albrecht Wenzl Eusebius keinen männlichen Erben nach sich verließe, alsdann denjenigen, den Er alsdann, nach Innhalt des von Uns Ihme ertheilten Machtbriefs, zu seinem Erben, und Innhaber des Hauses Waldstein und Friedland benennen wird, und dessen mänliche Leibeserben, nach Erstgeburts Gerechtigkeit, wie solches in der von Ihme aufgerichteten und von Uns confirmirten Primogenitur begriffen, [4] aus obangezogenen, und andern mehr Ursachen, zu gnädigster Erkanntnus seiner vortreflichen rühmblichen Verhaltnus und langwierig, getreuen Verdienens, mit wohlbedachten Muth, gutem Rath, aus selbst eigener Bewegnus und rechtem Wissen,

[5] Vgl. zu Wallensteins Beteiligung am Krieg des steirischen Erzherzogs Ferdinand gegen Venedig (Mai bis September 1617) Diwald S. 87–90; Mann S. 143.

[6] Gemeint ist vor allem die Episode, bei der Wallenstein versucht hatte, sein mährisches Regiment sowie die mährische Ständekasse Ferdinand zuzuführen (30. April bis 5. Mai 1619 – vgl. Diwald S. 114–117, 122; Gindelý I S. 18f.; Mann S. 169–172). Wallenstein wird daraufhin von den mährischen Ständen aus Mähren verbannt; sein Besitz wird enteignet (11. Mai resp. 7. August 1619) – vgl. Diwald S. 122; Mann S. 172.

[7] Vgl. Gindelý I S. 19.

für und für in Ewigzeit, in dem Stand, Ehr, und Würde, Unserer, und des heiligen Reichs Fürsten gnädiglich erhöbt, gewürdiget, und gesetzet, auch Sie der Schaar, Gesellschaft, und Gemeinschaft, anderer Unserer, und des heiligen Reichs Fürsten zugefüget, zugesellet, und vergleichet, darzu Ihnen den Fürstlichen Tittul und Nahmen zu führen gnädiglich bewilliget, und gegeben, auch Sich also zu nennen zugelassen und erlaubt. Ordnen, setzen, würdigen, und erhöben demnach aus Römisch-Kaiserlicher Macht Vollkommenheit, hiemit wissentlich in Kraft dieses Briefs, obbesagten Albrecht Wenzl Eusebien von Waldstein, auch alle seine in der Succession, Innhab- und Regierung des Hauß Waldstein, und Friedland nachfolgende eheliche LeibesErben und ErbensErben, und in Abgang seiner leiblichen Erben, welchen Er testiren, und Sie zu Regierern des Hauses Waldstein und Friedland machen wird, obgehörtermassen in dem Stand, Ehr, und Würde Unserer, und des heiligen Reichs Fürsten, zufügen, vergleichen, setzen und gesellen Sie zu derselben Schaar, Gesellschaft, und Gemeinschaft, ertheilen und geben ihnen auch sambt, und neben denen zuvorhabenden Ehrentitteln den Nahmen, und Titul, Unserer Oheimb, und des heiligen Reichs Fürsten von Friedland, und meynen, setzen und wollen hierauf, daß mehrgenannter Albrecht Wenzl Eusebius von Waldstein, und nach Ihme sein hinterlassener ältister Sohn, und fürbes alle seine Erbens-Erben, welche Friedland innhaben, besitzen, und Regierer des Hauses von Waldstein und Friedland seyn werden, wie obstehet, für und für, in Ewigzeit, Unsere und des heiligen Reichs Fürsten seyn, sich also vor, und neben Ihren alten wohl und rühmlich hergebrachten Titteln, nennen und schreiben, von Uns und Unsern Nachkommen am Reich, und Allermänniglich dafür geacht, erkennet, geehret, genannt und geschrieben werden, auch alle, und jegliche Gnad, Freiheit, Ehr, Würde, Vortheil, praeeminenz, Fürstand, Recht und Gerechtigkeit in Versamblungen und Ritterspielen mit Beneficien, auf hohe und Nieder Stifft, Geist- und weltlichen Lehen und Aembter zu empfahen, und zu tragen, und sonsten alle andere Sachen haben, deren theilhaftig und empfänglich seyn, sich auch des allen, sonderlich aber des fürstlichen Tittuls und Nahmens allenthalben, mit allen Ehren, Sessionen, Stimmen, und Processionen an allen Enden und Orten, nach Ihren Ehren Nothdurften willen und Wohlgefallen, freuen, gebrauchen, und genüssen sollen, und mögen; immassen sich andere Unsere und des heiligen Reichs rechtgebohrne Fürsten, von Recht und Gewohnheit wegen freuen gebrauchen und genüssen, von Allermänniglich unverhindert.

[5] Darauf gebieten Wir Allen und Jeden Churfürsten, Fürsten, Geist- und Weltlichen, Prälaten, Grafen, Freyen, Herren, Rittern, Knechten, Landmarschallen, Landhauptleuten, Landvögten, Hauptleuten, Vitzdohmben, Vögten, Pflegern, Verwesern, Ambtleuten, Landrichtern, Schultheißen, Burgermeistern, Richtern, Räthen, Kündigern der Wappen, Ehrenholden, Perseuan-

ten, Burgern, Gemeinden, und sonst allen andern Unsern und des Reichs, auch Unserer Erbkönigreich, Fürstenthumb- und Lande Unterthanen und Getreuen, in was Würden Stand oder Wesen die seynd, ernstlich und festiglich mit diesem Brief und wöllen, daß Sie oftbesagten Albrecht Wenzln Eusebien Fürsten zu Friedland, und alle desselben Regierer des Haußes Waldstein und Friedland nachfolgende Successores, absteigender Linie, wie obstehet, nun hinführo ewiglich, also für Unsere und des Reichs Fürsten, ehren, halten, schreiben, annehmen, nennen und erkennen, Sie auch in allen, und jeglichen ehrlichen Versamblungen Ritterspielen, hohen, und niedern Stifftern und Aembtern, geist- und weltlichen, auch sonsten, an allen Orten und Stätten für Unsere und des heiligen Reichs Fürsten ehren, zulassen, achten, halten, und erkennen, Ihnen auch den Fürstlichen Nahmen und Titul geben, Sie also nennen, schreiben, und bei aller und jeglicher Ehr, Würde, praeeminenz, Vortheil, Recht, und Gerechtigkeit, deren sich andere Reichsfürsten von Rechts, und Gewohnheit wegen, freuen, gebrauchen, und genüssen, gänzlich, und geruhiglich verbleiben lassen, und Sie an allen dem, was obstehet nicht hindern noch irren, auch hierwieder nichts thuen, noch andern zu thuen gestatten, in kein Weiß noch Weeg, als lieb einem jeden seyn, Unser, und des Reichs schwere Ungnad, und Straf und darzu ein Poën, nemlich Zwey Hundert Marck löthiges Goldes zu vermeiden, die ein jeder, so oft er freventlich hierwider thäte, Uns halb, in Unser, und des Reichs Kammer, und den andern halben Theil, vielbesagtem Albrecht Wenzl Eusebien Fürsten zu Friedland, seinem ehelichen LeibsErben, und Erbens Erben, wie mehr verstanden, so hierwider beleidigt wurden, unnachlässig zu bezahlen verfallen seyn, und nichts desto minder oftgemeldter Albrecht Wenzl Eusebius Fürst zu Friedland, seine Erben und derselben Erbens-Erben bei diesen Fürstlichen Ehren, Stand, Würden und Freiheiten, verbleiben, wirklich geschützt, und gehandhabt werden sollen, Dessen zu wahrer Urkund haben Wir Unsere Kaiserliche guldene Bullam an dieses Fürsten Diploma hangen lassen. [Datierung.]

2. Wallenstein an Harrach [1]

Militaria: Scharmützel, Truppenstärke des Feindes, eigene prekäre Situation (Mangel an Fourage und leichter Reiterei); polnische Hilfe erwünscht, kein Verlaß auf Ungarn und Kroaten; Abzug Montenegros nach Preßburg; Mangel an Nahrung für Mensch und Tier; Sicherheit von Wallensteins Gattin; militärische Sicherung böhmischer Städte, insbesondere Prags; Mobilisierung schlesischer und mährischer Truppen.

Tadra, Beiträge S. 39–41 [439–441].

Skalitz (Skalica), 20. Oktober 1623

Wolgeborner Freyherr!

Gestern und heut haben wir ein starken Scharmiczel mit dem Feindt gehabt, die Gefangenen sagen aus, dass der Cornitsch und der Chorwath Istwan [2] da sein und haben ein Aussehen von der ganzen Armada, ich schätze sie auf 5 oder 6 Tausendt Pferdt, seindt ziemblich viel Türken unter ihnen, ich vermeine dass sie seindt vorangeschickt worden uns aufzuhalten und müd zu machen, wie sie dann täglich von unsern Forageri bekommen, in die Läng möchte also oder erger als vor Neuheusel [3] gehen, dieweil wir keine leichte Reiterei nicht haben, an welcher alles consistirt, denn wann der Kayser schon ein Armada von hundert Tausendt Mann hette und wär nicht ein Anzahl leichter Cavallerie darbey so wirdt der Feind in kurzer Zeit consumirn. Drumb bitte ich meinen Herrn er wolle Ihr Mtt. vermügen, baldt wiederum Polacken herauskommen zu lassen, denn auf die Ungern so man vermeint zu haben ist sich nichts zu verlassen, die Tausendt oder zwei Crabatten [4] die man vermeint zu haben ist viel zu wenig gegen diesen Feindt, welcher so mächtig von der Cavallerie ist. Der General [5] schickt diesen Augenblick auf Rohatez [6]

[1] Vgl. zu dem Hintergrund des Briefwechsels zwischen Wallenstein und Harrach (Nr. 2–5) Diwald S. 212–221; Gindelý I S. 42f.; Mann S. 279–285; Tadra, Beiträge passim.

Harrach, Karl Leonhart, Gf. v. (1570–16. 5. 1628 Prag), 1620 Mitglied des Geheimen Rates, 1627 Reichsgraf; vgl. ADB 10 S. 637f.; NDB 7 S. 698 unter 2); Meyer 11 S. 465; Mann S. 255; auch Gschließer S. 199.

[2] Möglicherweise Franz Cornis, siebenbürgischer Beamter (vgl. Doc. Boh. II Register) und Istvan Horvat(h), Offizier Bethlen Gábors (vgl. Doc. Boh. III Register).

[3] Neuhäusel (Nové Zámky, ung. Ersek-Ujvár).

[4] I. s. Kroaten.

[5] Geronimo (Hieronymus) Caraffa, Marchese de Montenegro (1564–April 1633), spanischer Kriegsdienst seit 1587; ksl. Kriegsdienst gegen die böhmischen Aufständischen und gegen Bethlen Gábor; Reichsfürst, wieder spanischer Kriegsdienst, Vize-

die Brücken im Fall das müglich ist zu richten, wird alsdann mit der Armada übersetzen, seinen Weg wie Ihr Mtt. Befehlich ausweist nach Pressburg nehmen. Gott gebe dass wohl gerath, auf diesem Land kann man nicht ziehen, denn der Feind hat alle die Foragi und Dörfer abgebrennt also dass weder Ross noch Mann zu leben hatte. Man wirdt von Wien aus müssen bey Macheck [7] von Brott ein Vorsehung alsbalden thun, dann dahin haben wir ein grossen Mangel dessen. Die Gefangenen sagen aus, dass der Bethlehem [8] noch zu Tirna [9] ist und die Tiefenbachischen Fändel [10] dass sie bey ihm seindt.

Dass mein Herr mir die Gnad thun will und erlauben, dass mein Weib sambt der Frau Catele [11] auf seine Güter ins Landt ob der Ennss ziehen mag, sag ich ihm dienstlichen Dank, fürchte aber zwei Sachen, eins dass ein erschrecklichs Geschrey draus zu Prag sein möchte, dardurch dann die übel intentionirten Herz nehmen, die Getreuen aber sich verliehren möchten, das andere wann sie ins Land ob der Enns sollten, dass sie ganz Böhmen traversiren müssten und also dem Feindt leicht in die Handt recapitiren; schreibe aber dem Maxen [12] dass wann die Gefahr etwas grösser sein sollte er mit ihnen auf Lowositz [13] und von dannen auf Dresen [14] auf dem Wasser sich begeben solle, alsdann werden sie ihren Weg sicher wo sie hin wollen nehmen können. Bitt auch mein Herr wolle dem Fürsten [15] selbst schreiben, dass er sollte werben und in die Städt legen, wann schon das Volk nicht bewehrt noch gemustert ist,

könig von Aragonien; vgl. ADB 47 S. 450f.; vgl. zur militärischen Situation am 20. Oktober 1623 Diwald S. 213.

[6] I. e. Rohatec in Mähren (vgl. OSN XXI S. 894: „Rohatec: 2) farní ves na Moravě, heitm. Hodonín [Göding]").

[7] I. e. Marchegg n/w Preßburg.

[8] I. e. Bethlen Gábor (1580–5. 11. 1629), 1613 Fürst von Siebenbürgen; vgl. Meyer 4 S. 40; Mann S. 272–274.

[9] Tyrnau (Trnava) n/ö Preßburg.

[10] Rudolf Frhr. v. Tiefenbach (1582–1653), ksl. Kämmerer, Oberst, 1619 General; vgl. ADB 39 S. 94–107; Mann S. 1012.

[11] Gattin Wallensteins war Isabella von Harrach; deren Schwester ist 'Catele', Katharina von Harrach, Gattin des Maximilian von Waldstein (Wallenstein); vgl. Mann S. 255.

[12] Maximilian von Waldstein (Wallenstein), gest. 19. 2. 1654, kgl. Rat, Kämmerer, 1628 Reichsgraf; vgl. OSN XXVI S. 340f. (unter z Valdšteina, Pošlost Hradištská); Mann S. 233, 1159f. in Verbindung mit 1094f., 1109, 1130.

[13] Lobositz.

[14] Dresden.

[15] Gemeint ist wohl Karl von Liechtenstein (30. 7. 1569–12. 2. 1627), 1608 Fürst, 17. 1. 1622 Statthalter in Böhmen vgl. ADB 18 S. 614–618; Isenburg I T. 176; OSN XV S. 105 (z Liechtensteina, Karel); Mann S. 65–67.

denn leicht werden sich die Städt vor diesem Feindt erhalten können, wann nur die Verräther drin selbst nicht dem Feindt zufallen, drumb muss man in der Eil dies Mittel brauchen, denn also hab ich vor drey Jahren nach der Schlacht[16] die Städt im Saazer Kreis vor dem von Mannsfeldt assecurirt. Auf Prag muss man Achtung geben, drumb schreibe ich dem Grafen von Nagrell[17] er solle lassen die Compagnien zu Prag stercken und in Zeit der Noth alle die Verdächtigen sowohl auch alle unnutze Meuler von Prag ausschaffen, denn die consumirten uns nur die viveri.

Ihr Durchl. Erzherzog Carl[18] wird von nöten sein dass sie zwei oder drei unterschiedliche Schreiben, die das Schlesisch Volck sollicitiren, dass sie nicht ihrem alten langsamen Brauch nach an die Örter, welche der General assignirt hat, ziehen als nemblich in Schlesien Teschen und Gableinken[19], in Mähren aber Sternberg, Litta, Neu-Titschein und Weisskirchen[20], sondern dass sie den Augenblick alsbaldten fortmarchieren; ist auch von nöthen dass durch ihr mehr als einen diese Ordinanz zugeschickt wirdt, denn wir vermeinen dass der Feindt albereit dorten bei Trentschin[21] übergesetzt hat und möchten die Schreiben verloren werden, so wirdt nicht das eine so wird doch das andere oder das dritte überantwort werden. Bitt auch mein Herr wolle mir die Gnad erzeigen und diese Schreiben mit der ersten Commodität dem Maxen[22] auf Prag zuschicken, dann ich schreibe ihnen ein wenig wie sie sich verhalten sollen. [Grußformel.]

[16] Gemeint ist die Schlacht am Weißen Berg vom 8. November 1620.

[17] Gemeint ist möglicherweise der mährische Hauptmann Ferdinand Gf. v. Nageroll (vgl. Doc. Boh. II Register).

[18] Ehg. Karl, Bruder des Kaisers Ferdinand II. (7. 8. 1590–27. 12. 1624), 1608 Bf. von Breslau, 1613 Bf. von Brixen, 1619 Hochmeister des Deutschen Ordens; vgl. ADB 15 S. 315–318; NDB 11 S. 241; Hier. Cath. IV S. 373.

[19] Wohl Jablunkau (Jablunkov) s/ö Teschen.

[20] Sternberg n. Olmütz; Littau an der March n/w Olmütz; Mährisch Weißkirchen (Hranice an der Bečva) ö. Olmütz; Alt und Neu Titschen n/ö Mährisch Weißkirchen.

[21] Trentschin (Trenčin) an der Waag (Váh).

[22] S. Anm. 12.

3. Wallenstein an Harrach [1]

Vermutung, der Feind wolle die ksl. Truppen aushungern; Desertionen; dringend notwendiger Entsatz; PS: Situation in Böhmen.

Tadra, Beiträge S. 44 [444f.].

Göding (Hodonín) an der March, 30. Oktober 1623

Wolgeborner Freyherr!

Leidt ist mir dass ich ihn mit bösen Zeitungen so oft betrüben muss, aber dieweils also die Zeit gibt kann ichs nicht endern, es wird denen zum wenigisten zur Nachrichtung dienen, was zur Conservation Ihr Mtt. und unser aller dient Präparationen zu machen.

Der Feindt verbleibt noch in seinem vorigen posto hat ein Brugen übers Wasser geschlagen, ich glaub nicht dass er so närrisch sein wirdt uns in unsern posti anzugreifen, sondern wird uns durch Hunger consumiren wies denn izunder albereit geschehen ist, die Knecht laufen uns mit Gewalt zum Feindt, die Reiter geben die schlimmesten Wort aus wann man durch ihre Quartier reiten thuet und wir können nicht anden denn es ist nicht Zeit und sie habens zum Teil ragon denn sie haben grosse Noth und ihre Ross wann sie zum Quartier hinaus wollen fallen vor Mattigkeit nieder, drum ist von nöten dass die Polacken bald kommen und die Crabaten auch zu uns stossen, sie können sich wol ins Land schlagen auf dass sie sicher zu uns kommen, geschiht das nicht so ist der Kayser in grösserer Gefahr als nie zuvor. Man thete nicht übel dass man ganz ein andern Campo formirt, auf dass wann wir schon drauf gehen der Kaiser nicht den statu verliert, die im Reich wegen welcher wir in diese intrigi kommen werden sehen ihren statu zu defendiren und den Kayser machen lassen wies das Glück wird schicken, zur Conclusion consistirt alles dass die Polacken und Crabatten alsbalden da sein. [Grußformel.]

[PS:] Bitt mein Herr befehle dem Maxen [2] dass er mein Weib auf Dresen [3] führe, denn ich weiss nicht wies weiter gehen wird, ist wol von nöten auf Böhmen Achtung zu geben.

[1] Vgl. zu diesem Schreiben Diwald S. 215f.

[2] Maximilian v. Wallenstein (Waldstein).

[3] Dresden.

4. Wallenstein an Harrach

Klage über unzureichende Unterstützung aus Wien; Forderung nach Waffenstillstand mit Bethlen Gábor; prekäre Versorgungslage in Göding; Vorschlag zu deren Besserung; Verhalten der Türken; Mangel an Munition; feindlicher Plan, die ksl. Truppen auszuhungern; PS: Sorge um die Gattin; skeptische Sicht der gesamten militärischen Lage.

Tadra, Beiträge S. 55–57 [455–457].

Göding (Hodonín) an der March, 10. November 1623

[Bezug auf Schreiben Harrachs vom 7. Nov. 1623] bedank mich dass er mich avisirt was sie vor praeparationes machen, aber meines Erachten seind die einen so schlecht und die andern so langsamb, dass uns schwerlich wird geholffen werden, denn die neuen und weiten Werbungen werden nicht zu rechter Zeit ankommen können. Mein Herr schreibt mir auch, dass sie noch auf zwei Tausend Pferdt anrittgeld geben wollen, mein Gott, hat mans schon vor 14 Tagen nicht than können, denn man hat wol gewusst in was vor Labirint sich der Kayser befindt. Uns ist substantialiter mit nichts geholfen als mit etlich und zwanzig Tausend Mann und derer die meisten zu Ross, denn unser Cavallerie ist hin und kann kein faccion than. Das andere Mittel ist dass man mit dem Bethlehem suspensionem armorum machte, denn man kann mit ihm allezeit brechen. Dass mein Herr zu wissen begehrt, wessen wir uns resolviren so sage ich dass wir uns auf schlagen nimer resolviren mügen, nicht destwegen dass der Feind sehr stark und wir schwach sein, aber dass unser Cavallerie ganz hin ist, so müssen wir uns resolviren in diesem posto zu crepiren und selbst einer den andern essen, aber ich sorge dass das Volk sich eines andern resolviren wird und aus Noth uns Capi bey die Köpf nehmen, dem Feind übergeben und selbsten in Feindts Dienst verbleiben, wie sies denn noch alle die ein wenig in Noth gewest gethan haben. Wir haben noch auf vierzehn Tag zu leben und nicht mehr, die Cavallerie hat durchaus nichts und insonderheit kein forago, auch ihre Ross seind alle dahien. Man sagt dass wann das Wasser gross ist man auf den Schiffen Proviant nach Göding bringen könnte, bitt mein Herr helffe, dass in der Still etliche Schiff mit Mehl geladen möchten zu Rabensburg [1] werden und in einer Nacht hieher geschickt werden, ich zweifel wol dass mans nicht über einmal than wird, denn sobald sich der Feind acorgiren wirdt so wird er den Pass verlegen, man muss solches wol ingeheim halten, denn gewiss wirdt zu Wien nichts so still tractirt, das der Feind nicht alsbalden erfährt, bitt mein Herr helfe, dass baldt und in guter Quantität geschickt. [Militärische Vorschläge.]

Dass die Türken wegziehen sollen das lassen ihnen die Herrn nicht imagini-

[1] Rabensburg in Niederösterreich, s/w Lundenburg (Břeclav) an der March.

ren. Auf Munition muss man auch schicken, denn wir haben gar wenig und Lunden auch. Heut hat der Feind nichts tentirt, nur haben sich etliche Drupen vom Feind sehen lassen, in Summa er will uns aushungern. Es ist sehr von nötten, dass der Herr von Tiefenbach bald auf Rabensburg zieht und uns etwan 4 oder fünf Schiff mit Profant geladen bald herschickt, doch zur Conservation des ganzen Wesens kann nichts anderes substantialiter helfen als die tregua und je eher je besser, dieweil die Armada auf der neig ist. Ich bitt mein Herr wolle dem Maxen [2] befehlen, dass er von Prag mit meinem Weib zieht und den Weg auf Pilsen nimbt und von dannen auf Straubingen [3], denn unsere Sachen haben gar kein Ansehen dass sie wol gehen sollen, wann die kaiserliche Armada Schaden leiden wird werden wol unsere Hülfen ausbleiben. [Grußformel.]

5. Wallenstein an Harrach [1]

Vertragsabschluß mit Bethlen Gábor.

Tadra, Beiträge S. 64 [464].

Göding (Hodinín) an der March, 19. November 1623

[Anrede] Jetzt ist der Palatinus dahie gewest und gesagt, er hette mit dem Bethlehem tregua gemacht, er soll bis Mittwoch abziehen, doch morgen soll er die tregua unterschriebener hieher schicken. Der Zeit weiss ich meinem Herrn nichts anderes zu schreiben, sondern verbleibe. [Grußformel.]

6. Kaiserliches Intimat für Wallenstein [1]

Ernennung Wallensteins zum ksl. Heerführer.

Hallwich, ZAG Bd. 1 S. 119f.
(Auch Gindelý I S. 48 Anm.)

[Wien,] 7. April 1625

Von der Röm. Khay., auch zu Hungarn und Böhaimb Khönigl. Majt., unsers allergenedigsten Herrn, wegen werden hiemit höchsternenter Ierer Khayl. Majt. Kriegs-Rath, Camerer, Obrister-Veldtwachtmaister und Obri-

[2] Maximilian von Wallenstein.

[3] Straubing in Niederbayern.

[1] Vgl. zu diesem Schreiben Mann S. 284.

[1] Vgl. Hallwich ZAG I S. 119f.; Coler S. 723; Diwald S. 250f.; Gindelý I S. 48–50, 54, 57; Mann S. 364; Suvanto S. 27f.: Gegen Wallensteins Ernennung traten ein Eggen-

ster zu Praag, der Hochgeborene Albrecht Wenzl Eusebius Fürst zu Fridtlandt und Regierer des Hauß Wallenstain in Khayserlichen gnaden erindert, das mehrhöchsternente Iero Khayl. Majt. Sein Fürstl. Durchl. zum Capo uber alles Iero Volckh, so diser Zeit im Heilligen Römischen Reich und Niderlandt vorhanden oder noch dahinwerts geschückht undt abgeordtnet werden möchte, genedigst benent und fürgenomben haben.

Wolle demnach Sein Fürstl. Durchl. sich in solcher guetter beraitschaft halltten, auf das, sobaldt Ierer Khayl. Majt. genedigister Bevelch deroselben weitters zuckhumben würdet, Sie sich an Ortt und endt, wo es Ierer Khayl. Majt. dienst und die noth erfordern wurdet, dahin begeben khunne, und verbleiben Iere Khayl. Majt. Seiner Fürstl. Durchl. mit Khayl. gnaden und hulden wolbeigethan.

Per Imperatorem
Ex Consilio Bellico, 7. April Ao. 1625.
Sa. v. Springer.

7. Caraffa[1] an Barberini[2]

Wallensteins Werbungen zugunsten Spaniens.

Gindelý I S. 45.

Wien, 12. April 1625

Ich habe erfahren, dass man innerhalb zweier Tage einen Courier nach Spanien schicken wird, um den König[3] zu ersuchen, er möge den Grafen von Osoña[4] beauftragen, ein Anerbieten des Fürsten von Bolestain [Waldstein] anzunehmen, das derselbe mit Wissen und Willen des Kaisers dem Grafen gethan. Waldstein will nämlich für den Dienst des Königs auf seine eigenen Kosten 12000 Fussknechte, 4000 deutsche Reiter und 9000 Ungarn und Kroaten anwerben und mit diesem Heere dorthin gehen, wohin es Seiner katholischen Majestät belieben würde[5].

berg, Slavata, Dietrichstein, Stralendorf, Meggau; dafür waren Harrach und Collalto, wohl auch Questenberg.

[1] Carlo Caraf(f)a, von 1621 bis 1629 Nuntius in Wien (vgl. Repgen I 1 S. 165, 172, Reg. 538).

[2] Francesco Barberini d. Ä. (23. 9. 1597–10. 2. 1679), 1623 Kardinal, Neffe des Papstes Urban VIII., bis 1644 Leiter des päpstlichen Staatssekretariats (Handbuch der Kirchengeschichte, Bd. 4).

[3] Philipp IV. (8. 4. 1605–17. 9. 1665), 1621 Kg. von Spanien.

[4] I. e. Francisco de Moncada, Conde de Ossoña (seit Februar 1626), Marches de Aytona; vgl. Mann S. 364.

[5] Vgl. Gindelý I S. 45–47.

8.

Vorbemerkung zu Quelle Nr. 8

Die kaiserlichen Seemachtpläne, 1627 und 1628 in Nordwestdeutschland, vor allem bei den Hansestädten, verfochten, sind auf spanische Vorstellungen zurückzuführen, mit denen Gf. Georg Ludwig von Schwarzenberg anläßlich einer Reise nach Spanien (1624/25)[1] *durch den spanischen leitenden Minister Olivarez vertraut gemacht worden war*[2]*; die Vorstellungen gehen zurück auf eine Verfügung des Königs Philipp IV. vom 4. 10. 1624 zur Errichtung einer Handelsadmiralität*[3]*.*

Der spanische Plan sah vor: Gründung von Handelsgesellschaften (admirantasco), die allerdings zwei Komponenten hatten, einmal die für Spanien zweitrangige und wohl vor allem aus verhandlungsstrategischen Gründen ins Spiel gebrachte handelsgesellschaftliche, zum anderen die primäre, den Aufbau einer schlagkräftigen Flotte[4] *– unter spanisch-kaiserlicher Führung*[5] *– sowie die Besetzung nordwestdeutscher Hafenorte und Inseln in der Elbmündung sowie Hamburgs*[6]*.*

Ziel des spanischen Planes war die Einbeziehung Nordwest- und Norddeutschlands – und damit des Kaisers und des Reiches – in den seit Ende des spanisch-generalstaatischen Waffenstillstandes 1621 wiederaufgeflammten Kampf gegen die abtrünnigen Niederlande[7]*, daneben hätte eine Verwirklichung des spanischen Projektes zu einer Ausdehnung der kaiserlichen Macht geführt*[8]*.*

Die spanischen Pläne waren mit Gf. Johann von Rietberg, dem Bruder des Grafen Enno III. von Ostfriesland, abgesprochen worden,[9] *und Graf Johann sollte die spanischen Pläne im Reich verwirklichen helfen, indem er um kaiserliche Hilfe nachsuchte. Rietbergs Tod im Mai 1625 bedeutete somit einen harten Schlag gegen die spanischen Vor-*

[1] Vgl. Mareš I S. 543.

[2] Vgl. Gindelý, Maritime Pläne S. 2; Mareš I S. 544; Messow S. 11f.; Schmitz S. 13f.

[3] Vgl. Schmitz S. 9–11; auch Messow S. 12.

[4] Vgl. Gindelý, Maritime Pläne S. 9: Erstrangig für Spanien sei gewesen, die Hansestädte für die spanischen Kriegszwecke einzuspannen; vgl. auch S. 12, 14, 15: „Leider fehlte zur Durchführung dieses Planes eine unerlässliche Vorbedingung: das Vertrauen, dass der Wiener Hof Handel und Wandel schützen und nicht die Mittel der Hansastädte für Kriegszwecke ausbeuten wolle." Vgl. Messow (S. 12 mit Schmitz S. 11): „die Benennung Handelsgesellschaft ist aber irreführend, denn 'nicht die Hebung des Handels ist Selbstzweck, sondern die Vernichtung des holländischen Handels und damit die Zerstörung der Grundbedingungen für die militärische Macht der Rebellen, – nicht die kommerzielle Seite tritt besonders hervor, sondern die kriegerische'".

[5] Vgl. Mareš I S. 545; auch Gindelý, Maritime Pläne S. 2.

[6] Vgl. Dollinger S. 470; Mareš I S. 545f.; Messow S. 12.

[7] Vgl. Breuer S. 21; Dollinger S. 470; Gindelý, Maritime Pläne S. 1; Hroch S. 136; Mareš I S. 544–547, 549f., 559f., 564, 566f., 570; Messow S. 11, auch 14f.; Schmitz S. 5, 13.

[8] Gindelý, Maritime Pläne S. 15f.; Mareš I S. 550; vgl. auch Messow S. 7f., 18f.

[9] Vgl. Mareš I S. 545f.; Messow S. 12 Anm. 4, 13; Schmitz S. 17f.

stellungen,[10] *da kein anderer Reichsstand zur Verfügung stand, der sie in seinem Sinne hätte weiter verfolgen wollen.*

Obwohl man in Spanien durchaus Schwierigkeiten bei der Durchsetzung der maritimen Pläne gesehen hatte – die reichsrechtlich notwendige Einschaltung eines Reichsstandes, des Grafen Rietberg, in der Rolle des Hilferufers oder Schutzsuchenden[11] *ist ein Beweis dafür –, so scheint man sich doch wenig Gedanken darüber gemacht zu haben, wie dem Mißtrauen der anderen nord- und nordwestdeutschen Reichsstände, insbesondere der großen Hansestädte, sowie der Ostseeanrainer anders als durch „vornehme Gesandtschaften" und Einladung „zur freundschaftlichen Correspondenz" zu begegnen sei*[12].

Schwarzenberg nahm Olivarez' Vorstellungen positiv auf und trug sie Mitte April 1625 dem Kaiser[13] *und Eggenberg vor. Eggenbergs Gutachten über das spanische Projekt war zustimmend*[14].

Nachdem Brüsseler Bündnisverhandlungen des Jahres 1626[15] *zwischen Spanien, der Liga und dem Kaiser (kaiserlicher Gesandter war Gf. G. L. von Schwarzenberg) gescheitert waren – den Gesandten war deutlich geworden, „dass für Spanien die Verwirklichung der maritimen Projecte [mit ihrer Tendenz gegen die Generalstaaten]*[16] *die*

[10] Vgl. Mareš I S. 547.

[11] Vgl. Mareš I S. 545; Schmitz S. 18.

[12] Vgl. Mareš I S. 546; Gindelý, Maritime Pläne S. 3 erwähnt die Skepsis der Infantin Isabella, was die Möglichkeit anbelangt, die Hansestädte zu gewinnen, vgl. auch S. 15.

[13] Vgl. Schmitz S. 14–16, auch 17f.; vgl. weiterhin Henk S. 20; Messow S. 13.

[14] Vgl. Gindelý, Maritime Pläne S. 2; Mareš I S. 546–549; Messow S. 13; Schmitz S. 14f., 18.

[15] Vgl. Breuer S. 21f.; Mareš I S. 558–572; Messow S. 14f.; Schmitz S. 19–31.

[16] Vgl. Mareš I S. 561: Bedingungen der Infantin für eine Unterstützung des Kaisers und der Liga gegen Dänemark vom 28. Mai 1626: „1) Die Truppen verpflichten sich soubs nom et par ordre de Sa Majesté imperial den König von Dänemark über die Grenzen des Reiches so lange zu verfolgen, bis man sich mit hinreichender kaiserlicher Garnison eines von Spanien zu bestimmenden Hafens am baltischen Meere versichert haben wird, um von dort aus die Schiffahrt und den Handel der rebellischen Provinzen zu verhindern. 2) Der Kaiser soll sich der Elbe- und der Wesermündung bemächtigen, den holländischen Handel im ganzen Reiche sperren und die Holländer mit ihrem Anhange in die Acht erklären. 3) Vor der Erfüllung obiger Bedingungen ist es weder dem Kaiser noch der Liga erlaubt Frieden oder Waffenstillstand mit Dänemark zu schliessen."
Spanischer Vertragsentwurf vom 23. Juni 1626 (Mareš I S. 566):

„1. Die Vertragschliessenden versprechen sich gegenseitig Schutz für das, was ein jeder an Land und Leuten, Dignitäten und Gerechtigkeiten inne hat, und Beistand gegen die Feinde und Rebellen im Reiche, worunter Se. katholische Majestät den niederburgundischen Kreis verstanden haben will.

2. und 3. Der König von Spanien erbietet sich zu gleichen Beiträgen und Leistungen wie der Kaiser und Baiern, nämlich 6000 Mann zu Fuss und 1000 Pferde.

4. Der Kaiser, der von obiger Leistung im Falle eines Krieges in seinen Erblanden bisher enthoben war, soll bedingungslos dazu verpflichtet sein.

Hauptsache und das neue Bündnis nur ein Mittel zu diesem Zwecke sein sollte" [17] *–, wird das spanisch-kaiserliche maritime Projekt erst nach den kaiserlich-ligistischen militärischen Erfolgen gegen Dänemark wiederaufgenommen* [18].

In seiner Sitzung vom 4. 9. 1627 erarbeitete der RHR Instruktionen für Schwarzenberg und den Reichshofrat Dr. Johann Wenzel für die Verhandlungen in Nordwestdeutschland. [19]

Spanien hatte seinerseits schon Anfang 1626 einen Bevollmächtigten nach Polen und Danzig abgesandt, um „für den Beitritt zu der projectirten Handelscompagnie Propaganda zu machen" [20] *bzw. richtiger: um Polen in die spanischen maritimen Pläne einzubeziehen; um die Jahreswende 1627/28 begab sich der für die Verhandlungen mit den Hansestädten vorgesehene spanische Bevollmächtigte Gabriel de Roy aus denselben Gründen dorthin* [21]. *Polen wurde spanische Hilfe zugesagt,* [22] *weil Spanien daran interessiert war, den schwedisch-polnischen Krieg aufrechtzuerhalten, um eine Unterstützung der Generalstaaten durch Schweden unmöglich zu machen resp. zu erschweren* [23]. *Wallen-*

---

5. Die vereinigten Streitkräfte sollen allein den kaiserlichen Befehlen unterstehen.

6. Die Holländer sollen in die Reichsacht erklärt und

7. die Unterpfalz dem Könige von Spanien als dem Oberhaupte des niederburgundischen Kreises eingeräumt werden.

8. Der Kurfürst von Baiern soll dem Könige die von Spanien besetzten Orte in der Unterpfalz abtreten,

9. Kur-Mainz, das Stift Speier u. a. sich mit ihren Ansprüchen an die Unterpfalz dem kaiserlichen Machtspruche unterwerfen.

10. Die Liga wird auf eine bestimmte Reihe von Jahren oder bis zum Zustandekommen eines definitiven Friedens geschlossen und

11. soll es deshalb keinem Verbündeten frei stehen vor dieser Zeit aus dem Bunde zu scheiden oder mit den Feinden ohne Einwilligung aller Bundesgenossen ein besonderes Abkommen zu treffen.

12. Der Kurfürst von Sachsen, der König von Polen und die italienischen Fürsten sollen zum Beitritte eingeladen werden."

[17] Vgl. Mareš I S. 560f.; vgl. dazu auch das kurbayerische Bemühen, die Kurfürsten zu veranlassen, auf dem Mühlhäuser Kurfürstentag (1627) den Seemachtprojekten entgegenzutreten (Breuer S. 23; Henk S. 22).

[18] Vgl. Mareš II S. 51.

[19] Vgl. Mareš II S. 51–53; Gindelý, Maritime Pläne S. 14f. in Verbindung mit S. 12f.; Messow S. 18, 37; Schmitz S. 42.

Vorstellungen in Böhmen von einem Schiffahrtsweg von Prag über Leitmeritz nach Hamburg und von der Regulierung der Moldau (Mareš II S. 53) korrespondieren mit Wallensteins Plänen zum Bau eines Kanals von Kiel zur Nordsee (Gindelý, Maritime Pläne S. 17; Huch S. 75; Messow S. 17; Ritter III S. 377).

[20] Vgl. Mareš I S. 556 sowie Gindelý, Maritime Pläne S. 16.

[21] Vgl. Mareš II S. 53f., 57f.; Messow S. 18, 32, 37; Schmitz S. 43.

[22] Vgl. zu den spanischen Hilfeleistungen für Polen Gindelý, Maritime Pläne S. 8, 10, 12f., 29, 33; Breuer S. 22; Messow S. 16, 22f., 32; Schmitz S. 35–38, 40–42.

[23] Vgl. Gindelý, Maritime Pläne S. 14, 34f.; Gindelý widmet aus dem im Text ge-

stein war aus ähnlichen Gründen an dem schwedisch-polnischen Krieg interessiert, da er schon zeitig ein Eingreifen Schwedens auf seiten der Feinde des Kaisers befürchtete,[24] *wobei zu fragen ist, ob nicht – auch – das habsburgische (Ost)Seemachtprojekt Schweden zum Eintritt in den Krieg im Reich motiviert habe*[25].

Schwarzenbergs und Wenzels Reise verlief zunächst erfolgversprechend – Gespräche mit Magdeburger Ratsherren, Einladungen des Herzogs Friedrich von Holstein-Gottorp, eine freundliche Aufnahme bei Wallenstein, die im übrigen auch Gabriel de Roy zuteil wurde, und die positive Reaktion auf die kaiserlichen Vorstellungen durch Wallenstein[26] *schienen auf einen günstigen Verlauf der Mission zu deuten. Wallenstein forcierte die Ausführung der kaiserlich-spanischen Vorstellungen; er traf Maßnahmen zum Bau von Schiffen,*[27] *„die Befestigung der ganzen Küste des baltischen Meeres bis nach Pommern betrieb er mit rastlosem Eifer“*[28].

---

nannten Grund einen beträchtlichen Teil seiner Darstellung dem schwedisch-polnischen Krieg und dem Waffenstillstand von Altmark vom 15./25. September 1629, der vor allem von Frankreich vermittelt worden war, da Frankreich – anders als Spanien – ein Interesse daran hatte, den Krieg zu beenden, um Schweden als Verbündeten zu gewinnen (Gindelý, Maritime Pläne S. 44). Vgl. zum schwedisch-polnischen Krieg Gindelý, Maritime Pläne S. 3–8, 10–13, 30–37, 39–43, 47; zu den unter französischer Vermittlung stattgefundenen schwedisch-polnischen Verhandlungen S. 43–49, 51f., 54; auch Messow S. 21f.

[24] Vgl. Gindelý, Maritime Pläne S. 9, 37, 53; Messow S. 31, 52f. Zu Wallensteins Hilfeleistung für Polen vgl. Gindelý, Maritime Pläne S. 10 (für 1627), 31, 34 (für 1628), 35, 37f., 42f. (für 1629).

[25] So Schmitz S. 6: diese Pläne gehörten zu den Gründen, „welche in Gustav Adolf den Plan zum Eingreifen in den deutschen Krieg reifen liessen“; vgl. auch Breuer S. 22; Fridericia I S. 34; Gindelý, Maritime Pläne S. 30; Hroch S. 149f.; Messow S. 8.

Ende September 1639 kam es zu einem Zusammenstoß zwischen kaiserlichen und schwedischen Schiffen, „wobei auf kaiserlicher Seite acht größere und drei kleinere Kriegsschiffe kämpften“ (Hroch S. 155f.).

[26] Mareš II S. 54–56; S. 56: „Beide Gesandten mussten aber bald eingestehen, dass der zu informierende Generalissimus besser unterrichtet sei als sie selbst und dass er bei Hof solche Informationen geben werde, dass man ihm mehr glauben würde als ihnen.“ Vgl. weiterhin Gindelý, Maritime Pläne S. 15f., 27; Hroch S. 136f.; Messow S. 33; Schmitz S. 42f., 45.

[27] Mareš II S. 57, auch 65; Messow S. 16f.; Schmitz S. 45f., auch 57; Gindelý, Maritime Pläne S. 16–18, 21; Gindelý zufolge (S. 16) ist Wallensteins Engagement in der Flottenfrage darauf zurückzuführen, daß er dabei daran dachte, daß eine Flotte zur Sicherung Mecklenburgs, seines Besitzes, dienen könne. Vgl. auch Huch S. 75; Hroch S. 141–144, 148f.; Hroch (S. 149f.) faßt das Ergebnis der kaiserlichen Flottenpolitik zusammen: „Trotz alledem waren die kaiserlichen Seerüstungen bis zum [Lübecker] Friedensschluß doch nicht ohne Erfolg. Wenn wir die einzelnen glaubwürdigen Angaben des Jahres 1628 zusammenrechnen, kommen wir zum Resultat, daß die kaiserliche Flotte an der Ostsee Ende des Jahres 1628 rund 12 größere und kleinere Schiffe besaß.

Der Umschwung zeichnete sich vom 8. November 1627 an ab: Wenzel trug an diesem Tag die kaiserlichen Vorstellungen dem Lübecker Senat vor, der sehr zurückhaltend reagierte.[29]

Die Hansestädte[30] *verhielten sich in der Folge – z. T. infolge dänischer Interventionen, z. T. auf Grund der Furcht, in militärische Auseinandersetzungen mit Dänemark, Schweden oder den Generalstaaten zu geraten, z. T. wegen des rücksichtslosen spanischen Verhaltens gegenüber der Hanse, aber auch aus konfessionellen Gründen – dissimulierend und vorsichtig ablehnend gegenüber den kaiserlich-spanischen Vorstellungen*[31].

Schwarzenberg schlägt schon bei den ersten Widerständen im November 1627 eine schärfere Gangart vor, der zufolge die diplomatischen Verhandlungen mit militärischen Operationen unterstützt werden sollten.[32] *Wallenstein empfiehlt ihm dagegen am 18. und 21. Januar 1628, Gewalt zu vermeiden.*[33] *Im Gegensatz zu Schwarzenberg schätzt Wenzel die Lage richtig ein: Als Ursache nennt er in einem Schreiben an Trauttmansdorff vom 10. 12. 1627: „dass der Kaiser im Norden Deutschlands gar keinen Freund habe, dass man daselbst nur auf die Freiheit des Glaubensbekenntnisses und auf die Behauptung der occupirten Stifter bedacht sei, deshalb die Schwächung von Holland, Schweden und Dänemark nicht zugeben und Spaniens und Oesterreichs Macht um keinen Preis steigern werde. Deshalb könne jeden Augenblick ein gemeinsames Bündniss aller dieser Gegner zu Stande kommen und von dem Kriege kein dauerhaft günstiges Resultat erwartet werden“*[34]*. Nachdem es aber der Hansetag am 29. März 1628 wegen mangelnder Instruktion abgelehnt hatte, dem am 26. März vorgelegten ‘Statutenentwurf für die neue spanische Admiralität’ zuzustimmen, riß Schwarzenberg die Geduld, und er drohte*

Davon waren damals aber nur 4–6 kampffähig. Während der ersten Hälfte des Jahres 1629 stieg diese Zahl auf höchstens 20–25 Schiffe, einschließlich der Anfang 1629 eingetroffenen polnischen [. . .]. Die Kampferfolge dieser Flotte [. . .] waren aber doch nicht groß.“

[28] Mareš II S. 57; vgl. auch S. 58; vgl. auch Messow S. 23–27 (Besetzung Mecklenburgs inklusive Wismars), 27f. (Besetzung der pommerschen Küste).

[29] Vgl. Gindelý, Maritime Pläne S. 18f.; Mareš II S. 59f.; Messow S. 34–37, 41–43; Schmitz S. 46–48.

[30] Messow weist darauf hin, daß die Hanse zum letzten Male in diesen Beratungen über Annahme oder Ablehnung der habsburgischen Pläne eine größere Rolle gespielt habe; vgl. S. 8, 12, 18, 21, 29.

[31] Vgl. Dollinger S. 471; Gindelý, Maritime Pläne S. 19f., 22–26, 28f. Mareš II S. 59–61, 65–72, 74–77; Messow S. 30f., 33, 41–45, 50f., 68–76, 84–87; Schmitz S. 49, 53; zur Haltung Dänemarks, Schwedens, der Generalstaaten und Englands zu den Hansestädten vgl. Messow S. 46–58, 64; zu den spanischen Mißgriffen vgl. Messow S. 61–63, 77, 87; zur konfessionellen Komponente vgl. Gindelý, Maritime Pläne S. 20, 22, 25; Mareš II S. 70.

[32] Vgl. Gindelý, Maritime Pläne S. 19f., 22, 25; Mareš II S. 60; Schmitz S. 53, 61; vgl. auch Messow, S. 33f.

[33] Vgl. Mareš II S. 65; Messow S. 78; Schmitz S. 61.

[34] Gindelý, Maritime Pläne S. 20; vgl. auch S. 22.

den Deputierten des Tages.[35] *Wallenstein, der Schwarzenberg zunächst gelobt hatte,*[36] *betrieb seit Anfang 1628 dessen Abberufung*[37]. *Mareš zufolge*[38] *liegt die Ursache darin, daß Wallenstein am 19. Januar 1628 zum Herzog von Mecklenburg ernannt worden sei und ihm „daher für die Behauptung seines neuen Landes der Friedensschluß mit Dänemark ganz besonders am Herzen lag". Wallenstein habe damit auch „vom Hofe die Verzichtleistung auf die Schiffsausrüstung" erwirken wollen, wohingegen Diwald*[39] *der Ansicht ist, daß der Besitz Mecklenburgs gerade die Grundlage einer habsburgischen Ostseepolitik gewesen sei*[40]. *Gindelý läßt die Ursachen für Schwarzenbergs Abberufung offen.*[41]

Das maritime Projekt des Hauses Habsburg zerschlug sich[42] *mit Beginn ernsthafter Friedensverhandlungen mit Dänemark, mit dem Abschluß des Waffenstillstandes von Altmark und vor allem, damit zusammenhängend, mit Schwedens Eingreifen im Reich. Gindelý ist recht zu geben, wenn er ausführt: „Das von seinem [des spanischen Königs] Minister [Olivarez] ersonnene, von ihm selbst und von Ferdinand lebhaft erfasste und von Waldstein eifrig patronisirte maritime Project zerfloss in nichts. Mangel an Geld, an dem nöthigen Schiffsgeräth, vor allem aber der Mangel an einheitlicher Leitung brachten dasselbe nur so weit, dass die Feinde aufmerksam wurden und nur um so inniger zusammenhielten"*[43].

[35] Mareš II S. 71f.

[36] Mareš II S. 58.

[37] Mareš II S. 72f.; zum Bruch zwischen Wallenstein und Schwarzenberg vgl. Gindelý, Maritime Pläne S. 27; Messow S. 78; Schmitz S. 61. Die kaiserliche Rückberufungsorder datiert den 29. 3. sowie 19. 4. 1628; vgl. Mareš II S. 72; Schmitz S. 62f.

[38] II S. 72, Khevenhüllers Darstellung folgend; Gindelý, Maritime Pläne S. 27f. erwähnt diese Darstellung, fügt aber hinzu, daß sie anderweitig nicht bestätigt werde; vgl. auch Schmitz S. 62 Anm. 85; Messow S. 79f. schließt sich im wesentlichen Mareš an.

[39] Diwald S. 418.

[40] Diwald ist dabei der Ansicht, daß „der Besitz von Mecklenburg" erst „ganz zuletzt" Wallensteins „Bedürfnisse nach Land" befriedigt habe.

[41] Maritime Pläne S. 27f.

[42] Vgl. zum Schicksal des Projektes nach Schwarzenbergs Abberufung Hroch S. 141–143.

[43] Maritime Pläne S. 30.

8. Georg Ludwig Gf. von Schwarzenberg[1] an Ks. Ferdinand II.

Begründung der Notwendigkeit, eine kaiserliche Seemacht zu schaffen (Exempla-Deduktion); Schwierigkeiten bei der Durchführung des Planes; Vorschläge zum Aufbau einer ksl. Seemacht.

Doc. Boh. III S. 258–260.
(Auch: Mareš I S. 573–576.)

Wien, 26. April 1625

E. kais. Mt. tragen allergenedigistes Wissen, was vor grosse Nachteil und Schaden von vilen Jaren hero dem hochlöblichisten Oesterreichischen Haus kaiserlicher und königlicher Lini[2] durch dero Rebela in Holand und Seeland[3] sowolen ofter durch Krieg als durch sie in vilen Orten, wie heutiges Tags zu sehen, erhandleten Empörung zugefüeget und erweket, sonderlichen aber wider dis erlanget haben, dass die Handlung[4] und Correspondenz der ganzen Welt fast ganz in ihrem Arbitrio allein bestehet, dardurch sie dan auch zu solcher Macht anfangen zu erwachsen, dass so die verstehenden und durch Gott gleichsam gesegneten Mitl solten versaumt werden, – nit unbillig auch das Oesterreichische Erzhauss selbsten wo nit Entsezung, doch ein billichen Eiffer darob fassen sollte. Und wan dan auch ihr Majestet in Spanien und dero wol intencionirten Ministri sonderlich ersehen, dass derselben Macht mit in denen armis de terra firma ungeacht alle widerwertige Potentaten darzu eusserste Hilfe leisten tuen, sondern mehr in armis maritimis, bei welchen allein meistes Teils particular Handlspersonen, um ihren auch eignen Nuzen zu schaffen, einverleibt sein, bestehet: dahero haben sie dis einzig nun lange Jar gesuechte remedium ratsam befunden vor die Hande zu nemen, nemlichen nach allen Mitln und Wegen zu drachten, damit die verlorne Schiffhandlung und Comercio wieder erhebt und ihnen abgeschniten, auch denen gedachten Rebelln[5] des Erzhauses und der ganzen Christenheit die Schiffmacht ferner in Indien oder in den septentrionalischen Landen[6], auch in dem teutschen Reich selbsten, ihren Fuess ferner fortzusezen dardurch genomen wurde. Und weilen dan die Indianischen Konigreich[7] solche Schäz jerlichen geben tuen, dass

[1] Schwarzenberg, Georg Ludwig Gf. v. (24. 12. 1586–21. 7. 1646), vielfach als Diplomat im Auftrag Ferdinands II. tätig; vgl. ADB 33 S. 303–305; vgl. zu diesem Schreiben Schwarzenbergs Diwald S. 398.

[2] Gemeint sind die deutschen (kaiserlichen) und die spanischen (königlichen) Habsburger.

[3] I. e. der Unabhängigkeitskampf der Niederlande.

[4] I. e. der Handel.

[5] Gemeint sind die Niederländer.

[6] Gemeint sind die nördlichen Gebiete.

[7] Gemeint sind die amerikanischen Besitzungen Spaniens.

nit allein Spanien, sondern auch ganz Europa damit genugsam kon bereichet werden, so die Austeilung und Gegencorespondenz rechtmessig bestellet, darvon dan solche Personen, welche des Gewerbs erfahren, bössere Information geben konten, also ist es nit schwer gefallen, indeme der Konig sich erkleret, dass nit allein seine spanische und niderlendische, sondern auch teutsche Lender dem Reich gesessne Untertanen nach den in dem Handlen und mit solcher Condition negocieren solten, damit alle Handlung oder Verwegslung obgedachten Rebelen solten verboten sein zu erlangen, dass sich gleich ein grosse Anzahl allerhand gedachter Nationen Handlsleut befunden, welche sich zu einer gemeinen Schiffristungs-Verfassung vergleichen und unterschitliche Almirantascos wi auch unterschitliche Porten aufgerichtet und zu Förderung des gemeinen Nuzens wie auch zu erforderten Sicherheit bestelt haben, durch welche der Verschleiss und Verwechslung könne gegen den septentrionalischen Landen, Stedten und Porten verfirt, sonderlichen aber die Hansestedt, welche ohnedas kein anders Interesse als ihrn eigen Gewin suechen, in die Corespondenz eingebracht und von den Hollendern abgesondert wurden. Weilen aber gedachte Schifristung gegen den vorgedachten reichs oder septentrionalischen Porten ohne ein wissendlichen sicheren Schuz und Einfahrt sicher nit konnen schiffen oder handeln: also erfordert dis Werks Fortsezung und bestendige Sicherheit, wie auch die Fortpflanzung des heiligen romischen Glauben die Widererhebung der kaiserlichen Autoritet, welche in den septentrionalischen Seen und Handlungen lange Zeit versaumt worden, wie auch hierdurch alle Reichtum und Gewerb in das Reich teutscher Nation einzufihren, die Corespondenz in allen und allen mit Spanien zu befestigen, wie auch der koniglichen spanischen eingewenten Bitt und Ersuchung statt zu geben, das euer kais. Mt. sich allergenedigist dahin entschliessen und sich zweier Porten, so in der Grafschaft Ostfrisland gelegen und diser Zeit von keinen besezet, deren eine Noort, der ander Groet[8] genannt sein, zu solchem Ende und unter solchen Pretext bemechtigten, damit die obgedachten Rebellen in den romischen Reich kein ferneren Fuess sezen und die Ab- auch Einfahrt allen Negociaten unter E. Mt. Protection sicher und frei sein solle.

Und obzwar dise Personen, welche mir das Negotium proponiert haben[9],

[8] Gemeint sind Norden (vgl. Handbuch der Histor. Stätten II S. 348f. – nach Doc. Boh. III Register: Norddeich) und Greetsiel (Kreis Norden) (vgl. Handbuch der Histor. Stätten II S. 183).

[9] Die Seemachtpläne sind vor allem auf den leitenden spanischen Minister Olivarez de Guzmán zurückzuführen.

Vgl. zu diesen Plänen und den Versuchen, sie zu verwirklichen, resp. zu ihrem Scheitern die Einleitung zu diesem Aktenstück sowie zusammenfassend Coler S. 725; Diwald S. 398–400, 412; Görlitz S. 99–105; Mann S. 499–505, 519–522, 620–625; Opel III S. 483–511; Schmiedt S. 325f.; vgl. weiterhin Nr. 25 Anm. 9.

vermeint, als solten euer kais. Mt. sich der obgenanten inpraesa aus eigener kais. Autoritet lediglich unterfangen, so hab ich doch denselben zu Gemuet gefieret, dass nit allein die interessierten Herrn derselben Grafschaft, sondern auch andere umligende Stende in grosse Eüfersucht wurden geraten, und E. Mt. auch aus andern erhöblichen Bedenken ein so grosses Nachdenken unter Potentaten nit gern geben wurden, sondern vermeint, wan die selbst interessierten Parteien, die ohnedas uf ihr Freiheit und Sicherheit zu sehen, als die Grafen zu Ostfrisland sein, euer Mt. Schuz suechen solten, wie vor zu Zeiten Keisers Rudolphi beschehen[10], wurde die impresa nit allein gliklicher und sicherer, sondern auch bei der ganzen Welt mit genugsamer Befugnuss bescheint und vertetiget sein. Also ist man uf dise Erwiderung dahin gefallen, dass Graf Johann von Rithberg[11], der um dise Negociation wissen und Anleit gegeben, sein Guetachten mir freidenlichen überschreiben solle wie auch berichten, wohero das Volk zu der Impresa und fort zu Besazung der benenten Porten fuglichist solle genomen und bestendig unterhalten werden. Unsere Meinung ware, das dis Volk der cat. Liga, so negst bei Frisland gelegen, die Impresa solle ehist verichten hernach könt man ein frisches Regiment werben und unter dem Commando obgedachtes Herrn Grafens von Rithberg, oder weme euer Mt. abordnen wolten, gedachte Porten besezen; Rithberg aber hat sich erboten, das Regiment von der Contribution der umligenden Landen zu unterhalten.

Die Fortification wird der König doch unbemant erheben; die in dem Almirantasco verbundenen Handelsleut werden alle municiones lifern, wie nit

[10] Vgl. Handbuch der Historischen Stätten II S. 137: „Vergeblich hatte der [ostfriesische] Kanzler Thomas Franzius[a], um die Macht des Landesherrn zu stärken, am Kaiserhof in Prag den kühnen Vorschlag gemacht, Emden zum Sitz einer Reichsflotte zu erheben und Gf. Enno III.[b] zu ihrem Admiral zu ernennen. Die Emder zwangen vielmehr den Grafen dazu, Franzius, ihren erbittertsten Feind, zu entlassen, nachdem sie 1609 mit ihren Truppen die Residenzstadt Aurich überfallen, geplündert und das Archiv nach Emden entführt hatten, aus dessen Akten sie die Beweise für die ihnen gefährlichen Ratschläge des Kanzlers gewannen."

[11] Johann Gf. Rietberg (nach Isenburg III T. 67).

[a] Franzius, Thomas (17. 12. 1563 Magdeburg – 10. 6. 1614 Magdeburg), 1591 Professor der Rechte an der Universität Wittenberg, 1598 als Vertreter des Gf. Edzard II. mit ostfriesischer Gesandtschaft in Prag, 1599 von Edzards Nachfolger Enno III. als Kanzler nach Emden berufen, nach 1600 Reichsadmiralspläne Franzius' und Ennos, 1611 Entlassung auf Druck der ostfriesischen Stände; Rückkehr nach Magdeburg, dort als Syndikus tätig; vgl. NDB 5 S. 377f.

[b] Enno III., Gf. von Ostfriesland (seit 1599), 30. 9. 1563–19. 8. 1625; Ennos Regierung ist gekennzeichnet durch anhaltende Auseinandersetzungen zwischen dem Landesherrn und den Ständen; vgl. NDB 4 S. 537f.

weniger zu Sicherung der Handlung und Navigacion alsobalt 7 oder mer Schiff nach Erforderung der Gefahr in derselben costa armiren, euer kais. Mt. stendardo fuhren, ihren Befelch sich untergeben und zu allen Erforderungen wirklich dienen, vornehmlich aber euer Mt. hierdurch ihr Autoritet und Imperio über dero Vorfahren glorwirdig werden erweitern.

Was dises beschehen und dass die Porten besezet, ist des Kenigs Guetachten, auch bitten und ersuechen, das E. Mt. den rebellischen Staden[12] forma debita wollen andeuten lassen, damit sie die dem Reich imediate zustehenden Forten, sonderlichen aber Emden und Milort[13] freigeben, ihre Garnisonen abfiren und wider das Ostfrieslandisch- und anders Reichsemporium[14], so sie E. Mt. Betrohung nit entpfinden wolten, das wenigste solten versuechen.

Desgleichen kan und solle in alweg an den Konig Denemarck auch andere umligende Fürsten ein vorneme Legation abgefertiget werden, diselben der vorgenomnen Impresa halben zu sincerieren, auch zu der bestalten Corespondenz zu initiren, davon dan auch merer Erleiterung solle folgen.

Das hohe Werk nun ferner zu befesten und wirt man noch zwo kleiner Insuln[15], so zu Einfart der Elb gelegen, besezen miessen, doch alles an E. kais. Mt. merer zu tuen, ausser dero Herschung, Autoritet und Befelg. Nach disem ist zu besezen das Emporium in Hamburg durch Personen, die der Negociacion erfahren, welche an E. Mt. Hof sich verfiegen und einstellen, auch E. kais. Mt. zu dem wenigsten ein Milion Reichstaler Einkomens geben, wie auch das ganz romisch Reich teutscher Nation mit allen indianischen Reichtum erfillen werden. Wie, wan aber dises alles ehist in das Werk zu richten, ob es bei disen Zeiten oder fortzusezen, oder zu verschiben, das werden die negsten Avisi, deren ich stundlich tue gewertigen, mitbringen.

Und ist zu E. kais. Mt. allergenedigsten Information das Werk allein obiter[16] entworfen, alleruntertenigist dahin gestellet, wan derselben allergenedigistes Belieben sein wirt, mereres schriftlichen auch mindlichen, sonderlichen in den Mappis zu erweisen, welches E. kais. Mt. uf auch allergenedigsten Befelch der kgl. Mt. in Spanien uber mein allergehorsamstes mindliches Vorbringen zu dero selben allergenedigsten Nachdenken und förderlichen gewerlichen Resolution alleruntertenigist habe erwideren, auch allergehorsamist bitten sollen, euer kais. Mt. wollen (nach des Konigs Verlangen) auch keinem dero geheimen Rat ausser des Fürsten von Eggenberg dis Werk anver-

[12] I. s. die Generalstaaten.

[13] I. e. Middelburg auf Walcheren, Provinz Zeeland (vgl. Doc. Boh. III, Register).

[14] Emporium: Handelsplatz, Markt.

[15] Wohl Neuwerk und Scharhörn.

[16] 'Nebenbei'.

trauen. Dabei zu beherlichen kaiserlichen Gnaden mich ellergehorsamist befelg.

9. Johann Ulrich von Eggenberg[1] an Ks. Ferdinand II.

Gutachten Eggenbergs zu den von den Spaniern initiierten Plänen einer ksl. Seemacht: schwieriges, aber durchführbares Unterfangen; Rat, die Pläne voranzutreiben; Ratschläge: 1. personelle Entscheidung; 2. Delegierung der Aufgabe an die Hansestädte; Unmöglichkeit, die Aufgabe ex plenitudine potestatis Caesareae zu übernehmen; 3. materieller Anreiz zur Übernahme der Aufgabe; 4. Geheimhaltung; 5. keine finanziellen Beiträge des Kaisers möglich; [6] später zu klärende Probleme; [7] Wunsch nach Gelingen der Pläne; damit verbundene politische und konfessionelle Hoffnungen; [8] Geheimhaltung, Informierung des ksl. Beichtvaters.

Doc. Boh. III S. 261–264.
(Auch Mareš I S. 576–578.)

Graz, 30. Mai 1625

H. Grave von Schwarzenberg hat mir zu seiner Hieherkunft dasjenige Navigations-Negocium, so von dem König in Hispanien ihme bei E. Mt. fürzubringen aufgetragen worden, niht allein mündlich erzehlet, sondern auch zu meiner mehrern Nachrichtung schriftlich ubergeben[2]. Weilen nun E. Mt. mir vor diesem allergenedigst anbefohlen, wann ich von disem Werk berichtet sein werde, demselben fleissig nachzudenken und darüber sodann E. k. Mt. mein allergehorsamstes Guetachten zu eröffnen, hab ich jenes so wenig unterlassen als dises, wie hiemit beschicht, zwar gering und einfeltig, doch getreulich und zumal kürzlich nach Gestalt dises ersten Anbringens alleruntertenigst verrichten sollen.

Nun lesst sich dises Werk erstes Anblicks sowol wegen weiter Entsessenheit der fürnemsten Motorum und Directorum als E. k. Mt. und des Königs, als wegen der Zusammenstimmung so unterschidlicher Nationen und Vergleichung derselben Humorum und Interesse, zumal aber wegen der so nahenden und preparirten Potenz derjenigen, so es zu hindern ohne Zweifel Acheronta movieren werden, und anderer Ursachen mehr, sehr schwer ansehen. Wenn

[1] Eggenberg, Johann Ulrich (Juni 1568–18. 10. 1634), 1598 Frhr., 1623 Reichsfürst, 1628 Hg. von Krumau; Präsident der Hofkammer (1603) und des Geheimen Rates (1619), wichtigster Ratgeber des Ks. Ferdinand II.; vgl. ADB 5 S. 663–666; NDB 4 S. 331 f. Meyer 7 S. 435; vgl. auch Irmer III S. XVII, XX; Suvanto S. 17 f., 375 f. Zwiedineck-Südenhorst; zum vorliegenden Schreiben Eggenbergs vgl. Diwald S. 398 f. sowie die Vorbemerkung zu Nr. 8.

[2] Vgl. Nr. 8.

ichs aber recht und fleissig erwige, so finde ich es auch ja schwer, aber nicht allein nicht unmüglich, sondern auch E. Mt., derselben gesamten Haus, dem heil. Reich Teutscher Nation, der kaiserlichen Hochheit und wellchs das meiste ist, zu Fürder- und Fortpflanzung der Ehre Gottes und seiner heiligen Religion rümlich, nüzlich, ja notwendig und, wie ich cum pia submissione darfür halte, von Gott eingegeben. Hierauf denn E. k. Mt. ich anderst nicht in untertenikeit raten kan, allein daß sie dises wichtige Werk nicht allein ausschlagen, sondern approbieren und mit dises nachfolgenden conditionen coadiuvando müglichst befürdern sollen.

1. Und muess ja anfenklichs erwartet werden, wie der Grave fast im Schluss seines Anbringens wol vernünftig meldet, wer an des angeleibten Graven von Ritberg statt dises Werk mit anbringen, disponieren und sollicitieren uber sich nemen und auf was Fundament er derselbe bauen wirt; dahero denn E. kais. Mt., wenn sie, wie ich allergehorsamist rate, dem König antworten und sich ihres gemüets erkleren werden, dises als das Fundament, die erste Condition werden sein lassen.

2. Wenn nun fürs andere dises Fundament gelegt und der König sich resolviert und prepariret befinden das Werk nicht allein anzufangen, sondern auch wider die, so es hindern kunten und wollten, zu manutenieren, so müesste es alsdann nicht allein von demjenigen Reichsstand, der anstatt des Graven von Rittberg den Namen haben und das negocium führen solle, bei E. Mt. als römischen Kaiser in forma um Schuz, Hilf und zu Erhaltung des heil. Reichs Gerechtikeit angebracht, sondern von den Anseestedten selbst als Reichsglidern bei E. Mt. als dem Haupt der Consens zu disem Werk gesuecht und ihr vorhabende Assistenz erkleret werden. Dann dass E. kais. Mt. vermög der Spänischen Meinung dises Werk ex plenitudine potestatis caesareae selbst angreifen sollen, ist viler Ursachen wegen, zumal ex illo capite untuelich, dass M. Mt. vermöge dero geschwornen Capitulation im heil. Reich ohne der Churfürsten Rat und Vorwissen nichts dergleichen für sich selbst anfangen können, durch welches denn alsbald alles entdekt und mit genzlicher Ruin des negocii lautmar gemacht wurde. Wann aber ein oder der andere Stand bei E. Mt. zu seinem eignen Schuz oder zu Verhüetung mehrers des heil. Reichs und seiner Glider Schaden und Hindangang um Hilf, Einseh- und Wendung anruft, so sein E. Mt. wol befuegt, nach Gestalt und Notturft der Sachen und der Zeiten ihr kaiserliches Amt und Macht alsbald zu exercieren und zu interponieren. Wenn nun E. Mt. diesen legitimum pretextum erlangen, auch die Anseeischen Stedt[3] sollcher Gestalt interessiert machen, so haben sie alsdann (meines Vermeinens) zugleich Recht und Macht, sowohl ihr kaiserliche Resolution zu iustificieren, als hernach zu manutenieren, und wurden sie durch

[3] Hansestädte.

dise der Anseeischen Stedt Hilf neben der Hispan- oder Burgundischen Macht Engelland, Holland, Dennemark und allen widerwertigen im Reich wol gewachsen, sie aber unter einander selbst disuniert und dahero wol zu ubergweltigen sein; hiebei denn E. Mt. ich alleruntertenigst dessen erinern sollen, was deroselben ich unlangst allergehorsamist angedeutet, wann sie die Seestedt gewinnen und auf ihr Seiten bringen können, sie sich der Dennemerkischen Bedroungen wenig befahren haben.

3. Weil auch das eigne Interesse fast die ganze Welt dominieret, so wirt auch notwendig sein, wann es zu dem Effect kommen solle, dass diejenigen, so zu der Cooperation dises Werks notwendig, durch Interesse gewonnen und auf unterschidliche Weis sowol durch General- als Particularemolumenta darzue gereizt werden; da wurden villeicht die Pensiones und Mercedes, so vor disem von der Cron Spanien an andern Orten unnuzlich verworfen worden, mit Nuz und Frucht anzuwenden sein.

4. Und weil an der Geheimhaltung alles gelegen, solle anderst dises Geben nicht noch vor den Anfang destruirt werden, so wirt dem König die begerte Ange und Geheim in alweeg zu versprechen, zu halten und auch von dorthero sich gleiches zu getrösten sein.

5. So muess auch der König in disem zeitlich desenganiert werden, das E. Mt. dismals, wegen der so lang ausgestanden schweren Krieg und fast genzlicher Desolation ihrer Königreich und Lande, auch wegen der verdechtigen und gefehrlichen Nachbarschaft, damit sie umgeben, mit Gelt, Verlag oder anderen solchen dargeben ex propriis nichts tun können.

[6] Auf dise 5 Conditionen, vermeinete ich allergehorsamist, möchten E. k. Mt. sich für dismal erkleren; von dem ubrigen: als dem Volk, so hierzue zu gebrauchen, wie die Impresa ins Werk zu sezen, wem der Commando darüber zu geben, wie und wann die Benachbarten zu syncerieren, wie das Gubernament sowohl in bellicis als politicis und cameralibus daselbst anzustellen und das dergleichen mehr, wirt zwar jezt zeitlichen zu gedenken, hernach aber, und wann die notwendigen noch erwarteten Informationes einkommen, zu reden, zu handlen und nach Gestalt der Sachen zu accordieren sein. [7] Der Allerhöchste gebe sein Gnad, dass dis Werk also fortgehe, wie ich wünsche und hoffe, es auch, wie obgemellt, für rümlich, nuzlich und notwendig halte; rümlich: wisse ich nicht, was E. Mt. rüemlichers sein könte, als wann under Ferdinando 2° der kaiserliche Stendard auf dem Meer sich sehen lassen – so zuvor us der Menschen Memori, ja fast us der Buecher Gedechtnus kommen – und wie die Precedenz vor allen andern, also auch das Arbitrium bei allen Nationen erhalten wurde, welcher Rum denn auch eigendlich auf das heilige Reich und die Teutsche Nation redundieret; nuzlich: wo ist der Nuz, wo sein die Reichtum anderst, als wo die Navigation ist, zumal wo sie mit sollcher Preeminenz ist, wie da zu hoffen, und wo nichts zu spendieren, sondern nur

einzunemen; notwendig: wie kann das Haus Osterreich seinen Feinden und Missgünstigen, welche es fast gar in den Notstall gebracht, leichter wiederstehen, sich von aller Gefahr herausreissen und eben denselben dasjenige tun, was sie ihme tun wöllen, als durch die Macht auf dem Meer, welche allein mechtig und kreftig ist die Correspondenz des Hauses zu erhalten, die weit entlegnen und disunierten potentias desselben zu unieren und allen andern Potentaten leges zu geben? Und schliesslich, was hat die Kezereien bishero erhalten und mehr befürdert, als dass die verführten Nationen von dem Haus Osterreich und desselben Tractation durch den Teufel und sein Anhang abgehalten werden? also und entgegen was kann die rechte Religion mehr propagieren und erweitern, als wenn eben dieselben verführten Nationen durch die Navigation und durch die vertreulichen Commertien mit dem Haus Osterreich bekannt, vertraut, in Conversation gebracht, und weil fides ex auditu, verhoffendlich mit der Zeit und leicht bekert werden können; das Exempel so vieler Indianischen Völker und Nationen ist klar genueg und darf wenig anderer Beweisung. E. Mt. geruhen allergenedigst mir dise mein etwas lange Usführung zu verzeihen; das Werk ist so wichtig, dass vielleicht noch vil mehr darvon und durch eine vollkommenere Feder als die meine zu schreiben were.

Allergenedigster Herr.

[8] Ich vermeinete allergehorsamst, obwol dises Negocium und das andere, so der Grave von Schwarzenberg wegen der commenden der entzognen Stift und Clöster im Reich [angebracht hat], also geschaffen, dass es, zumal dises in allerhöchster Geheim zu enthalten, dass doch E. Mt. ihrem Beichtvater[4] eines und anders communicieren und sein Meinung darüber allergenedigst anhören möchten, denn es in Ansehung seiner Pietet, seiner Prudenz und Erfahrenheit und seiner Verschwiegenheit anders nicht als nuzen kan.

10. Kaiserliche Instruktion für Wallenstein[1]

[1] Darstellung der kriegerischen Auseinandersetzungen in Mitteleuropa aus ksl. Sicht; [2] Ernennung Wallensteins zum Oberkommandierenden der ksl. Truppen; [3] ksl. Kriegsziele; [4] Disziplin des ksl. Heeres; [5] Behandlung der Reichsstände im Rahmen

[4] Beichtvater ist seit dem 2. Februar 1624 Wilhelm Lamormaini SJ (29. 12. 1570 La Moire Mannie bei Dochamps in der – heute belgischen – Provinz Luxemburg – 28. 2. 1648 Wien); vgl. NDB 13 S. 452f.; ADB 17 S. 572f. (Todesdatum: 22. 2. 1648); Meyer 14 S. 578; Koch Sp. 1068–1070; weiterhin Diwald S. 297f.; Duhr II 2 S. 691–723; Posch passim.

[1] Die Instruktion für Wallenstein geht letztlich zurück auf Wallensteins Angebot an Ferdinand II. vom Januar 1625, Truppen aufzustellen (vgl. Diwald S. 246, 250); das am 7. April 1625 erteilte Intimat (vgl. Nr. 6) ist der erste wichtige Schritt zu Wallensteins

der Kriegführung; [6] Stärke der ksl. Armee, Einsatzgebiet; diplomatisches und militärisches Vorgehen; exercitium Augustanae confessionis, geistliche Stifter in protestantischer Hand, RHR Beck als ksl. Kommissar in staatsrechtlichen Fragen; [7] Änderungen des Einsatzgebietes des ksl. Heeres; [8] Pardonierungen; [9] Kriegsgefangene, Beute, Bestra-

---

erstem Generalat (vgl. Diwald S. 250f.; Gindelý I S. 47f.; Mann S. 364); am 8. April 1625 „erlegt Wallenstein in Prag zur Verfügung des Kaisers ein Darlehen von 900 000 Goldgulden" (Diwald S. 250); zwischen dem 25. April und dem 21. Juni 1625 finden sieben Beratungen zwischen dem Kaiser und dem Geheimen Rat resp. dem Hofkriegsrat über die militärische Lage, die Aufstellung eines ksl. Heeres und Wallensteins Berufung statt (vgl. vor allem Menčik, Die Hofrathssitzungen im Jahre 1625; außerdem Diwald S. 251–263, 280f.; Mann S. 365f.); „die Einzelheiten der Instruktion [für Wallenstein] werden erst am 12. und 13. Juni [1625] bei einer Zusammenkunft des Hofrats in Nikolsburg [. . .] beraten. Der Kaiser ist selbst anwesend, aber auch Wallenstein hält es für richtig zu kommen" (Diwald S. 257); der Beschluß über die Aufstellung eines ksl. Heeres von 24 000 Mann unter Wallenstein erfolgt am 13. Juni 1625 (vgl. Diwald S. 257; Mann S. 366); die Instruktion datiert den 27. Juni 1625 (vgl. Diwald S. 260–262, 276; Gindelý I S. 54; Mann S. 370); Wallenstein erhält die Instruktion in der zweiten Juliwoche 1625 (Diwald S. 286). Vgl. zur Instruktion auch Coler S. 724f.; Ritter, Untergang S. 239.

Über die Hofratssitzungen zwischen dem 25. April und dem 21. Juni 1625 hat Gf. Karl von Harrach ein Protokoll gefertigt (gedruckt bei Menčik s. o.), aus dem im folgenden die Wallenstein betreffenden Passagen zitiert werden ('ö' entspricht vielfach 'e'):

Sitzung am 25. April 1625.

„Puncta propositionis in khonftiger Berattschlagung den 25. Abrillis A. [16] 25.

Bey einkhomenden Avisen ist zu besorgen, weil in Italia der Angrif gemachtt, im Niederlandt böde Khrigsshör in starker Gegenwör ligen, die gemachtte Binttnuss wider das hohe lob[liche] Hauss von Ost[erreich] und Cattolischen Majestät mit der Wör in der Handt, Ire Bab[stliche] H[eiligkeit] noch bisshero dess Widerstandess halben khain Resolution genomen, Denemarkh, Schwöden und andere starkhe Werbung for der Handt; dem Betlehem gehabten Avisi nach nitt zu trauen, der Tirkhische Fridt nitt geschlossen oder versichert; die Vönediger anfangen aller dieser Ungelegenheitten, der Neutrallen auch der Zeitt nitt zu Geniegen versichertt, dass alle diese gesambt ein extremo unnd ultimo forzo wider Ire Majestät unnd das hochlob. Haus von Ostreich thun möchten unnd werden; daher nottwendig unnd billich, auf die Gegenwör unnd Verhiettung diser Gefar nitt allein zu gedenkhen und zu berattschlagen, sondern auch sich bemhien unnd bearbeitten, damitt solchess inss Werkh gesetztt mögte werden, unnd erstlich, wie unnd durch wass Mitl des Khünigss auss Hissbanien begertte Werbung der 23 000 Mhan zu befördern sein möchte, wass ime, so erss begertt, for ein Capo, so woll auch welliche Obristen zu Ross unnd Fuess zu verwillighen?

Wohin unnd wie ime der Mussderplacz zu verwilligen, und mitt wass Conditionen?

Ob nit Ir Durchlaucht auss Bairn und die Catt[olische] Liga zu der Gegenwör zu animiren und umb mhere Werbung zu ersuchen?

Ob rhattsamb, dass Ire Majestät alssbalden oder wan des Fürst von Wallenstein aner-

fung von Städten und Territorien, Kontributionen; [10] Regimentsstärke, Proviantierung und Versorgung der Truppen; Aldringen als Zahl- und Quartiermeister; [11] Befehl zu engen Kontakten mit der Liga und zu den kaiserfreundlichen Reichsständen; [12] Verbindung zu Tilly; [13] Spionage; [14] Musterplatz, dessen Sicherung; Regimentsstärke; Belastung der kaisertreuen Reichsstände durch Durchzüge etc.; [15] allgemein gehaltene Vollmacht.

Gindelý I S. 387–393 (i. e. Nachdruck aus Hallwich, ZAG I S. 122–132). (Stark gekürzt bei Schulz I S. 43f.)

Wien, 27. Juni 1625

Ferdinand der Ander von Gottes Gnaden erwählter Römischer Kaiser, zu allen Zeiten Mehrer des Reichs, etc.

bottne Werbung inss Werkh richten sollen lassen, unnd mitt wass Condition oder wie, oder ob ess bösser, auf andere Mittll unnd Werbungen zu gedenkhen, wohin auch disem Volkh der Muster- oder Samblblaz zu geben sein wirdt?

Ob aniezo Zaitt, alssbalden Irer Majestät Volkh auss den Niderlandt alher zu erfordern oder wass sich darauf zu verlassen sein wirdt?

Wass Ire Khais. Majestät mitt dem Volkh, so Sie aniezo in Iren Khenigreichen und Landen haben, zu thun sein wirdt, ob ess zu störkhen und wie, wohin ess gelögtt, gebrauchtt und zu underhalten sein wirdt?

Wass for Diversionen an allen Ortten beschehen möchten und wie es zu tractiren? Weiliche zu Fraindten zu machen und umb Hilf zu ersuchen sein möchten?

Was fur Absendung an allen Ortten aniezo alssbalden furzunemen?

Wie die Tirkhische Tractation forttzusezen, und zu guetten Endt zu bringen, und auf was for Conditiones zu verharren?

Wass mitt dem Betlehem, aut armis aut tractatione, forzunemen sein wirdt? Wie die Profiandt an allen Ortten aniezo alssbalden zu bestellen sein wirdt?

Wass fur Geschiz, Munition, Arma unnd wass darzue gehörtt, zur Handt gebracht khan werden?

Da der Exercito gethaillt, wass for Capi Ire Majestät an allen Ortten gebrauchen möchten?

Wie die Khinig[reich] und Lander an den Granizen zu versichern und zur aignen Defension zu bringen sein möchten?

Unnd löstlich, auf alle Mittl und Weg zu gedenkhen, wie ein starkhe Somma Geltts und Credit mögtte zusamen gerichtt werden?

[. . .]“

Zu den oben erwähnten Vorschlägen, welche in der Sitzung unterbreitet werden sollten, hat Harrach auch eine Begründung zusammengestellt. Dieses Gutachten mit den gefaßten Beschlüssen lautet folgendermaßen:

„Eur Khaiss. Majestät miessten dass Römische Reich gegen Denemarckh und der Ortten, so woll wie aigne Khinigreich und Lander defendiren, und dass khundte villeicht folgendergestallt beschehen:

Instruction für den hochgebornen Unsern Oheimb, des Reichs Fürsten und lieben getreuen Albrechten Wenzel Eusebium, Regierern des Haus Walstain und Herzogen zu Fridlandt. Unsern Kriegsrath, Kämmerern und Obristen, massen Er sich bei dem über Unser kaiserliche Armada aufgetragenen Com-

Die Wallenstainerische Werbung mieste nunmher khein Stundt förzogen werden, und khundte dieselb von 4 Regimendt zu Fuess, iedes auf 3000 Mhan, und 2000 taischer und 3000 chrabatischer Pferdt gericht werden, daran khundte adjungiert werden diess Volkh so Ire Majestät in Niderlandt haben, und dass auss Ursachen, dass Majestät ess unden nitt hoch vonnötten;

zum andern, dass ess gewesst alttss Volkh, zum dritten, dass ess ain heraufziehen ein Posto einnemen khundte, wo die neu Werbung und Samblung einrukhen und Sicherhait hette, und diss khundte umb Nirnberg oder Undern-Pfalz, darinnen alssbalden die Infanta zu ersuchen, und der Ortten beschehen, dise Massa von Volkh khondte gegen Denenmarkh und der Ortten ir Aug haben, auch an allen Ortten succuriren, wo die Nott am grössten.

(Ist Fürsten von Wallenstein geschriben undt wirdt seiner Anttwordt zu erwardten sein. [. . .]).

[5.] Ob des Fürsten von Wallenstein Werbung inss Werckh zu richten oder auf andere Mittll zu gedenkhen, wie Ainss oder dass Andere inss Werckh zu richten und der Musterblaz zu geben sein wirdt? [. . .]

7. Ist mitt den funftten Punkht erkhlertt, der Werbung halben, sowoll wohin ess gelegtt soll werden.

(Mobile khanns gemacht werden oder durch Ire Majestät Verlag oder durch dess Fursten von Wallenstein oder durch Contribution.

Fuss-Officier von Wallenstein, die Übrigen muess mitt ihm verglichen werden.)

8. Irer Majestät Campi mussten der Zeitt in trey Theill gethaillt werden:

Fürst von Wallenstein innss Raich.

Wass der Zaitt in Ungern und an den Granizen gelögtt, khan D. Baltasar fur ein Capo hingestellt werden.

Wann die nue Werbung soll gebrahtt und den Andern conjungirtt werden, so khan Furst Max auch fortziehen. [. . .]“

Eine zweite Sitzung fand am 13. Juni statt, und neben Harrach und Collalto war auch Waldstein anwesend. Es handelte sich hauptsächlich um die Instruktion, welche dem Fürsten gegeben werden sollte, um für die Zukunft allen Mißverständnissen vorzubeugen.

„Instruction Fürsten von Wallenstein, mitt dem Volkh inss Römische Raich zu ziehen betrefendt:

Erstlich dess Fursten erzaigtte True, dapfere Khriegssdienst und dass Vertrauen zu seiner Persohn, so Ihre Khays. Majestät geseztt haben, unnd derhalben ime diser hochwichtigen unnd gefarlichen Impresa for Andern zu gebrauchen, sich gnedigist resolvirtt und ime den Befelh und Comando uber diss Volkh vertraut.

Zum Andern miessen aussgefiertt werden die Militaria, so nottwendig.

Zum Tritten die Politica.

Zum Fiertten die Ersbarungen.

mando zu verhalten, gestalt dann Unser Intention und Meinung in hernach folgenden Punkten begriffen und verfasset ist.

[1] Wiewohl Wir Uns die Zeit hero. nachdem durch die leidige in Unserm Erb-Königreich Böheimb erweckte Rebellion[2] nicht allein erstgedachts Königreich und demselben incorporierte, sonder auch andere Unsere österreichische Erblande und das ganze römische Reich in höchste Confusion und ganz

Zum Finften wögen der Musterblaz.

Zum Sexten die Corespondenz mitt Bairn und Tigli.

1. Eingang, ut supra.

2. Die Militaria. Considerirn, wass Ir Majestät Intention ist, welliches villaicht mögtt sein anfenkhlich unnd fornemblich Fridt und Ainigkhait zu erlangen, diess zu Weg zu richten, ist die Arma des Faindtss mitt Lieb oder forza abzuthun, und in allen den Forstreich zu nemen, auch khain Occasion zu underlassen, allen Forttal, Pass und Vestungen einzunemen, wass der Feindt zu einem und Irer Majestät und des Raich zu Schaden khomen mögte.

Ire Majestät haltten alle die fur Faindt, so die Arma wider Ir Majestät genomen oder nemen oder die nitt ablögen werden, und daher er sich aller Fortell gegen den zu gebrauchen wirdt wissen.

Wass etwan eingenomen oder sich sonsten an Ire Majestät willig geben werde, die sollen christlich und nach der Milde, so sich thun lassen, tractirtt, die angenome aber Irer Majestät Gnadt und Perdon generall zu vertrösten Macht haben.

Militarische Disciplin in alweeg sich zu gebrauchen, alles Rauben, Morden und sonderlich das Brennen ganzlich verbitten und mit Ernst, ess ghe an wen ess will, zu bestraffen.

Die Musterblaz sein von Irer Majestät albereidt beendt, die mögen nach Gelegenhaitt der Zaitt wider erweittert oder in anderweg genomen werden.

Die sollen auch so vill möglich mitt Guetten erhalten, auch alle guette Anordtnung dess Reichss-Constitution gemäss angestelltt, und aller Schaden und Unordtnung verhiett werde, auch khein Musterblaz uber 20 Tag offen stehen soll.

Mitt Irer Durchlucht auss Bairn soll der Fürst so weidt geweisen werden, dass so vill sich thuen lasst, Alles mit derselben comunicire und seiner Opinion nach dirigire, doch in Allen Irer Majestät Autoritet und Nuzen in Acht neme.

Mitt dem von Tigli soll er in Allen guette Corespondenz haltten, auch der Gelegenhaitt nach sich mitt im conjungiren, Hilf schückhen und begern, wie ess die Notturftt erfordertt, auch in Conjungirung des Esserciti sich seiner Discretion zu gebrauchen wissen.

Potitica sein verglichen.

Economia ist auch versorgt."

[2] Bezug auf die Ereignisse in Böhmen zwischen 1608 und 1620, insbesondere auf die Absetzung König Ferdinands und die Wahl des Kf. Friedrich V. von der Pfalz sowie auf die militärischen Auseinandersetzungen bis zur Schlacht am Weißen Berg, und auf die Auswirkungen des habsburgischen Sieges in Böhmen auf das Reich.

verderblichen Stand durch Unsere und des Reichs Feind und erklärte Achter[3] gesetzt worden, Uns nichts mehrers angelegen sein lassen, als wie Wir den heilsamen von allen Frommen so hoch erseufzten Frieden wiederumb einladen und die verderblichen Waffen, Verbitterung der Gemüther und schädliches erwachsenes Misstrauen aus der Wurzel ausreuten möchten, auch nach väterlicher, sorgfältiger Vorbereitung etlicher friedliebender Gemüther, Ergänzung des kurfürstlichen Collegii[4] und anderer nützlicher Präparationen zu diesem Unserm vorgesetzten Ziel zu gelangen, einen des heiligen Reichs ordnunggemässen Deputationstag ausschreiben lassen[5], der gänzlichen Hoffnung und Zuversicht, es wurden alle des Vaterlands Liebhaber diese Unsre Vorsorg nicht allein mit danknehmiger Affection erkennen, sondern ein jeder nach seines Stands und Orts Vermögen solcher Unserer friedfertigen Intention beistehen und succurriern helfen, so erfahren Wir doch nicht ohne sonderbare Unsers kaiserlichen Gemüths Bittrigkeit und Beschwerung, [dass] die obgenannten Unsern und des Reichs Feind und Rebellen schädliche Machinationes und Praktiken auch nach so ansehnlichen gegen sie von Gott dem Allmächtigen erhaltene Sieg und Victorien nit allein noch nit aufhören oder durch geziemende Mittl bei Uns als dem Oberhaupt den Frieden suchen, sondern eben dieser Zeit mit mehrer Assistenz ihre rebellische nicht allein gegen Uns, sondern des ganzen römischen Reichs Stand und Verfassung gemachte Anschläg durchzudringen im Werk sein[6], auch neben Aufwieglung frembder Potentaten[7] den Erbfeind christlichen Namens[8] in die Societät ihrer gottlosen

[3] Gemeint sind wohl vor allem Kf. Friedrich V. von der Pfalz und Mansfeld; vgl. zu den Ächtungen von 1621 Ritter III S. 129.

[4] Gemeint ist wohl die Translation der Pfälzer Kurwürde auf Bayern; vgl. Ritter III S. 172–178, 187.

[5] Nach Gindelý (I S. 388 Anm.) ist der Regensburger Deputationstag von 1622/1623 gemeint; Ritter (III S. 171) bestreitet die Qualität eines Deputationstages; vgl. zu der Fürstenversammlung von Regensburg Ritter III S. 171f., 183–188. Ein Bezug auf den am 28. 4. 1625 zum 16. August dieses Jahres einberufenen Deputationstag (vgl. Ritter III S. 256) ist auf Grund der vorausgehenden Passage, insbesondere wegen der Erwähnung der Ergänzung des Kurfürstenkollegs, nicht möglich.

[6] Bezug auf die militärischen Unternehmungen Mansfelds und des Herzogs Christian von Braunschweig (Adm. von Halberstadt) in Nordwestdeutschland im Jahre 1623 (vgl. Ritter III S. 225–252) sowie auf die wachsenden Spannungen im niedersächsischen Kreis 1624 und 1625 (vgl. Ritter III S. 258f., 278–289).

[7] Gemeint sind vermutlich die Verbindungen protestantischer Reichsstände zu König Christian IV. von Dänemark, dem englischen König Jakob I., den Generalstaaten, König Gustav II. Adolf von Schweden und auch zu Frankreich (vgl. Ritter III S. 260–313).

[8] Bezug einerseits auf die Kontakte des englischen resp. des französischen Gesandten in Konstantinopel mit einem Vertreter Bethlen Gábors (Ende 1624/Anfang 1625) mit

Waffen zu bringen keine Mühe und Arbeit gespart, auch zu willfahriger Erlangung mehrer Adhärenten theils Unsere Erbkönigreiche und Länder zu einer Recompens ausgezeichnet, worauf dann nicht allein in Italia Unsere und des heiligen Reichs Lehen feindlich angefallen und eingenommen worden[9], sondern grosse Exercitus in ebenmässig dem heiligen Reich zugehörigen Stifter Metz, Toul und Verdun eingelegt[10], ein andere Armada unter des proscribierten Mansfelders Commando der gehorsamben Kurfürsten und Stände Landschaften sich zunahet[11] und selbigen von Tag zu Tag mehr Volk von ausländischen Königen zukommen thut.

[2] Wann Uns dann Unsers kaiserlichen Ambts Pflicht dahin angewiesen, dieser neuen dem ganzen römischen Reich und dessen Mitgliedern androhenden Gefahr mit genugsamer Gegenverfassung zeitlich zu begegnen[12] und daher mit grosser Unserer Erbkönigreich und Lande Ungelegenheit eine Armada theils von unsern alten unterhaltenen als auch neugeworbenen Kriegsvolk aufzubringen allbereit Verordnung gethan und es nun an deme, dass solchem Kriegsvolk ein vornehmes Capo, so einer so ansehnlichen Armada zu commandieren tauglich, vorgestellt werde, als haben Wir hierzu den Hochgebornen Unsern Oheimb, des Reichs Fürsten und lieben und getreuen Albrecht Wenzel Eusebium, Regierern des Haus Wallstain und Herzogen zu Friedlandt, Unsern Kriegsrath, Kammerern und Obristen, wegen Sr. L. von Jugend auf Unsern Vorfahrern am Reich und Uns selbst gegen den Erbfeind christlichen Namens in Friaul, auch die ganze Zeit über der erweckten Rebellion theils auf eignen Unkosten mit heroischer Tapferkeit erzeigten ansehn-

dem Ziel, den siebenbürgischen Fürsten in die antihabsburgische Koalition einzubeziehen, andererseits auf die Verhandlungen Bethlen Gábors mit dem Sultan, um den Rükken gegen Habsburg frei zu haben, wenn nicht gar auf einen Krieg zwischen der Pforte und Habsburg spekulierend; vgl. Ritter III S. 313–315; zu Verbindungen zwischen dem Kurfürsten von der Pfalz und der Pforte 1622 und 1623 vgl. Ritter III S. 234; zum Versprechen des Kurpfälzers, Bethlen Gábor im Falle eines Sieges über Habsburg Mähren abzutreten, vgl. Gindelý I S. 49.

[9] Es ist nicht klar, welche Gebiete in 'Italia' gemeint sind; vermutlich bezieht sich der Text auf die Auseinandersetzungen um das Veltlin, 1625 – wie auch Graubünden und die Eidgenossenschaft – noch zum Reich gehörend, in die Frankreich und Savoyen 1624 gegen Habsburg eingegriffen hatten, sowie auf das französisch-savoyische Vorgehen gegen Genua (1625), um savoyische Ansprüche auf das Reichslehen Zuccarello geltend zu machen; vgl. Ritter III S. 230–233, 267, 270f.

[10] Der Text meint vermutlich Mansfelds Zug durch die genannten Bistümer, um vom Oberrhein in die Niederlande zu gelangen (1622); vgl. Ritter III S. 164.

[11] Zu Mansfelds verschiedenen Zügen durch weite Gebiete des Reichs zwischen 1620 und 1626 vgl. Ritter III S. 102–347.

[12] Vgl. zu dieser euphemistischen Darstellung Gindelý I S. 45, 49; Ritter III S. 296.

lichen erspriesslichen Kriegsdiensten und dabei in unterschiedlichen Commando erlangter Kriegswissenschaft und Erfahrung, dahero Wir billig ein sonderbares grosses Vertrauen in Sr. L. Person zu stellen verursacht worden, vorgenommen[13]. [3] Damit nun derselbe solchem hohen Commando umb soviel nützlicher vorzustehen und Unserer kaiserlichen Intention nachzukommen wisse, geben Wir Ihme dieselbe hiemit [dahin] allergnädigst zu vernehmen, dass, wie Wir zu diesen Waffen, als obvermeldet, zu greifen von Unsern Widerwärtigen gezwungen worden, Unsere Meinung dahin gerichtet, dass dieselbe göttlicher Ordnung, auch den Rechten und Reichsconstitutionen nach allein zu Wiederbringung des allgemeinen hochnothwendigen Friedens, Erhaltung Unserer kaiserlichen Hoheit, Recht und Gerechtigkeit (Schutz und Defendierung der Reichsconstitutionen), Satzung und Rechten, sonderlich des Religion- und Landfrieden, Rettung und Defension der gehorsamben Kur-, Fürsten und Ständ, Land und Leuten, der Widrigen aber Obsiegung und Überwindung durch die hierzu von Gott und aller Völker Recht erlaubte Mittl geführt und dirigiert werden.

[4] Wann dann hierzu vornehmblich vonnöthen, dass unter dem Kriegsvolk starke Disciplina gehalten werde, sina qua bella nihil aliud quam magna sunt latrocinia, damit die Freund nicht unterdruckt, die armen Unterthanen ausgesogen und vertilgt, durch Verschwendung der Victualien und Vivers das Kriegsvolk selbst nachmalen in Hunger und Noth gesetzet, auch andere unzählige aus einem undisciplinierten Wesen erfolgende Ungelegenheit, Defection und Abfall verhütet werden, und aber S. L. selbst dieses vornehme requisitum militae in Bedienung geringerer Befelch fleissig in Obacht bis dahero genommen: als würd Er die Erhaltung und Anstellung solcher guter Ordnung und Disciplin Ihme zu unsterblichen Ruhm vornehmblich angelegen sein lassen, die unrechtmässige exactiones über dasjenige, was die tägliche Nothdurft erfordert, als auch das unchristliche Brennen, Sengen, Brandschätzen, Rauben, Schänden und Nothzwängen ehrlicher Frauen und Jungfrauen durch scharfe, exemplarische Bestrafung abstellen, damit der Zorn Gottes von Unserer Armada abgewendet und Wir umb so viel mehr über die gerechte Sach, auch solches guten Gouvernements halber Uns aller Victori und Sieges von [seiner] göttlicher Allmacht zu getrösten haben, dabei S. L. auch den Ruhmb zu erhalten, dass durch Sie die fast verfallene Kriegsdisciplin wieder erhoben und bestätigt worden, welches allein vielen ansehnlichen Kriegsobristen einen unsterblichen Namen gemacht.

[5] Es wird auch S. L. neben obgedachter guter Disciplin und Ordnung dahin beflissen sein, wo durch sanfte, politische Mittel und Trattamenta die Gemüther zu gewinnen und auf Unsere Seiten zu bringen ein Anlass würd erzeu-

[13] Vgl. hierzu Gindelý I S. 54f.; Ritter III S. 298.

gen, solche zu ergreifen, die Waffen aber allein gegen die halsstärrigen Feinde zu gebrauchen, daher Er der Freunde, wie auch dern, so neutral oder den Widerwärtigen nicht öffentlich Vorschub leisten, mit Durchzügen und anderer Kriegsbeschwerung so viel immer mögelich verschonen, da auch des Feinds Vorbrechen halber dieselbe nicht allerdings verschont werden könnten, solche Anstellung und Verfügung thun durch verständige Commissarios, damit die Ungelegenheit erträglich, der Soldat, auch wann er bezahlt wird, umb leidliche Tax, deren man sich mit den Ständen zu vergleichen, ausser der gewöhnlichen Servitien seine Nothdurft umb sein Geld kaufe und weiter kein Ungelegenheit den Unterthanen zufüge.

[6] Und demnach Wir unterschiedlich ins römisch Reich durch Privatschreiben und öffentliche Mandata publicieren lassen, dass Wir nicht gemeint, den widerwärtigen Verfassungen so weit zuzusehen, bis der Krieg abermals mitten ins Reichs, auch Unser Erbkönigreich und Länder, wie nit weniger anderer gehorsamber Kur-, Fürsten und Stände eingeführt und tota belli moles auf dieselbe der Widerwärtigen Intention nach gewälzet werde: als haben Wir solcher Unserer Intimation zufolg Uns dahin entschlossen, so bald nach der Musterung Unsere vollkommene Armada, so in allen 24 000 [stark] sein soll, oder da Wir zu Assecurierung des Musterplatzes Unserer alten Regimenter nicht bedürften, sondern dieselbe uns gutwillig verstattet werden, alsobald erstgedachtes auf den Beinen habendes Volk an Ort und Enden, wo die widerwärtigen Waffen des proscribierten Mansfelders und seiner Helfer, vermüg habender Ordinanz aus Unsern Kriegsrath anzutreffen, denselben entgegenzuführen (welches dann vornehmlich, als sich die Umstände noch erzeigen, den niedersächsischen und westfälischen Kreis betreffen möchte) und Wir aber noch zur Zeit guter Hoffnung leben, es werden durch Benehmung der ungleichen Einbildungen, auch beweglicher Vorhaltung eines und andern Stands Interesse und Gefahr, wo nicht alle, doch die meisten Stände der obbemeldten Kreis ihrer Pflichten gemäss zu Uns treten und von der widrigen Partei sich absondern: als haben Wir anbefohlen, S. L. zu communicieren, was zu solchem Ende Wir bishero für Schreiben, Instruction, Erinderungen und Plenipotenzen abgehen lassen, auch was noch ferner von Uns anbefohlen werden möchte, alles zu dem Ende, damit Er Unserer Intention nach sich dahin bearbeiten, die Gemüther zu gewinnen und durch Vorstellung guter Hoffnung auch eines jeden Selbstinteresse, Nutzen und Frommen auf Unsere Seite zu bringen, mit nichten aber mit durchgehenden Rigor und Schärfe zu verursachen, dass auch der Freund und Zweifelhafte durch Desperation bei den widrigen partibus Schutz zu suchen und mit denselben sich zu conjungiern gedrungen werde, so Er dann durch gute Correspondenz seiner Vorsichtigkeit und Erfahrenheit nach wohl würd ins Werk zu richten wissen, vornehmlich, dass er den praetextum der Religion, welches Unsere Feind bishero am aller-

meisten zu Bedeckung ihrer rebellischen Anschläg und Interesse sich meisterlich gebraucht, so viel mögelich benehmen, und Unsern kaiserlichen Patenten gemäss, so Wir Ihme deswegen absonderlich zukommen lassen, diejenigen, so zu Unserm Gehorsamb treten, von Unsertwegen zusag und verspreche, in ihrer Religion und Ceremonien der Ausburgischen Confession keinen Eintrag zu thun, auch ihrer innehabenden Stifter halber dasjenig zu halten, und in allem nachzukommen, was der Hoch- und Wohlgeborne, Unser und des Reichs lieber getreuer Johann Tserclaes Graf von Tilly, Unsers lieben Vettern, Schwagern und Kurfürst-Pfalzgrafen, Herzogen Maximilian in Baiern L., bestellter General-Lieutenant, ihnen zugesagt und Wir hernachmals confirmiert und bestätiget, dessen Wir aber Uns gegen denjenigen nicht verbunden zu sein erachten, so die verdächtige Waffen nicht niederlegen und zu Unser[m] Gehorsamb ihren schweren Eid und Pflichten nach accommodieren werden. Damit auch was zu solchem Sincerationibus und politischen Consiliis, damit dieselben des heiligen Reichs Satzungen nach ins Werk gerichtet werden, es S. L. an guten Rath nicht ermangele, also haben Wir Ihme den Edlen, Unsern und des Reichs lieben getreuen Johann Freiherrn Beckh, Unserm Reichshofrath zu diesem Ende als Unseren Commissarium zugeben, dass er sich dessen Raths und Gutachtens in den politischen Reichssachen mit Frucht zu gebrauchen habe.

[7] Da aber sonsten ausser Persecution des Mansfelders für ein Nothdurft erachtet wurde, diese Unsere Armada, eines andern Feinds Vorbrechen zu begegnen, an andre Orter zu wenden, sollen S. L. Uns solches unverzüglich zu wissen machen und ohne Unsere Particularordinanz dieses Unser Volk in keinen andern Kreis, als in welchem erstgedachter Mansfelder sich befindet, einführen.

[8] Weiter geben Wir S. L. auch diese Unsere kaiserliche Vollmacht und Gewalt, dass Sie nach Erheischung der Zeit und Läufe denjenigen, so stracks im Anfang oder auch bei währenden Armis umb Pardon und Gnad anhalten werden, auf Unsere Ratification und Bekräftigung dieselbe geben und offerieren sollen und mögen.

[9] Da es sich auch begebe, dass in Feldschlachten, Scharmützeln oder bei andern Kriegsgelegenheiten etliche von den Feinden gefangen wurden, stellen Wir zu S. L. Discretion, Quartier zu halten und auf Ranzion die Gefangenen loszulassen. Was aber vornehmbe Befelchshaber, fürstliche oder andere Herrn-Stands, als auch künstliche Ingenier und Kriegserfahrne anlangt, solche sollen Sie nach Kriegsgebrauch ohne Unsern Specialbefelch nicht loslassen, sondern an Ort und End, dahin Wir sie begehrn werden, mit guter Verwahrung liefern. Wann auch in Feldschlachten oder Einnehmung vornehmer Städt und Orter ein vortreffliche ansehnliche Beut erobert wurde, soll über das Geschütz und Munition, so Uns zugehörig, die Hälfte der andern Beute zu Geld gemacht und zu Bezahlung der Soldaten angewendt, die andere

Hälfte aber den Soldaten und Befelchshabern verbleiben. Ohn Unsere Specialbefelch und Commission aber solle S. L. keine Städt noch Landschaften brandschätzen oder Geld mit Gewalt abpressen[14], sonder, da durch ihre Hostilität und erzeugte Widerwärtigkeit sie eine Bestrafung verdienet, sollen Uns die Umbstände solches Verbrechens alsobald zu wissen gemacht und Unserer Resolution darüber erwartet werden[14]. Jedoch lassen Wir derselben zu, in den eroberten Ortern und Landschaften zur Erhaltung der Soldatesca leidenliche Contributiones und Anlagen zu machen, mit dieser Mass und Ordnung, dass dasjenige, was von solchen Contributionen der Soldatesca gereicht, fleissig verzeichnet und an ihrer Besoldung nachmaln abgezogen werde, damit Wir den Kriegskosten desto geringer tragen und mit der Bezahlung folgen können[15].

[10] Es sollen auch S. L., so viel Sie können und vermögen, den Befelchshabern keine unziembliche Vortheil, blinde Namen und dergleichen zusehen noch gestatten, sondern durch öftere Besichtigung und Abzählung des Volks dahin bemühet sein, die Regimenter stets so lange sie zu Feld gegen den Feind liegen, für voll zu haben und den Abgang alsbald supplieren zu lassen. Zu deme dann S. L. ihren mügelichen Fleiss anwenden sollen, mit den Magazin und Proviantwesen gute Anstellung zu thun, damit, was an Victualien und Foraschi[16] erobert, zu Unterhaltung der Armee aufgehalten, wo es die Nothdurft erfordert, mit Vortheil erkauft und der Soldatesca um billichen Wert wieder hingelassen werde. Welchem Werk und allen andern, so zu Erhaltung des Kriegsvolks und dessen Bezahlung dienlich und vonnöthen ist, umb soviel besser vorzusehen, Wir S. L. auch Unsern Kriegsrath, bestellten Obristen, Obristen-Muster-, Zahl- und Quartierungs-Commissarium Johann Aldringern, seiner sonderbaren Erfahrenheit und bisher gespürter Treu halber, als einen Rath zugegeben und adjungiert haben wollen. Und demnach die Erfahrung geben, dass ansehnliche Victorien durch unzeitiges Beuten, ehe der Feind allerdings aus dem Feld geschlagen, corrumpiert worden, soll S. L. für allen Haupttreffen bei Straf Verlierung der Ehr, Leib und Lebens solche durch öffentliche Proclamation verbieten lassen.

[11] Sintemalen auch in Kriegswesen an guter Correspondenz und einhelligem Guberno hoch und viel gelegen, wollen Wir S. L. hiemit angewiesen haben, mit allen denen, so mit Uns communem causam haben oder sonst Freund sein, vornehmblich des Kurfürsten in Baiern und dero Generallieutenant, den

[14] Vgl. zu dieser Bestimmung, die die Erhebung von Kontributionen von der kaiserlichen Zustimmung abhängig macht, Gindelý I S. 55.

[15] Vgl. zu dieser Bestimmung, nach der die erhobenen Kontributionen zur Besoldung der Truppen benutzt werden sollen, Gindelý I S. 55.

[16] Fourage.

Grafen von Tilly, der Infanta, Kursachsens und der drei geistlichen Kurfürsten, Landgraf Ludwig von Hessen, Herzog Christian von Lünenburg L. L. L. L., den Marques Spinola und andern obernannten Kur- und Fürsten, vornehmbsten Kriegsofficiern gute Correspondenz zu pflegen, die tägliche Occurenzen mit denselben durch sichere Mittel zu communicieren, ihres Raths pflegen, insonderheit derjenigen, so unter obbennanter seiner Armada am nächsten und von deme Er die beste und sicherste Nachrichtung haben kann.

[12] Da es sich auch zutrüg und begebe, dass dieses Unser Kriegsvolk mit den gehorsamben Kur- und Fürsten sich conjungieren und den Feind mit einträchtiger Hilf begegnen oder sonst ein Feldläger den andern die Hand reichen müsse, wird S. L. nicht entgegen sein, unabbrüchlich Unserer kaiserlichen Präeminenz und Respects auch Nutzen und Frommen, sich gedachten Grafen von Tilly, dessen vortrefflicher Valor und vor Gott dem Allmächtigen gehabtes Glück aller Cavaglier Lieb, Affection und Vertrauen erzündet, guten Raths zu gebrauchen und sich demselben in allen, was er gemeinnützlich befinden wird, zu accommodieren[17], wie auch darob sein und fleissiges Aufsehen haben werden, damit zwischen andern Officierern durch unnothwendige im Kriegswesen hochgefährliche Competenzen die Befürderung des gemeinen Wesens [nicht] zurückgestellt und gute Occasiones dadurch verloren werden.

[13] Demnach auch ohne Unsere Erinderung S. L. aus eigner Erfahrung genugsamb bewusst, wie mächtig viel an guten sichern Kundschaften des Feinds Andament und Vorhabens zu guter Kriegsadministration gelegen, werden dieselbe auch diesfalls gute Verordnung thun und hierinnen als einem nothwendigen Kriegsstuck, ohn welches kein rechtschaffener Rathschlag gemacht noch ein Kriegsherr für des Feindes Practiquen genugsamb versichert, keinen Unkosten sparen, die auch dann nicht unterlassen werden, durch Ordinariposten eigne Couriere und Stafetten Uns alles Verlaufs insonderheit, da etwas Namhaftes vorgegangen, wo mügelich wochentlich zu avisieren, als Wir dann solche geheime Correspondenz zu halten, eine eigene Person aus unseren Kriegsräthen deputieren und verordnen wollen.

[14] Was dann den vorhabenden Musterplatz und dessen Assecurierung anlangt, haben S. L. aus Unsern ausgegangenen offentlichen Patenten nicht weniger, als auch der hierüber verfassten Instruction an etliche des fränkischen und schwäbischen Kreis Stände Unsere Meinung mit mehrerm zu vernehmen, nämblich, dass solcher Musterplatz über 15 Tag aufs längst nicht offen sein, dabei gute Disciplin gehalten, auch die Ständ und Unterthanen über dasjenige, was Unsere Kriegsräth der Lieferung halber deputiert, nicht beschweret, des Schadens halber, so beschehen möchte, den Reichsconstitutionibus ge-

[17] Zum vom Kaiser intendierten Verhältnis zwischen Wallenstein und Tilly vgl. Gindelý I S. 55.

mäss von S. L. und dero Befelchshabern Caution geleistet werden solle. Da nun solcher Musterplatz mit Güte Unserm Vertrauen nach durch den hierzu deputierten Commissarium erhalten, werden S. L. dahin bedacht sein, damit die alte Regimenter alle auf dreitausend Mann vollkommen und complet, als auch die Reitercompagnien an Ort und Ende, wohin Wir solche verordnen werden, ohne Aufenthalt zu marschieren gefasst und bereit sein, denen alsdann das neue gemustert Volk gleichfalls auf den Fuss nachfolgen und Unsers und S. L. Commando weiter gewärtig sein sollen. Da aber erstgedachte alte Regimenter zu Assecurierung des Musterplatzes in den fränkischen Kreis zu legen, wird doch S. L. damit solche Anstellung vornehmen, dass der gehorsamben Ständ so viel möglich sowohl bei solcher Einlägerung als dem Durchzug (wie auch obengemeldt) verschonet und durch Muthwillen der Soldatesca nicht zu weitern Gravaminibus und Beschwerden, auch etwa schädlichen Conjunctionen Anlass gegeben werde.

[15] Schliesslichen, weil alles und jedes, so zu einem so hohen Befelch gehörig, sich in Schranken einer Instruction nicht einschliessen lässt, sondern hierinnen der Kriegsobristen Treu, Wachtsambigkeit und Kriegserfahrnus committiert werden muss, auch viel ansehnlicher Occasion oft versaumbt werden, da man dergleichen Befelch einziehen oder alles auf Particularresolutionserholung bei den Feldherren stellen wollen: als thun Wir das übrige S. L. Verstand, Erfahrnus auch so viel Jahr hero verspürter Treu und Tugend heimbstellen und committiern, deren Wir hingegen mit allen kaiserlichen und königlichen Gnaden und danknehmiger Erkanntnus alles dessen, so Sie mit göttlichen Beistand Uns und dem allgemeinen Wesen zum Besten verrichten werden, stets gewogen verbleiben.

Geben in Unserer Stadt Wien, den sieben und zwanzigsten Juni, Anno sechzehenhundertfünfundzwanzig. Unserer Reiche, des Römischen im Sechsten, des hungrischen im Siebenten und des bohambischen im Achten.

Ferdinand. Ad mandatum Sacae: Caesae:
Majestatis proprium:
Peter Heinrich zu Strahlendorf. Johann Söldner Dr.

11. Ordnung des friedländischen Bergbaus durch Wallenstein

Ernstberger S. 123 f.

Prag, 19. Juli 1625

Von gottes gnaden Wir Albrecht, Herzog von Friedlandt, Röm. Kays. Maytt. kriegsrat, cammerer und obrister zu Prag.

Entbieten allen und jeden, so zu dem bergwerkbaw belieben tragen, unser fürstl. gnad und alles guets und fügen ihnen hiemit zu wissen: weil wir vernommen, das auf unsern Hohen Elbischen [1], Starckenberg-Arnawischen [2] und andern unsern gründen sich schöne geng und bergwerk auf unterschiedliche metall als silber, kupfer, pley und andere mineralien erweisen und an tage geben und gar kein zweifel, wann mehrere gewerken mit stärkern baw angriffen, daß solche durch gottes gnad und segen von tag zue tag in größeres aufnemen und erweiterung gedeyen werden. Wann wir dann in fürstl. gnaden dahin gewogen, alle mittel, so zue solcher erhebung beförderlich sein mögen, auch gewerken und bergleut, sich alda einzulassen desto mehr ursach haben, aufs beste zu befördern und uns verkombt, das in mangel eines bergambtes denen alda bawenden gewerken durch eingerissene mißbrauch und unfleiß bishero nicht geringer schaden zugefügt und große zuebußen verursacht worden, so wollen wir ehistes einen bergmeister und berggeschwornen dahin auf die Hohe Elb verordnen mit diesem bevehlich, daß er, bergmaister, nach der Joachimbsthalischen, dieses königreichs üblichen bergordnung [3] den gewerken, bergleuten und andern inwohnern nicht allein die bergwerk, sondern auch alles anders, was demselben anhengig als zechenhäuser, schmelzhütten, puchwerk und wasserlauf auf ihr ordentliches ansuchen umb die ambtsgebühr, so vil in der ordnung zugelassen, verleihen, benebens auch in allwege sambt seinen zugegebenen geschwornen auf den gebürgen und zechen vleißig zusehen und aufacht haben sollen, das von schichtmeistern und steigern den gewerken wol gehauset, die gebew vorsichtig und mit gueten rat angestellet und so vil möglich vergebene unkosten verhütet werden. Da auch bergmeister und geschworner etwas vermerken, so dem bergwerk hinderlich sein möchte und sy es nicht wenden könten, sollen sy es an uns oder aber, da wir nit zur stell, an unsern landshauptmann gelangen lassen, darauf dann billiches einsehen ervolgen solle.

Zum andern werden wir berichtet, das bishero alle die erz von dem bergwerk zwo starke meil in bösen und stainigen gebürgen nach der Hohen Elb geführet und alda zu der gewerken höchsten schaden mit übermeßigen unkosten verschmelzt werden müssen. Und aber albereit bey dem bergwerk eine neue schmelzhütten erbauet, als bewilligen wir, das die gewerken solche zum

[1] Hohenelbe (Vrchlabí), am südlichen Fuß des Riesengebirges gelegen.

[2] Arnau (Hostinné) an der Elbe, s/ö Hohenelbe; Starckenberg: i. e. Starkenbach (Jilemnice), vgl. Mann, Karte bei S. 308; Ernstberger, Karte; OSN XXIII S. 1060 und XIII S. 508.

[3] Die königliche freie Bergstadt Joachimsthal (Jáchymov) war im 16. Jh. die führende böhmische Bergbaustadt; in Joachimsthal wurden 1518, 1541 und 1548 Bergordnungen entwickelt, die maßgebend für die Berggesetzgebung in Böhmen, aber auch für die in vielen deutschen Territorien wurden (vgl. Treue, in: Handbuch der deutschen Geschichte II, S. 385).

end verfertigen, mit schmelzpelgen und andern notdurften versehen und also zum gang richten mögen, damit künftig die großen unkosten erspart und neben den guten erzten auch die geringhaltigen, so bishero umbsonst hingangen, mit nuz verschmelzt werden können.

Zum dritten, nachdem uns auch von den bergverständigen personen vorgebracht wird, das in diesen gebürgen zue mehrern aufnemen der bergwerk ein erzkauf anzustellen hoch von nöten seye, ob uns nun zwar bevorstünde, solchen selbst zu führen, dieser handel aber, wie wir vernemen, nichts anders als die schmelz- und saigerarbeit betrifft, so für uns nicht sein will, und aber armen gewerken und bergleuten hierdurch gedient werde, damit sy künftig die gewonnenen erzt und bergarten zue ihrer unterhaltung alle wochen in kauf geben und zue geld machen können, so wollen wir solchen, doch einen freyen, ungezwungenen erzkauf andern aufzurichten in fürstl. gnaden auf eine anzahl jahr vergönnen und hierbey nichts anders als unsers regals, des gebührenden zehents, zu erwarten begehren, über welchen erzkauf wir dann eine sonderliche instruction und ordnung ausgefertiget, darinnen zu befinden, wie die bezahlung der silber und kupfer in den erzten gehalten und nach den andern punkten berurter erzkauf geführet werden solle.

Zum vierden, weil uns wohl bewußt, das gewerken und bergleut einen freyen zue- und abzueg haben müssen, maßen dann auch auf allen bergstätten breuchlich, so wollen wir's auf unsern gründen nicht allein bey dieser freyheit verbleiben lassen, sondern auch die gnedige beförderung tuen: wann nach dem gnedigen segen gottes die bergwerk in solche aufnemung gebracht, daß sich die menge gewerken und bergleut dahin begeben und nidersezen möchten, daß ihnen zue erbauung wonhäuser raumb und plaz verliehen und gegen einen leidlichen erbzins gärten und gründ, sovil die gelegenheit gibt, eingeraumbt werden sollen.

Zum fünften, da auch vermügende gewerken und bergleut mit unserm consens zinsbare baurengüter an sich erkaufen und bewohnen wolten, so wollen wir dieselben auf ihr gehorsames ansuchen also begnaden, daß sy auf solche güter bey einen gewissen und nambhaften geldzins gelassen und mit andern auflagen nicht beschwert, auch mit weib und kind frey verbleiben sollen.

Zum sechsten wollen wir auch die gnedige versehung tun, das den gewerken vermög der bergwerksvergleichung die freye behölzung zu ihren schachten, stollen und künsten, doch nach anweisung unserer forstmeister gefolgt werden solle, dagegen wir von allen ihren berggebeuen, fundgruben und maßen die 4. erbkukus[4] frey zu verbauen und davon die ausbeuten, so nach gottes

[4] Gemeint sind Erbkuxe. Brockhaus' Konversationslexikon (Bd. 10, Leipzig 1908) führt aus: „Kux: nach älterm Recht ein idealer Anteil an einem zu den unbeweglichen Sachen gehörenden Bergwerkseigentum [. . .], durch welchen das Verhältnis der An-

segen darauf gefallen werden, gewarten wollen, alles genediglich und ohne gefehrde.

Zue urkund dieses haben wir unser fürstl. insigel aufdrucken lassen und uns mit aigenen handen unterschrieben.

12. Ernennung Wallensteins zum General durch den Kaiser[1]

Hallwich, Fünf Bücher Wallenstein III S. 12.

Wiener Neustadt, 25. Juli 1625

Wir Ferdinandt der Ander [Titulatur] thuen hiemit kundt allen und jeden Unßern Obristen, Obristen Leutenandten, Rittmeistern, Haubtleuthen und allen Kriegsdienstleuthen zue Rosß und Füeß, so in daß Heil: Röm: Reich zue ziehen von Unß befelcht, verordnet, daß, nachdem die Notturfft erfordert, oberstbemelten Unserm Kriegsvolckh ain Haupt und Capo zuverordnen, dessen Bevelch, Ordinanzen und Commandamenten dasselb von einer Zait zuer andern gelebe und durch dessen guete Krieges und policeyordnung die ohne daß allerorts unnd Landen hart betrangte und plagte Inwohner und Underthanen geschüzt und in bessere Obacht genommen werden khündten, daß Wir demnach den Hochgebornen, Unßern Kriegsrath, Cammerern und bestelten Obristen, auch Unßern und deß Reichs Fürsten und Lieben Getreuen Wenzel Albrecht Eusebien Hertzogen zue Fridtlandt wegen des gnedigsten vertrauens, so Wir in seiner L. Persohn sezen, und dann auch umb der gueten beywohnenden qualiteten, Kriegs experienz und erfahrenhait zuem General uber dißen Unnßern nach dem Heil. Römischen Reich abgeordtneten succurs hiemit bestölt, auf: und angenommen, thuen daß in Crafft diß Unnßeres offenen Patentes und bevelchen allen und jeden obbemelten, daß ir in allem demjenigen, waß sein, deß Herzogen zue Friedtlandt L. von einer zuer andern Zeit in Unßerm Nammen schaffen, anordnen und commandiren würdet, demselben gehorsamblich nachkohmen und volnziehen, alß generalen uber den succurs seine L. erkhennen, ehren, respectiern und in allen schuldigen, gebührlichen

teile der beteiligten Gewerken untereinander bestimmt wird [. . .]. Der Inhaber des Kux muß, falls es nötig ist, im Interesse des Bergwerks Zuschüsse [. . .] leisten. Davon befreite Kuxe nennt man Freikuxe. Ein solcher Freikux war auch der sog. Erbkux (Grundkux), den in früherer Zeit der Eigentümer des Grund und Bodens zur Entschädigung für die Bergwerksanlage erhielt.“

[1] Vgl. zu Wallensteins Ernennung zum General Diwald S. 286f.; Gindelý I S. 55f.; Hallwich, Fünf Bücher Wallenstein I S. 224–229; Mann S. 373; Ritter III S. 298; Ritter, Untergang S. 239.

respect, observanz unnd gehorsamb erzaigen unnd daran Unßern gnedigsten Willen unnd mainung erstatten sollet. [Datierung.]

13. Wallenstein an Ks. Ferdinand II.

Braunschweiger Interpositionsverhandlungen [1].

Doc. Boh. IV S. 66f. Nr. 97.

Halberstadt, 15. November 1625

Aus E. K. Mt. gnedigstem Befelch habe ich untertenigst vernommen, welchermassen Dieselbe auch meine Person neben dem Generaln von Tilly bei der angestelten Interposition [1], so Chur Sachsen wegen des Nidersächsischen Crais über sich genommen, zu gebrauchen sich resolvirt und gnedigst befehlen, dass, nachdem der Nidersächsische Crais die ergriffene Waffen niedergelegt haben wird, diese E. K. Mt Armada alda völlig bezahlt und abgedankt werden solle, auf dass dieselbe nit mehr durch Dero treue gerhorsambe des Heiligen Reichs Fürsten und Stende Gebiet geführt, noch sich ferrers gegen E. K. Mt. Erbkönigreich und Lande wenden, sondern selbige vor allen Durchzüg, Quartiern und Trangsalen unbelestigt bleiben mögen. Wie nun mir jederzeit gehorsambst angelegen alles dasjenige, so zu Conservirung E. K. Mt Hochheit und Beförderung Deroselben Diensten ersprüsslich sein mögen, untertenigst zu volziehen an mir nichts erwinden zu lassen, als will ich auch allen deme, so E. K. Mt mit gnedigst anbefelicht, alsbald zu dem angestelten Interpositionswerk geschritten wird, untertenigst nachkommen. Und weil sich beeden, sowohl des Generaln Grafen von Tylli und die mir untergebene Armee in guten Wolstand befinden, wehre ich (doch ohne gehorsambstes Massgeben) der untertenigsten Meinung, die conditiones auf die Tractation umb desto mehrer zu E. K. Mt avantaggio gerichtet und dirigiert werden können. Habe zwar hierinnen bishero kein andere Nachrichtung, als dass alle die Abgesanten zu Braunschweig bereit ankommen und die Fürsten des Nidersächsischen Crais meine Abgesanten auch dahin abzuordnen, mir zuschreiben werden. [Militaria, u. a. betr. Winterquartiere.]

[1] Zu den – ergebnislosen – Braunschweiger Interpositionsverhandlungen von November 1625 bis März 1626 vgl. Breuer S. 23f.; Diwald S. 337; Gindelý I S. 66–70; Mann S. 385; Ritter III S. 316f.

14. Haager Allianz [1]

Präambel: Ursachen des Bündnisses aus der Sicht der Bündnispartner; Unterhändler; Art. I: Vertragschließende; II: Umfang der dänischen Truppenverbände; III: englische Subsidien für Dänemark; IV: englische militärische Leistungen (Einsatz der Flotte); V: Subsidien der Generalstaaten für Dänemark; generalstaatische militärische Leistungen; VI: Dauer des Bündnisses; VII: Kontakte mit dem Feind; VIII: gegenseitige Hilfeleistung; IX: Verbindlichkeit der Vereinbarungen; X–XIV: Wunsch nach Einbeziehung Frankreichs, Schwedens, Venedigs und Savoyens, evangelischer Reichsstände, Siebenbürgens in die Allianz; XV: Geltung des Bündnisvertrages zwischen Großbritannien und den Generalstaaten vom 17. 9. 1625; [XVI]: Ratifikation des Vertrages.

Niederländ. Text (Übersetzungsgrundlage): Londorpius suppletus et continuatus sive acta publica, Teil II S. 703–705.
Französ. Text: DNT III S. 638–642.)

Den Haag, 29. November/9. Dezember 1625

Wie durch gemeinsame Zustimmung und aus Erwägung und in Anbetracht der schlimmen und sehr gefährlichen Umtriebe, Belästigungen, Gewalttaten und Bedrückungen, die seit einigen Jahren bis jetzt nicht allein gedroht haben, sondern auch durch offenen Krieg und tatsächlich ausgeführt worden sind gegen die Befriedung, die gestiftet und bestätigt worden ist von Zeit zu Zeit nach und nach durch den Kaiser selbst [2], und gegen die anderen Fundamentalgesetze des Kaiserreichs und die beschworenen Kapitulationen [3], welche alle nicht allein die Kurfürsten, Fürsten, Städte und Stände in Deutschland betreffen, sondern auch in unvermeidlicher Konsequenz die Könige, Fürsten und

[1] Zur Vorgeschichte, zur Verhandlungsgeschichte und zum Abkommen vgl. Diwald S. 336f., 376; DNT III S. 620–637; Polišenský, Historica S. 83; Ritter III S. 306–315; Rönnefahrt III S. 59f.

[2] Gemeint sind der Augsburger Religionsfriede von 1555 (vgl. Ritter III S. 310) und die sich danach entwickelnden konfessionsrechtlichen Gegensätze zwischen protestantischen und katholischen Reichsständen bis hin zu dem böhmischen Aufstand und dessen Folgen für Böhmen und das gesamte Reich.

[3] Gemeint ist vermutlich die Ächtung des Kurfürsten von der Pfalz und die Übertragung der Kurwürde auf Bayern.

Der offizielle Vertragstext enthält keinen Hinweis auf die Forderung nach Restitution des Kurfürsten von der Pfalz, da Kg. Christian IV. den Anschein gewahrt wissen wollte, als werde der Krieg nur um die Belange des Niedersächsischen Kreises geführt (vgl. DNT III S. 636; Ritter III S. 310); allerdings wurde die Absicht völliger Restitution des Kurfürsten von der Pfalz in einem geheimen Zusatzartikel niedergelegt (DNT III S. 636; Ritter III S. 310).

benachbarten Staaten und Bundesgenossen wegen des Interesses, das sie an der Bewahrung und Pflege des erwähnten Friedens und der genannten Gesetze, der Kapitulationen und Bestätigungen haben, so ist man dazu getrieben und genötigt worden – um zur rechten Zeit vorzubeugen und den allzu ungestümen und unerträglichen Fortgang dieser bösen Absichten und Bedrückungen zu hindern und zur Wiedererrichtung und Bewahrung der genannten Freiheit, Rechte und Gesetze des Kaiserreichs – sich einem so offenbar bevorstehenden Verderben und all denjenigen, die entweder jetzt oder künftig dessen Urheber sein werden, zu widersetzen und entgegenzustellen[4].

Wegen der genannten Ursachen hat der durchlauchtigste König von Großbritannien[5] hierher in den Haag in Holland den erlauchten Herrn Georg, Hg. von Buckingham, Großadmiral von England etc.; Hernrijck, Gf. von Holland etc., seinen außerordentlichen Botschafter; und den Herrn und Ritter Dudley Carleton, seinen ordentlichen Botschafter bei den Herren Generalstaaten der Niederlande entsandt;[6] und auch der durchlauchtigste König von Dänemark[7] hat hierher abgefertigt die Herren Jakob Ulfeldt von Urup, Ritter des Königreichs Dänemark, Gouverneur von Nyborg, und Christian Thomesen von Tommerup, seinen außerordentlichen Botschafter;[8] und die genannten Generalstaaten der Vereinigten Niederlande haben beauftragt und deputiert die Herren Floris, Gf. v. Culemborch, Baron van Pallant, Witten, Weerde, Herr von Hoede, Hienden, Wildenburgh, Kenswieler, Engelsdorp, Urechem, Bachem etc.; Nicolaes van Bouchorst, Herr von Noortwiick, Amtman und Deichgraf von Rheinland; Anthoine Duyck, Rat und Pensionär der Stände von Holland und Westfriesland; Simon v. Beaumont, Rat und Pensionär der Stadt Middelburgh; Gisbert van Hartevelt; Christiaen Osterzee, Bezirksvorsteher von Hemsterlant; Thomas Verwer, Bürgermeister der Stadt Deventer; Goossen Schaffer, Herr in Uythuysen und Meden als ihre Unterhändler.[9]

[4] Zu der Präambel vgl. Ritter III S. 310.

[5] Karl I. (19. 11. 1600–30. 1. 1649); vgl. DNB 4 S. 67–84.

[6] George Villiers, first Duke of Buckingham (28. 8. 1592–23. 8. 1628, ermordet), Günstling des englischen Königs; vgl. DNB 20 S. 327–337; Ritter III S. 307, 309; Heinrich Gf. von Holland: i. e. Henry Rich, first Earl of Holland (getauft 19. 8. 1590; 9. 3. 1649 hingerichtet); Sir Dudley Carleton, Viscount Dorchester (10. 3. 1573–15. 2. 1632), englischer Diplomat; vgl. DNB 3 S. 996–999.

[7] Christian IV.

[8] Jakob Ulfeldt (25. 6. 1567–25. 6. 1630), 1607 Mitglied des Reichsrates; 1609 Reichskanzler; vgl. DBL XXIV (København 1943) S. 481–483; Fridericia I S. 77f. Christian (Christen) Thomesen Sehested (17. 2. 1590–5. 8. 1657), 1625 Mitglied des Reichsrates, 1630 Reichskanzler, 1640 königlicher Kanzler; vgl. DBL 13 (København 1983) S. 314–317 (unter Sehested); Fridericia I S. 82–84.

[9] Nicht identifiziert: Floris Gf. v. Culemborch; Nicolaes van Bouchorst; Gisbert van Hartevelt (Hardeveldt), Christiaen Osterzee, Thomas Verwer; Goossen Schaffer.

Diese sind hier im erwähnten Haag oft zusammengekommen, um zu verhandeln und Vereinbarungen zu treffen gemäß Order und notwendige Mittel, um zu dem obengenannten Ziel zu kommen. Unter ihnen sind die folgenden Artikel verabredet worden:

I. Erstens soll da ein festes, beständiges und dauerndes Bündnis zwischen den durchläuchtigsten Königen von Großbritannien und Dänemark sowie den Herren Generalstaaten der Vereinigten Niederlande sein.

II. Um den genannten Übeln abzuhelfen, soll Seine Majestät von Dänemark ein Heer von 28 oder 30000 Soldaten zu Fuß und von 7 bis 8000 zu Pferd im Feld halten, wenn ihm angemessen und hinreichend von den Bündnispartnern beigestanden wird.[10]

III. Seine Majestät von Großbritannien wird dem König [von Dänemark] helfen mit 300000 fl. per Monat, zu bezahlen in der Stadt Hamburg, genau von Monat zu Monat, den Monat zu 32 Tagen zu rechnen.[11]

IV. Seine Majestät von Großbritannien wird infolge des zwischen ihm und den genannten Herren Generalstaaten abgeschlossenen Bündnisses[12] und gemäß diesem eine weitere Flotte auslaufen lassen,[13] um derjenigen, die sich schon auf See befindet, zu helfen, um damit die Kräfte der Gegenpartei abzulenken und zu behindern.

V. Die genannten Herren Generalstaaten sollen Seiner Majestät von Dänemark mit 5000 fl. [richtig im frz. Text: 50000 fl.] per Monat helfen, wie oben [s. unter III] zu berechnen. Überdies sollen sie für den Fall, daß es ihre Angelegenheiten zuließen und daß die Streitkräfte des Feindes näherkämen und gegen das Heer des Königs von Dänemark zögen, zugunsten des genannten [dänischen] Heeres eine gute Kavalkade oder einen Reiterzug unternehmen, um den genannten Feind abzulenken. Sie sollen auch beitragen und ihren Teil zu der obengenannten Flotte des Königs von Großbritannien im kommenden Sommer aufbringen und so viel Fußvolk und Reiterei ins Feld bringen, wie ihnen möglich sein wird, um ein gutes Feldlager zu machen und zu verhindern, daß ihre Feinde Verstärkung gegen das genannte Heer des Königs von Dänemark entsenden.[14]

Anthonis Duyck (zwischen 1560 und 1570–13. 9. 1629), 22. 1. 1621 erster Ratspensionär von Holland (NNBW VIII Sp. 447f.); Simon van Beaumont (1574–20. 6. 1654) vgl. NNBW I Sp. 262–265.

[10] Vgl. DNT III S. 636; Ritter III S. 310.

[11] Vgl. DNT III S. 636; Ritter III S. 310.

[12] Gemeint ist das Abkommen zwischen den Generalstaaten und Großbritannien vom 17. September 1625; vgl. DNT III S. 636; Ritter III S. 308.

[13] Vgl. Ritter III S. 310.

[14] Vgl. Ritter III S. 310.

VI. Keiner der Vertragspartner soll aus diesem Bündnis austreten können, bevor man durch Gottes Gnade die Wiederaufrichtung des Obengenannten in Deutschland erhalten hat.

VII. Keiner der Vertragspartner soll auch Eröffnungen der Gegenpartei erhalten können – außer solchen, die schriftlich gegeben werden; auf diese sollen keine Antworten gegeben werden, bis dieselben den Beauftragten und Vertretern aller Bündnispartner, die hier im Haag residieren, mitgeteilt worden sind – und nicht ohne gemeinsame Zustimmung.

VIII. Wenn sich einer der Konföderierten hiernach direkt oder indirekt belästigt, beunruhigt oder bedrückt findet in seinen Königreichen, Ländern, Würden oder Städten zu Wasser oder zu Lande wegen dieses Bündnisses, so sollen die anderen Bündnispartner gehalten sein, ihm beizustehen – sei es zu Wasser, sei es zu Lande – mit den Kräften und Mitteln, auf die sich die Bündnispartner geeinigt haben, oder aus all ihrem Vermögen, um ihm zu helfen und ihn zu schützen vor den genannten Bedrückungen.[15]

IX. Alle diese Punkte [frz. Text: und Vereinbarungen] sind verbindlich und sollen es sein, selbst in bezug auf Seine Majestät von Dänemark bei so viel Hilfe, die ihm ohne Zweifel zuteil wird.

X. Und es hat auch dem durchlauchtigsten christlichsten König von Frankreich gefallen, beim König von Dänemark durch die Entsendung zweier seiner Beauftragten[16] ernsthaftes Ansuchen tun zu lassen, um ihn zu disponieren und zu bestimmen, die Heilmittel gegen die schädlichen Anschläge und Bedrückungen im Kaiserreich in die Hand zu nehmen. Dieses Ansuchen war mit viel Anerbieten und Hilfsversprechen versehen, um die Lasten tragen zu können. So soll der genannte christlichste König schleunigst ersucht werden, daß er diesem Bündnis beitrete oder Unterstützung leiste zu dem Unterhalt des Heeres des Königs von Dänemark mit guten und freigebigen Subsidien gemäß dem königlichen Anerbieten und in Übereinstimmung mit den anderen Konföderierten, die sich für das öffentliche Wohl verbunden haben.[17]

XI. Und ebenso hat der durchlauchtigste König von Schweden verschiedene Anerbietungen und Erklärungen seiner guten Neigungen zu diesem

[15] Vgl. DNT III S. 637; Ritter III S. 315.

[16] Im Jahre 1624 überbrachte der brandenburgische Geheimrat Christian von Bellin französische Vorschläge, die der französische Diplomat Marescot in Berlin gemacht hatte, dem dänischen König, Ende des Jahres kam Louis des Hayes de Courmesnin zu Gesprächen nach Kopenhagen; vgl. DNT III S. 624, 627.

[17] Vgl. zu den – wenig erfolgversprechenden und wenig erfolgreichen – Versuchen, andere Mächte zum Beitritt zur Haager Allianz zu bewegen, DNT III S. 637; Ritter III S. 310–315; speziell zu Frankreich Ritter III S. 312f.

Bündnis getan; so wird Seine Majestät auch ersucht werden, dem Bündnis beitreten zu wollen und – entsprechend den genannten Anerbietungen – zu helfen.[18]

XII. Die durchlauchtigste Republik Venedig und der Herzog von Savoyen sollen auch ersucht werden, [dem Bündnis] beizutreten und daran teilzunehmen.[19]

XIII. Die Kurfürsten von Deutschland und alle anderen Fürsten, Stände und Städte, die hierbei interessiert sind, sollen ebenfalls ersucht werden, dem Bündnis beizutreten.[20]

XIV. Dieses Bündnis soll auch dem Fürsten von Siebenbürgen bekanntgegeben werden, um zu erfahren, ob Seine Hoheit es gut findet, [dem Bündnis] beizutreten, und das, was angemessen sein wird, zum allgemeinen Wohl zu tun.[21]

XV. Dieses Bündnis soll keine Neuerung oder Veränderung mit sich bringen in den Allianzen, die Seine Majestät von Großbritannien mit den genannten Herrn Generalstaaten gesondert abgeschlossen hat, die – wie man versteht – völlig unversehrt erhalten bleiben sollen in der Form, in der sie beschlossen und festgesetzt worden sind.[22]

[XVI.] Diese Übereinkommen, Verträge, Artikel – obenstehend aufgeführt – und jeder von ihnen im besonderen, sind abgehandelt, ausbedungen, bewilligt und aufgesetzt worden zwischen den genannten Herrn Botschaftern von Großbritannien und Dänemark nach Gutdünken der genannten Majestäten und durch die Kommissare der genannten Herrn Generalstaaten, ebenso nach dem Gutdünken ihrer Obrigkeit, Treu und Glaube gelobend und sich verpflichtend kraft ihres Auftrags wechselseitig (was am Ende dieses Vertrages beigefügt werden soll), daß sie am kommenden 20. März oder eher, wenn es möglich ist, durch diejenigen, die ihre Auftraggeber nicht so weit von hier haben, liefern und zustellen werden hier im Haag – zur Kenntnis der Herren Botschafter von Großbritannien an die Beauftragten von Dänemark und an die der genannten Herren Staaten und die genannten Herren Botschafter von Dänemark an die Beauftragten von Großbritannien und an die Herren Kommissare der genannten Herrn Staaten an die Beauftragten von Großbritannien und von Dänemark – die besondere Willenserklärung ihrer Souveräne über

[18] Die Vorstellung, Schweden könne sich der Allianz anschließen, war illusorisch; vgl. Ritter III S. 310f.

[19] Vgl. Anm. 17.

[20] Vgl. Anm. 17; zu den beiden protestantischen Kurfürsten (Sachsen und Brandenburg) vgl. Ritter III S. 311f.

[21] Vgl. Ritter III S. 313–315.

[22] Vgl. Anm. 12.

diese Traktaten oder Ratifikationsbriefe in hinreichender und angemessener [frz. Text: rechtsverbindlicher] Form.[23]

Zur Befestigung und zum Zeugnis aller Verträge, Übereinkommen und Artikel haben die genannten Herrn Botschafter und Herrn Kommissare diesen vorliegenden Vertrag unterzeichnet und mit ihrem Wappensiegel versehen.

15. Wallenstein an Ks. Ferdinand II.

Problematik der Forderung Wallensteins nach satisfactio militum bei den Braunschweiger Verhandlungen; Verzicht auf entsprechende Forderungen durch die Gesandten Tillys bei den genannten Verhandlungen; Befehl an Wallensteins Gesandte, sich der Haltung der Gesandten Tillys anzuschließen; Skepsis gegenüber Braunschweiger Verhandlungen wegen mangelnden Friedenswillens des dänischen Königs; Änderung der Verhandlungstrategie, um Dänemark die Verantwortung für das Scheitern der Verhandlungen auferlegen zu können und um Kursachsen auf die ksl. Seite zu ziehen; Bitte um Genehmigung dieser Verhandlungsstrategie; Gefahr einer nordwesteuropäischen Koalition gegen den Kaiser unter Beteiligung Dänemarks.

Hallwich, Fünf Bücher Wallenstein III S. 24–26.

Wernigerode, 27. Januar 1626

[Anrede] Euer Khay. May. thue ich gehorsambist berichten, wie daß meine zue der Friedenstractation nacher Braunschweig[1] Abgeordnete[2] mir underschiedlichmalln zugeschrieben, waßgestallt die daselbst anweßende Chursächsisch: und Brandenburgische Abgesandten dießes gegen ihnen so hoch anziehen thuen, daß ich die Refusion der khriegsexpensen zue contentirung Euer Khay. May. armee von den Niedersächsischen Craiß begehren thue, allß

[23] Vgl. zur Ratifikation DNT III S. 637; Ritter III S. 315.

[1] Vgl. Nr. 13 Anm. 1.

[2] Nach Doc. Boh. IV Nr. 157 Generalfeldwachtmeister Wratislaw und Oberstleutnant Wahl.

Vilém Vratislav z Mitrovic (vgl. OSN XXVI S. 1002, B: Pošlost Mnísecká), geb. 1576, durchläuft die höfische Laufbahn (1607 Truchseß, ca. 1610 Mundschenk – 'číšník' –), wird 1611/12 Hauptmann ('hejtman nad trabanty'), kgl. Rat, schließlich Hofmarschall; trat dem Malteserorden ('řád sv. Jana') bei und wird 1627 dessen Prior; seit 15. 2. 1620 Reichsgraf ('obdržel říšský stav hrabský'), stirbt 19. 1. 1637.

Das Register des Bandes Doc. Boh. IV S. 470 berzeichnet einen Joachim Balthasar Wahl als ksl. Oberstleutnant; dieser ist möglicherweise verwandt mit dem in ADB 40 S. 592f. genannten ligistischen Offizier Johann Joachim (oder auch Johann Christian) von Wahl, der 1627 Oberst unter Tilly wurde.

ob es ein ansehen hette, daß, weillen bekhandtlich der Craiß ohne daß auf daß eußerist ruinirt, man denselben sollche unmögliche conditionen mit fleiß aufdringen wollte, die in deßen Vermögen nit währen, ain satisfaction und genüegen hierinen zuethuen khönnen, sonndern darauß leichtlich zuverspürren seye, wie man schlechten Lueßt zue dem Frieden tragen thette, dardurch anderß nichts ervollgen wurde, alß daß der Chraiß zue ainer Desperation gebracht, Ihr Khonig. Whr. zue Denemarckh und Norwegen in die neue liga (in wellche zuetretten sye ihro die Zeit biß zue Ende dießer tractation vorbehallten hetten) sich begeben unndt allso ein immer wehrunder khrieg dem h. Römischen Reich erwachßen müeste, an wellichen allem ich darumben ainzig und allein ursach währe, daß ich auf die erstattung der Uncoßten zue abzahlung Euer Khay. May. khriegßvolckh dergestallt gedrungen hette, darumben sie mir für rathsamber hielten, daß ich darvon ablassen sollte, bevorab weilln der Herr Churfürst zue Sachsen eheunder alle mitel vor die Handt zuenehmen sehen wurde, damit daß ganze Römische Reich zue licencirung Euer Khay. May. soldatescha contribuirn thette, und währe gemellten Churfürstlichen Abgesandten es darumben hoch nachdenckhlich, daß deß Generaln Graven von Tylli[3] Gesandten von dießer forderung abgelaßen, ich aber so starckh derselben inhaeriret und so offt replicirt habe, derntwegen, so der Frieden sich zerstoßen sollte, mir allein die Ursach zugemeßen werden müeßte. Auß wellichen beweglichen umbstenden und andern erheblichen considerationen, weilln ich befunden, daß hierinnen nit müglich währe, etwaß zuerhalten, auch die Fürsten und Stände deß Niedersächsischen Craiß kheinen frieden nit eingehen wurden, da mit begehrung der refundirenden Uncosten fortgefahren werden sollte, undt Ihr Khönig. Whr. zue Denemarckh ein ganz erwünschtes werckh sein, da sy dießen praetext nehmen khönndten, deß Niedersächsischen Craiß Fürsten unnd Ständte auf dero Seiten zubehallten und den khrieg, allß ob sye darzue benöttigt währen, bemanteln mechten, derntwegen hab ich bey so gestallt der sachen beschaffenheit weniger nit thuen mögen, allß meinen nacher Braunschweig Abgeordneten anzuebevehlen, daß sy sich in allem mit deß Generaln Graffen von Tylli Gesandten conformirn und verainigen[4], darbey aber Euer Khay. May. ich verrers gehorsambist berichte, daß ich auch noch von dem frieden ganz undt gar nichts hallte, inmaßen alle meine khundtschafften von underschiedlichen orthen, wie ebenfallß von Hertzog Christian

[3] Johann Tserclaes Gf. v. Tilly (Febr. 1599–30. 4. 1632), Befehlshaber der ligistischen Truppen; vgl. ADB 38 S. 314–350.

[4] Vgl. hierzu Schreiben Wallensteins an Gf. Wratislaw und Wahl vom 21. Januar 1626 (Doc. Boh. IV S. 91 f.), wo es u. a. heißt:

„Aus Ihrem uns gestriges Tags einkomenen Schreiben haben wir mit mehrer Ausführung vernohmen, was beeder Herrn Churfürsten zu Sachsen und Brandenburg interpo-

deß Elltern zue Braunschweig und Lineburg L.[5] in deme gleichlauttendt correspondiren, unnd daß Ihr König. Whr. zue Denemarckh Intention allein dahin gericht sey, die sachen zue protrahiren und allßdan gegen den Früehling mit ainer ansehenlichen Macht, die sye von allen orthen zuesammen bringen, unß entgegen zuekhommen. Damit aber dießes deroselben, allß ob Euer Khay. May. unmögliche conditiones von deß Niedersächßischen Craiß Fürsten undt Stände begeret, nit zue behilff sein mechte, bin ich unumbgenglich dahin bewegt worden, Euer Khay. May. sach zu iustificiren, der Chursächsischen Abgesandten vorgeschlagenen Rath zuevolgen und mit deß General Graff von Tylli mainung gleichmeßig zue concordiren, darauß dann, es sey khrieg oder friedt, diß zuevolgen hat, daß, so der khrieg vollget, wie ich dann genzlich darfür hallte, Euer Khay. May. sich vor der ganzen wellt undt sowohl Chursachsen, allß deß Niedersächsischen Craiß Fürsten undt Stände iustificirt hetten, daß deroselben die wenigiste Schulldt wegen deß khriegs Vortgang nit zugeaignet werden khönndte, sonndern Ihr Khönig. Whr. die ursach gegeben, daß dieselbe ihren aignen Nuz den gemainen werckh vorziehen und die so billichmeßige vorgeschlagene mitl nit acceptiren wollen, dahero ich verhoffe, daß ihrer viel, in ansehung Euer Khay. May. ihnen sollche heillsame media nit allß ein Herr, sonndern allß ain Vatter an die Handt gegeben, sich von Ihr Khönig. Whr. Seiten wenden und zue Euer Khay. May. tretten werden.[6] Da es aber zue dem frieden, an wellichem ich sehr zweifeln thue, gelan-

nenten Abgesandten für bewegliche Motiven denenselben vorgestelt, aus was erheblichen Ursachen die Röm. K. Mt, unser allergnedigster Herr, von Abstattung der Uncosten oder Contentirung dero Armada ablassen auch darvon berait des Herrn Generaln Grafen von Tilli Gesandten gewichen werden. Nun haben wir Ihnen anvor zu Genügen ausgeführt, warumb höchstgedachte I. K. Mt soliche wolbefuegt Begern, und in unserer Gewalt nit stehe, darvon für uns selbst zu lassen. Nachdeme uns aber I. K. Mt fridfertiges Gemüt wolbewust, die anderst nichts als wie Frid, Ruhe und Ainigkeit in Heiligen Römischen Reich widerumb eingeführt werden möchte, anzurichten trachten. Zudeme auch ermelte churfürstliche Abgesandten darzu höchlich raten tun und vor Augen stellen, was hoch grosses Nuczes und Guetens, sowol I. K. Mt als dem ganzen Heiligen Reich, daraus ervolgen wurde. Beinebens Andeutung geben, dass an Mitteln nit ermangln werde, dardurch I. Mt derentwegen anderwegs abgeholfen und die Armee abgedankt werden könen. Danenhero, damit dises so hailsames Werk unsersseits sich nit stossen solle, wollen wir Ihnen hiemit anbefohlen haben, dass Sie in allem, was des Herrn Generaln Graven von Tilli Abgeordneten herinnen eingangen, sich demselben gleichermassen accomodiren sollen [. . .]."

[5] Christian, Hg. von Braunschweig-Lüneburg (9./19. 11. 1566–8./18. 11. 1633), folgt 1611; vgl. ADB 4 S. 162f.

[6] Wallensteins Vorschlag deckt sich mit den kaiserlichen Wünschen, wie dies der Brief Ferdinands II. an Wallenstein vom 7. Januar 1626 (Hallwich, Fünf Bücher Wallenstein III S. 23) zeigt:

get, werden wohl mitel im Reich gefunden werden, Euer Khay. May. armee satisfaction zugeben.

Wollte demnach Euer Khay. May. gehorsambist gebetten haben, sy solliches Ihro gnedigist belieben zue laßen, und zue ratificiren geruehеten; da aber dieselbe es anderß gnedigist befehlen werden und sollches pro rato zuehallten nit gesinent sein, dießen Curier eillendts widerumb zue ruckh abfertigen, damit ich meinen Abgesandten in continenti anbefehlen khöndte, daß sy denselben puncten der Expensen halber widerumb zue ruckh nehmen, auch, wie Euer Khay. May. sollche zue ratificiren nit gemaint währen, der Niedersächsischen Craiß Fürsten und Stände Gesandten insinuiren möchten.

„[Anrede] Unnß hat Unserß freündlichen lieben Vetterß und Schwagerß, deß Churfürsten, Pfalzgraven und Herzogen auß Bayrn L. vertrewlich berichtet, waßmassen zwischen denen von Unsers auch lieben Oheimbß, deß Churfürsten zu Sachßen L. unnd der getrew gehorsamen Churfürsten unndt Ständten General Leütenant, deß Graven von Tylli, nacher Braunschweig zu der bevorstehenden Tractation abgeordtneten Gesandten vertrewlich mündliche conferenz gepflogen worden, darinnen die Chursächssische under anderm dahin sich zimblich lauter vernemmen lassen, daß, da diese handlung ohne verhoffende frucht sich zerschlagen oder die N. Sächssische Creiß Ständt hierzue sich nit accommodiren wolten, daß Chursachssens L. nothwendig verursacht wurde, zu Unnß unnd den getrewen gehorsamen Churfürsten unnd Ständten zutretten unnd denselben würckliche hülff unnd beystandt zuerweisen.

Nun kan D. L. leichtlich ermessen, wie mercklich viel daran gelegen, da ieztgedachtes Churfürsten zu Sachssen L. zu einer solchen resolution gepracht unnd darin bestätigt werden köntte, dan hierdurch Unnß unnd der getrewen gehorsamen Churfürsten und Ständte ein mächtiger Vortheil unnd Nuzen anwachssen unnd die widerpringung deß wehrden durchgehenden friedenß bey dem Gegenthail facilitirt, die gefaste wiederige resolutiones in friedtfertigere consilia zuverändern Ursach unnd anlaß geben wurde.

Wan Wir dan Unserß theilß, waß zu erhebung dieser gemeinnüzigen Erclärung diensamb unnd vorträglich sein mag, nichts auß der acht zulassen gedencken, gestalt Wir dan nach beschaffenheit ieziger an underschiedlichen Ortten herfürprechenden gefehrlichkeiten zu solchem Ende gedachteß Churfürsten L. umb dero wohlmeinendeß guethachten durch Unser schreiben nach außweisung beyligender abschrifft ersucht haben unnd dan nit wenig daran gelegen, daß obgedachte Chursächssische Gesandten in guter vertrewlichkeit unnd wohl vernehmen erhalten werden, hierumben so bevehlen Wir Dr. L. hiemit gnediglich, Sy wolle dero Unnß bekandten Dexteritet, Erfahrenheit unnd Vernunfft nach auf alle Mittel gedencken unnd darob sein, damit ieztgedachter Chursächssische Abgesandte in solcher guten Verstendtnuß erhalten, die Gemüther noch mehrerß gewunnen unnd von dem Gegentheil abgewendet unnd denselbigen, wie an ihme selbst wahr, alle schuldt dieseß zerrütlichen wesen aufgeladen unnd waß zuerhaltung obangeregten Intents der würcklichen assistenz von Chursachssen ersprießlich ist, mit allem Vleiß befürdert unnd zu Werckh gestellet werde. [Schluß- und Grußformel.]“

Meine zwahr unterthenigiste mainung währe, ob Euer Khay. May. (doch ohne gehorsambistes maßgeben) sollichen der Churfürstlich Sächsischen wohlmainenden gevolgten Rath nit außschlagen wollten, weilln sonsten vermüeg einkhommenen nachrichtlichen Bericht Ihr Khönig. Whr. zue Denemarckh sich in die neue liga begeben, mit den Staaden,[7] Engellandt, Franckhreich und Schweeden, auch anndern Euer Khay. May. undt Dero hochlöblichistes Hauß feinden coniungirn wurde, dan sonsten, wie von der Chursächsischen Gesandten andeuttung beschehen, daß zum fahl mit Ihr Khönig. Whr. ein accommodation getroffen wurde, dieselbe sich darinn nit einlaßen, sondern darvon abhinndern thetten, allß die daß geldt, so von der liga deroselben geschickht worden, noch nicht angrieffen und allein, an wem die friedtstractation zue Braunschweig sich enden wirdt, erwartten; haben zwahr dieselbe schon vor vierzehn Tagen ihre Abgesandten darvon abfordern wollen, doch aber auf starckhes, der Churfürstlichen Interponenten anhalten denselben noch auff etliche Tag lenger daselbst zuverbleiben anbevohlen. Im andern fall aber wurde ein langwühriger khrieg nottwendig verursacht, zue wellchem großer schwehrer uncosten angewendet werden müeßte, in sonderlicher erwegung, daß ich außer dießen Stiefftern, darinnen aniezo ich losiere, mich nit erweittern khan, dieweil auf ainer Chursachsen, der andern seiten aber Churbrandenburg Länder angelegen, so kheinesweegs rathsamb währe, nit allein mit einziger einlegerung deß Volckhs, sondern auch geringsten Scorrerie zue offendiren. Bemelte Stiefter aber unter deßen ganz undt gahr außgezehrt werden, daß allso zue underhalltung der armee und Vorstellung deß khriegß darauf in die lenge noch größere unndt unerschwinglicher Uncoßten ergehen müeßte. [Schluß- und Grußformel.]

16. Kg. Christian IV. von Dänemark an die Gesandten Wallensteins und Tillys bei den Braunschweiger Verhandlungen

Abbruch der Braunschweiger Verhandlungen.

Hallwich, Fünf Bücher Wallenstein III S. 30f.

Wolfenbüttel, 26. Februar/8. März 1626

[Absender und Adressaten.] Nachdeme ihre auff dises löblichen Creises entliche erkhlerung wegen deß Friedens ubergebne andtworttschrifft außdruckhlich im munde führet, daß an der seitten zu kheine Abdankhung deß Volckhs, wie auch denen vom Creiße wegen Assecuration der Stiffter und unvorbrüch-

[7] Generalstaaten.

licher Halttung deßen, so geschloßen würde, geschehenen wolbefüegten Postulatis man sich kheines weegs verstehen wolle. Unnd dannenhero hell unnd am Tage, daß unter diesen Tractaten anders nichts gesuecht würdt, alß daß man denn Creiß disarmire unnd an der anndern seitten nicht allein die Waffen, sonndern auch die praetexte, worunter vor diesem dem Creiße unnd denen darinn begriffenen reformierten Stifftern ganz gefährlich unnd bedröhlich zugesezt worden, genzlich in henden behalte, dem Craiß aber solche gefährliche Tractaten zue continuieren unnd sich lenger damit auffhalten zulaßen, höchst praeiudicierlich, insonderheit weil die Gesandten unter deßen wegen arrestierung deß zu dißer Armee bestelten Gewehrs, verhinderung der werbungen und in andere weeg viel nachdenckhliches zue practisieren sich unterstanden:

Alß werden wir verurßacht, die Unßern wieder abzufordern und unnßer ihnen vor disem ertheiltes Gelaidt hinwiderumb zu cassiern, wie wir dann sollich es hiemit und in crafft dieses dergestalt cassiert und auffgekhündiget haben wollen, daß sie zwischen dato und den achten[1] vorstehundes Monats Marty frey und von unß und unßern und dises Craißes Armee und Officiern unbehindert an ihre Principaln sich begeben mögen, hernacher aber kaines gelaitts sich weitter zugetrösten haben sollen. [Datierung.]

17. Wallenstein an Harrach

Gründe für die angestrebte Aufgabe des Generalates: Krankheit, Problem der Finanzierung und Versorgung der ksl. Armee; gespanntes Verhältnis zu Tilly; militärische Fehleinschätzung am ksl. Hof; Vorschlag für die Nachfolge; Bedrohung durch Mansfeld.

Tadra, Briefe 1625–1627, S. 336f.

Aschersleben, 16. März 1626

Hochwohlgeborner Freiherr!

Meines Herrn Schreiben hab ich empfangen und daraus vernommen, dass er sich verwundern thuet, dass ich in diesem Dienst nicht länger kann verbleiben.[1] Nun seind zwei Ursachen, welche mich darzu moviren, eins meine Indisposition, dann ich diesen Winter mehr gelegen als gangen, welche nun nicht wird ab- sondern täglich zunehmen. Die andere Ursach ist disgusto,

[1] St. v.

[1] Vgl. zu diesem Brief Ritter III S. 349; die von Diwald (S. 363) für Wallensteins

denn ich sehe, dass man bei Hof vermeint, dass ich diesen Krieg sollte führen und die Verlag drauf thun. Nun hab ich meines Erachtens mehr als zu viel gethan, indeme ich diese Armee auf den Fuss gebracht, posto genommen und täglich sterken thue, mich auch umb etlichmal Hundert Tausend Gulden in die Schulden gesteckt. Man hat vom ersten von Hof geschrieben, dass ich die 60.000 Strich Korn sollte zahlen, itzt schreibt man, man solle aufs sparsambste darmit umbgehen, solches wird verursachen, dass die Armee eher denn ein par Monat umb sein sich consumiren wird. Ich hab umb 1000 Cent Pulver geschrieben, man gibt mir kein Antwort. Ins Feld kann ich nicht ziehen, wenn man dem Volk nicht ein Monatsold gibt, ob mans nun geben oder nicht geben wird, sein Exempel mit dem Grafen von Buquoy vorhanden, er aber hat ein grossen District gehabt, wo das Volk hat leben können, mir mangelt dies alles. Von Hof aus befilcht man mir, ich solle die Fürsten von Anhalt[2] und andere nicht belegen als wann ich die Armada richtig gezahlter hette. Von General Tilly hab ich in nichts kein einzige Assistenz,[3] denn er tyrannisirt mich wie sein Principal[4] unsern Herrn den Kaiser, man helt bei Hof den Künig[5] und Mansfelder[6] vor schwach und sie sein viel stärker als ich sambt dem Herrn Tilly, auch besser qualificirtes Volk insonderheit die Cavallerie und haben alle

Brief an Harrach vom 18. 8. 1626 konstatierten ersten Anzeichen eines Rücktrittswillens gelten schon für das vorliegende Schreiben. Zu Wallensteins Rücktrittswillen vgl. auch Bartel S. 8–15, der die Resignationsandeutungen als ein Druckmittel ohne tatsächlichen Rücktrittswillen interpretiert; vgl. auch Ritter, Untersuchungen S. 26–28.

[2] Das Haus Anhalt war nach Joachim Ernst (20. 10. 1536–6. 12. 1586) in eine Reihe von Linien aufgespalten; mit den 'Fürsten von Anhalt' können gemeint sein: Johann Kasimir von Anhalt-Dessau (7. 12. 1596–15.9. 1660); Christian I. von Anhalt-Bernburg (11. 5. 1568–17. 4. 1630) und sein Sohn Christian II. (11. 8. 1599–22. 9. 1656); August von Anhalt-Plötzkau (13./14. 7. 1575–22. 8. 1653); Johann von Anhalt-Zerbst (24. 3. 1621–4. 7. 1667); Ludwig von Anhalt-Köthen (15. oder 17. 6. 1579–7. 1. 1650).

[3] Zu den Spannungen zwischen Wallenstein und Tilly vgl. Ritter III S. 326; vgl. auch den Bericht des venezianischen Gesandten Padavin vom 25. März 1626 (Gindelý I S. 85) sowie das Schreiben Maximilians von Bayern an Leuker vom 2. April 1626 (Gindelý I S. 83f.), wobei allerdings zu beachten ist, daß sowohl Padavin als auch Maximilian von Bayern und Leuker zu den Gegnern Wallensteins gehören.

Zu Padavin vgl. Diwald S. 429; Mann S. 419f., 432f.; zu Maximilians Haltung gegenüber Wallenstein – u. a. – Diwald S. 365f., 377, 379, 396f., 401–404, 427; Gindelý II S. 47, 244–246.

[4] Gemeint ist Kf. Maximilian von Bayern (17. 4. 1573–27. 9. 1651), Hg. seit 2. 2. 1598; vgl. ADB 21 S. 1–22; Albrecht, Maximilian S. 2–4, 6, 13–15, 19f., 141; ders., Richelieu S. 16f.; Duhr II 2 S. 295–299; Huch S. 97.

[5] Gemeint ist Christian IV. von Dänemark (12. 4. 1577–28. 2. 1648), 4. 4. 1588 Regierungsantritt; vgl. DBL V (1934) S. 112–121; DBL III (1979) S. 303–311.

[6] Peter Ernst II., Gf. von Mansfeld (1580–29. 11. 1626), Kondottiere; vgl. ADB 20

Requisita darzu. Derowegen hab ich nun Ursach zu dienen oder nicht, mein Herr considerir's, wenn ich sollte stillschweigen und erst gegen den Winter entlassen zu werden begehren, als dann hette man mirs für übel, aber wann ichs itzunder thue und erst wann der Winter kommen wird abziehe, so kann man mirs nicht für übel haben, müsste ich diesen Sommer ehrenthalber nicht bleiben, so bliebe ich gewiss nicht, gegen den Winter aber es ist kein Sach, die man ihm imaginiren kann, so mich aufhalten thete. Was den Feldmarschalk anbelangt, dann bitt ich, dass Ihr Mtt. incontinenti ersetzen, nicht nach meinen, sondern nach ihrem gusto, denn dieweil ich nicht vermeine, wenn der Sommer fürüber ist, zu dienen, also müssen sie sich resolviren auf einen, dem sie den Campo vertrauen, darzu ich dann kein andern kann vorschlagen, als den Don Balthasar; aber er muss bald kommen, denn ich kann alle die Fatiga allein nicht ausstehen. Wird man in Ihr Mtt. Ländern nicht besser Vorsehung thuen, der Mansfeld wird sich derselben bald impatroniren, der persönliche Zug in Schlesien weiss nicht, ob er nicht besser als erger vor den Mansfelder ist, Polen und geworbenes kaiserisch nicht Fürsten und Ständt Volk wäre a proposito.[7] [Grußformel; Datierung.]

18. Ksl. Hofkammer an den ksl. Hofkriegsrat

Unmöglichkeit für die ksl. Hofkammer, Wallensteins Armee zu unterhalten.

Hallwich, Fünf Bücher Wallenstein
III S. 133–135.

Wien, November 1626

Puncta cum cons. bell. ratione annonae communicanda.

1.° Es ist der Hoffcamer wegen underhaltung der Walnstainischen armada nicht allein nichts bewust jechmals gewesen, sondern man hat dieselbe gleichsam assecurirt, dz ohn allen Ihr Kayl. May. entgelt der herzog von Fridlandt gedachte seine underhabende armada mit aller notturfft, biß dz es etwa widerumben zu friden standt gelangen möchte, versechen wurde.

2.° Wie dan auch für dz ander khein müglikheit gewesen währe, auch noch

S. 222–232; Biographie Nationale Bd. 13, Sp. 369–380 (unter: Mansfelt, Ernest de); Diwald S. 361f.; Mann S. 164, 269f.

[7] Zur Bedrohung durch Mansfeld vgl. Ritter III S. 322f., 334f.; Doc. Boh. IV Nr. 191 S. 105f.

nit ist, der Hoff Camer allein einen so möchtigen exercitum, der gleichen vor disen von aller deß Röm. Raich unnd ander Königreich unnd lande einkhumbenden contributionen nichmahls underhalten, bey abgang gedachter Kön. unnd länder verwilligung, mit der Proviant außzuhalten;

3.° bevorab weillen die länder mit den vilfeltigen Durchziehen, musterungen unnd einquartirung, zu geschweigen deß feindts unnd unnßers aignen Soldatens unaufhörliches Prandtschazen, rauben, Plindern unnd was dergleichen erdenkhliches unfug mehr ist, dermassen außgesägert unnd erschöpfft, dz danen hero ausser deß Königs Reich Ungern unnd etwa disen Erzherzogthumb Össterreich under der Ennß [1] nichts zu hoffen.

4.° Es kan aber auch erst angeregtes Königreich Ungern neben gedachtem Ossterreich solches werkh allein nit bestreiten, dan so vil Ungern anlangt, da ist ohne dz selbige Königreich an den orthen, so die Walnstainische armada berühret, ganz ruinirt, die Mühlen außgebeitet, die leüth davon veriagt, also dz man uber dz erhandlete Traidt (ausser paarer bezahlung, so aber der Hofcamer in totum ermanglet) nichts weiters zu bekhumben, unnd hat die ungerische nation wegen deß unmenschlichen haußen der Soldatescha dz gemüet unnd lieb so gahr verlohren, dz einmahl auf ein hülff von ihr, der hung. nation, khein raittung zu machen, inmassen solches des Herrn Palatini [2] auf deß Herrn Spindlern [3] eingereichte Puncta gegebene antwortt mehr denn genuegsamb mit sich bringt.

5.° Össterreich belanget, dz hat zwar ein verwilligung von Traidt in ringen unnd schwähren, in dreyen viertl biß in 900 Muth gethan, es ist aber biß auf gegenwertige stundt einiges khörndl nit einkhumben unnd khan vor Osstern oder Pfingsten, in bedenkhen, dz meiste noch nit außgetroschen, khein Hülff davon genomben werden.

6.° So ist in gleichen auß mähren nichts zuverhoffen, weillen wegen mißräthigen Jahres unnd fürgangener ruina Herr Cardinal [4] seinem jüngsten schreiben nach andeütung thuet, dz er sich vil mehr eines succurs von danen hinein, alß e contra versehen will.

7.° Auß welchen nun allen so vil erscheint, dz de praesenti, wie es die noth

[1] Niederösterreich.

[2] Palatin des Königreichs Ungarn war zu dieser Zeit Gf. Miklós Eszterházy von Galántha (8. 4. 1582–11. 9. 1645); vgl. Magyar Írók élete és munkái, Bd. 2, Budapest 1893 Sp. 1457–1459.

[3] Nicht nachgewiesen.

[4] Gemeint ist Franz v. Dietrichstein (22. 8. 1570 Madrid–19. 9. 1635 Brünn), 1599 Kardinal und Bf. von Olmütz, 1607 Präsident des Geheimen Rates; 1621 Generalkommissar, Statthalter und Landeshauptmann von Mähren, 1624 Reichsfürst; vgl. ADB 5 S. 199–203; NDB 3 S. 701; Biogr. Lexikon z. Gesch. der böhm. Länder I S. 252; Meyer 6 S. 800; OSN VII S. 504–507 (z Dietrichsteina, František Seraf); Mann S. 162.

erfordert, dem Werkh nit geholffen, ins khünfftig aber, ob gleich was wenig einkhumben möchte, so ist noch, neben dem es in khein weg erclökhlich, der Windter vor der Thür unnd leichtlich zu gedenkhen, dz man wegen der gefrüer der Wasser auf den Müllen mit dem malter, also auch mit den abführen etwa bey grossen besorglichen Schnewetter nit werde gefolgen khönen.

8.° Unnd ob wollen nun dises alles neben noch andern bedenkhen mehr Ihrer Kayl. May. von der Hoffcamer zu mehrmahlen unnd dz sich die selben einmahl solcher proviantirung unnd anderer unchosten mehr, so täglich balt zuer arteglaria, balt munition, fuehren, schifftnung, schlagung der Prüggen unnd in summa jedweder fürfallender Notturfft begehrt, auf sy, die Hoffcamer, alß welche so gahr Ihr Kayl. (May.) mit dero hoffhaltung selbsten vast nit zu underhalten waiß, einmahl nit zuverlassen.

9.° So ist doch für dz 9. der Hoffcamer erstlich durch den lobl. Hoffkriegsrath zuer antwortt ervolget, es hette iziger status vil ein andere beschaffenheit, alß vor disen, unnd währe dem herzogen von Fridtland einen so grossen Caricho[5] allein außzustehen nit müglich; darauß aber auch nichts zu schliessen, dan weillen die Hoffcamer anfengelich die Walnstainische armada, alß sy etwa 20 m. Mann starckh, mit der Proviant nit underhalten khönen, an yzo, da sy weit doppelt sterkher unnd der herzog ihme lenger solches nit getrawet, mit aller notturfft versechen solle – wie nun aber dises beschechen khan, last man zu der herren raifflichen nachsinnen.

10.° Volgunts aber, da Ihre Kayl. May. in die unmüglikheit der Hoffcamer gesechen, haben si sich gst. dahin erclärt, man solle allein sechen, wie die armada biß auf allerheylligen nun mehr verwichenen oder lengist 2 Monath versechen möchte werden, welchen die Hoffcamer durch allerhandt schwehre anticipationen unnd gepflogene handlungen gleichwol biß hero solcher gestallt nachkhumben, dz einiger mangel an der Proviant nit erschinen.

11.° Es will sich aber dise sachen leyder nit biß auf gedachte allerheylling täg oder lengist 2 Monath, sondern sicherlich auf dem ganzen Windter ansechen laßen, auß welchen nun anderst nichts zu besorgen, dan dz vilgedachte armada, so balt sy in Ungern nit mehr zu essen finden würdet, sich alß balt in dises landt guardiren, daß selbig nit weniger alß anderer orthen beschehen, pro libitu außbeithen unnd in endliches verderben stekhen werden; bevorab aber hat man sich bey Ihr. May. aignen güetern dergleichen unfuegs zum maisten zu befahren, wie solches die exempla in Königreich Böhem, Schlesien unnd Mahren genuegsamb mit sich bringt.

12.° Derowegen die Hoffcamer anders mitl nit findet, dan dz der löb. Hoff-Kriegsrath auf sichere weeg gedenkhe, wie etwa ein gewisse außthailung der ganzen armada in underschiedliche Ihrer May. Königreich unnd lande zeitlich

[5] Wohl italienisch càrico (Last).

gemacht werden möge, weillen einmahl khein müglikheit ist, selbige allein auß Össterreich zu underhalten, unnd solches umbso vil mehr, dieweillen die Gränizheuser durch Dargebung ihres vorraths dermaßen emblöst, daß man zuverhietung eines oder anders verlusts allen genuegsam zu gedenkhen, wie selbige mit der Proviant der notturfft nach widerumben versechen werden khönen.

Also denen Herren die Hoffcamer nochmahlen, diser sachen reifflich nachzusinen, protestando anhaimbs stellet, dz, im fall zeitliche vorsechung in einem unnd andern, wie auch bestellung der nottwendigen Proviant officier, in sonderheit aber eines Capo, durch welches dz ganze proviant wesen im Veldt dirigirt, nit beschechen unnd dardurch gewise ungelegenheit, ja villeicht endtliche ruina ein oder (andern) landts ervolgen solle, sy vor Gott, Ihrer Kay. May. unnd der ganzen Weldt entschuldiget sein wölle.

19. Bericht[1] über die Unterredung zwischen Wallenstein und Eggenberg[2] in Bruck an der Leitha

Ursachen der Unterredung zwischen Eggenberg und Wallenstein; Ort und Zeit der Unterredung; angebliche Billigung der wallensteinischen Kriegführung durch Eggenberg; Verzicht Wallensteins auf Niederlegung des Kommandos; Rechtfertigung und Begründung der wallensteinischen Kriegführung.

Gindely I S. 161–163

zu: 25. und 26. November 1626

Da es den Anschein hatte, als ob Sr. kais. Majestät überzeugt wäre, dass der Herr Herzog von Friedland den Marsch Mansfelds durch Schlesien, Mähren

[1] Verfasser des Berichts ist Valeriano Magni OFM Cap. (1597 [nach Lexicon Capuccinum 15. 10. 1586] Mailand – 29. 8. 1661 [nach Lexicon Capuccinum: 29. Juli] Salzburg); Magni kam früh nach Böhmen, ging 1614 als italienischer Prediger und Lehrer der Philosophie in den Wiener Convent seines Ordens, wurde 1619 Guardian (Oberer) des Linzer Kapuzinerklosters, 1621 Ordensdefinitor in Wien, stand 1622 im Dienst Maximilians von Bayern und unternahm in dessen Auftrag eine diplomatische Reise nach Paris (Hallwich S. 663; Mann S. 534), kehrte 1623 nach Wien zurück und ging später nach Prag, wo er u. a. als Beichtvater des Ebfs. Ernst Albrecht von Harrach (1590 bis 1667; vgl. ADB 10 S. 638), eines Schwagers Wallensteins, tätig war (Hallwich S. 663; Mann S. 534). Als Provinzial der böhmisch-österreichischen Kapuzinerordens-Provinz (seit 1624) richtete sich seine Arbeit gegen den jesuitischen Einfluß in Böhmen.

Magni gehörte zu den wirkungsvollsten Feinden Wallensteins: „Um den Streit zwischen Wallenstein und Bayern, Wallenstein und der Liga, Wallenstein und Spanien zu schüren, um den General in einem Netz von Verdächtigungen zu fangen, hat er Bewun-

und Ungarn hätte hindern können, und dass er in ähnlicher Weise verabsäumt habe, Gábor, dem Verbündeten der Türken, eine Niederlage beizubringen,[3] war der Herr Herzog sehr disgustiert und auch darüber, dass man ihm die Disposition der Winterquartiere, wie er sie entworfen und vorgeschlagen, verweigerte, so aufgebracht, dass er das Commando niederlegen wollte.[4] Deshalb suchte ihn Herr Karl von Harrach auf, der nach seiner Rückkehr nach Wien bewirkte, dass der Fürst von Eggenberg sich entschloss, behufs einer Unterredung mit dem Herrn General bis nach Bruck zu reisen, einer österreichischen Stadt, die von Wien und Moder,[5] wo der Herr Herzog von Friedland sein Quartier hatte, je sechs Meilen entfernt ist.

Beide kamen am selben Tage, d. i. den 25. November, in der benannten Stadt an und hatten noch am selben Abende durch mehrere Stunden und am

dernswertes geleistet. Wallenstein blieb das unbekannt; er duldete Magni in seiner Umgebung bis in die Zeiten des Zweiten Generalats" (Mann S. 532).

Vgl. zu Magni und zu dessen Haltung gegenüber Wallenstein ADB 20 S. 92–94; Albrecht, Maximilian S. 24; Diwald S. 367, 370; Duhr II 2 S. 650f.; Hallwich, Fünf Bücher Wallenstein I S. 659–667, 677; Bd. II S. 404; Lexicon Capuccinum Sp. 1776f.; Mann S. 531–547, 716, 1013.

Von der Konferenz zu Bruck gibt es kein Protokoll; der vorliegende Bericht basiert nicht auf Informationen der Verhandlungspartner Wallenstein und Eggenberg; vgl. zu Magnis Bericht: die Dissertation von Bartel; Diwald S. 367–371; 373–376, 397; Hallwich, Fünf Bücher Wallenstein I S. 658f.; Mann S. 442, 444–447, 449, 493, 532; Ritter, Untersuchung S. 25f., 32f., 35f., 46; zur Wirkung des Berichtes vgl. Bartel S. 47–49; Ritter, Untersuchung S. 35f., 46; zur Verfasserfrage Bartel S. 49–59; Ritter, Untersuchung S. 36–38, 46, 49–53.

[2] Vgl. zu der Brucker Konferenz Bartel; Diwald S. 365–374; Gindelý I S. 160–169; Huch S. 70–73; Mann S. 441–450; Ritter III S. 349; ders., Untersuchung S. 24f., 30 bis 32.

[3] Zu Wallensteins Verhalten gegenüber Mansfeld seit den Kämpfen an der Dessauer Brücke am 25. April 1626 (vgl. Diwald S. 344f.; Gindelý I S. 90; Mann S. 389f.) sowie dem am 8. August 1626 erfolgten Aufbruch zum oberungarischen Feldzug von 1626 und den daraus resultierenden Vorwürfen gegen Wallensteins Kriegführung vgl. Diwald S. (338, 341) 345–355, 358–362; Mann S. (394f.) 396–400, 402, 440; Ritter III S. 322–324, 334, 344–349.

Auch für diesen Feldzug gilt G. Manns Satz (S. 474): „Tilly und Wallenstein waren beide behutsame Generale, jeder auf seine Art...; Wallenstein, bei scheinbarem Nichtstun, welches man ihm so oft vorwarf, machte erst mit Werbungen und Rüstungen sicher, daß er der zahlenmäßig Überlegene wäre, um dann durch weite, allmählich sich verengende Märsche den Feind abzuschneiden, einzukreisen, endlich zu fangen."

[4] Vgl. Nr. 17; zwei weitere Schreiben Wallensteins an Harrach vom 18. August und 5. November 1626 (Diwald S. 363, 365); Ritter III S. 349.

[5] I. e. Modern (Modra) n/ö Preßburg, n/w Tyrnau (Trnava).

folgenden Morgen wieder eine Unterredung. Nach dem, was der Herr Herzog von Friedland einigen seiner Vertrauten mitgetheilt hat, billigte der Herr Fürst von Eggenberg die Grundsätze, nach welchen der Herr General bis dahin den Krieg geführt hatte. Der Herr General willigte ein, das Commando weiterzuführen, indem er Sr. Majestät die Zusicherung gab, dass er dieses Frühjahr mit effectiven 70.000 Mann und 70 Geschützen ins Feld ziehen werde. Dabei setzte er die verschiedenen Modalitäten eines Angriffs- und Vertheidigungskrieges gegen den Fürsten von Siebenbürgen auseinander.

Die Grundsätze, nach welchen er bisher das Heer geführt habe und in Zukunft zu führen gedenke, wurden von dem Herrn Herzog aus den politischen Verhältnissen hergeleitet, in denen sich Sr. kais. Majestät befindet, und die sich auf zwei Hauptpunkte zurückführen lassen, einmal die Menge, Macht und Anschläge seiner Feinde, zu denen alle Fürsten Europas gehören, mit Ausnahme einiger, die anderweitig auch in Kriege verwickelt sind, dann aber die Geldnoth, an welcher Se. Majestät und seine Erbländer leiden.

Der Herr Herzog folgert daraus, dass Se. Majestät in diesem Kriege nur drei Dinge vor Augen haben dürfe, nämlich seine Königreiche und Erbländer dadurch zu schützen, dass er den Krieg von ihnen fernhält, dann das Reich zu einem gerechten und vernünftigen Frieden zu zwingen und ebenso dasselbe dahin zu bringen, die Heere Sr. Majestät so lange zu besolden, bis der eine oder andere Theil die Waffen niederlege.

Zur Erreichung dieser Ziele – sagt der Herzog – gibt es, so lange die erwähnten politischen Verhältnisse bestehen, kein anderes Mittel, als den Schauplatz des Krieges in das Herz des Reiches mit einem so zahlreichen und mächtigen Heere zu verlegen, dass es der Schrecken von ganz Europa wäre. Dieses Heer darf, da es nicht die Bestimmung hat, etwas in Besitz zu nehmen, um es Sr. Majestät zuzueignen, unter keinen Umständen einer voraussichtlichen Gefahr ausgesetzt werden, entweder geschlagen oder in Belagerungen oder ähnlichen militärischen Unternehmungen aufgerieben zu werden – den Fall höherer Gefahr ausgenommen – und muss so die Bewegungen des Siebenbürgers und des Türken im Auge behalten, damit zunächst die an Ungarn grenzenden Staaten geschützt und sodann Alles aufgeboten werde, um das Vorgehen im Reiche zu überwachen, auf dass dieses, durch die Last eines so gewaltigen Heeres erdrückt, sich entschliesse, einen ehrenhaften Frieden zu begehren und die Soldaten zu bezahlen, damit sie von Sr. Majestät entlassen werden. Denn der Herr Herzog hält es für eine mühsame und gefährliche Sache, sich zur Vertheidigung des ganzen Königreichs Ungarn auszubreiten, noch mehr aber, ohne andere Hilfsmittel einen Angriffskrieg gegen den Siebenbürger und den Türken zu unternehmen.

Dies war die Auseinandersetzung des Herrn Generals, die gänzlich von zwei Fragen abhängt, erstens warum Se. Majestät neue Erwerbungen im Reiche für das erlauchte Haus Österreich nicht anstreben dürfe, zweitens auf welche Weise der Herzog ein so zahlreiches Heer ohne Geld zu erhalten gedenke.

Auf die erste Frage antwortet der Herr General, dass Sr. Majestät, wenn sie so etwas versuchen wollte, die Mittel und Wege fehlen würden, Soldaten zu bekommen, da sie beinahe insgesammt Ketzer sind, ebenso wie ein grosser Theil der Obersten, so dass vielmehr das Heer Sr. Majestät selbst zum äussersten Verderben gereichen würde. Daher hat es auch der Herr General für gut befunden, um keine solche Eifersucht im Reiche zu erwecken, einen grossen Theil der Regimenter lutherischen Obersten anzuvertrauen.

Auf die zweite Frage antwortet er, dass Se. Majestät, so lange dieselbe gegen die Verfassung des Reiches nicht feindlich vorgehe, selbst nach der Meinung der Feinde und um so viel mehr der Verbündeten und Neutralen, einen Rechtstitel habe, die feindlichen Länder seinem Heere als Beute zu überlassen und demselben auch den restlichen Theil von Deutschland zum Quartiere anzuweisen, was so viel wert sei, dass es beinahe dem Solde gleichkommt, den man ihm sonst zahlen müsste. Und wenn der Herr General im verflossenen Jahre auf diese Weise mehr als 70.000 Mann besolden und den Sieg davontragen konnte, indem er beinahe ganz Deutschland der Macht der kaiserlichen Waffen unterworfen hat, glaubt er mit noch grösserer Leichtigkeit jetzt sein Heer ergänzen und mehrere Jahre erhalten zu können, bis entweder die Feinde um einen vernünftigen Frieden bitten oder, gänzlich aufgerieben, ausserstande sind, die Waffen gegen ihren Herrn zu erheben. Dieser werde als erster Fürst der Christenheit dasselbe Recht und dieselben Mittel haben, den Krieg gegen die anderen, auch ausserdeutschen Mächte fortzuführen, und das um so leichter, als er in Bälde bei der Ruhe seiner Königreiche und Länder so bedeutende Geldmittel aufbringen wird, dass das kein geringer Nerv für den Krieg sein werde, indes auf der anderen Seite der Herzog von Friedland andere, bisher nicht allgemein bekannte Hilfsquellen zum Angriffs- und Vertheidigungskrieg gegen den Siebenbürger und den Türken anbietet.

Das ist der Sinn dessen, was der Herr General dem Herrn Fürsten von Eggenberg sagte, und woraus dieser die Grundsätze wohl erkannte, nach denen der Herr General diesen Krieg führte, und dass er mit seltener Klugheit seine Siege nicht vom Zufall abhängig machen wollte und sich stets weigerte, eine Sache zu unternehmen, die mit seinem Hauptziele nicht übereinstimmte, wie dies ein wirklicher Offensivkrieg gegen den Siebenbürger und den Türken wäre, die keinen anderen Plan hätten, als ihn vom Reiche abzulenken und ihn immer tiefer nach Ungarn zu locken, um ihn dann auf tausenderlei Weise zu vernichten.

20. Bericht[1] über die Unterredung zwischen Wallenstein und Eggenberg in Bruck an der Leitha (Auszug)

Kritische Bemerkungen zu unwahren Darstellungen über diese Zusammenkunft; Problematik des Verhaltens Wallensteins gegenüber Mansfeld, Bethlen Gábor und dem Osmanischen Reich.

Tadra, Briefe 1625–1627 S. 459–463.

zu: 25. und 26. November 1626

Copia eines vertraulichen Schreibens wegen dessen, so Anno 1626 zu Pruck zwischen dem Fürsten von Eggenberg und Herzog zu Friedland fürgangen.[1]

Des Herrn sorgfältigen wohlmeinenden Discurs über der mir communicirten Narration wies den 25. Novembris des abgewichenen 1626 Jahres zu Pruck zwischen unsern Herrn Generaln, dem Herzog zu Friedland und Fürsten von Eggenberg [etc.] vorgangen[2] und unterredet sein solle, habe ich mit Fleiss erwogen, vielmehr weil ich gespüret, dass der Herr Schwager hierüber eine Reflexion gemacht, als dass ich meinestheils darunter den wenigsten Grund spüren können, sondern halte alles für ein purlauter calvinisch Gedicht,[3] unsern General, zuforderst aber die Kaiserl. Mtt. bei dem Reich in bösen Verdacht zu bringen, als dergleichen Ding hiebevorn auch von den Böhmen erdichtet worden. Und ist zwar nicht ohne, dass der arglistige Fabulant[4] mit den Umbständen der zu Pruck vorgangenen Handelung zwischen beiden Fürsten den unverständigen leichtlich eine Nasen drehen könnte, vornemblich weil die starke Werbung drauf erfolget, dass aber Jemand, was zwischen ihnen beiden in höchster Geheim gehandelt, penetriren können, solches wolle der Herr Schwager gewiss dafür halten, dass es nicht sei, weil mir alle diejenigen bekannt, denen solche der General sein Geheimnuss vertrauet, welche aber von solchen Discurs nichts erforschen können, ausser dass sie aus der guten Accolidenz zwischen beiden Fürsten und dass der General das Commando continuirt, so viel schliessen können, dass der Herr General seine consilia, warumb er den Mansfeld, Betlehemb und die Türken damaln nicht angriffen, genugsamb justificiret,[5] dass aber die rationes diese gewesen sein, so der Fabulant hierbei erdichtet, solches ist bei mir ja gar unglaublich, sintemaln dieselbe einen so hochverständigen General (welcher durch seinen Va-

[1] Nach Tadra (Briefe 1625–1627 S. 459 Anm. 1) ist der Verfasser des Berichtes vermutlich ein höherer Offizier Wallensteins; als Entstehungszeit vermutet Tadra Anfang 1627; vgl. hierzu auch Mann S. 447–449.

[2] Vgl. Nr. 19 Anm. 2.

[3] Gemeint ist der Bericht des V. Magni (vgl. Nr. 19).

[4] Gemeint ist V. Magni, der den Zeitgenossen als Verfasser des inkriminierten Berichtes allerdings unbekannt war.

[5] Vgl. Nr. 19 Anm. 3.

lor, Witz und Geschicklichkeit es so weit gebracht, dass es ihme zu unseren Zeiten wohl keiner nachthun wird, in dessen Gedanken auch nichts gemeines kömbt, sondern nur die höchsten politischen und militarischen Geheimnussen aus vieler langen Meditation, so anderen verborgen sein) ohne Zweifel niemals in Sinn kommen, vielweniger dass dergleichen schlechte Possen von dem Fürsten von Eggenberg als der Röm. Kaiserl. Mtt. ein ersten geheimbsten Rath adprobiret worden sein sollen. [. . .] *Der Schreiber wendet sich nun gegen die von dem 'Fabulanten' vorgebrachten 'Erdichtungen' bezüglich der Unterhandlungen zu Bruck und sagt dann:*

[. . .] Aus welchem dann zu sehen, wie gar derselbe ['der Fabulant'] an allen Orten die Rechnung ohne den Wirt machet, des Kriegs aber und der Polizei sich unerfahren erzeiget und hat er in seinem Discurs nicht besser geschrieben, als dass er noch unterschiedliche Mittel wisse, offensive und defensive wider Siebenbürgen und den Türken den Krieg zu führen, welche vielleicht ingemein nicht dermassen penetrirt sein möchten, hätte er die vorigen auch bei sich bleiben lassen und nicht so weit sich blossgegeben, hätte man ihn [. . .] für einen General gehalten. In der Conclusion kombt er endlich ad rem nemlich des Herzogen von Friedland Defension, warumb derselbe den Mansfelder neben dem Betlehem und Türken nicht habe angegriffen, meint, er habe es in seinem Sinn gar wohl erfunden, nemblich dass der General hierdurch sich von seinem scopo, den Krieg im Reich auszuführen, würde abführen lassen, dem Türken und Siebenbürger zu einem neuen Krieg Ursach geben, und weil dieselben nichts anders gesucht als den Krieg in Ungarn zu ziehen und daselbst seinen exercitum auf 1000 Weise zu consumiren und zu nicht zu machen, sich nicht willig in die Klappen würde haben einführen lassen. Wie aber solche rationes einem solchen cumanischen[6] General wohl anstehen, als würden sie von einem Herzog von Friedland und rechten Generalissimo seltzam sein zu vernehmen, dann dem Herrn Generaln nicht unverborgen gewesen, als er noch in Mähren war, dass der Mansfelder sich mit dem Betlehem und den Türken conjungiret. Da er nun diese ragion gehabt, warumb ist er in Ungarn nachgefolget, er würde in seiner Reputation hierdurch mehr consulirt haben, denn er sich daselbst firmiret und diese seine Ursach der Kaiserl. Mtt. zu wissen gemacht hätte, als dass er dem Feind so nahe unter Augen gezogen und nachdem derselbe standhalten müssen, gleichsam für den Garn gewandt und den Mansfelder, welchen er so viel 100 Meilen aus Nieder-Sachsen in Ungarn nachgejaget (dass darunter die herrlichste Reiterei, welche die Rüstung stets an der Haut führen müssen, fast zu Boden gerichtet) gleichsam einen

[6] Cumanisch: abgeleitet von Kumanien-Gebiet im Alföld, östlich und westlich der Theiß, östlich und s/ö Budapest, benannt nach einem Turkvolk, das sich dort im 13. Jh. ansiedelte.

guten Abend zu bieten, zuruck sich wieder begeben hätte; dieses wäre gleich, als wenn einer einen grossen Zulauf nehmen endlich über einen Strohalm zu springen.

Zum andern, so lässt es sich ja nicht sagen, dass hierdurch, wann der Mansfelder neben dem Gabor und Türken in Ihr Mtt. Land und Königreich gleich wäre geschlagen worden, die Kaiserl. Mtt. den Frieden gebrochen hätten, sondern es wäre der Bruch vielmehr dem Gabor und Türken zuzuschreiben; wir haben in unterschiedlichen mahlen mit dem Feind geschlagen, da französisch, staadisch und engellandisch Volk denselben zum Succurs gewesen, darumb praetendiren weder die Staaden, Frankreich noch Engelland keinen Bruch, sondern sein zufrieden, dass der Kaiser es für keinen Bruch halte.

Zum dritten, so diese ration gelten sollte, würde man noch viel weniger mit den Denemarker schlagen dürfen und hätte sich der Graf Tilly vorsehen, dass er bei so unterschiedlichen Occasionen in der Untern Pfalz, letzlich aber Stadtlohn[7] und Luther[8] den Feind angegriffen mit Hilf des kaiserlichen Volks, weil Holländer und Englische darbei gewesen und ist ja wohl so viel daran gelegen, keinen Krieg mit denselben als mit dem Gabor und einem türkischen [. . .] Bassa anzufahen. Dann wann der Türke selbsten sich dieser occasion halber ins Spiel mischen wollen, hätte er darzu andere occasiones gehabt und würde nicht gewartet haben, bis man ihme dermassen wäre übern Hals gezogen, sondern man hat entgegen gnugsame Nachrichtung gehabt, dass das Bosnische Vornehmen[9] an der Porten gar nicht adprobirt, sondern vielmehr für eine Rebellion gehalten worden, weil er dadurch zu der ungelegensten Zeit die türkischen Sachen in Compromiss gestellet und Ursach geben, dass die Kaiserl. Mtt. nicht allein Siebenbürgen sondern auch der Wallachei sich bemächtigen können.

Zum vierten wäre es ja ein schlecht Generalstück, darumb weil der Feind den Frieden gebrochen, eine Occasion, denselben zu schlagen, aus den Händen zu lassen, dann dieses die beste Assecuration ist, insonderheit gegen solche Feinde als Betlehem und der Türk seind, als man auch in effectu gesehen, dann wie der Feind zwar wohl zufrieden gewesen, dass man ihn dergestalt hat abziehen lassen, hat doch unser General ihme nicht getrauet, sondern die Retirada mehr einer Flucht per arma oder accordo erhaltenen Securität gleich gesehen.

Zum fünften kann ja kein politicus oder Kriegsverständiger dafür halten, dass des Betlehem und Türken Intention gewesen sei, unsern General aus Nie-

[7] Schlacht bei Stadtlohn (westl. Coesfeld) am 6. 8. 1623; vgl. Ritter III S. 251f.

[8] Schlacht bei Lutter am Barenberg am 27. 8. 1626; vgl. Ritter III S. 336–338.

[9] Bezug auf Mansfelds Zug nach Bosnien, wo Mansfeld Ende November starb (Ritter III S. 347).

dersachsen zu locken, sondern es ihnen bang gnug darbei gewesen, als sie selbsten erkannt, dass man ihnen dermassen unversehens auf den Hals kommen,[10] dass sie Gott gedankt, dass sie den Kopf aus der Schlingen ziehen mögen, ganz ohne aber dass ihnen bei der Sachen wohl gewesen oder sie dannenhero einigen Vortheils zu gewarten gehabt, als dann der eilende Accordo,[11] den sie gemacht, gnugsam ausweiset. [...]

Mir ist gnugsam erwiesen zu haben, dass dieses zu Verunglimpfung des Generaln Herzogen zu Friedland unter dem Namen einer Relation von der Handlung zu Pruck spargirtes figment ganz keinen Grund oder Schein der Wahrheit habe, darüber auch Niemand sich einige Consideration zu machen, oder dass solches erstgedachtes Generals consilia und Anschläge sein, in Gedanken zu ziehen. [...]

21. Die drei[1] geistlichen Kurfürsten an Ks. Ferdinand II.

Beschwerde über Wallensteins Werbungen, Einquartierungen, Durchzüge etc. auf Kosten katholischer Reichsstände; bevorstehender Würzburger Ligatag; Forderung nach Beendigung der militärischen Belastungen der katholischen Reichsstände durch die ksl. Armee.

Hallwich, Fünf Bücher Wallenstein
III S. 159–161.

[o. O.] 2. Februar 1627

[Anrede] Euer Kay. Maytt. werden sonnder allen Zweifel noch in frischen angedenckhen haben, wie offt unnd vielfeltig bey Iro Deroselben threw gehorsame Ständt, bevorab aber wier, die gesambte Catholische Churfürsten, theils insgemein, theils auch absonnderlich, ab deren nun so lange Zeit gewehrten, höchstbeschwerlichen Kriegspressuren, damit Unnsern, meistens aber der drey Geistlichen Churfürsten Lannden unndt Leüthen durch die beharrliche Fridtlandische Werbungen, starckhe einquartierungen unnd Durchzüge zuem hefftigsten zuegeseczt worden, Unnß beschwert unndt zuegleich ganz flehentlich unndt einstendig gebetten.[2] Demnach fast aller orthen Unnßere arme

[10] Vgl. Nr. 19 Anm. 3.

[11] Gemeint ist der Vertragsschluß zwischen Bethlen Gábor und dem Kaiser vom 20. Dezember 1626 (Preßburger Friede); vgl. Diwald S. 361f.; Gindelý I S. 127; Ritter III S. 346f.

[1] Nach Hallwichs Titelei handelt es sich um ein Schreiben der 'vier katholischen Kurfürsten', doch gibt er S. 161 nur die Namen der drei geistlichen Kurfürsten wieder.

[2] Vgl. zu den zunehmenden Belastungen katholischer Reichsstände durch wallensteinische Truppen seit Mai 1626 und den daraus resultierenden Beschwerden Gindelý

Unnderthanen dadurch auff daß eüßerist verderbt unndt gar an bettelstab gerichtet, dießen unndt anndern dergleichen ferners besorgenden ohnleidtlichen Trangsalen unndt großen beschwerungen dermahlen einst ein endt gemacht unndt der gehorsamen Catholischen Stännde, alß welche wegen irer Euer Kay. Maytt. steets erwießener getrewer unndt möglichster Dienst, hülff unndt assistenz fürhien vom Feindt so großen schaden eingenohmen unndt erlitten, ins künfftig ein mehrers verschont werden mögte.

Weilen aber wider Unnßer beßer verhoffen ein solches bießhero nicht zue erlangen geweßen, sonndern wier hingegen unndt mit bestanndt vernehmen, daß deß Herzogen von Friedtlandts angefangene newe Werbungen ye lenger ye sterckher fortgetriben unndt die Lauff-, Sammel- unndt Musterpläcz seines beliebens im Reich, dem Herkommen zuewider, außgetheilt werden wollen, gestalt dann auß deßelben bevelch Herzog Rudolff Maximilian zue Sachßen Lawenburg[3] uber sein in der Wetteraw mit der benachbarten merckhlichen beschwerden einquartiertes Kriegsvolckh für seinen Bruedern Frannz Albrechten, auch Herzogen zue Sachßen Lawenburg,[4] noch in 2000, der Graff von Merode[5] 10 m. Mann zue Roß unndt fueß, wie in gleichem der Obriste Görzenich[6] auch frische Werbungen abermahls unndt von newem anzuestellen im Werckh begriffen sein soll, welche starckhe Verfaßungen ungezweifelt dieße benachbarte unndt zugleich Unnßere angehörige, vorhien erseügerte Lannden, wo nit mit dem Sammelplacz undt einquartirung, doch besorglich mit dem Durchzug hart berüeren unndt ohne Zweifel, da deme nicht in Zeiten remedirt, in höchste noth unndt gefahr sezen werden, Unnß aber gegen Gott unndt der werthen Posteritet zuemahl unverantwortlich fallen wolle, unnßere unschuldige arme Underthanen in solchem ohnerträglichen last lenger steckhen unndt immer zue Hülffe unndt trostloß zuelaßen:

I S. 152–160; Ritter III S. 356f.; vgl. auch Gindelý I S. 235–286 (betr. den Würzburger Ligatag vom Februar 1627 und die Mühlhäuser Kurfürstenversammlung vom Oktober 1627).

[3] Rudolf Maximilian, Hg. von Sachsen-Lauenburg (18. 6. 1596–1. 10. 1647).

[4] Franz Albrecht, Hg. von Sachsen-Lauenburg (10. 11. 1598–10. 6. 1642), begann seine militärische Laufbahn auf seiten der böhmischen Stände, war von 1620 bis zum 23. 12. 1631 ksl. Offizier, trat für kurze Zeit in schwedischen Kriegsdienst und ist seit dem 4. 12. 1632 Feldmarschall der kursächsischen Truppen; vgl. ADB 7 S. 293–296; NDB 5 S. 366–368; Mann S. 932f.

[5] Johann (II.) Merode (um 1589–8. 7. 1633 tödlich verwundet), wallonischer Herkunft, spanischer Kriegsdienst, 1620 Beteiligung an der Schlacht am Weißen Berg unter Buquoy, 1621 Oberstleutnant, am 19. 6. 1622 in den erblichen Reichsgrafenstand erhoben, am 7. 6. 1625 auf Vorschlag Wallensteins zum Obersten ernannt, 1631 Generalwachtmeister, 10. 12. 1632 Feldzeugmeister; vgl. Hallwich in ADB 2 S. 448–451.

[6] Wohl Adam Wilhelm Schelhard Dorenwert, Herr von Gürzenich.

Alß seind wier verursacht worden, zuverhüetung alles fernern dießer orthen besorgenden verderblichen Zuestandts, bevorab weil die hierumbligende Fridtlendische uncatholische Obriste unndt officiren sich gegen die Geistliche Chur- unndt Fürsten, deren Lanndt unndt Leüthe solcher weitaußsehenden betrolichen reden ohne schew verlauten laßen, daß nach gestalt deren darauf täglich erfolgenden thaten unndt deß geringen gegen Euer Kay. Maytt. erzeigenden respect mann sich zue inen endtlich anderst nichts alß einer offentlichen hostilitet zuversehen hatt, ehist unndt zuem fürderlichsten auf eine particular Zuesammenkunfft verdacht zuesein; inmaßen wier Unnß deren albereit mit anndern unnsern ober- unndt nider-reinischen Catholischen Mit-Bundts-Stänndten auf den 21. ietzscheinenden Monaths February in der Statt Würzburg durch unnßere Räth unndt abgeordnete einzuekommen verglichen haben,[7] nit zweiflendt, weylen solche Zuesammenkunfft einzig zue unnßer unndt der benachbarten gehorsamen Stennde Lannden notwendiger Conservation unndt abwendung deß vor augen stehenden großen Unheils angesehen, Euer Kay. Maytt. Ihro dieselbe in Kay. genaden nicht allein wohlgefallen lassen, sondern auch an gehörigen orthen die gewiße Verordnung zuethuen, Allergenedigst geruehen werden, damit unnder deßen sowohl mit den fürhabenden newen Werbungen dießer orten eingehalten, alß auch denen bießhero ohne Underlaß geclagten unverdienten, auch den Rechten, Reichs-Constitutionen unndt andern heilsammen verfaßungen ganncz zue widerlauffenden Trangsaln dermahl einest würckhlich abgeholffen unndt dardurch anndere inconvenientien verhüetet werden mögen.

Ahn deme erweißen Euer Kay. Maytt. ein sehr gemeinnuziges unndt zue erhaltung Euer Kay. Maytt. Authoritet unndt gueten Vertrawens hochnotwendiges werckh, so umb dieselbe neben unnß anndere unnßere Euer Kay. Maytt. threwgehorsambe Mit-Bundts-Ständt nach möglichkeidt unnderthenigist zuverdienen sich stehts befleißen werden. Unndt thuen Euer Kay. Maytt. damit dem Allmechtigen zue bestenndiger langbeharrlicher Leibsgesundheit, auch glücklicher Kayßerlicher Regierung unndt obsigung gegen deren Erbfeindt, auch unnßere Ertzstifft unnd Churfürstenthumb neben unnß selbst zue Kay. protection unndt genaden gehorsambist befehlen. [Datierung.]

[7] I. e. der Würzburger Ligatag; vgl. Gindelý I S. 235–238; Ritter III S. 356.

22. Leuker [1] an Kf. Maximilian von Bayern

Ablehnung von Wallensteins Kriegführung am ksl. Hof und in Spanien.

Gindelý I S. 192f.

[Wien] 3. März 1627

So viel ich an ihm [dem Grafen Collalto] und an vielen andern kaiserlichen Ministris spüren kann, sonderlich an dem spanischen Ambassiator,[2] ist fast männiglich hier der Meinung, dass Ihre Mt. mit dem Herzog von Friedland zu einem General übel versehen. Herr von Strahlendorf [3] sagt ausdrücklich, es wolle gedachter Herzog von Friedland nur alles mit der Menge des Kriegsvolks ausrichten, hernach, wann es beisammen, so wolle man den Feind nicht angreifen. Ihm, Strahlendorf, sei leid, dann er dies Orts nicht, wie er gerne wollte, remedieren könnte. Dergleichen Sachen werden alle in dem Kriegsrath abgehandelt, ihm komme das wenigste davon zur Wissenschaft, wie er dann deren Orten kein Votum habe. In eundem sensum hat obgedachter spanischer Ambassiator sich mehr als einmal gegen mir vernehmen lassen, es sollen E. K. D. vorgreifen und auf den Herzog von Friedland sich nichts verlassen, dann er dessen wohl vergewisset, hab auch seinen König schon längst avisiert, dass, do schon salus reipublicæ daran haften, dass Friedland nur bloss das Haus darin Ambassiator wohnt, mit Gewalt einnehmen sollte, würde ers nicht thun, es geschehe dann casu oder dass er vom Feind selbs dazu gezwungen würd oder dass er kein Resistenz wüste. Als ich auch vor diesem gegen ihme Meldung gethan, E. K. D. sehen gern, da man das in der Wetterau liegende Volk noch zeitlich, ehe sich der König in Dänemark mehreres stärke, dem Grafen von Tilly zum Succurs zuordnete, in gleichem das andere kaiserliche ob den Beinen habende Volk an solche Orten logierte, wo es des Feinds disegni Werbung und Zulauf verhindern konnte, antwort er mir darauf: Es sei auf dasselbe wetterauische Volk seines Bedunkens wenig Fundament zu machen, zumalen mehrtheils Franzosen darunter, so nur herankommen, Land und Leut zu plündern, gute Beute zu machen und alsdann mit derselben wie-

[1] Dr. Esaias Leuker, gest. 10. 11. 1627, bayerischer Hofrat; vgl. Gindelý I S. 306; Hallwich, Fünf Bücher Wallenstein II S. 458; Mann S. 432; Ritter III S. 61; zu Leukers Berichten vom ksl. Hof s. Mann S. 456f., 473, 477.

[2] I. e. Francisco de Moncada, Conde de Ossoña, Marqués de Aytona (1586–1653), spanischer General, Diplomat und Schriftsteller; vgl. Enciclopedia universal Bd. 36, S. 57f.

[3] Peter Heinrich Frhr. von Stralendorf, gest. 13. 2. 1637; 1605 RHR, 1624 Reichsvizekanzler; gehörte zur bayerischen Faktion in Wien; vgl. ADB 36 S. 494f. im Artikel über Leopold Frhr. von Stralendorf; Mann S. 354, 437.

der nach Haus zu kehren. So wisse man nicht, was Intention Herzog Maximilian Rudolf von Sachsen-Lauenburg[4] hab, und ob man sich einzig servitii vor Ihr Mt. dorthin zu verlassen. Er, Ambassiator, hab erst neulich in Spania avisiert, da der kath. König sein Haus in Deutschland conservieren wölle, so soll und muss er das Fundament auf E. K. D. und die unierten katholischen Kurfürsten machen, sonst sei es mit der kaiserlichen Armee unter jetzigen General verloren, dann derselbe lasse ihm schaffen und thun, was er will. Er, Ambassiator, hab nichts mit ihm richten können, mit Schreiben oder mit kaiserlichen Befehlen, sondern wann er etwas von ihm haben wollen und sich die Gelegenheit geben, dass er mündlich mit ihm, Herzog von Friedland, reden können, so sei er selbs zu ihm gefahren oder hab Jemand abgeordnet, darauf sei jemalen etwas erfolgt, aber auf Schreiben und Ihr Mt. Befehl habe Friedland bis dato noch wenig gethan. Wie ich dann verstehe, dass eben jetzt, da Ihre Mt. den Questenberg[5] zu ihm, Herzog von Friedland, geschickt, gedachter Questenberg grosse Mühe gehabt, bis er ihn vorgelassen und Audienz ertheilt.

23. Patent Wallensteins betr. Untertanen des Herzogtums Friedland

Abwanderung aus dem Hgt. Friedland; deren Ursachen; Befreiung von Leistungen und Abgaben auf drei Jahre für Rückkehrer und Neusiedler.

Hallwich, Fünf Bücher Wallenstein
III S. 169f.
(Auch: Wiegler S. 146f.)

Prag, 22. März 1627

Wir Albrecht [Titulatur] Geben allen und jedem auß unserm Herzogthumb Friedlandt dero Herrschaften und Städten, Markten, Flecken und Dörfern entwichenen Unterthanen hiemit zue wißen, daß uns nach unßer wiederanhaimbkunft außen Reich und Königreich Hungarn unsres Herzogthumbs verordneter Landeshauptmann, der wohlgeborne Gerhard von Taxis,[1] Freiherr

[4] Vgl. Nr. 21 Anm. 3.

[5] Gerhard Frhr. v. Questenberg (gest. 1. 7. 1646), geb. in Köln, trat 1606 in ksl. Dienst, 1613 Nobilitierung, 1626 Hofkriegsrat; er war wohl der überzeugteste Anhänger Wallensteins am ksl. Hof und fiel auch nicht nach Wallensteins Tod in Ungnade; 1636 Regentschaftsrat; unter Ferdinand III. Mitglied des Geheimen Rates und Vizepräsident des Hofkriegsrates; vgl. ADB 27 S. 41–44.

[1] Taxis, Gerhard v., geboren als Gerhard Huls in der wallonischen Provinz Limburg, Landeshauptmann des Herzogtums Friedland von 1625 bis 1631; vgl. Görlitz S. 157; Mann S. 311.

zu Hulß, Röm. Kay. Mayt. Truchsaß und obrister Leuttenant [etc.], gehorsamblich zu vernehmen gegeben: welcher Gestalt in zeit unßer abwesenheit viel unßrer Unterthanen ihr Hauß, Hoff, Äcker und Gründe verlassen, mit Weib und Kind auß unßerm Herzogthumb anders wohin sich gewendet und bis dato ihre Gründ oedt und wüst stehen lassen, mit beständigem Bericht, daß solches meistentheils aus keiner andern Ursach den armuthshalber geschehen, und daß ihrer viele wegen bießher gewesenen schwären Zeiten und Mißwachs, zuemal auf den Gebürgen steinigter und sandigter Boden, die es an manchen Orten hat, nicht gehabt hatten, mit Weib und Kind worvon zu leben, vielweniger, der Obrigkeit ihr gebürnis zu geben.

Wann wier dann die Sachen also beschaffen befunden, jedoch jederzeit gegen unßere Unterthanen also affectionirt geweßen, daß wier sie gerne bey häußlichem Wesen und nahrungen erhalten sehen wollten: Also haben Wier unß dahin resolviret und erklaret, resolviren und erklaren unß kraft dieses offenen Patents hiemit gnediglich, daß alle diejenigen, so auß angezogenen Uhrsachen sich absentirt, damit sie sich wieder erholen und zu Krefften kommen mögen, von dato in drey Jahren aller Contribution und Gaben, wie auch aller Dienst und Robotten befreyt und deroselben genzlich enthoben und geübrigt sein sollen, da sie sich nur sonst, wie getreuen, gehorsamen Unterthanen geziemet und gebühret, erzeigen und beweisen, welches jedweder zu erkhennen undt zu seinem Grundt und Boden sich wieder zu finden wissen wird.

Dessen auch andere, so sich de novo unter unß einkauffen und auf unßeren Gründen niederlassen wollen, genießen werden können, wan sie anders ihres vorigen Wolverhaltens genugsame Schein vorzulegen haben werden, obgesagten unßern Landeshaubtmann und andern auf den Herrschaften bestellten Haubtleuten hierauf befehlend, daß sie solches meniglich insinuiren, jedem Ausgewichenen, der sich bey ihnen deßwegen anmeldet, wieder einkomen laßen, auch andere wohlverhaldene recipiren, sie solcher Befreyung genießen und also dießen Unserem Befelch gehorsamlichen nachleben sollen.

Zu Urkund Wier dieses offene patent mit eigener Hand unterschrieben und mit unßerem fürstlichen Secret-Insiegel bekrefftiget haben.

Geschehen zu Prag, den zwey und zwanzigsten Martij Anno sechzehnhundert sieben und zwanzigsten.

A. H. z. F.[2]
Stephan Ilgen von Ilgenau,
Canzler.

Ad mandatum suae Celsitud.:
Paull Prtzka
Secretar.

[2] Albrecht Hg. zu Friedland.

24. Bedingungen Wallensteins und Tillys für einen Friedensschluß mit Dänemark ('Conditiones sine media pacis')[1]

Friedensbereitschaft des Kaisers; Bedingungen für einen Friedensschluß mit Dänemark: 1. Niederlegung der Waffen; Abzug dänischer Truppen aus dem Reich; Abdankung der dänischen Truppen; 2. Niederlegung des Kreisoberstenamtes durch Christian IV.; 3. Verzicht auf die evangelischen Stifter im niedersächsischen und westfälischen Kreis; 4. Aufgabe Holsteins; 5. Übergabe der Festung Glückstadt an die Kaiserlichen; 6. Erstattung der Kriegskosten; 7. u. 8. Verzicht auf Forderungen an deutsche Fürsten und Städte; 9. Schadensersatzleistungen; 10. Verzicht auf Bündnisse gegen das Haus Habsburg; 11. Øresundproblematik (Handels- und Schiffahrtsfragen); Sicherung der Vereinbarungen.

Hallwich, Fünf Bücher Wallenstein
III S. 211–213

Lauenburg, 2. September 1627

Obwol die Röm. Khays., auch zue Hungarn und Behaimb Khönigl. Mayt. bey Ihren so vielen von Gott verliehenen ansehenlichen victorien[2] genuegsamb fueg und Recht heten, deme auß Ihrer Feinden und widerwertigen so beharrlicher provocation unnd vorseczlicher verursachung gezuckhtem schwerdt den ungesperten obsiegigen Lauff unnd streich zu lassen und den Gottseligen Syeg zu prosequieren;

dieweil yedoch dieselbe Ihre Khays. Mayt. viel lieber durch angeborne Ihre Khayserliche sanfftmueth, mildt unnd gietigkheit alß angedeite rawe mittel den edlen Frieden zu restauriren unnd wieder einzuführen genaigt, der wolgefasten Hoffnung, die widrige verblente gemiether unnd verstockhte Heerzen dermaleinest die gewaltige Hanndt Gottes erkhennen, die ungerechtig: und unbilligkheit ihrer proceduren bey sich reüfflich zu erwegen, in sich und ihre gewißen zu gehen, sich darin zu spieglen und von solchen ihren schädlichen, hochverpottenen, Gott unnd der weldt mißfälligen handlungen eine abschew zu nemmen ursach haben werden:

Alß werden die güettliche Müttel unnd conditiones deß Friedens dise geseczt unnd vorgeschlagen:

Nemblichen zum ersten sollen die Khönigl. Wrd. zu Denemarckh-Nor-

[1] Vgl. hierzu Diwald S. 385; auch Breuer S. 25f.

[2] Vgl. zum Verlauf des niedersächsisch-dänischen Krieges Ritter III S. 316–325, 335–340, 362–367; an herausragenden Siegen wären zu nennen Wallensteins Sieg über Mansfeld an der Dessauer Brücke am 25. 4. 1626 (Diwald S. 343–345; Gindelý I S. 90; Mann S. 389f.; Ritter III S. 324), Tillys Sieg (mit Hilfe wallensteinischer Hilfstruppen) über Kg. Christian IV. von Dänemark bei Lutter am Barenberg am 27. 8. 1626 (Diwald S. 366; Mann S. 400; Ritter III S. 336–338).

wegen Ihre zur unzeit unnd mit unrecht[3] ergriffene wehr unnd waffen alß-balden niderlegen, ihre besaczungen in Wolffenbittel und Nieburg[4] unnd anderer ohrten auß diesen und anderen Craißen deß Heyl. Reichs, wo sie dieselbe noch haben, den negsten abführen, alles ihr geworbenes volckh licentijren unnd abdanckhen unnd solches Niemanden zu allerhöchstgedachter Ihrer Khay. Mayt. und des Heyl. Römb. Reichs Chur-Fürsten unnd Ständen nachtheyl unnd schaden yberlassen oder anweisen.

Ingleichem vors ander sollen höchsternante Khönigl. Wrd. zu Denemarckh-Norwegen deß bißhero angemasten Crayßobristen-Ambts[5] in disem löblichen niedersächßischen Crayß sich allerdings abmassen, enthalten unnd gänczlichen verzeihen, in betrachtung, dz die Auffwickhlung unnd verwirrung dises Craises darauß ervolgt; dardurch Fürsten und Stände desselben zu gueten theyl in alienation gegen merallerhöchstgedachte Ihre Kheys. Mayt. und an den Reyhen der Rebellion, Lanndt unnd Leuth aber in gegenwertige leydige devastation, verhergung und vor augen schwebenden ybelstandt gerathen.

Nichtweniger zum dritten: nachdem bewust unnd offenbahr, dz Ihre Khönigl. Wrd. von der Pfälczischen faction[6] mit den ansehentlichen Ercz- und Bistumben des nidersächßischen unnd westphalischen Craißes inescirt,[7] in die waffen wieder die Römb. Khays. Mayt. gelockht, angeführt und aufgetrieben worden, so sollen Ihre Khönigl. Wrd. für sich und Ihre Erben aller solcher Ercz- unnd Stüffter in beeden, den nidersächßischen unnd westphallischen Craiß, und im ganczen heyl. Römb. Reich, die seyen gelegen und beschaffen wo und wie sie wöllen, sich zumahl begeben.

Unnd weil zum vierten der vorgang, ursprung und anstifftung des erlangten Craißobristen-Ambts unnd Crafft desselben zur unzeit ergriffenen wehr und waffen und anderer obverstandenen, bey der zweyten condition angedeuten consequenzien, von deme der Königl. Wrd. zustendigen Fürstenthums Holstein und anderer von der Römb. Khays. Mayt. und dem heyl. Röm. Reich empfänglich herbrachten Reichslehen alß titulo usurpationis, invasionis unnd

[3] Festlegung der Kriegsschuld.

[4] I. e. Nienburg (Weser); vgl. Ritter III S. 364.

[5] Hg. Christian von Braunschweig-Lüneburg hatte am 9. 1. 1624 sein Kreisoberstenamt niedergelegt; nachdem der zum neuen Kreisobersten gewählte Hg. Friedrich Ulrich von Braunschweig-Wolfenbüttel die Annahme des Amtes abgelehnt hatte, wurde Kg. Christian IV. auf Grund eigener Initiative im März 1624 mit Mehrheit in das Amt des Kreisobersten gewählt (vgl. Ritter III S. 281–284).

[6] I. e. der Kreis um den geächteten Kf. Friedrich V. von der Pfalz.

[7] Diese Kausalverbindung ist falsch; Christians IV. Interesse an nordwestdeutschen Stiftern bestand unabhängig von seinen – nicht sehr intensiven – Kontakten mit dem Pfälzer Kurfürsten (vgl. auch Ritter III S. 239f.).

devastationis huius circuli ervolgt unnd causiert worden, so sollen sie ebenmesßig uf dzselbig ihr Fürstenthumb Hollstein renuncijren unnd vielallerhöchstgedachter Ihrer Römb. Khais. Mayt. arbitrio allerdings frey lassen unnd anheymbstellen, mit demselbigen Reichslehen nach außweißung deß Heyl. Röm. Reichs fundamental gesaczen, constitutionen unnd lehenrechten zu gebahren unnd zu verfahren.

Am 5. sollen sie auch zu volg deßen dero vestung Glückhstatt der Römb. Khay. Mayt. alsobaldt abtretten und einraummen.

Zum 6. und weil die Römb. Khay. Mayt. unnd deroselben assistierende gehorsambe unschuldige Chur-, Fürsten unnd Stände des heil. Römb. Reichs und andere Reichsgenossen mit sovielen unwiderpringlichen schäden eines unnöttigen Khriegs von Ihren Khönigl. Würden haben miessen eingewickhlet unnd eingeführt werden, so sollen Ihre Khönigl. Würden alle Khriegs-Costen, so auf beede Khayserliche Armaden Zeit werenden dieses nöttigen Khriegs ergangen, tragen und dieselbe der gepühr erstatten unnd refundiren.

Unnd zum 7., da Ihre Khönigl. Wrd. eine oder mehr praetentiones gegen Herrn Herczog Fridrich Ulrichen zu Braunschweig unnd Luneburg oder desselben angehörige Landt unnd Leüth zu haben vermeinen, die rühren gleich von Geldtanleyhungen, Pfandtschafften, hinderstendigen Contributionen, Khriegs-Khostspiltungen, Testamenten, Donationen oder andern Contrecten unnd titulen, wie die [etc.] ymmer nammen haben mögen, sollen Ihre Khönigl. Wrd. alle solche Ihre vermeinte actiones, spruch und forderungen durchauß fallen lassen unnd derselben sich begeben.[8]

Ebnergestalt zum 8. solten auch Ihre Khönigl. Wrd. villeicht dergleichen spruch unnd forderung gegen Herrn Herczog Christian zu Braunschweig unnd Luneburg, wie auch andere Fürsten, Stände und Stätte des nidersächßischen oder anderer Creisen des Heyl. Römb. Reichs zu praetendiren haben, sollen sie gleichmesßig darauff allerdings verzeichen.

Dahingegen aber zum 9. sollen Ihre Khönigl. Wrd. der grosen, unverderblichen Schäden halben, die sie hochgedachten beeden Herrn Herczogen zu Braunschweig unnd Luneburg, insonderheüt hochermelten Herrn Herczog Christian, so dan andern des Heyl. Römb. Reichs Chur-, Fürsten unnd Ständen mit schwerdt unnd feuer data opera zuegefüegt haben, mit der Beschädigten gutten begnüeglichen willen schaffen, damit sie schadloß gehalten werden unnd zue frieden sein khönnen.

Sodann vors 10. sollen Ihre Khönigl. Wrd. sich aller verbündnussen mit an-

[8] Die Passage bezieht sich auf Schulden des Hgs. Friedrich Ulrich bei Kg. Christian IV., die sich 1624 auf 300000 Reichstaler beliefen; für einen Teil dieser Summe hatte Christian IV. das Amt Syke als Pfand erhalten; vgl. Bricka/Fridericia Bd. I S. 310f. Anm. 3.

dern Reichen, provincien, Khönigen unnd potentaten umb Hilff, Rhat, Zusammenthueung der gemiether unnd waffen wider offtallerhöchstgedachte Ihre Römb. Khay. Mayt. unnd dero hochlöbliches Hauß Österreich heimblich oder offentlich ufzutreiben und zu nöttigen, ins khinfftig zu ebigen tagen enteusern, abmasßen und enthalten unnd Ihren von Gott verliehenen Khönigreichs mit Rhue, Friedt und einigkheit ihren berueff nach allein pflegen unnd abwartten.

Zum Ailfften sollen Ihre Khönigl. Wrd. sich des Sundts[9] in Ihrem Khönigreich inskhünfftig also gepranchen, wie es von Alters yblich gewesen und herkhomen und daryber besagende concordata vermögen, dahero alle Neuerungen und unherkhomene ufsäcz abschaffen, damit die Churfürsten, Fürsten unnd Stände des Heyl. Römb. Reichs, insonderheüt die Khönig, Fürsten, Hansse- und andere Stätte, so dabey interessiert, ohne clag und beschwerung und die commercia ohngespert sein und verpleiben mögen.

Zum Zwölfften und lesten sollen sie wegen aller obgeseczten Conditionen umb deren eingang unnd vester haltung willen einen starckhen, wol clausulierten Revers ybergeben unnd genuegsame Caution derentwegen laisten.

Signatum Lawenburg under beeder Kayserlicher Herrn Generaln subscription und Insiegeln, den andern Septembris 1627.

25. Kaiserliche Instruktion (I) für Schwarzenberg und Wenzel

Sorge des Kaisers für das Wohlergehen des Reichs; Beeinträchtigung des Handels der Hansestädte durch das Ausland; Vorschlag kaiserlicher Protektion des hansestädtischen Handels und Gründung einer spanisch beeinflußten Handels- und Schiffahrtskompagnie.

Hallwich, Fünf Bücher Wallenstein
III S. 214–216.

Wien, 4. September 1627

Instruction und Befelch, waß von unserentwegen und in unserm nahmen der [Titul.] Geörg Ludwig Graf von Schwarzenberg[1] und Johann Wenzel[2] [etc.] alß unsere Gesandten bei dem Rath der Stadt Lübeck oder wo eß son-

[9] Gemeint sind der Øresund und die den freien Handel behindernden Maßnahmen der dänischen Krone (Øresundzoll).

[1] Vgl. Nr. 8 Anm. 1.

[2] Wenzel, Johann (gest. 1640), 1601 Dr. iur., seit 1602 in ksl. Dienst, spätestens seit 1615 ksl. Rat und Reichshoffiskal, vom 17. 3. 1620 bis Februar 1630 erscheint er in den Präsenzlisten des RHR; 18. 11. 1624 erhielt er das Palatinat; vgl. Gschließer S. 205f.

sten der Negotiation einen guetten anfang zumachen am bequembisten sein wirdt, an: und furbringen, handlen und verrichten sollen.

Demnach nemblichen Jedermann, der uff Unsere bißhero gefüerte hailsambe consilia und werckh achtung geben, leichtlich sehen und wissen kann, dz Wir uns bey wehrender unserer Kay. Regirung nichts mehrers angelegen noch liebers sein lassen, alß wie Wir die uns abgenöttigte Waffen wider unsere pflichtvergessene Rebellen, Feind und Widerwerttige also gebrauchen möchten, damit enttlich unsere und deß H. Röm. Reichs getrewe underthanen an ihrer zeitlichen wolfarth auf: und zuenemben, wir ihnen auch alle zuetregliche guette Mittel und fuerschub darzue an die Hand geben kondten, nun aber weldtkundig seye, massen solches dann die Erfarnheit selbst an tag gegeben hette, dz, alß bei Lebzeitten unserer negsten Antecessoren am Reich, weiland Kayser Rudolffs und Matthiaßen, christmildseligster gedechtnuß, vielfelttig geclagt worden, waß gestalt die erbare teütsche Anseestedt[3] durch allerhand von außlendischen Kaufleuthen eingefüerte hochverbottene monopolsche Handlungen[4] von einer geraumben Zeithero nit allein mercklich gedruckt, sondern ihnen auch von frembden Potentaten die freie Schiffarth und Navigation gespert, ihre schiff mit gewalt uberfallen, dieselbe geplundert und in grundt geschossen, also auch erstberüerte Navigation in viel andere Weeg gehindert und aufgehalten,[5] die commercia aber damit in frembde Hendt[6] gebracht worden, worbei nun ezlich wenige Particular-Personen ihren Vortl und aignen Nuzen gesuecht und erlangt, dz Universalweesen aber alß die ge-

[3] I. s. die Hansestädte.

[4] Vgl. zum Niedergang der Hanse Dollinger S. 426, 435–444; Schildhauer S. 238–251; der Monopolvorwurf richtet sich besonders gegen die Merchant Adventures – vgl. Dollinger S. 442: „Lübeck suchte indessen, dem Umsichgreifen des englischen Handels Einhalt zu gebieten. Es fiel ihm nichts Besseres ein, als sich an Kaiser Rudolf II. zu wenden und die Merchant Adventures zu beschuldigen, sie maßten sich unter Verletzung der Reichsgesetze ein Monopol an. Es erreichte sogar einen Reichstagsabschied, der die Engländer auswies, den aber der Kaiser in diesem Augenblick lieber nicht unterzeichnete"; vgl. zu den ksl. Mandaten von 1582 und 1594 Schildhauer S. 249.

[5] Zu denken ist u. a. an die Schließung des Novgoroder Peterhofes 1494 (vgl. Dollinger S. 380, 402f.; Schildhauer S. 240), an das Aufbringen von sechzig hansischen Schiffen vor Lissabon im Jahre 1589 durch die Engländer (vgl. Dollinger S. 443; Schildhauer S. 245), an die Kaperung der 'Adler von Lübeck', hamburgischer und Stralsunder Schiffe 1591 (Schildhauer S. 245), die Schließung des Londoner Hansekontors am 13. Januar 1598 (Dollinger S. 443; Schildhauer S. 249f.), an die Behinderung auch des hansischen Handels durch den Øresundzoll, an die handelspolitischen Maßnahmen der Niederlande, Schwedens, Rußlands (vgl. Dollinger S. 435–444; Schildhauer S. 238–251), Spaniens (vgl. Ritter III S. 378f.), an die Beschränkung des hansischen Handels in Dänemark, Norwegen und Island (vgl. Dollinger S. 469; Schildhauer S. 257).

[6] Gemeint sind vor allem die Merchant Adventurers; vgl. Anm. 4.

maine Anseestedt hierunter mercklich gelitten und in abgang ihrer Nahrung und Handlß geratten müessen, gestalt ihnen also nicht ohne sonderbaren spott teutscher Nation dz Brodt von außlendischen Monopolisten gleichsamb vor dem Maul abgeschnitten,[7] ja woll eines theilß die Stedt von dem H. Rom. Reich ganz getrennt und abgesondert werden wollen,[8] welchemnach und damit obberuerte Anseestedt im Werckh befinden und verspürren mögen, daß Wir unsers theilß ainige gelegenheit, dadurch denselben widerumb uf die bein geholffen und sie zue ihrem vorigen flore wider gebracht, der edlen teutschen Nation auch ihre vorige authoritet reducirt und erhalten werden kondten, gar nicht zuverseumben gedenckhen:

Alß hetten Wir es dahin zurichten uns angelegen sein lassen, wie sie sich hinfüro nicht mehr under frembder, sonder unserer, alß ihres Kaysers, rechten Herrns und Oberhaubtts, protection in eine weith nuzbarere und rechtmeßige Geselschaft zue fortstellung ihrer Commercien begeben und dardurch die volkombene, bestendige Freiheit ihrer Navigationen und Handlungen widerumb recuperiren möchten.

Wann wir dann guette nachricht, daß die spanische Schiffart daß vornembst Mittel gewesen und jederzeit darfur gehalten worden, dardurch vor Zeitten die Stadt Lubekh und andere Stedt in sehr wolgedeilich und großes aufnemben komben,[9] und sich nun aniezo solche Mittel eraignen, dardurch diese Schiffart nicht allein wiederumb an: und sicherlich fortgestelt, sondern der trafico auch mit sonderbaren Nuz und Fromben des gemainen Weesens, auch eines jeden privati, welcher dieselbe media ergreiffen und eingehen wirdt, mehr und besser alß jemahlß befordert werden kondte: alß hetten Wir allein auß sonderba-

[7] Gemeint sind vermutlich die Merchant Adventurers mit ihren Stützpunkten Emden, Stade, Elbing (vgl. Dollinger S. 441 f.); zu nennen ist auch die Gründung Glückstadts (1616/1617) durch Kg. Christian IV. (vgl. Dollinger S. 469; Schildhauer S. 257).

[8] Gedacht ist möglicherweise an die fortschreitende Lösung der nicht zum Reich gehörenden Ostseeraum-Hansestädte vom Hanseverband – z. B. der livländischen Hansestädte (u. a. Zerstörung Dorpats 1558 durch Iwan den Schrecklichen resp. die Einbeziehung Livlands in den schwedischen Herrschaftsbereich – vgl. Dollinger S. 435–437, 472 –, Elbings – vgl. Dollinger S. 435–437 –, schwedische Zollerhebung an der preußischen Küste – Dollinger S. 472).

[9] Der spanische Handel der Hansestädte war seit langem gestört durch die spanisch-niederländischen Auseinandersetzungen, die spanisch-englischen Divergenzen (Kaperung hansischer Schiffe 1589, 1591), die spanischen staatlichen Handelshemmnisse gegen die Hansekaufleute; vgl. Dollinger S. 443; Ritter III S. 378 f.; Schildhauer S. 244, 257.

Zu den kaiserlich-spanischen Seemachtplänen vgl. Nr. 8 Vorbemerkung und Anm. 9 sowie Dollinger S. 470; Hroch S. 136; Mareš I, II; Ritter III S. 354, 376–379, 381 (zu der vorliegenden Instruktion S. 378); Schildhauer S. 260.

rer uns darzue bewegender Kay.[er] affection, Lieb und zunaigung, so Wir gegen die gesambte Ansee und andere Stedt jederzeit getragen, zue widerbringung vorigen Wolstands daselbst diese Absendung fürzunemben uns gnädigst entschlossen, damit sie von unsern Gesandten eben diejenige Mittel, wie und welcher gestalt nemblichen ein rechtes Admiraldasco und gesellschafft anzustellen und worauff dieselbe beruehen, anhören und vernemben, darzue sie ihres theilß auch wolqualificierte Leuthe und Personen, so der Schiffarten und Commercien khundig, verordnen khendten und wolten, welche solches alles mit den Gesandten der notturfft nach handlen und tractiren möchten, da dan Unsere Gesandten ihnen nitt allein die Nutzbarkheitten dieses Werckhs außzufüeren, sondern auch, nachdeme die Sachen beschaffen sein und befunden werden, uff deren ettwo entgegen fuerenden scheins Einwurff zu andtwordten hetten, ihnen benebens woll zuvernemben geben und deduciren kondten, waß für ein underschied under diesen, alß einen rechtmeßigen und mit Unseren Consenz unter Unserer, alß ihres Kaysers und Herrn, Schuz und Protection eingangener und bestendig aufgerichter gesellschafft und einer frembden monopolischen Handlung seie, daß auch solches nit in Wordten bestehen thue, wie dan unsere Gesandten von uns gevolmechtigt weren, alßbalt der Sachen einen würcklichen anfang zumachen, waß auch also in gehaltener Conferenz abgehandelt, zugleich ins Werckh zusetzen und die ihnen angedeutte Nuzbarkheitten würcklichen darzutun.

Es werden Unsere Gesandten auch, waß ettwo die Stadt Lübeckh oder sonsten ein oder die andere Stadt für particular Interesse hierbei haben möchte, ihnen für augen zustellen und entlichen alles und jedes dahin zurichten wissen, damit unsere gnädigste Intention zue Einfüerung obangedeuter Gesellschaft und Admiraldasco under Unserer Direction ihren erwünschten Effect erlangen möge.

Alßdan Unsere sonderbare gnädigste Zuversicht zue ihnen gestellt ist, und waß sie allso einen oder anderen orths verrichten werden, darvon sollen sie Uns, so oft es die Zeit leiden würdt, ihr außfüer: und umbstendlichen relationen thuen, dero Wir in genaden, denen sie uns ohne dz wolbeygethan haben, ehestes gewerttig sein.

26. Kaiserliche Instruktion (II) für Schwarzenberg und Wenzel

1. Geplante Handelskompagnie unter spanischem Einfluß mit Einschluß von Hansestädten, letzterer Privilegien; 2. Wahrung ksl. Interessen bei der geplanten Handelskompagnie; ksl. Direktorium; 3f. Verhandlungen sind zu führen mit Lübeck, anderen Städten sowie Einzelpersonen; 5. Aufbau einer Flotte unter ksl. Flagge; Handlungsvollmachten der ksl. Gesandten; Benachrichtigung des Kaisers; 6. Zollstationen und Zollerhebung;

7. Warenpreise; Handelsprivilegien für Mitglieder der Handelskompagnie; 8f. Maßnahmen gegen Rebellen und Reichsfeinde; 10. Ausbau der Handelsgesellschaft.

Hallwich, Fünf Bücher Wallenstein III S. 216–218.

Wien, 4. September 1627

Anderte Instruction unnd befehlch, wie weit unsere Gesandten bei wurklicher bestellung einer Geselschaft mit dem spanischen Admiraldasco zugehen;[1] nemblichen und zuvorderist sollen dieselbe dahin trachten und ihnen in alle weg angelegen sein laßen, damit sie die Stadt Lubekh und andere Anseestedt bei dieser Tractation, wie sie es am besten befinden werden, dergestalt woll disponirn und faßen, auf dz sy in erweg: und empfindung deß auß besagter gesellschaft und Admiraldasco erwachsenden Nutzens für sich selbst von frembden Intelligenzen abzustehen bewogen werden und also hernachmalß dieses Werckh neben Uns zudefendirn und gegen frembde Potentaten und Herrschaften außzufüeren animirt werden. Massen Wir Uns dann gar nicht wolten zuwider sein laßen, dz solches Werckh, wo nicht gar in aller der Teutschen Anseestedt, doch ezlicher derselben, welche sich in diese Geselschaft begeben wierden, habende privilegia einverleibt und von Uns alß einem Rom. Kayser bestettigt werden solten.

Vors andere hetten die Gesandten bei dieser Tractation insonderheit uff unsere Kay.[e] Hoheit und reputation, auch alßdann, wie Unser Einkomben dardurch vermehrt werden mochten, ihr absehen zu haben, und zwar es dahin zurichten, daß zue erhalttung Unserer Hoheit kein andere Direction, so viel die Commercien sowoll auf der Teutschen[2] alß Ostsee anlangt, alß allein Unsere zuegelaßen, dahero auch khein andere Dependenz, es wurden nun die Offiziere, so ettwo zue dieser Geselschafft gebraucht werden, betreffen oder aber dz jus extremae provocationis (wann nemblichen die Commerciensachen und dannen rüerende Strittikheiten von denen Geselschaften selbig nicht verglichen oder hingelegen werden kondten) alß ainig Uns alßdann gestattet und zugelassen werden.

Wir geben drittens auch Unseren Gesandten allen vollkombenen Gewalt und Macht, nitt allein mit mehrbesagter Stadt Lubekh, sondern auch mit anderen Stedten, die man Uns und dem Werckh gewogen zusein befunden oder leichtlich zugewinnen sein werden, ingleichen mit Particular Handelßleuthen und anderen Personen zue bestellung der Correspondenz und aufrichtig vorangeregter Compagnien zutractiren auch zu facilitirung dieses Werckhs,

[1] Vgl. Nr. 32; vgl. zu dieser Instruktion Mareš II S. 51–53.
[2] Gemeint ist entweder die gesamte Nordsee oder die 'Deutsche Bucht'.

andere an ihrer stat zusubstituiren, wie auch sonsten die richtiste Mittl und weeg, welche zue Beforderung dieser hochnothwendigen Correspondenz in Commercien mit dem spanischen Admiraldasco dienlich, fur: und an die Handt zunemben.

Wann also zum Vierdten mit einer oder mehr Stedten die Sach albereith abgehandelt und weitter vonnötten sein wirdt, eine würckliche Verfaßung aufzurichten, sollen und mögen Unsere Gesandten alßdann Personen zue denen Consulaten und anderen hierzue nothwendigen officien erkhiesen, dieselbe in Unsere Pflicht nemben und installiren, auch, der darzue gezogener Handelßleuth guettachten nach, waß sonsten zue beforderung dieses Werckh furtreglich und weitter vonnöten, fortstellen.

Was aber furs funffte die bestellung beeder, der Kriegs- und Handelßschiff, anlangt, werden Unsere Gesandten mit denjenigen, welche sich hierzue gebrauchen lassen wollen, uf Unsere gste. ratification handlen, und dieweil solche Schiff uff des Khonigs zue Hispanien L. uncosten und doch unter unserm stendardo zue: und aufgerichtet werden sollen und also in allweeg ein notturfft sein wirdt, dz eh dann Unser stendardo auf die See gebracht, Wir dahin sehen und die gemeßene Verordnung thuen mögen, wie solches mit Unserer reputation beschehe, weil, zumahl die Sach new und alles an dem Anfang vornemblichen gelegen, so sollen Unsere Gesandten alles dzjenige, waß also gehandlet und geschlossen sein wird, Uns alßbald, auch, da es die notturft erfordert, mit aignem Currier berichten und unserer gst. resolution darauff erwartten.

Wir geben auch pro sexto hiermit unsern Gesandten Gewalt und Macht, dz sy wegen der auflauffenden uncosten, so zue Bestellung und erhalttung obberuerter Schiffungen, auch befestigung der Pläz und Quarnirung derselben sowoll der könfftigen Underhalttung halber, von dem spanischen aldortten anwesenden ministro (wie man sich vorhero darzue erbetten) begern und mit demselben derentwegen handlen sollen.

Anreichend ferner und am siebendten Unseren dannenhero erwarttenden Nuzen, sonderlich die Zöll und Mauthen betr., werden Uns Unsere Gesandten nicht weniger mit guettachten vorhero zuberichten wissen, wo und an welchen Orthen sie befinden werden, dz solche Mauthen und Zöll anzustellen, auch wie und welcher gestalt solches geschehen möge, item waß uf die Mercantien Wahren und güetter, so auß und eingehen, zuschlagen sein mochte.

Wie dann auch Unsere Gesandten nach verstendiger Handlßleuth guettbedunckhen zuvorderist den Preiß der Wahren außsezen und solches mit in die Vergleichung, so mit ihnen, den Handlsleuthen, gemacht wirdt, auch benebens dieses mitt einbringen, daß derjenige, so in der Compagnia sei, von allen Auflagen allerdings befreiet, derjenige aber, so in der Geselschaft nicht begriffen, ein gewisses darvon zugeben verbunden und schuldig sein solle, welches alles, weil es den Compagnien zum besten kombt und dz man ihnen hierbei ainigen Ergriff mehr thuen werde, gerichtet, so werdens ihnen die Stedt, welche sich in diese Societet begeben, nit lassen zuwider sein, auch für keinen Zoll anziehen, waß also der Mercantien halber abgeredet, verglichen und Uns gleichsamb zue recompenz Unserer tragenden Protection geraicht wirdt.

Eß sollen und mögen achtens auch vielg.[e] Unsere Gesandten, uf welcher Orth und Enden sy erfahren werden, dz Unserer Rebellen oder Feind Guetter anzutreffen und zufinden, Arrest darauf schlagen oder durch die ihrige dieselbe arrestirn, an: und aufhalten lassen, deßgleichen fürs neunte, da man genuegsamb berichtet, dz in Mercanzien und Handlßsachen ettwo ein Falsch wider des H. Reichs constitutiones begangen, dessen sich die Kaufleuth beschwert befunden, derselben Personen, Wahren und Güetter sollen und mögen Unsere Gesandten gleichsfalß anhalten lassen und alßdann Uns die aigentliche Beschaffenheit mit guettachten berichten und Unsere gst. Resolution darauf gewerttig sein.

Nichts weniger sollen sie zum Zehenden fleißige aufacht haben, waß Wir ettwan ferner bei solcher Geselschafft fur nuzen schaffen und erlangen kondten, sodann waß zue dem Ende für Factorien und wie dieselbe mit Unserm fromben und ohne schmellerung Unserer Kay. reputation anzustellen sein mochten.

Schließlichen, obwoll diese Unsere Instruction und Plenipotenz deren Particularverrichtungen, welcher man sich an ietzo ungefehrlich erinert, Unseren Gesandten zugestelt worden, so ist doch solches mit dieser Bescheidenheit beschehen, dz, wo es die Zeit und Orth erleiden konnen, uns nitt allein allerunterthenigist referiert, sondern auch Unsere Order daruber erwarttet werden solle.

27. Kaiserliche Instruktion (III) für Schwarzenberg und Wenzel

Informierung Wallensteins über die geplante Handelskompagnie; Auftrag, enge Verbindung mit Wallenstein zu halten; Eroberung eines günstigen Ostseehafens; Besetzung der Mündungsgebiete von Weser, Elbe, Ems.

Hallwich, Fünf Bücher Wallenstein
III S. 218f.

Wien, 4. September 1627

Instruction und Befehl, waß der [Titulatur] Georg Ludwig Graff zue Schwarzenberg und der [Titulatur] Dr. Johann Wenzel von Unserentwegen und in Unsern nahmen bei dem [Titul.] Herzogen zu Friedland, den spanischen Admiraldasco betr., anbringen, handlen und verrichten sollen.[1] Nemb-

[1] Vgl. Nr. 32, auch 33 sowie Mareš II S. 53.

lichn, sobalt dieselbe alle Unsere zue obberuerten Werckh gehörige instructiones und Schreiben empfangen werden, sollen sie sich von hinnen des ehisten erheben und den negsten zue Unsern Kay. Feldtlager undt erstg. Herzogs zue Friedland L. begeben, deroselben, waß sie dits orths in befehl haben, auch alles und jedes, waß bißhero wegen beruertes spanischen Admiraldasco furgangen, umbstendlich communiciren, auch dz sie in specie befelcht seien, mit Sr. L. hinfüro von allen, waß in dieser Sachen weitter furgenomben, tractirt und geschlossen werden mochte, fleißig zu correspondiren und diese Communicationen zu continuiren.

Und weill Unsere gste. Intention vornemblich dahin gerichtet, dz bei der iezigen occasion, zumahl aber denen glückhlichen progressen Unserer Waffen beruertes Werckh befordert werden möchte, Alles aber an dem gelegen, daß dahn vor allen Dingen getrachtet werde, damit man sich erstlich eines bequemben Seeporths und wo möglich der Stadt Wißmar bemechtigen und dardurch die Navigationen assecuriren kondte, alß werden Unsere Gesandten deß Herzogs L. solche Unsere Intention andeutten und dieselbe, weil Wir wissen, daß sie hierzu ohne dz geneigt sein, darzue von Unserentwegen noch zue allen Uberflueß beweglich vermahnen.

Weill auch an denen Elb: unnd Weeser Strömben und derselben ostiis zue erhalttung angedeutter Unserer Intention am meisten gelegen, alß sollen Unsere Gesandten mit ehg. Herzogen zue Friedland L. ferner conferirn und eß dahin zurichten, dz die Impresa zwischen Ihro und dem [Titul.] Generalen v. Tilly also angestelt werden möchte, dz sie die ostia der Elb und Weeser versehen und besezen, der von Tilly aber die Grafschafft Oldenburg und die Ufer und Strömb der Grafschafft Embden biß zur Weeser und iren sehen der Winter Quartir assecurirn und besezen wolten.

Wie Unsere Gesandten in ein und andern den Sachen Unserer zue ihnen gestelten gst. Zuversicht nach recht zuthuen und nach gepflogener fleißiger communication des ganzen Werckhs, im ubrigen alßdan ihre Commission ihrer bekhandten Dexteritet nach anderer orthen weitter besten vleißes fortzustellen werden wissen, denen Wir mitt allen Kay. genaden wollbeygethan sein und verbleiben.

28. Schwarzenberg an Khevenhüller[1]

Positiv verlaufene Unterredungen mit Wallenstein und den Vertretern der Städte Magdeburg, Hamburg und Rostock; noch kein Gespräch mit Vertretern Lübecks; scharfe Kritik an Versuchen, die ksl. Macht zu schwächen (Mühlhäuser Kurfürstentag); Notwendigkeit

[1] Franz Christoph Gf. Khevenhüller (21. 2. 1588–13. 6. 1650), 1616 bis 1631 ksl.

eines militärisch starken Kaisertums; Friedensverhandlungen mit Dänemark; positive Bewertung wallensteinischer, Ablehnung zu erwartender Mühlhäuser Vorstellungen; Befürwortung starken Kaisertums; positive Bewertung Wallensteins. – PS: Militaria, sich daraus ergebende Möglichkeiten – und Notwendigkeiten – für den Kaiser resp. Spanien.

Hallwich, Fünf Bücher Wallenstein III S. 237–239.

Itzehoe, 20. Oktober 1627

[Bezug auf Schreiben Khevenhüllers vom 8. 10. 1627] Bericht E. Lden endtgegen, dz ich Herrn General Herzogen zu Fridlandt vor Rensburg[2] gefundten, und haben Ihr Frtl. gn. mein gehorsamen Vortrag,[3] Bericht und eingewenten rationes also aufgenomen, dz ich anderst nit verspiere, alß dz sie alle förderung und vorschub unserer negotiation zu geben, auch alß Ihr aigne condota solcheß zu ende zuvolfuhren helfen werden: an welchem dan dz Maiste gelegen. Und finde ich die Stätt, alß Magdenburg, Hamburg und Rosstokh, alß mit welchen bey ihren Mitgliederen zu anticipiren die gelegenheit sich begeben, auch gancz wol gewogen, dan diselben ihr Aigneß leicht begreiffen, dan sie erfahren und haben genüegsameß wissen, dz ihr erhaltung allein an einer bestendigen correspondenz mit Spanien khan bestehen und ihr auffnemen darauß wider erwachsen. Nuhn thuet unß Gab. de Roy[4] manglen, damit wir der sachen zu Lubekh den Anfang machen, derselbe aber Herrn Generals Frtl. gn. auch seineß theyls informire und die media zu aller facilitirung vorhero endtekhe, auch die schiffausrichtung nach under- oder abgereter sachen bestölle. Wan diß beschehen, khan ich nit ersehen, waß unß hindern khönte, dz Ihr May. nit die belohnung von sovilen Ihnen von gott verlihenen Victorien erlangen solten; es were dan sach, dz Ihr Herren selbsten dz werkh denen vertrauen wollet, die anderst nichts suechen, alß der Khay. Hocheit gesecz zu geben und dem Khay. nichts anderß alß den Namen begeren zu lassen und ihnen aber alle jura zuzuziehen; wie sich dan, nach meinem wenigen erachten, so suße und ubergolte Rahtschlag zu Milhausen[5] werden endtekhen, die vol-

Gesandter in Spanien; Verfasser der Annales Ferdinandei (9 Bände, Regensburg und Wien 1640–1646; 12 Bände Leipzig 1721–1726); vgl. ADB 15 S. 706; NDB 11 S. 569f.; Mann S. 21f.

[2] Rendsburg war am 16. Oktober von Wallenstein eingenommen worden (vgl. Diwald S. 387; Ritter III S. 365).

[3] Vgl. Nr. 27 in Zusammenhang mit Nr. 25f.; zum Verlauf der Gesandtschaft vgl. Nr. 8 Vorbemerkung; Ritter III S. 377–380.

[4] Mehr als der Name Gabriel de Roy war nicht zu ermitteln.

[5] Gemeint ist vermutlich der am 18. Oktober eröffnete Mühlhäuser Kurfürstentag (vgl. Diwald S. 401; Gindelý I S. 260–286; Ritter III S. 370–374; Suvanto S. 40f.).

ler erbietung und erzeigungen werden den schein haben, aber wan man under dem schein, den Friden zu fordern, den Churfürsten in Bayern wirt armiren, das khay. exercitum ringern (dahin den iederman thrachtet) oder wol gar auß den waffen bringen: so dan werden sie die larvam abzihen. Carolus quintus, alßbalt er die waffen auß teutschlandt gewendet, ist er umb dz Khayserthum khommen. Ferdinandus und Maximilianus [6] hat man nie zu den waffen gelassen, derwegen eß den schlechten weg in der religion, in der Justiz und in dem politischen genomen, welchen Rudolphuß; [7] so lang gebössert, alß er armatus gebliben; wie aber auß Anstifftung der simulirten Freunde er mer den Verhaissungen alß seinen Waffen getrauet, sein darauß die Zerritungen erwachsen, daran wir noch zu bössern und aufzulösen haben. Hier erwindet nit wenig, sondern die Conservation der ganzen Christenheit, heyl und erhaltung. Die Milhausisch Zusamenkhonfft ist khein Churfürstl. Colegialtag, sondern ein Reichßtag oder Reichsversamlung ohne den Khaiser; dan eß finden sich daselbsten nit allein die Churfürsten und dero abgesanten, sondern auch abgeordnete von Reichs- und Calvinischen Lumpenstetten,[8] geschweige der Fürsten, die dazu nit gehörig. Ja gar der englische in Hamburg sich findende embaxador Amstreuder [9] begehret dahin zulangen. Waß sich nuhn consultando und concludendo khan erzeigen und eröffnen, dz darff die Zeit nit geben, sondern ist auß der pluralitet der daselbsten versamleten leicht zu schliessen, quod erit consilium contra dominum et contra Christum eius. Die sich nuhn anderst persuadiren, die werden sich nach meiner Sorg gewiß betrogen finden und erfahren, dz die gar zu grosse confidentz mer schaden alß Nutzen khan geben. Daß man aber den Friden gancz solle ausschlagen und ein ungewissen Ausgang deß khrieges einem sichern friden solle vorzihen, diser Mainung bin ich nit, sondern halte vor nucz- und erforderlichen, reputirliche und nuczliche Fridenßmitl zu ergreiffen, aber nit dergleichen, alß wir von den Milhausischen Vorschlegen zu hoffen, sondern in diser gestalt und weise, wie Ihr Frl.

[6] Gemeint sind die Kaiser Ferdinand I. (10. 3. 1503–25. 7. 1564, 1526 böhmischer König, 1531 König des Heiligen Röm. Reiches, 1556 Kaiser; vgl. ADB 6 S. 632–644; NDB 5 S. 81–83) und Maximilian II. (31. 7. 1527–12. 10. 1576, 1562 König des Heiligen Röm. Reiches, 1564 Kaiser; vgl. ADB 20 S. 736–747).

[7] Gemeint ist Ks. Rudolf II. (18. 7. 1552–20. 1. 1612), 1572 Kg. von Ungarn, 1575 Kg. von Böhmen, Kg. des Hlg. Römischen Reiches; 1576 Kaiser; vgl. ADB 29 S. 493 bis 515.

[8] Die Reichsstädte Straßburg, Nürnberg, Frankfurt am Main und Ulm hatten Vertreter zum Kurfürstentag entsandt (vgl. Gindelý I S. 268f.).

[9] Anstruthers Anwesenheit war insofern sinnvoll, als es beim Kurfürstentag u. a. um die causa Palatina ging, in der der englische König auf Grund seiner verwandtschaftlichen Beziehungen als Schwiegervater des Kf. Friedrich V. von der Pfalz engagiert war.

gn. Herzog zu Fridlandt vorgeschlagen haben oder noch proponiren werden,[10] dan von disem, waß zu Milhausen oder geschlossen oder vorgeschlagen werden khan, werden Ihr May. den Chur- und Fürsten, auch dem gesambten Reich den Dankh geben und uberreichlich bezahlen miessen; da aber Ihr May. vor sich selbsten, dz ist durch die Ihrigen, den Friden dem Reich erwerben, so ist dzselbe endtgegen zu dankhen schuldig, und verbleiben die Mitl Ihr May. in henden, durch welche Ihr May. Ihre verseczten landte khonnen theyls auslosen oder doch Ihre Soldatesca etlicher Massen befridigen, welcheß alleß Ihr May. sonsten wirt benommen sein und solchen zugeteylt werden, welche zu der khay. geringen Hocheit die gegenwertigen Zusamkhonfften erwekhet haben. Man vertraue sich Ihr Frtl. gn. von Fridtlandt, dessen Eyfer grosser ist, Ihr May. Hocheit, Nutzen und aufnemen zu fördern, alß Ihr Euch Herren thuet einbilden; so versichere ich sie, dz Ihr May. und Ihreß Erczhauseß privatum und deß Reichs publicum nit wirt leiden, sondern oder mit khriegen oder componiren aufnemen.

Diß habe E. L. ich dienstlichen wollen wider berichten und sie bitten, sie wollen nit allein vor sich selbsten unsern standt etwaß beherzter betrachten, sondern auch Andere dahin vermögen und sie erindern, dz wir bey unsern pflichten schuldig sein, unsern Herrn und Khaiser in den Allerhöchsten Thron diser welt zu setzen helffen und unß bemiehen, bey solcher Autoritet zu manteniren, und unß weder throhen noch verheissungen lassen abwenden. Zu disem werden nit vil miliones erfordert, ein einzige resolution ist vonöten; bey derselben verharrend, wirt die Zeit dz ubrige alleß finden. E. L. wollen mein auß threuem gemieth obgestelte eröffnung, wie sie gemeint, beherzigen und sich meiner beflisenen Dienst bestendig versichern. [Datierung; Grußformel.]

[PS:] Waß die succesus der Khay. victoriosischen waffen sein, die werden E. L. von Andern verstanden haben. Alle zu beschreiben, habe ich nit Zeit. Paucis: Alleß, waß in terra ferma, ist in Ihr Khay. May. handen diserseits der Elbe, ausser Glikhstatt und Khrempen.[11] Die wurden sich aber nit lang halten, wan die nassen Wetter wurden Zeit lassen; dan dieselben vesten in diffem landt stehen und in dz wasser könen gesetzt werden. Vileicht ist bey dem Eyß etwaß zu tentiren. Jenseits deß Tilli ist Staden und Buxdehode,[12] sonsten, were mer landt gewesen, were man ungezweifelt weiter gerukhet. Will nuhn der Khaiser monarcha sein, nit mit dem Namen, sondern in dem Werkhe, sein Hauß, so lang yme gott sein terminum wirt gonen, uff den hochsten Staffel der grandeza, sicherheit, Reichtumb erheben, alle emulos ohne Rumor stillen, alle

[10] Gemeint sind Friedensverhandlungen mit Dänemark (vgl. Nr. 24).

[11] Glückstadt und Krempe.

[12] Stade und Buxtehude.

feindt uberwinden, so uberwinde er den Denen[13] biß zu Eroberung deß Sundts,[14] und darff der Khaiser merer nichts alß ein resolution und: sic volo. Khönig in Spania muß per raggion de estado sein Armada pro diversione in die sehe[15] setzen, dieselbe umb Engelandt und Holandt laviren lassen, also ein Diversion geben, die Donkherkher[16] schieff hiehero, wozu sie voneten, senden und dem Volkh, so in Denmarkht setzen solle, ein Monatsolt bezahlen, auch die mitl zu etwaß proviant und munition strakhs heraußrichten, welcheß alleß ein Milion ducados khan betreffen, so ist eß gescheen. Der Khaiser aber tractire den Herzogen von Fridlandt wol und animire ihne, glaube ich genczlich, gott wurde zu allem Obstehenden sein segen nit abziehen. E. L. verzeihen mein Eyl, betrachtenß zu dem offtern, waß ich berichte, und communiciren eß mit den Herrn Gehaimen und (so sie eß guet befinden) mit Herrn grafen von Trautmanstorff, auch mit baider guetachten mit Ihr May. selbsten. Damit thue E. L. ich mich dienstlichen bevehlen.

29. Auszug aus dem kursächsischen Protokoll der Beratungen des Mühlhäuser Kurfürstentages

Titulatur für Wallenstein.

Gindelý I S. 282–284

[Mühlhausen] Oktober 1627

[Mainz bringt zur Berathung, wie man die neuen Fürsten titulieren solle: er wisse,] dass der Herzog zu Friedland mit den Fürsten des Reichs derohalben competiere, und da man sich nicht nach seinem Willen accommodieren wolle, dasselbe empfinde, daher von Nöthen, dass diesfalls ein gewisser Schluss gemacht werde. Es stelle also Ihre Kurf. G. zu der Kurfürsten und Gesandten Beliebung, ob man sich hierüber wolle vernehmen lassen.

[Trier:] Halten dafür, dass zu Erhaltung der Kurfürsten Respects zwischen den alten fürstlichen Häusern und zum Fürstenstand neu erhobenen billig ein Unterschied zu machen. Weil das ganze Collegium an ihn schreibe, sollte die Wort 'Herr und Freund' nicht gebraucht werden, sintemal viel höhere Häuser einander solchen Titul nicht geben, desgleichen sollte Ihre kais. Mt. zu erinnern sein, nachdem solche zum Fürstenstand Neuerhobene nicht in die Reichs Matricul gebracht, dass sie nachmaln dazu möchten angewiesen werden.

[13] I. e. 'der Däne'.

[14] Gemeint ist der Øresund; vgl. zu dieser Passage Ritter III S. 378.

[15] I. e. „in die See".

[16] Dünkirchen.

[Köln ist der Meinung,] man sollt ihnen mehr nicht als 'besonders lieber Freund' schreiben, da er damit nicht wolle content sein, sollte mans an kais. Majt. gelangen lassen und um Verordnung bei dem Herzog ansuchen.

[Baiern:] halten billig zu sein, dass zwischen den alten und neuen Fürsten ein Unterschied zu machen, und den neuen nicht eben mit solchem Prädicat wie alten fürstlichen Häusern zu begegnen. Was den Herzog zu Friedland betreffe, geben sie dem kurf. Collegio keine Ordnung, wie sich dasselbe der Titulatur halben bezeigen wolle: Kurbaiern schreibe ihm 'freundlicher lieber Oheim und E. L.', wollten sich deme accommodieren, wie es für gut befunden würde, sonsten aber bei ihrem Titularbuch bleiben.

[Sachsen:] Ihr Dhlt. hielte gleichergestalt billig zu sein, dass zwischen den alten und neuen Fürsten ein Unterschied zu machen, hätten bis anhero dem verstorbenen Fürsten von Liechtenstein und Herzog zu Friedland geschrieben: 'Hochgeborner, insonders lieber Herr und Freund', das Wort 'E. L.' zwar gebraucht, aber doch selten, darbei es der Herzog zu Friedland verbleiben lassen und nichts gestritten, folgte aber daraus nicht, dass kurfürstl. Collegium ihme eben also schreiben müsse, sondern stünde dahin, wie man sich dessen vergleichen werde. Von Kur-Trier sei Erwähnung geschehen, weil viel neue Fürsten vorhanden und nicht in die Matricul gebracht, dass Kais. Mt. derohalben zu erinnern, solches bedürfe Nachdenkens, dieweil aber die Vorsitzenden sich darauf nicht vernehmen lassen, liessen es Ihr Dhlt. bis dahin gespart sein.

[Brandenburg:] Es sei zwischen alten und neuen Fürsten billig ein Unterschied zu machen, wäre auch zu wünschen, dass deren Titulierung halben in diesem kurfürstl. Collegio ein allgemeiner Schluss erfolgen könnte. Ihre Durchl. zu Brandenburg hätte dem Herzog zu Friedland geschrieben 'dem hochgebornen Fürsten, unserm besonders lieben Freund'. Derselbe aber zu Wien es geahndet und sich uf andere berufen, die ihn höher hielten. Ihre Dhl. wäre von diesem Stylo noch nicht abgewichen, do was anders für gut angesehen würde, wollten sie es referieren. Es falle dergleichen Streit auch sonsten für, do auswärtiger Potentaten und anderer Gesandten wohl den Kurfürstlichen vorzugehen sich unterstünden. Es sei Ihrer Dhlt. angemuthet, dass sie Könige, denen sie sonst 'Durchleuchtig' geschrieben, 'Durchleuchtigst' titulieren sollte.

[Mainz:] Ihre kurf. Gn. hab verstanden, was wegen der Titulatur des Herzogs in Friedland und anderer neulich zum Fürstenstand erhobenen Personen votiere und des Unterschieds halben erinnert, vermerken, wenn das Collegium ingesammt an einen solchen schreibe, dass des Tituls halben Moderation zu treffen. Es wollte der Herzog in Friedland haben, dass man ihn 'Herr und Freund' titulieren solle, do doch die Kurfürsten selbst einander dergleichen Titul nicht geben. Da eine durchgehende Gleichheit gehalten werden könnte, wäre es am besten, Ihre kurf. Gnaden stelleten dahin, ob man sich wegen des Tituls an Herzog zu Friedland jetzo vergleichen und ferner vernehmen lasse wolle. Ihro kurf. Gn. hätte sich bisher geäuszert an ihn zu schreiben, wollte erwarten, wessen man sich uf dasjenige, so der Matricul halben erwähnet, resolvieren werde und an ihrem Ort sich auch vernehmen lassen. Hieltens dafür, wann Ihre kais. Mt. denen neu zum Fürstenstand erhobenen eine gewisse Quotam an der Reichscontribution mittragen zu helfen auferlegte, es sollte die Anzahl der Fürsten nicht so gross werden. Ob ein solches kais. Mt. an die Hand zu geben, wollte Ihre kurf. Gn. vernehmen.

[Trier:] was wegen der Titulatur, so den neuen Fürsten gegeben werden sollte, angedeutet, hätten Sie aus den eröffneten Votis, sowohl was derohalben zu fernerer Umfrag gestellet, vernommen, liessens bei vorigen Voto bewenden. Sonsten wären sie der Meinung, dass dem Herzog zu Friedland im Namen des kurfürstl. Collegii anderst nicht zu schreiben als: 'besonders lieber Freund', jedoch hochgeborner Fürst, geben andern kein Ziel noch Mass, wie sie es in ihren Kanzleien halten wollten.

[Köln:] verglichen sich, soviel des Herzogs zu Friedland Titulatur anlange, mit dem trierischen Voto, liessen Ihnen auch gefallen, dass kais. Mt. wegen der neuen Fürsten und dass sie in die Matricul gebracht würden, erinnert werde.

[Baiern:] erinnert sich, dass Sie an diesem Ort nur als Abgesandten, derowegen Kur-Mainz und Sachsen sie nicht vorzuschreiben hätten, welcher Gestalt sie den Herzog zu Friedland titulieren sollten. Was sonsten die Einverleibung der neuen Fürsten in die Reichsmatricul betreffe, darauf wären sie nicht instruiert, stelleten aber dahin, ob es nicht Anstand haben müge, bis zu anderer Zusammenkunft. Dass sonsten zwischen den alten und neuen Fürsten ein Unterschied zu machen, geschehe billig, ja sie wollten dafür halten, dass auch unter den neuen Fürsten selbst dergleichen zu thun und die im Reich ihre Session und Fürstenthümer hatten, denen zu präferieren, welche allein in kais. Mt. Erblanden begütert.

[Sachsen:] Ihre Dhlt. lasse es bei dem gegebenen Voto bewenden, verstünden, dass aus dem kurf. Collegio dem Herzog zu Friedland allein 'besonders lieber Freund' und nicht 'Herr' zu schreiben. Ob nun wohl Ihr Dhlt. einen besondern Stylum hätte, sich auch dessen noch zur Zeit nicht begeben wolle, könnte sie doch wohl geschehen lassen, dass im Namen des Collegii nur 'Freund' geschrieben würde, denn wenn man ihme jetzo 'Herr' schriebe, würde er es zum Exempel anziehen und darnach von einen jedwedem haben wollen, ihme also zu schreiben. Den Unterschied der neuen Fürsten betreffend halte Ihre Dchlt. dafür, dass ein Unterschied zwischen den Fürsten des Reichs von denen, so allein in dem Königreich Böhmen begütert, zu machen und dass die Reichsfürsten zwar mit in die Matricul gebracht und mit zur

Contribution angehalten werden, aber keine Session noch Votum im Fürstenrath haben sollten.

[Brandenburg hielten dafür, dem Herzog] sei mehr nicht als 'Hochgeborner Fürst' 'besonders lieber Freund' zu schreiben, doch wäre besser, wenn man sich vergleichen könnte, wie ihn ein jeder der Kurfürsten titulieren sollte. Wegen Einverleibung der Reichsfürsten in die Matricul wären sie nicht instruiert, do es aber insgemein für gut angesehen, auch der Contributionen halben, so dieselben mitentrichten sollten, insgemein etwas geschlossen würde, wollten sie sich accommodieren und was zu der alten fürstlichen Häusern Präeminenz dienlich, in Acht nehmen helfen.

[Mainz:] Weil Ihre kurf. Gn. vernehmen, dass man des Herzogs zu Friedland Tituls halben einig, als thäten sie sich hierinnen accommodieren, wie Sie dann den Herzog ohne das anders nicht geschrieben, bliebe sonsten darbei, wie einer oder der andere für sich titulieren wolle. Würde sich wegen der Reichsfürsten und deren Einverleibung in die Reichsmatricul Occasion ereignen, davon zu reden, stellete dahin, ob man morgen hora consueta zusammenkommen und in der Deliberation fortschreiten wolle.

30. Wallenstein an G. L. Gf. von Schwarzenberg

Empfehlung des Obersten Fahrensbach als sachkundigen Offizier; Auseinandersetzung zwischen G. de Roy und dem polnischen König.

Mareš II S. 77f.
(Auch: Doc. Boh. IV Nr. 543
[d. d. 10. Nov.].)

Wittenberg, 1. November 1627

[Anrede] Der obrieste Farensbach[1] zieht zum herrn, welcher ein grosse practica des Balttischen mährs[2] hatt wie auch der Inseln in Denemark; er wirdt ein art von schiefen[3] angeben, so puntoni[4] heisen; meines erachtens halte ich viel drauf; bitt, mein herr helfe, auf das solche möchten ohne dilation gebaut werden. Der herr Gabriel de Roa,[5] verhofe ich, das er den vorschus dazu thun

[1] Georg Waldemar Fahrensbach, ksl. Oberst.

[2] I. e. die Ostsee.

[3] Schiffe.

[4] Gemeint ist vermutlich die sogenannte 'Spitzpünte' – „ein kielgebauter Küstenfahrer bis zu 150 t Größe mit Kuttertakelung, der Nord- und Ostsee befährt; man nennt sie auch häufig kurzweg Pünte“ (Brockhaus Bd. 13 [1908] S. 515 unter 'Pünte').

[5] Gabriel de Roy.

wirdt; denn es wirdt gewis zu des haus von Oesterreich undt der christenheit wolfarth gedeuen, wenn man des ob. Farensbach intencion secundirt. Im ubrigen bitt ich, der herr wolle mitt dem herren Gab. de Roa reden, auf das er sich interponirt undt friedt zwischen ihm undt dem kunig[6] macht, denn es seindt nur böse leitt, die solches verursacht undt ihn ubel beym kunig angeben haben. [Grußformel.]

31. Wallenstein an G. L. Gf. von Schwarzenberg

Lübecker Beitrag zu den ksl. Seemachtplänen.

Mareš II S. 78.
(Auch: Doc. Boh. IV Nr. 544
[d. d. 10. Nov.].)

Wittenberg, 1. November 1627

Deren von Lübek obriester hatt sich bei mir angemeldt, sagt, er vermeine, das die von Lübek 18 gutte orlochschief[1] ausstafierenn können. Ich schicke ihn zu meinem herrn, bitt, er welle helfen die schief zusammen zu bringen, auf das wir sie vor pfingsten beysammen haben köndten; sonsten wirdt der von Arnimb[2] auch nicht seimen[3] undt auch ein gutte anzahl schief zusammen bringen, undt also verhofe ich das auf dem somer wir sehr stark zu wasser sein werden.

32. Wallenstein an die Infantin Isabella

Militärische Fortschritte in Holstein; Absicht, eine eigene Flotte aufzustellen und ganz Dänemark zu erobern; Bitte um schiffahrtskundige Person als Hilfe.

Doc. Boh. IV S. 222f.

Elmshorn, 2. November 1627

E. Dt tue ich hiemit berichten, das ich mich des ganzen Lands Holstain, Schleswick und Jutland und aller Porten impatroniert ausser der baiden Örter

[6] Gemeint ist vermutlich Kg. Sigismund III. von Polen (vgl. Nr. 33).
[1] Kriegsschiffe.
[2] Arnim.
[3] 'säumen'.

Glickstatt und Crempe,[1] welche ich auf den Frueling alsbalt anzugreifen willens, jeczo es aber unterlassen, dieweilen es an der Zeit zu spat und der Feund das Land dort herumb in das Wasser gesetzt. Der König befindt[e]t sich jeczo in Denemarck, hat im Fünen[2] ein Landtag gehalten. Ich vernim, das die Stände in Denemarck wider denselben sehr schwierig sein, deswegen wil ich mich bevleissen, sovil müglich Schiff zusammenzubringen, dieselbigen zu armiren und darmit auf den Sommer den König in seinen Inseln haimsuechen. Bitt E. Dt, Sie wollen, I. K. Mt zu Gefallen, den Graven von Mansfeld,[3] damit ich mich mit ime, wie die Sachen anzustöllen, unterreden können, sambt denselbigen Personen, die sich auf die Schiffahrt verstehen, auf ein kurze Zeit erlauben. Da er mich aber im Land niemehr tut finden, zumalen wir [von] I. K. Mt auf ein par Monat nach Hof zu kumen bewilligt, als hab ich den Obristen Aldringer, welcher sich zu Iczehoe[4] aufhelt, alles dasjeniges, was er mit obgedachtem Graven communicieren solle, notificiert. Bitt E. Dt, weilen Deroselben aigner Dienst solches erfordert, die wollen Iro belieben lassen, mehrgemelten Graven auf das eheist herauszuerlauben.

33. Kg. Sigismund III.[1] von Polen an Wallenstein

Glückwunsch zu militärischen Erfolgen; Rat, Friedensverhandlungen mit Dänemark auszuschlagen und Dänemark vollständig zu besiegen; eigene Interessen hierbei (Rückgewinnung des schwedischen Thrones).

Doc. Boh. IV S. 226f.; Nr. 545.

Warschau, 10. November 1627

Demnach wir in gewisse Erfahrung kommen, dass E. L. vermittels götlicher Genad und Beistand eine ansehentliche Victori wider I. Mt des Kaisers L. Feinde, den König in Dennenmarkh im Fürstentumb Holdstein erlanget und nunmehr dasselbte in I. Mt und L. Devotion, so uns nit allein zu vornehmen lieb und angenemb, sondern auch hocherfreilich gewesen, gebracht haben.

[1] Glückstadt, Krempe.

[2] I. e. die Insel Fünen (Fyn).

[3] Gemeint ist Gf. Philipp v. Mansfeld (1589–8. 4. 1657, folgt 1615), vgl. Isenburg III T. 42.

[4] Itzehoe.

[1] Sigismund, aus dem Hause Vasa (20. 6. 1566 Schloß Gripsholm–30. 4. 1632 Warschau), Kg. von Polen 1587–1632; Kg. von Schweden 1592 (Febr. 1594 Krönung)–1599 (Juli 1599 Absetzung durch einen Reichstag in Stockholm; März 1604: ein Reichstag zu Norrköping erkennt den Erben des regierenden Herrschers Karl IX. das Erbrecht auf den schwedischen Thron zu); vgl. SMK 7 S. 10–13.

Als haben wir nit unterlassen mögen, E. L. umb solichen glücklichen Succes willen freundlich zu gratuliern und dem Allerhöchsten darfür Dank zu sagen und zu bitten, dass derselbte E. L. in solichem angefangenen, unserer catholischen Religion hochnuczlichen Werk noch ferrer und zu fälliger Extirpation aller dergleichen hochschädlichen Feindseligkeiten genedig prosperiern wolle. Beinebens mögen wir E. L. freundlich unerinnert nit lassen, dass uns zumalen Bericht eingelangt, samb Dennemarkh nunmehr bei I. Mt des Kaisers L. umb Friedenstractation anzuhalten, und eifrig zu begehren im Werk sein solle, Weliches uns aber darumben zu vernehmen nit allerdings angenemb gewesen, weil solche Friedenstractation nit allein I. Mt des Kaisers und Königs in Spanien L., sondern auch uns selbst mehr schädlich, dan zuträglich. Indeme, Gottlob, der Sieg und Victori in I. Mt und L. Handen und durch ferner Continuirung solichen angefengenem Kriegswerks man wegen grosser Forcht des Volks leicht des Sonts [2] auch anderer Örter und also forthin des ganzen Königreichs Dennenmarkh mit so ansehentlicher Armada sich bemächtigen, auch Sein des Königs in Spanien L. ihrer Feind dadurch mächtig, wie nit weniger wir alsdan auch umb so vil desto ehunder und leichter vermittels gedacht sein des Königs in Hispanien L. Succurs und Beistand, dessen uns bereits von S. L. gewisse Vertröstung bescheen, zu unserm Königreich Schweden wiederumb gelangen wurden können.[3] Weiln dan die Sachen, wie E. L. selbst Dero beiwohnenden Discretion nach ermessen, obvermeltergestalt also beschaffen, als haben wir Dieselbten unserer zu E. L. tragenden Affection nach umb Dero rätliches Guetbedunken, ob etwan die Hülfslaistung gegen Schweden auch bei I. Mt des Kaisers L. solichergestalt, wie wir von des Königs in Hispanien L. vertröstet worden, zu suechen und soliche zu erhalten sein möchte, freundlich anzusinnen nit unterlassen wollen, damit nach Erhaltung deren alsdan ab utraque parte und auch disseits besagt Schweden attagiert werden möge.

[2] I. e. der Øresund.

[3] Sigismund machte Ansprüche auf die schwedische Krone nach wie vor geltend auf Grund seines Erbrechtes.

34. Wallenstein an G. L. Gf. von Schwarzenberg

Polnische Unterstützung der habsburgischen Seemachtpläne

Mareš II S. 78.
(Auch Doc. Boh. IV Nr. 546 S. 227f.)

Fehrbellin, 15. November 1627

[Anrede] Der ob. von Arnem[1] schreibt mir, das er vom herrn vernommen hett, das die kunigliche schief[2] von Danzig aufs eheste auslaufen undt gen Wismer ankommen werden. Hab derowegen dem herrn diese erinnerung than wollen, das sehr nötig sein wirdt alsbalden jemanden dahien abfertigen, auf das sie wol achtung auf sich geben theten; denn wie ich von dem von Arnem, auch allen andern vernehmen thue, so vermeinen sie, das heuer ziemlich lang die denische und schwedische schief in der see bleiben werden. Zum andern schreibt mir auch der von Arnem, das er ist bericht worden, das vor die schief leicht bey tausent soldaten auf bemeldten schiefen werden ankommen; sollen wir dieselbige unterhalten, wirdt nun weis der herr, das der herr Gabriel de Roa die 24 schief soll unterhalten. Bitt derowegen, er wolle mitt ihm die sach also deponiren, auf das was dazu gehert er unterhelt, denn ich hab kein mitl dieselbige soldaten zu unterhalten; denn ohne das weis ich nicht, wie ich das volk werde überwündern, undt dieweil dieselb auch armiren werden, als werden sie zu thun haben mitt den seinigen. Dann wolle der kunig[3] nichts anders thun als uns nur 23 schief zuweg zu bringen, das köndte man von den steten ohne sein assistenz zuweg zu bringen, aber er muss sie volkomentlich unterhalten. [Grußformel.]

[PS:] Bitt meinen herrn ganz dienstlich, er wolle ihm alle die sachen auf der see befohlne sein lassen, auf das wir auf den frieling auf der see den feindt können den kopf bitten. Der obrieste Farensbach wirdt zum herrn; bitt, mein herr secundire seine vorschlag, denn sie seindt mitt gutem fundament. Der kunig aus Polen hett von mir begehrt 4000 man zu fus; die schicke ich ihm von dem Nagerlischen regiment.[4]

[1] I. e. Hans Georg von Arnim zu Boitzenburg (1. Hälfte 1583–28. 4. 1641), stand in schwedischem, polnischem, seit 1626 in ksl. militärischem Dienst; tritt nach Verkündigung des Restitutionsediktes in kursächsischen Dienst, den er nach Abschluß des Prager Friedens 1635 wieder quittiert; vgl. ADB 1 S. 568–570; NDB 1 S. 372f.; Irmers Monographie; Meyer 2 S. 625; Mann S. 467–471, 642, 932f., 969f., 982f., 1034–1040; Pekař I S. 69, 72, 126f.

[2] Königlich polnische Schiffe.

[3] Kg. Sigismund III. von Polen.

[4] Das Regiment Nageroll (Doc. Boh. IV S. 462 Register).

35. Wallenstein an Arnim

Befehl, sich aller pommerschen Seehäfen zu bemächtigen.

Doc. Boh. IV S. 229.

Frankfurt an der Oder, 21. November 1627

Wir vernehmen aus des Herzogen in Pomern L.[1] Schreiben, wasgestalt sich derselbe das kais. Volk in sein Land anzunemen sehr weigeren und spreitzen tuet. Nun haben wir vorhero gespüret, das derselbige bis dato gueten Wort gegeben, im Werk aber sich vil ein anders erzeigt, indem er dem kais. Volk den Durchzug durch sein Land mit Betrohungen abgeschlagen. Derohalben bevelchen wir dem Herrn sich aller fürnemenen Örter und Meerhaven daselbste in Pommern zu bemächtigen und mit kais. Volk zu besetzen. Da aber gedachter Herzog wider Verhoffen dieses nit einwiligen, sondern sich widersetzen wolte, so würdet der Herr dieselbige Örter mit Gewalt einnemen, dan es erfordert des Heiligen Römischen Reichs Wolfahrt. Wir versehen uns zu dem Herrn, er werde diesem wirklich nachkumen.

36. Wallenstein an G. L. Gf. von Schwarzenberg

Negative Einschätzung Fahrensbachs; Aufbau einer ksl. Flotte.

Mareš II S. 79.
(Regest: Doc. Boh. IV S. 230, Nr. 554.)

Gitschin (Jičín), 8. Dezember 1627

[Anrede; Dank für Schwarzenbergs Bemühungen um den Aufbau einer ksl. Flotte.] Was den ob. Faransbach[1] anbelangt, darf man nicht seine person zu der schiefarme[2] gebrauchen, denn es seindt allerley sachen, die's verhündern. [Grüße an Gabriel de Roy und Dank für dessen Schreiben,] aber dieweil ich itz sehr ocupirt bin, so kann ichs nicht beantworten; ich bite ihn aber, er welle das beste darbey thuen, auf das wir die anmeldte 29 schief aufs eheste zusammenbringen. [Grußformel, Datierung.]

[1] Bogislaw XIV., Hg. von Pommern (31. 3. 1580 Barth–10./20. 3. 1637 Stettin), vgl. ADB 3 S. 56–58; NDB 2 S. 418f.

[1] Fahrensbach war Schwarzenberg am 1. 11. 1627 (vgl. Nr. 30) als sachkundiger Offizier empfohlen worden.

[2] Schiffsarmee.

[PS:] Man darf mich in Polen wegen des ob. Farensbachs nicht solicitiren, denn es wehre alles umbsonst; bitt aber, der herr halte dies ingeheim.[3]

37. Wallenstein an G. L. Gf. v. Schwarzenberg

Aufbau einer ksl. Ostseeflotte.

Mareš II S. 79f.
(Regest: Doc. Boh. IV S. 236f., Nr. 574.)

Prag, 12. Januar 1628

[Bezug auf Schreiben Schwarzenbergs vom 17. 12. 1627[1]; Dank und Lob für Schwarzenbergs Arbeit; Übersendung eines Schreibens an drei hohe kaiserliche Offiziere,] in welchen wir ihnen befehlen, dem herrn[2] wegen der navigation die handt zu bieten undt in allen zu assistiern. Anlangent dem herrn graven Philip von Mansfelt sehen wir gar gern, das er sich dahin verfügen wierdet; dann wir vermainen ihme mit einen carico zu accomediern, das er damit wol zufrieden sein wierdet; undt dieweiln er in kurtzen dahin gelangen solle, als haben wir dem obrl. Altringer[3] (wie der herr aus der copey[4] vernehmen

[3] Vgl. hierzu Schreiben Wallensteins an G. L. Gf. v. Schwarzenberg vom 11. 1. 1628 (Mareš II S. 79):
„[Anrede] Ich überschicke meinem herrn unterschiedliche befehlch an die, so comendiren, auf das er sich derselbigen nach seinem belieben bedienen kan; er wird den abschrieften vernehmen, wie ich sie auf ihn weis und stark injungire, das sie ihm in allen wegen der navigation assistiren sollen. Die intercession, so mein her vor des Farensbach ob. leitnnampt wie auch den Husan thuet, wehre wol besste gewest, das er ihnen nicht drin contentirt hette; dann des Farensbach ob. leitnnampt mertirte hundert glogen, der Husan[a] aber fast kein recompens beim kaiser verdient. [Grußformel; Datierung.]"

[1] Regest: Doc. Boh. IV S. 231, Nr. 555.

[2] Schwarzenberg.

[3] Johann Aldringen (10. 12. 1588–22. 7. 1634), 1627 Frhr., 1632 Gf.; 1621 in bayerischem, seit 1623 in ksl. Kriegsdienst; 1629 Generalwachtmeister, 1631 Oberstfeldzeugmeister, 1632 Feldmarschall; Aldringen gehört zu den einflußreichsten Gegnern Wallensteins, an dessen Sturz er maßgebenden Anteil hatte. Vgl. ADB 1 S. 327–329; NDB 1 S. 188–190 (Artikel von Arno Duch, der Aldringen positiv, Wallenstein dagegen kritisch beurteilt); Meyer 1 S. 658; Mann S. 374f., 411, 855–857, 947, 977, 1091, 1313f.

[4] Wallenstein an T. Conti, H. v. Schaumburg und Arnim (Mareš II S. 80[a]):

[a] Heinrich Husann, mecklenburgischer Rat und ksl. Bevollmächtigter (Register zu Doc. Boh. IV S. 457).

kan, und das original ihme zuschickhen lasen wolle) bevolen, sobalt derselbe ankhümbt, ihme auf Lübeckh undt an dem herrn zu weisen. Was aber dem Piscaina[5] anbelangt, berichten wir dem herrn, das sich derselbe auf unser instanza heraus begiebt, er solle aber den herrn graven von Mansfelt nit vorgezogen werden; dann es ist uns gar wol bewust, das man die Spanier deren orthen für verdechtig halten thuet. Im ubrigen ersuchen wir den herrn in diesen werckh der navigation zu continuiren undt dasselbe, wie bis dato rümblich geschehen, zu promoviren; wir verhoffen in kurtzen bey dem herrn zu sein, als dann wir ihm alle müglich assistenz laisten wollen. [Bitte um Übersendung eines beigelegten Schreibens an Mansfeld.]

38. Wallenstein an G. L. Gf. v. Schwarzenberg

Sicherung des Krautsandes gegen die Niederlande.

Mareš II S. 80f.
(Regest: Doc. Boh. IV S. 237, Nr. 576.)

Prag, 17. Januar 1628

[Bezug auf Schreiben Schwarzenbergs vom 31. 12. 1627[1]; wir haben] daraus, was der herr wegen der Hollender intent wie auch der insel Crautsande[2] für erinnerung thuet, mit mehrern vernohmen. Hierauf wir Ihr. kay. May. generalwachtmaister über die infanteria, herrn Hannibal von Schaunburg[3], und dem obrl. Altringer befohlen dieselbe insel mit kays. volckh zu besetzen, darinen eine starckhe schantz aufwerffen zu lassen undt dieselbe mit proviant, munition und stückhe wol zu versehen. Derohalben ersuchen wir dem herrn, er wolle obgedachten herrn von Schaunburg undt obrl. Altringer weiter des-

„Aldieweiln der herr graff Philipp vonn Mansfeldt in kurzen dahien wegen der schifffart zue tractieren gelangen solle, als würdtet der herr dennselben zu seiner ankunfft alsbaldt auf Lübeckh und zue dem herrn graven Ludwig von Schwarzenberg weisen; undt demnach erst gedachter graff von Schwarzenberg von Ir kay. May. ein bevelch hat sich umb die schiffart deren orthen anzunehmen undt des werckh zu befürdern, als wierdet der herr (dieweiln es höchst gedachter kay. May. dienst erfordert) ime herrn graven alle mügliche assistentz laisten undt dardurch sein eyfer zu Ir kay. May. dienst erzeign. Prag den 12. January anno 1628."

[5] Gemeint ist nach Doc. Boh. IV (Register) ein spanischer Seeoffizier namens Biscaino.

[1] Regest: Doc. Boh. S. 232, Nr. 563.

[2] Krautsand, eine Elbinsel zwischen Stade und Glückstadt.

[3] I. e. Hannibal von Schaumburg, ksl. Oberst, Generalwachtmeister.

wegen erinnern, damit dieses alsobalt in dass werckh gesetzt werde undt sich der feindt in der insel nit einnesten könne. [Grußformel.]

39. Wallenstein an G. L. Gf. v. Schwarzenberg

Getreideexport aus Mecklenburg, Pommern, Preußen, Danzig.

Mareš II S. 81.
(Regest: Doc. Boh. IV Nr. 575 S. 237.)

Prag, 17. Januar 1628

[Bezug auf Schreiben Schwarzenbergs vom 9. 12. 1627, nach dem] in Pommern ein groser vorrath vom getraidt vorhanden, derohalben wier vonn dannen auszufahren nit gestatten solten. Darauf wier dem herrn nit verhalten können, das wier albereit die verordnung gethann unnd bevolchen weder aus Pommern oder aus Mekelburg kaine schieff, getraidt oder sonsten andere victualien unnd nothdarfften hienausfolgen zu lasenn. Anlangent aber das Ir. kay. Maiest. ann den könig inn Polen begern theten, das dergleichen inhibitiones inn Preussen unnd bey Danzig beschehen, wollen wir bey deroselben deswegen anhalten. [Grußformel.]

40. Wallenstein an G. L. Gf. von Schwarzenberg

Aufbau der ksl. Ostseeflotte; Haltung gegenüber den Hansestädten.

Mareš II S. 81f.
(Doc. Boh. IV S. 237f., Nr. 578.)

Prag, 18. Januar 1628

Der conte Sforza[1] ist bey mir angelangt, denselbigen Biscaino mittgebracht; ich hab mich aber zuvor resolvirt, das er dem grafen von Mansfeldt nicht soll vorgezogen werden[2]. Ich vermeine unterschiedliche squadras zu machen, aber deswegen wollen wir uns mitt einander zuvor unterreden; denn ich vermeine inerhalb 3 monat beym herrn zu sein. Bitte, der herr lasse ihm die schiefrüstung anbefohlen sein; denn ich remitir alle die, so das comando

[1] Ottavio Sforza-Visconti, Gf., spanischer Oberst und Gesandter der Infantin Isabella.

[2] Vgl. Nr. 37.

dorten haben, auf den herren, sie sollen thun, was er ihnen schafen wirdt. Mitt den Lübeckern undt andern steten halte ich vor rathsam der zeitt nach zu dissimuliren; denn wenn man mitt gewalt die schief von ihnen haben wolte, so möchten sie zur desperation gebracht werden[3]; meines herrn discrecion aber wirdt in allem wissen ein mitl zu trefen. [Grüße an G. de Roy; Grußformel.]

41. Wallenstein an Gf. W. v. Mansfeld[1]

Abzug kaiserlicher Truppen aus den Bistümern Metz und Verdun, um Frankreich nicht zu reizen.

Doc. Boh. IV S. 239.

Prag, 22. Januar 1628

Wir berichten den Herrn, wasgestalt wir vernomen, dass der Commissari Nassa[2] in den Stiftern Mecz und Verdun kais. Volk einlogiert haben solle[3]. Derohalben ersuechen wir den Herrn, das Volk von dannen in continenti abführen zu lassen, dan wir möchten hierdurch Frankreich ohne einzige Ursach offendiren, welches aber I. K. Mt Willen ganz zuwider. Derentwegen versehen wir uns zu den Herrn, er werde ime angelegen sein lassen, damit diese Dislogierung unverzüglich in das Werk gesetzt werde.

P. S. Ich bit, der Herr schicke in continenti einen Curier dahin, auf dass die Dislogirung ohn Verlierung einiger Minuten geschicht, dan es importiert gar zuviel, dass die guete Correspondenz, so jetzt zwischen dem Haus von Osterraich und Cron Frankreich ist, nicht mal proposito turbiert wird.

[3] Vgl. hierzu Schreiben Wallensteins an G. L. Gf. von Schwarzenberg vom 21. 1. 1628 (Mareš II S. 82; Doc. Boh. IV S. 238f., Nr. 581), wo es hierzu heißt:

„[. . .] Dieweiln aber in denen Hanseestädten viel vorhanden, die den Holländern wol geneigt und ihr aufnehmen lieber sehen als Ihr kay. May., derentwegen dan man mit ihnen jetzo vielmehr ein moderation undt glimpff gebrauchen muss, als sie etwa durch scharffe in ein desperation bringen, daraus ein unheil erfolgen möchte: als zweifflen wir gar nit, der herr werde als ein discreter cavaliero mit denselbigen solche dexteritet zu gebrauchen wisen, wie es Ihr. kay. May. dienst erfordert. [. . .]“

[1] Wolf(gang) von Mansfeld, Gf. (1575–15. 5. 1638), folgt 1615; vgl. Isenburg III T. 42.

[2] Nach dem Register des Bandes Doc. Boh. IV S. 462: Kriegskommissar Nassa.

[3] Vgl. zu der Situation im Bm. Metz Ritter III S. 402f.

42. Visionen der Poniatovia [1]

Visionen antiwallensteinischer Tendenz.

Wiegler [2] S. 180–182.

o. O., 25. Januar 1628

Am Tag Pauli Bekehrung [3] hatte ich abermal ein Gesicht. Es kam zu mir der HERR selbst, both mir die Hand und sprach: „Die Krafft meiner Gegenwart sey mit dir. Ich wil, daß du einen Brief schreibest mit den Worten, welche du hören wirst. Wann du aber den wirst geschrieben haben; so leg ihn zusammen, versiegle ihn mit drey Siegeln und trag ihn selbst hin nach Gitzschin [4] und ubergieb ihn dem rasenden Hund dem von Wallenstein, wirstu ihn aber nicht zu Hause finden, so ubergieb ihn seinem Weibe [5], ihr selbsten, und ich wil verschaffen, daß er dem Bluthunde in seine eignen Hände zukommen wird. Denn so war als ich lebe, spricht der HERR, meine Seele hat keinen Gefallen am Todte deß Gottlosen und keine Lust am Untergange der Unbußfertigen, sondern das ist mein Wille, daß sich der Ruchlose von seinem bösen Wege bekehre und lebe. Darumb vermahne ich diesen gottlosen Mann selbst und stelle ihm die grösse seiner Sünden vor Augen und seine Tyrannei, damit er doch in sich gehen, sich entsetzen und erkennen wolle, daß ich der HERR alle seine Wercke gesehen habe und sie sehr wol kenne, und daß ich vergelten will einem jeden nach seinen Wercken, wie er gehandelt hat. Wil er wider umbkehren, seine Sünde für mich berewen und sich also von dem Blut, welches er uberflüssig vergossen, reinigen, so wil ich die Gnadenthür noch für ihn öffnen und seine Schuld von ihm nehmen, wie groß die auch sey. Wird er sich aber nicht bedencken, sondern meine Warnung für schimpff und Schertz

[1] Christine Poniatovska (lat. Poniatovia), 1610–1644, „Tochter des Julian Poniatovski von Duchnik, eines polnischen Emigranten aus dem bekannten Adelsgeschlecht, welcher zu der böhmischen Brüderkirche übertrat und ihr als Geistlicher diente. Sie war 1610 in Preußen geboren und kam mit ihren Eltern 1615 nach Böhmen, von wo sie 1627 wieder vertrieben wurden." Zwischen dem 12. 11. 1627 und Anfang 1629 verfiel sie in ekstatische Zustände; vgl. ADB 26 S. 408. Zu den Wallensteinvisionen vgl. ADB 26 S. 409f.; Görlitz S. 131f.; Hallwich, Fünf Bücher Wallenstein II S. 379f.; Mann S. 343f.

[2] Die von Wiegler gegebene Datierung paßt nicht; niedergeschrieben worden ist die Vision des 25. Januar frühestens am 29. 1. 1628.

[3] I. e. der 25. Januar (Dienstag).

[4] Gitschin (Jičín), Hauptstadt des Hgt:s Friedland.

[5] Isabella Katharina von Harrach, zweite Gemahlin Wallensteins; vgl. Constantin v. Wurzbach, Biogr. Lexikon des Kaiserthums Oesterreich Bd. 7 (Wien 1861) S. 372 (ohne biograph. Daten).

halten und sich infort nicht bekehren, sihe, so wil ich auch mein Herz wider ihn verkehren wie Eisen und Stahl und mein Schwert wider ihn wetzen und meinen Bogen spannen und zu seinem Herzen zielen. Ich wil mir auch tödliche Geschoß zurichten und damit in sein Herz schiessen, biß ich ihn umbbracht und außgerottet habe. Dieses aber soltu wissen, daß, wo er nicht auff gewisse Zeit, die ich ihm noch bestimmet, sich bekehret, er schon wie ein Kalb zum ewigen Schlachten ubergeben sei. Mein Auge sol sich nicht mehr erbarmen, es sol sich, sage ich, nicht erbarmen, ihn auch nicht mehr anschawen. Du aber thue also, wie ich dir befehle: Künfftigen Freytag[6] fahre hin gen Gitzschin, mit denen Personen, so ich darzu erkohren, welche du zu Zeugen haben wirst. Fürchte dich aber für den Tyrannen nicht noch für andern, die dir zu schaden begehren möchten. Denn sihe, ich bin bey dir, wil auch meine Engel zum Schutz und Wache mit dir schicken, welche du offt sihest und sie kennest, ja auch der andern eine grosse menge, die du noch nie gesehen. Mit denen wil ich dich wie mit einer fewrigen Mawer umbgeben, und du wirst sie auch mit deinen leiblichen Augen sehen. Wenn du aber hin kommest, sorge nicht, was du reden solt, denn ich werde bey und in dir seyn und wird dir kein Mensch etwas thun können, darumb daß ich bey dir bin. Am Samstage[7] aber wirst du den Brieff erst übergeben und ein wenig daselbst verharren, denn ich wil dir erscheinen und die Hertzen derer, so dich sehn werden, bewegen und erschrecken." Da that ich, wie mir der HERR befohlen hatte, schrieb denselben Brieff und versiegelte ihn mit drey Siegeln, fuhr am Freytag mit denen vom HERRN ernannten Personen nacher Gitzschin. Die gantze Reyse aber stunden die 3 Engel, die mir zu erscheinen pflegten, mit im Wagen, die andern aber giengen im hellen Hauffen auff beyden Seiten, fornen und hinden, so erschien mir auch der HERR selbst ... und vermahnte mich zu trawen auff Gottes Beystand. Als wir aber hin kamen, thät ich wie mir der HERR befohlen, gieng Sambstags frühe auffs Schloß, und weil der Fürst nicht zu Hause, ward ich zu der Fürstin in ihr Zimmer vorgelassen und übergab ihr denselben Brief, und sie nam ihn an.

NB. Die Fürstin hat anfangs groß Bedencken getragen, die Jungfraw für sich zu lassen, und ob wol die Jesuiter und andere Räthe zu ihr gehen wollen sie zu examiniren und ihr Anbringen zu vernemmen, hat sie die Fürstin es doch nicht gestatten wollen, sondern ihre Hoffmeisterin, Jungfrawen und den Medicum etlich mal zu ihr gesandt, endlich aber selbst Audienz geben und den Brieff von ihr empfangen.

Als ich aber ein wenig da gesessen, ward ich entzücket, und der HERR erschien mir und sprach: „Wie sicher du hieher gekommen bist, also sicher

[6] I. e. der 28. 1. 1628.

[7] I. e. der 29. 1. 1628.

wirstu auch von hinnen kommen. Sihe aber, ich werde mich allhie nicht lange säumen, denn diß gottloß Hauß ist meiner Gegenwarth nicht werth, darumb so gehe auch du bald weg." Hiermit both er mir die Hand und schied von mir. Ich kam auch zu mir selbst und sahe alle die Umbstehenden und die Fürstin selbst erschrocken und weinend, gieng aber bald von dannen und vermahnete die, so mit mir waren, daß wir uns bald von dannen machten, wie auch geschehen.

In einer anderen Niederschrift heißt es, Wallenstein habe, als er dann den Brief sah, lachend ausgerufen: „Mein Herr, der Kaiser, kriegt Briefe von Rom und Konstantinopel, Madrid und Paris, ich aber gar aus dem Himmel!" *Eine zweite Vision der Poniatovia schließt sich an.*

Ich sah in einem Traum wie Wallenstein in einem blutigen Talar einhergetreten und geschwinde auf einer Leiter in die Wolken steigen wollen, welche aber zerbrochen, daß er auf die Erde gefallen. Da er denn auf der Erde ausgestreckt aus dem Munde unter greulichem Gebrülle Flammen ausgespien, aus dem Herzen aber Gift und Pech ausgestoßen, bis ihm solches durch einen vom Himmel herabgeflogenen Pfeil durchstoßen worden, wobei ein Engel gesprochen: „Dieses ist der Tag, da dieser böse Mann ohne alle Barmherzigkeit soll umkommen."

43. Aytona an Kg. Philipp IV. von Spanien

Beurteilung der Übertragung Mecklenburgs an Wallenstein.

Gindelý I S. 368f.

o. O. [Wien], 12. Februar 1628

Der Kaiser hat dem Herzog von Friedland Mecklenburg gegeben[1] und hat es den letzten Nachkommen des alten Fürstenhauses, welche sich dem König

[1] Die Übertragung des Herzogtums Mecklenburg an Wallenstein datiert den 26. Januar 1628; die Belehnung erfolgte am 1. 2. 1628 (vgl. Diwald S. 407, 418; Gindelý I S. 366; Mann S. 325).

Die Übertragungsurkunde lautet in den entscheidenden Passagen (Gindelý I S. 366): „Wir überlassen [. . .] obangeregtes Herzogthum Mecklenburg, Fürstenthum Wenden, Grafschaft Schwerin, Herrschaft der Lande Rostock und Stargardt und in Summa den ganzen Stato, den [die bisherigen Herzöge] sonsten besitzen, mit aller landesfürstlichen Hoheit, Superiorität, Jurisdiction und Regalien sammt allen Ein- und Zugehörungen, Recht und Gerechtigkeiten aus römischer kaiserlicher Macht und Vollkommenheit wissentlich und in Kraft dies Briefs dergestalt zu einem rechten, wahren und beständigen Kauf, dass uneracht der hohen landesfürstlichen Dignität, Präeminenz, Jurisdiction

von Dänemark angeschlossen haben, weggenommen. Obwohl der Herzog von Friedland behauptet, dass er den Frieden in der Hand habe, so vermuthe ich eher, dass derselbe durch diese Schenkung nur noch mehr erschwert wird. Der Herzog ist überaus mächtig, man muss ihm deshalb dafür danken, dass er sich mit dieser Besitzung begnügt, die man gleichwohl als umfangreich und wichtig erklären muss. Der Kaiser hat durch seine Güte und Nichtbeachtung aller Warnungen den Herzog so mächtig gemacht, dass man sich deshalb der Sorgen nicht entschlagen kann; er ist jetzt der alleinige Gebieter und lässt dem Kaiser kaum etwas anderes als den Titel. Er erklärt sich zwar stets als den treuesten Diener der kaiserlichen Familie und ist es thatsächlich, aber doch nur, wenn man ihn die absolute Gewalt, wie er sie jetzt innehat, noch weiter handhaben lässt. Bei dem geringsten Widerspruch gegen seine Pläne gibt es keine Sicherheit wider ihn, denn seine Naturanlage ist ebenso furchtbar wie unbeständig, da er nicht einmal sich selbst zu beherrschen weiss.

und Regalien, so gegen andere billig gar hoch zu ästimieren und zu halten wären, demnach sein Unsers Oheimbs und Herzogens zu Friedland Ld. seiner weltkundigen uns erwiesener erspriesslichen und nutzlicher Dienste halber dieselbe frei zu einem voraus und ohn allen Anschlag haben und halten und nur allein die Einkommen und Intraden gedachter Herzogthumb, Fürstenthumb, Grafschaft, Herrschaft und Länder gegen vier Procento zu erkaufen und uns folgender massen zu zahlen schuldig sein solle: Dass anfänglich von solchem Kaufschilling, dessen man sich auf vorgehende ordentliche Ästimation der Einkommen nach billichen Dingen vergleichen wird, die übrige Schulden, so auf demselben Herzogthumb, Fürstenthumb, Grafschaft, Herrschaft und Landen anjetzo hafften, und uns von Recht und Billigkeit wegen abzustatten obliegen möchten, richtig defalcieret, auch die zur Übernehmung und Befriedigung der rechtmässigen Creditoren und Interessierten nothwendige Summa [in] sein des Herzogens von Friedland Ld. in Handen gelassen, wie nicht weniger diejenige Geldposten und Anforderungen, so Ihre Ld. gegen Uns haben, so viel sich derer nach ordentlicher Liquidation als just befinden werden, neben unser verwilligten kaiserlichen Gnadengab der siebenmal Hundert Tausend Gulden Rheinisch gleichfalls auf solche Kaufsumma angewiesen und von derselben abgekurzt, der Überrest aber wie auch der Particular Rebellengüter in oftbesagten Fürstenthumben und Landen, sowohl in Mobilien als Immobilien (deren Confiscation wir uns bei diesem Kauf expresse reserviert und vorbehalten) einig und allein zu etwas Contentierung Unser kaiserlichen Armada jedoch gegen genugsamer Bescheinung applicieret werden solle."

Zur Problematik der Übertragung Mecklenburgs an Wallenstein vgl. Gindelý I S. 363–370; Mann S. 505–508, 510–515.

44. Ernennung Wallensteins zum General-Obersten-Feldhauptmann [1]

Ernennung Wallensteins unter Aufführung der mit dem Titel verbundenen Rechte (u. a. Gerichtsbarkeit).

Hallwich, Fünf Bücher Wallenstein
III S. 329–331.
(Auch: Gindelý I S. 372f.)

Prag, 21.[2] April 1628

Wir Ferdinand der Ander, von Gottes genaden erwöhlter Römischer Kaiser, zue allen Zeitten Mehrer des Reiches [etc.] bekhennen offentlich und thuen khundt meniglich: Demnach Unßer und gemainnüzigen wößens unvermeindliche notturrfft erfordert, über Unnßer zu defension des H: Römischen Reichs Erbkhönigreich und Landen besteltes und aufen Fueß habendes Kriegsvolckh zue Roß und Fuß ain General-Haubt, darvon dasßelb in allem dependiren und desßen Ordinanzen gelebe, zu bestöllen: Alß haben Wir Unß gnedigist entschloßen, in Ansehung der ansehnlichen gueten qualiteten, erlangter Kriegserfahrenheith, redlichen, tapffern Gemüethes und dan genedigisten Vertrauens des Hochgeborenen, Unßeres und des Reichs Fürssten und lieben getreuen Albrechten Herzogen zue Fridtland und Sagan L: zue Unßerm General-Obristen Veldt-Haubtman zu bestellen, an: und aufzunemben, massen Wier dieselb dan crafft dißes hiemit darzue bestöllen, an: und aufnemben, also und solcher gestaldt, daß er Herzog Unßer General-Obrister Veldt-Haubtmann sein, darfür von meniglichen erkhandt, respectiert, geehrt und angesehen, uber alles Volck, Ausschuß, schwär und leichte Cavaglieria und Fueßvolckh aller nationen, so sich in der Armada und unnserer Besoldung befündten werden, mit aller auf solchen hohen General-Bevelch gehöriger authoritet, praeeminenz, praerogativen und allen andern Vortlß gelegenheinthen geordent sein solle.

Und geben S: L: hiemit macht und völligen gewalt, so offt Unnßer diennst und notturrfft erfordern wurde, gemeltes Unßer volckh zue Roß und Fueß, die Arteglieria, Püchßenmaister, Ingegnieri und alle anderen, so in Unßerer Bestallung und Diennst sich befündten, zue musstern, abzuzehlen, revidiren und der contrasegnien sich darbey zu gebrauchen, die Bezallung mit aigener Handt undterschrifft anzuschaffen, wie und wo es Unnßer notturrfft nach gelegenheith der fürfallenden occasionen und mehrern oder mündern noth inßkhünfftig erfordern wurde, wie nicht weniger auch die vacierunde Obristschafften und Capitainiaten für sich selbst ersezen oder nach gelegenheith von

[1] Vgl. Diwald S. 372; Gindelý I S. 56, 371–373; Hallwich, Fünf Bücher Wallenstein II S. 375; Mann S. 516f.; Ritter III S. 382; Ritter, Untergang S. 239.

[2] Mann (S. 516) gibt den 28. April als Datum an.

neuem zu bestellen, an: und aufzunemben, zue den General-Bevelchen aber zue Unnßerer genedigisten resolution subiecti proponiren und fürzuschlagen.

Ebenermasßen verleihen Wier hiemit allen gewaldt uber Unnßern exercitum, denselben zue administriren und commandiren, sowol in Civil- alß Criminalsachen, aintweder aigener Persohn oder durch hierzue von Seiner L: gevolmechtigte in allerley zueständten und andern gelegenheiten, so hierzu gehörig und disem werckh anhengig, denen Rechten gemäß.

Wollen benebens auch, [daß] Sein L: alß General-Obrister yedeßmalß wisße, waß gestaldt der exercitus von Zeit zu Zeit mit Proviandt, monition und andern notturfften versehen sey und Iro dises hechst angelegen sein lasße, wie auch darmit daß yenige, so zu besßerer der armada verseh: und accommodirung notwendig zu sein sich eraigen möchte, dardurch dem feündt desto mehrer abbruch vermuetlich beschehen khundt, also herbey zu brüngen und nach müglichkheit zue procuriren und bestellen, alß wie Wier selbst thuen wurden, da Wier zur stöhl wären und selbst in der Persohn allens also herbey brechten, procurierten und bestelleten.

Zu welchem endte Wier dan allen und yeden in Crafft dieses Unnßern hochen nachgesetzten Ämbtern, Obristen, Haubtleüthen, der Ausschuß Reütterey und fueßvolckhs und allen ubrigen Capitainen und Offiecirn der Arteglieria und von allen andern, so zue der Armada gehörig und derselben beipflichtig, auch Commissarijs, Fendrichen, Wachtmaistern, Corporalen, Schanz-, Zahl-, Proviandt- und Munition-Maistern, neben andern Offiecirn mehrgedachter Armada und allen andern Personen, waß standtes, qualitet oder nation dieselben auch sein oder sein khünnen, hiemit gnedigist und alles ernstes bevelchen und wollen, daß sy Seiner L: vor Unnßern würrcklichen General-Obristen halten, gehorsamben, respectiern und in allen und uberall auch daß yenige thuen und ohne widersprechen deme nachkhumben sollen, so schrifft: alß mündtlichen, in gemain und absonderlich, dieselben ordiniern und bevelchen wurden, gleichsamb Wier in aigener Persohn solches ordiniern und bevelchen thäten. Masßen Wir dan zu allen den obverstandenen Puncten und waß denselben weiters anhengig sein mecht oder khündte, S:r L: allen volkhemblichen gewaldt, authoritet und Volmacht erthailt und conferiert haben, alles bey Vermeidung Unnßerer unablesßlichen Leib- und lebensstraff, threulich und ohne gevärde.

Mit urkhundt dises Unnßer Bestahl-Brieffs, der mit Unnßer aigen Handtunterschrifft und aufgetruckhten Secret-Insigl verferttigt und becrefftigt worden ist[3].

[3] Den 21. April 1628 datiert auch Wallensteins Ernennung zum 'General des Ozeanischen und Baltischen Meeres', gedruckt bei Hallwich, Fünf Bücher Wallenstein III S. 331–333. Vgl. zu dieser Ernennung Diwald S. 407, 418; Gindelý I S. 371f.; Hallwich, Fünf Bücher Wallenstein II S. 375; Ritter III S. 380.

45. Kg. Christian IV. an den dänischen Reichsrat

Stellungnahme des dänischen Königs zu den ksl. Friedensbedingungen.

Dänische Vorlage: Bricka-Fridericia II S. 150.

Kopenhagen, 7./17. Mai 1628

Unsere Erklärung auf die Punkte [1], die dem Reichsrat mitgeteilt werden soll:

1. Wenn ein ehrlicher und sicherer Friede geschlossen wird, so wollen wir das Heer umgehend [2] abdanken [3], soweit es in den Festungen entbehrt werden kann.

2. Den Niedersächsischen Kreis nach kaiserlicher Auffassung zu verlassen [4], ohne daß er [5] beweisen kann, daß etwas gegen das Reichsrecht [6] geschehen wäre, das geht Uns und den Unseren in Ewigkeit allzu nahe. Aber da keiner von Uns sein eigener Richter sein kann oder soll, so wollen wir Uns in dieser Frage [7] dem Urteil des Königs von Spanien, des Königs von Frankreich [8] und des Königs von Polen unterwerfen, so daß der Kaiser sich um so weniger zu beschweren haben wird.

3. Die Stifter für mich und die Erben [9] aufzugeben [10], kann wohl geschehen, soweit es meine Person betrifft [11], aber für die Söhne [12] etwas zuzusagen, das ist unerhört und unanständig. Und wenn Wir auch auf Derartiges eingehen wollten, um die gegenwärtige Lage etwas günstiger zu gestalten, so darf [doch] keiner denken, daß sie [13] sich in dieser Frage [14] mit Unserer Zustimmung alleine zufriedengeben werden, sondern sie wollen, daß die Kinder sich selbst dazu verpflichten sollen. Wie uns das nun geziemen will, unsere Kinder entweder mit Güte oder mit Strenge dazu zu bringen [15], das versteht jeder ehrliche Mann genau.

[1] Gemeint sind die kaiserlichen Friedensbedingungen; vgl. Nr. 24.
[2] „In punctu“, möglicherweise auch: ‘vertragsgemäß’.
[3] Vgl. Nr. 24 unter „zum ersten“.
[4] Vgl. Nr. 24 unter „vors ander“.
[5] Gemeint ist der Kaiser.
[6] „Statuta imperii.“
[7] „In illo passu.“
[8] „Kon: udi fran:“
[9] „Pro me et heredibus.“
[10] Vgl. Nr. 24 unter „zum dritten“.
[11] „Qvatenus ad meam personam.“
[12] „Pro natis.“
[13] Gemeint sind die Kaiserlichen.
[14] „In illo passu.“
[15] „At disponere.“

4. Wir sehen keine Mittel, viele Tonnen Goldes zuzusagen[16], wenn Unser und der Krone Pfand nach einer Weile eingelöst werden soll, und Wir werden Unseren guten Namen und Ruf retten.

5. Um das abzutreten, was Uns der Hg. von Braunschweig vor diesem Krieg schuldig geblieben ist[17], so sehen Wir nicht, aus welcher Rechtsquelle der Kaiser private Streitigkeiten von Staats wegen[18] entscheiden kann; Wir meinen nicht, zu etwas Ähnlichem in irgendeinem Vertrag verpflichtet werden zu können[19].

6. Mit dem Bf. von Bremen[20] wird gegen Ende der Verhandlungen[21] gehandelt werden.

7. Wenn der Hg. von Lüneburg behauptet[22], wir allein seien die Ursache, daß sein Land ruiniert ist[23], so wird darauf noch geantwortet werden.

8. Gegen das Haus Österreich bin ich nie ein Bündnis eingegangen, habe ein solches auch nicht vor[24], soweit Unser Haus und Familie vor demselben geschützt werden kann.

9. Daß die vom Frieden ausgeschlossen werden sollen, die Uns entweder gedient haben oder die Uns wohlgesinnt gewesen waren oder es noch sind, das ist der Gordische Knoten, wofür man in keiner Friedensverhandlung ein Beispiel finden kann.

46. 1. Kapuzinerrelation[1]

Charakteristik Wallensteins mit negativer resp. feindlicher Tendenz: 1. Klugheit und Verschlagenheit; 2. gezielt eingesetzte Freigebigkeit; 3. Verschlossenheit; 4. gute Kenntnisse der Geschichte und der Staatsangelegenheiten; 5. Urteilsfähigkeit, Durchsetzungswille, blühendes Hgt. Friedland, guter Ökonom; Unbeugsamkeit; mangelnde Rücksicht-

16 Vgl. Nr. 24 unter „zum 6.".

17 Vgl. Nr. 24 unter „unnd zum 7." sowie „ebnergestalt zum 8.".

18 „Ex qvo capite key: kan missere privata Publicis."

19 „At kunde alligeris in ullo tractatu."

20 Johann Friedrich, Hg. von Holstein-Gottorp (1./11. 9. 1579–3./13. 9. 1634), 1596 Ebf. (Adm.) von Bremen, 1607 Bf. (Adm.) von Lübeck; vgl. ADB 14 S. 413–415; ADB 10 S. 481.

21 „Ymod finem tractatus."

22 „Demonstrere."

23 Vgl. Nr. 24 unter „dahingegen aber zum 9.".

24 „Udi Synde"; vgl. auch Nr. 24 unter „sodann vors 10".

1 Zu den beiden Kapuzinerrelationen vgl. Albrecht, Maximilian S. 196; Bartel S. 51–53, 58; Coler S. 725f.; Diwald S. 407; Gindelý II S. 1–40; Görlitz S. 132–135; Hallwich, Fünf Bücher Wallenstein II S. 457–477; Huch S. 100–103; Mann S. 523–547, 1235f.; Mattutat S. 22.–25; Ritter III S. 383; Ritter, Untersuchungen S. 40–43; Suvanto S. 42–44;

nahme auf ksl. Befehle; kritische Haltung gegenüber Protegés; 6. Macht- und Herrschaftswille; Empfindlichkeit gegenüber Kritik; Aufbau eines Hofstaates; Bemühungen, seine Eigentumsverhältnisse zu sichern; Glanzentfaltung; Eitelkeit; Abneigung gegen Ferdinand (III.); 7. Jähzorn, Willkür und Gewalttätigkeit; Heuchelei in religiösen Dingen; Streben nach der Kaiserkrone; gezielter Ausbau seiner Machtposition; Zahlung von Bestechungsgeldern; Begünstigung des jesuitischen Beichtvaters des Kaisers, Leichtgläubigkeit dieses Beichtvaters; zeitweilige Rücktrittsabsicht Wallensteins nur vorgetäuscht; Durchsetzung der wallensteinischen Armee mit Protestanten – daraus resultierende Unzuverlässigkeit.

Ziele Wallensteins: Armee als eigenes Instrument; gespanntes Verhältnis zwischen Wallenstein und Collalto; Vorwürfe wegen Kriegführung gegen Dänemark und Mansfeld; Aussaugung der ksl. Erbländer und des Reiches; Wallenstein sei auf Unabhängigkeit seiner Armee von anderen bedacht; Ablehnung direkter Bezahlung der Armee; anmaßendes Auftreten Wallensteins am ksl. Hof; Bestechung führender ksl. Minister.

Vermutliche Pläne Wallensteins: 1. Tyrannisierung des Kaisers und der Reichsstände; 2. Ausbau Mecklenburgs zu Wallensteins Machtzentrum; Ausweitung des Heeres, um damit innerreichische Gegner zu tyrannisieren; 3. Bedrohung mißliebiger Reichsfürsten; 4. Ausbau und Erhalt der Armee; 5. Zerstörung der Liga.

Empfehlung der Personaggio: Wachsamkeit gegenüber Wallenstein; Bayern und Spanien sind zu wirkungsvollem Vorgehen gegen Wallenstein zu gewinnen; spanische Hilfe für Erhalt der Liga; Absetzung Wallensteins durch den Kaiser initiieren und durchsetzen; Übertragung des Oberkommandos an Tilly; Sicherung der von Wallenstein gehorteten Nahrungsvorräte und Munition.

Fragen des Gesprächspartners und Antwort der Personaggio: 1. betr. Informationsstand über Wallensteins Absichten am ksl. Hof – Uninformiertheit des Kaisers; Haltung Eggenbergs; Feindschaft Aytonas gegenüber Wallenstein; 2. betr. Verhältnis zwischen Wallenstein und Spanien; 3. betr. Türkenkrieg, Verhältnis zu Dänemark; 4. betr. Unwahrscheinlichkeit eines Eingreifens Wallensteins in den mantuanischen Erbfolgestreit; 5. Wallensteins Herrschaft über den Willen des Kaisers resp. dessen Minister; 6. Verhältnis Wallensteins zu den Generalstaaten.

Abschließende Bemerkungen der Personaggio: 1. Furchtsamkeit Wallensteins, wenn ihm Paroli geboten werde; 2. Unterrichtung des Papstes über mögliches Eingreifen Wallensteins in Italien; [3.] Unterrichtung Tillys.

Gindelý II S. 5–12.
(Sehr stark gekürzt: Wiegler S. 195–198.)

o. O., 26. April 1628

Die Personaggio empfiehlt . . . unter dem Siegel der strengsten Verschwiegenheit drei Dinge zur Erwägung, die am Kaiserhofe nicht zur Gänze erfasst, viel weniger geprüft worden sind:

Zur Datierung der beiden Relationen vgl. Gindelý II S. 13f. Verfasser der Schriftstücke ist der Kapuziner Alexander v. Hales (d'Ales); vgl. Albrecht, Maximilian S. 24; Mann S. 523, 1235f.; Ritter, Untersuchungen S. 40; zur Wirkung der Relationen vgl. Ritter, Untersuchungen S. 46–49.

1. das Naturell Friedlands;
2. seine Art vorzugehen;
3. die Pläne desselben.

Das Naturell Friedlands, sagt die Personaggio[2], nachdem sie es in langem Umgange sehr genau beobachtet, eifrig studiert und sozusagen anatomisiert hat, ist folgendes:

1. Er gehört zu den schlauesten und verschlagensten Menschen, mit denen sie je im Leben verkehrt hat. In der That grenzt – man kann das für gewiss annehmen – seine angeborene Schlauheit und Verschlagenheit an das Unglaubliche. Unter der rauhen Schale seiner schroffen Manieren, die in der Regel mehr gekünstelt als natürlich sind, verhüllt und verbirgt er die Entwürfe und Intentionen seines Geistes. Wenn andere oft den Tölpel und Dummkopf spielen, um ihre Schlauheit nicht zu verrathen, geberdet sich Friedland bizarr, tyrannisch und unverträglich, um von den einen gefürchtet, von den anderen – zumal seinem Herrn – für unklug und grosser Dinge unfähig gehalten zu werden. Es würde viel zu weit führen, seine überaus listigen Kniffe, die er gegenüber dem Kaiser und den Ministern dieses Hofes in Anwendung gebracht hat, auseinanderzusetzen.

2. Gegen einige Personen zeigt er sich freigebig, um sie für sich zu gewinnen, namentlich gegen die Obersten und Soldaten von Auszeichnung sowie gegen jene, die sich seinen Launen fügen, ist er sehr freigebig. Abgesehen von der Freiheit, die er seinen Soldaten zu gewähren pflegt, beschenkte er einen gewissen Obersten fast nur aus Laune mit vielen tausend Thalern. Die einen haben sich unter seiner Führung unglaublich bereichert, anderen wieder verspricht er ganze Ländereien. Er gilt als ein Mann von Wort. Jede Gunst, die er erweist, schlägt er sehr hoch an, sei sie auch noch so gering. Seine Freigebigkeit ist so gross, dass er einem blossen Kammergehilfen monatlich 60 Thaler gibt. Daher kommt es, dass er gewaltig gefürchtet und respectiert wird, und zwar in einem Grade, dass er den kaiserlichen Rath unbeschränkt beherrscht und niemand es wagt, auch der Kaiser selbst nicht, ihn in leise Misstimmung zu versetzen.

3. Ausser Gott dringt niemand auf den Grund seines Herzens, man kann höchstens nach lange gepflogenem Umgange sich in Vermuthungen einlassen. Auch weiss man bisher nicht, dass er zu einer einzigen Person – nicht einmal die eigene Gattin ausgenommen – so viel Zutrauen hätte, dass er es nicht für nothwendig hielte, ehe er sich mit ihr einlässt, vorerst die Punkte des Mondes

[2] Nach Gindelý II S. 28–35, insbes. S. 31–35, ist die Personaggio der böhmische Kanzler v. Lobkowitz; nach Ritter (III S. 383; ders. Untersuchungen S. 41, 43–46, 49–53), und seit ihm allgemein vertreten, der Kapuziner Valeriano Magni (vgl. zu ihm Nr. 19 Anm. 1).

mit dem Astrolabium zu beobachten. In seinem Thun und Benehmen sowohl gegenüber den kaiserlichen Ministern und den Gesandten, als auch gegen den Kaiser selbst bedient er sich der aussergewöhnlichsten Formen, wodurch er alle im dunkeln darüber lässt, wie man an ihn herantreten könnte, indem er weder Höflichkeit noch feines Benehmen, weder Respect noch Anstand an den Tag legt. Alles dieses geschieht mit vollendeter Kunst, nicht so sehr um sich von den Unbequemlichkeiten zu befreien, wenn so viele mit ihm verhandeln wollen, die Anliegen an ihn haben, und sich so für seine eigenen Angelegenheiten mehr Zeit und Musse zu schaffen, als vielmehr um sich in einen solchen Respect zu setzen, dass niemand es wagt, ihn zu disgustieren.

4. Mit dieser in seinem Wesen liegenden Verschlossenheit verbindet er eine genaue Geschichtskenntnis und eine entsprechende Erfahrung in den politischen und kriegerischen Staatsangelegenheiten, die sich aus den Bewegungen entwickelt haben, welche vor einigen Jahren in Deutschland und insbesondere in Böhmen der Übergang dieser Länder von einem Herrn an den andern zur Folge hatte.

5. Er hat ein gereiftes Urtheil und einen eisernen Willen bei seinen Entschlüssen und kümmert sich durchaus nicht, ob er in irgend einer Weise jemand zu nahe tritt oder ihn beleidigt, wenn er nur sein vorgestecktes Ziel erreicht. Dieses lässt sich zum Theil daraus entnehmen, dass er einen blühenden Staat mit fast königlichen Einkünften begründet hat. Er nahm dabei keine Rücksicht auf den Dienst seines Herrn oder sein Gewissen oder die Nächstenliebe, noch viel weniger auf den ungeheuren Hass, den er sich dadurch von vielen zugezogen hat. Mit dem Gelde, das er ohne zu kargen ausgegeben hat, wusste er jeglicher Schwierigkeit zu begegnen. Gegenwärtig ist das Einkommen Friedlands in Böhmen allein grösser als das des Kaisers, und bei alledem ist er auch ein grosser Ökonom. Besagte unbeugsame Entschlossenheit Friedlands lässt sich zum Theil nicht nur aus dem ersehen, was er gethan hat, um seine Armee durch Gewalt in den verschiedenen Quartieren zu erhalten, ohne Rücksicht darauf, ob er so viele Fürsten, ja selbst den Kaiser beleidige. Letzterer vermag nicht einmal durchzusetzen, dass in Böhmen und Mähren die mit grossen Nachtheilen für die hier begüterten Herren verbundenen Quartiere verringert werden. Seine Unbeugsamkeit zeigt sich auch darin, dass er dermal in so vielen Gegenden nur seine Auctorität ohne eine eigentliche Rechtsprechung gelten lässt und sich über die zahlreichen Klagen so vieler Fürsten und Herren lustig macht. Im Momente zumal gedenkt er drei Regimenter in die Lausitz zu legen. Und obwohl der Kaiser ihm dreimal sagen liess, dass ihm von Friedland in der That grosse Dienste geleistet wurden, wofür er ihm verpflichtet bleibe, dass er ihm aber höchst verbunden sein würde, wenn er Sachsen nicht verstimmen und davon abstehen würde, jene drei Regimenter in die Lausitz zu beordern, lautete stets seine bündige Antwort: Es kann nicht sein.

Bei ihm gelten auch Verwendungen anderer nichts, da er abgesagter Feind davon ist, jemand eine Gunst oder einen Dienst über die Verwendung eines Dritten zu erweisen. Einem ihm vom Grossherzog von Toscana Empfohlenen verweigerte er eine Compagnie; das Nämliche that er gegen Eggenberg und in vielen anderen Fällen, wie sie alle Tage vorkommen.

6. Friedland fühlt von Natur aus einen Drang zur Oberherrschaft, das kann man als feststehend annehmen. Daher kommt es, dass ihm nichts unerträglicher ist, als sich einem fremden Willen zu unterordnen oder von anderen abzuhängen. Tritt man seiner beanspruchten Unabhängigkeit nur ein wenig nahe, so wird er unglaublich empfindlich. Bei seiner Rückkehr aus Ungarn wurde er sichtlich äusserst aufgebracht, dass Ihre kaiserliche Majestät sich erkühnen konnte, andere zu fragen, ob es wahr sei, dass er gegen alle Kriegsregel versäumt habe, Gabor eine Schlacht zu liefern, von vielem anderen abgesehen, was er täglich ohne jede Berechtigung thut. Noch mehr! Er hat sich einen Hofstaat von hochtönenden Titeln errichtet, um seinesgleichen nicht zu haben. Er bemüht sich beim Kaiser um das Zugeständnis, dass seine Besitzungen im Falle einer Rebellion nicht dem Fiscus, sondern den nächsten Erben zufallen. In seinem Hause entfaltet er einen Glanz, welcher einem jeden grossen Regenten genügen müsste. Jetzt verlangt er auch 'Durchlaucht' genannt zu werden. Gegen den Sohn des Kaisers, den König von Ungarn, hat er eine sehr grosse Abneigung, weil er weiss, dass dieser nicht verschwenderisch und nicht furchtsam ist, und weil derselbe pünktlichen Gehorsam fordert. Stürbe der Kaiser, so würde man sicher schlimme Dinge in den Erbländern des Hauses Österreich erleben. Über alles aber fürchtet Friedland Baiern. Der allein liegt ihm unter den anderen seinesgleichen im Magen, weil er ihm allein in seinen Plänen hinderlich sein könnte. Und das dürfte für eine unwandelbare Maxime zu halten sein.

7. Friedland ist ungeheuer jähzornig. Deshalb drängt ihn schon seine Natur zur Gewaltthätigkeit, in die er bei der geringsten Misstimmung verfällt, wie es mit dem Cardinal von Dietrichstein der Fall war. Dieser verursachte Friedland nur eine kleine Verdriesslichkeit, und sofort legte ihm dieser, trotz der kaiserlichen Zusicherung, mit Quartieren nicht belästigt zu werden, so viele Soldaten auf seine Güter, dass sie dieselben fast gänzlich zugrunde richteten[3], ohne dass weder die Verwendung Eggenbergs, noch weniger aber die wiederholten Befehle des Kaisers etwas fruchteten. Dieser sein Jähzorn, welchen er täglich viele tyrannisch fühlen lässt, bricht auch gegen jene hervor, welche, ohne Friedland zu beleidigen, lediglich solche angeborene Schwachheiten an sich haben, die seiner Laune nicht zusagen. Er bekennt offen, seinen Zorn nicht bemeistern zu können; noch weniger aber hält ihn ein religiöser

[3] Vgl. zu diesen Ereignissen des Jahres 1627 Gindelý II S. 21f., 30.

Sinn oder ein ängstliches Gewissen im Zaum, denn von diesen findet sich bei Friedland keine Spur, ausser er heuchelt. Trotz der vielen Almosen, die er ertheilt, zeigt er deutlich genug, dass er sie aus anderen Gründen als aus reiner Frömmigkeit gibt. Von anderen Lastern, die Ehrgeiz und Jähzorn im Gefolge haben, wie z. B. Neid u. s. w., schweigt man, da sie von Friedland ohnehin nur zu bekannt sind.

So viel über seine Natur, welche leibhaftig das Bild einer jener alten Gestalten wiedergibt, über welche man in der Geschichte staunt, wie Attila, Theodorich, Berengar, Desiderius[4] und anderer, die als einfache Heerführer durch das Wohlwollen anderer Könige Königreiche erhielten und nach der Kaiserwürde strebten.

Was nun die Art seines Vorgehens anbelangt, so ist dieselbe im ganzen Reiche sattsam bekannt. Vor allem hat er immer sein heisses Sehnen und Begehren darauf gerichtet, im Reiche über eine bewaffnete Macht zu verfügen, wohl wissend, dass Waffen wirksame Mittel zu den höchsten Zielen sind. Die grösste Schlauheit wurde von Friedland angewendet, um sich erst neben Tilly als Gehilfe[5] einzuführen und dann, um sein selbständiges und unbeschränktes

[4] Die vier genannten Personen bilden wenig geglückte Exempla zu der Darlegung des Textes, wonach Wallenstein solchen gleiche, „die als einfache Heerführer durch das Wohlwollen anderer Könige Königreiche erhielten und nach der Kaiserwürde strebten". Am wenigsten entspricht Attila dem Typ, für den er ein Exempel sein soll; zwar erhält er im Oströmischen Reich den Titel magister militum, doch ist die Ausgangssituation völlig verschieden von der Wallensteins. Daß Attila, der ja seit 434 zusammen mit seinem Bruder und seit 445 alleiniger König seines Volkes aus eigenem Recht war, Kaiser des Oströmischen Reiches oder – später – des Weströmischen Reiches werden wollte, läßt sich nicht belegen.

Wie Attila ist auch Theoderich König der Ostgoten aus eigenem Recht. Die Ehrentitel des Oströmischen Reiches, von dem die Ostgoten als foederati anerkannt waren, nämlich magister militum, patricius (483), Konsul (484), schufen keine neue Rechtslage. Diese ergibt sich allerdings dadurch, daß Theoderich von Kaiser Zenon beauftragt worden ist (488), Odoaker zu bekämpfen, daß er diesen besiegte und 493 König in Italien wurde. Die Anerkennung dieses Königtums unter der Oberhoheit Ostroms durch Kaiser Anastasios I. im Jahre 497 paßt zu der Passage, wonach „Heerführer durch das Wohlwollen anderer Könige Königreiche erhielten". Eine Parallele zu Wallenstein aber läßt sich schwer ziehen; und dies kann man ebensowenig bei den beiden Königen von Italien Berengar I. (gest. 924) und dessen Enkel Berengar II. (gest. 966) sowie dem letzten langobardischen König Desiderius (gest. 774), die – im Unterschied zu Wallenstein – alle aus königlicher Familie stammten, wenn sie sich auch oft nur mit fremder Hilfe durchsetzen konnten und im Kampf mit stärkeren Rivalen unterlagen.

[5] Diese Behauptung ist nicht haltbar; als Gehilfe Tillys fungierte Wallenstein nie; vorgesehen war eine Zusammenarbeit beider Befehlshaber (vgl. Nr. 6 in Verb. mit Nr. 11).

Commando[6] und endlich, um die Stellung eines Generalissimus mit furchtbarer Machtvollkommenheit[7] zu erlangen. Er liess nicht nach, bis er im Reiche eine solche Macht in Händen hatte, dass der Kaiser niemand Soldaten werben lassen kann, ohne Friedland zu verletzen und zu verstimmen, da er die Leitung der militärischen Angelegenheiten im Reiche zur Gänze an sich gerissen hat[8]. Abgesehen davon, dass er, um ein Amt mit solchen Befugnissen zu erlangen, mit Geld die Minister des Kaisers bestochen[9] hat, wusste er auch in äusserst schlauer Weise den Beichtvater des Kaisers[10] für sich zu gewinnen, indem er zuerst eine Kirche – ich glaube die zu St. Nicolaus in der Stadt Prag – von Cardinal von Harrach für ihn verlangte, dann ihm 20.000 Thaler bar auszahlte und endlich gegenwärtig dem genannten Beichtvater für die Gesellschaft[11] eine lange Reihe von Collegien, Alumnaten und Seminarien im Reiche anbot und noch anbietet[12]. Der Beichtvater, mit dem Charakter Friedlands völlig unbekannt, weil er mit ihm wenig Umgang gepflogen, liess sich von diesen äusseren Werken der Frömmigkeit und von seinen vielen falschen Vorspiegelungen täuschen und überzeugte den Kaiser derart von dessen guten Absichten und unverbrüchlicher Treue, dass Seine Majestät sich ganz auf das verlässt, was Friedland räth und vorschlägt, so zwar dass der Kaiser sagte: Ich weiss, dass ich von diesem Manne nicht hintergangen werde. Und so machte sich Friedland nach und nach zum absoluten Herrn des Kaisers und seines Rathes. Friedland hat oftmals erklärt, es sei ihm an einem oder zwei Fürstenthümern nichts gelegen, wohl aber sehr viel daran, in Waffen zu bleiben.

Die Kniffe, deren er sich bedient, sind äusserst bedenklich. Den Kaiserhof erhält er in dem Glauben, dass er jenes Amt nur gezwungen versehe: unterdessen behauptet er sich mit tausend Listen. Bei seiner Rückkehr aus Ungarn drohte er es niederzulegen[13]: als er aber vernahm, dass wegen eines Nachfolgers verhandelt wurde, liess er sich gleich bei Eggenberg sehr angelegen sein, dass man über diese Sache hinweggieng[14]. Er sorgt dafür, den Glauben zu verbreiten, als sei er wegen seiner angeborenen Strenge bei den Soldaten nicht beliebt, aber thatsächlich weiss man, was er thut, um sie, zumal einige hervor-

[6] Vgl. Nr. 12.

[7] Vgl. Nr. 44.

[8] Der Kaiser hat Wallenstein diese Rechte eingeräumt; der Begriff „an sich reißen" ist nicht korrekt.

[9] U. a. Eggenberg (s. unten und vgl. Gindelý II S. 3).

[10] Lamormaini.

[11] Gemeint ist die Societas Jesu.

[12] Vgl. zu der Unterstützung der Jesuiten durch Wallenstein Gindelý I S. 184, 364.

[13] Vgl. Nr. 17; Ritter III S. 349.

[14] Bezug wohl auf die Konferenzen zu Bruck an der Leitha am 25. und 26. November 1626; vgl. Nr. 19f.

ragende, zu bereichern, und wie er ihrer Gewaltthätigkeit das ganze Reich preisgibt. Vielleicht will er durch diese vorgeschützte Meinung irgend einen sauberen Anschlag verdecken, den er im Reiche ausführen möchte. Mit der unerträglichen Quartierlast sucht er alle jene zugrunde zu richten, die von ihm nicht abhängen. In dem ganzen Verzeichnisse seiner Regimenter finden sich nicht drei, auf die sich Seine Majestät verlassen könnte, da fast alle Ketzer oder Ausländer sind, die kein anderes Ziel vor Augen haben, als ihr Glück zu machen, die, wie man wohl weiss, gerne im Trüben fischen möchten und endlich fast insgesammt an das Interesse Seiner Majestät nicht gebunden sind. Weiter erregt grossen Verdacht seine Gewohnheit, die Ketzer viel milder zu behandeln als die schuldlosen Katholiken.

Auch das war berechnende Schlauheit, Collalto als Feldmarschall zu verlangen und ihm dann Verdriesslichkeiten zu bereiten, in der Gewissheit, dass dieser dadurch verstimmt sofort vom Heere sich entfernen würde, was er auch gethan hat [15]. Übrigens weiss man, dass es nur aus Berechnung geschah, wenn er niemals Dänemark eine Schlacht geliefert und mit Mansfeld gewissermassen gezwungen gekämpft hat, indem er ihn nach Schlesien ziehen liess und selbst sehr langsam folgte, bis derselbe in diesen Provinzen festen Fuss gefasst hatte, damit Waldstein so Gelegenheit hätte, in den Ländern des Kaisers so viel Kriegsvolk zu halten, dass er durch dasselbe sich in den Besitz aller Hilfsquellen Seiner Majestät setzen könnte [16]. Dies that er auch, indem er aus diesen Ländern mit unglaublicher Sorgsamkeit das Geld an sich zog, nicht um die Soldaten zu bezahlen, sondern um andere Kriegsbedürfnisse, Lebensmittel und Munition zu beschaffen. Auf diese Weise hat er dem Hause Österreich einen Zaum angelegt und sich dermal fast zum Herrn seiner Länder – Wien, Ungarn und das wenige von Kärnthen und Steiermark ausgenommen – ja fast des ganzen Reiches gemacht, nicht zu gedenken der unbeschränkten Vollmacht, welche Friedland von Seiner Majestät hat, so viel Truppen auszuheben, als er will, und militärische Würden nach Belieben zu verleihen. Infolge jener Verdriesslichkeiten, die es zu bereiten pflegt, infolge der Willkür, die er den ersten besten Kriegsofficier mit Ausführung eines militärischen Bando beim Heere gestattet, infolge der eigenthümlichen Art, die Soldaten durch Erweiterung der Quartiere zu befriedigen, hängt die Armee ganz von seinem Winke ab, so dass der Kaiser weiter keine Auctorität über Friedlands Armee hat, als die, welche ihm derselbe freiwillig einräumt. Deshalb hütet sich Friedland sorgfältig vor allem, was die Armee von einem anderen abhängig machen könnte als von ihm, so z. B. Geld vom Kaiser zur Bezahlung der Soldaten zu

[15] Vgl. Gindelý I S. 73–80.

[16] Zu Wallensteins Kriegführung betr. Dänemark und Mansfeld vgl. Nr. 19 Anm. 3; Gindelý I S. 82–127, 287–322; Ritter III S. 316–324, 334–353, 360–367.

fordern, wohl aber, wie gesagt, für andere Kriegsbedürfnisse, wodurch er alle Geldmittel nicht nur der Erbländer des Hauses Österreich, sondern auch des ganzen Reiches aufzusaugen trachtet. Als die Spanier sahen, dass ein solches kaiserliches Heer vorhanden war, welches auch ihren Interessen im Reiche dienen könnte, boten sie, wie der spanische Gesandte der Personaggio sagte, dem Kaiser zur Unterhaltung desselben und um ihn für kommende Fälle günstig zu stimmen, jährlich 800 000 Thaler an. Allein als der Kaiser Friedland dies mittheilte, wurde derselbe sehr unwillig und wollte von diesem Vorschlag nichts hören. Er gab dem Kaiser zur Antwort, er werde schon Mittel und Wege finden, das Heer zu unterhalten, Daher auch seine nachmalige Äusserung, er traue sich sein Heer fünfundzwanzig Jahre zu erhalten und es in jeden beliebigen Theil von Europa zu führen.

Zu alledem kommt noch die geringe Achtung für den ganzen kaiserlichen Hof. Er schätzt alle gering und entzweit sich offen mit allen Ministern. Mit dem Kaiser geht er so um, als ob er der Kaiser wäre. Er sagte, wenn er etwas wolle, so geschehe es auch. Indem er die einflussreichsten Personen bestach und die übrigen bedrohte, hat er nach und nach den kaiserlichen Hof sich vollständig dienstbar gemacht. Es gibt keinen hervorragenden Minister, dem er nicht Geld geschenkt hätte, da dieser Hof überaus käuflich ist. Dem Eggenberg allein gab er mehr als 200.000 Thaler. So ist der ganze Staats- und Hofkriegsrath von Friedland abhängig. Regierende Häupter schmäht er. In Gegenwart des spanischen Gesandten sagte er, der katholische König sei nicht recht bei Sinnen. Das Gleiche sagte er vom Könige von Polen. Vom Papste hat er mit Missachtung gesprochen und sich geäussert, es gäbe fünfundzwanzig Cardinäle, die man auf die Galeeren schmieden sollte.

Am selben Tage, als der Freund von der Personaggio sich verabschiedete, sagte Eggenberg zu derselben: Wahrhaftig, dieser Friedland ist eine Geissel Gottes, eine wahre Geissel. So wie seine Macht steigt, erprobt er sie gleich, indem er mit irgend jemand anbindet, wie er es eben mit Sachsen thut. Aus diesem allen folgert die Persönlichkeit schliesslich, dass die Pläne Friedlands folgende seien:

Erstens kann man sich für vollkommen überzeugt halten, dass eines der beiden Übel bei Friedland, wenn er in dem obersten Commando belassen wird, unvermeidlich eintritt: entweder er wird, ohne sich gegen Seine Majestät offen aufzulehnen, den Kaiser und alle anderen Reichsfürsten tyrannisieren, als ob er König von Deutschland wäre. Das gilt für mehr oder weniger gewiss. Oder er wird, wenn man ihm darin entgegentritt, die Gelegenheit ergreifen, den Beleidigten zu spielen und noch schlimmeres ausführen. Daraus kann man wohl den Schluss ziehen, dass dieser Mann das Ansehen, die Macht und Gewalt, womit ihn der Kaiser ausgestattet hat, dazu gebrauchen wird, den Kaiser und das Reich zu tyrannisieren.

2. In kurzem wird er sich in sein Herzogthum Mecklenburg begeben, wo Seine Majestät sozusagen einen Gesandten wird halten müssen. Von dort aus wird er dem Heere seinen Plänen und den Umständen entsprechende Befehle ertheilen. Seine Absicht ist, das ganze Reich mit Soldaten zu überfluten und auf diese Weise aus dem ganzen Reich Geld und Lebensmittel zu erpressen und alle jene zu ruinieren, von denen er auch nur vermuthet, dass sie seinen Plänen entgegen oder hinderlich seien.

3. Wird er Anlass suchen, einen und den anderen Fürsten zu züchtigen und ihnen auch nach Umständen und Laune ihre Länder zu entreissen. Denn er äusserte oftmals, wer nicht will, dass ein Vogel fliege, müsse ihm die Schwungfedern ausreissen.

4. Von den mit ihm vertrauten Personen wurde ihm zu wiederholtenmalen vorgehalten, wie es fast unmöglich sei, eine so grosse Armee zu unterhalten und für längere Zeit Quartiere zur Verfügung zu haben. Darüber lachte er und sagte, die Erfahrung habe in vielen Fällen, wo man einen Krieg nicht fortführen zu können behauptete, das Gegentheil gelehrt; auch sei das Reich so arm nicht, und die Soldaten würden auch dort etwas finden, wo nichts ist.

5. Obenan unter den Wünschen Friedlands steht der, die katholische Liga zu ruinieren. Sicherlich wird er alles Mögliche aufbieten, um dieselbe zu sprengen und allein in Waffen und unbeschränkter Herrschaft im Reiche zu bleiben. Mit Umsicht und Eifer ist er bemüht, alle Quartiere mit seinen Soldaten zu belegen, damit die Soldaten der Liga sich entweder von selbst auflösen oder zu ihm übergehen, wie es Pappenheim[17] zu thun scheint, der gegenwärtig in Prag verhandelt, um sich mit Friedland zu verbinden; man glaubt auch, dass sie bereits einig wurden. Endlich liess er sich auch vernehmen, er gedenke von seinen Truppen alle jene Plätze besetzen zu lassen, welche Tilly eingenommen hat, unter dem Vorwande, dass jene Plätze im Namen des Kaisers genommen wurden, dass daher auch kaiserliche und nicht ligistische Truppen sie zu besetzen haben. Man bekam auch Wind davon, dass er, wenn ihn die Laune anwandelt, unter dem beschönigenden Vorwande einer Meuterei, heimlich den Anstoss zu einer unerhörten Schelmerei im Reiche geben und dabei thun werde, als ob er ihr abgeneigt sei, wobei er sich noch sehr befremdet und unschuldig stellen dürfte.

[17] Gottfried Heinrich Gf. zu Pappenheim (29. 5. 1594–17. 11. 1632), zeichnete sich 1620 unter Tilly am Weißen Berg aus; erhielt 1623 von Kaiser Ferdinand II. ein eigenes Kürassierregiment und den Oberbefehl über die spanische Reiterei in der Lombardei; 1625–1629 nahm er auf ligistischer Seite am niedersächsisch-dänischen Krieg teil und erstürmte 1631 Magdeburg; seit 1630 war er ksl. Reitergeneral; vgl. ADB 25 S. 144–161; Meyer 18 S. 172; Gschließer S. 195f.; Hallwich III S. 479f.; Mann S. 734f., 834f., 862f., 883f.

Unter solchen Umständen empfiehlt die Personaggio die Augen offen zu halten und auf geeignete Gegenmittel zu denken. Sie selbst würde dermal ein gutes Mittel darin erblicken, dass Baiern seine Eifersucht gegen den Friedländer verhüllt, dass es aber dieselbe umsomehr bei den Spaniern in Brüssel schüre, dann würde sie [die Personaggio] im Verein mit dem spanischen Gesandten[18] schon nachhelfen, damit der Verdacht von anderswo ausgehe, wie auch bereits die Spanier begonnen haben, eine grosse Eifersucht auf Friedland zu zeigen. Sobald die Spanier die Nothwendigkeit eingesehen haben werden, das Heer der Liga zu unterhalten, musste sogleich von Seite Baierns und anderer Kurfürsten dem Kaiser die Nothwendigkeit, Friedland das Commando zu nehmen, sowie die Art und Weise, wie das geschehen könnte, dargelegt werden. Der Weg dazu wäre, Friedland die exorbitanten Forderungen abzuschlagen, welche er an den kaiserlichen Hof stellt, damit er deswegen nach seiner Gewohnheit sofort entweder seine Entlassung begehre oder doch damit drohe. Darauf nimmt man ihm das Commando und überträgt es an Tilly, dem kein Soldat Friedlands zu gehorchen sich sträuben würde, vorderhand nicht mit dem Titel eines Generals, sondern eines Generallieutenants, bis das in anderer Weise geordnet wäre. Diese Dinge könnten mit dem Grafen von Tilly und dem Kurfürsten von Baiern ausgemacht werden: doch wäre es nothwendig, sich gleichzeitig des Getreides, der Lebensmittel und der Munition zu versichern, welche Friedland im Reiche aufgespeichert hat, und jene, welche man für verdächtig hielte, entweder an den Hof zu berufen oder zeitweilig von den Regimentern zu entfernen. Das müsste aber schnell geschehen, bevor noch Friedland die Lust anwandelt, ins Feld zu ziehen, wenn auch immer gesagt wird, das sei nicht seine Absicht, sondern er gedenke in Mecklenburg zu bleiben und da seine Gewaltherrschaft auszuüben.

Alles das sagte die Personaggio dem Freunde. Über diesen Discurs stellte ihr der Freund nachstehende Fragen:

1. Ob der Kaiser oder seine Räthe diese Dinge von Friedland wissen oder vermuthen, und wie sie dieselben aufnehmen? – Sie antwortete in Bezug auf den Kaiser, dass dies nicht der Fall sei, da er von seinem Beichtvater, auf welchen er sich ganz verlässt, anders informiert werde. In Bezug auf die Räthe, dass bloss Eggenberg und Collalto von diesen Verhältnissen Kenntnis haben, und zwar mehr Collalto als Eggenberg, weil dieser sich nicht ganz und nicht mit dem gebotenen Eifer mit dem Geschäfte befasst, nur dann, wenn das Übel zutage getreten ist, auf Abhilfe zu denken pflegt. Da er gegenwärtig bei Friedland keine ausgesprochene Treulosigkeit, sondern nur die Sorge für den Kriegsruhm des Kaisers und für seinen Privatvortheil bemerkt, so nimmt er sich das nicht besonders zu Herzen. Unter allen, welche sich dieser Ange-

[18] Gemeint ist Francisco de Moncada, Conde de Ossoña, Marques de Aytona.

legenheit annehmen und Friedland fürchten, steht der spanische Gesandte obenan, er bemühte sich, diese Gefahr dem Kaiser nahezulegen, indem er ihm sagte, Friedland werde für das Haus Österreich sicher verhängnisvoll werden. Aber der Kaiser antwortete, er sei vom Gegentheile überzeugt, und zur Furcht liege kein Grund vor. Als ihm darauf der Gesandte schlagende Gründe vorbrachte, entgegnete ihm der Kaiser: Da gehen wir zu weit. Infolge dessen hat der Gesandte nach Spanien berichtet, Friedland habe den Kaiser so sehr seiner Macht entkleidet, dass er ihm nur den Namen gelassen.

2. Ob zwischen den Waffen Friedlands und der Spanier irgend ein Einverständnis oder ein gemeinsamer Plan bestehe? – Die Persönlichkeit antwortete, dass dies absolut nicht der Fall sei. Friedland würde nicht gestatten, dass seine Soldaten einen Schritt zu Gunsten der Spanier machten, wenn es nicht seinen Plänen dient, diesen oder jenen Fürsten zu ruinieren. Aus diesem Grunde hat auch das Kriegsvolk, welches in die Nachbarschaft der Schweiz kommt, keinen anderen Zweck, als jene Kreise zu tyrannisieren. Friedland hatte dem Kaiser gesagt, es sei nothwendig, das Kriegsvolk dorthin zu führen, um jene Gegenden sich erholen zu lassen, wo vielleicht im künftigen Jahre der Däne sich rühren könnte. So findet er immer eine Ausrede.

3. Wie es sich mit dem geplanten Unternehmen gegen die Türken[19] verhalte? – Die Persönlichkeit antwortete, dass auf Zureden des kaiserlichen Beichtvaters Sr. Majestät sich ganz auf die Vorschläge Friedlands verlasse, welcher sagte, dass er Krieg und Frieden in Händen habe. Darum brachte Friedland jenes Unternehmen gegen den Türken in Anregung und gab dabei viele Gründe zu erwägen, warum der Friede mit den Dänen ungelegen sei. Der Kaiser gab deshalb nicht viel auf die Resolution des Conventes von Mühlhausen[20] und stimmte nach Anhörung der Gründe Friedlands auch jenem Unternehmen bei. Hierauf erklärte Friedland, die nothwendige Vorbedingung seien zehn Millionen in Gold. Aber die Personaggio glaubt steif und fest, es sei dies ein Vorwand Friedlands, um gerüstet zu bleiben und Gelegenheit zu haben, Geld aufzubringen, weil der sonst über seine Pläne so schweigsame Friedland mit vielen Personen, selbst mit dem venetianischen Residenten von dieser Unternehmung sprach.

4. Ob das Kriegsvolk Friedlands nach Italien zu ziehen im Begriffe stehe? – Die Personaggio antwortete: Obwohl der spanische Gesandte gesagt habe, einer der Pläne Friedlands sei, hunderttausend Mann nach Italien zu werfen, so sei dieser noch weit davon entfernt und wolle erst den Bissen im Reiche recht verdauen. Hier liege sein Hauptziel; Friedland werde nie etwas Gewisses

[19] Zum Verhältnis zwischen dem Kaiser und dem Osmanischen Reich vgl. Ritter III S. 347 (Friedensvertrag vom September 1627).

[20] Gemeint ist der Mühlhäuser Kurfürstentag von 1627; vgl. Ritter III S. 374f.

für etwas Ungewisses hingeben, weswegen er gegenwärtig weder an den Türken noch an Italien denkt, wohl aber daran, den deutschen Fürsten die Haut abzuziehen und sich allein im Reiche unter Waffen zu erhalten.

5. Ob alle Befehle, die von Seite des Kaisers kommen und die Armee Friedlands betreffen, mit Zustimmung des Kaisers oder vielmehr aus eigener Machtvollkommenheit Friedlands erfliessen? – Die Antwort war, dass Friedland so sehr Herr des kaiserlichen Rathes und des Kaisers selbst sei, dass dieser absolut alles will, was jener begehrt, namentlich wenn er es stets unter dem Vorwande des kaiserlichen Dienstes verlangt. Und niemand wagt es, seinen Argumenten entgegenzutreten.

6. Ob Friedland geneigt sei, mit den Holländern zu brechen? – Die Antwort lautete absolut verneinend. Wenn er aber darüber dem Kaiser entweder irgend einen Vorschlag gemacht oder sich den Vorschlägen und dem Anliegen der Spanier zugeneigt habe, so geschah das nur, um mehr Gelegenheit zu haben, seinen Zweck zu erreichen, nämlich jene Provinzen mit Truppen zu überziehen, was er sonst ohne gar zu offenkundige Beleidigung ihrer Fürsten nicht thun könnte.

Endlich gibt die Personaggio noch zwei Punkte zu erwägen:

1. Dass Friedland unbeschadet alles dessen, was eben gesagt wurde, gegenüber jenen, welche ihm die Zähne weisen, von Natur aus sehr furchtsam ist, und dass man auf diese Voraussetzung sicher bauen könne, zumal wenn er nicht so weit unbeschränkter Herr ist, dass ihm nicht noch etwas zu fürchten übrig bliebe, und wenn er sich mit seinen Entwürfen noch nicht fest im Sattel fühlt. Davon habe die Personaggio ganz untrügliche Beweise.

2. Dass es vielleicht nicht unzweckmässig wäre, dem Papste einige Mittheilung zu machen, damit, wenn bei Ausbruch irgendwelcher Unordnungen namentlich in Italien die Nothwendigkeit des Krieges es mit sich brächte, dass Friedland einen Theil seines Heeres von da nach Italien sende, der Papst wenigstens auf alle Fälle davon unterrichtet wäre.

[3] Über alles erachtet es jedoch die Personaggio für geboten, eine Person im höchsten Geheim zu Tilly zu schicken, bei dessen Gutherzigkeit Friedland viel darauf rechnet, ihn täuschen und schnell aufreiben zu können, sobald er es nur allein mit ihm und nicht mit Baiern zu thun hat.

47. 2. Kapuzinerrelation[1]

[1] Charakteristik Wallensteins als militärischer Oberbefehlshaber (Ablehnung jeder Abhängigkeit; zielgerichteter Einsatz der Armee); Gliederung der folgenden Ausführungen; [2] erhebliche Benachteiligung der Liga bei der Aufteilung der Quartiere; Ausbau von Wallensteins Machtstellung durch geschicktes Taktieren in Norddeutschland; [3] Ziel Wallensteins, nach dem Tode Ferdinands II. Alleinherrscher (erblicher König) im Reich zu werden; [4] Aufforderung, Wallensteins Maßnahmen und Verhalten genau zu beachten; Wallensteins Fähigkeit, Schwierigkeiten zur Durchsetzung seiner Ziele zu durchschauen und zu überwinden; [5] Unterwürfigkeit gegenüber dem Kaiser zum Erwerb von Rechtstiteln zur Durchsetzung seiner Ziele; Freigebigkeit, um sich beliebt zu machen; [6] Quartierfrage und Werbungen als Mittel zur Durchsetzung wallensteinischer Ziele; [7] Vorgehen gegen die Hansestädte (insbes. Stralsund); Wallensteins Ziele hierbei; [8] Versuche, die Liga zu schwächen; Gefährdung Bayerns; [9] Wallensteins Vorgehen gegen Kursachsen; Wallensteins Ziel: Verhinderung der Wahl Ferdinands (III.) zum König des Heil. Röm. Reiches und Änderung der Regierungsform in Deutschland; [10] Absicht Wallensteins, mit Dänemark, dem Kf. von der Pfalz und den Herzögen von Mecklenburg zu einem Ausgleich zu kommen; [11] verstärkte Aushebungen Wallensteins angeblich für den Krieg gegen die Türken; Wallensteins Zusammenarbeit mit Astrologen; [12] Wallensteins Pläne zur Unterjochung Deutschlands; [13] Mittel, um Wallensteins Absichten zu durchkreuzen: Aufstellung eines starken Heeres gegen Wallenstein unter einem entschlossenen Heerführer resp. Komplott gegen Wallenstein aus seinem Heer heraus; [14] Einstellung am ksl. Hof gegenüber Wallenstein; [15] Wallensteins Verhältnis zu den Generalstaaten; [16] Spaniens resp. Aytonas Haltung zu Wallenstein; Notwendigkeit der Informierung der Infantin; [17] Verhältnis zwischen Wallenstein und Pappenheim; [18] Gefährlichkeit Wallensteins (Zusammenfassung).

Gindelý II S. 16–23.
(Sehr knapper Auszug:
Wiegler S. 198f.)

[o. O.] 21. Mai 1628

Discurs, in welchem untersucht wird, welchen Zweck Friedland mit der Armee Seiner Majestät im Monat Mai 1628 verfolgt.

[1] Friedland hat, wie schon bemerkt wurde, seiner Anlage nach einen Trieb zu jeder grossen Unternehmung; dabei ist ihm jedwede, selbst die geringste Abhängigkeit unleidlich. Daher wird man unbedingt annehmen müssen, dass er, dem eine hohe Einsicht nicht abgeht, wenn sich Gelegenheit bietet, seinen Eingebungen zu folgen, seine Armee immer dahin führen wird, wo die höchsten Ziele zu erreichen sein werden, die sich ersinnen lassen. Das wird von Leuten als feststehend angenommen, welche aus langem Umgange die Launen dieses Mannes kennen gelernt haben. Es gibt demnach zwei Gesichtspunkte, aus welchen man den Zweck der Friedland zu Gebote stehenden Heere unter-

[1] Vgl. Nr. 46 Anm. 1.

suchen kann; nämlich die aus den augenblicklichen Verhältnissen sich ergebende günstige Gelegenheit und die Handlungen Friedlands.

[2] Was die Gelegenheit anbelangt, so weiss Friedland sehr wohl, dass in ganz Oberdeutschland [2] kein feindlicher Soldat mehr steht, ausser in Kremp [3], Glückstadt und Stade, während der ganze übrige Theil dieser Provinz [4], Ober-Sachsen allein ausgenommen, von den kaiserlichen Truppen und jenen der katholischen Liga besetzt ist, so jedoch, dass jene der Liga auf Friesland und die daran grenzenden Orte beschränkt sind, während alles übrige Land in Quartiere für die Soldaten des Kaisers vertheilt ist. Zudem weiss Friedland auch, dass alle anderen europäischen Fürsten dermalen mit ihren eigenen Händeln hinlänglich beschäftigt und in Anspruch genommen sind. Auf diese Art ist Deutschland gleichsam wehrlos und dem Drucke der alleinigen katholischen Waffen hilflos preisgegeben. Dazu kommt, dass Friedland theils auf Grund seiner Verdienste, theils mit List und Macht sehr wirksam Geld und Waffen sowie die Auctorität und den Namen des Kaisers überall da anwendet, wo es seinen Zwecken dienen kann. Aus dieser Conjunctur geht deutlich hervor, dass die Gelegenheit günstig ist, um Oberdeutschland [5] vollständig zu bezwingen, wie es die Grossherzoge von Toscana mit der Republik Florenz gethan. Gelingt dies dem Friedland, so bleibt er unumschränkter Herr dieser grossen Provinz, und es wird dann keine Frage in Europa mehr geben, sei sie noch so gross, die er nicht für lösbar hielte. Solcher Art ist die Gelegenheit, welche Friedland in Händen hat. Man darf voraussetzen, dass er sie sehr genau kennt und darauf losgeht, da er ein Mann von scharfem Verstand ist und auf das höchste Ziel losgeht.

[3] Es bleibt nun übrig, aus den Handlungen Friedlands zu erforschen, ob er auf die eben angedeutete despotische Herrschaft von ganz Deutschland hinzielt. In erster Linie weiss Friedland, dass Ferdinand II erwählter König von Italien, König von Deutschland und Kaiser des Occidents ist, so dass, wenn der Kaiser stirbt, die Throne der genannten Königreiche und des Kaiserreiches erledigt werden und den sieben Kurfürsten das Recht zusteht, einen Nachfolger zu erwählen, er sei nun Graf oder Fürst des Reiches. Obwohl Friedland weit davon entfernt ist, den Fehler zu begehen, dem Kaiser bei Lebzeiten die oben genannten Länder und das Reich zu rauben, so ist es doch klar, dass im Fall von des Kaisers Tode, der auf natürliche oder gewaltsame Weise jeden Augenblick eintreten kann, die ganze Armee durch ihren Eid nur an den Herzog

[2] Irrtümlich für Norddeutschland.

[3] Gemeint ist die Festung Krempe bei Glückstadt.

[4] Der Verfasser hatte nur unzureichende Kenntnisse von der territorialen Gliederung Norddeutschlands.

[5] Vgl. Anm. 1.

von Friedland und an den künftigen Nachfolger des Kaisers gebunden ist. Und diese Armee wird gegen den gegenwärtigen König von Ungarn und Böhmen oder gegen irgendwelchen Fürsten aus dem Hause Österreich nicht die geringste Verpflichtung haben, da Friedland General des Kaisers und keines anderen Fürsten ist. In einem solchen Falle darf man es daher als gewiss annehmen, dass Friedland, wenn er erst die Kurfürsten ins Elend gebracht, was durch seine eigene Gewaltthätigkeit und die Insolenz der Truppen allmählich erfolgen muss, sich zunächst von der Armee und dann von ganz Deutschland als erblichen König ausrufen lassen wird. Zugleich wird er in anderen Unternehmungen zeigen, welche grosse Kraft Deutschland innewohnt, wenn es unter einem einzigen Oberhaupte vereinigt ist.

[4] Um zu erkennen, dass Friedland auf dieses Ziel lossteuert, beobachte man genau seine Handlungen, auch jene, welche in dem ersten Discurs [6] nicht angedeutet sind. Fürs erste kennt Friedland sehr genau die Schwierigkeiten, die ihm bei diesem Plan entgegentreten können, aber er weiss auch, wie sie zu überwinden sind. Er weiss, dass es einen Bund der Hansastädte gibt, welche, so wie sie nur einigermassen aufathmen, eine feindliche Macht zur See zu stellen vermögen [7]. Er weiss, dass es Reichsstädte gibt, welche bisher einen hohen Grad von Freiheit genossen. Er weiss, dass es weltliche Kurfürsten und die katholische Liga gibt. Die kleineren Fürsten, wenn sie nicht mit anderen verbündet sind, schätzt er gering, weil sie sich entweder nicht darum kümmern, ob die Republik sich in eine Monarchie [8] verwandle, oder weil sie leicht von anderen gewonnen werden können. Er weiss endlich, dass es, um eine solche Umwandlung Deutschlands zuwegezubringen, nöthig werden wird, die Differenzen mit den Dänen und dem Pfalzgrafen beizulegen und die Herzöge von Mecklenburg zu befriedigen [9]. Er glaubt jedoch, dass ein Rechtstitel und eine hinreichende Macht genügen werden, um alle diese Hindernisse nach und nach zu beseitigen.

[5] Um nun einen Rechtstitel zu haben, seinem Ziele allmählich nahezukommen, betheuert Friedland öffentlich seine völlig Unterwürfigkeit unter den Kaiser. Um jeden Schatten eines Argwohns zu bannen, welchen der Kaiser hinsichtlich seiner Person hegen könnte, sagt er öffentlich, dass Seine Majestät sicher sein könne, da er nicht darauf ausgehe, einen grossen Anhang zu

[6] Vgl. Nr. 46.

[7] Diese Passage zeigt, daß der Verfasser nur unzureichende Kenntnisse vom Zustand der Hanse hatte (vgl. Anm. 4).

[8] Mit der Republik ist das Heilige Röm. Reich Deutscher Nation, mit der Monarchie eine absolutistische Herrschaft gemeint.

[9] Bezug auf den Krieg mit Dänemark, auf die Probleme aus Absetzung, Ächtung und Depossedierung des Kf. von der Pfalz und auf die Übertragung Mecklenburgs an Wallenstein.

besitzen, und selbst wenn er ihn suchte, würde er ihn nicht finden, weil er viel zu verhasst sei. Um jede Eifersucht, die durch andere in des Kaisers Gemüth verpflanzt werden könnte, zu beseitigen, hat er, entgegen seiner sonstigen Gewohnheit, bei der Abreise von Prag ins Feld ein Testament zu machen, und zwar ein königliches, bei seiner letzten Abreise kein Testament machen wollen, besonders nicht über seine Besitzungen ausserhalb Böhmens, mit dem Bemerken, dass seine Erben für so viel nicht gut genug seien. Er wünsche, dass das, was zurückbleibt, in den Besitz seines guten Kaisers übergehe; zugleich aber sorgte er dafür, dass diese seine Hingebung und Treue für Seine Majestät durch den Beichtvater[10] dem Herzen des Kaisers eingeprägt werde. Um jedem Verdacht entgegenzutreten, gab er sogar vor, mit einigen seiner Verwandten zerfallen zu sein, vornehmlich mit Maximilian[11] und mit Waldstein[12], beide mit dem Herzogthum Friedland belehnt. Nichtsdestoweniger schenkte er aber zur selben Zeit dem Maximilian eine Grafschaft[13]. Wenn man das nicht als einen Kniff anerkennt, so beobachte man, was er andererseits thut, nur um sich den Ruf eines freigebigen Fürsten zu erwerben und bei all jenen sich beliebt zu machen, die dabei interessiert sind. Der Kaiserin[14] hat er 20.000 Thaler gegeben, der Gräfin Mansfeld[15] 8000, dem Leonhard Harrach[16] 4000, anderen gewisse liegende Güter im Werte von 10.000, einem ein solches von 20.000 Thalern, wieder anderen Pensionen von 4000 und 6000 auf Lebensdauer und dem Karl von Harrach ein Geschenk von 50.000 Thalern. All das in weniger als fünf Monaten und infolge wohl berechneter freigebiger Laune, ausser anderen Geschenken von ziemlich grossen Summen, die er wegen seiner Privatinteressen und seiner besonderen Pläne macht. Aus dem Gesagten ergibt sich, dass Friedland diesen hochverdächtigen Kunstgriff gebraucht, um sich dem Kaiser treu zu zeigen. Für den Augenblick nützt ihm das mehr, als wenn er sich zum wirklichen Herrn der Armee machte, denn gegenwärtig würde er doch nur die Macht und nicht den Rechtstitel haben. Mit

[10] Lamormaini.

[11] Gemeint ist Wallensteins Neffe Maximilian von Wallenstein (Waldstein).

[12] Gemeint sein kann Maximilians Bruder, der ksl. Oberst Berthold v. Waldstein (vgl. OSN XXVI S. 340: Pertolt; gefallen 1632 bei Lützen).

[13] Dies deckt sich mit den in OSN XXVI S. 340 genannten Besitzverschiebungen: „r. 1624 dal [Wallenstein] mu [Maximilian] v léno Hradiště, Svijany, Studénku a Zvířetice a r. 1627 mu je dědičně postoupil."

[14] Eleonore Gonzaga.

[15] Gemeint ist möglicherweise Maria Gräfin von Mansfeld (1567–1634), Gattin des Grafen Philipp von Mansfeld (vgl. Isenburg III T. 42).

[16] Gemeint ist Wallensteins Schwager Leonhard (Lienhart) Karl v. Harrach (1594 oder 1601–1645); Mitglied des RHR vom 14. 12. 1618 bis November 1628; Inhaber hoher Hofämter; vgl. Gschließer S. 199f.

der Treue und Ergebenheit, die er dem Kaiser bezeugt, besitzt er aber das eine wie das andere: Macht und Rechtstitel, als ob er wirklich selbst Kaiser wäre, er ist absoluter Herr über alles, was Seine kaiserliche Majestät ist und hat. Auch betreibt er mit grossem Eifer einige rühmliche Angelegenheiten beim Kaiser, die er seinen Absichten entsprechend dergestalt einleitet, dass sie nicht verweigert werden können. Im Rathe des Kaisers thut er, was er will, und was er wünscht, geschieht. Er sagt ohne weitere Rücksicht: Dieses will ich.

[6] Da er weiss, dass die jetzt vorhandene Mannschaft kaum ausreicht, um irgend einen Theil von Deutschland zu bezwingen, will er, um die nöthige Machtstellung zu erlangen, einerseits die Provinzen mit Quartieren belegen, damit weder Fürsten noch Städte sich regen oder Mannschaft in Bewegung setzen können, anderseits so viel Volk anwerben, dass er das Land mit Truppen besetzen kann, wo immer es ihm belieben wird, damit Deutschland, wenn es merkt: agitur de summa rerum, nicht so leicht sein Haupt erheben könne. Deshalb hat er jetzt neue Patente zur Anwerbung von fünfzig Compagnien ausgegeben, ungerechnet die Verstärkung, die er noch anderwärts zu finden hofft, indem er von verschiedenen Seiten versichert wurde, zu jeder Zeit 30.000 Mann zu erhalten, sobald er es will.

[7] Ausgerüstet nun mit diesen beiden belangreichen Mitteln, dem Rechtstitel und der genügenden Macht, denkt er Schritt für Schritt vorzugehen und mit den Hansastädten zu beginnen, ohne es jedoch zu unterlassen, gleichzeitig die anderen Provinzen zu schwächen, namentlich jene, die er am meisten fürchtet. Zu dem Ende geht er unvermerkt darauf los, eine Hansastadt in Pommern anzugreifen[17], unter dem Vorwande, dass sie seinen Soldaten Grund zur Beschwerde gegeben habe. Die Bitten des Kaisers waren unvermögend, ihn davon zurückzuhalten: er führte viele Gründe an, dass es die Ehre der Waffen Seiner kaiserlichen Majestät erheische. Man glaubt, er werde mit den Reichsstädten ebenso umspringen. Friedland hält dies, auf die beiden erwähnten Rückhalte des Rechtstitels und der Macht gestützt, nicht für unmöglich, wenn er nur schrittweise vorgeht, denn er glaubt, dass die Reichsstädte weder geeinigt, noch ausgiebig gerüstet seien, noch leicht imstande, sich zu rüsten.

[8] Da aber Baiern und die katholische Liga einen zu schwer zu nagenden Knochen bilden, falls Baiern rechtzeitig die Absichten Friedlands gewahr wird, so hofft er ihrer Armee durch mancherlei List jede Bedeutung zu benehmen, besonders durch die Einschränkung der Quartiere, durch Beschäftigung

[17] Gemeint ist Stralsund; vgl. zu den Auseinandersetzungen zwischen Wallenstein und Stralsund 1627 und 1628: Barudio S. 365f.; Diwald S. 408–413; Görlitz S. 105–114; Hallwich, Fünf Bücher. Wallenstein II S. 499–504; Mann S. 549–572; Ritter III S. 386–392.

mit kriegerischen Unternehmungen und durch Verwendung bei Belagerung von Plätzen, über alles jedoch durch Verwicklung mit den Holländern, so dass sie, während er selbst, durch die Auctorität des Kaisers gedeckt, vor jeder Gewaltthätigkeit von ihrer Seite gesichert bliebe, entweder zur Gänze aufgerieben oder aber so geschwächt würde, dass Friedland ohne weitere Gefahr seine eigenen Pläne ausführen könnte. Wenn nun die anderen hinlänglich bezwungen sind und Baiern allein steht, so wird es ihm an scheinbaren Vorwänden und Gründen, wie Nothwendigkeit oder Zügellosigkeit der Soldaten, nicht fehlen, um sich in dessen Land einzudrängen. Und das zu thun, hat er freie Hand.

[9] Man kann dies aus der Art schliessen, wie er mit Sachsen umgeht. Die Verwendung des Kaisers hat ihn nicht nur nicht dazu vermochte, die drei Regimenter nicht in die Länder dieses Kurfürsten zu legen, sondern er hat noch ein viertes Regiment hinzugefügt. Deshalb hat der Kurfürst von Sachsen dem Kaiser freimüthig geschrieben, er werde nicht zum Reichstag, welchen Seine Majestät halten wolle, kommen, wenn man nicht vorher diese Truppen aus seinem Lande abberufe. Als der Kaiser dem Friedland diese Unzukömmlichkeit mittheilte und ihn ersuchte, davon abzustehen, versetzte Friedland, das sei unmöglich, und fügte hinzu, dass der Reichstag und der Kurfürstenconvent nicht zu Nutz und Frommen Seiner Majestät seien. Dieselben Worte hat Friedland dem spanischen Gesandten gesagt. Er äusserte auch, wenn er mit seinem Volke nicht beschäftigt gewesen wäre, so hätte die Zusammenkunft von Mühlhausen[18] gar nicht stattgefunden. Daraus geht klarer wie der helle Tag hervor, dass, wenn der Kaiser im Reichstag hauptsächlich die Wahl des römischen Königs durchsetzen will, Friedland dieselbe nicht will. Noch weniger wünscht er andere Reichsversammlungen, er hat sich darüber und über die Art, wie die Fürsten im Reiche vorgehen, immer lustig gemacht, wodurch er deutlich die hohen Ziele verrieth, nach denen er strebt. Er will eben die Regierungsform in Deutschland ändern.

[10] Wenn er die katholische Liga geschwächt hat, so wird es ihm nicht schwer fallen, sich mit den Dänen auseinanderzusetzen, den Pfalzgrafen zufriedenzustellen und die Herzöge von Mecklenburg abzufinden. Mit dem Dänen denkt er durch Rückgabe von Jütland und nöthigenfalls auch von Holstein nebst gewissen Contributionen in Geld handelseinig zu werden[19]. Mit dem der Verzweiflung nahen Pfalzgrafen wird das Übereinkommen nicht schwer werden, wenn man ihm irgend ein Land gibt. Und was bemerkt zu

[18] Gemeint ist der Mühlhäuser Kurfürstentag vom 18. 10. bis 12. 11. 1627; vgl. Ritter III S. 370–375.

[19] Zu Wallensteins (gemäßigtem) Verhalten in den Friedensverhandlungen mit Dänemark vgl. Ritter III S. 411–413.

werden verdient, Friedland gibt offen zu erkennen, dass er mit dem Pfalzgrafen allein verhandeln wolle, denn als dessen Bruder[20] nach Prag kam, wünschte Friedland, welcher sich ausserhalb Prags befand, dass er vorerst mit ihm eine Besprechung habe. Er verhandelte sehr geheim und vertraulich mit ihm. Dem Grafen von Hollach[21], einem nahen Verwandten des Pfalzgrafen, hat Friedland ungewöhnliche Höflichkeiten und Aufmerksamkeiten erwiesen, wie er es selbst irgendwelchem Gesandten oder Fürsten gegenüber nicht zu thun pflegt, was bei Friedland nicht ohne einen besonderen geheimen Grund sein kann. Daher waren auch diejenigen, die es beobachteten, ganz erstaunt darüber, da er mit den Fürsten und Gesandten des Reiches sonst in so barscher Weise verkehrt. Den Herzogen von Mecklenburg verspricht er eine glänzende fürstliche Stellung zu geben, jedoch ausserhalb ihrer Länder und unter der Voraussetzung, dass sie wie einfache Barone leben würden.

[11] Solchergestalt tritt der schlaue Friedland am kaiserlichen Hofe für die Friedensverhandlung mit Dänemark ein und unterhält die Meinung, den Krieg ausserhalb Deutschlands nach der Türkei zu tragen, nachdem er dem Kaiser, dem Papst und anderen Fürsten zu verstehen gegeben, dass er letzteres Unternehmen im Schilde führe. Und unter diesem Vorwande macht er immer neue Aushebungen. Er hat Mittel erlangt, die der Auctorität eines Kaisers entsprechen, da im Rathe beschlossen wurde, ihm für vier Jahre zehn Millionen zu bewilligen. Seinem Kopfe wird es nicht an Gründen und Ausflüchten fehlen, sich von diesem Unternehmen zurückzuziehen und neue Schwierigkeiten aufzuwerfen. Er hat Astrologen kommen lassen, die öffentlich verkünden sollten, dass seine Constellation keine günstige, dass sein Stern nur zwei Jahre im Aufsteigen war, und dass diese zwei Jahre jetzt um seien. Aber der Astrolog hat jemand diese Finte mitgetheilt.

[12] Nach Erschöpfung der katholischen Liga hält es Friedland für keine schwierige Aufgabe, Deutschland zu unterjochen, wenn er in den wichtigen Städten sehr starke Citadellen aufführen lässt, sich der Schiffahrt auf den Flüssen und in den namhaften Seehäfen versichert, Zölle auflegt, Privilegien verleiht, vor allem aber, wenn er nicht abrüstet. Er glaubt übrigens, dass die Reichsstädte, wenn sie nur erst unterworfen und besetzt sind und nicht um ihre alten reichen Handelsbeziehungen gebracht werden, in wenig Monaten ihre ehemalige Freiheit vergessen oder daran verzweifeln werden. Die Kurfürsten wird er vernichten, wenn sie sich nicht demüthigen und von ihm abhän-

[20] Ludwig Philipp (23. 11. 1602–6. 1. 1655), Vormund für Friedrichs V. Sohn Karl Ludwig (und damit 'Verweser der Kurpfalz' 1632); 1649 Pfalzgraf zu Simmern; vgl. ADB 19 S. 580f.

[21] Georg Friedrich, Gf. von Hohenlohe (5. 9. 1569–7. 7. 1645), General der böhmischen Ständetruppen unter Friedrich von der Pfalz; vgl. ADB 12 S. 686–690.

gen wollen, und was die kleineren Fürsten betrifft, so wird es an Mitteln, sie zu befriedigen, nicht mangeln.

Dieses scheint mir das eigentliche Ziel Friedlands zu sein. So lange die deutsche Frage nicht gelöst ist, bleibt jedes andere Unternehmen bei Seite liegen. Jetzt geht er nach Mecklenburg, in welchem Herzogthum er drei Citadellen zu erbauen beabsichtigt.

All das wird Seiner Durchlaucht nicht als ein blosser Verdacht oder als meine private Meinung dargelegt, sondern als aus dem Geiste Friedlands und aus seinen Handlungen geschöpft, damit es von Seiner Durchlaucht mit gewohnter Vorsicht berücksichtigt werde.

[13] Mit welchen Mitteln könnte man den Plänen Friedlands vorbeugen, wenn dieser die aristokratische Verfassung Deutschlands in eine absolute Monarchie umwandeln wollte?

Man muss es als unumstössliches Fundament voraussetzen, dass Friedland sich über jedes Hindernis lustig machen wird, das seinen Absichten entgegentritt, ausser es besteht in einer effectiven mächtigen Armee, die, wenn auch der seinigen nicht überlegen, doch mindestens so stark ist, das sie ihm vernünftigerweise Furcht einzuflössen vermag. Deshalb wird Friedland zur Stunde den Stand seiner Angelegenheiten nicht von dem Glück der Waffen abhängig machen wollen, umsoweniger, als es sicher und durch seine Handlungsweise bestätigt ist, dass er ebenso feig ist, wenn er sich schwächer oder gleich stark fühlt, als kühn, wenn er sich beträchtlich überlegen weiss. Weiter muss man voraussetzen, dass Friedland nie von seinen Absichten ablassen wird, wenn ihm auch ein Heer, wie jenes der katholischen Liga jetzt ist, entgegengestellt wird, denn er befürchtet keine Feindseligkeit von demselben, ausser im Fall eines Gewaltactes. Wenn die katholische Liga dreimal so viel Truppen hätte, als sie in Wirklichkeit hat, so hegt er, so lange sie nur nicht thatsächlich feindlich auftritt, die Hoffnung, ihre Armee mit der Zeit aufzulösen. Er geht von der Voraussetzung aus, dass die Güte des Herzogs von Baiern und des Tilly sich nie zur äussersten Gewalt herbeilassen werde, während er, wie man durch die bisherige Erfahrung vergewissert ist, am Ende dazu schreiten wird.

Es ist wahr, dass Friedland, wenn die seinen Entwürfen sich entgegenstellenden Schwierigkeiten zu gross sein sollten, seine Gedanken ändern und zu einem guten Rückzug immer einen friedlichen Ausweg finden wird, damit er nur gut gerüstet und die Waffengewalt für jede Gelegenheit, welche die Zeit mit sich bringt, sowie für seine eigene Sicherheit und Grösse selbst in seiner Hand bleibe. Auch davon darf man sich überzeugt halten, dass der Kaiser nie und nimmer imstande sein wird, diesem Mann die Waffen zu entwinden, ausser mit Gewalt. Nicht die Befehle des Kaisers, nicht die Proteste der Fürsten, nicht die Drohungen der Kurfürsten, nichts anderes auf der Welt ausser ein tüchtiges Heer wird Friedland von seinen Zielen abbringen. Drohungen würden nur dazu dienen, seine Vorbereitungen, die er sonst mit weniger Dringlichkeit treffen würde, zu beschleunigen. Jacta est alea.

Es scheint also, das einzige Mittel sei ein gutes Heer in der Hand eines Fürsten, welcher zum Äussersten entschlossen ist. Vorausgesetzt, dass ein solches Heer da ist, müssten die Kurfürsten im tiefsten Geheim eine Person, mit Beglaubigungsbriefen in bester Form ausgerüstet, zum Kaiser senden mit der Weisung, nur folgende Worte zu sagen:

'Da die Kurfürsten sehen, dass nicht der Kaiser der Herr seiner Armee ist, sondern Friedland, den sie als Feind oder mit Misstrauen ansehen, so verlangen sie, dass die Auctorität diesem Manne entzogen werde, von welchem, wie es scheint, Seine Majestät und seine Räthe abhängig sind, widrigens sie genöthigt wären etc.'

Auf diese Art, glaubt man, würde ein Schlag geführt, und in einem solchen Fall könnte Seine Majestät sich leicht entscheiden. Allein es ist schwer, daran zu glauben, da Seine Majestät dann in schlechterer Stellung als die anderen wäre. Dann während die Kurfürsten gerüstet wären, hätte der Kaiser den Feind gewissermassen in den eigenen Eingeweiden, da Friedland mit der Soldatesca die Erbländer besetzt hielte, abgesehen davon, dass dieser, welcher seinen Sinn auf die Monarchie gerichtet hat, sogleich einen verwegenen Entschluss fassen könnte.

Ein gutes Auskunftsmittel scheint es noch zu sein, wenn Seine Majestät durch eine vertraute Person mit dem Grafen Schlick[22] und Mansfeld[23] und einigen anderen Vertrauten übereinkäme, dass sie dem Friedland den Gehorsam verweigern, wenn er ihnen Anordnungen und Befehle zukommen liesse, die mit denen Seiner Majestät in Widerspruch stehen. Doch wäre dies für die genannten Grafen sehr gefährlich, denn wenn Friedland sich so etwas auch nur einbildete, würde er ihnen beiden einen Streich spielen, und es wäre sehr leicht, dass er es bei dem grossen Anhange erführe, welchen er am kaiserlichen Hofe und im Rathe hat.

Alles dies schreibt die Persönlichkeit. [. . .]

[14] Der Freund hat wie gewöhnlich viele Fragen an sie [die Personaggio] gerichtet: Erstlich, ob die Räthe am kaiserlichen Hof eine Ahnung von dem wichtigen Punkte haben, dass Friedland sagt, der Reichstag sei dem Kaiser nicht zu Nutz und Frommen, und was Eggenberg dazu sage, da doch so

[22] Heinrich Schlick (Jindřich Šlik), Gf. (1580–5. 1. 1650), Befehlshaber des mährischen Infanterieregiments auf seiten Kg. Friedrichs, ksl. Feldmarschall, 1632 Hofkriegsratspräsident; einer der bedeutendsten Feinde Wallensteins; vgl. ADB 31 S. 495 bis 499; OSN XXIV S. 678; Diwald S. 511, 522; Mann S. 207, 411f., 1013f.; Suvanto S. 65.

[23] Gemeint ist nach Diwald (S. 425) Wolfgang von Mansfeld.

offenbarer Anlass zu Misstrauen vorhanden sei? – Sie antwortet, dass lebhafter Verdacht nur bei einigen wenigen bestehe, und unter ihnen seien Collalto und derjenige, der zuletzt als österreichischer Gesandter in Baiern war[24], zu einem entschiedenen Entschluss geneigt, dass der Kaiser seit einigen Tagen von einer grossen Melancholie befallen sei, die ihm zeitweilig das Urtheil raube, und zwar nicht sowohl wegen des Streiches, den ihm die Spanier in der Angelegenheit Montferrat[25] spielen, was ihm die Kaiserin lästigerweise immer vorhalte[26], als wegen des Argwohns, den viele sich bemühen ihm gegen Friedland einzuflössen, dass Eggenberg seit einigen Tagen besorgt zu sein scheint, dass aber der Kaiser und die Räthe schwer einen Entschluss fassen werden, denn die Melancholie des Kaisers komme nicht von dem Verdacht gegen Friedland, sondern daher, weil er durch diesen Verdacht aus seiner gewohnten Lebensweise, d. i. aus der Ruhe und Behaglichkeit herausgerissen wird, und weil er ein Feind jedes gewaltthätigen Schrittes ist. Andererseits gebe es auch wieder Räthe, die mit guten Gründen den Friedland vertheidigen. Da kein offenbares Zeichen einer ausgesprochenen Untreue Friedlands vorhanden ist, wird der Kaiser in seiner gewohnten Unentschlossenheit verharren. Die Räthe haben aber auch ihre privaten Interessen, und diejenigen unter ihnen, die nicht von Friedland gewonnen sind, fürchten ihn, nachdem sie gesehen, dass er dem Cardinal Dietrichstein, welcher nur ein einzigesmal gegen ihn sprechen wollte, so viele Soldaten auf seine Güter legte, dass sie für 600.000 fl. Schaden verursachten.[27] So wollte Friedland schlauerweise seine Strenge dem Zaghaften gegenüber an den Tag legen, damit die Muthigeren stutzig würden. Vielen kaiserlichen Räthen wird es immer eine viel grössere Gefahr scheinen, Entschiedenheit gegen diesen Mann anzuwenden, als ihn gehen zu lassen, umsomehr als sie die Anzeichen, die ihnen dazu dienen sollten, die Pläne Friedlands zu erkennen, seinem barschen Wesen zuschreiben, nicht aber einer Treulosigkeit gegen den Kaiser.

[15] Ob Friedland der Infantin Truppen gegen die Holländer zugestanden hat? – Die Persönlichkeit antwortete mit: 'Ja!' Aber nur etwas Cavallerie,

[24] Maximilian, Frhr., (seit 1623) Gf. v. Trauttmansdorff (23. 5. 1584–8. 6. 1650), einer der wichtigen Berater und Diplomaten des Kaisers Ferdinand II., Mitglied des Geheimen Rates; seit Juni 1634 leitender Minister; während des Westfälischen Friedenskongresses Hauptunterhändler des Kaisers Ferdinand III.; vgl. ADB 38 S. 531–536.

Trauttmansdorff wird zu Wallensteins Gegnern gerechnet – vgl. Gindelý I S. 208; Ritter III S. 349; Diwald S. 311, einschränkend S. 250, ähnlich Mann S. 438.

[25] Vgl. Ritter III S. 398f. (Besetzung von Teilen Montferrats durch spanische und savoyische Truppen, wodurch der mantuanische Erbfolgekrieg ausgelöst wurde).

[26] Die Gattin des Kaisers Ferdinand II., Eleonore Gonzaga, ist Tochter des Herzogs Vincenz von Mantua.

[27] Vgl. Nr. 46 Anm. 3.

deren er im Überfluss hat. Dass er sich aber mit den Holländern nicht einlassen wird, weder viel noch wenig, darf man als ganz sicher annehmen. Als der spanische Gesandte[28] ihm davon sprach, hat er sich mit höhnischen Worten und Geberden über ihn lustig gemacht. Er zeigt sich sogar als Feind der Spanier, und zwar um sich die Kaiserlichen umsomehr zu verpflichten. Er sagte zu einigen: „O, gäbe es einen Kaiser Rudolf!"[29].

[16] Was der spanische Gesandte, wenn er mehr als die anderen die Gefahr vorhersieht, sage, was er für Anschauungen habe? Die Persönlichkeit antwortete, dass er vor allen anderen die Gefahr erkennt, dass er einmal darüber nach Spanien geschrieben hat, von wo ihm aber weder Anerkennung noch Dank geworden, vielleicht wegen der Particularinteressen des Grafen von Olivarez[30]. Darum wagt er auch nicht freimüthig vorzustellen, was er fürchtet und vorhersieht. Aus demselben Grunde hat er auch nicht gewagt, mit Bruneau[31] zu sprechen, ausser ganz im allgemeinen, als von Dingen, die man sagen hört. Zu seiner Rechtfertigung genügte es ihm, einmal darüber geschrieben zu haben. Auch pflegen die Gesandten nicht alles, was sie verdächtig finden, dem Hofe des Königs mitzutheilen: dort sei der König nicht derjenige, welcher regiert. Er [der Gesandte] bedauert, nicht vertraulich schreiben zu können, was er wahrnimmt und vorhersieht. Überdies hat derselbe Gesandte die Persönlichkeit gefragt, ob es wahr sei, dass Baiern abrüstet. Auf deren Antwort, sie wisse das nicht, erwiderte der Gesandte: Ich glaube nicht, dass Baiern eine solche Ungeschicklichkeit und Thorheit begehen werde.

Darauf sagte die Persönlichkeit, dass es hochnöthig wäre, alles, was sie hier dargelegt habe, der Infantin zu wissen zu thun, und dass dieses mit Bewahrung des Geheimnisses durch den P. Filipp,[32] einen sehr eifrigen, fähigen und verschwiegenen Pater, geschehen könnte, dem man sofort alles mittheilen sollte, ohne sich des Namens Sr. Durchlaucht zu bedienen, ja sogar ohne dass die Infantin erführe, ob der Pater in dieser Angelegenheit einen schriftlichen oder mündlichen Auftrag habe, alles dies wegen der guten Dienste, welche die

[28] Aytona.

[29] Gemeint ist Kaiser Rudolf II. und dessen gespanntes Verhältnis zum spanischen Hof (vgl. Ritter II S. 180–182).

[30] Gaspar de Guzmán, Conde-duque de Olivares, Hg. von Sanlúcar de Barrameda (1587–22. 7. 1645), führender Staatsmann des spanischen Königs Philipp IV.; vgl. Enciclopedia universal Bd. 27 S. 402–404.

[31] Jacques Bruneau (ca. 1576–18. 8. 1634 Wien), Diplomat, spanischer Resident in Brüssel; vgl. Biographie Nationale Bd. 3 (Bruxelles 1872) Sp. 110–114.

[32] Gemeint ist Jean-Baptiste Stercq, le père Philippe (1584 Brüssel–1637 Madrid), 1605 Eintritt in den Kapuzinerorden, 1623–1625 Guardian des Kapuzinerkonvents in Brüssel; Vertrauensperson der Infantin; vgl. Biographie Nationale Bd. 17, Sp. 327 bis 331.

Infantin leisten könnte, sowohl am kaiserlichen Hof wegen des grossen Vertrauens, welches sie beim Kaiser geniesst, als auch am Hofe von Spanien. Die Persönlichkeit fügt hinzu, dass mit derselben strengen Bewahrung des Geheimnisses in Anbetracht alles dessen, was täglich sich ereignen kann. Tilly so bald als möglich benachrichtigt werden möge, für den Fall, als Friedland es einfiele, sich mit Tilly zu besprechen, wie einige gesagt haben.

[17] Wie die Sachen mit Pappenheim stehen? – Die Persönlichkeit sagt, er sei zu Friedland gekommen, ihm wichtige Vorschläge zu machen, unter anderem bezüglich einiger Unternehmungen, die er zu seinem Ruhme in Italien ausführen könnte. Friedland traue ihm jedoch nicht, weshalb er auch seine Absicht nicht erreichte. Auch sei der spanische Gesandte von den Reden Pappenheims wenig erbaut gewesen.

[18] Schliesslich sagt die Persönlichkeit, dass Friedland sicherlich mit dem Gedanken umgehe, die Regierungsform von Deutschland zu ändern, dass er die Reichstage und Convente immer verspotte und verächtlich anschaue, dass er die Geistlichkeit hasse und den glühenden Wunsch hege, sie zu reformieren. Man möge mit diesem Manne rasch vorgehen, denn er sei wie die Katze, die dem Gegner ins Gesicht springt, ehe sie den Schlag erhalten hat. Es werde ihm nicht an erlogenen Vorwänden fehlen, um seine Absichten zu beschönigen, am wenigsten am kaiserlichen Hofe, wo man sie billigen wird, da viele dort gleich Friedland den katholischen Verbündeten wenig geneigt sind. Und sie wären die ersten, darüber ins Fäustchen zu lachen, wenn eine Unordnung erfolgte.

48. Wallenstein an Hg. Bogislaw XIV. von Pommern

Bevorstehender Angriff auf Stralsund; Aufforderung, die ksl. Truppen zu unterstützen.

Doc. Boh. IV S. 261 Nr. 651.

Frankfurt a. d. Oder, 17. Juni 1628

Uns hat der Röm. K. Mt Veldmarschalk Herr Hans Georg von Arnimb berichtet, wasgestalt die von Stralsund[1] in ihrer Halstarrigkeit verharren tun. Dahero wir, dann kein anders Mitl sehen, als selbige, damit das Feür, daraus dem Heiligen Römischen Reich und E. L. Landt grosser Schad entstehen kunte, zeitlich gelescht werde, mit Ernst anzugreifen, und weiln wir albereit alhier angelangt und 2 Tag stilligent verbleiben werden, wollen alsdan wir uns alsobald nacher Stralsund begeben. Berichten E. L. dabei, dass wir denen Re-

[1] Vgl. zum Stralsundkonflikt Nr. 47 Anm. 17.

gimentern, so aus dem Reich uber die Elbe marchirt, wie auch denen Regimentern, so in Ober und Nider Lausnicz [2] gelegen, anbefolchen, dass sy alsobalden und unverlengt gegen Stralsund ziehen sollen. Damit besser Disciplin gehalten und die genzliche Ruin des Landes verhütet werden könne, ersuchen wir E. L. hiemit freundlich, die wollen die Verfügung tun, dass solches Volk mit notturftiger Underhaltung versehen werde. Und weiln unser Artigleria in Holstein und also weit von der Statt Stralsund lügen tuet, und wan man so lang warten mieste, bis selbige dahin anlangeten, wurde das Land desto lenger mit Kriegslast beschweret werden, ersuechen derowegen E. L. gleichfalls freundlich, Sie wollen, da was von Stucken, Munition und Schanzzeug vonnoten, auf Begehren ermelten Voldmarschalcken Herrn Hans Georg von Arnimb volgen lassen. Dann wir verhoffen in kurzen die von Stralsund zum schuldigen Gehorsamb zu bringen und also E. L. vor Ruin zu liberiern. Hieran erweisen Sie I. K. Mt und dem Heiligen Römischen Reich treuaffectionierte Dienst und wir sind es umb Dieselbe in vorfallenden Occasionen zu verdienen bereit.

49. Ks. Ferdinand II. an Wallenstein

Besorgnis über Wallensteins Vorgehen im Niederelbegebiet; Gefahr der Einmischung Englands, Dänemarks und der Generalstaaten; Hamburger Vorschlag zur Trennung der Generalstaaten von England und Dänemark durch Übergabe oder Schleifung Glückstadts; Krautsand; keine neuen Befestigungsanlagen an der Niederelbe.

Hallwich, Fünf Bücher Wallenstein
III S. 356–358.

Znaim, 28. Juni 1628

[Absender] Uns ist in underthanigkheit referirt und furgebracht worden, waßmaßen sich Burgermeister und Rath der Stad Hamburg vernemben laßen, weiln sich die Sachen uf dem Elbstromb je lenger je schwerer und weitleüfftiger anlaßen in erwegung, die Khonige in Engelland und Dennemarckh, auch die Staden von Holland besagten Stromb mit Kriegsschiffen zubelegen und dardurch die auß: und einfüerung zusperren sich understehen, ob es nicht gefellig sein wolte, uf mittel und weeg zugedenckhen und dieselbe einzugehen, wie die in Teutschland noch ubrige Stromb dem ganzen Reich zu guetten frey und offen gehalten, uf denselben die commercia ohne alle hostilitet und hinderung getrieben und erhalten und zue diesem End die durch ihre der von Ham-

[2] Lausitz.

burg vorhabende Handlung[1] besagte Staden[2] von ersternanten beeden Khonigen[3] separirt und Gluckhstad[4] endtweder in ihre handt gebracht oder woll gar rasirt[5], im fahl solchen allen nach die Handlung und commercia uf den Elbstromb mit nachfolgenden conditionen assecurirt werden möchten.

Nemblichen und furs erste, dz kheine Kriegsschiff, dieselbe gehören gleich wem sie wollen, auf die Elb gelegt werden;

dz sich pro 2do unsere Armada und Soldatesca sowoll alß die dennemarckische deß Elbstrombs nach gefallen bedienen und darauff kheine hostiliteten gebrauchen, drittens die Insul Kraitsod[6] von allen theilen unoccupirt und befestigt verbleiben, daß auch zum vierten nach ubergeb: oder rasirung der Glückstadt kheine newe schanzen an der Elb auffgeworffen und fortificirt werden sollen, mit erbiethung, nach volziehung erstangeregter Conditionen und assecurationen den Elbstromb sicher zuhalten und mehrg. Glückstad in ihre Hand oder zu demolition der Vestung zubringen.

Wann Wir nun hierbei erinert worden, daß dieser Furschlag von den Hollendern, alß welche sich wegen sperrung der auß Reich fließender schiffbahrer Strömb in angustiis und periculo sui status befinden, ainig herkomben solle, hierbei gleichwoll diß zubesorgen sein möchte, dz besagte Hollender mit Hülff anderer Unserer Widerwerttiger und under derselben nahmen die Insel Kreitsod[6] einnemben, fortificiren und daselbst zue hochsten nachteil und unwiderbringlichen schaden des Reichs einen portum gleich wie zue Embden in Ostfrißland anrichten und denselben manutenirn dorfften, alß haben Wir Dr L. dieses alles [. . .] zue dero nachrichtung in genaden communicirt, gnst. begerend, D.[e] L. wollen dieses nit allein in erwegung und obacht nemben, sondern Uns auch ihre Meinung hierüber mit ehisten zukomen lassen. [Ernennung eines ksl. Residenten in Hamburg; Grußformel.]

[1] I. e. ein Verhandlungsvorschlag.

[2] Gemeint sind die Generalstaaten.

[3] Nämlich England und Dänemark.

[4] Glückstadt war nicht in Wallensteins Hand gefallen, sondern wurde von den Dänen unter M. Rantzau gehalten.

[5] D. h. 'schleifen'; Hamburgs Vorschläge betr. Glückstadt sind stets auf dem Hintergrund der hamburgischen Feindschaft gegen dieses Konkurrenzunternehmen zu sehen.

[6] Gemeint ist der Krautsand, eine Glückstadt vorgelagerte Insel, die zum Land Kehdingen und damit zum Erzstift Bremen gehörte; vgl. Handbuch der Histor. Stätten Bd. II S. 276.

50. Vertrag zwischen Wallenstein und Hg. Bogislaw XIV. von Pommern betr. Stralsund [1]

Präambel: Verhandlungsanlaß und -partner; Art. 1: Abbitteleistung der Stadt Stralsund; 2. Unterordnung Stralsunds unter das Reichsrecht; 3. Garantie freien Zugangs zu den ksl. Truppen auf Rügen; 4. Abdankung der Truppen, die Stralsund zu Hilfe gekommen bzw. von Stralsund geworben worden waren; 5. Schleifung neuer Stralsunder Befestigungsanlagen; 6. herzoglich pommersche Besatzung in Stralsund; 7. eidliche Verpflichtung der in Stralsund zu stationierenden Truppen zugunsten des Hg.s von Pommern, dessen Erben, der Stadt Stralsund und des Kaisers; 8. Ausweisung aller antikaiserlich gesinnten fremden Personen; 9. herzoglich pommersche Garantien für die Erfüllung der Vereinbarungen; 10. finanzielle Leistungen Stralsunds zugunsten des Kaisers;
Erklärung Wallensteins: 1. Aufhebung des Kriegszustandes zwischen den Kaiserlichen und der Stadt Stralsund; 2. freier Abzug feindlicher (i. e. antikaiserlicher) Truppen; 3. Austausch von Gefangenen; 4. Handel der Stadt Stralsund; 5. Bedingung für den Abzug der kaiserlichen Truppen; 6. Schleifung der von den Kaiserlichen errichteten Belagerungsanlagen.

Hallwich, Fünf Bücher Wallenstein
III S. 370–373.

Ksl. Feldlager vor Stralsund, 11./21. Juli 1628

Kundtt und zuwißen sey hiemitt Jedermenniglichen: Nachdem mit der Stadt Strahlsund [2] ein weit aussehendes unwesen entstanden, so zu harter belagerung nicht alleine gerahten, sondern auch, das es zu gemelter Stadt endlichen ruin und untergangk hinnausschlagen durffen, höchlich zubesorgen gewesen, das zu abwendung deßen zwischen [Titulatur] Albrechten Herzoge zu Friedlandt und Sagan [etc.] in habender Plenipotenz der allerhöhestgedachter Kayß. Mayt., und auch dem Durchleuchtigen, hochgebornen Fursten und Herrn. Herrn Bogischlaffen Herzogen zu Stettin, Pommern [Titulatur] wegen dero F. G. Stadt Strahlsund nachstehendes gänzlich verglichen, abgeredet und geschlossen:

1. Nemblich und vorß Erste hat vorhochgedachte S. F. G. zu Stettin, Pommern [etc.] versprochen, daß die Strahlsundischen in allerunterthänigster Demuht schrifftlich abbitten sollen, das von der Röm. Kayß. Maytt. und S. F. G. dem Herrn Generaln alles dasienige, was bishero wider Ihr Kayß. Maytt. und deroselben hochansehentlicher Armee vorgelauffen, ihnen allergnädigst und gnädig verzeihen undt mitt vorigen Kayßer. und Furst. hulden und gnaden ihnen undt ihrer Stadt wollbeygethan sein und verbleiben wollen.

2. Zum Andern soll die Stadt Strahlsundt in der Röm. Kayß. Maytt. und des heiligen Römischen Reichs Devotion standhafftig verbleiben, sich den

[1] Vgl. Diwald S. 411f.; Gindelý II S. 82f.; ST V, 1 S. 672.
[2] Vgl. zur Stralsundproblematik Nr. 47 Anm. 17.

Reiches und Crayßverfaßungen und Constitutionen gemäß bezeigen, keinesweges aber dem zuwider einiger rebellion sich unterfangen und theilhaftig machen, noch auch mit der Kay Maytt. und des Reiches Feinden gefehrlichen conspiriren, noch denselben in die Stadt einen fuß zusezen verhengen.

3. Zum Dritten sollen sie, die Strahlsundischen, so lang noch Volck in der Insel Rugen unterhalten werden muß, denselben stets den Paß und Repass dahin und wieder an ihren fuhren heraus verstatten und ihnen dazu befurderung thun und in allem andern guten willen erwisen.

4. Zum Vierdten sollen die aus der Stadt Strahlsundt nicht allein das zum Succurs aus Dennemarck und Schweden angelangtes Volck, sonnder auch ihre eignes geworbenes alßfort oder innerhalb Monatsfrist vorgewiß ohn ferner Dilation licentiren und abdancken.

5. Zum Funften sollen die Strahlsundischen die bey wehrendem diesem Unwesen gemachten newen Außenwercke demoliren und niederreissen, inskunftige aber keine weiter ohn erlaubnus bawen lassen.

6. Zum Sechsten sollen sie, die Strahlsundischen, von des Herzogen zu Stettin, Pommern F. G., dero disposition es anheimb gegeben wirdtt, zu verwahrung der Stadt so viel Volckes, alß hochgedachte S. F. G. nach gelegenheit der gefahr fur nötigk ermäßen werden, das dadurch Ihr Kayß. Maytt. und daß Romische Reich, wie auch des Herzogen zu Stettin, Pommern F. G. und Interessenten der Stadt von auswertigen, des Reiches Feinden beginnen und inwendiger rebellion versichert sein mögen, einzunehmen schuldigk sein.

7. Zum Siebenden soll solch Volck, so S. F. G., der Herzogk zu Stettin, Pommern, in die Stadt Strahlsundt legen wirdt, dem Landesfursten, Herzogen zu Stettin, Pommern [etc.], wie auch in eventum und ufn fall dero F. Gn. mit Todte ohn männliche Leibeslehenserben in wehrender solcher Kriegsbestallung abgehen sollten (welches doch Gott noch lang verhuten wolle), S. Churf. Durchlt. zu Brandenburgk, alß mitbelehneten am Herzogthumb Pommern, und dan der Stadt Strahlsund sich mit Eyden und Pflichten verwandt machen, das sie der Rom. Kay. Maytt., dem Herzogen zu Pommern, folgends in eventum Ihr Churf. Durchlt. zu Brandenburgk und der Stadt Strahlsundt getrew, holdt und gewertigk sein und verbleiben, die Stadt Strahlsundt mit darsezung Leibes und Bluts zeit wehrender bestallung vor auswertigen, des Römischen Reichs, Ihr Kay. Maytt. undt ihren eignen Feinden anfallen undt beginnen undtt inwendiger Rebellion und Tumult eußerstem vermögen nach zu Wasser und Lande defendiren, beschirmen und bewahren wollen und sollen; jedoch wirdt hiebey dem Herzogen zu Pommern freygestellet, dafern es S. F. G. auch ohn die obberuhrte Guarnison der Stadt Strahlsundt sich versichert wissen und sie damit verschonen wolten, das solches Sr. F. G. disposition anheimb stehe.

8. Zum Achten sollen die Strahlsundischen alle frembde, so unter Ihr Kay.

Maytt. Feinden gesessen gewesen und in die Stadt sich begeben, in obbesagter monatlichen frist wieder herauszuschaffen und dergleichen nicht wider einzunehmen schuldigk sein, dakegen zu ihrem abzug ihnen ein sicher geleit uf ihre begehren soll ertheilet werden.

9. Zum Neunden, damit Ihr Kay. Maytt. und dero hochansehenlichen Herrn Generaln F. G. deßen allen, wie obstehet, von der Stadt Strahlsundt desto mehr versichert sein möge, haben S. F. G., der Herzogk zu Stettin, Pommern, ferner versprochen, das sie vor sich mit dero Furstenthumen und Landen und dan dero getrewen Landtschafften mit ihren habenden gütern hiruber genugsambe Versicherung furderlichst einschaffen wollen, dergestaldt und also, das ufn fall die Stralsundischen allen dem, was oben Versprochen, nicht nachkommen und dahero dem Röm. Reich und Ihr Kay. Maytt. ungelegenheit verursachet wurde, sich I. Kay. May. daran zuerholen guhten fug und macht haben soll.

10. Zum Zehenden sollen die Strahlsundischen die von den hiebevor versprochenen 80.000 Reichsthaler noch restirende 50.000 Rthaler halb uff negsten Martini[3], die andere helffte aber uf Esto mihi[4] des annahenden 1629. Jahres unfeilbar erlegen und abstatten.

Darentkegen haben anstatt der Kayß. Maytt. dero hochansehenlicher General F. G. sich erkleret:

Vors Erst, obwol die Stadt Stralsundt in unterschiedlichen fällen allerhand unverantwortliches beginnen verübett und dahero woll zustraffen sein möchte, dennoch wegen Kayß. Maytt. gnugsamb bekandter Clementz, auch Intercession Sr. F. G., des Herzogen zu Stettin, Pommern [etc.], ihnen, den Strahlsundischen, Gnade wiederfahren zulassen und alles, was bishero vorgangen, volnkomblich zuverzeihen, alß das sie, die Strahlsundischen, alle und jede insgemein und insonderheit, an Ehr, Leib, Leben und Gütern nicht gefehret werden. Es soll auch alles, was bishero furgangen, hiemit zu grunde ufgehoben undt die Stadt Strahlsundt nunmehr der Kayß. Maytt. gänzlich wieder versöhnet sein und dahero mit einziger straff nicht weiter beleget werden.

2. Worunter auch zum Andern S. F. G., der Herr General, ebenmessig die Soldaten, so die Stadtt vor sich selbst werben lassen, verstehen und nebenst denselben auch den frembden einen sichern abzugk verstatten wollen.

3. Zum Dritten sollen die Strahlsundischen schuldigk sein, alle Kayß. Soldaten, so deren etzliche bey ihnen gefangen, auszuantworten, dakegen S. F. G., der Herr General, ihnen die ihrige, sie sein Burger oder Soldaten aus besonder Clemenz und gnaden auch wiederumb abfolgen lassen wollen.

4. Zum Virdten wollen hochgedachte S. F. G., der Herr General, denen aus

[3] I. e. der 11. November.

[4] 25. 2. 1629.

Strahlsundt gleich andern Anseestädten die commercia zu Waßer und Lande unverhindert lassen und gännen. Solte aber der Friede mit der Könnigl. W. zu Dennemarck zerschlagen und man wurde sich ein anders mit den gesambten Anseestädten vergleichen, wurden sie sich darnach auch verhalten mussen.

5. Zum Funfften, wan nebenst diesem Accord und Verpflichtung der Herzogk zu Pommern [etc.] einen Revers ausstellen wird, das S. F. G. dero gehorsamen Landständen oben vermelte Caution innerhalb 3 Monaten einliefern wolle, alßdan wolle S. F. G., der Hr. General, ohn auffenthalt und fernern schaden die Armee, so zue Belagerung der Stadt herein geführet, von der Stadt Strahlsundt und dero geist:, weltlichen und Burgergütern, so diesseit der Fähre gelegen, wie auch aussen Lande abefuhren und die Stadt mit Einquartierung oder sonsten ferner nicht beschweren.

6. Zum Sechsten wollen S. F. G., der Herr General, alle Schanzen, Batteryen und andere newe Werck, so zeit dieser Strahlsundischen belägerung verfertigt und sie sich sonsten bemächtiget, niederreissen und demoliren lassen. Alles getrewlich und ohn gefehr.

51. Pappenheim an Trauttmansdorff

Positive Beurteilung der Aufhebung der Belagerung Stralsunds durch Wallenstein.

Hallwich, Fünf Bücher Walleinstein
III S. 385f.

Gardelegen, 11. August 1628

Hoch- und Wohlgeborner Graff.

Hochgeehrter Herr und Patron. Euer Ld. sein meine schuldwilligiste Dienst zuvor.

Ich zweifl nit, E. Ld. werde die Entlegerung Stralsunde[1] beraith vor diser meiner avisa und mit mehrern umbstenden, alß deroselben Ich schreiben khan, erfahren haben. Jedoch, damit Ich meine versprochene correspondenz erhalte, und weils Ich sonst nichts neus weyß, habs E. Ld. Ich gleichwohl dienstlich, wie auch diß berichten wollen, das Ich dissfalls ain halber Prophet gewesen und diese succes vorgesehen, auch dem Commis.° Gen.ⁱ und Obristen Herren Aldringer mein parere darüber gleich anfangs entekht habe (in-

[1] Wallenstein hatte das Lager vor Stralsund am 25. 7. verlassen; Arnim zog die ksl. Truppen vom 31. 7. bis zum 3. 8. 1628 ab (Ritter III S. 391f.); vgl. zur Stralsund-Problematik Nr. 47 Anm. 17.

massen Eür Ld. auß dem Einschluß, da es dero beliebt, mit mehrerem ersehen khönnen)[2], und obwohl undterdessen die Zeüttung khomben, das sich besagtes Strallsunde accommodirt habe, hab Ichs doch mehrers dem glükh alß ainicher irer Nott attribuirt, seitemahlen, solang einer Statt der succurs nit genomben wirdt, so lang auch sy nit forzirt werden khan. Nun aber, da Ire Fur.

[2] Verweis auf das Schreiben Pappenheims an Aldringen vom 1. 7. 1628 (Hallwich, s. o. S. 386–388; auch Schulz I S. 58–60), in dem Pappenheim die Belagerung Stralsunds durch Wallenstein negativ beurteilte. Das Schreiben lautet:

„Mein Geist ist offt gar zu curios, jedoch muß Ich ihme unterweylen bey guettem vertrauten Freunden lufft und lauff lassen.

Was machen doch Ire Fur. Gnd. vor dem Stralsundt? Wie limitiren Sy dißmahl Ire (sonst hohe) gedanckhen, da sie doch keine weitaußsehendere occasion, keine bessere mittell iemahlen gehabt, alß iezt, hoche, ja die höchste sachen zu tentiren?

Vor 8 Jahren – war es gnug, war auch gar kein campo plus ultra zu gedenckhen, alß allein das Verlorne zu recuperiren.

Vor 7 und 6 – zu conserviren.

Vor 4, 5 und 3 – Schlachten zu wagen, Stett zu belegern undt anfangen, uf weüttere particularia zu gedenkhen.

Vor 2 – dem Feindt gancz superior sich zu machen.

Vor 1 – ihne aus Teutschlandt zu jagen undt die gedankhen uf gancz Teutschland zu erweüttern.

Uf diß Jahr aber – darin sich wohl (saro sensu) absolut zu machen undt recht zu stabiliiren.

Uf 1. künftige – darf man rationabiliter die gedankhen abermahl mit der occasion undt den Mitteln gleich wachsen undt was höcher streichen lassen.

Uf 2., 3., 4. und 5te – der Adeler uber ganz Europam reviren undt die alte federen wider zusamben samblen lassen.

Uf die ubrige Jahr – wird sich das plus ultra, wie beym Alexandro, wie beym Caesare (derer keiner anfangs die macht gehabt), schon fein selbsten schickhen, darzu Gott gnad gebe.

Wann Er nun gleich Stralsundt einnimbt, waß gewint Er? Wann Er aber nur ein wenig lenger darfor ligt, alß die gemeine opinion leidet, waß verlüret Er?

Wider diese noch einzige belegerung (es wer denn ein neüe Alexia darin des feindts exercitus gancz eingeschlossen) ist nunmehr kein proportionirte Impresa pro tanto viro nec pro tanto exercitu. Können doch Ire Für. Gnd. Ire macht darfor weder anbringen, der See halben, noch gelten machen, weiln eine solche Statt nicht werth ist, eines so mechtigen Glücks ganczen Expeditionslauf zu stecken. Unter diesem gewint der Feindt die Zeit zum Rath undt gegenverfassung undt kan unsererseits der exercitus wohl ruinirt, ja die occasion (quae post haec calva), der Weldt sich zu impatroniren, versaumbt werden. Exempla moderna et antiqua seindt uberflüssig.

Waß hatt dem Spanier sein ambition gezeümbt, alß die viel niederlendische Belegerungen?

Waß hatt in verhindert, sich diß letztere mahl Herren über Italien zu machen? Undt

Gnd. darvon abgezogen, halt Ich solche resolution für aine der ansehlichisten, so von diesem General zu erwarrten sein, indem er nemblich Irer Kayl. Mt. Dienst und Nuzen seiner aignen reputation (welche er doch hierdurch bey vernünfftigen nur mehrers avanzirt hat) vorgezogen, und haben gwislich die spanische General von ihme dißfahls zu lernen, alß welche sich gemeiniklich also opiniastriren, das sy irem Herren ehr ain par Armeen ruinirten und höchere Impresen versaumbeten, alß sy die belegerung ainer Vestung mit ihrer

waß hatt Savoya gefördert, mit so wenig einer großen macht nit allein zu resistiren, sondern offt gahr del paro mit ir zugehen, alß das kale Verva, undt das die Königsche nit fornemblich gesuecht, der Campagna sich zu halten undt darinnen sich erstens zu stabiliren?

Waß ist es anders, wann ein starckher eines schwachen Vestung belegert, alß, mit einem Wortt zu sagen, des feindts Schweche seiner Macht gleich mache undt eine gancze Armee gegen eine einzige Statt spielen?

Entgegen weiß Ich keinen, der diß genus belli besser in acht genohmben undt sichs ihme zue Nucz gemacht habe, alß callidissimus ille ducum Hannibal. Diser hatt sowohl in Hispania alß in Italien niemaln vor ainczïger Vestung (es wer denn ein ganczes stuckh von General Werckh, alß an Sagunto in Spanien, an Tarento in Italien, daran gelegen gewest) sich opiniastrirt, sondern so balt er gemerckht, daß zu viel Zeit undt mühe drauf gehen wolte, strackhs davon abgeczogen undt andere, leichtere, zum Haubtwerk seiner intention beförderliche expeditiones vorgenohmben, darumb er dann vasst so balt Italien als Sagunto eingenohmben.

Zwar wenn Ich ainssen glückh, des andern Unglückh betrachte, so kombt mier (der Ich mich doch dem Glückh der Zeit keinen Heller schuldig weiß) offt im Schlaff für, was dort vom Caesare: Enimvero ingenium magnificum atque honoris avidum ita erat, ut prosperi successus eum non ad fruenda ea quae adeptus erat, averterent, sed ad novos conatus incenderent, et quasi defunctus praesenti gloria esset, ad querendam recentem aliam incitarent, adeoque ipse secum veluti cum alio quopiam contendebat, et actu agendis superare certatim laborabat.

Ich weine auch offt mit dem Caesare, alß er über die historias Alexandri Magni gewaint, nicht daß Ich in diesen meinen 34 Jahres nichts höchers verrichtet, sondern daß Ich keinen weg sihe, daß noch in andern 34 Jahren etwas dergleichen, ja nur das geringste von mir könte tentirt werden.

Verum Pyrrhi magnanimitas mihi consolationi est, qui ex unà spe in aliam delabens prosperosque successus tanquam aliarum rerum occasionis accipiens adversus res aliis actionibus sarcire studens, neque in clade neque in victoria acquiescebat.

Was solten erst für schöne gedancken dem vorkomben, welcher vom Glück alles, waß es ihm nur geben kan, hat? Aber Ich halt für gewiß, es gehe Ihme offt wie Jenem: Qui multum fortunam incusabat, quae in unum tempus ita magnarum rerum occasiones conjecisset, ita ut alterum earum emittendam haberet, undt sein offt guten Raths, unter so vielen glückhen zu erwehlen, sowohl alß Ich undt andere Unglückseelige des Glückhs selbsten bedürfftig.

Gott mit unß.

Das seindt bey dieser muessigen Zeit meine studia."

propri disreputation verliessen [etc.], welches doch disem zue doppelter reputation billich zuezuschreiben. Ich bitt aber, Eür Ld. verzeihen mier, das Ihre Ohren Ich mit einführung meiner einfaltigen Mainungen zu occupiren understehe. Gedenkhe mier gleich, es stehe dannocht in dero Belieben, ob Sys uberlesen oder hinwekh werffen wöllen. [Grußformel, Datierung.]

[PS: Bitte um Nachricht über Zusammenkunft der Kurfürsten.][3]

52. Kaiserliche Nebeninstruktion für Questenberg zu dessen Unterredung mit Wallenstein

Sukzession im Reich; Abdankung kaiserlicher Truppen.

Gindelý II S. 115.

[Wien] 5. September 1628

Neben in unser Instruction[1] der Länge nach ausgeführten Ursachen und Motiven wird unser Gesandter loco et tempore, wie wir solches seiner Discretion anheimstellen, auch diese nachfolgende zu erinnern wissen.

Erstlich dass wie wir Uns nie in den Sinn gezogen, die Succession im Reich[2] oder etwas anders unserm Haus zu Nutz durch andere Wege als diejenige, so um röm. Reich Herkommen, darüber Wir auch in unser kaiserlichen Capitulation einen leiblichen Eid geschworen, also wir billig dahin bedacht sein, weilen dergleichen Suspicien vornehmlich dieser grossen Armatur halber nicht allein bei den Feinden sondern auch den Freunden selbst stark einwurzeln will, die Ursach solchem Misstrauen zeitlichen zu benehmen.

Ebenmässig wäre unsers Generals des Herzogs von Friedlande L. gutermassen wissend, dass Wir bis daher gegen die Kur- und Fürsten, so um die Abdankung stark angehalten[3], uns vornehmlich auf die Unsicherheit des Friedens mit dem Türken referiert. Wann dann die Handlung nicht allein bereit beschlossen[4], sondern der türkische Gesandte darauf zu Ofen, der Un-

[3] Gemeint ist vermutlich die vom Kf. von Bayern initiierte und vom Ebf. von Mainz zum 29. Juni 1628 einberufene Konferenz katholischer Kurfürsten, die Binger Konferenz; vgl. Diwald S. 408; Ritter III S. 394f.

[1] Instruktion unter demselben Datum; gedruckt bei Gindelý II S. 111–114; vgl. auch Ritter III S. 395.

[2] Vgl. hierzu Gindelý II S. 114.

[3] Z. B. auf dem Mühlhäuser Kurfürstentag vom Oktober und November 1627 oder auf der Zusammenkunft der katholischen Kurfürsten in Bingen im Juni 1628 (vgl. Ritter III S. 374f., 394f.).

[4] Bezug auf den Vertrag zwischen dem Kaiser und der Hohen Pforte vom November 1627 (vgl. Ritter III S. 347).

sere aber zu Komorn [5] angelangt und nunmehr die Auswechslung täglichen zu gewarten, also dass diese fürnembste Ursach Unserer so starken Armierung dardurch auch fallen thut, als hätten unsers Generals des Herzogen von Friedlands L. zu erachten, da nunmehr die Abdankung und Reformation nicht fortgehen sollte, dass bei den Reichsständen diese suspiciones, von welchen Wir hie obgemelt, noch mehr gehäuft und was Wir solcher des türkischen Kriegs Gefahr halber gegen den Reichsständen moniert, allein zu einem Praetext vorgeschützt worden.

Über das hätten Wir auch billig in Acht zu nehmen, weilen die meisten Örter in welchen sich Unser Kriegsvolk bishero aufgehalten, gänzlich desoliert und verödet, also dass vieler Örter aus Mangel der Mannschaft als auch Ross und Ochsen der Acker nicht erbauet worden, dass nicht etwa aus Noth und Mangel das Kriegsvolk in Unsere Erbkönigreich und Lande zu Unserem und dero äusserster Verderben regurgitiert, dardurch alsdann gleichsam der Krieg über Uns selbst ausgehen und wir Unsern Feinden die grösste Consolation und Freude geben würden.

Nicht weniger wäre Sr. L. bewusst, was das Volk am Rheinstrom, in Elsass und Schwaben sowohl bei dem König in Frankreich als auch den Schweizern für Nachdenken verursache, dass auch dannenhero leichtlichen zu besorgen, der König in Frankreich, da es Ihme mit den Roschellern [6] nicht gelingen sollte, ein Ursach suchen möchte, gegen Uns und das Reich sich zu wenden und einen neuen Krieg, da der vorige noch nicht hingelegt, an den Rheinstrom und der Ends anzuzünden, welchem auch alsdann um so viel schwerer zu begegnen, weil viel katholische Stände selbst ex desperatione sich zu demselben schlagen dürften. Welches Wir dann unserm Gesandten memorialsweis hiebei gleichfalls mitgeben wollen.

[5] Ofen ist der linksdonauische Teil Budapests, also das heutige Buda; Komorn (Komárno) liegt westl. von Budapest an der Donau.

[6] Bezug auf die Auseinandersetzungen des französischen Königtums mit den Hugenotten, symbolisiert durch die hugenottische Festung La Rochelle, die am 1. November 1628 fiel (vgl. Ritter III S. 400f.).

53. Wallenstein an Oberst Conti[1]

Konzentrierung des Schiffsbaus auf Friedrichstadt unter Leitung G. de Roys.

Doc. Boh. IV S. 271.

Greifswald, 12. September 1628

Demnach wir nicht nur allein durch unsern Obristleutenant den von Suys[2], sondern mehr (wie wir uns glaubwürdig berichten lassen), dass an underschiedlichen Orten allerlei Schiff gebauet und armirt und nur dem Feind die Augen dardurch geöffnet werden, als wöllen wir den Herrn hiemit ersuecht haben, die Verordnung sowol bei unserm Obristleutenant als sonsten allerorten im Wendsissl[3], Schleswig, Jutland und Holstein zu tuen, damit das Schiffpauen und Armirung derselben eingestellt und solche gar nicht ausgelassen, allerdings auch die Schiff- und Zimerleite nacher Friederichstatt[4] geschickt und an Herrn Gabrieln de Roy gewiesen werden, welcher sy zu gebrauchen und zu underhalten wissen wird.

54. Übereinkommen zwischen Kg. Christian IV. von Dänemark und Kg. Gustav II. Adolf von Schweden[1]

Ablösung des dänischen Einflusses in Stralsund durch Schweden; Regelung für eine dänische Restgarnison.

Dänische Textvorlage:
DNT IV S. 39–41.

Kopenhagen, 17./27. September 1628

Wir, Gustav Adolf, von Gottes Gnaden Kg. von Schweden [Titulatur] tun kund, daß, nachdem Wir zu dem großmächtigen, hochgeborenen Fürsten und Herrn, Herrn Christian IV., Kg. von Dänemark, Norwegen [. . .] [Titulatur] – Unseren lieben Bruder, Schwager, Verwandten, Nachbarn und besonders guten Freund –, Unseren lieben und des schwedischen Reichs treuen Mann, Rat, Kanzler und Generalgouverneur von Preußen, den edelen, wohlgeborenen Herrn Axel Oxenstierna[2] [Titulatur] abgefertigt haben, um in Unserem

[1] Conti, Torquato, Fürst di Quadagnolo, ksl. Oberst und Feldmarschall.

[2] Suys, Ernst (Ernest) Roland, Frhr. v., ksl. Oberst, Generalwachtmeister.

[3] Vendsyssel, Landschaft in Nordjütland, nördlich des Limfjord.

[4] Friedrichstadt an der Westküste des Herzogtums Schleswig.

[1] Vgl. hierzu DNT IV S. 30–39; Ritter III S. 393f.

[2] Axel Oxenstierna (16. 6. 1583–28. 8. 1654), seit 1611 schwedischer Reichskanzler, der wohl bedeutendste schwedische Staatsmann.

Namen mit I. L. in Dänemark zu beraten und sich zu einigen über Erhalt und Bewahrung der Stadt Stralsund[3], da doch I. L. in Dänemark mit bemerkenswert großer Mühe in dieser unwillkommenen Zeit nächst des allmächtigen Gottes Beistand Stralsund gegen die Kaiserlichen zu erhalten und zu entsetzen geholfen hat, ja, zweimal zu Stralsunds weiteren Sicherung sich in eigener königlicher Person verwenden lassen, wie auch in dieser schwierigen Zeit dieser Stadt und zu deren Erhalt große Kosten vorgeschossen und angewendet hat, deren Wiedererstattung I. L. in Dänemark bei der vorgenannten Stadt Stralsund sucht und prätendiert, in welcher billigen und rechtmäßigen Forderung wir I. L. in Dänemark nicht hinderlich sein wollen;

1. doch haben I. L. in Dänemark zu nachbarlichem Wohlgefallen und um alle gute Freund- und Nachbarschaft zu vermehren und zu unterhalten an Uns ihre Garnison und ihr Kommando in dieser Stadt abgetreten wie folgt, nämlich da I. L. in Dänemark nun zugestimmt hat, ihre Garnison aus Stralsund abzuziehen, wenn Unsere Truppen dort ankommen, was in diesem Herbst bei erster Gelegenheit geschehen soll, dreihundert Mann ausgenommen, die, während sie in der genannten Stadt Stralsund sind, Unsern Stellvertretern zur Verteidigung der Stadt gehorsam sein sollen und dort sowohl Weisung nehmen als auch einer Rechts- und Kriegsdisziplin mit den anderen in jeglicher Hinsicht unterliegen und sich dazu verpflichten; sie sollen auch, solange sie in der genannten Stadt Stralsund sind, ohne Unsere Belastung von I. L. in Dänemark bezahlt und unterhalten werden und keine Unternehmungen mit ihnen geschehen, es sei denn, es geschieht mit Unser beider Zustimmung, doch steht es I. L. in Dänemark frei, sie abzuziehen, wenn es I. L. will, wie auch wieder zurückzuführen, doch so, daß I. L. solches Uns und der Stadt Stralsund drei Monate vorher ankündigen.

2. Dagegen haben Wir versprochen und zugesagt – soweit der allmächtige Gott seine Gnade verleihen will und es Uns tunlich und möglich ist –, die genannte Stadt Stralsund bewahren und erhalten zu wollen, Uns beiden wie auch Unseren Reichen Schweden und Dänemark wie auch der Ostsee zur Sicherung und so, daß I. L. in Dänemark wie die Krone Dänemark und Dänemarks Sunde von derselben Stadt oder deren Hafen nicht gestört, beunruhigt und beschädigt werden sollen.

3. Und damit die genannte Stadt Stralsund nun nicht in die kaiserliche, die bayerisch-ligistische oder eine andere I. L. in Dänemark feindliche Gewalt geraten soll, wollen Wir diese Stadt nun sofort in diesem Herbst – sobald es möglich ist – mit unserer Garnison besetzen und diese Garnison ohne I. L. in Dänemark Belastung unterhalten und so mit genügender Garnison und Ent-

[3] Vgl. zum dänischen Eingreifen in den Stralsundkonflikt DNT IV S. 30–39; Ritter III S. 391f., 393f.

satz – soweit es möglich ist – die genannte Stadt behaupten, daß sowohl Schwedens als auch Dänemarks Kronen und deren Einwohner in dieser Unruhe und in diesem schwierigen Zustand davor versichert sein mögen.

4. Insbesondere und überdies ist es mit Unseren beiden Garnisonen dahingestellt, daß die genannte Stadt Stralsund von Uns beiden bei ihren alten Freiheiten erhalten werden kann.

Schwedische Ratifikation:

Dafür, daß das zuvor Genannte von Uns eingegangen und bewilligt worden ist, haben Wir dies zu weiterem Zeugnis mit Unserer eigenen Hand und mit königlichem Siegel bekräftigt. Gegeben in Unserer Stadt Elbing am 26. Oktober 1628[4].

Vorbehalt A. Oxenstiernas:

Obwohl ich nicht zweifle, daß K. M., mein allergnädigster Herr, mit den 300 Mann, welche die K. M. in Dänemark in der Stadt Stralsund als Garnison zu behalten begehrt, sich wohl wird zufriedenstellen lassen, doch nachdem ich darüber nicht besonders instruiert worden bin, habe ich das ad referendum genommen und zu der freiwilligen Ratifikation der K. M., meines allergnädigsten Herrn, gestellt, bezeugend, daß alles so beschlossen und abgehandelt ist, um die Verteidigung der Stadt Stralsund hiernach zu sichern, wie zuvor aufgezeichnet ist und soweit K. M. sich die Bestimmung über die 300 Mann gefallen läßt, woran ich nicht zweifle, daß bei erster Gelegenheit in diesem Herbst die Ratifikation mit I. K. M. Hand und Siegel der K. M. von Dänemark übergeben werden kann. Zur weiteren Sicherheit habe ich dies mit meiner eigenen Hand und mit Siegel bekräftigt[5].

55. Vollmacht Ks. Ferdinands II. für seine Vertreter bei den Friedensverhandlungen mit Dänemark

Bezug auf Schreiben der dänischen Reichsräte an Wallenstein; Bekundung des ksl. Friedenswillens; Bevollmächtigung Wallensteins und Tillys als ksl. Gesandte; Recht beider, ihrerseits Vertreter für die Friedensverhandlungen zu benennen und zu bevollmächtigen.

Hallwich, Fünf Bücher Wallenstein
III S. 426–428.

Wien, 19. Dezember 1628

Wir Ferdinand der Ander [etc.] bekennen offentlich mit diesem brieff unnd thuen kundt allermeniglich, waßmaßen Unnß noch vor diesem der [Titul.]

[4] St. v.

[5] Vgl. hierzu DNT IV S. 38f.

Herzog zue Friedlandt ein S. L. von dem auch [Titul.] Herzogen zu Holstein eingeschlossenes zue Koppenhagen, den 27. Januarij diß Jahrs datirtes, von der Cron Dennemarckh damahls zue besagtem Koppenhagen versambletenn Reichsräthen in ihren unnd der anndern abwesender Reichsstänndt nahmen verfertigtes schreiben[1] zuegeschickht hat, in welchem bey Unnß erstg. Reichsräthe unnderthenig und gehorsambist angehalten unnd gebetten, daß Wir auß sanfftmüethig unnd friedliebendem gemüeth, auch Unser ihnen nunmehr bekanndten Intention nach dem in Unsern unnd deß Reichs nidersächsischen Craiß von ezlichen Jahren hero geführten beschwerlichen Krieges zue einer billichen und erträglichen Friedens-Tractation komben lassen unnd zue Unnserer guetten gelegenheit Unnsere ansehnliche Commissarien darzue verordnen, auch eine bequeme Wahlstatt unnd Zeit zue solcher handlung ernennen unnd ansezen wolten.

Damit nun der Weldt mehr und mehr bekanndt werde; daß Wir Unnsers theils an deme soviel Jahr hero continuirten Unnß abgenöttigten Krieg unnd unschuldigen bluetsvergiessen durchauß kein gefallen noch schuldt jemahls getragen, sondern viel mehr bey Unnsern, wie rechtmessigen, also auch billich triumphirenden wapfen unnd Unnß von Gott allein verliehenen victorien ainig fürgeschlagenes billiches mittel, durch welches der edle Friedt reducirt, daß Römisch Reich in frühere ruhe unnd Wohlstanndt wider gesezt unnd zumahl die unnschuldig leidende Land unnd leüth der so großen beschwehr ainist befreyet werden mögen, niemahln zuwider sein lassen: Alß haben Wir nach nothwenndiger in hergebrachten Vertrauen gepflogener Communication unnd getreüen Rath der vornembster Unnß assistirender, hierbey interessirter deß heyl. Reichs Chur:, Fürsten unndt Stennden zue angeregter, Unnß, wie gemelt, fürgeschlagener Friedens-Handlung genedigist eingewilligt, darauff auch ehgedachts Herzogen zue Friedland L. unnd dem [Titul.] Graffen von Tylli zue Unnsernn hochansehnlichen Kayl.^en^ Commissarien fürgenohmen und denselben allenn zue solcher wichtigen Verrichtung nothwendig gehörigen Gewalt unnd Kayl. Volmacht in Gnaden auffgetragen unnd zuegestelt, thuen daß auch hiermit, geben unnd zuestellen mehrgedachts Unnsers Generals-Veldthauptmanns L. unnd ernanten Graffen von Tylli Unnsern volkommenen general- und special-Kayl. Gewalt wissentlich unnd in Crafft dieses brieffs also unnd dergestalt, daß sie von Unsertwegen unnd an Unnserer statt, womüglich in aigener Persohn, dieser Friedenshanndlung beywohnen, der Königl. dennemarckhischen Reichs-Räth unnd deputirter Abgesandten für- unnd anbringen, gebürlich anhören unnd darauff mit denselben uff christlich billichmessige unnd leidliche conditiones, alß Wir solches offtgedachts Herzogs zue Friedland L. unnd mehrernants Graffen von Tylli

[1] Gedruckt bei Hallwich, Fünf Bücher Wallenstein III S. 239–241.

beywohnenden hohen discretion genedigist anheimbstellen, hanndlen unnd schliessen sollen unnd mögen, damit neben wideraufferbauung eines guetten vernehmens ein allgemein nüzlicher, sicherer, bestendig unnd reputirlicher Fried gestifftet unnd immerdar erhalten werden möge.

Zum fall aber einer oder beede ersternente Unnsere Commissarien annderer fürfallender hochwichtiger Verrichtungen halber angeregter friedenshandlung persöhnlich beyzuwohnen verhindert unnd abgehalten werden solten, uff solchen fall geben Wir denselben gleichmessige gewalt, daß sie alßdann ein oder mehr zue solcher wichtigen Tractation taugliche unnd dem Werckh genuegsamb gewachsene subiecta inmittelß an ihrer statt die hanndlung zu continuiren cum pari potestate substituiren unnd bevolmechtigen können unnd mögen[2]. Mit Urkundt diß Brieffs besigelt mit Unserm Kayl. aufgetruckhten Secret Innsigl, der geben ist in Unnser Statt Wienn, den 19 Decembris Ao. 1628.

[2] Die Vollmacht Kg. Christians IV. für seine Vertreter bei den Lübecker Friedensverhandlungen ist datiert Kopenhagen, den 27. 11./7. 12. 1628 (Hallwich so. o. S. 423) und lautet:
[Titulatur] Thuen kund und bekhennen hiermit: Demnach zwischen dem Durchleuchtigsten, Großmechtigsten Fürsten und Herrn, Herrn Ferdinando dem andern, erwöhlten Römischer Kayser, zu allen Zeiten mehrer des Reichs [etc.] unsern freündlichen, lieben herrn Ohaimb, und unß eine güetliche Pfleg: und Handlung zu herwiederbringung deß heilsamen Friedens und ruhigen wolstandts veranlaßet, zu dero würkhlicher an: und fortstellung der 6. Januarij[a] herbey nahenden Monats zu Lüebekh bestimmet undt allerseits beliebt, daß Wir derowegen die ehrenveste und ehrbare unsere respective Hoff: und Reichs-Cantzlere, Reichs-Räthe, Teütschen Cantzlern, Land-Räthe, Ambtleüthe zu Nyborg[b], Ribenhauß[c], Stemburg[d] und Rendeßburg[e] und getreue Liebe, auch liebe Getreue, Herrn Christian Friisen[f] zu Kragrau, Rittern, Jacob Uhlfeld[g] zu Uruff, Herrn Albrecht Scheel[h] zu Friesing, Rittern, Levin Marschalchen[i] zu Huttche, Herrn

[a] St. v.
[b] Nyborg auf Fünen (Fyn).
[c] Ribe (Ripen).
[d] Möglicherweise Steinburg (Holstein); vgl. Histor. Stätten I, S. 247–249.
[e] Rendsburg (Holstein).
[f] Friis, Christen (4. 11. 1581–1. 10. 1639), Dez. 1616 Kanzler; von Januar bis Mai 1629 war er Leiter der dänischen Delegation bei den Lübecker Friedensverhandlungen; vgl. DBL VII (København 1935) S. 392–397, Art. von Bøggild-Andersen; DBL III (København 1980) S. 620–623, Art. von Ole Degn; Fridericia I S. 78–80.
[g] Ulfeldt, Jakob.
[h] I. e. Albert Skeel (23. 11. 1572–9. 4. 1639), 1616 Reichsrat; vgl. DBL XIII (København 1983 S. 418–421); Fridericia I S. 84.
[i] Levin Marschalk (gest. 1629) war Rat und Landdrost des Bremer Administrators Johann Friedrich, trat in dänischen Dienst über und war als Geheimrat Vorsitzender der deutschen Kanzlei; vgl. ADB 20 S. 430f.; Fridericia I S. 95.

56. Ks. Ferdinand II. an Wallenstein

Ksl. Interesse an raschem Friedensschluß mit Dänemark

Gindelý II S. 96f.

[Wien] 23. Januar 1629

Ich hab aus E. L. Schreiben de dato den 10. Januari mit mehrerm vernommen, was Dieselbe der dänemarkischen Friedenstractation halber für weitere hochvernünftige Erinnerung wegen einer von der Kron Hispanien gesuchten Communication, eh und zuvor bei dieser Handlung die Sachen zu Schluss gebracht werden, eingewendet, nicht weniger auch, was Sie wegen eines Stillstands und Niederlegung der Waffen, da je der vollkommene Frieden so bald nicht zu erheben, für eine Vorschlag thun.

Wie nun eben diese von E. L. angezogene und noch andere Motiven, warumen nunmehr mit Ernst zum Frieden zu greifen und alles, was zu einiger Dilation solches Werks Ursach geben möchte, abzuschneiden, mir auch gleichfalls stark zu gemüth gehen, auch E. L. hiebevor durch meinen Abgeordneten, den von Questenberg [1], vorgestellt worden, als ist zwar noch bis dato bei mir von Hispanien dergleichen Communication oder Aufschub nicht gesuchet, ich

Detloff Rantzauen[j] zum Panschen, Rittern, und Heinrich Rantzauen[k] zum Hohenfelde, dahin gnedigst abgeordnet und ihnen sambt und sonders vollkommene macht und gewalt aufgetragen.

Thuen daß auch nochmahlß hiermit und inhalts dießer unsern schriftlichen Volmacht, wie solches am vestigsten undt bestendigsten geschehen soll, kann oder mag, dieser gestalt und also, daß sie gegen obbemelte Zeit sich nacher Lübeckh verfügen undt fürsters nach außweisung unserer ihnen erthailten schriftlichen instruction und ferner gnedigsten befelchen sich verhalten, auch dem allem gemeß an demyenigen, so zu ablangung solches vorgesetzten gemeinnützigen werkhs diensamb undt fürträglich, an ihnen nichts abgehen und erwinden laßen sollen.

Sofern auch obbemelte unsere bevolmechtigte einer mehrern plenipotenz, alß hierin begriffen, benöttigt, wollen Wir ihnen dieselbe hiermit und in Kraft dieses gewaltbrieffs ufgetragen und damit allen unvorsehenen defect und mangel ersetzt:, auch daßyenige, so darauff nach inhalt obangeregter unserer instruction und fernern befelchen mehrgedachter unsrer gewalthaber thuen, handlen, belieben, schließen und verabscheiden werden, für genemb haben, denselben steiff, fest und unverbrüchlich nachsetzen und sie unsere gevolmechtigte hierin allerdings noth: und schadloß halten."

[1] Vgl. Ritter III S. 395.

[j] Detlev Rantzau, 1610 Hofmarschall, wiederholt zu diplomatischen Aufgaben herangezogen; vgl. Fridericia I S. 90f.

[k] Heinrich (Henrik) Rantzau til Schmol og Hohenfeld, 1620 holsteinischer Rat, wiederholt zu diplomatischen Aufgaben herangezogen; vgl. Fridericia I S. 90f.

würde auch derselben, als dardurch die Handlung nicht wenig aufgezogen werden, wo nicht gänzlich sich zerstossen möchte, nichte gerne bewilligen. Deswegen dann auch E. L. sich diesfalls in der vorstehenden Handlung nicht werden aufhalten lassen, weil Hispanien kraft der Compactaten mehrers nichts zu prätendieren, als dass es mit in diesem Frieden eingeschlossen werde. Deswegen ich dann allbereit sowohl wegen der andern Reservaten als in specie der Einschliessung erstgedachter Kron Hispanien und des Königs in Polen, E. L. hiebevor zugeschrieben, wiewohl solcher Frieden meines Vettern, des Königs in Hispanien L, auch sonsten in viel Weg ansehnlich zustatten kommt.

So viel aber die Tractation wegen eines Stillstands anlangt, verhoffe ich zwar, es darzu nicht gerathen solle, jedoch da je der Fried schliesslich sobald nicht zu erhalten, würde dennoch der Anstand auf eine solche geraume Zeit zu machen sein, dass entzwischen ich mich des Kriegslasts etwas erleichtern, die allerdings erschöpfte Länder wiederum respirieren, das beste Volk nicht etwa dem Feind zugewiesen, und andere inconvenientia, so solche induciae mit sich zu bringen pflegen, verhütet werden mögen. Wie dann auch in allweg E. L. dahin trachten werden, dass wie in dem Frieden selbst, also auch in dem Stillstand meines Vettern des Königs in Hispanien L, und der König in Polen mitbegriffen werden.

57. Wallenstein an Ks. Ferdinand II.[1]

Besorgnisse der dänischen Friedensunterhändler; Kg. Christian IV. unter ausländischem Druck, keinen Frieden zu schließen; Beförderung der Friedensverhandlungen notwendig und von Wallenstein in die Wege geleitet; Problematik der beiderseitigen Friedensbedingungen; ksl. Interesse an Friedensschluß; Interesse des dänischen Reichsrates an Friedensschluß, abwartende Haltung des dänischen Königs, u. a. infolge ausländischer Hilfe; Bitte um ksl. Weisung; Rat, dem dänischen König in den Friedensbedingungen entgegenzukommen.

Hallwich, Fünf Bücher Wallenstein III S. 434–436.

Güstrow, 26. Februar 1629

[Anrede] Ich thue Ewer Matt. gehorsamlich berichten, das meine Subdelegirte den Gen: Wachtmeister von Sschaumburg[2] zu mir geschickt, die zuvor mir von Ewer Matt. ubergebne puncta wegen der friedts tractacion abzuholen, dieweil die denische comissari starck daruf dringen undt sich besorgen, das durch an-

[1] Vgl. zu diesem Schreiben Mann S. 610f.; Ritter III S. 412.

[2] Hannibal von Schaumburg (Schauenburg).

reizung böser leitt ihr Künig leicht möchte in die gedancken gerathen, als spotet man nur seiner, indeme sie ihre puncta ubergeben, auf dieser seiten aber thete man nichts, machet also nur die Zeitt vergeblich verliehren undt griefe nicht zum werck. Es befünden sich beym Künig ambasatoren von Frankreich, Engelland, Schweden undt Hollandt, welche nicht alleine grosse hülfen am volck undt geldt dem Künig versprechen, sondern auch, da er friedt machen würdt, nicht schlechte bedroungen thun. Der Künig ist wegen so viel erlietener spott undt schaden desperirt, von natur stolz undt geizig; möchte sich in eine neue confederacion mitt ihnen einlaßen, wenn er sehen solte, das man der tractacion kein anfang machen wille. Dem vorzukomen, habe ich diese beyliegende puncta, so mir Ewer Matt. zugeschickt, dem Gen: Wachtmeister uberantwortet, darbey auch noch etliche andere, so ich vor nötig geachtet, zusezen lassen; insonderheit dieweil der Künig die amnistiam vor seine confederirte im Reich sucht, so ist es nicht unbillich, das Ewre Matt. die erstattung der schaden, so treue Chur- undt Fürsten von ihm empfangen haben, auch begehren sollen. Auch dieweil er die kriegskosten von Ewre Matt. bezahlter haben will und selbst anfanger dieses kriegs gewest ist, so begehren Ewre Matt. auch billich die erstattung derselbigen. Auch solle er alle pretencionen auf die stiefter fahren lassen[3]. Nun sehe ich wol, das, so wenig als der Künig das, was er begehren thuet, von Ewer Matt. erlangen wirdt, das so wenig auch er in die von Ewer Matt. vorgeschlagene puncta[4] bewilligen wirdt.

Was nun Ewer Matt. undt Dero hochlöblichstem Haus an diesem Frieden gelegen ist, wissen sies besser, als ich ihnen sagen kan; denn, seindt wir dahie accordirt, so seindt Ewre Matt. undt das Haus von Östereich feindt a mal partito. Dann die menig des volcks, so man nothwendig dahie zu versicherung der Seecanten halten muß, wenns anderwerths geführt würde, wirdt dormittt viel mugen verricht werden; dahie aber muß man nur su la defesa stehen, undt solches auch nicht mehr wirdt geschehen können, diweil diese länder ganz undt gar ausgezehrt seindt, darvon ich dann zuvor zu unterschiedlichen mahlen Ewer Matt. gehorsamblich berichtet hab. Dies sicht der Künig auch gar wol, dringt desto weniger auf den Friden, dieweil er weis, das seinige ohne schwerdtstreich zu recuperiren. Die den Frieden begehren, seindt die denische Reichsständt, insonderheit die, so in Jutlandt ihre güter haben, welche ihnen dermassen ruinirt werden, das sie bey ihre lebzeitten dieselbige wenig werden genüssen können, auch, gewünnen Ewre Matt. oder der Künig, das ihre privilegia undt freye wahl werden aufgehebt werden.

[3] Vgl. zu den Lübecker Verhandlungen und den ksl. Forderungen E. Wilmanns passim; Fridericia I S. 29–37; DNT IV S. 42–77, 83–86; Ritter III S. 372, 376, 385, 393, 407, 411; Nr. 31, 54, 66.

[4] Vgl. Nr. 56.

Diese bedencken aber hatt der Künig nicht, dann er vermeint, durch die ihme aufs neue oferirte hülf[5] das seinige wiederumb zubekommen undt dardurch das Künigreich erblich machen. Bitt derowegen Ewer Matt. gehorsamblich, sie wollen mir dero gnedigste resolucion geben, wie weitt ich mich in die tractacion einlassen soll; dann, wirdt man a la longa die sach führen wollen, vermeinendt, bessere condiciones zu bekommen, so besorge ich mich, das der Künig gewis wirdt brechen, insonderheitt wann er sehen wirdt, das Ewre Matt. ein theils volcks anderswo müssen gebrauchen, welches doch nicht ohne friedt oder tregua geschehen kan. Mein untherthenigste meinung wehre: was vor curtesi Ewre Matt. dem Künig than wollen, das es baldt geschehe; dardurch werden sie ihn undt seine nachkommen devinciren, das er mehr ewer Matt. wegen der empfangener wolthat, als seinen confederirten, welche ihn aufs eis geführt haben, vertrauen undt dero confident allezeit verbleiben wirdt, undt diweil der frieling vor der thür ist undt Ewer Matt. mercklich dran gelegen, zu wüssen, wie sie mitt Denemarck stehen, als bitte ich untherthenigst, mir Dero gnedigsten undt endtlichen willen zu eröfnen, dann ich versichere Ewer Matt., das ich vor der Zeitt dormitt nicht werde aussprengen, sondern in allem Ewer Matt. hochheitt undt nuz in acht nehmen.

Ohne restituirung Jutlandt, Sschleswick undt Holdtstein wirdt gewis kein Friedt geschehen; ist dies restituirt, so verhofe ich gänzlich, das der Künig nicht allein ein friedt wirdt machen, sondern sich ganz undt gar mit Ewer Matt. undt dero hochlöblichsten Haus confederiren. Der stiefter undt anderer Reichssachen wirdt er sich auch nicht anmaßen. Aber alles liegt an dem, das man zeitlich Ewer Matt. gnedigste resolucion köndte wüssen, dann gewis, die andern bringen ihn auf ihre seiten, undt also wirdt dies so hochwüchtigs undt nothwendigs werck den gewünschten Zweck nicht erreichen, Mich benebens zu Dero kayserlicher gnadt gehorsamlich empfehlend.

[5] Vgl. Ritter III S. 412.

58. Lübecker Friede[1]

Präambel: Ziel des Vertrages; Verhandlungspartner; Art. 1 Beendigung des Kriegszustandes; Vereinbarung, Gegensätze gütlich beizulegen; Art. 2 Verzicht auf Kriegkostenerstattung; entschädigungslose Restituierung des dänischen Besitzes; Abzug der ksl. Truppen; Art. 3 Kriegsgefangene; Art. 4 Einbeziehung der jeweiligen Verbündeten in den Frieden; [5] betr. militärischen Rückzug aus den Territorien von Holstein-Gottorp; [6] betr. Ratifikation.

DNT IV S. 77–83.
(Auch: Lünig, Teutsches Reichsarchiv VI Pars spec. Contin. I 1. Abth. S. 349–351; Londorp III S. 1081–1083; Schulz I S. 78ff. Wilmanns S. 80–83).

Lübeck, 12./22. Mai 1629

Zu wissen: Demnach zwischen dem allerdurchleuchtigisten grossmechtigisten fürsten und herrn, herrn Ferdinanden dem andern, Römischen kayser [Titulatur] an ainem und dem durchleuchtigsten grossmechtigen fürsten und herrn, herrn Christian dem vierten zu Dennemarck, Norwegen [Titulatur] anders theils in verschiennen jahren allerhand irrungen und missverstende sich erreget, daraus endtlich grosse schwere krieg und feindtschaften entstanden. Damit aber dieselbe eingestelt, fernere ungelegenheiten und ruin so viel edler länder, fürstenthumben und provinzien verhüetet werden mögen, als ist zwischen beeden thailen, der Röm. Kay. Mat. und der Kön. Würden und Mat. zu Dennemarck, Norwegen etc., zu widerbringung und stabilierung des edlen wehrten friedens und pflanzung bestendigen Teutschen vertrauen aine pacificationshandlung in der statt Lübeck veranlasset, und zu deren an- und fortstellung der 6./16. January des jeztlauffenden tausendt sechs hundert neun und zwainzigsten jahrs beliebet und angesetzet, darzue allerhöchstgedachte Röm. Kay. Mat. den durchleuchtigen hochgebornen fürsten und herrn, herrn Albrechten, herzogen zu Friedland und Sagan etc., und den hochwolgebornen graven und herrn, herrn Johan Tserclaes graven von Tilly etc., freyherrn von Marbaise, herrn zu Balestre, Montigny und Braitenegg, der Röm.-Key. Mat. und Churfürstlichen Bayrischen rath, camerern und generalleutenant etc., die Kön. W. und Mat. zu Dennemarck, Norwegen etc. die wolledle, gestrenge dero respective reichsräthe, canzlern, reichscanzlern, Teutschen canz-

[1] Vgl. zum Lübecker Frieden und zu den Verhandlungen in Lübeck Nr. 57 Anm. 3; Albrecht, Maximilian S. 217, 221f.; Diwald S. 415; Fridericia I S. 36–53, 58–60, 106f.; Gindelý II S. 90–107; Hallwich, Fünf Bücher Wallenstein II S. 537–552; Hroch S. 150; Opel III S. 685–727; Ritter III S. 407f., 410–413; Ritter, Untergang S. 262f.

lern, räthe, ambtleute zu Nyeburg[2], Rippen[3], Steinburg und Rendesburg, herrn Christian Friessen, rittern, zu Kragerup, Jacob Ulefeldt zu Urup, herrn Albrecht Schiel, rittern, zu Füssing, Levin Marschalck zue Huetlo, herrn Dietlof Ranzowen, rittern, zum Pancker und Heinrich Ranzowen zu Schmole, erbgesessen, deputiert, verordnet und bevollmechtigt[4], welche thails durch dero subdeligierte, der Röm. Kay. Mat. kriegsrath, obristen generalwachtmaistern zu ross und fuess, den wolgebornen herrn Johann von Aldringen, freyherrn auf Koschiz und Gross Lipna, auch der Röm. Kay. Mat. und Churfürstlichen Bayrischen respective obristen und camerern, den hoch- und wolgebornen herrn Jobst Maximilian, graven zu Gronsfeldt[5] und Bronkhorst, freyherrn zu Battenburg und Rimburg, herrn zu Alpen und Hanöppel, dan der Röm. Kay. Mat. camerern und obristenleutenant, den auch wolgebornen herrn Johann Balthasarn, freyherrn von Dietrichstein[6], Raben und Freyenstein, erbschencken zu Kärndten, und den woledlen gestrengen Johann Christoph Rueppen[7] zu Pachhaussen und Mörlbach, Churfürstlichen Bayrischen hoff-, cammer- und kriegsrath, generalcommissarien und pflegern zu Natternberg, auch allerhöchstgedachter Röm. Kay. Mat. hoffcamerrath, den woledlen gestrengen Reinharden von Walmerode[8], craft ihnen aufgetragenen gewalts, andere an ihre statt zu substituieren[9], thails in der persohn an bemeltem ort angelangt, ire habende vollmachten gegen einander exhibiert, den punctum legitimationis zu allerseitz gueten belieben erledigt und erörtert, sich der sachen und handlung ferners underfangen, deroselben irer wichtigkeit und erforderten notturft nach reifflich nachgedacht, nach satsamber vorbetrachtung dessen allen, so dabey in consideration zu ziehen, und müglichster hienweckraumung aller und jeden verhinderungen, so vorkommen und eingefallen, also nach vielen gepflogenen sorgsamben und mühesamben handlungen sich vermitels göttlicher gnaden, Gott dem allmechtigen zu ehren und dem gemainem wesen zu erspriesslichem besten, aines aufrichtigen, bestendigen, sichern und immerwehrenden fridens in hernachgesetzten puncten und artickeln mit einander verglichen, verabredet, abgehandlet und beschlossen:

1. Erstlichen sollen und wollen Ihre Röm. Kay. Mat. und zu Dennemarck,

[2] Nyborg auf Fünen (Fyn).

[3] Ribe (Ripen).

[4] Vgl. Nr. 55 Anm. 2.

[5] Jost Maximilian, Gf. von Bronckhorst und Gronsfeld (ca. 22. 11. 1598 – 24. 9. 1662 Gronsfeld bei Maastricht), in bayerischem Militärdienst; vgl. ADB 9 S. 726–728; NDB 7 S. 128f. (Art. von H. Lahrkamp).

[6] Johann Balthasar Frhr. v. Dietrichstein, Raben und Freyenstein, ksl. Oberstleutnant.

[7] Hans Christoph Ruepp, bayerischer Generalkommissar.

[8] Reinhard v. Walmerode, Frhr., Hofkammerrat und ksl. Kommissar im Reich.

[9] Vgl. Nr. 55.

Norwegen etc. Kön. Würde und Mat. nun und hienfüre zu ewigen zeiten under einander rechtschaffene ungeferbte freundtschaft zu wasser und land halten, also das alles dasjenige, was hiebevor und bishero zue wiederwertiges vorgangen oder dahien angesehen und ausgedeutet werden möchte, hienfürter keiner gestalt mehr gedacht, sondern erloschen, aufgehoben, gedempft, ausgetilgt, todt und ab, und hiengegen zwischen Ir. Röm. Kay. Mat. und Kön. Würde und Mat. auch dero allerseitz successorn, erben und nachkommen, einwohnern und underthanen ain bestendiger aufrichtiger friede, immerwehrende ainigkeit und unverrucktes guetes vertrauen gestiftet und conserviert seye und bleibe. Zu dessen mehrer würcklicher erfolgung dan Ire Kön. Würde und Mat. sich des heiligen Römischen reichs sachen anderer gestalt nicht, als Deroselben wie ainem fursten und standt des heiligen Römischen reichs wegen des herzogthumbs Holstein gebürt, auch der erz- und stifter vor sich und deren geliebten herrn söhne, under was pretext und schein ain solches auch sein und beschehen möchte, ferner nicht anmassen, noch der Röm. Kay. Mat. in Dero kayserlichen regierung eintrag zuefüegen. Hiengegen Ir. Röm. Kay. Mat. sich derselben in Ir. Kön. Würden und Mat. königreichen und souverainen landen vorgehenden sachen nicht anmassen, noch Dero königlichen regierung eintrag thuen wollen. Und im unverhofften fall zwischen Ir. Röm. Kay. Mat. und Kön. Würden und Mat. oder derrn successorn, erben und nachkommen ainige missverstendtnuss oder irrung hienegst erwachsen würdten, sollen dieselben ohne des ainen oder des andern thails thathandlung güetlich hiengeleget oder in entstehung der güete durch beederseits ersuechte arbitratores entschaiden werden.

2. Was fürs ander die geforderte erstatung der kriegskosten und schäden betrifft, weill bey dieser friedenshandlung dahien alles absehen billich gerichtet und eusersten fleisses getrachtet, dass zwischen der Röm. Kay. Mat. und zu Dennemarck, Norwegen Kön. Würden und Mat. etc. ain festes fundament zu bestendigem, stets wehrenden guetten vernehmen gelegt, auf die posterität fortgepflanzet, und alle im weg ligende behindernussen hienweck geraumet auch nichts übriges der verbitterung zurück gelassen oder eingeführt werden möge, als ist beliebt, dass solche forderung ein- und abzustellen, und deswegen von niemanden im heiligen Römischen reich an Ir. Kön. Würden und Mat. etc., hiengegen auch von Deroselben an niemanden deshalben ferner nichts pretendiert werden solle, wobey dan Ir. Kön. Würden und Mat. alle und jede von disem im Nidersäxischen craiss erhobenen kriegswesen zuegestandene rechtmessige forderungen, so in dieser vergleichung nicht abgehandelt, austruckenlich reserviert und vorbehalten bleiben. Auch Deroselben Ir. Kön. Würde und Mat. derrn occupierte provinzien, fürstenthumb und lande Wendtsüssel[10], Judlandt, Schleswig, Holstein, Stormarn und Ditmarschen

[10] Vendsyssel.

sambt allen andern hochheiten, regalien, schlössern, ämbtern, heussern, vestungen, stätten, pässen, porten, flecken, dörffern und allen und yeden derrn angehörungen mit aller hoch- und gerechtigkeit in allermassen Ir. Kön. Würden und Mat. dieselbe vorhien gehabt und besessen, doch mit vorbehalt Ir. Röm. Kay. Mat. und des heiligen Römischen reichs in herzogthumb Holstein, Stormarn und Ditmarschen habende hochheit und lehensgerechtigkeidt, sambt derrn noch verhandenen stucken ohne entgeldt zu restituieren und das kayserliche volck, welches in diesen provinzien, gesambten fürstenthumben und landen verhanden, aus allen quartiern alsofort ohne ainige beschwer- oder anforderung, exacturen, belaidt- og beschadigung mit gueter ordre und disciplin ab und weck zu führen, auch die im fürstenthumb Holstein und dessen einverleibten landen angestelte oder noch fürhabende confiscationsprocess und andere exactionen gegen persohnen und güeter ohne ainige fernere prätension oder entrichtung gentzlich abzuthuen, zu abolieren, und es daselbst bey dem religion- und prophanfrieden zu lassen, darwieder alda niemanden in keinerley weisse zu turbieren.

3. Wie dan zum dritten beederseits gefangene ohne verzug und ainige weitere beschwerung zu erledigen.

4. Und sollen zum vierten in disem accord und frieden an seiten der Röm. Kay. Mat. die cronnen Hispanien und Pohlen, die serenissima infantin zu Brüssel mit dem gesambten hochloblichen hauss Öesterreich, dan Churr-Bayren sambt allen andern assistierenden und gehorsamben churr-, fürsten und stendten des heiligen Römischen reichs auch dero underthanen und eingesessenen, ingleichem an seiten der Kön. Würden und Mat. zu Dennemarck, Norwegen etc. die cronnen Franckreich, Gross Britanien und Schweden, so wol die staden der verainigten Niederlanden, da sy allerseitz wollen, miteingezogen und begriffen sein.

[5] Und obwoll zum funften an seiten Irer Kön. Würden und Mat. zu Dennemarck, Norwegen etc. bey disen tractaten ganz instendig- und beweglieche erynnerung beschehen, auch hart und eifferig urgiert worden, dieser vergleichung austruckenlich zu inserieren, dass fursten und stendte über ordentlich recht nicht beschweret werden mögen, weilen yedoch dargegen bestendig eingeführt, daß die Röm. Kay. Mat. ohne das und für sich niemandt wider recht und billiechkeit zu graviern gemeint, so wollen Ir. Kön. Würde und Mat. dabey allerdings acquiesciern, auch dem fürstlichen hauss Schleswick Holstein Gottorffischen thails, die insel Fehmern, Nordtstrandt aus dessen antail auf den inseln Vördte und Sildt [11] jedoch vorbehaltlich Ir. Kön. Würden und Mat. und Dero cron Dennemarcken etc. an bemelten landen zuestehenden hoch- und lehensgerechtigkeiten – mit dennen alda noch verhandenen stucken ohne

[11] Gemeint sind die Nordfriesischen Inseln Föhr und Sylt.

entgeldt der eingesessenen gleich alsbaldt wider raumen, auch das volck, so in dennen inseln verhanden, mit gueter ordre und disciplin ab und weck führen und fürters wider den ainen oder den andern fürsten oder standt des Römischen reichs wegen dessen, so bey disem kriegswesen vorgegangen sein mag, nichts eiffern noch anthen[12], auch dieselbe dessen nichts entgelten lassen.

[6] Alle und jede obige puncten sollen der Röm. Kay. Mat. auch zu Dennemarck, Norwegen Kön. Würden und Mat. unverzüglich zuegebracht, und die allerunderthenigste und underthenigste bemüheung angewendet werden, dass Ire Röm. Kay. Mat. etc. und Kön. Würde und Mat. hierüber Ire besondere ratificationes, dennen dise capita von worten zu worten einzuverleiben, under Irem Kay. und Kön. handtzeichen und insigeln, dass daryn Ir. Röm. Kay. Mat. für sich, Ire successorn, erben und nachkommen, und dan Ir. Kön. Würde und Mat. zu Dennemarcken, Norwegen etc. vor sich, Ire herrn söhne, successorn, erben und nachkommen bey kayserlicher und königlicher hochheit, würdten und worten zuegesagt und versprochen werde, allen und jeden derrn inhalt stet, fest und unverbrüchlich zu halten, deme in ainigerley weiss oder weg weder directe noch indirecte nicht zuwider kommen, noch yemanden, wer der auch were, under was pretext und schein es immer beschehen köndte oder möchte, solches zu verhengen, zu verstatten noch guet zu haissen, worbey dan der cron Dennemarcken sämbtliche herrn reichsräthe die königliche ratification mit iren handtunderschriften und angebornen petschaften auch bekreftigen werden. Urkundlich seindt dise vernottlungen von obwolgedachten commissarien und subdeligierten aigenhendig underschrieben und mit iren petschaften versigelt.

So geschehen zu Lübeck den 12./22. May im ain tausendt sechs hundert neun und zwainzigsten jar.

59. Bericht von einer Unterredung zwischen Wallenstein und Vertretern der Hansestädte

Ausgleich zwischen Wallenstein und Magdeburg[1]; Verzicht Wallensteins auf die ausgehandelte Summe; kritische Äußerungen Wallensteins zum Restitutionsedikt.

Gindelý II S. 182f.

o. O., 3./13. Oktober 1629

Seit dem neulichsten ist nichts sonderbares einkommen und hat man die Compositionspunkta, wie die Stadt Magdeburg sich mit dem General ver-

[12] 'Ahnden'.

[1] Vgl. zu den Auseinandersetzungen zwischen Magdeburg und Wallenstein sowie zu

glichen, noch nicht haben können, wie aber am nächsten angedeutet, so sollen dieselbe auf Seiten der Stadt gar leidlich sein, also dass keine Garnison dieselbe einnehmen, noch auch Geld geben darf. Denn ob es zwar anfangs lange darauf bestanden, dass die Stadt 200.000 Thlr. geben sollen, die Stadt auch endlich zu 150.000 sich erklärt und der Hansestädte Abgesandten auf sich genommen, bei ihren Obern so viel zu erhalten, dass dieselbe die übrige 50.000 Thlr. nachschiessen sollten, damit die Summa ersetzet und der Friede sich nicht zerschlagen möchte, so hat doch der General, nachdem er gesehen, dass ein rechter Ernst mit dem Frieden gewesen, diese Rede geführet: Nun wohl an, weil wir sehen, dass sowohl die Stadt Magdeburg als auch die sämmtlichen Hansestädte in kaiserlicher Devotion zu verharren bedacht sein, so wollen wir ihnen die ganze Summe aus Gnaden erlassen, damit man sehe, dass wir den Krieg nicht wegen Geldes führen, sondern uns allein darum zu thun sei, dass gegen kais. Majt. die schuldige Devotion im Reich erhalten werde. Und darauf ferner gesagt: wir vernehmen, die Hansestädte bilden sich ein, man wolle das kaiserl. Edict wegen Reformation der Religion[2] exequieren, das sind wir durchaus nicht gemeint, sondern das Edict kann nicht Bestand haben[3], und wir versprechen den Hansestädten, dass ihnen das geringste deswegen nicht zugemuthet werden soll, denn man kann den Religionsfrieden nicht also übern Haufen stossen. Soll auch darneben amplissimas promissiones den Hansestädten gethan haben, wie sie sollen bei ihren Privilegien gelassen, ihre Commercia befördert und alles in ruhigen Stand wieder gesetzt werden. Wie es nun noch weiter ablaufen wird, hat man künftig zu vernehmen. [Militaria.]

dem Vertrag zwischen beiden Parteien Diwald S. 423; Gindelý II S. 164–183; Hoehne S. 282; Huch S. 93; Mann S. 628–632.

[2] Gemeint ist das Restitutionsedikt, d. d. Wien, 6. März 1629. Das Edikt ist gedruckt bei: Lünig V S. 800–808; Londorp, Acta publica III S. 1048ff.; Schulz I S. 60–78.

[3] Wallenstein war ein entschiedener Gegner des Restitutionsediktes; vgl. Diwald S. 421–423; Gindelý I S. 182–189; Mann S. 631f., 635–639.

Mann (S. 635) konstatiert: „Nun ist es charakteristisch, daß der mächtigste Mann im Reich, der Generalissimus Hg. von Friedland, nach seiner Meinung über das Edikt niemals gefragt wurde [. . .] Er war dagegen [. . .].“

Wallenstein distanzierte sich mit seiner Haltung öffentlich von der ksl. Politik und von den Prinzipien, die Ferdinand vor allen anderen wichtig waren (Zurückdrängen des Protestantismus; katholische Restauration).

60. Conclusum des Kaiserlichen Geheimen Rates betr. Wallensteins Entlassung[1]

[1] Thema der Beratung: Problem der Entlassung Wallensteins und Übertragung des Generalats auf Kurbayern; [2] Haltung der katholischen Kurfürsten in dieser Frage; Stellungnahme des Geheimen Rates dazu; [3] Entsendung zweier Räte zu Wallenstein, um diesem die Demission nahezulegen; [4] Tilly; [5] Bedenken, das Generalat dem Kf. von Bayern zu übertragen; aus Rücksichtnahme auf die katholischen Kurfürsten Rat zu dissimulierendem Vorgehen (Einsetzung eines besonderen Beratungsgremiums).

Hallwich, Briefe und Akten I S. 47–50.
(Auch: Gindelý II S. 296 bis 298).

[Regensburg] 17. August 1630

[1] Demnach dise wichtige consultation auff 2 Hauptpuncten beruehet, alß erstlich der hern Churfürsten vorschlag, wie ytziger her General mit gelimpff zu dimittiren, und dan zum andern, ob solches generalat vorgeschlagener maßen mit ihrer Churfl. Durchl. von Bayern zu ersetzen, und waß hierbei in acht zu nemen:

Alß befindet ein hochlöblicher Geheimer Rhatt, das, so viel den ersten puncten anlangt, [2] zwar die Catholische Churfürsten rationes einwenden, dz der her General solche dimission nicht ursach habe zu entpfinden, erstlich weil ihme, alß einem besolten diener, freystehe, seine dienste nach gefallen zu renunciiren, daß ebenmessig Er. Kaysl. Mt. billig bevorstehe, denselben zu entlaßen; dan zum andern, weill er fast alle Jar selbst umb demission angehalten, Er. Mt. ursach haben wurden, ihme darin zu wilfahren oder dz per tertiam personam ihme angedeutet wurde, sein Ambt aufzukundigen, weil Er. Mt. ytzigen des Reichs Zustandt halber dz generalat in andere weg bestellen zu lassen entschlossen; weil aber hierbei keiner securitet dessen person, reputation, noch einigen andern gelimpffs gedacht worden und also die resolution dem General desto schwerer fallen wurde, sich der wapfen zu begeben, und darnebens in erstangeregter gefar zu stehen:

Alß wird darfur gehalten – Erstlich, dz Er. Maytt. den Catholischen Churf. weiter möchten vorhalten, waß massen sie sich zwar nochmalen dahin anerbieten, wegen verenderung des directorij sich von derselben gutachten nicht abzusöndern, wan aber gleichwoll Er. Mt. gleich anfangs ihre erklerung dahin gestelt, dz bei solcher mutation derselben die mittel an die handt gegeben wer-

[1] Zu Wallensteins Entlassung und deren Problematik vgl. Gindelý II S. 50f., 220–233, 259–262, 267–305; Mann S. 681–684, 703–716, 724–728; Ritter III S. 455–458; Nr. 61f.

den möchten, wie dennoch mit Ehren und reputation, auch mehrerer versicherung des hern Generals in personalibus et realibus dise enderung vorzunemen, alß wolten Er. Kaysl. Maytt. von denselben hiruber eines mehr special gutachtens gewertig sein.

Neben disem und entzwischen solches gutachten eingebracht, [3] ist dahin geschlossen, dz eine vertraute person (alß dan darzue Er. Mt. geheimer und respective Krigsrath her von Werdenberg[2] und der von Questenberg vorgeschlagen) zu dem General mit Credens und Instruction also balt abgesandt wurde, so dem General ausführlich berichtet hette, mit was instendigem eyfer das gesambte Churfürstl. Collegium auff seine demission dringen thete, waß auch für underschiedtliche Kriegs gravamina, vornemblich dz directorium betreffendt, eingebracht, dan entlich waß für mittel, die Soldatesca ins Künfftige mit weniger beschwerten zu erhalten, an die handt gegeben wurden.

Wan er dan hiraus zu vernemen, dz Er. Mt. nicht rhatsam sein wurde, vornemblich bey ytziger gefärlikeit, dises fals von den Churfürsten sich abzusondern oder mit denselben zu contrastieren, Er. Mt. aber, alß welche mit bestendigen gnaden derselben allezeit woll zugethan verblieben, dahin sehen und bedacht sein, wie bei solcher enderung sein, des herrn Generals, securitet, gelimpff und reputation in acht genommen werde: alß hetten sie auch von ihm selbst die Mittel vernemen wollen, wie nebens gutwilliger resignation, demnach ihme auch ohne dz fast unmuglich fallen wurde, bei dem so eng limitirten gewalt dz commando zu führen, seiner reputation und securitet consulirt werden konne, doch dz solche mittel also beschaffen, dz dieselbe den Churfürsten ohne offensa vorzuschlagen, auch Er. Mt. unnachteilig sein. Wie nun Er. Kaysl. Mt. bewust, dz sein, des hern General, intention stetts dahin gerichtet, Er. Mt. und dero hauß dienst vor allem zu befordern, alß wollen sie solches vornemblich in diser seiner moderirten bezeigung abnemen.

[4] Wan auch bei disem ersten puncten in der deputirten Rhätt gutachten erwehnung beschehen, dz zu mehrer Er. Mt. und des algemeinen wesens versicherung dienlich sein wurde, dz der her Graff Tylli bei den Churf. angebrachter massen auch mit denen von den Catholischen Churf. uberreichten conditionibus, wan ia des haupt directorij halber die notwendige praeparatoria nicht also balt verglichen werden könten, ad interim also balt gegen den König in Schweden geschickt wurde[3]: Alß sein hieruber zweierlei meinung vorgefallen, etlicher, so solches der vorbrechenden gefar halber, und damit in

[2] Johann Baptist Frhr. von Verda, Gf. v. Werdenberg, österreichischer Hofkanzler; Mitglied des Geheimen Rates. Werdenberg wird zu Wallensteins Freunden gerechnet (Diwald S. 425; Gindelý I S. 208).

[3] Kg. Gustav II. Adolf war am 6. Juli 1630 mit schwedischen Truppen auf Reichsboden (Usedom) gelandet.

ermangelung deß commando der örten nichts verabsaumet werde, sehr rhatsam befinden; Andere aber wollen darfur halten, dz die gefar der enden noch nicht so groß, dz nicht nach ervolgter abdication des ytzigen Generals und anderwerter bestallung des Kriegs directorij dises commando mit mehrerer bestendikeit demselben aufgetragen werden könne, weil hierunder wenig Zeit verlohren wurde. Da nun Er. Kaysl. Mt. sich auff den ersten vorschlag resolviren wurden, muste solches dem Torquato Conti alsobalt zu wissen gemacht, auch alhier geratener massen mit dem hern Graff Tylli die sach abgehandelt und verglichen werden.

[5] So viel dan den andern hauptpuncten der ytzigen consulta, nemblich die von den Churf. vorgeschlagene bestallung des Generalats mit des Churf. von Bayern person anlangt, obzwar nicht wenig rationes in der deputirten Rhätt gutachten pro et contra angezogen, warumb solcher vorschlag annemb- oder bedenklich, daruber auch noch allerhandt zu erwegen stünde, allermassen dan bekandt, waß einem potentaten an den wapfen, in welchen vis imperij stehet, das Er solche in seinen henden habe, gelegen: so befinden doch Euer Mt. geheime Rhatt und sein es mit den deputirten einig, dz ohne merckliche diffidens sowoll ihrer Churfl. Durchl. in Bayern, alß der andern Catholischen Stände, daraus auch ein gäntzlicher bruch zu gewarten, man solchen vorschlag nicht woll werde divertiren und disfals sich der Churf. gutachten entziehen können, daß also dahin vornemblich zu gedenken, wie dennoch bei solcher bestallung Er. Mt. sich sowoll der succession am Reich, alß auch dz daß summum arbitrium armorum und Kriegsdirection bei derselben verbleiben möge, genugsam versichern konnen. Dannenhero dan die gehorsambsten geheimen Rhätte dafur halten wolten, dz Er. Kaysl. Mt., so viel disen puncten anlangt, dero resolution den Geistlichen Catholischen Churf. dahin kürzlich allergnedigst andeuten möchten, es wehren derselben die hoën, vortrefflichen qualitaeten ihrer Churfürstl. Durchl. von Bayern genungsam bekandt, wehren derselben bestendiger liebe, treuwe und devotion mehr dan versichert, deswegen dan dieselbe disen vorschlag nicht ungern vernommen hetten, zweifelten auch nicht, solche bestallung Er. Mt. zu vermehrung dero macht und hoheit, alß auch des h. Reichs nutzen und frommen gereichen werde; demnach aber zu besserer vortstellung dises werkes etliche notwendige puncten zu beratschlagen vorfielen, alß wollen Er. Mt. gewertig sein, dz von seiten ihrer, der Catholischen Churf., etliche geheimpte Rhätt deputirt werden möchten, welchen Er. Mt. die ihrige zuordnen wolten, bei welicher enger conferens solche puncten beratschlaget und zur richtigkeit gebracht werden möchten.

Solcher puncten aber wurden hauptsächlich zweierley seyn: Etliche, so Er. Mt. hocheit und Kayserlich Amt betreffen, dz nemblich bei derselben dz summum imperium bellicum allein verbleibe nach inhalt des h. Reichs satzung, der General aber keine andere macht habe, alß eben vigore solcher

Reichs constitution demselben gepüret und die exempla under Kayser Ferd. I., Maximil. et Rudolpho ausweisen; die anderen, so dero Königreich und Erbländer versicherung anreichen. Wan aber uber so schwere puncten von Er. Mt. rhäten eigentlich noch nicht, sondern nur allein summatim gehandelt und der Zeit allein die quaestio gewesen, ob Er. Mt. der Churf. vorschlag adprobiren sollen: alß beruhet es bei Er. Kays. Mt. allergnedigster disposition, solche puncten, ehe dieselben den Churfürsten proponirt, in reife erwegung zihen zu lassen. Denen sich die geheime Rhäte allerunderthenigst gehorsambst entpfelen.

Ita conclusum in consilio secreto, 17. Aug. 1630:
Praesentibus Ihrer Fürstl. Gnaden von Eggenberg und Crumaw,
hern Obristen hoffmeister[4],
hern Graff Maximil. von Trautmansdorff,
herrn Graff von Fürstenberg[5],
hern Graff Schlabata[6],
hern praelaten von Krembsmünster[7],
hern Graffen von Mansfelt,
hern von Stralendorff[8],
hern von Werdenberg,
hern von Reck[9],
hern von Nostitz[10].

[4] Gemeint ist vermutlich der Obersthofmeister Leonhard Gf. v. Meggau (1577 bis 1644), Mitglied des Geheimen Rates; vgl. ADB 21 S. 181. Meggau gilt als Feind Wallensteins (Diwald S. 425).

[5] Wratislaw (Vratislav) Gf. v. Fürstenberg (31. 1. 1584–10. 7. 1631), Präsident des Reichshofrates (20. 11. 1623); Mitglied des Geheimen Rates; vgl. Gschließer S. 213f., 229; Isenburg IV T. 128. Fürstenberg wird zu Wallensteins Feinden gerechnet (Gindelý I S. 208).

[6] Slavata.

[7] Anton Wolfradt (9. 7. 1581 Köln – 1. 4. 1639 Wien), Ausbildung in Rom, 1613 Abt von Kremsmünster, 1623 Präsident der Hofkammer, 1624 Mitglied des Geheimen Rates, 1631 Bf. von Wien; vgl. ADB 55 S. 389–396; Suvanto S. 19. Abt Anton gilt als Anhänger Wallensteins (Diwald S. 425).

[8] Gf. Wolfgang von Mansfeld und Reichsvizekanzler Stralendorf gelten als Feinde Wallensteins (Diwald S. 425).

[9] Johann von der Reck (Recke), Frhr., gest. 1647; unter Ks. Matthias in den RHR aufgenommen, dessen Präsident 15. 11. 1637; vgl. Gschließer S. 185f.

[10] Otto v. Nostitz (Ota z Nostic), 1622 deutscher Vizekanzler in Böhmen, 1623 Reichsfreiherr, als Mitglied des RHR bis 1630 nachweisbar, seit spätestens 1627 Mitglied des Geheimen Rates; Testament vom 16. 4. 1631; vgl. Gschließer S. 204f.; Mann S. 354; OSN XVIII S. 435.

61. Kaiserliche Instruktion für Werdenberg und Questenberg [1]

Auftrag für Reise zu Wallenstein; Informierung Wallensteins über die Vorstellungen des Kurfürstentages vom Kriegswesen im Reich; Bitte um Wallensteins Meinung hierzu; Ziel der Gesandten müsse sein, Wallenstein zur Demission zu bewegen.

Hallwich, Briefe und Akten
I S. 75–77.

Regensburg, 24. August 1630

Erstgedachte unsere Rhätt und Abgesandten sollen sich alsobalt nach einhendigung dises memorials loco instructionis erheben und ihre reise nach Memmingen, oder wo sonsten der Zeit unsers Obristen velthauptman Hertzogen von Mechelburg, Fridland und Sagans L. anzutreffen, ungesaumbt vorstellen, sich, nachdem sie daselbst angelangt, für unsere gesanten nebens uberreichung unsers Creditifs angeben und bei erhaltener audiens Seiner L. unsere gnade, huldt und gewogenheit [2] anmelden, dan ferner ihren vortrag thun, alß volget:

Demnach under andern vornemen und schweren des h. Reich obligen vornemblich auch des ytzigen Kriegswesens halber zwischen uns und des h. Reichs Churfürsten bei diser Zusamenkunfft [3] hochwichtige deliberationes vorgefallen, bei welchen erstgemelte Churfürsten uns beweglich zu gemüth geführet, waß massen die hochste noturfft erfordere, zu abhelfung der Stände des Reichs so mannichfältigen Klagen und beschwerung, solches Kriegswerck etwaß in ein andere Verfassung zu bringen und vornemblich dahin bedacht zu sein, wie durch ordentliche hilffen der Kreyße die militia hinführo erhalten, auch dannenhero beide armaden under eine direction zu stellen; Seine Liebte aber hiraus selbst vernunfftig abzunemen, weil solches alles ohne verenderung des ytzigen directorij nicht woll zu werk zu richten, derselben auch ohne daß fast unmuglich fallen wurde, bei dem so eng limitirten gewalt, als solcher von den Churfürsten nach inhalt der Reichssatzung circumscribirt worden und vornemblich bei einzihung des bishero gebrauchten modi der contribution, dz Commando zu continuiren; unß aber bey ytzigen gefärlichen Zustandt und vorbrechender feindts gefar nicht rhatsam sein wurde, disfals von der gesambten Churf. rhatt und gutachten uns abzusondern, deren assistens und beistandt wir vornemblich bedurfften, an solcher Union auch sowoll der wap-

[1] Vgl. zu Werdenbergs und Questenbergs Gesandtschaft zu Wallenstein Mann S. 715–719. Zu Wallensteins Entlassung vgl. Nr. 60 Anm. 1.

[2] „Korrektur für ‘freundschafft’“ (Hallwich s. o. S. 75 Anm. 17).

[3] Gemeint ist der Regensburger Kurfürstentag; vgl. zu diesem Tag und zu der Problematik der Entlassung Wallensteins Nr. 60 Anm. 1.

fen alß der gemüter dem heiligen Reich mächtig gelegen; So wehren wir doch, alß welche mit bestendiger genadt Seiner L. allezeit wol zugethan verblieben, deren merita auch höchlich aestimirten, dahin nicht weniger bedacht gewesen, wie bei solcher enderung S^{ner} L., alß unsers Obristen Velthauptmans, securitet, Ehr und guter namen in billige obacht genommen werde;

dannenhero wir dan auch dise schickung fur guth angesehen, Seiner L. selbst gutachten zu vernemen, waß zu dero securitet und gelimpffs von derselben für thunliche mittel vorgeschlagen werden möchten, welche gleichwoll also beschaffen (als wir dan daran ohn dz nicht zweifeln wolten), dz sie den Churfürsten ohne offensa zu proponiren und auch unnachteilig und zu beforderung sowoll des algemeinen wesens, alß auch unserer und unsers hauses wolstandt dienlich sein mögen.

Wie wir nun bishero im werck vielfältig erfahren, daß Seiner L. intention bestendig dahin gerichtet, unser und unsers Hauß dienst aller dero selbst interesse vorzuziehen, alß wolten wir uns auch solches in diser vornemen occasion gäntzlich versehen und Seiner L. ruhmbliche moderation in Kayserl. gnaden und freuntschaft vermercken.

Da nun unsere Abgesanten auff diese werbung solchen bescheidt erhalten wurden, damit wir zufriden sein könten, hatten sie denselben ad referendum anzunemen; wolte aber von S. L. (dessen wir uns nicht versehen) zu weit gegangen oder etwa conditiones vorgeschlagen werden, dardurch uns die sach schwer gemacht und die gemeinnutzliche consilia auffgehalten und retardirt werden möchten, hetten sie ihrer discretion nach dahin sich zu bemühen, mit fernern vorhalt, waß dennoch Sr L. daran gelegen, des h. Reichs Churf. und Stände nicht zu wider zu haben oder zu mehrerer weiterung ursach zu geben, Seine L. davon zu divertiren und auff bessere wege dieselbe zu weisen, alls wir solches alles unseres Gesanten dexteritet hiemit heimgestelt haben wollen.

62. Bericht[1] vom Verlauf der Gesandtschaft Werdenbergs und Questenbergs bei Wallenstein[2].

Gindelý II S. 301.

zu: Ende August 1630

Nachdem beide kaiserliche Deputierte auf der Reise von Regensburg nach Memmingen, haben sie sich, weil sie seinen [Waldsteins] Humeur und Naturell kannten, auch als seine guten Freunde ihm nicht gern eine so widrige Post gebracht, wie sie es bei ihm anbringen sollten, unterschiedlichemal unterredet.

[1] Gindelý zitiert Khevenhüllers Bericht.

[2] Vgl. Nr. 61.

Und wie sie zu Memmingen angelanget und ein schlechtes Auge besorget, sind sie vom Herzoge ansehnlich und höflich tractieret und kostfrei gehalten worden. Und als sie ihr Anbringen mit dem besten Modo, so sie erdenken konnen, thun wollen, ist er ihnen in die Rede gefallen (weil er die kaiserliche Resolution von Graf Maxen von Wallenstein schon erfahren gehabt) und eine lateinische Schrift, darinnen seine, des Kaisers und der Kurfürsten in Baiern Nativitäten geschrieben gestanden, von der Tafel genommen, die er selbst abgelesen, mit Vermelden: 'Ihr Herren, aus denen Astris könnet ihr selbst sehen, dass ich eure Commission gewusst, und dass des Kurfürsten aus Baiern Spiritus des Kaisers seinen dominiert, daher kann ich dem Kaiser keine Schuld geben, wehe aber thut es mir, dass sich Ihre Majestät meiner so wenig angenommen, ich will aber Gehorsam leisten.'

Wie er dann Ihrer Majestät ein allerunterthänigstes Schreiben geschrieben, dieses Inhalts: Er bedanke sich erstlich gegen Ihrer Kaiserlichen Majestät unterthänigst, dass Ihro Maj. ihm Dero Haupt-Armee anvertrauet und ihn daruber zum Generalen gesetzt. Und ob er sich wohl gegen Ihrer Majestät unterthänigst versehen, es würde ihm solche verbleiben, wollte er jedoch auf anderwärts Ihrer Kaiserlichen Majestät Begehren von dem Generalate abtreten.

2. Weil Ihro Kaiserliche Majestät wegen seiner getreuen Dienste ihn zur Reichsfürstlichen Dignitäten erhoben und seinen Stand zu führen mit Land und Leuten versehen, als hätte er Ihro Maj. zu bitten, ihn dabei zu schützen und handzuhaben.

3. Bitte er Ihro Kaiserliche Majestät unterthänigst, seinen Widerwärtigen keine Audienz zu geben und was sie wider ihn vorbrächten, keinen Glauben zuzustellen.

Nachdem nun die kaiserlichen Deputierten wider alles Verhoffen eine so grosse Willfährigkeit in dem Herzoge verspüret[3], haben sie ihm im Namen Ihrer Kaiserlichen Majestät und des kurfürstlichen Collegii, dass man allergnädigst und gnädigst ihm anderwärts Satisfaction geben wolle, erboten, er aber nichts anders, als man solle ihm wie einem andern Reichsfürsten seine Lande und Leute in Mecklenburg mit dem dort habenden Kriegsvolke zu defendieren erlauben, begehret. Weil aber die Kurfürsten gerne gesehen hätten, dass ihre alten Herzoge in solche ihre Lande und Leute wieder restituieret würden, sind die Consilia dahin gegangen, dass nachdem man wohl spürete, dass selbe Lande nicht zu erhalten sein würden, dass Ihro Maj. dem Herzoge von Friedland an die Hand geben lassen mochten, dass zu Verhütung fernerer

[3] Zu Wallensteins Reaktion auf seine Entlassung vgl. Diwald S. 440–442, 444–446; Mann S. 717–719 („So ruhige Würde, so zweifelsfreie Loyalität überraschte nun wieder die weite Welt, daß sie's kaum glauben konnte“).

Ungelegenheit im Reiche, Sie Willens wären, die Mecklenburgsachen wegen der exilierenden Herzoge dem kurfürstlichen Collegio zu übergeben, mit Kursachsen aber dergestalt zu tractieren, damit Seine Kurfl. Durchlauchtigkeit gegen Abtretung des Markgrafthums Ober- und Niederlausitz sich mit einer gewissen Summe Geldes auf das Herzogthum Mecklenburg und dessen Pertinentien anweisen liessen, so wollte Ihr Majestät hernach ihme, Herzogen zu Friedland, wann er Kursachsen noch mit dem Überrest bar contentierte, solches Land und Markgrafschaft einräumen lassen. Nachdem aber auf dem Collegialtage, dass sich der Herzog gutwillig zu der Abdankung verstanden, erschollen, hat niemand mehr auf ihn gedacht, also ist ihm auf sein Begehren auch nie geantwortet worden, welches nicht die schlechteste Mortification in seinen Widerwärtigkeiten gewesen, die, ob er sie wohl äusserlich weislich dissimuliert, ihm doch ingeheim geschmerzet, so dass er sich unter denen Seinigen gar vielmals darein ergeben, als wann er mehr Ihrer Kaiserl. Majestät dienen wollte. Die kaiserlichen Deputierte hat er bei ihrer Abreise ansehnlich regaliert, dem Freiherrn von Questenberg zween stattliche Kutschzüge von sechs Pferden, und Herrn Grafen von Werdenberg ein ansehnliches Neapolitanisches und Herrn Graf Maxen von Wallenstein zwei Tummelpferde verehrt, er aber ist in Böhmen auf seine Güter gezogen. Ob aber hernach die Militaria besser oder schlechter von statten gegangen, das wird die Continuation der Historie erweisen.

Als nun die zween Herren Deputierte ihre Relation Ihr Kais. Maj. uberreicht, haben sies dem Kurcollegio zugeschickt, welches also geantwortet:

Dass Friedland des Generalatdienstes Hoheit erkennete und I. Kais. Maj. heimstellete, daran thäte er sehr wohl und vernünftig.

2. Die Güter in den Erbländern könnten Ihre Kaiserl. Majest. ihme, Wallensteinern, lassen, aber des Reichs Glieder und Fürstenthums hätten sie sich anzunehmen, und wann Mecklenburg nicht nach denen Reichsconstitutionen Criminis læse Majestatis schuldig erfunden würde, könnte es ihme, Friedländern, nicht verbleiben, sie müssten sich desselben annehmen.

3. So Friedländer die Kurfürsten vor seine Feinde, und die bei Kaiserl. Maj. ihn verklagt hätten, hielte, leugneten sie solches nicht, sondern begehrten ihn als einen Reichsfürsten Exactoren dahin anzuhalten, dass er alles, was er von ihren Unterthanen ersauget und von den Membris Imperii überkommen, wiederum restituierte und gutmachte.

Haben also die Kurfürsten von dem Kaiser diese Abdankung und so viel erhalten, daß die fremden Nationen selbst sich darüber verwundert, und gar in Druck ausgehen lassen: dass zugleich Ihre Kaiserl. Majt. den Kurfürsten, derselben aber der Herzog von Friedland gehorsam. Der König von Schweden hat sich wegen der Abdankung dieses Generals und des Volks zum höchsten erfreuet und den Friedländer durch den Grafen Heinrich Matthesen von

Thurn[4], vermittelst der Frau Thortlein[5], dass seine so treuen Dienste ansehnliche Victorien, seine Aufsetzung Guts und Bluts für Ihr Kaiserl. Maj. Kron und Scepter so schlecht belohnet und ihm dafür mit lauter Undank vergolten werde, condolieret[6], welches einem solchen tapfern Helden zu vertragen unmöglich falle, wo er ihm nur alles Liebes und Gutes werde erweisen können, würde er in allen vorfallenden Occasionen willig sein. Der von Friedland aber hat damals diese Condolierung allein mit Dank von sich geschoben[7].

63. Questenberg an Wallenstein

Militärische Lage; geänderte Haltung gegenüber Wallenstein am ksl. Hof.

Schulz I S. 92f.

Wien, 23. April 1631

Wie unsere Sach sich in ain armseligen statu befinden thue, ist Eur F. Gn. leider bewist, und habens lang vorher antevedirt. Jczt haists: helff, helff, und non est, qui exaudiat. Heüt früe ist der v. Werdenberg in die steyrmark zum fursten von Ecquenberg[1]. Wir wollen iczt in den Erblanden uberall werben und unnser eyserists thuen: das Wasser rind uns ins maul. Iczt glauben wihr und erkennen unser Unrecht, und glaub, dz es uns reuhe, dz wier also verlait seyen. Iro Mt. sahen gern, da E. F. Gn. ain rais hieher thaten oder wenigst in die nahe kamen, Jemandten zue derselben abordnen zue künnen. Iczt siecht man, ob E. F. Gn. recht gehabt mit denen ubermäsigen werbungen oder nicht, und wz wier mit unserer parsimonia[2] und sparsamkeit in so kurczer Zait erhalten. Iczt kan und darf Ich mit offnen mundt mit ethlichen reden, da es zuvor nit wär angangen, und hab in allem iczt recht.

Zue E. F. gn. nachricht hab dises derselben nit verhalten wollen, dz man

[4] Heinrich Matthias Gf. v. Thurn-Valsassina (Jindřich Matyáš z Thurnu a Valsassiny), 24. 2. 1567–26. oder 18. 1. 1640 (OSN: „asi 1633", Jelinek II S. 110: 1641), einer der Hauptbeteiligten am Prager Fenstersturz, General der böhmischen protestantischen Truppen, nach der Niederlage am Weißen Berg Flucht nach Siebenbürgen, schwedischer Militärdienst; vgl. ADB 39 S. 70–92; OSN XXV S. 405f.; SMK VII S. 539; Jelinek II S. 107–111; vgl. auch Mann S. 149, 151, 155; Pekař S. 60, 98; Suvanto S. 92.

[5] Gemeint ist möglicherweise Magdalena Trčka.

[6] Mit Schreiben vom 9. 11. 1630; vgl. Diwald S. 449; Irmer I S. XXIIIf.; nach Suvanto (S. 87) hat dieses Kondolenzschreiben kaum existiert.

[7] Vgl. Diwald S. 449.

[1] Eggenberg.

[2] 'Sparsamkeit'.

iczt vermaint, man sol sy von neuen in albeg[3] behandlen, dz werck wider in die Hand zu nemmen. Ich aber habs bis anhero verworffen und gebetten, zue ainer solchen commission mich nit zue gebrauchen, dan Ich nit darfür halte, bey derselben so viel zue gelten, dz ich in diesem particulari ichtwaz wurd künnen erhalten; ich sey offt bey E. F. Gn. gewösen und hab albeg alles erhalten; jczt ziehe zue derselben ain ander und erhalte dises allain, so wird er mehr mit disem aim gethan haben, den Ich mit vielen.

[. . .] Der von Teuffenbach[4] schreibt mihr, dz er jczt in der gegenwärttiger gefar und noth apprehendire, dz E. F. Gn. dran rechts gethan, dz Sy der werbungen wegen von hoff nit wollen dependiren oder Ihro lassen ordnung geben. Der Fehler ist gros, dz Tyly[5] nach Magdeborg zogen und lest alles in so schlechter bestellung und übler disposition, druber dan Franckfurt so liderlich verlohren und wier umb unser Volck komen etc. Ich wais nit, wz E. F. Gn. glegenhait sein werde. Ich habs starck in Zweifl gestelt, ob sy komen werden, unlusts, indisposition, forcht, wegen wider zue dienen angesprochen zue werden, und sönst Ihro mihr zimblich erkandten genij und humors wegen. Got der almechtige inspirire E. F. Gn., wz das pöste und nuczbariste sein möchte.

64. Questenberg an Wallenstein

Unterrichtung des Kaisers über Questenbergs Reise zu Wallenstein; Ferdinands II. persönliches Interesse an Wallenstein; Gespräch mit Eggenberg; desolate Stimmung in Wien.

Hallwich, Briefe und Akten
I S. 624f.

Wien, 12. November [1631]

Durchleuchtig Hochgeborner Furst, gdster her her.

Zu meiner vorgestrigen anhaimbkunfft hab Ich alspalden Irer Mt. relationiert, wz mein verrichtung bey E. F. gn. zue Prag gewöst seye, so dasselb mit sehr bestürczten gemüet angehört und Ich sy dermassen affligiert gefunden, dz sich ains billig drob zue erbarmen. Nacheinander nimbt gott die bayde schwöstern[1] aine böse zeittung nach der andern kompt alhie ein; vom 6. und

[3] Unklar.
[4] Wohl Rudolf Frhr. v. Tiefenbach.
[5] Tilly.
[1] Gemeint sind Maria Magdalena (7. 10. 1587–1. 11. 1631) und Constantia (24. 12. 1588–10. 7. 1631).

7. schreibt man, dz zue Prag alles über und über gehe, menniglich sich zuer flucht richte und stehe alles in terminis desperatis [etc][2]. Der Khayser fragte mich, ob E. F. gn. sich wurden auch hinwöck begeben künnen wegen des podagra; sy fürchteten Iro, dz nit der feind sich Irer person sönst bemechtigte, so sy ethlich mal widerholt; sy hetten ainer gewüntschteren erclarung verhofft, fragten circumstantialiter umb Er. f. gn. Zuestandt, repetierten viel mahl, wie sy mit grosem verlangen meiner ruckkunfft erwart undt auf dieselb gehofft hetten.

Beim fürsten von Ecquenberg hab Ich ebenfals abgelegt, wz E. f. gn. bevolhen in complementis. In deme Ich under andern meldete, dz mich E. f. gn. hetten angesprochen und begert, dz, wan der furst von Ecquenberg in diser materia mit Ir begerte sambzukomen, dz Ichs wolt hinderen nach vermögen, fahete er an zue lachen und fragte mich, ob E. f. g. ihne dan für ainen Zauberer hielten?

Ihre Mt. schreiben mihr gestert abendts aine Zettel und bevelhen, dz handt briefl an E. f. g. zue richten, wie sy dasselb zue vernemen. Alhie ist alles, alles in confusione, wie der prophet sagt: percute gentem hanc coecitate etc. Ich thue E. f. gn. mich ghist. bevelhen und bitte, dz Iro der heyl. gaist endtlich ain bessers inspirire. [Datierung.]

65. Ks. Ferdinand II. an Wallenstein

Entsendung Eggenbergs zu wichtigen Gesprächen mit Wallenstein.

Hallwich, Briefe und Akten
I S. 657.

Wien, 10. Dezember 1631

Hochgeborener Füerst, besonders lieber Öhaimb. Von dem Herzogen von Cromau unnd Füersten von Eggenperg, meinem getreuen, alten unnd vertrautisten Diener unnd Ratt, werden E. l. zu vernemen haben, warumb ich nottwendig zue sein erachtett, Ime zue E. l. abzueordnen, mit Ime meine seher unnd hoch angelegene, ja mein und der meinigen unnd per consequentz unseres ganzen hause conservation betreffenndte sachen zue conferieren[1]. Versihe

[2] Bezug auf den Einfall der kursächsischen Armee in Böhmen im November 1631; Prag kapitulierte am 15. November 1631; am 25. Mai 1632 aber konnte Wallenstein in Prag nach der Kapitulation der sächsischen Besatzung einziehen; vgl. Diwald S. 458, 483; Mann S. 755f., 775–780, 839; Ritter III S. 504, 536.

[1] Seit Herbst 1631 bemühte sich der Kaiser offiziell darum, Wallenstein zur Annahme eines zweiten Generalates zu bewegen; seit 10. November 1631 ist Wallenstein

mich genzlichen, sie werden sie also unnd dermassen gegen Ime erkleren, wie ich nit weniger von E. l., alß ebenfalls meinem getreuen, lieben Füersten unnd Diener, verhoffen kan unnd mich ganzlichen getröste unnd versichert waiß, mier auch nit aushanden gehen, dz bin ich mit genaden unnd allen guetten dankbar zu erkennen, berait und willig, mit wellichen Ich E. l. und dennen Ieren jederzeit beygethan verbleibe.

66. Instruktion Ks. Ferdinands II. für Eggenberg

Wallensteins Verdienste; Auftrag an Eggenberg, zu Wallenstein zu reisen; Ziel der Gesandtschaft: Rückberufung Wallensteins zum ksl. Oberbefehlshaber; Beiordnung Ferdinands (III.); Versicherung gegen Einflußnahme von Beichtvätern und anderen Feinden Wallensteins am Wiener Hof.

Hallwich, Briefe und Akten
I S. 658–660.

Wien, 10. Dezember 1631

Demnach wier in sonderbare acht und wahrgenommen, mit wz groser, sorgsamer treu, eyffer und vigilanz in den verwichnen Jharen und darin furgangnen khriegsleufften des hochgebornen unsers lieben Ohaimb und fürsten Albrechtens herzogen zue Meckelburg, Fridland und Sagan l. uns in viel weeg mit ungespartten guet und bluet und daraus uns nicht schlechtem zuegewachsenem nuczen gedient und dasselb hinfuran noch verrers zue thuen vermag, in dessen ansehung, so woll auch der wissentlichen zwissen des auch hochgebornen [tit.] herzogen zue Cromau l.[1] mit derselben sich enthaltender vertreulichkait und sonders guetem vernemen dahin uns gdst. resolviert und erclart, dz seine, des Herzogen zue Cromau, l. sich alspalden erheben und veranlaster massen nacher Znaimb, aldahin auch des Meckelburgs l.[2] gelangen wirdet, begeben und dieselb durch allerhand befindliche dienliche mittel und persuasiones bereden und erhandlen solle, darmit sy Ihren vorbedienten kriegscarico des gen. obr. veldthauptmans wiederumb anzunemmen und zue exercieren sich erclären; und weilen wier erhöblich hohen ursachen halber unsers geliebten Sohns und Konigs zue Hungern und Behaimben l.[3] ins veldt zu schicken entschlos-

dazu bereit; am 17. November äußert er seine Bereitschaft, sich mit Eggenberg zu Beratungen über dieses Problem zu treffen; dieses Treffen findet am 11. Dezember statt, und am 15. Dezember willigt Wallenstein in ein auf drei Monate befristetes Generalat ein; vgl. Diwald S. 468; Mann S. 732, 774, 781–785; Ritter III S. 524–526.

[1] Eggenberg.

[2] Wallenstein.

[3] Ferdinand (III).

sen, sy demselben assistieren und an die hand gehen wolten, darmit die von derselben herfürblüende expectation den getzihlten effect und scopum möchte erraichen, wie dan seine l. dessen versichert sein mogen und können, dz wolermeltes Konigs l. jedesmals Ire consilia und actiones dergestalt in obacht nemmen und aestimieren, auch solche rath und ministri derselben adiungiert werden sollen, so Ihr l. allen geburlichen respect deferieren und derselben nach occasion und glegenheit der furfallender leufften und verrichtungen treulich an die hand geben werden, gestalten besagtes herzogen zue Cromau l. solches alles derselben mit mehrern umbstanden remonstrieren und fürzustellen wissen werden.

Zum Fall und do es sach wär, dz des Herzogen von Meckelburgs l. wz solte movieren, in denen sorglichen gedancken zue stehen, durch den beichtvattern oder andere gaistliche bey uns aus iren ungleichen und übel fundierten maximis angeben oder traversiert und consequenter dardurch in denen actionibus gehindert oder aufgehalten zue werden: mögen sie destwegen assecuriert und versichert werden, dz der beichtvatter und andere sich hinfüran dessen genczlich enthalten und wir eben so wol auch kainesweegs verstatten werden, dz sy im wenigsten, weder auch von anderen in Iren Dienst und anderen sachen sollen weder angeben noch sonsten traversiert werden. Und destwegen dan auch, weil seine l. sich albeg in unsern Diensten dermassen zue unserm benüegen und satisfaction wol und rümblich verhalten, sein und bleiben wier noch des gdsten Vertrauens, dz sy es nit weniger auch noch hinfuran also thuen und continuieren werden, destwegen wier Ihro dan auch von neuem kain absonderbare instruction Ihrer l. verhaltens nit geben wollen, sondern nochmalen alles Ihro gueten beywonender dexterität, treu und fleis committieren und anhaimbstellen.

Und da auch sonst sach wäre, dz sich zuetrüege und diser unserer gdsten declaration zuewider Ihrer l. wz widrigs sich eraignen oder begegnen oder etwo böse officia durch widerwerttige leuth wolten eingewendt werden, sy alsdan und jedesmals zue uns und des Konigs l. Iren recurs haben, auch Iro selbst zuetringenden Ungelegenheit werden abhelffen künnen und mögen. Massen wier dan in allem dahin sehen und gedencken werden, solche anstalt zue machen, darmit Ir, des Herzogen zue Meckelburgs, l. von Jedermenniglichen aller giusto und satisfaction geben werde und niemand derselben beschwerlich oder lastig sein solle. Zum fal nun endtlich Ir l. noch wz mehrers haben möchte, darinnen sy erclerung oder remedirung betürfftig, solches dieselb des Herzogen zue Cromau l. anzaigen, dieselb zu Ihrer ruckkunfft uns solches zue endtecken. So wollen wier uns hernach auch destwegen resolvieren und Jemandten zue Irer l. mit unserer erclarung abordnen, und der alles mit derselben alsdann nach aller notturfft aggiustiere.

67. Ebf. Anselm Kasimir von Mainz an Kaiser Ferdinand II.[1]

Bekundung steter Pflichterfüllung; Rückweisung von Unterstellungen, wonach Kur-Mainz nicht kaiserfreundlich und ein Feind Wallensteins sei; Kur-Mainz sei als Erzkanzler nur ausführendes Organ; desolate militärische Lage des Kurfürstentums Mainz resultiere aus Treue zum Hause Habsburg; Klage über mangelnde Hilfe; Bitte um Unterstützung und freundliche Gesinnung.

Hallwich, Briefe und Akten I S. 674–676.

Mainz, 15. Dezember 1631

[Anrede] Wiewohl von Zeitt meiner durch Verleichung Göttlicher gnadt angetrettenen Regierung ich mir höchreres nichts angelegen sein laßen, alß wie E. Kay. Maytt., meinem von Gott vorgesetztem Oberhaubt, ich zu allen und yeden begebenheiten in aufrechter Treu und lieb gehorsamblich an handt gehen und mich dardurch dero Kay^{en} huldt und gnadt desto mehrers versichern möge, gestalt dann meines wißens ich keine ainige, iha die geringste occasion, Ihro und Ihrem hochlöbl. Hauß zu dienen und deren hochheit und splendor erhalten zu helffen, iemahls außer acht gelaßen oder versaumbt und mir dahero billich die wenigste gedanckhen nicht machen können noch sollen, daß ich yemandten Ursach oder anlaß gegeben haben solte, von meinen actionibus ungleich zu iudiciren, wenigers aber, alß wann an meiner schuldigsten Devotion und affection gegen E. Kay. May. dabej etwaß abgehen und ermanglen, oder ich auß meiner in Gott rhuender Vorfahren löblichen fueßstapfen außsezen solte, von mir außzugeben:

So werde ich iedoch mit nit geringer bestürzung meines Gemüeths berichtet, ob solten an E. Kay. May. Hoff sich Leüth befinden, welche ohne scheu sagen und vorgeben derffen, ob were ich nit recht oder guet österreichisch, hette dero aigenhändige Correspondenzbriefel unbeantworttet und gegen deroselben keinen solchen eyfer, wie von meinen Vorfahren beschechen, spüren laßen; jha mann darff noch wohl ohne scheu vorgeben, alles yezige Unhail im Reich rhiere auß meiner Verursachung, weil ich den Herzogen von Friedlandt in E. Kay. May diensten nit hette dulden wollen, dahero yezunder mit mir und meinem Erzstifft desto weniger mittleidens zu tragen wäre, und waß dergleichen uble nachreden mehr seindt.

Wie tieff und schmerzlich mir nun dise unverschuldte auflagen zu gemüeth und herzen gehen und wie gar ich mich deren gegen meine zu E. Kay. Maytt. tragendte unverfälschte lieb und ganz ergebene observanz nit versehen noch vermuethet, das können E. Kay. May. Ihrem beiwohnenden hocherleüchten Verstandt nach leichtlich ermeßen. Doch tröstet mich dißfahls mein unverser-

[1] Vgl. Mattutat S. 40.

tes guetes gewissen, mein offenbare Unschuldt und der angedeutten auflagen bekandter Ungrundt, am allermaisten aber, daß E. Kay. May. weitt ein bessers von mir wissen und dahero außer allem Zweiffel an solchen Verleimbdungen gegen mir alß einem getreuen Churfürsten des Reichs kein gefallens tragen werden.

Dann es ist E. Kay. May. verhoffentlich noch in frischem andenckhen, welchermaßen gleich zu eingangs meiner Regirung gegen derselben ich mich aller schuldigen Treu und gehorsamer Devotion mit anziehung und vorbildung meines in Gott rhuenden lieben Vatters seeligen E. Kay. May. lobseeligsten zwayeten Vorfahrn am Reich gelaister allerunderthenigsten diensten ganz eyfrig anerbotten, solches auch hernacher zu mehrmahln widerholt. Deme bin ich auch treulich nachkommen; waiß mich des geringsten fählers nicht schuldig, vilweniger daß E. Kay. May. hoche Kay^e allergnedigste correspondenz ich außgeschlagen haben solte. Wohero aber sonsten viel nuzliche proposita und consilia gehindert und den von mir auß ganzem Herzen gewünschten effect nit erlangen können, dz ist laider mehr alß zu viel bekandt und ist eben der unseelige Kriegsschwall, so nunmehr laider gar zu weith uberhandt genommen, alles anstandts ein Ursach, welcher niemandts anderst alß der göttlichen gerechten disposition zugeschriben werden kan. So hab wegen enderung E. Kay. May. geweßnen Generals, des Herzogen von Friedlandts, ich ein mehrers weder selbst geredt, noch geschriben, reden oder schreiben laßen, alß waß das gesambte Churfürstl. Collegium zu E. Kay. May. und des heyl. Reichs Wohlfahrt unnd nuzen, gelaisten teuren Pflichten nach, geschloßen und mir alß Erz-Canzlern aufgetragen; und wurde mir viel zu schwär sein, wann dise und dergleichen Collegialschlüß ich uber mich nemmen, verantwortten und deren entgeltnuß ausstehen solte. Daß nun bey gegenwerttigem mein und meines Erz-Stiffts sehr hochbekommerten und betriebten Zustandt[2], davon E. Kay. May. oder der Bundts-Armaden ich fast ganz verlassen bin, noch darzu des christlichen Mitleidens unwürdig geachtet und beraubt sein soll, das schmerzet mich uber alle massen, umb so viel mehr, weil einmahl gar gewiß, auch ich dise schwäre Verfolgung einzig umb meiner zu E. Kay. May. und dero hochlöbl. Hauß so bestendig tragender fidelitet und affection willen außstehen und dulden mueß. Und wirdt es gewißlich die noch ubrige E. Kay. May. getreue Ständt nit wenig kleinmüethig und irr machen, wann sie sehen werden, daß ich so ubel belohnt, hülf- und trostloß gelassen und mir noch darzu mein Unglickh gleichsamb gegunt werden solte.

Ich waiß mich aber von E. Kay. May. weitt eines beßern versichert, will dieselbe auch ganz gehorsamblich gebetten haben, Sie wollen in diesem ellenden

[2] Bezug auf Gustav II. Adolfs Vormarsch in das Erzstift Mainz resp. die Einnahme Erfurts; vgl. Ritter III S. 503.

Zustandt nit allein sich mein und meines armen Erzstiffts vätterlich annemmen, sonder auch alle gegen mich geschöpffte nachgedanckhen sinckhen und fallen lassen, die yederzeitt verspürte Kay^e huldt und gnadt gegen mir und den meinigen continuiren und sich allergnedigst wol versichern, daß Sie an mir iederzeit einen getreuen, gehorsamen Churfürsten des Reichs und der Ihr und Ihres hochen Hauß mehreres aufnemmen zu befürderen von Herzen begirig, haben werden, gestalt E. Kay. May. dessen verhoffentlich an deme unzweiffenliche anzaig haben, auch in diser mir zustehender noth ich mein Zuflucht nirgendts anderst, alß bey der Cron Spanien gesuecht und also mich und meine arme anbefohlene Landt und Leüth, so viel deren noch auß des feindts handt ubrig, anvertrautt habe.

Welches E. Kay. May. ich erhaischender meiner notturfft nach gehorsamblich nicht verhalten sollen. [Grußformel.]

68. L. Nicolai (Tungel) an Philipp Sattler

Verbindung zwischen Wallenstein und Kg. Gustav II. Adolf durch Indiskretion bekannt geworden; Unterredung zwischen Wallenstein und Arnim.

Hildebrand HT S. 432–434.

Dresden, 30. Dezember 1631/9. Januar 1632

[Verweis auf vorausgehende Korrespondenz] Eins aber zu erinneren kan ich nicht vorbey gehen, was nahmlich der feltmarschallck Ahrnimb mit mir discourrirt hatt und von der vor diesem heimblich practicirten intelligence zwischen Ihr K. M:t und dem von Wallstein, dass dieselbe melée sey auf einem sehr gutem wege gewesen, aber male agendo interrumpiret worden, durch den herrn grafen von Thurn, welcher vitio naturæ, waren des Arnheimbs formalia, die sache divulgiert hab, erstlich durch eine dame von Tirska [1], welcher der h. graf dieses vertrawet, darnach durch einen brief, darinnen der ganze handel mit vollen worten und ohne eyphern begrieffen, und der Wallenstein oftermal genandt wirdt, welcher brief von den keyserischen intercipiert, und alles so gemein worden, dass es die jesuwieder [2] zu Praga [3] erfahren haben, und die kinder auf der strassen daselbst damit geloffen seind. Es hat gedachter Wallenstein sich gegen dem von Arnheimb bey ihrer jüngsten entrevene [4] dess wegen

[1] Maria Magdalena, Gattin des Johann Rudolf Trčka z Lípy, geb. z Lobkovic, starb am 8. Januar 1633; vgl. ADB 38 S. 537–542; OSN XXV S. 679.

[2] Jesuiten.

[3] Prag.

[4] Treffen zwischen Wallenstein und Arnim in Kaunitz am 29. 11. 1631; vgl. Diwald S. 465.

hefftig beschwerendt gesagt, er wuste nicht, wie er diesen wunderlichen process anderst verstehen solle, als dass der herr graf von Thurn dergestalt ihn hat wollen in ungelegenheit, ja woll auf total ruin und fall bringen. Es were numehr so weit kommen, da sich Wallstein von suspicion und blasme befreyen wolle, muste solchs nicht allein mitt blossen worten, sondern würcklich geschehen, darumb er, Walstein, nothwendich verursacht sich zum kayser zu begeben umb sich, so gut er köndte, bey ihme zu purgiren erst durch mundtliche entschuldigung und darnach realiter durch annehmung dess generalats[5]. Er soll aber, wie besagter von Arnheimb mir weiter berichtet, protestirt und hoch bedeuret haben, dass er, ein weg alls den andern, in seinem proposito und gueter affection gegen ihr Kön. M:t stets continuiren will und weder thuen oder durch andere thuen lassen ichtswas, das Ihr K. M:t præiudicieren oder zum geringsten nachtheil reichen möchte, sonder vielmehr alles dahin dirigieren, dass der kayser mitt seinem ganzen hause soll schmerzlich sehen und empfinden, dass er einen cavaillier affrontiret hab. Dieses sagte von Arnheimb, dass Wallstein hatt gebeten Ihr K. M:t unterthenigst zu berichten, obtestando per omnia sacra, dass es nicht geschehe durch brief, sondern dass der von Arnheimb solchs ihr K. M:t (so ers selber nicht thuen kondte) durch eine vertrawte persohn mündtlich sagen liess. Wan nun mehr erwehnter von Arnheimb keine andere gelegenheit hette, hab er mirs, als von Ihr K. M:t ereditirtem offenbahren wollen, hochnötig haltend, dass Ihr K. M:t diese dess von Wallstein intention je ehe, je besser wüsten, damit, wan Ihr M:t erfahren, dass Wallstein wieder auf des keysers seite getreten, dass Ihr M:t nicht meinen sollen, er hette darumb sein gemüth geändert, und Ihr K. M:t dadurch offendiert, die causam selbst entdecken möchte, und wurde also, nicht allein seine gegen Ihr K. M:t noch tragende devotion, darinnen er von Walstein gedachte stets zu verharren, übel belohnet, sondern auch die würckliche servitia, die er zu seiner zeit und in kurtzen verhoffe zu praestiren, sufflaminiert oder gar verhindert. Der von Arnheimb hatt mehr als ein mal mich beschworen und geboten hierinnen groster dexteritet zu gebrauchen, und diese dess von Walstein offerte keinem menschen mehr, dan ser:mo nostro regi allein zu offenbahren, versicherte mich auch jurejurando, dass ers weder dem Churfürsten noch dem grafen von Thurn hab wollen communicieren, damit es nicht auskeme, Ihr K. M:t zu undienst und dem von Wallstein zu disreputation und schaden. Was man von dieser offerte zu halten, und wie weit man sich auf offtbe:ten Wallstein verlassen kan, das werden Ihr Königl. M:t dero hocherleuchtestem verstande nach, woll bey sich wissen zu besinnen. Ich habs bloss, wie es mir angedeutet, referiren sollen, mit angehaffter dienstlicher bitt, m. kg. h. digniere mich doch mitt einer antwordt zur information, wie ich mich

[5] Vgl. hierzu Nr. 65 Anm. 1.

verhalten soll, da etwas weiters hierin gesucht wirdt, auch zur nachrichtung, wie meine brief bestelt und geliefert werden [Betr. diverse diplomatische Aufgaben Nicolais in Dresden.)

69.

Vorbemerkung zu Quelle 69

Am 31. März 1632 endete das auf drei Monate befristete Generalat, zu dem sich Wallenstein am 11. Dezember 1631 verstanden hatte.[1] *Über dessen Verlängerung waren neue Verhandlungen notwendig, die Eggenberg mit Wallenstein in Göllersdorf (zwischen Wien und Znaim gelegen) führte; das kaiserliche Memorial für den leitenden Minister zu diesen Verhandlungen datiert vom 12. April, die Gespräche fanden am 13. und 14. April statt*[2]. *Protokolle der Unterredungen oder ein Vertrag zwischen dem Kaiser und Wallen-*

[1] Zur Vorgeschichte von Wallensteins zweitem Generalat vgl. Gindelý, Zweites Generalat S. 6, Mann S. 732, Pekař S. 80f., Suvanto S. 69f. (erste Vorstöße betr. Wallensteins Rückberufung im Februar 1631); Gindelý, Zweites Generalat S. 3–6 (wallensteinfeindliche Haltung des Dinkelsbühler Ligatages im Mai 1631); Suvanto S. 101f. (Geheimratssitzung betr. Wallensteins Rückberufung am 18. 10. 1631); Gindelý, Zweites Generalat S. 7f., Mann S. 774 in Verbindung mit 732, Suvanto S. 103 (Gerhard Questenbergs Reise zu Wallenstein Ende Oktober 1631); Gindelý, Zweites Generalat S. 7f., Suvanto S. 105f. (Problematik, inwieweit Ferdinand III. an der Kriegführung zu beteiligen sei); Gindelý, Zweites Generalat S. 8; Mann S. 781f., Suvanto S. 122 (Wallensteins Einwilligung zu Verhandlungen in Znaim, November 1631); Gindelý, Zweites Generalat S. 8–12, Mann S. 784–786, Suvanto S. 122–126 (Znaimer Verhandlungen und Übernahme des Generalates auf drei Monate); Gindelý, Zweites Generalat S. 13 bis 15, Michael S. 387–389, Suvanto S. 131–137 (Bemühungen um Verlängerung des Generalates und Verhandlungen in Göllersdorf).

[2] Vgl. zu den Göllersdorfer Vereinbarungen Barundio S. 531–533; Diwald S. 474 bis 480, 483; Gindelý, Zweites Generalat; Huch S. 132; Mann S. 826–834, 1259; Ritter III S. 526–528; Schebek, Capitulation; Schweizer S. 105–124; Srbik S. 47f., 66; auch Nr. 86f.

Das ksl. Memorial für Eggenberg ist gedruckt im Anhang zu Zwiedineck-Südenhorsts Biographie Eggenbergs (S. 198–200):

„Memorial für unsern Ohaimb und Reichsfürsten dem hochgebornen Johan Ulrichen fürsten und herzog zue Cromau und Eggenberg graffen zue Adlsperg etc. etc., ritter des guldnen vellus unsern gehaimen rathsdirector, volmechtigen Stathaltern unserer I. O. fürstenthumb und lande und Cammerern, dessen was S. L. mit unsers general Veldthauptman des herzogen zue Meckelburg Fridland und Sagan L. von unsertwegen zue negocijren.

Erstlich das wier noch in gueter gedachtnuss halten die Jenige gross ersprislich und nutzliche dienst so seine des herzogen zue Meckelburgs L. uns und unserm Erzhaus die

stein über das zweite Generalat sind nicht überliefert, statt dessen eine Reihe Schriftstücke, die Vereinbarungen auflisten. Eines dieser Schriftstücke ist das hier abgedruckte. Umstritten ist, welches die Quellengrundlage dieser Schriftstücke ist und inwiefern sie das Verhandlungsergebnis korrekt wiedergeben.

---

vergangne Jhar über vilfaltig erwisen, wie dieselb auch in dem Izt zuelest verlittenem Jhar von unsertwegen zue grosem schaden kommen, so wier alles bei verwarttendem seegen Gottes und darduech verhoffentlich erlangenden bessern mitteln mit Khay. gn. würcklich erkennen und das Jenige so seine L. unsertwegen gelitten und zue schaden komen, in anderweeg zue ersetzen unvergessen sein wollen; versehen uns zue derselbn und ersuechen sij gnadigst in der gegenwärttigen noth uns nit lassen sondern das generalat nunmehr völliglich bedienen und Ihr alles was [?] sij unsers diensts zu sein befinden angelegen sein lassen wolten, Massen wier dan Ihr alles anhaimbs gestelt habn und drumb trawen.

Und wie wier beij unss selbst finden das seiner L. also wie aine Zeit her in die lenger herr uns zue dienen unertraglich dürfft falln. Also würd beij derselbn stehen das begeren zue thuen was sij in aim und andern mochten vermainen Ihr für undehaltung zue verordnen, da wier uns alsdan nit werden lassen entgegen sein das seine des herzogen zue Cromau L. dieselb gar möcht apportieren und beschliessen.

Da dan ethwo auch sach wär das Ihre des Herzog zue Meckelburgs L. an unss Jchtens solh willn gelangen lassen oder begern aines oder des andern zue mehrern ehren digniteten oder ... befürdrung oder erhebung halber, oder was ethwo sonst fürfallen möcht, so nit von so wichtiger importanz das seine des herzog zue Crumau L. ain solches an uns vorher zue remittiern ain notturfft zue sein befuende, verleihen wier seiner L. hiemit völligen gewaldt und authoritet von unsertwegen, in ains und anders zue verwilligen und die parola unserer erfolgender Khay. ratification, dran wiers dan gar nit wollen lassen ermanglen von sich zue geben, wie dan fürkompt alss wan villeicht des graf Schlicken zum Khriegspraesidenten ambt, graf Michna zue unserm gehaimen raths praedicat [?], St. Julian zuer hofkriegsrathstel befürderung uns nicht wolle moniert und anbracht werden. Was ethwo sönsten und auch verers fürfallen möchte da ethwo in aim und andern seiner des herzog zue Mecklburg L. Satisfaction zue gebn stund dieselb uns proponiern oder fürschlagen oder sonst tractieren wöllen möchten, remittiren wier alles und Jedes in seiner des herzog zue Crumau L. beijwonende discretion Ihro fürs Best ansehen nach in allen solchen und dergleichen sich zueverhalten und dahin auf allerleij weis zue operiren und fleis anzuwenden wie mit guetem giusto seine des herzog von Meckelburgs L. uns zue sonder wolgefällig: und höchst nüzlichem dienst in der gegenwärttigen noth das generalat zue continuieren disponiret und willig gemacht werdn möchte. Massen auch da ratione der ethwo praetendirender evection des furstenthumbss Meckelburg wegen solte das furstenthumb grossen [Randnote: Gloga] oder Lausniz oder villeicht bejdes an unss interimbweis und hypothecae loco praetendiert und begert werden, uns auch nit entgegen sein wurde in disem S. L. zue gratificieren: Alles in Seiner des herzog zue Crumau L. vernünfftige discretion stellend und derselben dises alles gnädigst vertrawend und darbeij aber auch mit sondern fleiss zu proponiern und fürzuestellen was es mit der hung. graniz und wienerischen Statt guardi für ain be-

Während Diwald[3] *der Ansicht ist, daß ein Vertrag über die Göllersdorfer Vereinbarungen ausgefertigt worden sei, bestreitet dies Mann*[4]*: Aus den Besprechungen Wallensteins mit den kaiserlichen Unterhändlern sei kein Generalvertrag hervorgegangen, „sondern eine Reihe von Zusagen, die man teils schwarz auf weiß besitzt, teils aus den Ereignissen erschließen kann".*

Damit sind die beiden Grundpositionen der Forschung über die Göllersdorfer Vereinbarungen fixiert. Diwalds Position schließen sich Suvanto und Schweizer an, während Mann in der Tradition Ritters und Schebeks, auch Gindelýs steht.

Suvanto zieht aus der Tatsache, daß über die Göllersdorfer Verhandlungen kein Vertragstext vorliege, nicht den Schluß, daß es keinen gegeben habe,[5] *sondern ist der Ansicht, daß der Vertrag nach Wallensteins Tod vernichtet worden sei*[6]*. Der genaue Wortlaut der Vereinbarung lasse sich quellenkritisch nicht mehr ermitteln (S. 158f.), doch hält Suvanto den 'Abdruck'*[7] *für den Text, der die Vertragspunkte zuverlässig, wenn auch*

---

wandtschafft und gestaltsamb hab und das wier zue derselben unterhaltung kain ainigs mittl der Zeit nit haben weder wissen; des herzog zue Meckelburg L. aber selbst wissendt wie viel und hoch dran gelegen dises in acht zu nemmen. Also werden sij für sich selbst auch die raittung und austhailung darnach machen und anstellen, darmit dizfals künne remediert und diser noth rath geschafft werden bevoraus da sij selbst dahin zihlen solten, wan durch verleihung gotlich seegens Im Ro: Reich friden gemacht und alsdan der Krieg in Hungern wider den Turggen solte transferiert werden. In solchem fal S. L. viel dran würd gelegen sein die graniz gleich wol in gueter disposition zu finden und auf dieselb und deren Zuethun sich verlassn zue künnen etc. Alles ubrige Im dem herzog zue Crumau L. remittierendt.

Wien, den zwölfften Aprilis [1]632

Ferdinandt m. p.

[Kleines Siegel. Schild mit dem Doppeladler, darüber die Kaiserkrone. Das Siegel ist nicht unmittelbar auf die Urkunde, sondern auf ein viereckiges mit der Spitze aufwärtsgestelltes Stück Papier gedruckt.]"

3 S. 479.

4 S. 830; vgl. dazu G. Lutz S. 227.

5 S. 138f.

6 S. 139f.; vgl. Schweizer S. 110f.

7 Text bei Schebek, Capitulation S. 291f.:

„Abtruck und Verzeichniß deren Puncten und Articuln, auff welche Ihrer Fürstl. Gnad. Herrn Albrechten Hertzogen zu Friedland [etc.] Röm. Kays. Mayest. Generaln das Generalat über die Kays. Armada vernewert und versichert.

Anjetzo gemeinem Vaterland Teutscher Nation zum Spiegel und Warnung in Truck gegeben.

Getruckt im Jahre Christi 1632.

Auff was weiß der Friedländer vom Kayser das Generalat angenommen.

1. Solle er deß Hauses Oesterreich und Spanien Generalissimus hinfüro seyn und bleiben.

knapp, wiedergebe[8]*. Die folgenden zehn Bestimmungen waren Suvanto zufolge Teil des Vertrages*[9]*:*

„(1) – Wallenstein wurde zum Feldherrn über die kaiserlichen sowie die spanischen in Deutschland befindlichen Kriegstruppen ernannt.

(2) – Wallenstein erhielt das Generalat ‚in absolutissima forma'. Mit Sicherheit betraf dies die militärischen Fragen, wahrscheinlich war jedoch auch das Recht des Friedensschlusses damit verbunden.

(3) – Der König von Ungarn sollte nicht zur Armee kommen, sondern von Prag aus mit Hilfe der Truppen des Don Balthasar Marradas herrschen.

(4) – Wallenstein wurde Vergütung auf dem Gebiete der Erblande versprochen.

(5) – Wallenstein hatte das Recht, auch im Gebiet des Reichs Ersatz zu erhalten. Es konnte sich um die Alternative handeln: entweder in den Erblanden oder im Reich.

(6) – In den zurückeroberten Ländern hatte der Feldherr das Recht zu Konfiskationen für die Bedürfnisse der Armee.

(7) – Für die Gnadengesuche (wegen Konfiszierungen u. dgl.) war Wallensteins Billigung erforderlich.

---

2. Solchen Generalat in absolutissima forma haben.

3. Der ungarische König Ferdinandus III. (das Königreich Böhmen vor Rebellion zu erhalten) Persönlich in Prag residiren und Don Balthasar mit 12.000 Mann in solchem Königreich zur Salva Quardi biß zu einem General Frieden drinnen verbleiben.

4. Ihre Kays. May. sollen den Friedländer auff ein Oesterreichisch Erbland wegen seiner ordinari Recompens versichern.

5. Von den eingenommenen Ländern das höchste Regal im Reich als ein Extraordinari Recompens.

6. Die Confiscation im Reich schlecht [sic] also daß weder der Kays. Hoffrath und Hof Cammerer noch das Cammergericht zu Speyer einigen Zuspruch dazu haben sollen.

7. Daß er Friedländer wie in Confiscation, also auch in perdon Sachen frey zu disponiren Macht habe, und wann auch schon einem oder andern sicher Geleit vom Kays. Hoff ertheilet, solches doch ohne deß Friedländers Confirmation nicht gelte, auch nur guten Namen, Leib und Leben, aber nicht die Güter betreffe, der Realperdon aber allein bey dem Friedländer gesucht werde; denn der Kayser zu gelind und jedermann am Hoff pardonniren ließe, dardurch die Mittel, die Obristen und Officirer zu contentiren, abgeschnitten würden.

8. Wo etwan einmal im Reich es zu Friedenstractation komme, daß der Friedländer wegen seines privats Interesse, sonderlich ratione des Herzogthumts Meckelnburg mit eingeschloßen werde.

9. Sollen ihm alle Unkosten zur Continuation solches Kriegs, wohin und wann er solche begehret, geliefert werden.

10. Darzu alle Kayserliche Erblande, Ihm und seiner Armada zu einer retirada offen stehen und bleiben."

[8] S. 157 in Verbindung mit S. 140, 142.

[9] S. 158f.

(8) – Wallenstein wurde die Wahrung seiner Privatinteressen, hauptsächlich im Hinblick auf Mecklenburg, im Friedensschluss garantiert.
(9) – Alle nur möglichen Reserven sollten Wallensteins Armee zur Verfügung gestellt werden.
(10) – Wallenstein erhielt das Recht, die Erblande für die Rüstung und Einquartierung der Armee zu benutzen."

Schweizer[10] *hält durchaus für möglich, daß die Göllersdorfer Vereinbarungen „nicht durch schriftlichen Vertrag fixiert, sondern nur durch mündliche Zustimmung Eggenbergs zu Wallensteins schriftlich verlangten Bedingungen zustande gekommen [seien], da sich nachher wieder Zweifel über einzelne Punkte erhoben". Aber: „Für die Existenz eines förmlichen Vertrages sprechen nahezu gleichzeitige Quellen und eine Anzahl von freilich unter sich etwas abweichenden Abschriften der Bedingungen"; auch Schweizer ist der Ansicht, daß der 'Abdruck' die zuverlässigste Textfassung wiedergebe.*[11] *Schweizer macht überdies darauf aufmerksam, daß neben den Vereinbarungen von Göllersdorf auch die kaiserlichen Zusagen vom Dezember 1631 gegolten hätten, „obgleich sie in den späteren Vertrag nicht aufgenommen wurden. Ja, jene früheren Vereinbarungen sind bei weitem die wichtigeren, für die Zeit der Katastrophe entscheidenden und die einzigen, über welche sich Interpretationsstreitigkeiten und Zweifel erhoben, weil sie eben nicht wie die spätern in einen schriftlichen Vertrag zusammengefaßt waren, sondern nur auf brieflichen und mündlichen Äußerungen beruhten. [. . . Es] gehören zu den im Dezember gemachten Versprechungen: das unmittelbare Vertrauensverhältnis zum Kaiser, die Ausschließung aller Einmischungen des Kriegsrates und anderer Gegner in die Kriegführung, das Ernennungsrecht für die Offiziere und Vorschlagsrecht für Generale, die Befugnis, das Heer zu führen wohin, wann und wie stark er wolle, und die Vollmachten zu Friedensunterhandlungen."*[12]

Gindelý[13] *ist der Ansicht, daß die bei Khevenhüller*[14] *und an anderer Stelle veröffentlichten angeblichen Vereinbarungen zwischen dem Kaiser und Wallenstein tatsächlich*

[10] S. 110f.
[11] S. 112.
[12] S. 119.
[13] Vgl. Gindelý, Zweites Generalat.
[14] Gindelý, Zweites Generalat S. 16f.:
„1. Soll Herzog von Friedland nicht allein der Römischen K. M. sondern auch des ganzen hochlöblichen Hauses Oesterreich und der Kron Spanien Generalissimus sein und verbleiben.
2. Soll dem Herzog von Friedland das angenombene Generalat in absolutissima forma conferiert sein.
3. Sollen I. Königl. Mt. Ferdinandus der dritte sich nit persönlich bei der Armada befinden, vielweniger das Commando darüber haben, sondern wann das Königreich Böheimben recuperiert und widerumben erobert, sollen höchstgedachte Ir. Königliche Mt. zu Prag persönlich residieren, dero Don Balthasar de Maradas mit 12.000 Mann zu einer Salua guardia im Königreich, so lang bis ein Universalfrieden im römischen Reich teutscher Nation stabiliert werde, aufwarten solle, dann er Herzog von Friedland befände, dass die Böheimen ein anwesenden Regenten und die Person ihres Königs im

„nur ein Bericht über die Forderungen Waldsteins" seien, „wie sie sich der Fürst von Eggenberg zur Unterstützung seines Gedächtnisses kurz und bündig" notiert habe[15]. *Als tatsächlichen Inhalt der Vereinbarungen nennt Gindelý*[16]*:*

„1. Oberstes Commando über das Heer in der Weise, daß der Kaiser keinem der untergeordneten Officiere einen Befehl ertheilen durfte.

2. Besetzung aller vakanten General- und Officiersposten ohne Einflussnahme des Kaisers.

3. Alleinige Entscheidung in der Anweisung der Werbeplätze und in der Bestimmung der Truppenzahl.

4. Berechtigung zur Erhebung der Steuern in den kaiserlichen Ländern.

Land haben müssen, solchergestalt sei der Kaiser und sein General umb desto mehr vor Rebellion und Aufruhr versichert.

4. Kaiserliche Assecuration auf ein österreichisches Erbland in optima forma wegen einer ordinari recompens.

5. Von denen zu occupierenden Ländern das höchste Regal im Römischen Reich als ein extraordinari recompens.

6. Die Confiscation im Reich in absolutissima forma, dergestalten, dass weder der Kaiser, Reichshofrath und Hofkammer, noch auch das Kammergericht zu Speyer einiches Interesse dabei prätendieren, oder hierinnen, es sei gleich generaliter oder particulariter einiche Decision zu geben, oder sonsten Eintrag zu thun, Macht haben sollen.

7. Dass der Herzog von Friedland wie in Confiscation also auch in Pardonsachen liberrime und durchgehend zu disponieren haben solle; da auch einem oder dem andern ein Salvus conductus am kaiserlichen Hof ertheilt oder Pardon gegeben wurde, dass doch solcher iohne des Herzogs zu Friedland darüber ertheilte Confirmation keine Kraft haben, auch nur ad vitam et famam und nicht ad bona sich erstrecken, der Realpardon aber einich und allein bei dem Herzog zu Friedland gesucht und von demselben ertheilt werden solle. Dann der römische Kaiser wäre gar zu mild und liesse geschehen, dass ein jeder, so an kaiserlichen Hof komme, perdoniert wurde, dann anderer gestalt wurden die Mittel dero Obristen und Officirer zu remunerieren, auch die Soldatesca gebührlich zu contentieren, abgestreckt.

8. Da etwann über kurz oder lang ein Friedens Tractation im Reich angestellt werden solle, dass er, der Herzog zu Friedland, wegen seines Privatinteresse, unter andern das Herzogthumb Mechelburg betreffend, auch mit in die Capitulation solle gebracht werden.

9. Sollen ihme alle Spesen und Mittel zu Continuation dieses Krieges hergeben werden.

10. Alle ihrer kaiserlich Mt. Erbländer zu seiner und seiner Armada Rücken und Retirata offen stehen."

Michaels Untersuchungen münden in den Schluß, daß die von Khevenhüller überlieferten Artikel „alle Zusagen und Rechte, welche Wallenstein durch die Übernahme des zweiten Generalates nachweislich erhielt", enthalten. „Diese selbst geben uns also den wirklichen Inhalt des Göllersdorfer Vertrages vollkommen wieder" (S. 433f.).

[15] S. 17.

[16] S. 35; auch Schebek, Capitulation S. 315.

5. Alleiniger Oberbefehl über alle Truppenkörper in Deutschland, welche den mit dem Kaiser verbündeten Fürsten angehörten.
6. Alleiniges Verfügungsrecht über alle Confiscationen in den österreichischen Ländern und im Reich.
7. Überweisung einer Kur und des damit verbundenen Besitzes.
8. Nichtbeeidigung bei der endgiltigen Übertragung des Commandos."

Ein förmlicher Vertrag sei nicht darüber ausgefertigt worden,[17] *„denn die Vereinbarungen bedurften nicht der Unterschrift beider Pacisenten [!], da sie nur dem Kaiser Verpflichtungen auferlegten [...]. Der Vertrag kann also in nichts anderem bestanden haben, als in einer Zuschrift des Kaisers an den General, in der er sowohl die Gerechtsame angibt, deren sich der letztere erfreuen soll, als auch die künftige Entlohnung auseinandersetzt"*[18]*. Allerdings habe man weder einen kaiserlichen Brief oder dessen Kopie, diese Vereinbarung betreffend, gefunden, was Gindelý*[19] *damit erklärt, daß man entweder „nach dem Tode Waldsteins das Original, wenn man dessen habhaft wurde, sowie das allfällige Concept vernichtet [habe], weil der Inhalt desselben zu sehr die Ohnmacht des Kaisers kundgab und deshalb als eine Schmach empfunden wurde", oder aber weil ein derartiger Brief nie ausgefertigt worden sei, weil sich Wallenstein vielleicht mit einer mündlichen Zusage begnügt habe.*[20] *„Und in der That dürfte die ihm genügt haben, denn im Falle der Nichterfüllung konnte er auf Grund der schriftlichen Zusagen gegen den Kaiser nicht klagbar auftreten, ebensowenig wie ihn dieser von verrätherischen Verhandlungen mit Berufung auf seine Versprechungen zurückhalten konnte. Nur die beiderseitige Redlichkeit und kein geschriebenes Wort war die ausreichende Garantie."*[21]

Auch Ritter[22] *ist der Ansicht, daß in den schriftlich überlieferten Göllersdorfer Vereinbarungen nur der Bericht über angeblich vereinbarte Artikel vorliege*[23]*. „Hiernach hängt der Wert des Berichtes von seinen Quellen ab. Bei der Frage nach diesen Quellen sehen wir uns aber vor bloße Möglichkeiten gestellt. Der Verfasser kann eine alle diese Bedingungen umfassende Urkunde, mag man sie sich nun als Vertragsurkunde oder korrekter in der Form einer kaiserlichen Resolution denken, vor sich gehabt haben; er kann auch eine Niederschrift der in den Verhandlungen zwischen Wallenstein und den kaiserlichen Bevollmächtigten, besonders Eggenberg (13. April), gestellten und zugestandenen Bedingungen exzerpiert haben; er kann aber auch seine Angaben auf bloßes Hörensagen zusammengestellt haben. Bei dieser Lage der Überlieferung ist der Weg für die Forschung gewiesen: sie muß, absehend von jener Schrift [dem Bericht], die vom Kaiser seinem Feldherrn zugestandenen Rechte aus anderen und sicherern Quellen zu ermitteln suchen und die hier gewonnenen Resultate hinterher mit den dort überlieferten Artikeln vergleichen."*[24]

[17] S. 36; auch Michael S. 403f.
[18] S. 36.
[19] S. 37.
[20] Vgl. auch Michael S. 404.
[21] S. 37.
[22] Ritter, Untergang.
[23] S. 238.
[24] S. 238.

Dabei ergibt sich für Ritter: 1. Für das zweite Generalat liegt keine Instruktion vor;[25] *2. Für den vorläufigen Antritt des zweiten Generalats ist die kaiserliche Mitteilung vom 15. 12. 1631 überliefert; für den definitiven Antritt liegt nichts vor.*[26] *3. Ritter schließt aus dem amtlich für Wallenstein benutzten Titel 'General-Oberster-Feldhauptmann' am 16. April 1632, daß sich die Vermutung nicht abweisen lasse, „daß diese Übertragung des hohen Titels in einer Bestallungsurkunde erfolgt ist und daß sich in ihr auch eine bestimmtere Bezeichnung der dem Feldherrn übertragenen Vollmacht gefunden hat"*[27]*. 4. Da trotz verbreiteter Annahme der Existenz einer zusätzlichen Kapitulation diese weder überliefert ist noch von vertrauenswürdigen Zeitgenossen eingesehen werden konnte, sind die Wallenstein vom Kaiser gewährten Befugnisse aus den geschichtlichen Vorgängen zu erschließen*[28]*: a) Wallenstein erhielt eine weiter reichende Befehlsgewalt als für sein erstes Generalat,*[29] *doch wurde dadurch das kaiserliche Befehlsrecht gegenüber Wallenstein nicht aufgehoben; auf das Recht des Kaisers zu derartigen kategorischen Befehlen an Wallenstein falle nicht „der Schatten eines Zweifels; aber der Ausübung dieses Rechtes hatte sich der Kaiser für den gewöhnlichen Lauf der Dinge freiwillig begeben. Eine solche freiwillige Einräumung widerstrebt der bindenden Formulierung in einer Kapitulation oder Bestallung; kaum erweisbar ist aber die Vermutung, daß der Kaiser in freierer Form, sei es schriftlich, sei es mündlich, sei es persönlich, sei es durch Eggenberg, dem Feldherrn eine dahin gehende Zusicherung gegeben hat"*[30]*, b) Wallenstein war Befehlsgewalt weder über Ligatruppen*[31] *noch über spanische Truppen im Reich eingeräumt worden*[32]*; c) Wallenstein erhielt für die kaiserliche Armee die Zusicherung fester Zahlungen aus den kaiserlichen Erblanden*[33] *sowie mit Vollmacht vom 15. April 1632 die Konfiskationsgewinne*[34]*; d) mit Urkunde vom 16. 4. 1632 wurde Wallenstein einerseits eine finanzielle Schuld erlassen, andererseits erhielt er als Pfandbesitz das Fürstentum Glogau für den Verlust des Herzogtums Mecklenburg;*[35] *e) Wallenstein erhielt für das zweite Generalat keine unbeschränkte Verhandlungsvollmacht, sondern nur freie Hand für Verhandlungen über einen Separatfrieden mit Kursachsen*[36] *– mit dem stillschweigenden kaiserlichen Ratifikationsvorbehalt*[37]*, wodurch sich Wallensteins Verhandlungsvollmacht mit Kursachsen noch insofern begrenzte, als zwischen Wallen-*

25 S. 239.
26 S. 239.
27 S. 239f.
28 S. 240.
29 S. 240–243.
30 S. 242.
31 S. 244–246.
32 S. 246f., 253, 255–257.
33 S. 258f.
34 S. 259f.
35 S. 260–262.
36 S. 263–265.
37 S. 267.

stein und dem Kaiser im Hinblick auf Restitutionsedikt und Normaljahr beträchtliche Meinungsverschiedenheiten bestanden[38].

Ritters Vergleich zwischen den schriftlichen Überlieferungen der Göllersdorfer Vereinbarungen (dem Bericht) und den nachweisbaren Gegebenheiten führt zu dem Ergebnis, daß dieser Bericht z. T. ungenau, z. T. unvollständig, z. T. falsch sei.[39]

Mit Ritter hält auch Mann – gegen Diwald[40] *– die These für falsch, daß Wallenstein auf Grund der Göllersdorfer Vereinbarungen 'diktatorische Macht' erworben habe; „man ging, mit wenigen Verbesserungen, auf die Anordnung von 1628 zurück. Die Privilegien, die er ehedem innegehabt hatte, wurden wiederhergestellt, etwa das Recht, die Regimentskommandanten zu ernennen, für den Generalsrang 'geeignete Subjecta' vorzuschlagen; es kam nicht Unerhörtes dazu. Wallensteins Forderungen waren sachgemäß. Sie demütigten die Majestät keineswegs [...] Ferdinand II. [...] hätte auf seine heiligkaiserlichen Rechte nie verzichtet [...].“*[41]

Schebek[42] *lehnt die überlieferten „Vertragspunkte oder Bedingungen“, 'Contenta' oder 'Conditionen' als „Auswüchse eines kranken Geistes oder unbezähmbaren Hasses“*[43] *gegen Wallenstein, als „Artikel, zu Kampfeszwecken geschmiedet“*[44]*, ab; seiner Ansicht nach ergibt sich das, was zwischen Bischof Anton, Eggenberg, Werdenberg und Questenberg mit Wallenstein in Znaim und Göllersdorf vereinbart worden ist, aus einer Reihe von Schriftstücken der Zeit zwischen dem 10. und 22. April 1632. Danach erhielt Wallenstein: 1. das alleinige Verfügungsrecht über die konfiszierten Güter und Rechte zu Kriegszwecken (Urkunde vom 15. 4. 1632);*[45] *2. Zusage eines Ersatzes für das verlorengegangene Herzogtum Mecklenburg, wenn dies nicht zurückzugewinnen sei; interimistische Verpfändung des Fürstentums Glogau (Urkunde vom 16. 4. 1632);*[46] *3. Bevollmächtigung zu Friedensverhandlungen (erwähnt im Schreiben des Bischofs Anton von Wien an Wallenstein vom 19. 4. 1632);*[47] *4. ein Schriftstück, „mutmaßlich die Erklärung Wallenstein's enthaltend, das Generalat wieder zu übernehmen“ (erwähnt im Schreiben des Bischofs Anton von Wien an Wallenstein vom 19. 4. 1632);*[48] *5. Machtbefugnis, die militärischen Angelegenheiten in Diensten des Kaisers nach eigenem Gutdünken zu lei-*

[38] S. 265–267.

[39] S. 267.

[40] Diwald (S. 479) meint, der Kaiser habe Wallenstein mit den Göllersdorfer Vereinbarungen „freiwillig zum Diktator gemacht“, wie in der Instruktion für Eggenberg nachzulesen sei. Und Wallenstein sei auf Grund dieser Vereinbarungen „bis zu seiner Ermordung als unbeschränkter Diktator aufgetreten, als Heerführer und Staatsmann, der frei und unabhängig über Krieg und Frieden“ befinde.

[41] Mann S. 832; vgl. auch Weibull S. 14.

[42] Schebek, Capitulation.

[43] S. 333.

[44] S. 295.

[45] Vgl. S. 333 in Zusammenhang mit S. 301f., 319f.

[46] Vgl. S. 333 in Zusammenhang mit S. 302.

[47] Vgl. S. 333 in Zusammenhang mit S. 302f.

[48] Vgl. S. 333 in Zusammenhang mit S. 302f.

ten" (Schreiben des Bischofs Anton von Wien an Wallenstein vom 10. 4. 1632 und kaiserliche Instruktion für Eggenberg betr. dessen Unterredung mit Wallenstein vom 12. 4. 1632);[49] *6. Vorschläge Wallensteins gegenüber Questenberg vom 21. 4. 1632 betr. Finanzierung der Armee und Leistungen der Erblande (Schreiben Wallensteins an den Kaiser vom 22. 4. 1633)*[50].

69. Göllersdorfer Absprache

(Angebliche) Vereinbarung betr. die erneute Übernahme des Generalates durch Wallenstein.

Schebek, Capitulation S. 293f.
Auch: Aretin S. 60f.

[Göllersdorf] [zu: 14. April 1632]

Contenta,

deren Conditionen, auff welchee der Hertzog zu Friedtlandt das von der Röm. Kay. Mayest. durch unterschiedliche dero geheimbte Kriegshoffräthe, insonderheit aber durch den Hertzog zu Crumau und Eggenburg ihme solemnissime und zu vorige qualitat auffgetragene Generalat reacceptiret und wieder angenommen[1].

1632

I.

Solle der Hertzog zu Friedtlandt nicht allein der Röm. Kay. Mayest. sondern auch des gantzen Hochlöblichen Hauses Oesterreichen und der Cron Spanien Generalissimus sein und bleiben.

II.

Solle dem Hertzog zu Friedtlandt das angenommene Generalat in absolutissima forma conferieret sein.

[49] Vgl. S. 333 in Zusammenhang mit S. 287f.
[50] Vgl. S. 333 in Zusammenhang mit S. 301.
[1] Vgl. Vorbemerkung.

III.

Sollen Ihr Kön. Mayest: Ferdin: Tertius sich nicht Personlich bey der Armee befinden, vielweniger das Commando darüber haben, sondern wenn daß Konigreich Behemb reoccupiert und wiederumb erobert, sollen Hochgedachte I. Kön.: Mayst: zu Praag Personlich residieren, Dero Don Balthasar di marradas mit 12 000 man zu einer Salvaquardia im Königreich so lang biß ein Universal Frieden im Königreich Teutscher Nation stabilert werde, auff warten solle, denn er Hertzog zu Friedtland befinde, daß die Böhemen einen wissendtlichen Regenten und die Person Ihres Königs im Landt haben müßen, solcher gestalt sey der Kayser und sein General umb desto mehr vor rebellion und auffruhr versichert.

IV.

Kaysserliche Assecuration auff ein Oesterreiches Erblandt in optima forma wegen einer Ordinarii recompens.

V.

Von dannen occupierten Landereigen den höchstee Regall im Röm: Reich als ein Extraordinarii Recompens.

VI.

Die Confiscation im reich in Absolutissima Forma der gestalt, das weder der Kay. Reichshoffrath und Kay: Hoff Kammer noch auch den Kammer Gericht zu Speyer einiges Interesse daran prätendiren oder hierin, es sey gleich Generaliter oder Particulariter, einige Decission zu geben, oder sonst ein wag [Eintrag?] zu thun, macht haben sollte.

VII.

Das der Hertzog zu Friedtlandt wie in Confiscatio als auch in Perdons Sachen Liberrime und durch gehens zu Disponieren haben sollen, da auch schon einem oder andern ein Salvus Conductus am Kays. Hoff ertheilet und Perdon gegeben würde, das doch solche Perdon ohne deß Hertzogen zu Friedtlandt darüber ertheilte Confirmation keine krafft haben auch nur ad Vitam et Famam und nicht ad bona sich erstrecken, der Real Perdon aber einig und allein bey dem Hertzog zu Friedtlandt gesucht und von demselben ertheilet werden solle, denn der Römische Kayser were gar zu milde und liesse geschehen, das ein jeder, so an den Kays. Hoff käme, perdoniert würde, denn anderer gestalt würden die Mitteln dero Obristen und Officirer zu remuneriren, auch die Soldatesca zu Contentieren, abgestrickt.

VIII.

Da etwa über kurtz oder lang ein Friedens Tractation im Reich angestellt wurde, den er der Herzog von Friedtlandt wegen seines Privats Interesse unter andern daß Hertzogthumb Meckelnburg betreffent auch mit in die Capitulation solle gebracht werden.

IX.

Sollen Ihme alle Expensen und Mittel zu Continuation des Krieges hergeben werden.

X.

Alle Ihrer Mayst: Erblander zu sein und seiner Armee rücken und retirada offen stehen.

Nun streidt du Edles Teutsches Bludt
Es gelt dein Freyheit Seel und Bludt
Ende.

70. Ernennung Holks[1] zum Oberbefehlshaber in Böhmen durch Wallenstein

Hallwich, Briefe und Akten II S. 749f.

Feldlager vor Nürnberg, 14. August 1632

Geben allen und ieden Ih. kay. Mai. bestelten und im königreich Böhem sich befindenden hohen und niedern Officieren und allen denen Guarnisonen

[1] Holk (Holck), Heinrich (Henrik), Gf. (28. 4. 1599 Kronborg auf Sjælland–9. 9. 1633 Troschenreuth im Vogtland), dänischer, nach dem Lübecker Frieden ksl. Militärdienst; Holk wurde von Wallenstein sehr geschätzt; vgl. ADB S. 735–744 (Art. von Hallwich); NDB 9 S. 530f.; DBL VII (København 1980) S. 442–445; Irmer II S. LXI (Bedeutung von Holks Tod); Mann S. 447, 558, 795f., 902f., 976.

zu Prag und anderer ohrten, groß und klein, wie auch samentlichem kriegsvolk zu roß und fuß hiermit zu vernehmen: Demnach wir höchstermeldter Ih. Kay. Mai. Camerern und bestelten Veldtmarschalk-Leuttenant[2] Heinrich Holka, umb das commando im königreich Böhem, doch das er mit seinem respect auf desselben Generaln, den Graven Don Balthasar[3], gewiesen sein solle, zu haben, schiken thun: Als ist an alle obbemeldte Ih. kay. Mai. bestelte und in mehrbesagten Königreich Böhem sich befindende hohe und niedere Officier und alle die guarnisonen zu Prag und anderer ohrte, groß und klein, wie auch das samentliche kriegsvolk zu roß und fuß unser ernstlicher befehlich, gedachten Veldtmarschalk-Leuttenant Holka den gebührenden respect zu erzeigen und allem dem, so er anordnen und schaffen wirdt, unwegerlich und unfehlbar nachzukommen. Gestaltt denn derselbe seine aufsicht auf oberwenten Graven Don Balthasar haben wird.

71. Wallenstein an Ks. Ferdinand II.

Geld- und Proviantmangel; Notwendigkeit ksl. Abhilfe[1].

Hallwich, Briefe und Akten
III S. 101f.

Feldlager vor Nürnberg, 15. September 1632

Allergnedigister Kayßer undt Herr!

Euer Kayßerl. Maytt. soll Ich gehorsambist zu berichten nicht umbgehen, welchermaßen bey dero Armada dahier, nachdem schier das gantze Reich die Waffen wieder Sie ergrieffen, alle bedürfftige mittel an geldt, Proviandt unndt andere requisiten ermangeln und von niemandts einige Contribution, Proviant, munition oder andere notturfften ervolgen wollen.

Wie nun Deroselben Ich die unvermeidliche auß mangel der behueffigen undterhaltung bey der Soldatesca entstehende Confusion undt dannenher Ihro unndt Ihrem höchstlöblichstem Ertzhauß von Österreich undt dem all-

[2] Das ksl. Feldmarschall-Leutnant-Patent datiert erst den 25. 8. 1632 (Hallwich, Briefe und Akten II S. 749 Anm. 1).

[3] Don Balt(h)asar Marradas (ca. 1560 Valencia–12. 8. 1638 Prag), 1619 Generalwachtmeister, 1626 kaiserlicher Feldmarschall; vgl. ADB 20 S. 421–429; Mann S. 408f.

[1] Ein ähnliches Schreiben Wallensteins an Ks. Ferdinand II. datiert den 13. Oktober 1632 (Coburg); vgl. Hallwich, Briefe und Akten III S. 246f.

gemeinen catholischen weßen erwachßenden unwiederbringlichen Schaden zue mehrmahlen gehorsambist repræsentiret, Sie auch, wie vihl Ihro an Conservirung dießer armada gelegen, selbst gnedigist ermesßen können:

Alß bitte dieselbe Ich hiermit nachmahls undterthenigist, Sie in mehrer sonderbahrer gnedigster erwegung, das ietzo gegen dem Winther zue Klaidung der Soldaten undt zue nothwendiger darschiesßung eines succurßes an geldt, so wohl zue Verschaffung der Proviant, alß derer darzue bedürfftigen fuhren, wie auch zue undterhaltung der artigleria bereithe baare mittel unentpörlich von nöthen, die gnedigste unndt uneinstellige anordnung thuen woltten, damit dießes, waß wegen der Länder zue Znaim accordiret[2] unndt sie auff die verflosßene Monath restiren, unfehlbar entrichtet undt zur armada unvorzüglich geschaffet, wie nicht weniger die achzigtaußendt Thl., so ietzo von Ihr Bäbstl. Heyl. erlegt worden, so wohl auch dießes, warauf Ich mich am meisten fundiret, was von den spanischen ministris monatlich an zweymahlhunderttaußendt fl. zu allerhandt notturfften der armada erfolgen sohl, unaußbleiblich anhero geliefert undt hiermit ja kheine Zeitt versaumet werden möge.

Dan wiedrigen fahlß unndt da solches nicht baldt würckhlich beschehen solte, eußerst zu besorgen, das berührte armada vihl ärger alß die schwedische zue grunde gehen undt der Feindt, zumahlen fast das gantze Reich führ ihn ist, sich desto leichter remittiren, folgendts Eu. Kay. Maytt. undt Dero höchstlöbl. Ertzhauß ein unwiederbringlicher Schaden darauß erwachßen möchte. Beneben zue dero beharl. Kayßerl. Gn. ich mich undterthenigist empfehlen thue.

72. Wallensteins Anordnung betr. die Sukzession im Hause Friedland

Hallwich, Briefe und Akten
III S. 350–353.

[Zwickau] 25. Oktober 1632

Wir Albrecht [etc.]

Bekennen offentlich und thun khundt iedermänniglich mit diesem brieff, demnach der allerdurchlauchtigst, großmächtigst und unüberwindlichster

[2] Vermutlich Bezug auf die Göllersdorfer Vereinbarungen (vgl. Nr. 69), möglicherweise auch auf die Unterredung mit dem Präsidenten der Hofkammer und Bf. von Wien und Abt von Kremsmünster Anton Wolfradt, der ihn am 28. März 1632 in Znaim aufgesucht hatte (vgl. Mann S. 827f.).

Fürst und Herr, Herr Ferdinand, deß namens der ander, erwehlter Römischer kayser, auch zu Hungarn und Böheim König, Ertzhertzog zu Österreich etc., unser allergnädigster Herr, das Fürstenthum Friedland mit allen seinen Zugehörungen, allermassen es vorhin von höchstermeldter Ih. Kay. Mai. zu einem Fürstenthum [1] ausgesezt worden, zu einem Hertzogthum erigirt [2] und nicht allein uns vollkommene macht und gewaltt, unter unsern lehnserben und agnaten des geschlechts deren von Waldtstein, wie dieselbe uns succediren soltten, eine disposition und ordnung aufzurichten, ertheilet, besondern auch solchen consenß weitters dahin extendiret, das, im fall keiner von dem geschlecht derer von Waldtstein mehr vorhanden oder im leben were, wir das geschlecht deren von Harrach mannliches stammes nach unserm belieben und wolgefallen zu successorn in besagtem unserm Hertzogthum Friedtlandt durch testament und andern lezten willen einsetzen, substituiren und desselben, wie die von Waldtstein, fähig machen köntten und möchten, auch benebenst diese besondere begnadung gethan, das allezeit derienige, so uns in gedachtem Hertzogthum Friedlandt vermöge unserer darüber aufgerichteter disposition und nach erstgeburtsgerechtikeit würklichen succediren und regiren würde, alsbaldt in den standt, ehr, würde und gemeinschaft der Hertzogen erhoben und gestellet, wie auch nach seinem todt sein erstgeborner sohn zugleich in besitz des besagten Hertzogthums und hertzoglichen stand succediren, dessen gebrüdere aber und derselben eheliche descendenten in den fürstlichen standt erhöhet und gesezt sein und sich Fursten zu Friedlandt schreiben, nennen, intituliren und von menniglichen dafür gehaltten, erkennet und geehret werden sollen:

Das wir hierauf aus wolbedachten mutte, reiflich erwogener dinge, freyen willens und eygener bewegnus unsern Vettern, den Graven Maximilian von Wallenstein und seine descendenten mannlichen geschlechts nach praerogativ der ersten geburtt zum successorn besagtes Hertzogthumbs instituiret und declariret, und weiln vermöge sölcher institution und declaration und kraft derer obgedachten, von Ih. Kay. Mai. ertheilten begnadung ihm und seinen ehelichen erben mannlichen geschlechts die anwartung und expectanz des bemeldten Hertzogthums und aller deme anhängiger recht, gerechtikeiten, tituln, eminentz und hoheiten ipso iure gehöret und zustehet, als meinen, wollen und ordnen wir, höchstbemeldter Ih. Kay. Mai. begnadung zufolge, das er und seine erben nach bey unsern und unserer ehelicher leibserben, da

[1] Am 12. März 1624 (vgl. Diwald S. 226; Foerster S. 40; Mann S. 302); Wallensteins Erhebung in den Reichsfürstenstand war im September 1623 erfolgt (vgl. Diwald S. 213; Foerster S. 40; Gindelý I S. 42, 58; Mann S. 258f.).

[2] Am 4. Januar 1627; vgl. Foerster Nr. 10 S. 42–47, insbes. S. 45; Gindelý I S. 58; Mann S. 302.

uns Gott deren einige bescheren möchte, lebzeiten den titul der Fürsten zu Friedland führen, doch so lange wir oder iemandt von unsern ehelichen mannlichen descendenten, denen besagtes hertzogtum Friedland nach erstgeburts gerechtikeit zu besitzen und zu regieren anheimgefallen, noch im leben verhanden, er oder seine manliche erben an solchem hertzogthum nichts praetendiren, noch sich in dessen Regierung oder sonst ichtwas einmischen, besondern allein, wie gedacht, der ehre, würde und tituls der Fürsten zu Friedlandt gebrauchen, benebenst aber, weiln, wie obstehet, ihm und seinen ehelichen erben mannlichen geschlechts die vollige expectanz berürttes hertzogthumbs ipso iure competiret, ihm oder nach seinem absterben seinem erstgebornen sohn und nach seinem ableiben wiederumb dessen erstgebornnen sohn oder, wann desselben lini gäntzlich verfiele, seinem andergebohren sohn, da einiger im leben, oder, da er mit todt abgegangen, ebener massen dessen erstgebohrnen sohn, und da auch dessen lini gäntzlich erleschete, seinem dritten und vierden nachgebornen, iederzeit in absteigender linien manlichen, ehelichen, erstgebohrnen söhnen aus besagtem hertzogthum Friedland von der Cammer zu Gitschin monatlich 1000 fl. reinisch, so lange Gott uns und unsern descendenten mannlichen geschlechts auf dieser weltt conserviren wird, gereichet werden, wenn aber wir und alle unsere descendenten mannlichen stammes, denen berürttes Hertzogthum Friedland nach praerogativ der ersten geburtt zu besitzen und zu regieren anheimgefallen und zuständig gewesen, gäntzlich absterben und erleschen würde, er oder seine mannliche leibserben nach der ordnung und erbgang der primogenitur zu vollständiger inhab- und regierung solches hertzogthumbs lautt mehren innhalts derer von uns hierüber verfasten disposition succediren, kommen und gelangen und er oder nach seinem absterben alzeit der primogenitus, wie obenvermeldet, bey würklicher antretung der regier- und inhabung mehrgedachtes herzogthums den titul des hertzogs zu Friedlandt führen, seine Agnaten aber sich auf vorangezogene maß und weyse Fürsten zu Friedlandt tituliren, nennen und schreiben sollen und mögen.

Dessen zu uhrkundt mit unserm fürstl. anhangenden grösseren insiegel und eygener handt unterschrift bekräftiget.

73. Ks. Ferdinand II. an Wallenstein[1]

[1] Ksl. Stellungnahme zu schwedischer Friedensinitiative; ksl. Friedenswille; Zweifel an Ehrlichkeit der gegnerischen Friedensabsicht; [2] Exempla für vom Gegner initiierte Scheinverhandlungen; [2a] Danziger Ausgleichsversuch; [2b] Frankfurter Ausgleichs-

[1] Vgl. zu diesem Schreiben Diwald S. 489.

tag; [3] Bewertung des Leipziger Tages; [4] Werbungen protestantischer Reichsstände; ksl. Gegenmaßnahmen; [5] Schonung Kursachsens; dessen feindliches Verhalten; [6] Mühlhäuser Interposition; [7] feindliches Verhalten Kursachsens; Arnims Einfall in Böhmen und Eroberung Prags; [8] neue dänische Friedensinitiative; [9] feindliches Verhalten Kursachsens; [10] ksl. Sicht des Restitutionsediktes und des protestantischen Widerstandes dagegen; [11] Bitte um Wallensteins Gutachten zu Friedensverhandlungen und protestantischen Forderungen.

Hallwich, Briefe und Akten
III S. 386–393.

Wien, 31. Oktober 1632

[1] Hochgeborner lieber Oheimb undt fürst. Wir mögen D. Ld. nicht bergen, daß wir dasienige, was unß D. Ld. vor kurzer Zeit wegen einer neuen friedßtractation, so auff schwedischer seiten selbst an sie in fürschlag kommen[2], wohlmeinend geschrieben hatt, in mehrere deliberation gezogen.

Wie wir nun darauß befinden, daß D. Ld. ihr treulich angelegen sein lest, nicht weniger mitt verstandt undt vernunfft den edlen, werthen frieden zue recuperiren, alß unßere feinde und wiederwertige mit macht undt dapferkeit zue dempfen: Also möchten wir nichts lieber wünschen, alß daß dermahl eins durch gütliche tractaten der so lengst desiderirte Frieden wirklich wieder erlangt werden möchte; zweiffeln aber gar sehr, ob es unserm wiedertheil ein rechter ernst undt ob auff dessen oder seiner adhaerenten wörtliches erbieten ein gewißes fundament zue sezen, auch die Zeit und gelegenheit der sachen numehr so beschaffen, daß man durch friedfertige Rhatschlege undt mittel, auch sub iusto clypeo zue einem sichern und bestendigen fried ehistes gelangen möge, sondern müßen uns vielmehr besorgen, daß man anderseits unß abermahl durch scheinbarliche friedßtractaten auß dem Vortheil bringen undt in größere Gefahr undt ungelegenheit versencken wolle.

[2] Denn daß wir der vorigen Exempel, deren wir gar viel von anfang unßers Regiments erzehlen könten, izt geschweigen, so seint unß nur bey dießem schwedischen Krieg durch dergleichen friedßtractaten von dem gegentheil die grösten Ungelegenheiten zuegezogen worden, [2a] sintemahl als wir vor dreyen Jharen, da noch res gar integra geweßen, auff des Königs zue Dennemark Ld. wohl gemeinte rühmliche Interposition bewegen lassen, daß wir eine eigene kostbare Absendung nacher Danzig gethan[3], in gewißer, zueverleßiger meinung, alß unß dann auch solche genzlich persuadirt worden, der König in Schweden die seinige auch dahinschicken undt alle seine vermeinte praetensiones in gütliche handlung stellen würde, derentwegen wir unß auch umb die consilia armorum desto weniger mehr angenommen undt des lieben

[2] Vgl. zu Kontakten zwischen Wallenstein und Schweden Mann S. 857–859.

[3] Zu den für Mai 1630 vorgesehenen Danziger Verhandlungen vgl. Ritter III S. 445f.

Friedens zue erquickung unsers allgemeinen Vatterlandts, des Römischen Reichs deutscher Nation, fast ruhiglich erwartet, ist vom schwedischen theil nicht allein die gegenschickung nicht erfolgt, sondern vielmehr der Krieg zue wasser undt Landt accelerirt undt fortgetrieben undt unß undt dem heil. Reich die Oostsee sambt dem Lande Pommern unvorsehens weggenommen worden.

[2b] Undt alß folgents auff dem Regenspurgischen Convent[4] zwischen den Catholischen undt der Augspurgischen Confessionsverwanten Chur- undt Fürsten ein gemeiner Tag zue gütlicher hinlegung derjenigen differentien, so über unßerm außgelaßenen rechtmeßigen Edict[5] undt wegen des Religionsfrieds sich erhoben, nach Frankfurt[6] bestimbt worden, da man dann zugleich verhofft gehabt, zue entlicher accomodirung dießes Kriegs ein guetes fundament zue legen, haben wir nicht allein solchen Tag fortgehen, sondern auch mitt unsern Commissarien gnedigst besuchen laßen. Es ist aber nicht allein nach einem uber dem andern von der Protestirenden seiten gebrauchten verzug[7] derselbige verlengert, sondern unterdeßen sub praetextu, alß wann man nur von den medijs pacis, welche zue demselbigen tractat sehr nüzlich dienen würden undt nothwendig weren, reden wolte, [3] ein gefehrlicher Convent undt schluß zue Leipzig[8], so den lengst gewünschten Frieden mehr gehindert alß gefördert, wieder alle unß gegebene viel beßere Vertröstungen undt sincerationes, [4] auch von unß noch zeitlich, so baldt wir erfahren, das dasselbsten allerhand verdechtige consilia von neuen Werbungen[9] fürgehen solten, an Chur-Sachsen und -Brandenburgk, daß sie darauff ein wachend auge haben undt es vleißig praecaviren wolten, gutherzig beschehene gnedigste warnungen gemacht undt drauff zue solchen starcken neuen, zuvor unerhörten werbungen in aller eil dermaßen eifrig fortgeschritten worden, daß wir augenscheinlichen wahrnemen müßen, wie es dann auch lezlich der eventus geben, daß man mehr den Krieg alß den verlornen Frieden suchte. Derowegen wir auch nicht umbhin gekont, sowohl umb unser kaysl. Ambts, alß dabey versirenden hohen Interesse willen dieselbigen Reichßstendt von solchen unnöthigen werbungen durch unßere kayserliche avocatoria[10] gebührend abzuemanen,

[4] Bezug auf den Regensburger Kurfürstentag.

[5] Gemeint ist das Restitutionsedikt.

[6] Zum Frankfurter Kompositionstag vgl. Repgen S. 262f.; Ritter III S. 497, 506.

[7] Der Frankfurter Kompositionstag war sieben Monate später als vorgesehen eröffnet worden; vgl. Ritter III S. 481.

[8] Zu der am 8. 1. 1631 eröffneten und bis zum 12. 4. dauernden Versammlung protestantischer Reichsstände vgl. Mann S. 726, 742–744, 749; Repgen S. 222, 260–262; Ritter III S. 480–483.

[9] Vgl. Ritter III S. 483f.

[10] Mandate vom 12. September 1630 (Lünig VI Part. spec. Cont. I S. 365); vom 14. Mai 1631 (vgl. Ritter III S. 484).

dabey wir doch dieße discretion auß angeborner Lieb undt sanfftmut eingewendt, daß wir vorhero undt zuegleich Chur-Sachsen durch ein eigene gesantschafft mitt außführlicher demonstrirung der Motiven, welche sie hiezue bewegen solten, von dergleichen weit außsehenden beginnen gütlich abzuestehen, auffs vätterlichste angelangt, ja zue noch mehrer bezeugung, wie geneigt wir weren, das edle Deutschland in der ruhe zue sehen undt des jemmerlichen Kriegß Lasts zue entheben, umb vertreuliche undt wohlvermögende Interposition bey Schweden gnedigst ersucht undt ihm dieselbe genzlichen, auch noch mitt wiederholten schreiben, wiewohl allerdings vergebens, heimgestellt.

[5] Undt ob wir wohl daßelbemahl (nachdem unß Gott die gnade geben, daß wir die vehste und rebellische Stadt Magdeburg, weil sie sich in der güte nicht bequemen wollen, mitt stürmender Hand erobert[11]) das vortheil in der handt gehabt, daß wir gar leichtlichen, wann es unß nicht umb den lieben frieden mehr alß umb den Krieg zue thuen gewest undt wir Chur-Sachsen undt deßelben Landt undt Leute vieler respect halben gern verschont gesehen hetten, dieße neue blutige Confoederation am selben ort mitt Gottes Hülffe zeitlichen dempfen können: So haben wir doch auß bloßer hoffnung des hochedlen friedens, damitt nur derselbe durch die scherff der Waffen nicht ganz weggetrieben würde, an Unß gehalten undt darüber hernach die Conjunction des Schweden mitt Chur-Sachsen und deßelben adhaerenten sambt der Leipzigischen Niederlage[12] mitt schmerzen erfahren müßen, wordurch nicht allein die schedliche Kriegßflammen nicht gestillet, sondern viel hefftiger alß zuvor niemalß angeblasen worden.

[6] Ob dann wohl hernach Landtgraff Georgens zue Hessen Ld. eine neue Interposition wohlmeinend nach Mühlhaußen fürgeschlagen[13], Wir auch alßobaldt darauff, wie nicht weniger die catholische Churfürsten solche neben der bestimbten Zeit undt Mahlstadt eingewilliget und unß purè zue einem General- undt Universalfrieden, wie er an Unß ist gemutet worden, geneigt erklert, auch dazue unßere gesante mitt gnugsamer Vollmacht abzueschicken resolvirt, wann nur der andere theil gegebener Vertröstung nach gleichfalß dazue gefast erscheinen undt die sicherungsbrieffe für unsere gesanten richtig machen würde, so ist doch von dem andern theil die sach von einer Zeit zuer andern wieder auffgeschoben undt intereà der Krieg mitt eußerster macht

[11] Vgl. zu der Eroberung und nahezu vollständigen Zerstörung Magdeburgs durch die Truppen der Liga am 20. Mai 1631 Diwald S. 451f.; Mann S. 747–749; Ritter III S. 490–492.

[12] Gemeint ist die Schlacht bei Breitenfeld vom 17. 9. 1631.

[13] Vgl. zu dem Friedensprojekt des Lgf. Georg II. von Hessen-Darmstadt und des Kf. von Mainz vom 18. 10. 1631 Repgen S. 273–275; Ritter III S. 513f.

wieder unß undt unßere getreue assistirende Chur-, Fürsten undt Stende des Reichs fortgetrieben undt den meisten das ihrige mit gewalt entzogen worden.

[7] Alß wir aber auch zue beßerer beförderung der heßischen Interposition unsere in beyde unßere Marggraffthümber Ober- undt Nieder-Laußiz unter des von Tieffenbach Commando eingerückte Kayßl. Armada angesichts contramandirt undt deren schon in Handen gehabten Vortheil ungeachtet eilents in die Schlesien zuerückgefordert [14], genzlicher hoffnung, daß solchem nach ein richtiger, gewißer, zueverleßiger Fried mitt unß tractiert undt fürgenommen, auch von allen hostiliteten wieder Unß undt unsere unschuldige Erbkönigreich undt Lande abgestanden werden solte, so hatt doch, leider, die erfahrung geben, daß unß solches nur zum ergsten außgeschlagen, indem auff der einen seiten der König in Schweden vollents mitten ins Reich nach den oberlendischen Kreißen fortgeruckt [15] undt die besten theil derselben weggenommen, anderseits aber der Churfürst zue Sachßen mitt Heerßmacht in Beheimb eingefallen, unßere königliche Residenz undt haubtstadt occupirt [16] undt, so viel an ihm gewest, nichts unterlassen, was zue genzlicher bemechtigung des Königreichs undt uberziehung unßerer selbsteigenen Person gedient, inmassen wir dann seines Volcks auß unserm Erbkönigreich Beheimb anders nicht, alß mitt gewalt undt macht durch D. L. glückliche Kriegß-Expedition haben können ledig werden.

Was nun D. L. dabey vor cortesia, lieb undt ehrerbietung, beides, dem Churfürsten [17], sowohl seinem Volck, auß guter meinung undt geschöpffter friedeßhoffnung, weil daßelbemahl der Arnimb auch tractaten dazue fürgeschlagen [18], erzeigt undt bewießen hatt, wie sie dieselbige ohn allen schaden, ungeacht sie gleich in dero handt gewesen, dimittirt, undt der Churf. Lande mitt einstellung aller wohlbefugten feindsverfolgung merklichen verschonten, das ist notorium undt D. Ld. selbst gnugsam wissend. Wir haben auch an solchem D. Ld. procedere, damitt die ganze Welt unßere friedfertigkeit undt begierde, mitt Chur-Sachsen undt -Brandeburg wieder in vertreuligkeit undt einigkeit zue kommen undt dardurch den allgemeinen frieden desto mehr zue promoviren, noch mehr sehen möchte, gutes, gnediges undt sattsames gefallen tragen.

[14] Vgl. Ritter III S. 502, 504.

[15] Vgl. Ritter III S. 503.

[16] Vgl. Diwald S. 458; Mann S. 775–779; Ritter III S. 504; Prag wurde am 15. 11. 1631 von kursächsischen Truppen besetzt.

[17] I. e. der Kf. von Sachsen.

[18] Vgl. zu Wallensteins Kontakten zu Arnim von Oktober 1631 bis Juni 1632 (u. a. Treffen in Kaunitz am 29. und 30. 11. 1631, in Laun am 17. 5. 1632, in Rakonitz am 22. Mai 1632) Diwald S. 465, 483; Mann S. 774f., 782f.; Ritter III S. 529.

[8] Weil auch des Königs zue Dennemark Ld. sich anderweit interponirt[19] undt abermahlß ein eigene botschafft zue Schweden geschickt, in hoffnung, daselbst nochmalß den gewünschten frieden zue erheben, so haben wir Unß solches auch gefallen laßen undt unß drauff also erklert, daß S. Ld. an unß wohl nichts desiderirn können; was es aber gefruchtet, das ist auß S. L. schreiben, so sie unß de dato den 31. May gethan, gnugsam zu ermercken, indem sie melden, daß, ob zwar an schwedischer seiten die Inclination zum frieden so gar unklar nicht verspürt, so were doch die sach also beschaffen funden worden, daß man einigen glücklichen Success undt fortgang solcher gütlicher tractaten baldt nicht zue vermuten, noch zue hoffen, wie dann Ihre Ld. ihre gesante daher wieder abgefordert hetten.

Unterdes so hatt man nicht gefeyert, unß noch aller orten mehr feindt undt wiederwertige auff den halß zue ziehen, ia theilß unßere eigene unterthanen undt vormalß gedempffte Rebellanten wieder aufzuehezen.

[9] So ist auch notorium, was Sachßen abermahlß, nachdem es schon die landtgräffische Heßische Interposition[20] bewilliget undt von D. L. undt dero unterhabenden Armada alle Cortesia, ruhe undt fried vor seine Land entpfangen, unß wieder all vermuten auch noch mitten unter des Arnims gethanen friedlichen vorschlagen in Schlesien gefallen undt die daselbst gelegene kayß. Besazung aller orten, wo es nur gekont oder vermocht, auffgeschlagen, auch sich bemühet, unßere getreue fürsten undt Stendt ihm anhengig zue machen[21].

[10] Undt wiewohl an unßer undt catholischer Unß assistirender getreuer stende seiten durch des Kayß. Edicts[22] Execution, darumb vornemlich dieße Kriegß-Empörung auff der andern seiten soll entstanden sein, nicht mehr alß nur das ienige, was den Catholischen seiten dem Paßauischen vertrag[23] undt Religionsfrieden[24] wiederrechtlichen entzogen worden, zue recuperiren unterstanden, das ubrige aber denenselbigen ruhig gelaßen worden, so greifft man doch auff der andern seiten viel weiter undt lest sich nicht begnügen, daßelbe zue repetiren, sondern man will auch den Catholischen ihre abgenommene Churfürstenthumb undt Lande gleichßamb zuer Außbeute haben, massen dann gnugsam am tage, wie sie ihnen eins undt andern orts die Ambtleut, Unterthanen, Lehnleut, Städt undt Ritterschafften, gleichsamb alß wann sie derselbigen rechtmeßige Erbherrn weren oder es mitt gutem titul an sich

[19] Zu den dänischen Vorschlägen vgl. Ritter III S. 512f.

[20] Vgl. Anm. 13.

[21] Arnim nahm im August 1632 weite Teile Schlesiens ein; vgl. Mann S. 849; Ritter III S. 542.

[22] Vgl. Anm. 5.

[23] Von 1552.

[24] Von 1555.

gebracht hetten, huldigen undt schweren lassen, auch die Embter undt herrschafften hin undt wieder unter sich vertheilt undt ihnen also eigenthümblich zuegeeignet.

[11] Welches alles undt viel anders mehr unß wohl ursachen möchte, daß wir keiner gütlichen tractation mehr trauen, sondern der gedrungenen nothwehr undt Gegen-Expedition noch stercker inhaeriren solten.

Nichtsdestominder undt dieweil wir iederzeit den fried viel höher alß den Krieg geliebt undt nochmalß das Römische Reich des Kriegs gern uberhebt sehen wolten, unß auch bei allen undt jeden interpositionibus, wann solche gleich durch unßere gegentheile Verursachung zuerück gangen, dennoch einen alß den andern weg zue fernern friedßtractaten anerboten undt daß wir darvon keineswegs außeczen wolten, wenn nur die folge bey dem gegentheil sein möchte, unterschiedlichmahl erklert: So haben wir auch dieße aparenz nicht zuerückstoßen, sondern unß bestendig resolviren wollen, solcher unßers theilß ganz gern undt willigst statt zue geben, auff daß, wann ia einmahl die glückseelige stunde des Friedens dem betrübten Teutschland wiederumb erscheinen möchte, wir an unserm Ort realiter dazue bereit erfunden würden.

[11] Demnach aber bey demselben allerhandt schwere conditiones in ecclesiasticis, politicis et militaribus, sowohl in proprijs bonis et juribus von dem gegentheil an unß undt die mitt unß vereinigte catholische Chur-, Fürsten undt Stendt gemutet werden möchten, wir aber auch hingegen etliche gewiße postulata zue thuen haben, so were unß nichts liebers, finden es auch einer hohen notturft, daß D. L. unß zuvorhero ihr vernünfftiges gutachten drüber geben[25].

Undt so viel wir bißanhero penetriren können, möchten zueförderst die Cassirung oder Suspendirung des Edicts, sodann die Restitution der geistlichen güter, welche in Krafft deßelben wieder eingezogen worden, oder zum wenigsten die manutenirung derselben, item daß wir Chur-Sachsen undt -Brandeburgk bey denen von ihnen occupirten Erz-, Stifft- undt gütern, wo nicht in perpetuum, iedoch auff eine gewiße lange Zeit geruhiglich verbleiben, Dennemark auch wieder zue den vorigen gehabten Erz- undt Stifftern kommen[26] undt die Stadt Augspurg bey dem nunmehr de facto wieder eingeführten exercitio Religionis Augustanae undt dazue gebrauchten Kirchen, stifft undt gütern laßen wolten[27], item die Restitution undt perdonirung des pro-

[25] Zu den ksl. Erwägungen betr. die im folgenden genannten Probleme nach der Schlacht bei Breitenfeld vgl. Ritter III S. 528f.

[26] Zu der Anfrage des dänischen Königs mit diesem Ziel vom 10. Oktober 1630 vgl. Ritter III S. 5.

[27] Vgl. Ritter III S. 534; Augsburg war am 20. April 1632 von den Schweden erobert worden.

scribirten Pfalzgraffen[28] sambt allen deßelben oder eins theilß geweßenen Land undt Leuten, deßgleichen der Mutter undt des Brudern, item der Herzoge von Mechelburgk[29], der Vehstung Wolffenbüttel[30], item der Embter, so im Herzogthumb Braunschweig dem Graff Tilli seel. gedechtnus assignirt[31]; item aller confiscirten Güter im Reich undt unserer Erbkönigreich undt Lande, abolirung der Prozeß contra rebellos et reos laesae Majestatis, insonderheit unter dem frenkischen von Adel, ingleichen eine starke undt wirkliche Caution, daß wir auff des Reichß Boden ohne der gemeinen Reichßstendt oder auffs wenigste der sämbtlichen Churfürsten einbewilligung keinen krieg moviren, noch einige Contribution einfordern wolten: undt dann amnistia generalis begert werden, wie solches ihro schreiben, so sie von Leipzig auß nach dem daselbst gemachten schluß[32] hieher gethan, zum theil wohl abzuenemen.

Entgegen hetten wir vor allen tractaten die wieder abtretung der catholischen Chur-, Fürstenthumb undt Lande, welche denenselben unter dießem wehrenden Krieg abgenommen, sodann die erstattung der Kriegßunkosten und unß uff viel million werth zuegefügten schaden, insonderheit die recuperation der beyden Laußnicz[33], item die befreyung des Lands ob der Enß von der eviction gegen Chur-Beyerns Ld.[34], wann der Reichßschuz uber die Chur undt dero eingereumte pfelzische Lande[35] nicht solt erfolgen, undt dann eine realversicherung, damitt nicht ein ieder sub praetextu libertatis et religionis, wie bißher geschehen, wieder unß undt unßer Erzhauß auffß Reichß Boden werben undt ein Kriegßvolck zusammen bringen möchte, item wie wir undt das Reich sambt allen deßen gliedern, Stenden undt Unterthanen von Schweden undt andern außlendischen Invasionen hinfüro beßer versichert sein undt deren sonderlich anizo genzlichen erlediget werden möchten, vorzuewenden.

Ist demnach an D. L. unßer gnedigst gesinnen, sie wolle unß uber dieße Punkt in einem undt andern ihr rathsames gutachten, wie weit wir unß einlaßen könten, förderlichst in schrifften, wie sie zue thuen ganz wohl vermag,

[28] Kf. Friedrich V. von der Pfalz.

[29] Deren Land hatte Wallenstein Anfang 1628 erhalten; vgl. Diwald S. 407, 418; Gindelý I S. 366; Mann S. 325; Ritter III S. 381f.; auch Nr. 50.

[30] Pappenheim hatte 1627 die Festung Wolfenbüttel erobert; sie blieb bis 1643 in ksl. Hand (Handbuch Histor. Stätten II S. 506).

[31] Vgl. Ritter III S. 421.

[32] Vgl. Anm. 8.

[33] Die beiden Lausitz waren Kursachsen 1623 verpfändet worden (vgl. Ritter III S. 191).

[34] Oberösterreich war auf Grund des Münchner Vertrages vom 8. 10. 1619 Bayern im Sommer 1620 verpfändet worden; vgl. Ritter III S. 99.

[35] Bezug auf die Übertragung der Pfälzer Kurwürde und der Oberpfalz an Bayern; vgl. Ritter III S. 57f., 176f., 187, 371.

zuekommen laßen, unß auch, was ihr dabey mehr zue befürderung des lieben Friedens undt unßer undt des Reichs versicherung in handen kommen möchte, undt ob nicht die tractaten, weil sie so baldt nicht in universum undt für alle interessirte geschloßen werden könten, unterdes nur mitt Chur-Sachsen undt -Brandeburgk particulariter für handt zue nemen, rathsamb undt müglich were, gehorsamst communiciren, damitt wir alßdann D. L. eine völlige Plenipotenz zue dießem ganzen werck unvorlengt uberschicken könten.

Daran erstatten D. L. unß einen gnedigsten gefallen undt meritiren sich noch mehr umb unß undt unßer Erzhauß, sowohl das Römische Reich. [Grußformel; Datierung.]

74. Holks Bericht über die Schlacht bei Lützen[1]

Hallwich, Briefe und Akten III S. 499–503.

o. O. o. D. [zu: 16. November 1632]

Nachdem der König von Schweden aus Mangel an Fourage und Proviant und wegen des Abganges an Soldaten, insbesondere aber an Cavallerie, die Kaiserlichen vor Nürnberg hatte verlassen müßen[2], marschierte der Herzog von Friedland nach Meißen, um sedem belli dorthin zu transferiren, sich mit dem Pappenheimer zu konjungieren und demjenigen, der wegen der Winterquartiere kommen würde, eine Bataille zu liefern. Nachdem er alle Städte mit Ausnahme von Dresden, Torgau und Wittenberg eingenommen hatte, marschierte er gegen die Stifter, in die er Pappenheim mit so viel Volk, als er übrig zu haben glaubte, verschickte[3]. Sobald er aber vermerkte, daß der König von Schweden im Anzug sei, zog er ihm bis Weißenfels[4] entgegen, [. . .] wo der Herzog einige Tage verweilte, in der Hoffnung, dass der König aus seinem Vorteil ins Feld kommen würde.

Als dies nicht geschah, ließ er Pappenheim mit 9 Regimentern nach Halle

[1] Vgl. zu der Lützener Schlacht Diwald S. 491–496; Mann S. 876–892; Seidler, Khevenhüllers Bericht; Seidler, Lützen.

[2] Am 18. September 1632; zu den militärischen Vorgängen bei Zirndorf vor Nürnberg Mitte Juni bis Mitte September 1632 vgl. Diwald S. 485–489; Mann S. 841, 854–857; Ritter III S. 536–539.

[3] Zu den militärischen Bewegungen der ksl.-wallensteinischen Truppen in Sachsen vgl. Diwald S. 491; Mann S. 868; 871; Ritter III S. 544 (Leipzig fiel am 1. November in ksl. Hand; am 6. November traf Wallenstein mit Pappenheim in Leipzig zusammen).

Mit den Stiftern sind wohl Merseburg und Naumburg gemeint.

[4] Wallenstein erreicht am 8. November Weißenfels.

marschieren[5] und wollte selbst nachfolgen, um mit dem Könige zu schlagen, falls er es entsetzen wollte. Weil aber den Herzog das Podagra heftig plagte, blieb er gegen Einiger Meinung über einem Passe, Ripack[6] genannt, zu Lützen still liegen und schickte davon mit Hatzfeld[7] 4 Regimenter [über] Eulenburg[8] gegen Torgau und 2 Regimenter nach Altenburg, um für den Fall, als man zwischen Böhmen und ihm den Pass auf Zvichens-Chemin[9] unsicher machen sollte, dies zu verhindern. So war man um 15 Regimenter recht entblößt, unter welchen zum Teil die stärksten in der Armee. Auf diese Okkasion gab der König Acht, und hätte nicht der Pass Ripack, der bei Zeiten wohl versehen worden war, den König lange aufgehalten, würde er den ersten Abend, der ein Montag, der 5./15. Octobris[10] war, einen großen Effekt erzielt haben, weshalb über Hals und Kopf Alles angeordnet wurde, und da der Herzog entschlossen war, keinen Fuß breit weichen zu wollen, sondern eher zu krepiren, wurde nach Pappenheim, der vier Meilen entfernt war, per posta geschickt[11].

Nach drei Alarmschüßen und einem scharfen Scharmützel, in welchem die Kroaten außer anderem merklichen Schaden ein Kornett verloren, blieben die Armeen diese Nacht in einer Entfernung von etwa vier Kanonenschüßen von einander entfernt im Felde stehen. Unsere Bataille stellte sich während der Nacht bei Fackelschein – so finster war die Nacht – en rare campagnie. Sie hatte rechter Hand zu ihrem Vorteil den Ort Lützen und in der Fronte einen Hohlweg, der an einigen Stellen repariert war, jedoch ebenso dem Feinde wie unserer Infanterie zum Vorteil, nachdem sie pique à pique zusammengekommen waren. Dagegen hatte der König auf dem rechten Flügel einen Wald zum Vorteil und einen kleinen Hügel, einen Musketenschuß von der Bataille. Die

[5] Am 14. November; vgl. Ritter III S. 545.

[6] Rippach, Ort am gleichnamigen Fluß, n/ö Weißenfels, s/w Lützen.

[7] Melchior von Hatzfeld (20. 10. 1593–9. 1. 1658), 1625–1632 unter Wallensteins Oberbefehl Oberstleutnant im Regiment des Hg. Franz Albrecht von Sachsen-Lauenburg; 1632 Regimentsinhaber, 1633 Feldmarschall-Leutnant, 1634 Generalfeldzeugmeister, 1635 Feldmarschall, Reichsgraf. „Dem Auftrag Kaiser Ferdinands II., den Vorsitz im Kriegsgericht über die Teilnehmer an der Wallensteinschen Verschwörung zu führen, wußte Hatzfeld sich ... zu entziehen“ (NDB 8 S. 64f.; vgl. auch ADB 11 S. 35f.).

[8] Eilenburg, Ort n/ö Leipzig, an der Mulde gelegen, auf halbem Weg zwischen Leipzig und Torgau.

[9] Nach Hallwich Anm. 1: Zwickau–Chemnitz.

[10] Nach Hallwich Anm. 2 ist hier Montag, der 15. November, gemeint; vgl. auch Ritter III S. 545.

[11] Vgl. Ritter III (S. 545), der sogar Holks Ausdruck „Hals über Kopf“ für Wallensteins Handlungsweise benutzt.

Armee des Königs bestand aus 10 Brigaden zu Fuß à 1000 bis 1500 Mann und aus mehr als 6000 Pferden, unter welchen einige und 30 Kornett Schweden und Fremde. Er selbst führte den rechten und Herzog Bernhard [12] den linken Flügel. Des Herzogs [13] Bataille war eine dreifache: 5000 zu Fuß in 5 Brigaden inmitten 2 Brigaden zu 1000 und sechs Kompagnien Reiter, 2 und 2 gemischt; zuletzt standen 5 Fahnen à 500 Mann zu Fuß und 2 Eskadronen von 12 Kompagnien commandierten Volkes zu Pferde. Nach Lützen in das Schloss und in das Dorf waren 400 Mann, obgleich man wohl 1000 vonnöten gehabt hätte; ebenso viele hätten billigerweise im Walde zur linken Hand sein sollen, wenn man sie gehabt hätte. Auf jedem Flügel standen vor der Reiterei 150 Musketiere, auf dem rechten Flügel 36 Kornette und auf dem linken 36. Diese wurden von dem rechten Flügel gleich mit 5 Kornetten sekundirt, weil die ganze Furie hier ihren Anfang nahm. Der Herzog kommandierte und führte selbst den rechten Flügel gegen Weimar [14]; Holcke [15], der an Stelle eines Feldmarschalls kommandierte, führte den linken. Die Kaiserlichen empfingen die Charge sowohl zu Pferde als auch zu Fuß à pied ferme.

Um elf Uhr [16] ging die erste Salve an. Um zwölf Uhr kam Pappenheim auf der Linken mit seinen vier Regimentern zu Pferde an [17]. Aber bevor es ihm gelang, festen Fuß zu fassen, ward er selbst verwundet und ergriff seine Reiterei gegen die rechte Hand die Flucht, ebenso [andere] Kornette, bis zwei Meilen vor Halle [18]. Damit drang der König auf Holck ein und blieb mitten unter den Unsrigen auf der Walstatt liegen; die ganze Bataille war auf dieser Seite, als man seinen Körper erblickte, gewonnen [19]. Die Pappenheimischen aber setzten unseren rechten Flügel in Konfusion, bis er endlich zweimal von dem linken Flügel, der Victorie rief, sekundirt wurde, worauf man Halt machte, nachdem bis in die Nacht acht Stunden lang continue gefochten worden war.

Nach einer Stunde in der Nacht kam die Pappenheim'sche Infanterie, nachdem alles still geworden, und weil es keine Pferde gab, die ganze Artillerie abzuführen, außer der Pappenheim'schen und einigen Stücklein, der Herzog und alle hohen Offiziere blessiert, hielt man es für besser, abzumarschieren, die Stücke stehen zu lassen [20] und sich mit Gallas zu konjungieren, bevor die

[12] Hg. Bernhard von Sachsen-Weimar; vgl. Ritter III S. 546.
[13] Wallenstein.
[14] Hg. Bernhard von Sachsen-Weimar.
[15] I. e. der Verfasser des Berichtes.
[16] Ritter (III S. 545) nennt „gegen 10 Uhr".
[17] Vgl. Ritter III S. 545.
[18] Vgl. Ritter III S. 546.
[19] Vgl. Ritter III S. 546.
[20] Vgl. Ritter III S. 547.

Sächsischen sich mit den Schweden konjungierten und man dadurch einer partikulären Ehre halber die ganze Wohlfahrt des Kaisers hazardierte.

Hierauf marschierte der Herzog in der Nacht nach Leipzig[21]. Die Kavallerie blieb bis gegen Mittag, und die Kroaten waren noch den zweiten und dritten Tag auf der Walstatt und hieben auch von den feinden neben fünf Stücken, die sie hatten stehen lassen, einige nieder, denn außer einigen wenigen deutschen und den schwedischen Regimentern waren die anderen gegen Nünberg[22] ausgerissen. Die Kaiserlichen verloren keine einzige Fahne zu Fuß, sondern blos 8 Kornette und gewannen dagegen vom Feinde etliche und sechzig Fahnen und Kornette.

Zu Leipzig blieb man einen Tag still liegen, zu Bennedich[23] 2 und zu Chemnon[24] 3, zu Frauenstein[25] 2 Tage, und marschierten wir somit nach Böhmen und Schlesien hinein in die Winterquartiere[26]. Auf kaiserlicher Seite fielen in dieser Bataille die Offiziere Feldmarschall Graf von Papenheim, General-Feldzeugmeister Breuner, Oberster Valentin Comingo, Loe, Wettenim[27] [etc.]; bei 3000 Gemeine starben auf dem Platze. Von des Königs Völkern blieben nach ihrem eigenen Bekenntnisse über 5000 Mann. Keine der Parteien verfolgte die andere mit einem einzigen Schuß, so müde des Spieles und der Victorie ungewiss war man auf beiden Seiten, bis sich beide des Morgens verlassen sahen.

Der Herzog[28] hielt sich sehr mannhaft und witzig, denn zwei ganze Stunden focht er gegen die Infanterie mit vier Regimentern zu Pferde, nämlich: Holck, Terschy[29], Piccolhuomini[30] und de Fours[31], und war ganz umringt,

[21] Vgl. Ritter III S. 547.

[22] Gemeint ist Naumburg.

[23] Penig an der Zwickauer Mulde, n/w Chemnitz.

[24] Chemnitz.

[25] Frauenstein/Erzgebirge, s/ö Freiberg/Sachsen.

[26] Vgl. hierzu Ritter III S. 547.

[27] Welcher Breuner gemeint ist, bleibt unklar; Wallensteins Kämmerer und ksl. Oberst Philipp Friedrich Frhr. v. Breuner, geb. 1601, stirbt 1638 (vgl. ADB 3 S. 320f.); weder der ksl. Oberst Hans Gottfried Frhr. v. Breuner noch der österreichische Statthalter Siegfried v. Breuner fielen 1632.

Valentin Comingo – nach Hallwich Anm. 3: Comargo und Loe – nicht verifiziert.

Wettenim ist nach Hallwich Anm. 4 Berthold Wallenstein.

[28] I. e. Wallenstein.

[29] Wohl Trčka, Adam Erdmann (Adam Erdman Trčka z Lípy), geb. ca. 1599, am 25. 2. 1634 in Eger ermordet; Trčka heiratete am 30. 8. 1627 Maximiliana v. Harrach, eine Schwester der Gattin Wallensteins; am 18. 2. 1628 wurde er in den Reichsgrafenstand erhoben, am 23. 2. 1630 wurde Trčka Oberst, am 6. 10. 1633 schlug Wallenstein dem Kaiser die Ernennung Trčkas zum Feldmarschall-Leutnant vor, diese erfolgte wenig später durch ksl. Patent. Vgl. ADB 38 S. 537–549 (Art. von Hallwich); Mann

bis Holck die Reiterei wieder zurückbrachte und ihm sekundierte. Der Herzog und alle hohen Offiziere waren verwundet, [. . .]

Dies ist der ganze Verlauf. Und wäre Papenheim, S. E., auf dem Marsche von Halle bei Zeiten dagewesen, so hätte der König eine schlechte Tat getan. Von den Kaiserlichen rissen außer den Kroaten gleich 3000 Pferde aus und plünderten die Bagage. Alle Verwundeten erhielten zwei Monatssolde, die anderen einen, die Offiziere Dankbriefe und goldene Ketten, andere avancierten und einige gemeine Reiter und Musketiere wurden in den Adelsstand erhoben; die Präsente betrugen, je nach dem Stande des Empfängers, 400, 600 und 1000 Gulden. Dagegen sitzen zu Prag etwa 22 Offiziere jeder Waffengattung, die ihres schlechten Komports und ihrer schmählichen Flucht wegen gerichtet und entleibt werden sollen.

75. Wallenstein an Aldringen

Bericht von den Kämpfen bei Lützen.

Schulz I S. 154f.
(Auch: Aretin S. 62)

[o. O.] 17. November 1632

Nach dem Vorgestern[1] der König[2] sich resolvirt, auff mich zu gehen, und denselben Tag nur eine kleine halbe Meil von mir im Feldt alto gemacht[3], auch die gantze Nacht in Bataglia daselbst gehalten, hab ich mein Volck auch zu Feldt geführt, und den Graffen von Pappenheimb nach Hall geschickt[4], und dieselbe gantze Nacht in Bataglia gehalten, der König hat sich alßbaldt

S. 206f.; OSN XXV S. 679; vgl. auch Hallwich, Wallensteins Ende II S. CLVIf.; Hildebrand HT S. 386; Mann S. 797, 813f.; Pekař S. 58; Suvanto S. 92.

30 Ottavio Piccolomini, Hg. von Amalfi (1639), Reichsfürst (seit 1650), geb. 11. 11. 1599, gest. 10. oder 11. 8. 1656, ksl. Oberst, dann Generalwachtmeister, General der Kavallerie, 1634 Feldmarschall; einer der wichtigsten Feinde Wallensteins. Vgl. ADB 26 S. 95–103 (Art. von Hallwich), Mann S. 995, 1024, 1042, 1057–1061, 1068–1077, 1080–1083, 1134, 1148; Srbik S. 71f., 78, 108, 195f., 204, 240, 256, 260–262, 276; Suvanto S. 337f.; Wagner S. 152f.

31 Nikolas Desfours, ksl. Oberst, dann Generalwachtmeister.

1 I. e. der 15. November.

2 Gustav II. Adolf.

3 In der Nähe von Lützen.

4 Die Stelle ist unklar; Wallenstein hatte am 14. November Pappenheim nach Halle geschickt, am 15. November ließ er ihn zurückbeordern; möglicherweise soll es im Text heißen: „und nach dem Graffen [. . .] geschickt“.

mit dem Tag præsentirt, der Graff von Pappenheimb auch mit der Cavaleria angelangt, alßdann ist die Schlacht umb 10. Uhr angangen, mit einer solchen Furi, das niemandt ein solches gesehen oder gehört hat, dann umb 10. Uhr biß in die finster Nacht ist ein Treffen nach dem andern beschehen[5], mit der grösten Resolution der Welt, dann dem Feindt gantze Regimenter, wie sie in Bataglia gehalten, nidergemacht worden, auff Unserer seithen sein auch etlich Tausent gebliben, die meisten Officier Todt oder verwundt, dann der Graff von Pappenheimb auch Todt in dem ersten Treffen, man sagt, der König solle auch Todt sein[6], gegen der Nacht aber ist unser Volck desperirt gewesen, das die Officerer, Reuther und Knecht, bey Ihren Troppen nicht mehr halten können, also hab ich mit gutachten der Capi mich resolvirt, bey der Nacht mit dem Volck hieher nach Leypsig[7] zu reterirn, dahin Ich Heut werde alto machen[8], man bericht mich auch, das sich deß Königs Volck ebenmessig nach Naumburg soll reteriert haben, Morgen marsier Ich nach Kemnitz[9], mich mit dem Graffen Gallas zu conjungirn und den Feind testa zu machen, Ich habe von dem Feindt uber die 30. Standtarten und Fähnlein bekommen, Er von mir nicht uber 5. oder 6. zum allermeisten.

76. Ks. Ferdinand II. an Wallenstein

Gratulation zum Tode des schwedischen Königs.

Hallwich, Briefe und Akten
III S. 539f.
(Auch: Schulz I S. 157.)

Wien, 29. November 1632

Hochgeborner Fürst, lieber Ohaimb.

Wie den ich anheüt den gliggselligen Success unnd deß Schweeden tott von den Deodato[1] vernommen, alß habe ich keinen umbgang nemmen wollen, Zeigern dits, den Obr. Löbl[2], zu E. L. abzufertigen und zugleich mier und

[5] Vgl. Ritter III S. 545f.

[6] In diesem Zusammenhang eine erstaunliche Formulierung.

[7] Leipzig.

[8] Vgl. Ritter III S. 546f.

[9] Chemnitz.

[1] Giulio Diodati, ksl. Oberst.

[2] Hans Christoph Frhr. v. Löbl (25. 12. 1578 – 12. 6. 1636), ksl. Oberst, später Vizepräsident des Hofkriegsrates; Stadtkommandant von Wien; vgl. ADB 19 S. 52f.

E. L. zu congratuliren, inmassen Sie mit mehrerm von ime werden vernemmen kinden. Gott sey ewiger lob unnd dankh gesagt, unnd E. L. haben mich mit dero Vleiß unnd vigilantia noch meherers verobligiret, Dero ich beynebens mit Kayserlichen hulden, lieb und affection allzeit beygethan verbleibe. [Datierung, Grußformel.]

77. Wallenstein an Ks. Ferdinand II.

Dank für die Glückwünsche zum Tode des schwedischen Königs.

Hallwich, Briefe und Akten III S. 582.

Prag, 7. Dezember 1632

Allergnädigster Kaiser und Herr.

Ich thue mich unterthänigst gegen E. M. bedanken, daß sie sich mit mir wegen erlegung des Künigs aus Schweden erfreuen[1]. Unser Herr, der allergnädigst E. M. beigestanden, hats gethan, auf dessen Hülff ich mich noch festiglich verlasse. Und thue mich benebens in dero kaiserliche Gnad gehorsamlich empfehlen.

78. Kg. Christian IV. von Dänemark an Wallenstein

Interpositionsangebot.

Doc. Boh. V S. 111 Nr. 305

Kopenhagen, 11. Dezember 1632

E. L. ist unverborgen, in was getreuer Sorgfalt, umb fernere Blutsturzung im Heiligen Römischen Reiche zu verhueten, wir hiebevor zu verschiedenen Malen beedes gegen I. K. Mt und L., sodan deroselben dohmaligen Gegenteil, des Konigs der Schweden L., zu wurklicher Interposition und Versuchung guetlicher Mittul uns anerboten und bemuhet[1]. Ob wir nun wol zu Gott sofort alsolcher unserer Intervention erwünschlich teilhaft zu werden

[1] Bezug auf Nr. 76.

[1] Bezug auf die Interpositionsbemühungen von Ende 1631 resp. Anfang 1632; vgl. Fridericia I S. 245; Ritter III S. 513.

verhoffet, so hat jedoch ohn Zweifel aus Gottes gerechten Verhengnus annoch zu dero Zeit kein fruchtbarlicher Succes sich ereugnen mugen, ohnangesehen wir beiderseits viele guete Herzen zu Fried und Einigkeit sehr eifrig zielend und incliniret gewust. Als aber nunmehr, wie uns glaublich anjetzo beruren will, nach des Allmächtigen ohnverforschlichem Rat und Willen vorhogstgedachte des Konigs von Schweden L. ableibich worden, haben wir anderweit nicht unterlassen wollen, gegen mehrhogstgedachte Rom. K. Mt und L. unser voriges ganz ohnabsetzlich continuirendes Erbieten freundlich und wolmeintlich zu wiederholen[2]. Damit nun ein solch hochwichtiges Werk desto glücklicher nunmehr vonstatten gehen und fortgesetzet werden muge, so belangen wir dabeneben E. L. hiemit sehr freundlich, daß Sie nicht allein fur sich, wie Sie dan Ihrer bei uns und meniglich habenden gueten Renomée nach jederzeit nicht ein anders gewohnet, zu Fried und Eintrag incliniren, besondern auch oft hogsterwehnte K. Mt. durch ihre vielgeltende Autorität zu allen friedlichen billichen Mittulen disponiren wolle. Solches gereichet dem allerhogstem Friedefürsten zu Ehren und Wohlgefallen, auch zu vieler euserst betrangten Seelen laabsähligen Erquickung und wir seints sonderlich umb E. L., die wir Gottes Bewahrung treulich befehlen, zu erkennen geneigt und willig.

79. Kaiserliches Privileg zur verstärkten Sicherung des wallensteinischen Besitzes

Hallwich, Briefe und Akten
III S. 700–703.

Wien, 4. Januar 1633

Privilegium ‘ob crimen laesae majestatis et non petitam investituram’, betreffend die Herzogtümer Friedland, Sagan und Großglogau[1].

Wir Ferdinandt der ander, von Gottes gnaden erwöhlter Römischer Keyser, zu allen Zeiten mehrer des Reichs [etc.].

Bekennen undt thuen kundt hiermit offentlich vor iedermänniglich, für unns, alß regierender Römischer Keyser undt König in Böhmen, undt andere am heiligen Römischen undt Königreiche Böhmen nachkommende succes-

[2] Vgl. zu den dänischen Vermittlungsbemühungen der Jahre 1632 und 1633 (im Umkreis der projektierten Breslauer Verhandlungen) Fridericia I S. 244–249, 260–265, 273–282; Irmer II S. VII f., XII, LII; Ritter III S. 550.

[1] Vgl. Mann S. 905.

sorn: Demnach Wier schon den 11ten tag des Monaths Maij anno sechzehenhundert siebenundtzwantzig dem hochgebohrnem unnserm Oheimb, des Reichs Fürsten undt lieben getreuen Albrecht Hertzogen zue Mekelburg, Friedtlandt, Sagan und Großglogau, Fürsten zu Wenden, Grafen zu Schwerin, derer lande Rostok und Stargart herrn, Unserm Kriegsrath, Cammerern undt General-Obristen-Veldthaubtmann etc., die Keyser- und Königliche gnade gethan undt denselben unter anderen, ratione des Hertzogthumbes Friedlandt dahin gnädiglich privilegiret, das auf den fall sich einer oder der ander auf ermeltes Hertzogen zue Friedlandt etc. Successorn des criminis laesae Majestatis theilhafftig oder beypflichtig machen würde, der oder dieselben nicht, wie sonst rechtlich ausgesetzet, mit einziehung des gedachten hertzogthumbes Friedlandt oder anderer gütter, sondern allein an leib undt leben bestrafft, das Hertzogthumb aber undt die gütter auf den nach ihn folgenden eltisten hertzogen oder Fürsten von Friedlandt etc. fallen undt stammen solte etc., alles nach mehrerm innhalt itzgedachtes unnsers zue Wien darüber ausgefertigten Keyser- undt Königlichen diplomatis[2], unndt nuhn mehrgemeltes Hertzogens L. unns gehorsamlich erinnert, das Sie inzwischen die im Hertzogthumb Schlesien gelegene Fürstenthümber Sagan undt Großglogau sambt allen derselben ein- undt zugehörungen durch gewiße conträct undt übergaaben auch an sich gebracht undt dahero zum höchstem begierig weren, damit solche Fürstenthümber, die Wier aus sonderlichen Keyser- und Königlichen gnaden in hertzogthümber erigiret undt erhoben, gleichsfalß wie das hertzogenthumb Friedlandt bey ihren Successorn undt posterität erhalten werden möchten, derowegen unterthänig bittendt, mehr angezogenes über das Hertzogthumb Friedlandt erlangte privilegium oder diploma super crimen laesae Majestatis auch auf dieße beyde Hertzogthümber Sagan undt Großglogau auf den fall, welchen Gott gnädiglich verhüeten wolle, da einer oder der ander von Sr. L. descendirten oder in mangell dießer auch derer anderen in- undt substituirten Erben undt nachkhommen des criminis laesae Majestatis sich theilhafftig machete, zu extendiren undt zu erstreken.

Wann Wier dann angesehen Sr. des Hertzogen zu Mekelburg, Friedtlandt, Sagan undt Großglogau L. unns undt unseren Vorfahren, Römischen Keysern, böhmischen Königen undt Ertzhertzogen zue Oesterreich zue Friedt- undt Kriegs-Zeiten vielfältig erwiesene ansehentliche, standthaffte, treue undt ersprießliche dienste, darinnen er mit darsetzung guttes undt blutes vor unns undt unser hochlöblich hauß Oesterreich in stet wehrender gehorsambister devotion zu continuiren erböttig; auch gnädigist betrachtet, daß dießes sein, des hertzogs, gehorsambes anlangen undt bitten zue keinem anderem ende gemeinet, denn das er den von unns ihme aus sonderlichen dankbahrlichen Key-

[2] Vgl. Förster S. 88f.

ser- undt Königlichen gnaden verliehenen hertzoglichen Standt undt Würde bey seinen nachkommen zu allen künfftigen Zeiten mit gutem nachtruk in stets wehrender würklichkeit erhalten möchte:

Hierumb so haben Wier mit wolbedachtem muth undt rechtem wißen, auch vorher gepflogenem reiffen rath unnserer edlen Räthe in solch Sr. L. unterthäniges suechen zue gnädigister remunerirung obangezogener seiner vielfeltig geleisteter dienste in Keyser- undt Königlichen gnaden bewilliget, thuen daßelbe auch hirmit wißentlich aus volkommener macht undt gewalt alß regierender Römischer Kayser, König in Böhmen undt Obrister Hertzog in Schlesien vor unns undt alle nachkommende am heiligen Römischen undt Königreiche Böhmen undt anderer unserer lande Successorn, meinen, setzen undt wollen das auff den fall, do bey künfftigen begebenheiten mit veränderung der Zeiten, wie es die erfahrung bißhero mit sich bracht, durch anstifftung böser, friedthäßiger leüthe undt verhangnüß Gottes einer oder der ander auß mehr genänten Hertzogs zue Mekelburg, Friedtlandt, Sagan undt Großglogau L. successorn sich dahin verleiten undt zu einem aufstandt oder anderem ungebührlichem Vornehmen wieder ihre vorgesätzte hohe Obrigkeit bewegen ließe undt des criminis laesae Majestatis theilhafftig oder beypflichtig machen würde, der oder dieselben dannenhero ebenso wenig dieser beyden hertzogthümber Sagan undt Großglogau sowohl aller anderer gütter, die S. L. in dem Königreiche Böhmen undt anderen unseren Erblanden noch acquiriren möchten, alß des hertzogthumbs Friedtlandt verlustig sein, sondern alleine an leib undt leben gestrafft, die hertzogthümber undt gütter aber auf den nach ihn folgenden eltisten Hertzogen oder Fürsten zue Friedlandt, Sagan undt Großglogau fallen undt stammen sollen; allermaßen solches die von Sr. L. dem hertzog Albrecht hinterlaßene disposition mit mehrerm besagen undt außweisen wurdt.

Undt demnach vermöge der Rechte die lehen auch durch dießen casum caduc undt fällig werden können, wann solche durch den Vasallen vom Lehenherrn nit zu rechter Zeit gesuchet undt gemuthet werden: So haben wier mehr besagtes Hertzogs zue Mekelburg, Friedlandt, Sagan undt Großglogau L. noch dieße fernere Keyser- undt Königliche gnade aigener bewegnüß gethan undt darzue bewilliget, thuen daßelbe aus gleicher vollkommener Keyser- undt Königlicher macht, wie obgedacht; setzen undt ordnen, das, wo künfftig Sr. L. Successorn einer durch hinläßigkeit die lehen über mehr bemelte alle drey hertzogthümber Friedlandt, Sagan undt Großglogau oder über eines oder das ander allein zue rechter Zeit nit suechen thäte, der oder dieselben mit einziehung der gedachten hertzogthümber undt anderer gütter nit solten beleget, sondern dieselben hertzogthümber undt gütter auff folgenden nechst befuegten hertzog oder Fürsten von Friedlandt, Sagan undt Großglogau fallen undt kommen und also der fahrläßige alleine dißfalß mit entsetzung derselben, anderen zum exempell, wegen dießer seiner Unachtsambkeit zur bestraffung angesehen werden solle. Welches unser privilegium nit alleine von unnß, sondern auch von unseren nachkommen am Kayserthume undt dem Königreiche Böhmen, sowohln anderer unnserer Erblande umb vielfeltiger, treu- undt eyferig erzeigter diensten offtermeltes Herzogs L. in obacht gezogen, nichts darwieder gehanndelt undt vorgenommen, sondern zu ewigen Zeiten stett, vest undt unverbrüchlich darüber gehalten werden solle.

Gebieten demnach hierauf allen undt ieden Unseren undt des heiligen Reichs, sowohln Unsers Erbkönigreichs Böhmen undt Ertzherzogthumbs Schlesien lieben getreuen Chur-, Fürsten, Grafen, Herren undt Unterthanen, was würden, Standes, Ambts oder condition dieselben sein, hirmit ernstlich, offt besagtes Hertzogs zue Mekelburg, Friedlandt, Sagan undt Großglogau L. undt deren nachkommen bey obgedachter der von Unns ihnen versprochenen Keyser- undt Königlichen gnade geruhiglichen verbleiben zue laßen, daran nit zu hindern oder beirren oder solches iemanden anderen zu thun verstatten, alß lieb einem iedem ist, Unnsere straffe undt ungnade zu vermeiden.

Zue Uhrkundt deßen besiegelt mit unnserem Keyser- undt Königlichem anhangendem größerem Insiegel, geben in Unnser Stadt Wien, den 4ten tag des Monaths Januarij nach Christj unnsers lieben herrn undt Seligmachers geburth eintausendt sechshundert dreyundtdreyßig, Unnserer Reiche, des römischen im vierzehenden, des hungarischen im funffzehenden undt des böhmischen im sechzehendem Jahre.

80. Aldringen an Wallenstein

Bayern nicht geneigt, Torstenson freizugeben.

Hallwich, Wallensteins Ende
I S. 47.

Memmingen, 13. Januar 1633

[Anrede] Obwoll auff E. fl. Gn. bevelch Ich bey Ihr Churfr. dhlt. in Bayren des gefangenen schwedischen Obristen Zeugmeisters Leonhardt Torstensohns[1] erledigung gancz beweglichen sollicitirt: So ist mir doch kheine andere antwort, alß wie E. frl. G. beyliegendt in abschrifft zuvernemen geruehen

[1] Torstens(s)on, Lennart (17. 8. 1603–7. 4. 1651), 1630 Oberst der Artillerie, 1632 deren General, 1634 Reichszeugmeister, 1641–1646 Oberbefehlshaber über die schwedischen Truppen in Deutschland; 1647 Gf.; vgl. SMK VIII S. 19f.; Meyer 23 S. 601.

Torstenson war am 3. September 1632 bei Zirndorf in bayerische Gefangenschaft geraten (vgl. Hallwich, s. o. S. 47 Anm. 1).

wollen[2], zuekommen unnd habe Ich mich berichten laßen, das der Churfürst ime Torstonsohn solche schwere conditiones zu seiner erledigung vorschlagen laßen, das Ich nicht weiß, was deswegen man sich vor hoffnung zumachen; Ich will aber bey ersehender Occassion geflisen sein, ferner anzuhalten und E. frl. G. des ervolgs zu avisiren. [Grußformel; Datierung.]

81. Kg. Christian IV. von Dänemark an Wallenstein

Dänischer Interpositionsvorschlag; Problem eines allgemeinen resp. begrenzten Waffenstillstandes während der Verhandlungen; Reventlows Entsendung zu Wallenstein.

Hallwich, Wallensteins Ende I S. 102

Frederiksborg (Hillerød), 10./20. Februar 1633

Christian der Vierdte, von Gottes Gnaden zue Dennemarken, Norwegen [...] Konigh, [Titulatur] Unsere Freundtschaft undt was wir sonsten mehr liebes undt guetes vermugen, zuvohr. Hochgeborner Fürst, besonder lieber freundt. Wie wir bey dero Römischen kayserl. Majst. und Liebden die guettliche tractaten zue einem allgemeinen friede im Romischen Reich auß getrewer sorgfalt freundt oheimblich vorgeschlagen undt begehret, auch Euer Liebden, das Sie Ihre authorität dabey gewuerigh zue interponiren geruhen wolte, hiebevohr wollmeindtlich ersuchet haben[1]. Also haben wir auch nicht under-

[2] Vgl. Hallwich, s. o. S. 47 Anm. 1:
„In dem beil. Schreiben d. d. Braunau 29. Dec. 1632 antwortet Kurf. Maximilian von Baiern, daß er sich gegen Torstensohn 'allberait so weit erklert, wenn er es bey den schwed. officirn dahin richten könne, daß zwischen allen beederseits gefangenen Geißl, Kriegs officirn und gemeinen Knechten ein durchgehendte außwexlung getroffen werde, darunder auch die Weissenburg. Geißl verstanden, ohne ranzion ledig und frey lassen, auch, da Jemanden zu inen zusprechen wird, solche contentirn wolle, bei welcher gestaltsamb Ich dan außer Zweiffel stelle, Se. deß Herzogen zu Mechelburg und Friedtlandt L. werden selbst gern sehen und billig befinden, daß dise auß meinen Landen genohmene und so hart tractierte Geißl gegen den Torstensohn und anderen habenden schwedischen gefangenen außgewexelt werden.'"
Wallenstein fügt seinem Schreiben an Oberst von Ruepp (Prag, 19. Januar 1633; vgl. Hallwich, s. o. S. 56) ein eigenhändiges Postscriptum bei: „Ich bitte, der herr solicitire bey dem hrn. Churfürsten [von Bayern] auch wegen des Lenhartz [i. e. Torstenson], den sie [die Schweden] wollen sonsten den von Harrach [Otto Friedrich Gf. Harrach, Wallensteins Oberstkämmerer] nicht loß laßen."

[1] Vgl. Nr. 78.

lassen, durch geheimbte Schickungh unß des gegentheylß inclination undt zueneigungh behuettsamb zu erkundigen; undt ob wir zwar jnsonderheitt des Churfürsten zue Sachsen Liebden zue forttsetzungh gemelter Unterhandlungkh so abgeneigt nicht verspühren [2], so vermercken wir jedoch, das an selbiger seitten, so viell wir in vertrawen dessen nachrichtungk haben, inmittelst undt durante tractatu gleichsamb ein allgemeines armistitium, anstandt oder auff eine gewiße Zeitt taurende Niederlegungh der Waffen urgiret werden wolle, zuemahl inter arma undt bey flagrirenden thättlichen Kriegswehsen immer forth mehrere undt mehre Verbitterungk undt misstrawen unter den gemüthern einzuewurtzelen pfleget.

Wie wir nun, wie Euer Liebden zue alsolichem vorschlagh sich verstehen mögten, zuvohr, ehe wir einigen würklichen Versuch unß weitter unterwinnen, hertzlich gerne wolten berichtet seyn undt deßwegen den Ehrbaren unsern geheimben Rath undt lieben getrewen Dettleff Reventlowen [3] gnedigst abgefertiget: So ersuchen wir Euer Liebden hiemit gantz freundtlich, das Sie sich nicht wiederen wolle, besagtem unserm abgesandten gleich unß selbsten in derogleichen anbringen nicht allein glauben bey zuemeßen, besondern auch gegen denselben, wie es Ihro umbs hertz, undt was Sie bey gesuchten inducien sich zu ercleren gemeinet, in hegstem Vertrawen herauß zue laßen undt also unß durch denselben oder auch sonsten schrifftlich ihr bedenken undt gemuthes meinungh zu entdecken, Sich gewißlich versicherend, das wir selbiges in gueter geheimb behalten undt alles das Jenige, was zue einmahliger ablangungh deß sehr langh erwunschten intents gereichen magk, mittelst verleyhungk Gottlichen Beystandes in acht nehmen, auch nichtes an getrewer, auffrichtigen befohderungh werden erwinden lassen. [Grußformel; Datierung.]

[2] Vgl. Ritter III S. 550.

[3] Reventlow/Reventlov, Ditlev/Detlev (4. oder 27. 4. 1600 Ziesendorf in Mecklenburg–13. 8. 1664 Kiel), zunächst im Dienst des Bremer Administrators Johann Friedrich (u. a. als dessen Vertreter beim Regensburger Kurfürstentag 1630), wird 1632 dänischer Geheimer Rat und Deutscher Kanzler; vgl. DBL XII (København 1982) S. 171f.; Fridericia I S. 96f.

82. Auszug aus dem Protokoll der Beratungen des Reichskanzlers Axel Oxenstierna mit der kurbrandenburgischen Regierung zu Berlin

Verhandlungsbereitschaft des schwedischen Königs von Wallenstein nicht erwidert.

Irmer II S. 29 (Gesamtprotokoll: S. 24–44).

Berlin, 30. und 31. Januar/9. und 10. Februar 1633

De pace.

Er [1] hette gesagt, wenn man einen guten universalfrieden haben könte, were er in alle wege zu acceptiren, und könte des königs tod nicht besser als durch einen solchen frieden gerochen werden. Sächsische hetten gesaget, man solte den angebotenen frieden nicht ausschlagen, allein er wüste noch nicht, daß das gegentheil einen solchen frieden angeboten hette, ja der könig hette sich kegen dem herzogen von Friedland bei Nurmberg [2] erbieten lassen, daß er mit ihme im felde zuer unterredung zusammen kommen wolte, aber der herzog zu Friedland hette dem könige durch den obersten Sparren [3] sagen lassen, daß er, mit ihm zu tractiren, keine plenipotenz hette.

83. Menzel [1] an Wallenstein

Planungen und Politik Axel Oxenstiernas: 1. Erneuerung, Festigung und Erweiterung des Bündnissystems gegen Habsburg zur Fortsetzung des Krieges; 2. Kontributionsvereinbarungen; 3. starke Einbeziehung Frankreichs in den Krieg; französisches Interesse am Kaisertitel; Pläne betr. geistliche Territorien.

Hallwich, Wallensteins Ende I S. 139–141

Hamburg, 24. Februar 1633

Durchleichtigster, Hochgeborner Fürst,
Gnädigster Herr [etc.]

Ewer Fürstl. Gnaden underthänigst zue berichten nicht underlassen wollen, welcher gestaltt deß Reichß Schweden in Teutschlandt anwesenter Cantz-

[1] Axel Oxenstierna.
[2] Vgl. Mann S. 857–859.
[3] Gemeint ist wohl Ernst Georg Sparr auf Trampe (um 1600–Sept. 1666); Militär-

ler Ochsenstern[2] nach seines Königs in jüngst gewesener Feldtschlacht bey Lüczen tödtlichen abgang folgente pro conservando suo statu uff weg zue richten sich eisserst bemühet[3].

Alß erstlichen seines Königs mit jenen teutschen protestirenten Chur-, Fürsten, Ständen und Städten gemachte vorige Verbündtnuß[4] uff erhalten[5] deß Königs von Franckhreich, deß Königs von Engelland und der Stadten General von Hollandt, zue reassummiren, solche auff daß Reich Schweden beständig zue extendiren, welches er auch in dem niedersächsischen Creiß bei denen Fürsten unnd Städten durch den schwedischen anwesenten Residenten Salvium[6]; in den Westphalischen, bey jenen ohncatholischen Ständen und Städten, durch Steinbergern[7]; jn dem Fränckischen durch General Zeugmeistern Obristen von Schlamberstorff[8]; im dem Schwäbischen durch deß Administratoris von Wirtenberg Cantzlern[9]; in dem Rheinischen durch Rheingraffen Otto[10]; Ochsenstern aber selbstn dasselbe in dem obersächsischen Crajs, bey Chur Sachsen, Brandenburg, auch bey denen andern eingesessenen Fürsten

dienst (1621 polnisch, 1626 ebfl. magdeburgisch, seit 1627 ksl.), 1632 ksl. Generalfeldzeugmeister, nach Wallensteins Sturz zu lebenslanger Haft verurteilt, bald freigelassen, 1641 für kurze Zeit wieder in ksl. Dienst, 1654 vom Kf. von Brandenburg in den Grafenstand erhoben; vgl. ADB 35 S. 62f.; Suvanto S. 171.

1 Michael v. Menzel (Mentzel, Mentzeln), ksl. Resident in Hamburg.

2 Oxenstierna.

3 Zur Politik A. Oxenstiernas in Deutschland vgl. Ritter III S. 549–553.

4 Zu den Vereinbarungen und Bündnissen Gustav II. Adolfs mit Reichsständen vgl. Ritter III S. 463–470, 480, 489–499, 506f.; u. a. mit Pommern vom 20. 7. resp. 9.9.1630 S. 464f., mit Hessen-Kassel vom 21. 11. 1630 resp. 22. 8. 1631 S. 469, 495f.; mit Kurbrandenburg vom 14. 5. resp. 20. 6. 1631 S. 489, 493; mit Kursachsen vom 11. 9. 1631 S. 498f.

5 Die Wendung ist mir nicht klar, unter Umständen: 'auf Anhalten', doch hatten die drei genannten Mächte bei der Jahreswende 1632/1633 kaum den ihnen damit zugeschriebenen Einfluß auf die Deutschlandpolitik Axel Oxenstiernas.

6 Johan Adler Salvius (1590 Strängnäs–24. 8. 1652 Stockholm), trat 1621 in Gustav II. Adolfs Dienst, 1629 geadelt, 1634 Hofkanzler, 1648 Reichsrat, einer der wichtigsten schwedischen Diplomaten der Zeit des Dreißigjährigen Krieges; vgl. SMK I S. 17f. (unter Adler); Lundgren.

7 Jakob Steinberg (Stenberg), schwedischer Hofrat.

8 Balthasar Jakob von Schlammersdorf, schwedischer Feldzeugmeister.

9 Mit dem Administrator von Württemberg ist vermutlich Hg. Eberhard III. (16. 12. 1614–2. 7. 1674, folgt 18. 7. 1628 unter Vormundschaft seiner Mutter und seiner Oheime Ludwig Friedrich und Julius Friedrich bis 2. Mai 1633; tritt im April 1633 dem Heilbronner Bund bei; vgl. ADB 5 S. 559–561; NDB 4 S. 236f.) gemeint; sein Kanzler könnte sein Dr. Andreas Burckhardt (1. 7. 1594–25. 6. 1651).

10 I. e. Otto Ludwig, Gf. von Salm, Wild- und Rheingraf in Kirburg, Mörchingen

unnd Ständen simpliciter ohne einige exception vor sicher erhalten. Also der Römisch kaiserl. Majst. wiederige unnd ohngehorsambe nicht allein einmüethig entschlossen, sondern auch wolbedächtlichen mit einem starckhen juramento beschworen, den ietzt schwebenden ohnverandtwortlichen, bluetdürstigen, rebellischen Krieg wieder sie beyde hochlöbliche Häwser Oesterreich-Bajern unnd wieder sie sämbtliche hochbedrangte catholische Bundtsverwante mitt eißerster macht ohnabsetzlich forthzuesetzen.

Zum andern hat oberwehnter Ochsenstern pro continuatione belli mit denen protestirenten Chur-, Fürsten unnd Ständten uff eine beständige contribution sich vergliechen [11], waß ein ieglicher monathlich zur underhaltung ihrer Armaden herschießen solle: ingleichen hat er sich wegen der Kriegsmittel mitt Engellandt und Hollandt dahin vereiniget, daß Engellandt seine contribution durch die englische liegente Stabel zue Königsberg, Embten [12] unnd Hamburg alle Monaht ordenlich, Hollandt aber daß Ihrige halb an geldt, den andern Theil an Pulver unnd Lunden erlegen mueß.

Zum dritten thueth Ochsenstern an iezo wegen eines gewissen Haupts, in welches Nahmen der ietzt schwebende Krieg solle forthgesetzet werden, sich eißerst bearbeiten, darinn folgende consultationes zwischen ihme und denen von deß leibsischen Schlueß [13] verwanten verlauffen, alß wie nemblichen deß Reichß Schweden Erb solle eißerlichen Vorgeben nach in dem Kriegs Directorio den Haupt Nahmen führen, der König von Frankreich aber effective hierüber Generalissimo seyn [14], darum Ochsenstern an ietzo bey Chur Brandenburg gewesen, mit ihme wegen Franckhreich consultirt, uff waß beding man die Generalität solle an dem König von Frankhreich übertragen, wegen erwehlung zue dem Römischen König mit ihme tractiren und eine sichere assecuration vor die Protestirente wegen steiff und fester haltung dero mit Frankreich beschließender capitulation uff weg richten, also Ochsenstern vor zehen tagen von Berlin nach Chur-Sachsen wiederumb abgereiset, deme Chur-Brandenburg in Person nach Drehsden gefolget, alda mit einrath deß

und Tronecken, schwedischer General (13. 10. 1597–6. 10. 1634); vgl. Isenburg III T. 143.

[11] Vgl. zu Oxenstiernas Ansichten über die Finanzierung Ritter III S. 550f.

[12] I. e. Emden.

[13] Bezug auf die Leipziger Versammlung protestantischer Reichsstände vom 20. 2. bis zum 12. 4. 1631; vgl. Repgen S. 222, 260–262; Ritter III S. 480–483; Suvanto S. 70, 79.

[14] Die hier und im folgenden geäußerten Behauptungen lassen sich nicht verifizieren; sie widersprechen den Ereignissen und der Situation zu Beginn des Jahres 1633; wenn auch Frankreich dem Direktorium des Krieges nicht abgeneigt schien, war Axel Oxenstierna nicht bereit, Frankreich entgegenzukommen; vgl. Ritter III S. 549–553.

anwesenten gevollmächtigten holländischen Gesandten über alle vorerwehnte puncten ein gewisses ohn wiederruffliches conclusum zue machen. – Uber daß berichte Ewer Fürstl. gnaden unterthänigst, alß wie durch meine an Handen habente correspondenten von verscheydenen Orthen sehr geheimb mir beygebracht worden, daß Franckhreich denen Stadten Generaln gänzliche Vollmacht ertheylet, mit denen protestirenten Chur-, Fürsten unnd Ständten in Teutschland wegen deß Kayserthumbs in allen zue schließen; wollte auch die beschahene translation der geistlichen Churfürsten mit dero Landen an die Protestirente, welche der König von Schweden jure belli an sich gebracht, de novo confirmiren; jngleichen wolte Frankreich ohne einige exception behaupten, waß der König von Schweden wegen Verenderung mit denen andern Erzstifftern, Clöstern, Apteyen unnd denen übrigen geistlichen Güettern beschlossen; nicht weniger alle newe possessores von denen übertragenen Fürstenthumben, Graffschafften unnd Landen, so zuevor der kayserlicher catholischer Parthey Bediente in sicheren Besitz gehabt, darbey cräfftigster massen nach zuegleich schüetzen unndt handthaben [15], damidt aber keiner hierinn möge gefähret werden, hetten die Stadten General durch den französischen Cardinal [16] in Nahmen seines Königs gevollmächtigte commission empfangen, eine sichere assecuration vor die Protestierente zu schließen; auch, waß sie hierinn verwilligen theten, wolte solches Franckhreich in allen Puncten und Clausuln steiff, fest unnd ohnverbrüechlich halten. Nidt wenigen der Römisch kaiserl. Maist. wiederige wollen von deme in Franckhfurth gemachten concluso [17] keines wegs abweichen sondern dasselbe mit eißerster Kriegsmacht ausführen und die newe under sich beschlossene alß auch beschworne formam imperij empor richten; worauff aber deroselben absehen eigentlich gestellet, werden hiervor Euer Fürstl. Gnaden von dem hochseligen Herrn General Feldt Marschallen Herrn Graffen von Pappenheimb umbständtlichen vernomben haben, also solches an iezo zue wiederholen vor ohnnöhtig erachtet.

Thue hiemit Euer Fürstl. Gnaden göttlicher Obacht zue beständiger leibes vermüegenheith, glückseeligen siegreichen Kriegsexpeditionen und allerhöch-

[15] Die Ausführungen widersprechen den französischen Vorstellungen der Jahreswende 1632/1633; vgl. Ritter III S. 553.

[16] Armand Jean du Plessis (9. 9. 1585–4. 12. 1642), 1606/1607 Bf. von Luçon, 1614 Sprecher des Klerus bei den Generalständen, 1616 Mitglied des königlichen Rates als Staatssekretär für Kriegswesen und Außenpolitik, 1622 Kardinal, 1624 Erster Minister, 1631 Hg. von Richelieu; vgl. Meyer XX S. 127.

[17] Wohl Bezug auf den Abschied der Leipziger Versammlung protestantischer Reichsstände (vgl. Anm. 13); der Frankfurter Kompositionstag endete Mitte Oktober 1631 ohne Ergebnis (vgl. Repgen S. 262f.; Ritter III S. 506).

sten Wolergehen, mich herogegen in dero beharrliche Fürstliche Gnadt underthänigst empfehlendt.

Euer Fürstl. Gnaden

Gehorsambster, underthänigster
Diener
Michael von Mentzeln.

84. Wallenstein an Axel Oxenstierna

Austausch von Harrachs mit Torstenson.

Hallwich, Wallensteins Ende I S. 202.

Prag, 20. März 1633

Wir können dem herrn hiermit unberichtet nicht lassen, welcher gestaltt, nachdem die Zeitt kommen, das der Graff von Harrach[1] seiner gegebenen parola gemeß sich wiederumb hinüber[2] begeben und einstellen wollen, des herrn Churfürstens in Beyern Ld. den Obr. Ruep[3] zu uns geschiket und durch denselben vermelden lassen, was massen sy numehr zufrieden, das der schwedische Gen: von der artillerie herr leonhardt Torstensohn[4] auf gewisse conditiones, so wir mit deroselben aufgerichtet, auf freyen fuß gestellet werden solle.

Aldieweiln wir nun ausser allem Zweiffel stellen, das solche des herrn Torstensohns erledigung hierauf baldt würklich erfolgen werde, als haben wir dem Grafen von Harrach bey so beschaffenen sachen zurukzubleiben befohlen und dahero solches dem herrn zu seiner nachrichtung und damit ihme hiervon keine ungleiche gedanken, zumaln ausser diesem, wenn mehrbemeldtes herrn Torstensohns liberation nicht dergestaltt zu werk gerichtet, sich der herr ungezweiffelt zu versichern, das der von harrach sich in continenti und unfehlbar an ohrt und stelle, wo ihm der herr geschafft, aingestellt haben würde, beyfallen möchten, hiermit notificiren, benebenst auch Ihm wegen aller derer mehrbenenttem von Harach durch Ihn und andere ienseits erwiesenen cortoisie gebührenden dank sagen wollen, mit dem erbietten, das, wenn hinfüro iemands von den Ihrigen auf dieser seitten gefangen werden soltte,

[1] Otto Friedrich Gf. v. Harrach, ksl. Oberst und wallensteinischer Oberstkämmerer, war in schwedische Kriegsgefangenschaft geraten; vgl. Diwald S. 506.

[2] Zu Schweden.

[3] Frhr. Johann Christoph v. Ruepp.

[4] Vgl. Nr. 80.

wir ihm dergleichen bezeygung wiederfahren zu lassen unvergessen sein werden. Und verbleiben insonderheit dem herrn zu aller angenehmen erweisung willig.

85. Wallenstein an Aldringen

Austausch Torstensons.

Hallwich, Wallensteins Ende I S. 202f.

Prag, 20. März 1633

Wir mögen den herrn hiermit unberichtet nicht lassen, welcher gestaltt des Herrn Churfürstens in Beyern ld. sich nunmehr durch den Obr. Ruep wegen des schwedischen Gen. von der artilleria herrn leonhordt Torstensohns bey uns dahin erkläret[1], das derselbe auf freyen fuß gestellet werden soltte, im fall ihro hingegen die Kemtische[2] und Memmingische gefangene bürger gefolget würden.

Allermassen nun der herr aus unsern unterschiedlichen Ihm solcherwegen zukommenen schreiben mit mehrem vernommen, wie hoch wir uns die liberation bemeldtes herrn Torstensohns ieder Zeit angelegen sein lassen, insonderheit aber deren erfolg anietzo gern erfahren, weiln sich der herr Axelius Oxenstern, Reichscanzler der Cron Schweden, unsern Obr. Camerern den Grafen von Harrach hingegen ledig zulassen erbotten:

Als erinnern wir den herrn, zu dessen würklicher und schleuniger effectuirung hochbemeldtes herrn Churfürstens ld. die besagte Kemptische und Memmingische gefangene bürger in continenti abfolgen zu lassen, auch benebenst dem herrn Grafen von Cronberg[3] anzudeutten, das mehr wolgedachtes herrn Churfürstens ld., wie Sy uns dieses ausdrüklich vermelden lassen, wegen der rantzion ernenttes herrn Torstensohns ihn zu seinem vergnügen zubedenken nicht unterlassen werden.

P. S.[4] Ich bitte, der Herr sehe, dz darmit nit gesaumb wirt, damit der von Harrach auch alsbalt auf freyen fuß kan gestelt werden.

[1] Vgl. Nr. 80, 84.

[2] Kempten/Allgäu.

[3] Gemeint ist vermutlich der ksl. Oberst Adam Philipp Frhr. v. Cron(s)berg; vgl. Doc. Boh. V, Reg.

[4] Eigenhändig.

86. Wallenstein an Kg. Christian IV. von Dänemark

Entsendung Reventlows zu Wallenstein.

Hallwich, Wallensteins Ende I S. 227f.

Prag, 1. April 1633

Durchleuchtiger, Großmächtigster König,
Gnediger Herr!

Ewer Königl. Würd. sindt unser gefliessen willige dienst jederzeit bevor, und sind deroselben beide an unß haltende, auf dero Gehaimen Rath Detloffen von Revenclaw gerichtete Creditif uns durch denselben zurecht uberliefert, auch, waß dieselbe ihm mündlich, die interposition wegen güttlicher Friedenstractaten und das vorgehende armisticium betreffend, anzubringen aufgetragen, der Gebühr abgeleget worden [1].

Allermassen wir unß nun zuföderst der sonderbahren zu unß hierunter gestelten confidenz gegen deroselben unterdienstlich bedancken, auch darauf der sachen wichtigkeit nach in einem und Andern, wie E. königl. Würd. bemelten dero Rath bey seiner zurückkunfft mit mehrem berichten wirdt, gegen ihm vernehmen lassen:

Alß thuen wir unß hinwider auf dessen mündtliche relation hiermit völlig remittiren und zu deroselben beharr. Königl. Gn. uns benebenst unter dienstlich empfehlen. [Datierung.]

87. Wallenstein an Kf. Maximilian von Bayern

Problem der Freilassung Torstensons.

Hallwich, Wallensteins Ende I S. 258f.

Prag, 13. April 1633

Durchleichtiger, Hochgeborner Churfürst.

Ewr Ld. kan Ich unberichtet nicht laßen, welcher gestallt mir herr Axelius Oxenstern, Reichs Cantzler der Cron Schweden, daß der Schwedische Obriste von der Artiglierie herr Leonhardt Torstensohn noch nicht liberiret, zuge-

[1] Vgl. Nr. 81.

schrieben und mich dahero, daß der Graff von Harrach sich gegen dem Ersten negst bevorstehenden Monats May zu Frankfurt am Mayn wiedergestellen solle[1], erinnert.

Aldieweiln Ich nun dieses, waß E. Ld. seiner erledigung halber durch den Obristen Ruep an mich begehret, allerdings bewilliget undt also baldten die Kemptische undt Memmingische gefangene Bürger deroselben abfolgen zulaßen dem Veldtmarschalck Grafen von Altringen befohlen[2], auch außer allen Zweifel stelle, solches bereits würklich beschehen sein werde:

Alß ersuche dieselbe Ich hiermit dienstlich, die anordtnung zuthuen, dz bemelter herr Torstensohn ohne weitern verzug auf freyen Fueß gestellet undt mehr bemeltem herrn Reichs Cantzlern, umb noch vor anfang Maii bey ihm anzulangen, zugeschicket werde undt vermittelst deßen weder des Graven von Harrach noch auch meine eygene parola, weiln ich deßwegen erst gedachtem herrn Reichs Cantzlern, das solche erledigung bereitts zu werk gerichtet, zugeschrieben[3], nicht periclitiren dürffe. [Grußformel; Datierung.]

88. Axel Oxenstierna an Wallenstein

Austausch Torstenson–Harrach[1].

Hallwich, Briefe und Akten
IV S. 114f.

Heilbronn, 15./25. April 1633

Durchleüchtiger, hochgebohrner Fürst und Herr.

Euer Fürstl. Gn. Schreiben vom 6./16. dieß, darin Sie wegen prorogation deß dem Herrn Grafen von Harrach zur Wiederstellung angesezten termins Ansuchung thun, ist mir vorgestern zurecht worden; hette nit underlaßen, deroselben gesuchter maßen zu willfahren, wan der Obriste von der Artiglerie Lenhard Torstenson nicht albereit uff freyen fuß gestelt und also hierdurch wollermelter Herr Graff seiner Wiederstellung und parole in der That selbsten entschlagen gewesen were. Wir spüren aber bey diesem ganzen Werck Euer Fürstl. Gn. lobwürdigste humanitet und fürstl. discretion und versichern dieselbe hingegen, daß, ob es schon an seithen der Churfürstl. Dhr. zu Bayern et-

[1] Vgl. Nr. 84.
[2] Vgl. Nr. 85.
[3] Vgl. Nr. 84.
[1] Vgl. Nr. 80, 84f., 87.

was angestanden were, ich dennoch an mir nit ermangeln hette sollen laßen, Euer Fürstl. Gn. zu gefallen mehrwollgedachten Herrn Grafen von Harrach nit nur einen, sondern mehr Monath nachzugeben.

Gestalt deroselben ich auch in andern, insonderheit mit ehister zuschickung dero beeden page uber Dreßden angenehmen Willen zu erweisen erbötig. [Grußformel; Datierung.]

89. Auszug aus L. Nicolais (Tungels)[1] Tagebucheintragungen[2] unter dem 4./14. Mai 1633

Beziehungen zwischen Wallenstein und Schweden – u. a. Kontakte zwischen Gustav II. Adolf und Wallenstein; Problematik erneuter schwedischer Kontakte zu Wallenstein; angebliche Prätentionen Wallensteins auf die böhmische Krone; Haltung Thurns und des Herzogs Franz Albrecht in dieser Frage; Nicolai nimmt die ihm gemachten vertraulichen Mitteilungen ad referendum.

Irmer II S. 136–140.

Dresden, 4./14. Mai 1633

Den 4. Mai besuchte mich G. N.[3]; er begann sogleich von v. Arnheimb zu erzählen, meinte, daß wieder eine Unterhandlung zwischen ihm [Wallenstein?][4] und Arnheimb gewesen.

Friedland wäre bereits oder würde unverzüglich in eigener Person nach Neuß[4a] kommen. Fragte, ob der Graf von Thurn nichts an seine Excell. den Reichskanzler geschrieben hätte?

Ich antwortete, daß ich nichts davon wüßte; erzählte von Herzog Bern-

[1] Laurens (Laurentius) Nicolai ist seit 1631 schwedischer Resident am kursächsischen Hof in Dresden; lexikalisch ist er unter dem Namen Lars Nilsson Tungel zu erfassen, geboren am 28. 9. 1582 zu Stockholm, gestorben am 21. 10. 1633 in Dresden, 1631 geadelt; vgl. SMK VIII S. 62; Hildebrandt S. VII; Irmer I S. VI–VIII; XXIX–XXXI.

[2] Irmer teilt umfangreiche Teile des von Nicolai/Tungel geführten Tagebuches in schwedischer Sprache und deutscher Übersetzung mit; in diesem Band wird nur der deutsche Text wiedergegeben.

[3] Die bezeichnete Person ist unbekannt, doch spricht nach Irmer (S. XIX–XXIV; 136 Anm. 1) viel dafür, daß es sich um einen böhmischen Exulanten, möglicherweise um Rašín, handele.

Nach Peter Broucek (NDB 11 S. 629f.) sowie Mann (S. 938f.) und Pekař (S. 284–291) ist es Kinský.

Die Tagebucheintragung vom 4./14. Mai ist Grundlage für Nicolais/Tungels Bericht an Axel Oxenstierna vom 7./17. Mai (vgl. Nr. 90).

[4] Alle Ergänzungen in eckigen Klammern sind von Irmer vorgenommen worden.

[4a] Wohl Neiße.

hards Brief. Er meinte, daß ein Brief an den Kanzler[5] dabei gewesen wäre; kam so wieder auf den heimlichen Traktat, welchen seine königl. Maj.[6] mit Wallenstein gehabt hätte[7], daß er unter Anderem gelobt habe, ihm nicht allein ein Fürstenthum wieder zu geben, sondern ihn auch zum Könige in Böhmen zu machen. Fragte, wenn man jetzt noch Wallenstein auf diese Sache bringen werde, ob die Krone Schweden und die andern Alliirten sich dazu verstehen würden, den Traktat mit Friedland wieder aufzunehmen, und, wenn er auf ihre Forderungen einginge, auf welche Weise die Protestirenden ihn versichern wollten?

Ich antwortete, daß ich durchaus nicht des Reichskanzlers noch viel weniger deren Meinung, die ich nicht kennte, wüßte, dürfte jedoch das wohl versichern, daß seine Excell. sich nicht daran kehren, ja wohl [eher] dazu helfen würden, daß Friedland oder irgend ein Anderer sich zum Könige in Böhmen aufwerfe, welches . . .[8] [wie] ein Igel sei, welcher sich ohne Handschuhe nicht anfassen ließe.

Ich sagte, hier stellten sich, dies Alles zu effectuiren, manche Bedenken ein, in Sonderheit aber zwei:

1) Ob Friedland sich hierzu verstehen würde?

2) Ob die böhmischen Stände Jemanden zu ihrem Könige erheben würden, der an Rang dem einen Theile gleich und einem großen Theile niedriger und geringer sei?

Antwortete, daß Friedland mit sich würde handeln lassen, das glaube er, so ehrgeizig, wüßte er, sei derselbe. Wenn er heute oder morgen die Sache dahin bringen könnte, daß er mit einer Krone in die Erde gelegt würde, daß er das nicht würde ablehnen.

Die Stände – das Andere belangend – sollten ihre Finger danach lecken, denn sie sähen ja, daß auf diese Weise das Land einem totalen Untergang entgegen gehen müßte; Wallenstein wäre von guter Abkunft, habe das Land bereits in seiner Gewalt, sei re und facto Kaiser, würde keine Kinder kriegen, weswegen das Reich wieder sogleich an einen andern fallen würde, bekümmere sich nicht viel um Religion, den Jesuiten sei er spinnefeind und halte seine Versprechen.

Er habe hierüber zu Herzog Franz Albrecht[9] gesprochen, welcher geantwortet haben soll, daß er seinen kleinsten Finger darum geben wolle, daß das

[5] Axel Oxenstierna.

[6] Gustav II. Adolf.

[7] Vgl. Nr. 82.

[8] Irmer S. 136: „Die punktierten Stellen sind durch Verwischen unleserlich geworden.“

[9] Hg. Franz Albrecht von Sachsen-Lauenburg.

bereits geschehen wäre. Er [der Emissär] habe die Freundschaft zwischen Herzog Franz Albrecht und dem Grafen Thurn gestiftet, beim Herzoge hier, beim Grafen brieflich. Der Herzog würde gern zustimmen; erstens sei er bei Wallenstein in Achtung, habe einige Tonnen Gold, ja nahezu all sein Vermögen in Böhmen, habe es einer Frau anvertraut, welche er gebraucht habe und gewiß zur Ehe nehmen würde, wenn der Mann todt wäre.

Dann hoffte er sicher dadurch groß werden zu können, würde von beiden Theilen belohnt werden, von Wallenstein mit zwei oder drei Fürstenthümern in Schlesien, Schweinitz [10], Glogau, Sagan etc., von den Evangelischen auf andere Weise. Sonst wolle er dafür verantwortlich sein, daß der Herzog [Franz Albrecht] es mit dem evangelischen Wesen treu und wohl meine. Er wolle es auf sich nehmen, das Werk zu versuchen; wenn er [es] höre, würde er dazu nicht abgeneigt sein; fasse er [Franz Albrecht] den Handel an, so sei es gemacht. Fragte mich um meine Meinung und, wenn auf unserer Seite dieser Vorschlag gefiele, wie man Fridland versichern solle. Ich meinte, daß solches dem Reichskanzler und meinen andern Prinzipalen nicht entgegen sein würde, sonst hätten auch sie wohl danach zu fragen, auf welche Art Friedland uns dessen versichern könnte, was er gelobte. Antwortete: Das müsse der Effect sogleich ergeben, daß er seine Truppen von allen Orten aus der Evangelischen Land abriefe, jagte den Kaiser nach Steyermark oder Tyrol, ließe ihn dort sitzen – er hätte dort genug zu leben, wie ein großer Herr – und einen Weg wie den andern römischer Kaiser heißen; schließe mit den Evangelischen im ganzen Reiche Frieden, der, meinte er, von Wallenstein und keinem Andern abhinge.

Ich sagte, ich wolle es mir diese Nacht überlegen, wolle daraufhin schreiben und wirken dafür, soweit ich vermöchte, bat, er wolle an seinem Ort das Nämliche thun, was er versprach, doch mit höchster Protestation, daß ich seinen Namen schonen solle, wohl wissend, daß er, wenn es vor den Kaiser käme, daß er solches vorhabe, um den ganzen Rest, welchen er noch unverdorben in Böhmen habe, kommen würde. Sonst hielt er dafür, daß diese Praktique mit Friedland, auch wenn sie nicht verwirklicht werden sollte, doch in keiner Weise unser Wesen oder die gemeine gute Sache präjudiciren könnte.

Ich sähe nicht, wer dies auf unserer Seite anders betreiben sollte, als Graf Thurn. Er meinte, daß er dies allein nicht machen könnte, Herzog Franz Albrecht müßte es auch wissen.

[10] Schweidnitz.

90. L. Nicolai (Tungel) an Axel Oxenstierna

Exkurs über Bürgerpflichten; Nachricht von Überlegungen, Wallenstein zum König von Böhmen zu machen; Problematik der schwedischen Haltung gegenüber Wallenstein.

Hildebrand S. 15–18 (schwed. Text), 18–20 (deutscher Text). (Auch: Hildebrand HT S. 434–436 – schwed. Text –; Wiegler S. 336f.)

o. O., 7.[1]/17. Mai 1633

Illustrissime domine! Da ein jeder schuldig ist, den Nutzen des Gemeinwesens zu suchen u. zu fördern, insbesonders aber es die Pflicht eines guten Bürgers und Patrioten ist, indesinenter seine Ergebenheit zum Besten seines Vaterlandes hervortreten zu lassen, dessen Feinden mit Rath und That Abbruch zu thun, wenig achtend ceteris paribus, ob dies dolo oder virtute geschieht, so fehlt bei mir auch nicht der gute Wille dazu. Gebe Gott daß die Macht mit dem Gemüthe und Sinne concolor wäre, so hoffte ich daß von meiner Absicht u. meinem Fleiß bessere effecta erziehlt werden sollten. Interim lasse ich nichts nach von den Sorgen zu welchen ich natura et propria sponte verpflichtet bin, deshalb auch nicht ein neues sich darbietendes emergens versäumen darf, welches wenn es effektuirt werden könnte, dann zweifellos unserem Staate große Erleichterung u. Vortheile verschaffen würde. Ew Exc. muß ich mittheilen was es ist, nämlich einige Personen, welche den General Friedland sehr gut kennen u. nicht nur bei ihm graciosi sind, sondern wohl auch im ganzen Königreich Böhmen viel vermögen, per obliquum durch einen ihrer Vertrauten[2] mir haben einen Anschlag mittheilen lassen, den sie vor haben, Friedland als ihren König zu erheben in der sicheren assurance daß sie ihn zur ruptur mit dem Kaiser bringen können u. den goldenen Hut anzunehmen, wenn sie nur ihm Friedland der assistenz u. suffragiis der Krone Schwedens, so wie seiner confoederirten versichern könnten, so ist das nun so weit gekommen, daß sie durch genannte Person hierüber mein Gutachten verlangt haben, besonders zu wissen, ob ich glaube daß Ew. Exc. würde zugeben

[1] Hildebrand S. 15 Anm. 1: „Das Schreiben ist ein undatiertes Postscriptum zu einem anderen Brief und folgt in der Sammlung auf einen Brief vom 7. Mai, zu welchem es auch wahrscheinlich gehört: Im Datum der Präsentierung, 12. Mai, scheint wenigstens kein Hindernis dafür zu liegen." Hildebrand HT S. 434 Anm. 1 ergänzt: „Die Postbeförderung zwischen Dresden und Frankfurt scheint 8–10 Tage gebraucht zu haben. Größere Teile des Briefes sind chiffriert [. . .]."

Vgl. zum vorliegenden Schreiben Irmer II S. XXV–XXVII; Pekař S. 286 (mit Verweis auf Nr. 89); zu Axel Oxenstiernas Antwort vom 26. Mai vgl. Irmer II S. XXVII.

[2] Vgl. Nr. 89.

können, daß der tractat welchen S. Majestaet vor 2 Jahren mit Wallenstein begonnen haben[3], wieder aufgenommen werden würde, u. wiefern Wallenstein diesen festen Entschluß faßte mit dem Kaiser zu brechen, ob Ew. Exc. wollte certis conditionibus im Namen der Krone Schwedens ein so schweres Unternehmen erleichtern u. begünstigen würden, u. auf welche Weise der Frieden gesichert werden könnte, daß er von uns u. unsern Bundesgenossen nichts zu befürchten hätte, das war so die Summa der Proposition von Seiten des böhm. Confidenten. Ich stellte mich als ob ich vorher niemals von dem sekreten tractat mit Wallenstein gewußt noch gehört hätte, auch nicht glaubte daß irgend ein heiml. Einverständniß zwischen der Kgl. Majestaet u. Wallenstein bestanden hätte. Er bezog sich auf einen Brief der Kgl. Majestaet den Wallenstein selbst vor kurzer Zeit ihm gezeigt hatte deßen contenta er auswendig zu recitiren wußte, wie auch vieles zu sagen von der offerte, welche der König in Schweden dazu gemacht hatte in specie durch den Grafen v. Thurn. Ich brachte Alles an s. Ort, antwortete ihm zuerst daß ich nicht seiner Excellenz noch viel weniger der andern Bundesgenossen Meinung wissen könnte u. meinte, wenn Ew. Excell. u. mehrere hierzu sich verstehen u. sich pro Wallenstein erklären wollte, man billigen Grund hätte, zu fragen wie Friedland Ew. Exc. sowie deren Interessenten sicher stellen könnte. Er antwortete, daß die assecuration sogleich realiter geschehen müßte mit der Ausführung der Angelegenheiten über die man sich einigte. Darnach um zu vernehmen ob diese Proposition ohne Wißen Wallensteins geschehe oder vielleicht nach seinem Geheiß, sagte ich, eine solche facinus wäre wohl zu überlegen u. insonderheit kamen 2 considerationes in Erwägung, die erste ob Friedland auf diesen Vorschlag eingehen wollte, die andere ob die Stände in Böhmen zu ihrem Könige einen würden erheben wollen, welchem gegenüber der größte Theil der Ritterschaft sich als pares u. ein großer Haufen als superiores fühlt. Er antwortete daß er Wallenstein intimius kenne, wüßte daß er so ehrgeizig sei, daß er es nicht verweigern würde, wenn er sähe, daß alles sicher gehen könnte; was die böhm. Stände anbelangte, so sollten sie die Finger darnach lecken, aus folgenden Gründen: daß sie Böhmens totalen Untergang vor Augen sähen u. genugsamb merken daß ihm durch nichts anders als durch dieses Mittel vorgebeugt werden kann, da Wallenstein schon das Land in seiner Gewalt hätte, zweitens daß Friedland nicht nur ein General genugsam clarus ist und mit den Obersten in Mähren u. Böhmen entweder verschwägert oder verwandt, sondern wohl auch res integra facto rege u. Caesare auch; drittens daß er alt u. kränklich ist, keine Kinder hätte u. das Reich bald an einen anderen fallen könne, viertens daß er libertaet, conscienz u. exercitium religionis freilassen würde, während er sich ohne dies um keine religion beson-

[3] Vgl. Nr. 82, 89.

ders kümmert; funftens Spinnefeind den Jesuiten ist, sechstens tenax verborum et fidei. Diese u. andere mehrere Motive wurden von uns hin u. her debattirt, u. nachdem die besagte Person im Namen der principale gelobte daß sie durch einen, 2 oder mehrere, wenn es so für rathsam befunden würde, dieses Werk ebochiren würden u. ich aus seinem ganzen Gespräch nur Ernsthaftes heraushörte, u. dazu merkte, wer ihn apostirt hatte, gab ich u. zwar wie ein Privatmann u. ohne Geheiß gute Vertröstung u. nahm die Sache ad referendum u. gelobte, daß ich bei Ew. Exc. dieses betreiben wollte, nach besten Kräften. Er versprach mir wieder im Namen seiner Prinzipale u. vigore litterarum fidei dasselbe. Und da nun die ganze sache vornehmlich in silentio et celeritate besteht, bat er und wurde so reciproce verabschiedet, daß man sich beeilen u. das Eisen schmieden solle, so lange es warm sei, inzwischen aber Geheimniß u. Stillschweigen beobachten, mit dergleichen stipulation ging er zurück nach Prag mit der Absicht wiederzukommen gegen Ende dieses Monats oder sobald er von mir verlangt werden würde. Es wäre von mir eine Vermessenheit, wenn ich Ew. Exc. meine Phantasien über den Nutzen darstellen wollte, welcher wie ich glaube, das allgem. evangel. Wesen u. besonders unser Staat gewinnen würde u. welchen bedeutenden Abbruch das Haus Oesterreich erleiden würde, wenn dies vor sich gehen würde. Ew. Exc. sehen das Alles wohl genugsamb aus eigenem hocherleuchtetem Verstand, ohne anderer Erinnerung. Wenn dies auch vorgenommen werden sollte irrito conatu so sehe ich doch nicht wie diese menée wenn behutsam damit umgegangen wird, in irgend einer Weise unserem Staat Schaden bringen kann, ohne vielmehr zu dienen, wenn zu nichts anderem so doch wenigstens die alte Wunde wieder auszureißen u. Wallenstein seiner Zeit mehr odioes u. verdächtig beim Kaiser zu machen, welches um so leichter wird geschehen können, als er sich schon verdächtig gemacht hat parficie et ambitus, dazu so redoutable daß der Kaiser irresolut bleibt. Ich habe nichts weniger thun können, als dies in größter Eile so zu berichten, das andere ist dem arbitrio E. Exc. anheim zu geben, zu commandiren was E. E. rathsam u. gut befindet. Eminentia tua imperabit enotatori ut omnia tacite habeat eodemque secum tumulet sepulcro.

Datum ut in litteris.

(præsentirt Sachsenhausen 12 Mai anno 1633.)

91. Kg. Christian IV. von Dänemark an Wallenstein

Dank für Schreiben und freundliche Gesinnung Wallensteins; betr.: Friedensverhandlungen: Verhandlungsort und -termin; Geleitsbriefe; Bitte um Beförderung des Friedensprozesses.

Hallwich, Wallensteins Ende I S. 358f.

Glückstadt, 15./25.[1] Mai 1633

[Absender; Anrede] E. L. an Unß bei Unserm Trompettern gethanes schreiben nebenst den überschickten diplomatibus ist Unß wol eingehändiget worden. Haben darauß E. Ld. zu Unß und Unßerm Königl. Hauß erwiesene und ferner anerbietende freündliche affection sathsam vernommen; sagen deswegen und zufoderst E. Ld. hohen Danck, daß Sie bey Kayßl. Maytt. undt Ld. unsere sache unserm begehren nach expedyret zu werden sich dergestalt bemühen und bearbeiten wollen. Versichern E. Ld. hinwieder, daß, wie Sie hiedurch uns ihr obligiret, wir also bey ieder begebenheit unsere zu ihr tragende Liebe und affection in der That zu contestieren nicht unterlaßenn wollen; Sie hiemit ferner freündlich ersuchende, weil wir abermahl an dero Feldtmarschalcken, den Wolgebornen unsern lieben getrewen Heinrich Holcken etliche uns concernirende sachen, umb sie E. Ld. vorzutragen, committiret[2], E. Ld. wolle solche in weitere recommendation zu halten und zu fernerer erreichung unser intention befördern zu helffen sich unbeschweret erzeigen.

Diesem nach haben Wir auß gedachten FeldtMarschalckens Schreibens, waß Ihr Kayß. Maytt. und Ld. wegen der vonn unß vorgeschlagenen Friedenstractaten, bevorab des orths[3] halber, sich erkläret, verstanden. Ob wir nuhn zwar ganz gern Uns Ihr Kay. Maytt. und Ld. hirin accommodiren und Unßere Abgesanten[4] an den von Ihr vorgeschlagenen orth abschicken wolten,

[1] Dasselbe Datum trägt ein Brief des dänischen Königs an Ks. Ferdinand II. (Hallwich, Briefe und Akten IV S. 189–192), in dem es um denselben Sachverhalt wie in Nr. 91 geht.

Vgl. zum vorliegenden Schreiben Fridericia I S. 263.

[2] Vgl. Schreiben Christians IV. an Holk, Glückstadt, 14./24. Mai 1633 (Hallwich, Briefe und Akten IV S. 189).

[3] Wallenstein hatte im Namen des Kaisers Prag als Verhandlungsort vorgeschlagen (vgl. den in Anm. 1 genannten Brief).

[4] Christian IV. nennt in seinem Brief an den Kaiser (vgl. Anm. 1) drei dänische Gesandte: Christoffer Ulfeldt, Otto Schele, Christoph von der Lippe:

Christopher Ulfeldt til Svenstrup og Raabelev (1583–1653), dänischer Reichsrat; vgl. DBL XXIV (København 1943) S. 458; Fridericia I S. 85;

Skeel, Otte (28. 8. 1576–17. 12. 1634), 1627 Reichsrat; vgl. DBL XIII (København 1983) S. 431f.;

Christopher von der Lippe (17. 1. 1585 Rostock–24. 4. 1652 Hadersleben/Haders-

und aber bey Schwedischem theil deswegen grose difficulteten, die das ganze friedenswerck verhindern dürfften, sich ereügnen: Alß haben Wir Ihr Kayß. Maytt. und Ld. Breßlaw zu angeregten Tractaten ernennen, auch, daß wir, zumahl der Verzug dem Werck nachtheilig, den 13. und 23. July[5] mit den Tractaten den anfang zu machen nötigk hielten, zugleich andeüten wollen, dabeneben Sie solchen orth und Zeit mit zubelieben, umb die bey dergleichen Tractaten nötige und gebreüchliche Geleitsbriefe, die auch beim gegentheil gesuchet worden, Unß zu übersenden gebeten; gestalt E. Ld. mit mehrem auß beygelegter abschrifft unsers ahn Ihr Kayß. May. und Ld. abgelaßenen schreibens zu ersehen. Ersuchen E. Ld. derowegen hiemit freündlich, solches alles zu fortsezung Unßer zu wiederbringung des gewiß höchstnötigen Frieden zielender Intention in sonderbahre obacht und beforderung zunehmen, damit wir ohne Verzug Ihr Kayß. Mayt. und Ld., wie auch E. Ld. resolution erlangen mügen. Welches wir umb E. Ld. mit freündlichen gegenbezeigungen zu ersezen erbietig, Sie hiemit der Götlichen Obacht empfelend. [Datierung.]

92. Ks. Ferdinand II. an Wallenstein

Information über spanische Forderungen; Bitte um Rat.

Hallwich, Wallensteins Ende I S. 372f.

Wien, 27. Mai 1633

Hochgeborner, lieber Oheimb und Fürst.

Ich hab für ein sonderbahre notturfft befunden, Euer Liebden durch den von Questenberg bei diesen aignen currier zu communicirn, was des Königs in Hispanien Liebden und der Gubernator zue Mailand[1] wegen einer zu hindertreibung der französischen dissegni gegen des Reichs boden für guet befundenen defensionsanstalt im Elsas so wohl selbsten schrifftlich als auch durch

lev), 1625 Kanzler der Königinwitwe Sophie in Nykøbing (Falster), seit 1631 als Rat im Dienst des Königs Christian IV., Beteiligung an diplomatischen Gesandtschaften; „in der Regel arbeitete er doch nicht ganz selbständig, sondern als sogen. Orator oder gelehrter Rat, den adeligen Gesandten zugeordnet"; 1633 Teilnahme an der Gesandtschaft nach Breslau; vgl. DBL IX (København 1981) S. 89f.; Fridericia I S. 92f.

[5] I.e. 13./23. Juli.

[1] Spanischer Statthalter von Mailand war der Generalleutnant Gómez Suárez de Figueroa y Cordova, duque de Feria (1587 Guadalajara–1634 München), vgl. Enciclo-

dero Ambassadorn an meinem Hof, Marchese de Castañeda[2], mit instendiger widerhohlung anbringen und mich umb verhülfliche assistenz darzu ersuchen lassen, und was mir hingegen darbei fürgefallen[3], wie etwoh Ihrer Liebden in solchem ihren Verlangen auf einige weis oder weg gratificirt werden möchte.

Versihe mich nun hierauf, Euer Liebden auch Ihrer seiths das Werckh reiflich erwegen und, ob zwar dasselbe für sich selbsten etwas schwähr scheinen will, dannochter durch Ihre beiwohnende vernünfftige consilia solches also zu temperirn und zusamb zu bringen wissen werden, damit gleichwohl, wie Ich es höchlich verlange, S^e^ des Königs Liebden bestmöglichste satisfaction gelaistet und sie in effectu verspüren mögen, das deroselben bishero gegen mir und unserm gemainen Erzhaus in der that bezeugte und annoch immerzu continuirende ansehnliche officia mit würcklicher dankbarkeit erkent werden, auch S^e^ Liebden dardurch soviel mehrern anlas gewinnen, von denselben fürthin nit außzusetzen.

Bleibe also Euer Liebden räthlichen wohlbedunckens, was irgend bemelter Ambasciator möchte können hierüber vertröstet oder beschaiden werden, bei unverlengter Zurückkunfft erwehnten curriers gewerdig und sonsten derselben mit beharrlicher gnädiger affection sonders wohl beigethan. [Datierung.]

pedia universal ilustrada . . . Bd. LVII (Bilbao, Madrid, Barcelona 1927) S. 1427; Mann S. 960.

[2] Sancho de Monroy y Zuñiga, Marqués de Castañeda; vgl. Mann S. 829.

[3] Vgl. hierzu „Anbringen des königl. spanischen Potschaffters Marchese de Castañeda“ (Hallwich, Wallensteins Ende I S. 377f.): Spanische militärische Pläne im Reich und militärpolitische Forderungen an den Kaiser[a]:

„Der König, sein Herr, habe dem Duca di Feria ordinanz gegeben, das er ohne Verliehrung einiger Zeith ins Elsas sich verfügen und daselbst einen Exercitum von 20.000 Mann zu fues und 4000 Pferden formiren solle, weiln die Franzosen auch mit ihren schädlichen anschlägen dahinwerts eilen und das khayserl. Kriegs Volckh aller orthen zu divertieren sich bemühen werden; dahero der König gemaint seie, die defension des Elsas, Schwaben, Francken und Burgund über sich zu nemmen und durch dis mittel den Herzogen von Lothringen[b] zu assistiren, die Churfürsten Bairn und Cöln in confidenz erhalten, über daß sich Franckhreich in denen italianischen tractationibus confundirn, in seinem territorio anheimbs verbleiben, auch die Hollender auf disen succurs und Ihrer kayserl. Majt. Waffen desto mehrere mira oder absehen werden haben müssen.

Da begehre nun der König hierzu von der khaysl. Majt. solche assistenz, welche ihren aigenen Kriegsobligen nit hinderlich seie:

Als 1° die 4000 Mann zu fues und 2000 Pferd, welche des Herrn generalissimi fürstl. Gnaden[c] auf anhalten des Vice-Rè zu Napoli sub conditione des Werbungunkostens

[a] Vgl. Diwald S. 515f., 523f.; Mann S. 954–962; Ritter III S. 565–568.

[b] Hg. Karl.

[c] Wallenstein.

Anm. 3 (Forts.)

erstattung offerirt habe, damit dieselben dem Cardinal Infante[d] accompagniren und volgendts zu des Königs Diensten in Niderland hinumbgelassen werden möchten;

2° zu Werbung der 8000 Mann gewisse Musterplätz in denen landen, woh es Ihre khayserl. Majt. am besten befinden wurden, zu assignirn und die 3 in Tirol geworbene Regimenter auch in des Königs Dienste überzulassen, weil dieselben ohne das aus der khayserl. Veld Cassa nit unterhalten wurden und der last derselben der Erzherzogin[e] zu schwär oblige;

3° dem Graven von Aldringen zu bevehlen, daß er mit bei sich habenden troppen sich mit selbigen exercitu unire und des Duca di Feria ordinanzen nachkomme, durch welche mittel der König verhoffen wolte, Ihrer kaysl. Majt. rebellen und Widrigen im Reich widerumben zu schuldigem gehorsamb bringen zu können;

4° weil auch aus der jüngst zu Bouchain[f] entdeckten Verrätherey erscheine, das Franckreich feindliche anschlög auf die jenseits der Maas ligende niderländische Provinzen vorhabe und es besorglich daselbst zu einem bruch kommen werde, darbei aber in acht zu nemmen, das die daselbst ligenden spanischen Waffen von Euer Majt. Armada weith separirt und wegen deren von denen Staaten inhabenden Pässen Mastricht, Ruermond[g] und Venlo schwerlich ein succurs aus dem Reich dahin werde kommen können: Bittet der Potschaffter, Ihre Majt. wolten den Grafen von Merode und Gronsfeld bevelch geben, das sie ihren exercitum auf gnugsame anzahl versterken, damit sie über den Rhein setzen und den königischen zu succurs gegen bemelten orthen assistiren möge, welche dan der König, so bald sie den Rhein passirt, in sein spesa und bezahlung nemmen werde; item bemelten zwei commendanten zu bevehlen, das sie die Refier gedachter orthen wohl verwahren, weil der feind mit grosser geschwindigkeit sich der vesten örther daselbst impatronire.

Bittet umb förderliche resolution, weiln die Zeith verstreiche und die feind sich von tag zu tag mehrers ihrer Vörtl prævalirn.

Der König ersucht auch selbsten Ihre Majt. umb Verordnung, damit angedeutes defension Werkh in Elsas befördert und deswegen behörige ordinanzen wolten abgeben werden.

Der Duca de Feria offerirt gleichfals zu disem Intent sein Persohn.

Und bittet auch die Erzherzogin, daß Ihre Majt. denselben mit hinumblassung der 3 Regimenter allergnädigst wilfahren wolten, weil der V. Österr. landen recuperation daran behaffte und Cron Spanien dardurch obligirt werde, denen erzherzoglichen pupillen noch mehrere beneficia zu erweisen und etwoh auch das Monrealische Werckh damit möchte facilitirt werden."

[d] Ferdinand, ein Sohn des spanischen Königs Philipp III. (16. 5. 1609–9. 11. 1641), Ebf. von Toledo und Kardinal 1619; Statthalter der spanischen Niederlande seit 4. 11. 1634.

[e] Claudia, Hgin von Tirol samt vorderösterreichischen Landen; Tochter Ferdinands I., des Ghgs von Toskana; geb. 4. 6. 1604; 1626 Eheschließung mit Ehg. Leopold, Bruder des Kaisers Ferdinand II.; Landesherrin seit dem Tod ihres Mannes (1632) bis 1646; gestorben 25. 12. 1648; vgl. Duhr II, 2 S. 292.

[f] Bouchain, Ort an der Schelde nördlich Cambrai (habsburgisch Flandern).

[g] Roermond.

93. Auszug aus L. Nicolais (Tungels) Tagebucheintragungen unter dem Datum 25. Mai/4. Juni 1633 [1]

Unterredung zwischen Kinský und Nicolai: Bericht Kinskýs über Gespräche zwischen Wallenstein und Bubna; Entsendung Bubnas zu Axel Oxenstierna; Stellungnahme Kinskýs zu den von Axel Oxenstierna genannten Voraussetzungen zu Verhandlungen mit Wallenstein; Bitte um Geheimhaltung; Gerüchte um Hg. Bernhard von Sachsen-Weimar.

Irmer II S. 172–176.

[Dresden] 25. Mai/4. Juni 1633

Den 25. ließ ich mich bei Graf Kinsky [2] anmelden; er kam selbst und besuchte mich. [Betr. Bubnas Reise zu Axel Oxenstierna]

Berichtete, daß Rašin [3] zuerst bei Friedland gewesen sei, mit welchem er sich nicht viel habe einlassen wollen, sondern habe selbst den Obersten Bubna [4] begehrt.

Gegen ihn [zBubna] habe er sich erklärt und gesagt: „Seind wir nicht nar-

[1] Zu Nicolais/Tungels Tagebuch vgl. Nr. 89 Anm. 2 und 4. – Zum vorliegenden Text vgl. Irmer II S. XXIX–XXXI.

[2] Kinský, Wilhelm v. Wchinitz und Tettau, Gf. (Vilém Vchynský ze Vchynic a z Tetova), geboren 1574 oder 1582, am 25. 2. 1634 zu Eger ermordet; 1611 Oberstjägermeister des Königreichs Böhmen; 25. 5. 1618 einer der dreißig Direktoren; 26. 8. 1619 beteiligt an der böhmischen Königswahl, in der er für Kf. Johann Georg von Sachsen votierte; konnte sein Eigentum nach der Niederschlagung der böhmischen Revolution vor der Konfiskation bewahren; 1628 wurde er auf Wallensteins Betreiben zum Grafen ernannt; 1630 emigrierte er auf Grund verstärkter gegenreformatorischer Maßnahmen im Königreich Böhmen und auf Grund des sinkenden Einflusses Wallensteins nach Pirna (Kursachsen), behielt aber seine böhmischen Güter, da er sie von katholischen Amtleuten verwalten ließ. Nach der Schlacht bei Breitenfeld nach Böhmen zurückgekehrt, wurde er beim Einfall kursächsischer Truppen gefangengenommen und in Dresden in sehr lockerer Haft gehalten; Kinský fungierte in Kursachsen als eine Art Führer der böhmischen Emigranten. Während Wallensteins zweitem Generalat war er Vermittler zwischen Wallenstein und schwedischen resp. französischen Diplomaten.

Kinský ist eine der schillerndsten Persönlichkeiten um Wallenstein. Vgl. ADB 15 S. 775–784 (Art. von Hallwich); NDB 11 S. 629f. (Art. von Broucek); OSN XIV S. 241f.; Diwald S. 461; Mann S. 78, 207, 329, 761, 937–940; Pekař I S. 59, 291, 296; auch Hallwich, Wallensteins Ende II S. CLVII–CLX; Hildebrand S. 406; Irmer II S. XXVIIIf., XLIVf.; Schmertosch S. 300f., 305f., 310–312; Suvanto S. 92f., 202–207.

[3] Gemeint ist Jaroslav Sezima Ritter von Rašín; vgl. Nr. 145 Anm. 1.

[4] Johann Warleych Ritter von Bubna (Jan Varlich z Bubna a z Litic), geb. 1570, gest. 1635; Oberst der ksl. Armee unter Ks. Rudolf II.; 1609 Oberstleutnant der böhmischen Stände, 1611 Oberst, 1618 Generalwachtmeister der böhmischen ständischen Armee, folgte König Friedrich auf dessen Flucht nach Breslau, 21. 4. 1621 in absentia zum Tode und Verlust seines Eigentums verurteilt, in effigie hingerichtet; dänischer, anschließend

ren, daß wir einander todt schmeißen wollen, da wir doch den feind in unsern händen haben? Wan der graf von Thurn mit der armee zu uns stoßet, so wollen wir euch Böhmen alle mit einander wieder in Böhmen setzen!" Der obriste hat darauf gesagt: „Wan er mit dem kaiser brechen wolle, so hofte der graf[5], daß nicht allein seine, sondern mehr andre schwedische armeen ihme helfen und zur hand gehen solten. Aber eine öffentliche ruptur mit dem kaiser und

schwedischer Militärdienst, 1631 schwedischer Generalmajor; Kontaktperson zwischen Wallenstein und Axel Oxenstierna im Jahre 1633.

Vgl. Jelinek II S. 121–124; OSN IV S. 823f.; Mann S. 85, 158, 472, 477, 764; zu Bubnas Kontakten mit Wallenstein vgl. Mann S. 924–935, 945, 951.

[5] Vgl. das Schreiben Nicolais an den Gf. Mathias Thurn vom 29. Mai/8. Juni 1633 (Irmer II S. 182–184) wo es u. a. heißt:

„Der herr obrist zBubna ist den 15. huj. durch Leipzig fort auf Franckforth gereist. Seine negotiation hab ich für mich selbst albereit im winter nachgedacht, ob die sache möchte practicabel sein, auch schon vor vier wochen mein geringfühiges gutachten communicirt mit des herrn reichscanzlers exc., welche mir auch stracks dero antwort darauf zugeschickt, die ich billig hier beifügen müßte, da ich wüste, was ew. exc. für notas areana zu schreiben, aus der königlichen canzlei mitgenommen haben. Ermelte antwort explicate und mit klaren buchstaben zu notificiren, darf ich unsicherheit halben nicht wagen. Das ist aber die summa, daß ihr. exc. der herr reichscanzler diese negociation nicht allein approbiret, sondern dero glücklichen fort- und ausgang der guten partie über alle maßen ersprießlich erachtet, wan sie nur practicabel were. Rathet derowegen und befehlet hochwolermelter herr reichscanzler in einem schreiben vom 16. huj., an ew. exc. dieses zu gelangen und auf alle mittel bedacht zu sein, wie diese sache maturirt und in effectum gebracht werden möchte. Particulièrement begehren ihr exc. folgendes zu wissen:

1) Ob einige signa sinceritatis und candoris bei jenem theil zu spüren, daß es rechter ernst sei, und auf was weis wir dessen können versichert werden.

2) Auf was weis die bewuste person selbst versichert, daß das werk für sich gehen kan.

3) Ob sein desseing ist, mit der armee still zu liegen, bis die sache abgeredet, oder ob er vermeinet zu advanciren, das werk so viel mehr heimlich zu halten.

4) Welche von den kaiserlichen officieren ihme zur hand gehen solten, auf welche er sich auf begebende unvermutliche veränderung verlassen darf, und welche er suspect halte.

5) Auf was weis er eo casu den herzog in Bayern tractiren oder tractiren lassen wolle.

6) In was concept Chursachsen und der generallieutenant von Arnheimb bei dem bewusten man seind, und wie weit er will, daß der ein oder andere bei diesem actu soll concurriren.

Ich zweifle nicht, daß wolermelter herr obrister zBubna dermaßen instruirt ist, daß er dem herrn reichscanzler von diesen und andern mehr fragen sattsame antwort geben kan, daß ich nunmehr mich deswegen umb so viel weniger hab zu bekümbern. Weil aber das ganze momentum causae in silentio und celeritate bestehet, hab ich, zeit zu gewinnen, solches in untertheinigkeit andeuten sollen, damit ew. exc. wissen mögen hiervon des herrn reichscanzler gemüthsmeinung, welche ist, nicht allein selbst und im

Spanien müßte geschehen, und er wider sie sich öffentlich erklären, sonsten were es etwa ein jahrs galgenfrist für die Böhmen, und ein rechter griff, dieselben wieder in des kaisers klauen zu bringen."

Wallenstein: „Der kaiser soll euch nichts thuen, wir wollen's ihme wol wehren, und wan der Bayer sich mausig machen will, wollen wir ihn auf solche weis, wan wir mit euch einig sein, woll schuhriegeln."

Dieses und anderes solches Gespräch, worauf nicht zu bauen, soll Wallenstein mit dem Obersten gehalten haben, damit er es dem Grafen von Thurn bekannt machen solle und dazu seine Resolution verschaffen, welcher sich dazu so erklärt habe, daß er von der schwedischen Krone abhinge, könnte nichts darauf antworten, noch etwas hierüber verhandeln, bevor er darüber des Reichskanzlers Meinung gehört habe. Darauf ist gut gefunden worden, den Obersten zBubna zu senden [zum Reichskanzler].

Zu des Reichskanzlers Punkten[5] sagte er [Kinsky]:

Daß man seine Aufrichtigkeit mit der That zeigen müsse, wie wir dies begehrten, durch ein öffentliches Manifest und mit den Armeen dahin gehen, wie man sich einigen würde.

Daß er [Wallenstein] selbst genugsam versichert sei, zumal er eine solche Macht in Händen habe, daß der Kaiser ihm nicht widerstehen könne.

Konnte nichts darauf [auf Punkt 3] antworten, wolle mit dem ersten darauf Resolution schaffen.

Antwortete: Alle zusammen, denn man fürchtete sich und Keiner wagte Widerstand gegen ihn [Wallenstein] zu versuchen, besonders wären die auf den eingeschlossenen Zettel ihm ganz verbunden wie seine eigene Kreaturen; einige Italiener und Spanier, [das] könnte sein, wären ihm verdächtig, wagten jedoch nicht herauszukommen [eigentl. 'aufzutauchen'].

Er antwortete über Bayern: „Schmeißen will er [Wallenstein] ihn und hingehen, sein geld holen, dan er woll weiß, wo er seinen schatz hin geflichtet hat, were ihme ohne das über alle maaßen spinnefeind."

6) Auf den sechsten punct konte er auch nicht antworten, wegen Chursachsen. Wegen von Arnheimb sade han: Für einen schelmen helt er [Wallenstein] ihn und sagt es offentlich, particulièrement, daß er gegen den könig in S[chweden] sich als ein achtdobbelter verrether verhalten hette, welches er bisweilen soll partikularisiren mit allen seinen Aktionen seit dem ersten Tage von

namen der cron Schweden dieser sachen wegen die bewuste person zu versichern, sondern es wollen ihr. exc. auch diese consilia dafür dirigiren, daß alle unsere confoderanten zu diesem werke sollen cooperiren helfen. Da nun, inmittelst ew. exc. von dem herrn zBubna die resolution bekommen, einige occasion sich präsentirte, könnten ew. exc. auf meine parola und diesem bericht dieselbe empoigniren und ein weg als den andern dero hocherleuchten, reifen verstand und discretion nach in diesem handel fortfahren. [. . .]"

Leipzig[6]. Auch meinte der Graf, daß Wallenstein ihn wenig oder gar nichts achtete, daß sein Leben und seine Ehre außerdem in Wallensteins Händen sei.

Bat, ich wolle diese Sache geheim halten, besonders vor Herrn von Ruppach[7], da er deswegen [auch] zischte, als wenn er toll wäre, und behaupten dürfte, daß der Graf von Thurn ihm davon geschrieben hätte. Er bat mich um eine Copie der Resolution des Reichskanzlers, die ich ihm mittheilte, doch nur auszugsweise allein die Punkte.

In der vorletzten unserer Konferenz sagte er, daß er gewisse Nachricht hätte, daß Wallenstein Herzog Bernhard durch Holk zu gewinnen suchte, welche mit einander fleißig correspondirten. Er glaubte aber, daß es wegen dieser Sache wäre. Ich fragte, ob Holk dem Kaiser eine solche Felonie beweisen würde. Er antwortete, Holk habe nichts vom Kaiser, er hänge ganz ab von Wallenstein, und gehöre ihm gänzlich.

94. Relation[1] Bubnas für Axel Oxenstierna

Gespräch zwischen Bubna (resp. Rašín) und Wallenstein: Haltung zum Kaiser; böhmische Krone; Friede auf der Basis eines Übereinkommens zwischen führenden Militärs; Rolle des Kf. von Sachsen (abfällige Bemerkungen); Einschätzung des Kf. von Brandenburg; Rolle Schwedens; Vorschlag der Vereinigung der schwedischen und wallensteinischen Armee; Charakterisierung Thurns und Einschätzung A. Oxenstiernas durch Wallenstein; Problem des Schicksals des Kaisers in aller Planung.

Hildebrand S. 23–27.
(Auch: Hildebrand HT S. 437–440;
Wiegler S. 337–340.)

o. O., [Mitte] Mai/Anfang Juni 1633

Ihrer Excellentz Herrn Reichs Cantzlern beschicht zu ersparung der zeit dieße schriftliche relation gehorsamblich, was die selbe zur erleiterung befragen wolten, bericht zu tuhn:

[6] Gemeint ist vermutlich die Leipziger Versammlung protestantischer Reichsstände vom 20. 2. bis zum 12. 4. 1631 (vgl. Ritter III S. 480–483; Mann S. 726, 742–744, 749; Suvanto S. 70, 79).

[7] Gemeint ist vermutlich Wenzel Wilhelm Roupovec Frhr. v. Roupov (Václav Vilém Roupovský z Roupova), gest. 20. 9. 1634 in Leitmeritz (Litoměřice), 1618 bis 1619 Präsident des ständischen böhmischen Direktoriums, Oberstkanzler in Böhmen, nach der Schlacht am Weißen Berg Emigration, in absentia zum Tode verurteilt, kehrte mit kursächsischen resp. schwedischen Truppen 1631 resp. 1634 kurzfristig nach Böhmen zurück. Vgl. Jelinek II S. 82f.; OSN XXI S. 1033; Schmertosch S. 312.

[1] Vgl. hierzu Görlitz S. 201; Irmer II S. XXXII–XXXVI; Mann S. 923–927, 929–935.

Als ich in Behem sambt den hern Jaroslaw Raschin auf des firsten von Fridland pas und begeren mit Ihr Exc. des hern grafens von Turn beliebung und guetheissen gereist, pin ich zu Gitschin in der nacht umb zehen uhr ahngelanget und habe alda benebens hern Raschin in beiwesen hern obersten graf Tirtschker[2], deme ich ahnbevohlen war, audientz gehabt.

Erstlichen bei leithseliger, anmutiger empfahung sagt der first schertzweise: sind wir feindt oder freindt[3]. Gab zur andtwort: ich were auf Ihr firstl. gnad. bevehlich ahn khommen zu dero besten, was sie nur comendiren wolten.

Darauf sagt Ihr firstl. gnad.: seindt wir nicht ertzlappen das wir einander die köpfe zerschmeißen umb anderer willen, da wir uns doch gewinschten frieden, in deme wir die armeen in unserer macht haben, machen khenten.

Ich geandtwortet: wen auf ihrer adversari seiten allen also wie Ihrer firstl. gnaden zu trauen were, so könte man leichtlich darzu gelangen. Ihr firstl. gnad. aber weren den todt auch undterworfen.

Die löbliche kron Schweden, also auch wir, wollen vom keiser nichts wissen noch heren. Dann wann auch gleich der selbe das was er verheist halten wolte, so were er doch von seinen pfafen also und dermasen eingenommen, das er nach ihren willen leben und thun miste, was sie wollen, und hete man mehr als ein exempel und beischpil an uns, wie uns der vom keiser Rudolfo ertheilte maiestatbrif[4] were gehalten worden.

Wann abr Ihr fir. gnad. das jenige, was dero selben Ihr Exel. der her graf von Turn vor wenig tagen durch hern Raschin schriftlich ubersendet, belieben und die böhemische kron auf sich zihen wolten, so wehre mit Ihr fir. gnad. persohn ein beßerer zutrit zum friden zue gelangen. Mit dem keiser sei es eine vergebliche sache, in masen dan auch der hochlöblich und heiliger gedachnus wirdige könig zu Schweden solches Ihr gnad. vor allen und andern vergönnet und sie dabei hete manuteniren und bekreftigen helfen, weliches alles Ihr Exell. herrn schwedischen Reichs Kantzlern und hern grafen von Turn, also auch mir bewust ist.

Hierauf vermeldten Ihr first. gnad.: was die krone, das wehre ein gros schelmschtuck. Es wehre zwar war, das der keiser ein fromer her sei, liese sich aber fast ein itwedern pfaffen und bernhetern[5] anfiehren undt verleiten. Wir misten sie aber nicht darzu kommen laßen. Wir selbsten könen uns ein gueten frieden machen, die wir die armeen in unseren henden haben und einen solchen friden, der zure allgemeinen wolfahrt nicht nur einem oder den andern teiln, sonder allen und jeden, sowohl den ewangelischen als den catolischen

[2] I.e. Adam Erdmann Trčka.

[3] Vgl. Nr. 93.

[4] Majestätsbrief des Kaisers Rudolf II. von 1609.

[5] I.e. 'Bärenhäuter'.

und den catolischen so wohl als den ewangelischen zum besten mit einerlei recht und gerechtikeiten. Und was wir, die wir die armeen in unserer macht haben, abhandlen und schliesen, das misten auch die anderen, so gleich nicht wolten, annehmen und belieben. Wie wir uns auch umb der allgemeinen wolfahrt willen vergleichen und schliesig sein würden, darbei solle es auch gantz volkomblich und bestendiglich verbleiben.

Nun habe ich dannoch vernehmen wollen, zu was ende und ziehl solches gemeinet sey, wenn gleich wol der keiser hinfiero verbleiben solte.

Ist mir die andtwort worden: es soll auch hieinnen der keiser nichts zu schafen haben, sondern wir selbst wollen alles rychten und was von uns gericht und gemacht wirdt, darbei mus es auch also verbleiben. Die pfafen ziehen gelinde seiten auf und weren des krieges satt und uberdrißig, die misten und würden gerne schtill schweigen, und haben sich Ihre firstl. gnad. hoch verbunden und verschworen, das solches friede nur alein der algemeinen wolfahrt und einem itwedern, der unrecht leidet, zum besten und zum restitucion gemacht werden solte, ja sich dahin erklert, wann sie es nicht treulich und aufrichtig meineten, so solte gott deroselben seelen die selikeit nicht geben und verleiehen, denn wenn sie es nicht redlich meineten, wolten sie es gegen mir nicht erwehnen undt reden. So kennete ich auch Ihre fir. gnaden vil lange jahre etc., mit fernerer vermeldung, wenn nun Ihr gleich der krig eine lange zeit fiehren woltet, so habt ihr kein haubt. Der kurfirst zu Sachsen solte undter eich im reich der vornembste sein. Was ist aber derselbe ein vieh, und was fiert er vor ein leben. Ich rede es vor eine gewiße warheit und versichere ihm, das der kurfirst dem keiser zuegeschrieben, er wolte im reich eine zusammenkhunft ausschreiben, wie wohl er an der erscheinung zweifeldte, so tehete ers doch nur umb der gewohnheit willen, denn wenn sie nicht erscheinen wolten, so wirde er zum keiser zu treten ursache haben, vor die Schlesier wirde er auch nur beim keiser pro forma intercediren. So were der kurfirst zu Brandenburg auch unbeschtendig.

Von Ihrer König. Mei:st. der Printzesin[6] vernehmen Ihr fir. gnaden, das die selbe zu königin in Schweden gekrehnet sey und wirde das regiment im reich nicht fiehren können. Heten wir nun unsere intention auf den könig in Frangkreich gerichtet, wirden wir es dis fals auch nicht verbeßern, denn ob sich zwahr der selbe annitzo auch mit einmischet, so sei er doch gleich also jesevitisch, als keiser nimer mehr sein könte.

Hierauf ich vermeldt, das der hoch löblichste könig, kristmildseligster andenkens, noch bei seinem lebenszeiten dies alles hoch vernomftig bedacht hat und weiln sich Ihre May:t einmal dahin ergeben diese sache mit der hilfe Gottes auszufihren, so heten sie ihrer als wan sie der aller geringste soldat gewesen

[6] Königin Christina von Schweden.

nicht geschonet, sondern auch auf den fall wann sie nach Gottes willen mit tot obgingen, in allem anordtnung gemacht so wohl der kron Schweden als der hern Reichs kantzler wegen, wie si sich in allen Sachen verhalten und den krig viel lange zeit, weil derselbe continuiren würde, fiehren solten. Ihr Exc. der her Reichs kantzler als ein könig: legatt expedirte alle sachen, were der aller vornehmbste und dependirten alle armeen von ihm und wirde alles also dirigiret und gerichtet, das es in gueter ordnung verbleibet. Und were in königreich Schweden eine soliche bereitschaft, das man, wenn es die notorft erfordete und begehret wirde, in die 30 tausendt mann haben und erlangen könte. Annitzo aber were man derselbe nicht bedörftig und heten des auserlesenen gueten krigsvolgk in uberflisige notorft.

Ihr fir. gnad. vermeldten darauf und rümbeten zwar zuförderst die könig. M:t zu Schweden sehr wohl und erwehnten dieselbe hoch ansehnlich, das sich Ihr Mai:t nit anders erklehrt und zu dem ende die waffen ergriffen hetten, damit den beengtisten und betrengten kente geholfen werden, nur allein in der allgemeinen sachen.

Nun könte abr diesem unheil nicht anders geholfen werden, Ihr firstl. gnad. wolten solches auf sich nehmen und in deme sie die zwo armeen vereiniget, worbei sie verbleiben würden, dasselb miste alleso effective sein und bleiben.

Der her graf von Turn were ein alter soldat und damahls als Ihr firstl. gnad. noch ein junger her und keine pflicht gehabt, albereit ein obrister geweßen und meretirete vil. Zweivelte nicht er der her graf wirde nicht darwider sein und könte generallaitenamt und herzog Frantz Albrecht zu Sachsn feldtmarschalkh werden. Der kurfirst v. Sachsen und der Baier misten geldt her schwitzen undt anheimb gesucht werden.

Von Ihr Exc. den hern schwedischen Reichs kantzler wisten Ihr firstl. gnad. das er ein ansehnlicher hoch verschtendiger herr were und verhoften Ihr Exc. würden auch der meinung und des sines sein, damit alle sachen zur allgemeinen wohlfahrt einem itwedern zu helfen und die religon an beiden theilen frey, auch die alte freiheit und gerechtikeyten restituiret zu haben ihren ausschlag erreichen mogen; und wann nun dieses also auf ein ort gebracht, so wirden Ihr Exc. daraff bedacht sein, das durch Ihre ansehnliche reputation diesem unheil auch einsten abgeholfen und Ihr also auch den fryden belieben laßen.

Auf des sagete ich Ihr Exc. hern grafn von Turn solches ahn zu melden und hir zu vor meine persohn ein mehrers zu reden wehre ich nicht bevehlicht worden. Ich wiste aber so vil, das der her graf Ihrer Exc. dem hern Reichs kantzler solches würde anzeigen und ohne dieselben willen vor seine selbst eigene persohn nichtes vornehmen könen. Hiermit wir also von einander schieden.

Das anderen tages früe, söndten Ihr firstl. gnad. hern graf Adamen Tirschka zu mir mit vermeldung: Si schtunden in dehnen gedanken als wen Ihr firstl. gnad. ich nicht wohl verstanden hette, wiederholeten also diese unsere vorige reden.

Deme vermeldete ich, das ich alles sehr wohl verschtanden und man ginge darauf das der keiser dennoch her verbleiben solten und wann mann uns befriedigen hete, die pfaffen hien widerumb den keiser aufs neue anhetzen könten, sintemal sie Ihre schtüklen nicht laßen wirden, so lang dieses haus regiern tehete. Bemelter her graf geandtwortet: was den keiser anlanget solt derselb hirin in dieser sach nichs zu tuhn und zu schafen haben, sondern nur wir die armeen aleine und weßen wir uns endschliesen würden, das miste also sein verbleibens haben und solte von ihme ich nur kein andere gedanken schepfen. Gott wolle ihm darvor behiten dass er mir als seinem alten freun ein anders reden solte, mit dieser ferneren vermeldung, das Ihr firstl. gnad. gerne sehen, wann ich leibes schwacheit halben solches alles dem hern Reichs kantzler comuniciren könte und ob Ihr Exc. sich mit demselben personlich ersuchen oder durch gewise personen derentwegen undterredung pflegen laßen wölten, dass wirde bei Ihr Exc. discretion verbleiben.

Und was der her graf diesfals vor eine resolution nehmen wirde, da solte der her Raschin alspald widerumb zu Ihr fir. gnad. sich verfigen und solches anzeigen.

95. Axel Oxenstierna an Bubna [1]

Stellungnahme zu Wallensteins Vorstellungen: Unklarheit über die Art des angestrebten Friedensschlusses (General- oder Partikularfriede); Skepsis betr. Möglichkeit eines Generalfriedens; positive Beurteilung eines Partikularschlusses unter Ausschluß von Kaiser und Liga; böhmische Krone; Bereitschaft zu Partikularverhandlungen mit Wallenstein.

Hildebrand S. 27–29.
(Auch: Hildebrand HT S. 440–442.)

Frankfurt am Main, 28. Mai/7. Juni 1633

Aus des hern generals grafen v. Turn L. schreiben undt meins hochgeerten herrn communication [2] verstehe ich, das der her keyserlicher Generalissimus [3] nicht ungeneiget sey sich mitt mihr undt uns allerseits zu vertragen undt einen heilsamen frieden wiederumb helpfen anzurichten, auch sich mitt mihr zu besprechen oder durch deputatos tractiren zu lassen, wie solches mitt mehren umbstenden von meinem hochgeerten herrn ist referieret worden. Zur nachricht undt information berge ich meinem herrn nicht, das nicht weiniger

[1] Vgl. zu diesem Schreiben Irmer II S. XXXVI; Mann S. 927f.
[2] Vgl. Nr. 94.
[3] Wallenstein.

meine jetzige principalen, die regierung in Schweden, dan Ihr hochseligst K. M:t, nuhn mehr in Gott ruhendt, weilandt mein herr glorwürdigsten andenkens, bey dero lebezeiten gewesen, eines bestendigen sichern friedens begierig seien: Woruff aber derselbe beruhe undt welcher gestalt dahin zu gelangen, damit beyden theilen contentament geschehe, hatt seine schwierigkeit undt difficulteten gehabt undt will sich noch nicht endern. Nach dem aber aus meines hochgeerten herrn gethaner relation ich nicht abnehmen können, ob der herr keyserlicher Generalissimus intendiere uff einen durchgehenden allgemeinen frieden, vermittelst welches die jetzige unruhe undt gefürete wapfen ordentlicher weise undt durch tractaten zwischen beyden contendierenden partein hingeleget undt uffgehoben werden soll; oder aber ob S. F. G. in particulari als ein Generalissimus, der die keyserliche armee in seinen henden undt gewalt habe, vor sich mit uns tractieren undt also per indirectum den frieden der mahl eins reducieren undt dem keyser, auch der liga, die conditiones vorschreiben wolle; damitt ich nun meine unvergreifliche meinung uber das eine undt das andere eröfne, als hat das erste sein bewenden, undt seindt viele, die sich dahin bemühen; wünsche meines theils, das es gehen möge, undt soll nicht lassen, so viel an mihr, was dazu dienlich. Weiln aber die sache nicht allein angehet zweier streitende heupter, so entweder selbsten ihr werk regieren oder von einem formierten consilio dependiren, sondern es gehören hierzu so viel interessierte heupter undt communen von einer undt anderer seite, undt seidt die streitigkeiten uber der massen in einander gewickelt; die sachen sich auch eins undt anders theils also verlauffen, das sie nicht ohne grosse beschwerde zue redressieren seien, es sey den das der eine oder der andere cedire undt nachgebe; derowegen finde ich nicht allein hierin grosse difficulteten, sondern halte es auch darfür, das ein solches sich nicht tractieren lasse ohne der principalen gebürender vollmacht undt instruction, welche ob sie zuvor möchte können erhalten werden[4]; scheint auch, es sey dann, das Gott einen andern ausslag giebet, dass es zue letz dar zu kommen müsse.

Dannoch wirdt man mit Abreumung der hindernüsse undt ufschuebes so viel zu tuhn kriegen, nach art undt eigenschaft der Stenden des Römischen reichs, das viele noch übrige stende undt lande zu grunde gerichtet werden möchten, ehe undt bevor solche tractaten angestellet, viel mehr ehe sie geendiget werden können.

Das ander aber, da der her keiserliche Generalissimus in particulari undt vor sich mit uns tractiren wolte, scheint der rechte wegk zum friden zu kommen zu sein. Meines S. konigs dessein ist mihr bekant, und sehe keine prompter manier dahin zu gelangen, als wan S. F. G., so die keyserliche wapfen in sei-

[4] Hildebrand S. 28 Anm. 1: „Die Worte von 'welche' bis 'werden' geben keinen guten Sinn, sie sind allerdings fast unleserlich."

nen henden hatt undt ohne diess der lige, so jetzo nicht von grosser considera-tion, mechtig ist, sich mitt uns in particulari wolten vergleichen. Undt nach dem sonder restitution der aus der chron Behem undt keyserlichen erblendher exulirenden cavalliren, auch restabilierung der wohlhergebrachten böhmischen freyheit, so in religion als politik wesen, kein vergleich zu treffen, der aber keins weges vom Keyser undt haus Österreich zue vermuthen; ich geschweige andere des Römischen reichs fürsten undt stende gravamina: als würde von nöthen sein, das das fundament unsers vergleiches dahin ziele, das der her keyserlicher Generalissimus sich mitt uns à part vergliche, den keyser undt liga allerdings ausgeschlossen; undt damitt das werk recht gefasset würde, sonder uffschub oder seumbniss, sich der chron Behm undt incorporierten ländern impatronierte, undt die stende gedachter chron ihme die chron uffsetzten. Uff welchen fall ehr nicht allein keine hindernüs von uns zu vermuthen hette, sondern were ich in nahmen meines vaterlandhes erbötig mit S. F. G. mich zu vereinigen undt allieren undt seinen dessein helfen, stercken undt promoviren undt, da ihme an einem oder andern ort hindernüs eingeworffen werden woltte, zue adsistiren nach art undt manier, wie wir uns vergleichen würden: mitt dieser condition, das S. F. G. sich im gleichen obligierte gegen meine jetzige junge königinne undt mein vaterlandh, das sie deren wolfardt sich woltte im gleichen angelegen sein lassen, jetzo undt ins künftige, auch dieselbe helfen vertreten gegen ihre feinde, undt bey kunftigen tractaten sich ihre satisfaction auch lassen bevohlen sein, wie nicht weiniger der andhern alliirten stenden im Römischen reich gemeines wesen zum guten ende verhelpen lassen, wie man sich dessen weiter vereinbaren könte. Da nuhn S. F. G. hiertzu inclinierten, hielte ichs anfangs vor gutt, das man sich erstlich gegen einander durch verschwiegene (undt) vertraute personen expectorierte, undt wan man ein andher nicht verstünde, als dan entweder durch deputierte oder einen personal congress in der eile das werk schlüsse undt effectuierte. Als dan wirt der friede all gemechlich von sich selbst folgen undt der sachen eine endschaft gegeben werden. Das ubrige wirdt mein hochgeehrter herr weidter wissen zue deducieren undt aus unserer mündtlichen communication erkleren.

96. Auszug aus L. Nicolais (Tungels) Tagebucheintragungen unter dem Datum 5./15. Juni 1633 [1]

Unterredung mit V. V. Roupovský z Roupova: Bubnas Reise zu Axel Oxenstierna; Verhältnis zwischen böhmischen Emigranten und Wallenstein; Gerüchte um ksl. Absicht, Böhmen Wallenstein zu überlassen.

Irmer II S. 196–199.

[Dresden] 5./15. Juni 1633

[Arnims Klagen über Hg. Franz Albrecht von Sachsen-Lauenburg bei Kf. Johann Georg.] Den 5. nach der Predigt sprach ich mit Herrn von Ruppach [2]. [Arnims Kundschaftersystem am kursächsischen Hof, bei Thurn und den beiden Herzögen Bernhard und Wilhelm von Sachsen-Weimar mit Hilfe schwedischer Offiziere.]

Herr von Ruppach sagte, daß zBubna nach Frankfurt gereist sei, um etwas Besonderes und im Geheimen mit dem Reichskanzler zu verhandeln [3]. Ich redete ihm dies aus dem Sinn und versicherte ihn, daß man auf unserer Seite sich keineswegs zu einem solchen Tractat mit Wallenstein verstehen könne.

Er sagte, er habe zBubna's Brief an einen seiner guten Freunde gesehen, in welchem er schriebe, daß die Exulanten fleißig zu Gott beten sollten, daß er guten Erfolg verleihen möchte auf ein Werk, welches man vorhätte, dadurch allen Bedrängten und Exulanten könnte geholfen werden, wenn es nur Fortgang hätte.

Er hatte auch vernommen, daß Graf Kinsky sich nach Böhmen auf Wallensteins Versicherung begeben wolle. Der Graf arbeite darauf hin, ihn und andere Exulanten zu überreden, sich zu fügen und Pardon zu begehren, was Ruppach niemals in Ewigkeit thun werde; denn Wallenstein werde nur mit Zustimmung des Kaisers suchen, auf diese Weise die Exulanten an der Nase herum zu führen und ihrer Personen Herr zu werden, obwohl er gelobe, sie in ihre Güter wieder einzusetzen; er werde es doch niemals halten. Denn es sei keine Aussicht, daß er sich selbst der Güter beraube, welche er sich angeeignet habe, oder seinen Schwägern und Verwandten entziehen werde, was einem Haufen Exulanten genommen und ihnen zugeeignet wäre. Er sagte, daß er in Wahrheit vernommen hätte, daß der Kaiser aus Furcht vor Wallensteins großer Macht sich entschlossen habe, ihm unter dem Scheine einer Erstattung der Kriegskosten und Ersatz seiner Forderungen das Königreich Böhmen auf Lebenszeit einzuräumen, denn der Kaiser und sein Rath sähe genügend, daß, wenn er nicht zufrieden gestellt würde, er Exorbitantien und irgend eine Tollheit sich vornehmen werde.

[1] Zu Nicolais/Tungels Tagebuch vgl. Nr. 89 Anm. 2.
[2] Vgl. Nr. 93 Anm. 5.
[3] Vgl. Nr. 93–95.

97. Auszug aus L. Nicolais (Tungels) Tagebucheintragungen unter dem Datum 12./22. Juni [1]

Gespräch mit Feuquières: Wallenstein (Möglichkeit eines Abfalls vom Kaiser; Haltung Ferdinands II. und Ferdinands III. zu Wallenstein).

Irmer II S. 210f.

Dresden, 12./22. Juni 1633

Am 12. war ich bei dem Franzosen [2]. [Gegenstand der Unterredung: Hessen-Kassels Beitritt zum schwedisch-französischen Bündnis; Korrespondenz zwischen dem dänischen König und Axel Oxenstierna.]

Er redete auch viel von den Verhandlungen mit Wallenstein; hielt dafür, daß bei seinem Übermuth und Ehrgeize nicht zu viel wäre, sich vom Kaiser zu wenden; er wisse dies schon von sicherer Hand, daß Wallenstein dem Kaiser und besonders dem Könige von Ungarn mächtig verdächtig und redontable sei.

Von dem Bayren wurde gesprochen; er ließ sich durchaus nichts merken, daß er ihn patronisirte; aber ich sagte, daß Wallenstein ihn in den Tod haßte. Hielt [Feuquières] [3] gleichwohl für rathsamer, daß Wallenstein, wenn er etwas vornehmen wolle, daß er direct auf Wien dem Kaiser auf den Hals ginge, und that so, als ob er, wenn Friedland diese Resolution faßte, tapfer seines Herrn wegen dazu helfen wolle. Fragte, ob ich nichts von des Kurfürsten Abmachung mit Arnheim vernommen hätte?

Ich sagte, daß man mir bisher nichts mitgetheilt habe. Er wolle [sagte er] [4] sie heute in Ruhe lassen, aber wenn sie heute Abend oder morgen nicht zu ihm kämen, wolle er ihnen eine Botschaft senden und ihnen sagen, was er für nötig hielte. Als er bei der vorigen Konferenz mit mir von dem Stillstande [5] redete, fragte er mich, was ich glaubte, daß man hierbei thun solle, ins Besondere wenn man vernehme, daß die hiesigen mit faulen Fischen umgingen. Ich solle nur frei meine Meinung eröffnen und glauben, daß er Mittel in Händen habe, um den größten und besten Theil der sächsischen Armee von dem Kurfürsten auf unsere Seite zu bringen. Wünsche nur den Willen des Reichskanzlers zu wissen.

[1] Zu Nicolais/Tungels Tagebuch vgl. Nr. 89 Anm. 2.

[2] Feuquières.

[3] Ergänzung Irmers.

[4] Ergänzung Irmers.

[5] Gemeint ist wohl der schlesische Waffenstillstand vom 7. 6. 1633; vgl. Hildebrand, HT S. 409; Mann S. 948–954; Ritter III S. 560; Suvanto S. 196–199.

98. Auszug aus L. Nicolais (Tungels) Tagebucheintragungen unter dem Datum 22. Juni/2. Juli 1633

Unterredung mit Kinský über Wallensteins Absichten.

Irmer II S. 240f.

Dresden, 22. Juni/2. Juli

Den 22. [Juni][d] besuchte mich Graf Kinsky; [betr. fehlende Genehmigung des Kf. von Sachsen für Kinský, zu Wallenstein reisen zu dürfen.]

Von Wallenstein sagte er, daß er [Kinsky][d] nicht glaube, daß er [Wallenstein][d] es ernst mit seinem ersten Vorschlag meinte [gemeint hätte][d]. Der Graf habe einen Brief gesehen, von einem hervorragenden Herrn in der Armee Wallensteins geschrieben, daß man damit umginge, Sachsen und Brandenburg zu gewinnen und sodann mit gesammter Macht auf den, welcher die Ursache dieses Wesens sei, welches der König in Schweden in Deutschland angerichtet habe, losgehen, nemlich auf den Franzosen und ihn wieder vom Reichsboden jagen.

99. Wallenstein an Ks. Ferdinand II.

Gutachten zu Problemen der geplanten Friedensverhandlungen unter dänischer Vermittlung: 1. Verhandlungsort (Breslau oder Prag); 2. Verhandlungstermin; 3. Wortlaut der Geleitsbriefe; Verhandlungen zwischen Arnim und Wallenstein, vereinbarter Waffenstillstand.

Hallwich, Wallensteins Ende
I S. 424–426.

Feldlager bei Schweidnitz, 6. Juli 1633

Euer kayserl. Majt. gnädigstes Schreiben vom 30. nechstabgewichenen Monats Juny [1] habe Ich zurecht empfangen und, was Ihro wegen derer von der königl. Würden zu Dennemarckh Norwegen [etc.] zu vortstellung der Friedens Tractaten begerten Gelaits brief für Bedencken des orths, Zeit und dann der Stylisirung solcher gelaitsbrief halber fürgefallen, Sye auch mein unterthä-

[d] Einschübe in eckigen Klammern von Irmer.

[1] Vgl. zum vorliegenden Schreiben den Brief des Kaisers Ferdinand II. an Wallenstein d. d. Wien, 30. Juni 1633, gedruckt in Doc. Boh. V S. 172–175. Regest zu diesem Schreiben:

Betr. vorgesehene Friedensverhandlungen unter dänischer Vermittlung: Bedenken des Kaisers wegen Verhandlungsortes (Vorbehalt gegen Breslau), Verhandlungstermin, Geleitsbriefe; Bitte um Wallensteins Meinung betr. Breslau als Verhandlungsort, Abzug feindlicher Truppen aus der Umgebung von Breslau, Geleitsbrieffrage; Möglichkeit von Separatverhandlungen mit Kursachsen und Kurbrandenburg.

nigstes Guetachten Ihro darüber zuzuschicken mir gnädigst befehlen wollen, darauß gehorsambst verstanden. Soviel nun die wegen des von Hochgedachter königl. Würden vorgeschlagenen orts, benenntlichen der Statt Breßlaw, Eur Mayt. beyfallende difficulteten belanget, gehet mir nur darbey dieses gehorsambst zu gemüethe, daß, weiln der gegentheil sich von solchem orth in keinerley wege nehmen und viel eher von den vorhabenden tractaten gänzlich außzusezen, alß sich nacher Prag oder anders wohin weisen zu lassen entschlossen, ob nit rathsamber, selbigen orth anyezo gleichsam ultroneé zu belieben, alß nochmahlß in denselben, da man anders die occasion zu erhaltung eines so hoch ersprießlichen wercks nicht gänzlich auß Handen gehen lassen will, gezwungener weiße, welches Euer Majt. bey weitem verkleinerlicher fallen würde, einzuwilligen, und vermeine, daß darbey gar nicht im wege stehe, daß selbiger orth wegen inhabung des Thumbs vom feinde zu weit dominiret, in den einen weg alß den andern Euer Majt. und dero assistirende Churfürsten und Stände Gesandten solche assecuration in Handen gegeben werden wirdt, daß dieselbe nicht allein mit sicherheit zu: und abreisen und aldort sein, besondern auch die nötigen Correspondentzen ungehindert von dannen und dahin auß allen ortten werden gepflogen werden können, inmassen Ich mich dann wohl entsinne, daß, alß vor diesem die Friedens Handlung zu Braunschweig angestellet worden, ungeachtet selbigen orths halber viel mehr verdacht fürgefallen, Ich meine Trompeter täglich sicher dahin abschicken und durch dieselbe von allen nachricht und antwort erhalten können.

Daß aber Euer Majt. in dem anstehen, daß gleichwohl bemelte Statt Breßlaw Ihre Erbstadt und, waß mehr ist, dieselbe sich bey vergangenem einfall des feindts nicht in terminis neutralitatis, wie sichs gebühret, comportiret, bin Ich der underthenigsten meinung, daß Euer Majt. sich derselben nicht intuitu einiger neutralitet, besondern alß Ihrer Erb: und aigenen Statt gebrauchen, und waß Zeithero wider dero Pflicht vorgangen in diesem werckh, damit dasselbe allein Ihres theilß nicht ins stecken gebracht werden möchte, dissimulieren und dergestalt mehr wohlgedachter königl. Würden Begehren gemeeß solchen orth ohne weiters Bedencken belieben köndten; das aber Euer Majt. bey Ihr königl. Würd versuch zu thun vermeinen, damit noch vor abgehenden tractaten des feindts Volckh von dannen abgeführet und der orth desto mehr frey und sicher gemachet werden möchte, würde meinem bedenken nach am vorträglichsten sein, dessen, weiln sich das Gegentheil doch hierzu nicht verstehen wird, keine meldung zu thun.

Waß nechst dießem die ernennte Zeit, alß nemblich den 23. dieses, betrieft, und daß Euer Majst. unmöglich zu sein erachten, daß solcher dero assistirenden Chur: und fürsten notificiret werden und dieselbe bey so weiter distanz ihre Gesandte zu solchem termino vorthschicken köndten, bin Ich in den gehorsambsten Gedancken begrieffen, daß, wann allein Euer Majt. die Ihrige zu rechter Zeit dahin abordnen, es kein Bedencken oder difficultet der andern halber, ob sye etwaß langsamer anlangen, haben werde.

Betreffent aber, daß Eur Majst. gehoffet, es würden Ihro zuvor die Vorschläge von Ihr königl. Würden dero Vertröstung gemeeß communiciret werden, stelle ich zwar dieses an seinem ohrt und befinde freylich, daß solche communication nicht zu weniger facilitirung solcher tractaten gedienet haben würde; alldieweiln aber dieselbe nicht erfolget und, wann iezo erst deßwegen erinnerung beschehen solte, nicht allein viel Zeit, an deren in achtnehm: und Gewinnung so hoch gelegen, darauf gehen und verlohren sein, besondern auch beym Gegentheil das ansehen, alß wann man schlechten Lust zu vortsezung dieses Wercks trüge und nur dasselbe von einer Zeit zur andern zu prolongiren gemainet, haben würde: Alß bin Ich der gehorsambsten meinung, daß Eur Majt. weiln ia die occasion nicht auß Händen zu lassen, auch hierunter ein übriges thuen und ungeachtet solcher nicht erfolgten communication die mehr berührte Friedens Handlung auf vorbenennte Zeit ihren Anfang gewinnen zu lassen geruhen wolten.

Drittens die Stylisirung der begehrten Geleits Briefe betreffendt, und das Euer Majt. auß dem von Ihr königl. Würden an des Churfürsten zu Sachsen Liebden abgangenen schreiben, dessen copiam Sie anderwerts bekommen, soviel vermercken, alß wann die Schweden tanquam principales und die protestirende nur tanquam dependentes consideriret werden wollen, welches Sie nicht allein dem Haubtwerckh, besondern auch dem Reich selbst præiudicirlich befinden; da Sie aber solcher intention zu wider die Gelaidtsbrief allein auf Sachsen und Brandenburg und dero Leipzigische schluß verwanthe richteten, das solches ungleich aufgenohmen und, alß wann sy nicht genugsam Gelaidt geschicket, die tractatus aufgeschoben oder gar steckendt gemacht werden möchten, besorgen, bin ich der gehorsambsten jntention, daß Eur Majt. sich, alß wenn Sie umb dieß, was Ihro anderwerts von dem, so an Chur Sachsen geschrieben, zukommen, nichts wisseten, stellen: und allein dem inhaeeriren und besagte Gelaidts Brief also, wie es der erste Anlaß und die Eur Majt. gnädigsten schreiben inserirte form vermag, nemblich in genere auf die jenige Chur:, Fürsten und Stände des Reichs, welche zu Leiptzig bey einander versamblet gewest und sich verbunden haben, wie auch der Jenigen, so sich mit ihnen alliirt und bißher assistentz geleistet, Gesandten stylisiren lassen, hingegen auch an mehrgedachte königl. Würden begehren köndten, daß in simili vom Gegenthail das Gelaidt in genere auf Eur Majt. und dero assistirender Chur:, fürsten und Stände Gesandten gerichtet werden solle.

Waß schließlichen Euer Majt. von deren zwischen mir und dem Chur Sächsischen General Lieutenant von Arnimb vorgangener Handlung Ihro Bericht zu geben mir gnädigst zu befehlen geruhen, soll darauf dero Ich unterthänigst nicht verhalten, daß Ich nebenst dem von Arnimb hierinnen mein absehen auf nichts anderß alß allein auf die viel berührte tractation gehabt und zu mehrer facilitirung derselben eine suspension der Waffen bewilliget[2], inmittelst mit bemeltem von Arnimb soviel immer möglich a parte tractiret; und zwar ist solches Armistitium erstlich auf 14 Tage, damit der von Arnimb sich zu beyder Churfürsten Liebden persöhnlich zu begeben, frist und Gelegenheit hette, accordiret, darauf, alß er in wehrender solcher Zeit nicht zuruckh kommen können, dasselbe noch auff 6 tag prorogiret, endtlichen aber, alß man sich wegen der Quartir nicht vergleichen können, dem Gegentheil aller fernerer anstandt abgeschlagen und nunmehr mit den Waffen vortzugehen beschlossen worden. Waß weiters vorgehet, will Euer Majt. ich nach und nach darvon unterthänigst zu berichten nicht unterlassen, inmittels deroselben ich diß zu gehorsambster antwort auf dero gnädigsten Befelch übersenden sollen, [. . .]

100. Ks. Ferdinand II. an Kg. Christian IV.

Bezug auf vorausgegangenen Briefwechsel betr. Breslauer Verhandlungen; Bevollmächtigung ksl. Unterhändler; Ausfertigung von Geleitsbriefen für evangelische Reichsstände, Schweden und dessen Alliierte; Übersendung dieser Geleitsbriefe an Wallenstein zur Aushändigung an die dänischen Gesandten resp. zur Veröffentlichung; schwedische Geleitsbriefe für ksl. Gesandte und die Gesandten katholischer Reichsstände erwartet.

Hallwich, Wallensteins Ende I S. 435f.

Wien, 9. Juli 1633

Wir haben auß Euer Liebden Schreiben de dato 15. May[1] (so unns aber erst den 29. Juny nechst abgewichenen Monats geliefert worden)[2] freundtlich verstanden, waß Sie unnß auf Unsere an Sie den 9. February abgangene erkhlerung wegen dero Unß von Ihro offerirten güetlichen Interposition geantwortet und welcher gestalt Sie zu derselben würckhlichen fortstellung unsere Statt Preßlaw für den besten und bequemsten orth gehalten, auch dahin ein allgemeinen tag auf den 23. July dis Monaths einzukhommen außgeschrieben, was für gesandte sie ihres theils darzue deputiert und was für ein glaidt sie für den anderen thail an Uns begert[3].

Wiewohl wir nun nicht zweiflen, es werde Euer Liebden dazwischen Unsere freundt: öhmliche Erinnerung de dato ult. Aprilis wegen dieses Werckhs

[2] Zum Schweidnitzer (Heidersdorfer) Waffenstillstand vgl. Nr. 97 Anm. 4.

[1] Vgl. Nr. 91 Anm. 1.

[2] Gemeint ist wiederum Juni.

[3] Vgl. zu diesem Komplex Nr. 98f.

zuekhommen sein, so haben wir doch unerwartet deroselben fernern Antwortt zu noch mehrer würckhlicher bezaigung Unserer beharlichen friedtfertigen Intention, und das wir ihe nichts liebers sehen, alß das die gewüntschte ruhe und wolfarth im Reich teutscher Nation durch güetliche weeg und mittel eheistes erlanget werden möchte, Uns baides, den Tag und Ortt, gefallen lassen und nicht allein unsere fürnemme, der sachen khündige, friedtliebende gesandte, alß principaliter Unseren gehaimben Rath [titul.] Graven zu Trautmansdorff, sodann [titul.] Herrn von Questenberg und Justum Gebhardten[4], der Rechten Doctoren, mit gnuegsamer plenipotenz darzue verordnet, sondern auch solches denen Unns assistirenden Churfürsten mit aigenen Currier insinuiert und sy ermahnt, die ihrigen unversaumbt einiger Zeit nunmehro an denselben Ortt und zu bemelten Tag so schwindt alß immer müglich gleichsfalß mit gnuegsamer Vollmacht fortzuschickhen; versehen Unns auch freundtlich und gnedig, das Sy solchen allerdings nachkommen werden.

Anbelangende die sicherungs brieff, haben wir dieselbigen in decuplo für all die jenigen Chur:, Fürsten und Stendt, welche Anno 1631 zu Leibzig beysammen gewesen und solchen Schluß beygewohnt haben[5], in specie auch für die Schwedischen und alle andere, so mit ihnen allyrt[6] und denenselben assistenz gelaistet, auf maß und weiß, wie Euer Liebden Unns freundtlichen ersucht, außferttigen[7] und Unserem General des Herzogen von Meckhelburg und Friedtlandt Liebden zugeschickht, mit der erinnerung, dieselben Euer Lieb-

[4] Dr. Justus Gebhardt (1588 Kamenz/Oberlausitz–8. 11. 1658 Wien), Syndikus in Kamenz, von 1618 bis 1625 in Zittau; Berufung nach Wien, Konversion, seit 21. 2. 1628 und bis 9. 6. 1656 Mitglied des RHR; 20. 3. 1636 Erhebung in den Reichsritterstand; Zutritt zum Geheimen Rat; kurz vor seinem Tod Reichsfreiherr; Gebhardt war einer der wichtigen Beamten der beiden Kaiser Ferdinand II. und Ferdinand III.; vgl. Gschließer S. 220f.

[5] Bezug auf die Leipziger Versammlung protestantischer Reichsstände vom 20. 2. bis zum 12. 4. 1631.

[6] 'Alliiert'.

[7] Vgl. Hallwich, Wallensteins Ende I S. 434f.:

„Wir Ferdinandt der Ander, von Gottes Gnaden erwölter Römischer Kaiser [etc. etc.] thuen khundt, demnach auf des Durchleuchtigisten Fürsten, Herrn Christian des Vierten zu Dennemarckh Norwegen, der Wenden und Gothen König, Hertzogen zu Schleßwigk, Holstein, Stormarn und der Dietmarschen, Graven zu Oldenburg und Delmenhorst, unsers besonders lieben Freundt undt Oheimbs, freundtliche Interposition zwischen unß und dennen unß assistirenden catholischen Churfürsten und Stenden des Reichs und denen in anno sechczehen hundert ain und dreyssig zu Leipzig beysamen gewesten undt dem daselbst gemachten Schluß zugethannen, auch Chur:, Fürsten und Ständen des Reichs sambt ihren conföderirten und assistirenden zu widerbringung des gewünschten Friedens eine güettliche tractation und Handlung in unserer Statt Breßlaw auf den 23. Tag July dießes lauffenden Monaths außgeschrieben, dazue von

den oder den Irigen, zu welcher Zeitt es nun erfordert würdt, zu übersenden, haben auch Sr. Liebden befohlen, solche bey unser unterhabenden Armada aller Ortten zu publiciren und, das denenselben richtig nachgelebet werde, in acht zu haben; und da noch iemandts mehr hiebey in specie zuvergleiten were, wolten Wir dasselbe alles Euer Liebden hiemit vollmechtig heimbgestellet und, weme Sie dißfals unserthalben ein frey sicher gelaidt versprechen wurden, dasselbe in Crafft dieses für das Unserige gehalten, auch das solchem allerdings nachkommen werden solle, gleich alß wann es von Unß selbst außgangen were, Unß erbotten haben.

Wir versehen Unns aber genzlich, es werd auch Euer Liebden vom anderen theil dergleichen für Unsere und der Uns assistirenden Chur:, Fürsten und Stende Abgesandte albereith zu weg gebracht und gedachtes Unnsers Generals Liebden nunmehr, weil die Zeit herbey nahet, eingeschickt haben oder doch unverlengt nachmalß einschickhen und bey deren Soldatesca ebenmessige Verordnung beförderen, damit gedachte Unsere und der Unnß assistiren-

unß durch hochgemelts Königs Liebden für den andern theil und dessen Abgesandte ein frey sicher gleidt begert, daß wir zu mehrer erzeigung, wie hoch unß angelegen sey, deß heyl. Römischen Reichs und unserer Erb Königreich und Länder Friedt und ruehe zu befürdern, erstgemeltes Glaidt, alß hiemit geschicht, zu ertheilen ganz geneigt gewesen; unnd befehlen darauff Crafft dises allen unsern und des Reichs Chur:, Fürsten und Stendten, auch unsers Erbkönnigreichs Böheimb und dessen incorporierten Landen Mähren, Schlesien und Laußnitz zuegethannen Fürsten, Ständten und Underthannen und Einwohnern, so wol allen und jeden unsern hohen und niedern befelchshabern, insonderheit unserer Soldatesca zu Roß und Fueß, wo und welcher endt dieselbe gelegen, auch allen darüber commandirenten Generaln, Obristen, Rittmeistern, Hauptleuten und officiern, daß sy alle die jenige Gesandte und abgeordnete, welche von obgemelten zu Leipczig beysammen gewesenen und obbemelten Schluß Verwandten Chur:, Fürsten und Ständen des Reichs und derßelben allyirten und assistirenten Schwedischen und andern iren Beystandten zu gedachter Fridtshandlung nach Breßlaw geschickt würden, von dato dießes brieffs, so lang die Handtlung weren wirdt und nach derßelben, sovil sy Zeit zu ihrer rückhreiße bedürffen, mit allen bey sich habenden Leüthen, Dienern und Zuegehörigen, auch allen ihren Rossen, Bagagien, und waß sy sonsten mit sich führen, nichts außgenommen, frey, sicher, ungehindert und unauffgehalten nach unserer Statt Breßlaw und von dannen wieder ab: und zue:, so offt und viel sy wollen, ziehen und reißen, auch sy daßelbst und aller ortten frey passiren und repassiren laßen und ihrer kheinen einige hinderung oder beleidigung weder mit worten noch werkhen zuefügen oder geschehen lassen sollen, es werde gleich bey solcher güettlichen Handlung verrichtet, waß da wolle; da sy auch curier oder die Ihrige hin: und wider zuverschickhen hetten, sollen solche ebenmäßig frey passiren und repassiren khönnen. Solches meinen wir ernstlich und bey Vermeidung unserer hohen Straff und Ungnadt, zue Urkhundt diß briffs besiegelt mit unserm aufgetruckhtem kaiserl. secret Insiegl. Der geben in unserer Statt Wien, dem neuntten Tag des Monaths July Anno 1633."

den Gesandte gleichfahls sicher ab: und zue passiern mögen. Wann auch Euer Liebden etliche exemplaria von deß andern theils Glaidtsbrieffen starckhes gerathen wegs nach Cöln an Chur Mainz Liebden übersenden thette, wie wir hiemit, das Euer Liebden es unbeschwerdt thuen wölle, Sie freundtlich ersuchen, wurde es für die Jenigen, die ire Gesandte etwa des unsichern weiten umbwegs halben noch nicht abgeferttiget, zu desto schleüniger fortraise dienen, sintemahl anderer gestalt, da die gleitsbriefe erst von der Glickhstatt biß hieher und von hinnen nacher Cölen geschickht werden solten, fast dreyfache Zeit erfordert wurde.

Und wie wir in dem ganczen Werckh zu Euer Liebden ein sonderbares guetes Vertrawen gestelt, auch derowegen ihre nochmahlige friedtliebende bemüehung mit freundt: öhmlichen, dancknehmigen gemüeth erkhennen: Also verhoffen wir, es werd dieselbe ihrem vorigen dabey beschehenem gueten erbiethen nach ihr solches dergestalt angelegen sein lassen, daß es dem gemainen Vatterlandt zum erwüntschten friedens standt und Unß zu weiteren angenemmen willen und gefallen mög geraichen. Dero Wir zu erweißung angenemmer freundtschafft, Lieb und allem guten iederzeitt wollgenaigt verpleiben.

101. Kaiserliche Instruktion für die Gesandten bei dem geplanten Breslauer Friedenskongreß

[1] Zusammensetzung der Gesandtschaft; [2] kaiserliche Friedensliebe – von der Gegenseite nicht erwidert; [3] dänische Interposition; Beauftragung der ksl. Gesandten; Kontakte zu Wallenstein; [4] erste Kontakte am Verhandlungsort mit den dänischen Vermittlern (Vollmachtenfrage), den Gesandten der katholischen Kurfürsten (Problematik rechtzeitiger Ankunft), den Vertretern der Gegner (Vollmachtenfrage); [5] Basis der folgenden Instruktionspunkte; [6] Problematik des Restitutionsediktes; [7] Problem der Restitution evangelischer Territorien: [7a] Rücksicht auf Ehg. Leopold; [7b] Ebm. Magdeburg; [7c] Ebm. Bremen; [7d] Bm. Halberstadt; [7e] Abtei Hersfeld; [8] betr. die von Kursachsen und Kurbrandenburg eingezogenen geistlichen Territorien; [9] Stadt Augsburg; [10] Vorschläge Hessen-Darmstadts (Normaljahr 1612); [11] dänische Ansprüche auf nordwestdeutsche Stifter; [12] causa Palatina; [13] betr. die Wallenstein übertragenen Territorien; [14] Entschädigung Schwedens (satisfactio pro Svecis); [15] Pommern; [16] Kriegskostenerstattung; [17] cautio de non amplius offendo; [18] cautio de non inchoando bello contra exteros; [19] Amnestie; [20] Einbeziehung anderer Staaten in den Frieden; [21] Forderungen des Kaisers und katholischer Reichsstände: [21a] Aufhebung des Leipziger Schlusses; Restitution aller besetzten Territorien; [21b] Abzug der Truppen; [21c] Rückzug Schwedens aus dem Reich; [21d] Entschädigung; [21e] Entschädigung der derzeitigen Eigentümer bei Restitution der Pfalz und Mecklenburgs; [21f] Bayern; [21g] Kontakte der Gesandten mit Wallenstein.

Hallwich, Briefe und Akten
IV S. 241–276.

[Wien] 26. August 1633

[1] Instruction und Befelch, warnach [titul.] Graf von Trautmanßdorf, Herr von Quesstenberg, Dr Gebhardt alß Unsere zu vorstehenden, von des Königs in Dennemark L. in Unserer Statt Preßlau den 23. dises Monats außgeschriebenen und Unsers theilß eingewilligten allgemeinen Friedens-Tractationen[1] deputierte Kayl. Gesanten in ihren handlungen sich zu richten[2].

[2] Jezt bemelten Unseren Räthen und Abgesanten ist vorhin genuegsamb bewust, waßmassen wir bey denen biß anhero lang gewehrten bluetigen und reichsverderblichen Kriegen ie und allweeg der Zweckh des erwünschten und von menigkhlich höchstverlangten Friedens vor Augen gehabt, derentwegen auch bey den glückhseeligisten progressen Unnserer Kayl. waffen und nach so vielen von Gott, dem Allmechtigen, verliehnen Victorien alle aperturn und Veranlassungen zue güetlichen Tractaten in vleißige Obacht genommen und deren kheine auß händen gelassen, der tröstlichen zuversicht, sich noch wohl mittel, zue allerseits ertreglichen, billigen Vergleichungen und hierdurch zum lieben frieden zue gelangen, wurden gefunden haben, wan denen Gegentheilen ebensowohl ein ernst darzue gewesen und ihnen nicht mehrers beliebet, ihre gehabte dissegni und unmasßige begierd des dominats im Reich mit dessen genzlicher verhergung und desolation durch den gewalt durchzuetringen, warauf dan entlich erfolgt, das der gerechte Gott durch sein unerforschlichs Urtheil den König in Schweden auß dem weeg geraumet, die frembde nationen zu unaußlöschlichem spott und eüsserstem Verderben des edlen Teütschlandts gleichsamb praevalieren und dise innerliche Krieg das geliebte Vatterlandt in die eüsserste ruin gestürzt und fast menigkhlich zum raub und erbarmlichen spectacul dargestellet.

[3] Wan aber nochmahlen auf widerholte fleißige ersuechen des Königs in Dennemarckh Ld., daß wir seiner wohlgemeinter Interposition zur Fridenshandlung stattgeben wolten, wir auß angeborner unveranderlicher lieb und

[1] Vgl. hierzu Nr. 98–100; Mann S. 923, 953, 972f.; Suvanto S. 227, 238, 261. – Das Aktenstück zeigt im ganzen die Lernunfähigkeit des Kaisers, dessen Unvermögen, die Ursachen der Erbitterung der protestantischen Reichsstände zu erkennen, die Gefahren zu sehen, die mit der Einflußnahme ausländischer Potentaten auf seiten der Protestanten gegeben waren.

[2] Vgl. Hallwich, Briefe und Akten IV S. 241f. Anm. 1:

„In marg. (von anderer Hand): 'Nota. Weil dieße Instruction in Originali verbrunnen und nun eben also, wie sie allhir stehet undt sub eodem dato, ohne allein mitt außlaßung des Friedlenders undt was etwa seinetwegen gedacht wirdt, umbgefertiget zu werden eine notturfft befunden wirdt: So ist umb mehrer nachricht willen dasienige waß außgelaßen werden soll, unterstrichen, undt wirdt der Ingrossist unbeschwert achtung geben, wo etwa des Fridlenders weiter drinnen gedacht undt solches nicht unterstrichen were, daß es nachmalß geendert werde'."

begierd allgemeiner beruehigung des Röm. Reichs desto lieber darzue verstanden und eingewilligt, weilen S. L. sich dabenebenst alsolche conditiones und mittel vorzuschlagen und durch aufrechte bemüehung zu treffen anerbotten, welche sowohl Unß höchst reputierlich, alß Chur-, Fürssten und Ständen acceptabel und annemblich sein wurden, und die Zeit nunmehr vor der thur, das alsolche handlung in Unserer Erb-Statt Preßlau solle angestelt werden: Alß haben wir auß sonderbarem hochem Kayl. unnd gnedigisten Vertrauen zu disem hochwichtigen Werckh vorernente Unseren Gehaimen- und Reichshoff-Räthe, selbigen Tractaten in Unserem Nahmen und von Unsertwegen beyzuwohnen, allergnedigst verordnet.

Die sollen dan nach empfangener diser Instruction, Vollmacht und andern nottwendigen Schrifften sich eheist und ungesaumbt von hinnen zu unserm General-Veldthaubtman, des Herzogen von Meckhelnburg und Fridtlandt L., verfüegen, von dero sie die sicheren Geleitsbrief des Gegentheilß[3], im fall sie unterdessen nicht[4] einkhommen, zu empfachen, auch sonsten über den vornembsten Puncten diser Instruction mit S. L.[5] vertreulich zu communicieren und ihr vernünfftig guetbedunckhen zu vornemmen, waß sie etwo darbey und auch sonsten zu glückhseeliger fortstellung deß ganzen werckhs notwendig und fürträglich zu sein erachteten.

Disem nach hetten mehrgedachte Unsere Gesante die Raiß nach Preßlau fortzustellen und, wan sie daselbst angelangt, [4] sich bey denen königl. dennemärckh. Gesandten[6], welche sonder Zweifel schon alda sein und die unßrigen zum ersten besuechen werden, nach verrichteten curialien dahin zu erkhleren: Wir erinnerten Unß obiges von sein, des Königs, Ld. unß beschechenen freündtlichen anerbiettens, und wie wir unß darauf wihlfehrig erkhlert, also hetten wir auch zue dem außgeschrieben tag sie, Unsere gesanten, abgeschickht, die in befehl, annfenglich zu vernemmen, waß Ihre Ld. vor Vorschlege zue gemeinem frieden hette, alßdann, wan solche so beschaffen, daß sie Unß reputierlich und acceptabel weren, darauf zu handlen und zu schließen, massen wir ihnen, den Abgesanten, hiezue volligen gewalt gegeben, welchen sie auch auf begeren (doch mit Unterschied, ob der andere theil auch volligen gewalt vorlegen würde, daß sie den ihrigen gleichßfalß fürlegten, im fall aber derselbe nur einen limitierten gewalt hette, Unsere gesanten auch nur dergleichen von sich stelten, deßwegen wir ihnen dann zweierley gewalt zustellen laßen) werden zu ediren haben. Und bedanckhen Unß nochmahlß freündtlich vor des Königs bemücheung; weren erbötig, solche in allen fürfal-

[3] Vgl. Nr. 100 Anm. 7.

[4] Gemeint ist vermutlich: „. . . im fall sie unterdessen nicht [hier] einkhommen . . .".

[5] Wallenstein.

[6] Die Namen der Gesandten vgl. Nr. 91 Anm. 4.

lenheiten mit freündtlichen, gueten willen wider zu erkhennen. Dabey aber sollen Unsere gesanten in acht nemmen, ob sichs wegen der Zeit und gelegenheit leiden würdt, vorhero, eher sie noch die Vorschlege bekhommen, der catholischen Unß assistierenden Chur-Fürssten Abgesanten zu erwarten oder noch vor derselben ankhunfft gemelte Vorschleg anzuhören. Wie sie dan der Catholischen außen bleiben mit enge der Zeit und daß ihnen die geleitßbriefe nicht ehender zukhommen, entschuldigen sollen. Und nachdem sie die Vorschleg haben und es die Zeit geben würdt, werden sie auß denselbigen mit der catholischen Unß assistierenden Churfürssten gesanten, so viel sie dißfahls angehet, communicieren und nach beschaffenheit derselben handlung pflegen, vor der handlung aber auch des anderen theilß Vollmachten und legitimationes recht erwegen und darauf die handlung principaliter auf Chur-Sachßen und Brandeburg und die mit ihnen in dem Leipßigischen schluß begriefene Chur-, Fürssten und Stende des Reichs richten lassen. [5] Und ob wir wohl auß mangel der fürschlege Unsere gesante nicht so eigentlich auf iede puncta instruieren khönnen, so haben wir doch beyleüffig auß demjenigen, waß an Unß gemelte Chur-, Fürssten und Stendt von Leipßig auß hiebevor gelangen lassen, wie auch auß dem, waß Landtgraff Geörgens zu Hessen-Darmbstatt Ld. in dero mit ihr zu Leitmeriz nehesthin in Martio gehaltenen vertreülichen conferenz[7] eröffnet, abnemmen khönnen, worauf ungefehr der andere theil gehen möchte und deßwegen unsere Gesanten folgendergestalt hiemit gnedigist instruieren wollen.

[6] Erstlich wann begert werden solte, daß wir Unser Edict[8], betreffend die erledigung etlicher Reichsgravaminum, cassieren oder dessen Execution einstellen wolten, sollen Unsere Gesanten einwenden, wir hetten mit publicierung dessen anders nichts gethan noch fürgenommen, alß waß unser Keyl. Ambt und Jurament, der Religion und Profanfried selbst und Unser löblichen Vorfahren am Reich darauf ergangene vielfeltige gerechte resolutiones mit sich bracht; könten auch dißfahls unsere Kayl. hocheit, autoritet und Jurisdiction, zumahl wir durch den Churfürstl. Mülhaußischen Recess de Anno 1627[9] sonderlich dazue veranlast worden, sowohl denienigen Verstandt, den wir über den Religionsfrieden haben, und welchen etliche friedtliebende Augsspurg. Confessionsverwante Stende selbst bey den geruehigen Zeiten gehabt, nicht in Zweifel ziechen oder disputieren lassen, weniger Unß zu einem andern, alß waß das Edict in sich hielte, bekhennen, welches dann Unsere

[7] Vgl. zu den Leitmeritzer Verhandlungen zwischen kaiserlichen Vertretern und dem Lgf. Georg von Hessen-Darmstadt vom 23. bis zum 25. März 1633: Irmer II S. IX–XIII; Mann S. 919–923; Pekař S. 244; Suvanto S. 187f.; Wagner S. 131.

[8] I.e. das Restitutionsedikt von 1629.

[9] Vgl. Ritter III S. 370–375.

Abgesante mit mehrer Außfüehrung, wo vonnöthen, auß dem Edict selbst und denen darüber mit Chur-Sachßen gewehßleten schreiben, auch darüber gepflogenen deliberationibus, so ihnen zu disem end mitgeben worden, denen könig. Dennem. gesanten werden zu repraesentieren wissen, mit erinnerung, sie wolten selbst bedenckhen, waß ehren unnd ruehm wir darvon haben wurden, wann uf S. L. Interposition wir dißfahls weichen solten. Derowegen versehen wir Unß freündtlichen, S. L. wurde Unß mit demselbigen zuemuetten verschonen und den anderen theil darvon abwenden helffen.

Wurde nun dasselbige verfangen, so hette es darunter sein verbleiben. Solten aber Unsere gesanten merckhen, daß gleichwohl in etwaß wurde nachgegeben werden müessen, so solten sie weiter anzeigen: Wir erinnerten Unß gnedigist, welchergestalt etliche der Augspurg. Confessionszugethone Stendt vor disem das Edict nicht so sehr impugniert, sondern allein über dem modo exequendi und über Unsere zu dessen execution ins Reich verordnete Commissarien, alß wann dieselbe zue weit gangen, Klag gefüehrt, fürgebende, es würden unter dem Nammen der Geistlichen güeter gar die temporalia, superioritet und Obrigkheit, auch schuz und schirm, gerechtigkheit und anders mehr, so nicht der Geistligkheit gehörte, noch ein connexum vel dependens der geistlichen güetter were, sonderen ledigkhlich dem Weltlichen zuestunde oder doch zweifelhafftig, item dieienigen geistlichen güeter, die noch vor dem Passauischen Vertrag wegkhommen oder doch auch im Zweifel stünden, welche Zeit sie eigentlich verendert worden, in die execution gezogen; derwegen sie Unß umb erleütterung Unsers Edicts und daß wir in den zweifelhafftigen fellen es zue ordentlichen Außtrag Rechtens khommen und die Inhaber unterdeß in Possession lassen wolten, gebetten, allermassen dasselbe auf der schwäbischen und Frenckhischen Stendt unnd Ritterschafften werbungen mit mehrem zu vernemen.

Wann wir dann niemahls gemeint gewest, mit unserem Edict einige andere geistliche güeter, alß nur dieienige, so notorie nach dem Passauischen Vertrag wegkhomen, zu der Restitution zue bringen, alß khönnen Unßere gesanten sich dahin erkhleren, dz es nochmalß kheinen anderen Verstandt alß disen haben solle.

Solte aber es an disem noch nicht genueg sein und es wolte die cassation oder suspension unaußgesezt beharret werden, sollen Unsere gesante wider die cassation, weil solche eben so viel were, alß wan wir den Religionfrieden oder ein fürnemes stückh desselben ganz aufhieben, nochmalß Ursachen einwenden, warumb wir solche nicht eingehen khönten, der suspension halber aber sich dahin erkhleren, wir hetten das Edict in gueter meinung und Intention außgehen lassen unnd wohl verhofft, es wurde durch dasselbe denen fürnembsten Reichsbeschwerden abgeholffen und daß Reich wider zue ruehe gebracht werden khönnen; hielten auch genzlichen darfür, daß, wann demselben aller orthen schuldige parition erfolgt, der lengst gewünschte frieden schon erlangt sein wurde; weil wir aber befenden, daß es den Stenden der Augspurg. Confession so gar zuewider und beschwerlich were unnd daß die gröste difficultet an der Execution bestünde, so wolten wir, umb gemeinen friedens willen, so weit weichen und nachgeben, daß der darinnen zulezt angeheffte modus exequendi, daß nemlichen ein ieder strackhs auf Unser Commissarien erforderung die geistlichen Erz-, stifft und güeter bey vermeidung deren im Landtfrieden außgesezten Poen der acht abtretten solte, eingestelt verbleiben möchte und mit solchem khein Standt mehr von dato beschwert werden solte.

Weil aber gleichwohl die leges publicae eine Execution haben müesen, so solten die Augspurg. confessionsverwante Stende selbst mit denen von der alten Religion (alß welche dißfahls merckhlichen interessiert und ohne deren Zuethat wir die Execution nicht ganz aufheben khönten) eines anderen modi exequendi sich vergleichen und unß zu unser gnedigisten ratification fürbringen, nach welchem wir Unß dann weiter also erkhleren wollen, daß menigkhlich Unser friedtliebendes gemüeth und wie begierig wir sein, dem geliebten Vatterlandt deüzscher Nation zue ruehe zu helffen, im Werckh selbst verspüren und sich dran verhoffentlich zu ersettigen haben werde.

Solte dann auch dises nicht für gnug erscheinen, oder man khönte sich auch kheines anderen modi recht vergleichen, sonderen der andere theil wurde fürwenden, daß sie dardurch nichts desto minder zu restituierung der geistlichen güeter condemniert weren und nur auf ein andere weiße zu deren abtrettung gezwungen würden, derowegen müeste die ganze Restitution und Execution cassiert werden; sintemahl nun dasselbige nicht Unß allein alß Oberhaubt, sonderen zugleich und fast fürnemblich die catholische Chur-, Fürssten und Stende alß Part betrifft und hievon ohne ihrer aller Consens und Verwilligung nichts schließlichs noch bestendiges gehandlet werden khönte: So werden unsere gesante mit der Catholischen anweßenden Botschafften darauß communicieren und, woferen es nicht auf disem tag verglichen werden khönte (dessen sich doch unsere gesante, damit dißfahls kheine materia belli übrig bleibe, alles Vleiß bemüehen sollen), es zu einer allgemeinen Reichsversamblung weißen und daneben sich dahin erkhleren, daß inmittelß auch die ganze Execution Unsers Edicts solt in suspenso bleiben, jedoch daß unterdessen kheinem Standt verwehrt, sich sonsten des ordentlichen Rechtens nach außweißung der Reichs constitutionum zue gebrauchen, auch diser Punct, so viel die Execution des Edicts anbelangt, alßbaldt mit nehestem Reichstag oder anderer Zusammenkhunfften, deren man sich dann strackhs iezt bey diser friedts Tractation vergleichen khönte, fürgenommen und erörtert und nicht erst von einer Zeit zur andern aufgeschoben wurde.

[7] Wann auch für daß Andere wohl zu vermuethen, daß der andere theil begeren würdt, daß alle executiones, welche in khrafft des Edicts seiter dessen

publication à dato 6. Marty Anno 1629[10] fürgenommen, aufgehoben und disem nach die demselbigen zuefolge recuperierte Erz- und Stiffter Magdeburg, Bremen, Minden, Ferden[11] etc. unnd andere geistliche güeter, sie haben Nammen, wie sie wollen, denen vorigen Inhaberen restituiert oder, weil sie sich derselben bißher selbst de facto bemechtiget, gelassen und von unß genuegsamb versichert werden solten: So werden unsere gesante sich zueförderst nach demienigen richten, waß im vorgehenden Puncten abgehandelt und beschlossen worden, sodann mit der catholischen Unß assistierenden anweßenden gesanten und Bottschafften, weil dieselbe diser Punct hauptsechlichen angehet, darauß notturfftige communication und unterredung pflegen und ihres gemüeths und willens sich wohl erkhundigen.

Wurde nun bey vorigem Punct die Execution des Edicts eingestelt worden sein, so hetten sie leicht zu erachten, daß bey disem alles in den Standt, wie es in Zeit der publication Unsers Edicts gewest, gerichtet werden müeste. Alßdann würdt sonder zweifel auch darvon zue reden sein, wie es inkhünfftig mit denselben Erz- und Stiffteren solt gehalten werden, denn vermuethlich die Catholischen dieselben nicht dahinden lassen werden.

Da sollen nun Unsere Abgesanten sich anfenglichen indifferenter halten und denselben Punct die Catholischen und dero anweßenden gesante mit den Uncatholischen tractieren und es wohl an sich khommen lassen, eher sie ihre meinung sagen, allermaßen wie es mit abhandlung des Religionfriedts auf dem Reichstag zu Augspurg Anno 55[12] hergegangen, da beiderseits religionsverwandte Stendt gegen einander einen Puncten nach dem anderen gehandelt unnd Unserem geliebten Anherren und Vorfahren am Reich[13] zu dessen Resolution gebracht, und warinnen sie sich nicht vergleichen khönnen, daß haben sie zu seiner Kayl. erkhlerung vollents heimgestelt, inmassen auch die natur und beschaffenheit des werckhs nicht anders mit sich bringt; denn weil wir dißfahls alß das Oberhaubt zwischen beiden Partheyen Richter sein, will Unß gebühren, zuvorhero zu vernemmen, waß ein theil gegen dem anderen zue thuen gesinnet.

Unnd wann nun die Catholischen sich diser Stifft unnd güeter halben eines anderen vergleichen und dieselben diser Zeit dahinden lassen theten, weren wir an Unserem Orth, weil wir die rechte folge zue der Execution nicht haben khönten, entschuldiget und müesten es umb des geliebten friedens willen, damit Unß in desselbigen entsteheung nicht die schuldt, alß wann wirs verursacht, möcht zugemeßen werden, nach gestalten sachen auch dabey bewenden lassen.

[10] Vgl. Anm. 8.

[11] Verden.

[12] I.e. der Augsburger Religionsfriede von 1555.

[13] Ks. Ferdinand I.

[7a] Weil aber unter disen Erz- und Stiffteren etliche sein, welche Unsers vilgeliebten Sohns Erzherzog Leopoldi Ld.[14] zuegehören, die theilß durch rechtmeßige wahl und postulation, theils aber per provisionem Apostolicam an S. L. noch vor dem publicierten Edict gelangt, alß Magdeburg, Bremen, Halberstatt und Hirschfeldt[15], und wir dahero alß ein Vatter bey denselbigen für ieztgedachten Unseren lieben Sohn interessiert, auch wegen deren zue derselben recuperierung unnd erhaltung aufgewenten Kriegsuncosten an den temporalibus etlichermassen ius retentionis haben: So solten Unsere gesanten in acht nemmen, daß bey disem Punct Unß und gemeltem Unsern lieben Sohn nichts praeiudicierliches ohne Unseren wüß- und willen fürgenommen werde.

[7b] Denn so vil den Erzstifft Magdeburg betrifft, ist unverneinlich wahr, dz derselbe in Zeiten des Passauischen vertrags[16] und Religionfriedens[17] noch einen catholischen Erzbischoff und Dombcapitul gehabt, und daß erst nach Erzbischoffs Sigismundi todt von Anno 66[18] an diser Erzstifft den Catholischen enzogen werden wollen, gleichwohl aber noch immerzue catholische capitulares blieben, die denen Catholischen ihr Jus erhalten, die Uncatholischen nicht anders alß sub confirmatione sedis Apostolicae[19] zuegelassen, auch die menses papales observiert und sedem pontificiam noch immer respectiert, alßdann noch uf heüttigen tag der Dombprobst catholisch ist; und alß denen hernach gefolgten unqualificierten weltlichen administratoribus die session und Stimmen auf Reichstägen nicht gegeben werden wollen[20], hat daß Dombcapitul selbst, gleich alß wan sedes vacans were (wie er auch in warheit seit derselben Zeit gewesen ist), sich solcher session und stimmen angenom-

[14] I.e. Leopold Wilhelm, Ehg. von Österreich (6. 1. 1614 Graz–20. 11. 1662), zweiter Sohn Ks. Ferdinands II., Bf. von Passau und Straßburg (1625), Halberstadt (1626), päpstliche Ernennung zum Koadjutor des Erzstiftes Bremen (1629), päpstliche Provision zum Administrator von Bremen (1635), Bf. von Olmütz (1637), Breslau (1655), Generalissimus des ksl. Heeres (1639–1646), spanischer Generalgouverneur in den Niederlanden (1646); vgl. ADB 18 S. 402–404.

[15] Mit Hirschfeld ist die Abtei Hersfeld gemeint.

[16] Passauer Vertrag von 1552.

[17] Vgl. Anm. 12.

[18] Ebf. Sigismund (Siegmund), 11. 12. 1538–13. 9. 1566; 26. 10. 1552 zum Erzbischof von Magdeburg postuliert; mit Eintritt der Volljährigkeit Einzug in der Residenz der Magdeburger Erzbischöfe, in Halle/Saale, am 21. 1. 1554; vgl. ADB 34 S. 294–297.

Vgl. zur Geschichte des Erzstifts Magdeburg Ritter I S. 195, 309–311, 580, 584; II S. 420; III S. 259, 299–302; ADB 34 S. 295f.; Ritter, Restitutionsedikt S. 87, 90, 99f.

[19] Vgl. Ritter I S. 310.

[20] Vgl. Ritter I S. 580–584 (Reichstag 1582); II S. 117–121 (Reichstag 1594); 124 (Reichstag 1597); 227f. (Reichstag 1608); 420.

men unnd, damit ihnen dieselbe gelassen wurde, beworben, auch über diß ihre vermeinte administratores selbst in ihrer postulation dahin verbunden, daß sie sich der session und stimmen auf Reichstägen nicht annemmen, sonderen solche dem Capitul lassen und, wan sie heyrathen würden, alsobaldt den Erzstifft widerumb abtretten oder ipso facto dessen verlustig sein solten; welches nicht geschehen khönnen, wann nicht die Catholischen der orthen noch ein fueß behalten. Es hat auch das Dombcapitul Anno 1627 selbst des vorigen Inhabers [21] sich entschlagen und gleichsamb legitima sedis vacantia verhanden (gestalt dann auch, wie obvermelt, derselbe seiter deß Erzbischoffs Sigismundi Todt ab Anno 66 [22] recht vaciert hat), Unß gebetten, wir wolten ihnen die administration biß uf ein andere rechtmeßige wahl oder postulation verstatten, so wir aber auß erheblichen Ursachen nicht thuen wollen, sonderen weil wir gesechen, daß diser Erzstifft wider den Religionfried bißher detiniert unnd wir gleich damahls durch veranlassung des N. Sechß. Kriegswesens denselben zue Unsern handen bracht haben [23], wir in mangel einer rechten canonischen election sub notoria sedis vacantia provisionem Apostolicam von Ihr Bäbstl. Heil. (deren es dißfahls nach außweißung der Concordaten Nationis Germanicae zuegestanden) für mehrgedachten Unseren vilgeliebten Sohn [24] erlangt, auch nochmahlß solchen Stifft für Ihr Ld. apprehendieren, in Posseß nemmen, huldigen und schweren und durch gewiße Commissarien, Statthalter und Räth gubernieren, auch alle landtsfürsstliche hocheit und superioritet in temporalibus gebührlich exercieren, die spiritualia aber durch andere qualificierte Personen versehen lassen [25]. Es seint auch Unseren vilgeliebten Sohn von Unß, alß Röm. Kayßer, die regalia bereit in Anno 1630 conferirt worden, und hat S. L. alle actus possessionis biß uf die iezige gewaltsame Invasion [26] continuirt; derowegen wir Unß nicht vorsehen, daß ihme dises Erzstiffts halben zugemuettet werden soll, desselbigen sich zu begeben. Denn wiewohl

[21] Christian Wilhelm, Mgf. von Brandenburg (7. 9. 1587–11. 1. 1665), 1598 lutherischer Adm. des Ebm:s Magdeburg; 1614 Koadjutor und 1624 Adm. des Bms Halberstadt; konnte ksl. Bestätigung nicht erreichen; General im Heer des dänischen Königs (1627), nahm an der Verteidigung der Stadt Magdeburg gegen Tilly teil, wurde von den ksl. Truppen gefangengenommen, 1632 Konversion zum Katholizismus; vgl. ADB 4 S. 164–168; Meyer 5 S. 684; Ritter II S. 420; Ritter III S. 360, 467; zu den Gegensätzen zwischen dem Domkapitel und dem Administrator vgl. Ritter III S. 259, 302; Ritter, Restitutionsedikt S. 84, 87, 99.

[22] Vgl. Anm. 18.

[23] 1625; vgl. Ritter III S. 300.

[24] Leopold Wilhelm.

[25] Vgl. Ritter III S. 426f.; Gf. Wolf von Mansfeld übernahm die Verwaltung.

[26] Gemeint ist das schwedische Eingreifen in den Krieg und der Verlust des Erzstifts Magdeburg für die Kaiserlichen im Herbst 1631; vgl. Ritter III S. 504.

Chur-Sachßen wegen seines Sohns eine vermeinte postulation[27] anzogen, haben wir doch derselbigen alß null und nichtig zeitlich widersprochen und dieselbe, ungeacht sehr starckh darumb angehalten worden, niemahls approbieren wollen, sonderen sowohl ihme, dem Churfürssten, alß auch dem Domb-Capitul zu verstehen geben, daß, weil dieselbe schnurstracks wider den Religionsfried lieffe und das hochschedliche mißtrauen im Reich nicht sopieren, sonderen vil hefftiger anzünden, die von ihme selbst unnd anderen Churfürssten unlangst zuvorhero zu Mulhaußen Anno 1627 wohl eingerathene erledigung der Reichsgravaminum verhinderen und zu allerley gefehrlicher weitleüfigkheit, auch schedlicher trennung beider heußer, Österreich und Sachßen, anlaß und Ursach geben wurde, wir auch unserer aufgewanten schweren Kriegsunkhosten halben disen Erzstifft nicht also quittieren khönten, daß sie güetlichen darvon abstehen wolten. Es hat auch darauff Chur-Sachßen sich der possess niemahls angenommen, sonderen vielmehr geschechen lassen, daß die Schwedische disen hochen Erzstifft nach der Schlacht für Leipßig[28] mit gewalt überfallen und ganz in ein anderen statum zu verwenden[29], auch den Namen dises und des Halberstadischen Stiffts außzurotten und an dessen stell ein anderen einzufüehren, es die Lender Magdeburg und Halberstatt zu nennen und nicht anders alß ein lauter weltlich guet zu dominieren und, welchs im Reich unerhört, auch fast unglaublichen erschienen, die Stendt und Underthanen beider Stiffter für die Cron Schweden huldigen unnd schweren lassen und solchergestalt beide Stiffter derselben erblich zuezueignen unterstanden, warmit Chur-Sachßen dann, zumahl, wann er für seinen Sohn gleich einnig Recht dazue gehabt, wie doch nicht ist, vom selben abgewichen were, und erfordert status publici Imperij, daß diser Erzstifft wegen der Revision und visitationes des Cammergerichts, damit nicht die Heil. Justiz auß mangel deroselben vollents gar darnieder liegen bleibe, widerumb einen rechtmesßigen canonischen Besitzer habe.

[7c] Anbelangendt aber den Erzstifft Bremen, ist nicht allein Unserm Sohn[30] auß gleichmesßiger sedisvacanz eine provisio Apostolica[31] noch vor dem Edict[32] zuehanden khommen, sonderen es haben auch diejenigen, so Dombcapitulsstelle gehalten, vorhero eine sonderliche postulation mit deß domahligen Inhabers[33] wüß- und willen ergehen lassen, daß also, wan daß

[27] Vgl. Ritter III S. 427.
[28] I.e. die Schlacht bei Breitenfeld am 17. 9. 1631.
[29] Vgl. Anm. 26.
[30] Ehg. Leopold.
[31] Vgl. Lorenz S. 18f.
[32] Im Juli 1629.
[33] Gemeint ist Johann Friedrich von Holstein-Gottorp.

Edict gleich niemahls gewesen were, dennoch unser vilgeliebter Sohn uf solchem Erz-Stifft auch ein Recht erlangt[34].

[7d] Betreffendt dem Stifft Halberstadt, ist menigkhlich bewust, daß solcher nicht allein auß mangel eines catholischen Besitzers[35], sonderen auch, zumahl nach abgang des lezten angemasten administratoris Todt[36], unwidersprechlichen erlediget unnd zu demselben Unser vilgeliebter Sohn lengst vor dem Edict durch eine gemeine Wahl postuliert, und daß ihm diser Stifft mit lautern Unrecht und gewalt genomen worden, derowegen er des Edicts nicht zu entgelten[37].

[7e] So vil dann die Abtey Hirschfeldt belangt, bezeugen die Reichsacta, daß dieselbe biß auf Anno 1608 alzeit einen catholischen Abt gehabt unnd daß nach dessen Todt der Landtgraff zu Hessen unter dem schein eines nichtigen und unkrefftigen Testaments wider den lauteren Inhalt des Religionfriedts sich de facto eingetrungen, daß auch wir dieselbige Abtey vor vielen Jahren schon recuperiert und drüber gleichsfahls eine Bäbstliche Versechung für mehrgenanten Unseren lieben Sohn erlangt[38].

Dahero dise Erz- und Stiffter mit dem Edict nichts zu schaffen und consequenter von desselben handlung und Vergleichung billich außzunemmen.

Weil auch andere Stiffter und Clöster mehrentheilß vor- und nach dem Edict nicht intuitu desselben, sonderen pure und allein krafft des Religion- und Profanfriedens und alten herbrachten Rechtens entweder durch ein rechtmesßig Urtheil oder durch canonische election und postulation oder durch andere gerechte weeg und Mittel wider in catholische handte gebracht: So werden Unsere gesante vigilieren, daß dieselben gleichfahls außgenommen

[34] Rechtmäßiger Nachfolger war der 1621 in coadiutorem et futurum successorem des Erzstifts Bremen gewählte dänische Prinz Friedrich, der nachmalige dänische König Friedrich III.; vgl. zu Wahl und Nachfolge Friedrichs Lorenz S. 14–18, 22–29; vgl. auch Ritter III S. 427.

[35] Inhaber des Stifts war der Adm. von Magdeburg (vgl. Ritter III S. 259), nachdem Adm. Christian 1623 zurückgetreten war (s. o. S. 251).

[36] I.e. Christian von Braunschweig-Wolfenbüttel (20. 9. 1599–16. 6. 1626), 1616 Adm. von Halberstadt, 1623 Niederlage bei Stadtlohn; vgl. NDB 3 S. 225; vgl. Ritter II S. 420; III S. 251, 324; zur Rolle des Halberstädters in den militärischen Auseinandersetzungen vgl. Ritter III S. 153–155, 159–164, 227, 236–239, 243, 245–252, 259, 324.

[37] Vgl. Ritter III S. 299f., 426f.; zur Geschichte des Stifts vgl. Ritter I S. 195, 309–311, 584f.; II S. 117, 124, 420; III S. 153, 194, 251, 258f.

[38] Bis 1617 war der älteste Sohn des Lgf. Moritz des Gelehrten von Hessen-Kassel, Otto (geb. 25. 12. 1594, postuliert 9. 3. 1604, 24. 2. 1606 Verweser der Abtei, gest. 7. 8. 1617), Inhaber der Abtei; 1627 war die Abtei Hersfeld vom Papst dem Ehg. Leopold Wilhelm übertragen worden.

und in denienigen Standt, darinnen sie zeit ihrer iezigen spolierung seint gewesen, gesezt werden möchten.

Und wan ia etwaß in den anderen Stiffteren nachgegeben werden solte, welches nun die güetliche Tractaten weißen werden, so sollen unsere gesanten dennoch sechen, wie etwa an einem und dem anderen orth nichts destominder die catholische Religion erhalten und, etwa nach eins ieden Stiffts einkhommen, etliche Canonici in demselbigen gelassen würden. Waß auch sonst für mittel zu müglicher conservierung der Catholischen Religion und gerechtsame dabey in Acht genommen werden könten, deren sollen sich unsere Abgesante alles vleiß bemüehen und solche, wie auch daß vorgehende, denen Catholischen mit an hand geben, daß dieselben solche proponieren möchten.

[8] Vor daß Dritte zweiflen wir nicht, daß Chur-Sachßen und Brandeburg wegen ihrer vorlengst gehabten Bistumber Meißen[39], Merßeburg[40] und Naumburg[41], Havelburg[42] und Brandeburg[43] sambt anderen Geistlichen gestifft und güeteren[44] eine starckhe assecuration begeren werden, daß solche ganz nicht in Anspruch genommen werden solten.

Nun erinneren wir Unß, waß deßhalben dem Churfürssten zue Sachßen zu Mülhaußen Anno 1620 mit einhelligen consens derer catholischen Churfürssten zuegesagt[45] und hernach vilmahls repetiert worden, daß nemblichen von ihme wegen seiner in der behmischen Rebellion unß und gemeinem weßen erzeigten treüen, nüzlichen dienst solche inhabende Stiffter und güeter via executiva nicht solten envinciert werden. Dieß haben wir auch bey verfaßung des Edicts in Acht genommen und deßwegen mit vleiß die clausul hineinsezen lassen, daß dieienigen restituieren solten, bey welchen unsere Commissary

[39] Das Bm. wurde seit 1581 von Kursachsen verwaltet, nachdem der 1555 gewählte, nur nominell katholische Bf. Johann v. Haugwitz sein Amt niedergelegt hatte (vgl. Ritter I S. 191–194; II S. 420).

[40] 1561 war der letzte katholische Bf. gestorben; Nachfolger wurde der kursächsische Prinz Alexander, nach dessen Tod 1565 ist das Bm. kursächsischer Verwaltung unterstellt worden (vgl. Ritter I S. 191–194; II S. 420).

[41] 1564 starb der letzte katholische Bf. Julius Pflug; zur weiteren Entwicklung s. Anm. 40.

[42] I.e. Havelberg; das Stift war seit 1447 brandenburgischer Landstand; vgl. Ritter I S. 194f.; II S. 420.

[43] Das Stift war seit 1447 brandenburgischer Landstand; vgl. Ritter I S. 194f.; II S. 420.

[44] Gemeint ist vermutlich der eingezogene Klosterbesitz und vielleicht das Bm. Lebus, das aber auch schon seit 1447 brandenburgischer Landstand war (Ritter I S. 194f.; II S. 420).

[45] Vgl. Ritter III S. 81f.

sich anmelden würden, der Intention und mainung, daß wider ihn kheine Commission außgehen solte, massen auch kheine außgangen ist.

Wann es nun zue disen terminis gelengen solte, daß vermittelß seiner güetlichen accommodation der liebe fried geschlossen werden khönte, und er wolte ohne sondere particularassecuration denselben nicht tractieren, sollen Unsere gesante dieß nochmalß nicht allein ihne, sonderen auch Chur-Brandeburg, im fahl derselbe hierdurch auch gewonnen werden möchte, versicheren, daß es dabey allerdings gelassen werden solle; zweiflen auch nicht, die Catholischen werden damit zufrieden sein und solchs ebenmeßig ihm bewilligen; wie dann die Unßrige mit ihren Abgesanten dessenthalben zu communicieren hetten.

Jedoch sollen unsere Gesanten zuvorhero sechen, waß sich dißfahls thuen lasse, und ob auch Chur-Sachßen unnd Brandeburg sich von den anderen separieren oder mit ihnen zugleich für einen Mann stehen wurden; denn wie uffem ersten fahl nichts zu unterlassen, daß zue ihrer reducierung möcht gereichen, also sollen uf den anderen fall die Abgesanten diser beider Churfürssten eigene particular-praetensiones zue den anderen General-Tractaten weißen, damit den Catholischen umb so viel destoweniger an ihrem Recht benommen werde.

Unnd weil zue besorgen, daß Chur-Sachßen opponieren wurde, er sey obiger gestalt nur uf ein Interim und contra viam facti, aber nicht contra viam juris verwahrt, und er welt neben Brandeburg eine Versicherung auch contra viam juris haben, daß es mit disen Stiffteren eben wie mit den mediatgüeteren, welche im Religionfried nachgesechen, gehalten und ihrer kheiner weder inn noch ausser Rechts darumb besprochen werden solte: So solten Unsere gesante disen Punct in alle wege uf die Catholische remittieren und derselbigen erkhlerung drüber warten und, wan er nicht verglichen werden khönte, sechen, daß er uf ain allgemaine Reichsversamblung, wie oben vom anderen gemelt worden, aufgeschoben und aufs eüsserste beiden Churfürssten biß dahin ein stillstandt aller Ansprach gewilligt wurde.

[9] Zum Vierten möchte begert werden, daß wir die in der Statt Augspurg fürgenomene Reformation cassieren oder dieienige neüerung und gewaltsame widereinfüehrung der Uncatholischen sambt der einziehung aller geistlichen güeter[46] confirmieren solten, da haben sich nun Unsere gesante zu erinneren, daß dasienige, waß wider die Augspurgische Confession zu Augspurg fürgenommen, auch nicht in ansechen des Edicts, sondern in Crafft besonderer Verträge zwischen dem Bischoffen und der Statt geschechen[47], und das es ganz ein separiertes werckh von anderen Religionssachen ist; derowegen auch

[46] Zur Reformationsgeschichte Augsburgs vgl. Handbuch Historischer Stätten VII S. 49–52; Territorien-Ploetz Bayern S. 93f.; Ritter III S. 431–433, 534f.

[47] Bezug auf einen Vertrag von 1548 (vgl. Ritter I S. 76f.; III S. 431f.).

dasselbe billich separiert verbleiben und via justitiae erörtert werden solte. Wir weren aber auf allen fahl gnedigist zufrieden, daß alles in den Standt, wie es zue zeiten Unser Resolution gewest, restituiert und alsodann nochmahlß ein ieden theil sein Jus gebührend außzuefüehren zugelassen wurde.

[10] Solten dan fürs fünffte auch diejenigen fürschlege mit fürkhommen, welche des Landtgraffen zu Hessen-Darmbstatt Ld. in der mit ihme zue Leitmeriz gehabten conferenz eröffnen lassen, daß nemlichen der andere theil drauf gehen wurde, alle Stiffter unnd Clöster mittelbar unnd unmittelbar in denienigen standt zue stellen, wie sie Anno 1612 gewesen, und die possessores damit zue beleichen, auch uf Reichs- und Kreißtagen sambt anderen Zusamenkhunfften sie zue der Session und stimme zu lassen, item der Geistlichen einkhomen uff der Weltlichen territorijs vollents ganz in der Weltlichen freyen disposition zue lassen, auch die geistliche Jurisdiction wider die Uncatholische mit allem effect aufzueheben, item der freyen Reichs-Ritterschafften und Stätten, sambt ihren Underthanen, Bürgeren und Schuzverwanten uffm Lande und in Stetten das freye exercitium religionis, wie sie es Anno 1612 gehabt, zue confirmieren. So solten Unßere gesante sich deßwegen in kheine particular-handlung einlassen, sonderen simpliciter fürwenden, daß es in Unser macht nicht stünde, über solchen sachen, welche schnuerstrackhs wider den Religionsfried lieffen, außer einer allgemeinen Reichsversamlung und ohne gemeinem Zuethuen aller catholischen Stend, die es am meisten concernierte, zue tractieren, den Catholischen das ihrige zu nemmen und anderen zue geben und noch die andern damit zu belehnen. Eß weren einmahl geistliche güeter, deren dominium utile der Kirchen zugehörte; darüber khönten wir kheinen weltlichen und der sich nicht nach inhalt der Concordaten dazue qualificiert gemacht, belehnen. Aber wohl wolten wir es zu demjenigen standt khomen lassen, do es allen tempore publicati Edicti gewest, auf maß und weiß, wie oben davon geredt worden, wie dann Unsere Abgesante sechen sollen, daß sie dise puncta dahin reducieren und deren particularia dardurch umbgehen.

[11] Vors Sechste zweiflen wir nicht, es werde auch des Königs zu Dennemark L.[48] bey diser handlung wegen deren hiebevor vor seine Söhne gehabten und in der mit ihme zu Lübeckh getroffenen friedtshandlung renuncyrten Stiffter[49] in dem N.-Sechßischen Kreiß, alß Verden, Bremen, Halberstatt, Schwerin und Lübeckh[50], anderweit anregung thuen und zu denselben widerumb zutritt begeren, massen er vor disem solches an Unß hat gelangen lassen.

48 Kg. Christian IV.

49 Vgl. Lübecker Vertrag (Nr. 58); vgl. zu diesem Problem Lorenz S. 15–18; Ritter III S. 413, 513.

50 Vgl. Lorenz S. 14; Ritter II S. 420; III 124, 193, 259.

Und ob wir ihn wohl mit solchem suechen ab- und zue dem Lübekhischen fridenschluß, welcher außdrückhlichen vermag, daß Ihre Ld. weder für sich, noch ihre Söhn der Erz- und Stiffter in Deütschlandt weiter sich impatronieren oder dieselbe begeren soll, gewießen [51]. Dieweil er aber ferner und gleich nach der unglückhhafften schlacht für Leipßig [52] angehalten [53] und die Zeiten Unß ie lenger, ie schwerer gemacht worden, daß wir Unß eines solchen anmuetens ohne größere gefahr des ganzen catholischen gemeinen Wesens nicht genzlich entschlagen khönnen, haben wir ihm den . . . [54] Decembris Anno 1631 freündtlichen zuer Antwort gegeben, daß, obwohl der mit ihm getroffne frieden dißfahls klar und wir denselben unsers theils bißher ganz treülich inhaeriert, es auch nochmalß zue thuen gedacht und Unß derwegen zu ihm eines gleichmeßigen versechen, so wolten wir doch nichts destominder zu erzeigung unsers friedtliebenden gemüeths auf dem domahls bevor gestandenen Mülhaußischen Tractat mit den Interessierten drauß communicieren [55], biß dahin er sich gedulden und von Unß aller müglichen freündtschafft versechen wolte. Wir haben auch darauf denen Unß assistierenden Chur-Fürssten dasselbe communiciert und ihres guetachtens drüber erwartet.

Wann nun die sachen iezt fürkhomen solten, werden unsere gesante mit besonderem vleiß drauf merckhen, wohin die Catholischen dißfals mit ihren guetachten gehen und waß sie denen Uncatholischen insgemein oder Chur-Sachßen und Brandeburg insonderheit in ihren inhabenden Stiffteren concedieren möchten, und wan sie spüren würden, daß die Catholischen den Uncatholischen die meisten Erz- und Stiffter derzeit lassen, auch obgedachte Unsers vielgeliebten Sohns gehörige Erz-, Bistumber und Abtey nicht genzlichen außnemmen und dabey manutenieren helffen wolten, also das kheine hoffnung were, solche alle für Unseren vielgeliebten Sohn in güete zu erhalten: So solten unsere gesanten zwar anfenglichen drauf gehen, daß es die königl. Dennemark. bey obgemelten Lübeckhischen friedenschluß verbleiben lassen wolten, im fall aber solches ohn des Königs offension vermuethlichen nicht zu erlangen were, sich denselben, weil Unß und gemeinem wesen höchlich dran gelegen, daß der König bey guetem willen erhalten werde und in gegenwerttiger fridtshandlung die conditiones auf der anderen seiten moderieren helffe, nicht opponieren, sonderen, waß den anderen der Augspurgischen confessionsverwanten Chur-, Fürssten und Stenden bewilligt wurde, dz möchten sie

[51] Vgl. Anm. 49.

[52] I.e. die Schlacht bei Breitenfeld vom 17. 9. 1631.

[53] Am 10. 10. 1631 im Rahmen der Vermittlungsbemühungen Ende 1631/Anfang 1632; vgl. Ritter III S. 513.

[54] Vgl. Hallwich s. o. S. 256 Anm. 2: „Der Monatstag wird nicht angegeben."

[55] Vgl. zu diesem Problemkreis Ritter III S. 528f.

auch auf des Königs Ld. extendieren lassen, ausserhalb mit Halberstadt, so durch ordentliche Wahl an Unseren Sohn gelanget[56]; jedoch sollen Unsere gesante, so lang noch hoffnung ist, in güete waß zu richten, auch über dem Erzstifft Bremen halten; und wann sie sechen, daß der König nicht davon zu bringen, auch sonst kheine mittel, solchen zue behaubten, mögen sie alßdann, waß die gemeine handlung gibt, dem König auch in disem widerfahren lassen[57].

Problematik des RKG Speyer, Besetzung des RHR. Justizfragen im ksl. Geheimen Rat.

[12] Nehest disen Puncten möcht vorß Zehende fürnemblich die Pfälzische sach mit perdonierung und restituierung dessen in der Acht verstorbenen Pfalzgraffen[58] und seiner Kinder[59] urgiert werden; da wissen unsere gesante, würdt ihnen auch zu ihrer besseren nachricht mitgegeben, waß bißher in disem Werckh gehandlet worden.

Nun sollen erstlich Unsere Gesanten sich hierbey vor allen dingen gefast machen, daß sie Unsere gerechtsame, daß nemblichen die Chur sambt des Geechten[60] Landt und Leüthen ob notorium et saepius reiteratum und biß zu seinem Todt continuierten crimen laesae Maiestatis et fractae pacis publicae unß und dem Reich, alß höchst beleidigtem und beschedigtem Oberhaubt, anheim gefallen, unnd das wir derowegen wohl befuegt gewest und noch, dieselbe nicht allein ad dies vitae, sonderen in perpetuum hinwegzugeben, non obstante was etwa dargegen auß etlicher Rechtsgelehrten meinung und deß haußes Pfalz besonderen privilegien und guldenen Bullen möchte angezogen werden.

Unnd weil wir dan des Churfürsten in Beyern Ld., umb seiner bekanten hochrühmlichen, treüen dienste willen, auch wegen deren für Unß aufgewanten schweren Kriegsuncossten, die Chur sambt etlichen pfälzischen Landen in Krafft solcher Unß zuestehender Gerechtsamkheit und macht, nicht allein zu Vergeltung seiner ersprießlichen dienst, besonderen auch zu etwaß ergezligkheit Unsers grosen erlittenen schadens für ihn und seine manliche Leibserben und in entstehung derselbigen für seines Vatteren, Herzogen Wilhelm[61], lineae verliehen haben[62], auch die Churfürssten allesambt in die Translation

[56] Zu Halberstadt vgl. Anm. 35–37.

[57] Vgl. Anm. 55.

[58] Kf. Friedrich V. von der Pfalz war am 29. 11. 1632 gestorben; die Ächtung Friedrichs datiert den 22. Januar 1621 (vgl. Ritter III S. 128f. in Verbindung mit S. 86f.).

[59] Friedrich V. hatte 13 legitime Kinder, von denen bei Abfassung des Schreibens noch 11 lebten; nach dem Tode des ältesten Kindes Heinrich Friedrich (1614–1629) war Karl Ludwig (1617–1680) Prätendent.

[60] Des Geächteten, i. e. Friedrich V. von der Pfalz.

[61] Wilhelm V. (1548–1626), Hg. von Bayern.

[62] Am 22. September 1621 erfolgte die Ausstellung der geheimen Belehnungsur-

der Chur ad dies vitae hiebevoren eingewilliget[63], des übrigen halben aber Unß, alß Röm. Kayßer und beleidigtem Oberhaubt, so sonst seiner erlittenen schmach und schäden halben kheine genuegsambe erstattung haben khönte, verhoffenlich nicht hinderlich sein werden: So sollen unsere Gesanten principaliter drauf sechen, damit dasienige, waß wir dißfahls Chur-Beyrns Ld. verschriben, steiff und fest gehalten und bey disem friedts-tractat von neüem ratificiert werden möchte; dazue wir dann Chur-Sachßen so vil desto mehr zue bewegen zu sein verhoffen wollen, weil derselbige die pfalzische Acht neben anderen seinen Mit-Churfürssten approbieren und unß den Krieg, durch welchen solche vom Pfalzgraffen verursacht worden, wider unsere Rebellen und derselbgen adhærenten füehren helffen.

Solte dan zum anderen über Zuversicht die restitutio, wo nicht in totum, iedoch in etwaß, sonderlich für die Kinder beharret und darvon nicht außgesezt werden, auch khein Frieden ohn dieselbe in der güete zu erlangen sein, so sollen unsere gesanten dißfals vleißig mit den Churfür. Beirischen handeln, daß sie ihres herrn willen und gemüeths, wie weit derselbe umb gemeines friedens wegen und wan alle andere sachen dahin khemen, daß derselbe biß auf disen Punct geschloßen werden khönte, nachzugeben entlichen gesonnen, und obs noch bey derjenigen erkhlerung bleibe, welche S. L. unß iungst gethan hat, sich vernemmen lassen, und ohne dieselben nichts bewilligen; nachdem sich nun dieselbigen erkhleren werden, nach dem sollen sich auch unsere gesanten richten und darauf die handlung über dem, waß wir Chur-Beirens Ld. von den pfelzischen digniteten und Landen geben, mit gesambten Rath und Zuethat, jedoch daß darunter alzeit unsere autoritet und reputation zueförderst respectiert und die gebührende Humiliation und supplication von denen Kinderen gegen unß nicht außgelassen werde, förderen und unß darvon, so vil immer müglich, allerunderthenigist stetigs parte geben, damit wir nach gestalten sachen unß darüber weiter resolvieren khönten.

Anbelangende aber zum Dritten diejenigen Lande, welche des Königs in Spanien Ld. von denen pfelzischen vor disem innen gehabt[64], wann der ander theil anhalten thete, daß gemeltes Königs Ld. auch neben Unß vor sich und Unseren beider Hauß drauf renuncieren wolten und noch die übrigen inhabenden Orth allerdings quittieren, so sollen unsere gesanten einwenden, es were notorium, waß für grose speßen Unsers freündtlichen lieben Vetters,

kunde, durch die die Kur Maximilian persönlich übertragen wurde; am 25. 2. 1623 erfolgte die öffentliche Belehnung; der Vertrag von München vom 22. 2. 1628 sah u. a. die erbliche Übertragung der Kurwürde vor (vgl. Ritter III S. 175–177, 186–188, 371–374).

[63] Vgl. hierzu Ritter III S. 186–188.

[64] Vgl. Ritter III S. 110–114, 149f., 166–168, 190.

weylandt Erzherzogs Alberti, mildtseeliger angedechtnus, und nach dessen ableiben unser lieben Mum, der Sereniss[ae] Infantae L. Ld.[65] anstatt hochgedachts Königs wegen der pfelzischen Execution aufgewant; und wan man auf der anderen seiten sonder zweifel würdt vor billich halten, daß Chur-Sachßen seiner außgelegten Kriegs-Unkosten befriediget werde[66], so sechen wir nicht, warumb Spania, weil es gleichmeßige Commission von unß alß Chur-Beyren[67] und Sachßen zu der Execution gehabt, deterioris conditionis sein solte.

Jedoch weil Spania sich iederzeit erbotten, wan durch die pfelzische restitution ein universal-fried im Reich (darunter er dan auch die Niderlande mit begriffen) getroffen werden könte, seines theils auch gern zue weichen und die unkosten fallen zu lassen, so werden Unsere Gesante sich schon darnach zue richten und dabey in Acht zu nemmen haben, daß, so viel müglich, bey disem Punct unser Erzhauß wegen der Niderlande eines gewissen friedens oder langen stillstandts zugleich mit versichert werde.

Wann auch bey disem Punct der Muetter[68] und des Bruederen[69] sachen fürfallen wurde, werden die Gesanten sechen, wie das haubtwerckh abgelauffen, und nach demselben auch dises moderieren, in alle weege aber darauf acht zue geben wissen, daß die Pfalz beim Reich erhalten und weder einem noch anderen außlendischen Potentaten, weniger den Vereinigten Staaden in Hollandt bey gemachten frieden etwaß darvon gelassen werde.

Festung Wolfenbüttel; Tilly übertragene Güter; ehemalige braunschweigische Güter im Stift Hildesheim.

[13] Zum Zwelfften ist unseren Gesanten unverborgen, waß vor disem mit den Herzogen zu Mechelburg fürgangen, und wie wir dieselbe Lande wegen deß N.-Sechßischen Kreigßweßens Unserem General, dem Herzogen zue Friedtlandt, übergeben, auch ihn und seine Erben mit denselbigen belichen[70].

Wann aber sich gemelte Herzogen derselben mit hülff des Schweden widerumb bemechtiget[71] und nun ohn allen Zweifel auf cassierung solcher neüen

[65] Albert (Albrecht) VII. Ehg. von Österreich (13. 11. 1559–13. oder 15. 7. 1621), 1596 Statthalter der spanischen Niederlande; vgl. ADB 1 S. 290–292; Mann S. 268; Isabella Clara Eugenie, Tochter Kg. Philipps II. von Spanien, Statthalterin 1621 bis 3. 12. 1633.

[66] Nämlich durch die beiden Lausitzen, 1623; vgl. Ritter III S. 191.

[67] Nämlich zunächst Oberösterreich, durch den Vertrag von München (22. 2. 1628) die Oberpfalz und die rechtsrheinische Rheinpfalz (Ritter III S. 374).

[68] Luise Juliane, Tochter Wilhelms I., Gf. von Nassau und Prinz von Oranien, geb. 31. 3. 1576, gest. 5. 3. 1644.

[69] Philipp Ludwig von Pfalz-Simmern.

[70] Zur Übertragung Mecklenburgs an Wallenstein 1628 vgl. Nr. 50; Gindelý I S. 363–370; Mann S. 505–508, 510–515; Ritter III S. 381 f.

[71] 1631; vgl. Ritter III S. 494.

Lechenbrief dringen werden, so sollen unsere Gesanten wohl Acht geben, wie diser Punct an sie gebracht werden würdt, ob es per modum justitiae vel gratiae aut pacis geschechen würdt. Und do es per modum justitiae gesuecht werden solte, haben sie sich auß den Acten zue berichten, auß waß Ursachen wir die Herzoge priviert und unsern General belichen, und daß wir pro justitia zue Regenspurg bey dem gehaltenen Convent in Anno 1630[72] Unß erbotten, wan die Herzoge vermeinten, daß ihnen dißfahls zue vil geschechen, daß wir sie nochmahls hören und alßdann der sachen anderweit ein rechtsmesßigen Aufßschlag geben wolten; dabey wir es nochmalß bewendten ließen. Wann aber diß werckh per modum gratiae vel pacis gesuecht wurde, hetten Unsere Gesante sich vor allen dingen mit unserm General, deß Herzogen zu Mechlburg und Friedtlandt L., drüber zu vernemmen, und waß derselbe dißfahls umb gemeines friedens willen nach gelegenheit der Zeit und standts der waffen, so ihm am besten bekhant, zue thuen gesonnen, anzuehören, darauf hernach die Tractation anzuestellen und Unß, waß dabey fürgienge, zue berichten, nicht zweiflende, es werde mehrgemeltes Herzogs Ld., alß unser devotionierter Fürsst, sich dabey so erzeigen, daß dardurch der werthe friedt ohne weitere beschwerung Unserer Erbkönigreich und Lande recuperiert werden möchte.

Unnd weil die Herzoge vor disem zue ihrer Reconciliation ein ansechliche Summa gelts dargebotten, sollen unsere Gesanten, wans mit einwilligung des Herzogen zu Friedtlandt Ld. zuer handlung kheme, ob sie ein ergibige ergezligkheit ad exemplum der Landtgreffischen Handlung mit Cazen-Ellenbogen zue Zeiten Keyßer Carls des Fünfften nach dem Schmalkaldischen Krieg[73] erheben khönten. Darinnen wir Unß dann von Sachßen desto weniger opposition zue befahren, weil derselbe Churfürsst hiebevor die Herzoge selbst nicht so gar für unschuldig gehalten und in seinem schreiben darauf gezielt, daß wir mit einquartierung Unsers Kriegs-Volckhs mehr der delinquenten (darunter dann gemelte Herzoge verstanden worden) alß seine unnd anderer getreüer Stende Lender aggravieren lassen solten.

Eher aber einige handlung in disen oder anderen Puncten fürgenommen würdt, sollen Unsere gesante zueförderst mit dem Herzog zue Mechelburg und Fridtlandt darauß communicieren und vor allen dingen von ihm vernemmen, wie weit er in demselben, wan hieran der schluß des friedens hafften solte, sich einlassen wolte; und wan sie vermerckhen, daß er zwar geneigt, zue weichen und seine Investiturn widerumb zuruckhzugeben, jedoch darfür ein æquipollens auß unserem Erbkönigreich und Landen haben wolte, sollen sie auf alle weeg und mittel denckhen, ihn von solchem postulato durch vernünff-

[72] Auf dem Regensburger Kurfürstentag.

[73] 1546–1547.

tige motiven abzuwenden, sonderlich weil wir zu Recht nicht schuldig, ihm wider gröseren gewalt eviction zue leisten, auch albereit das Herzogthumb Glogau in Schlesien verliehen [74] und das Exempel mit dem Hauß Sachßen verhanden, deme umb seiner geleisten treüen Dienste willig unnd aufgewanten Kriegsuncosten zu erledigung Unsers Uhr-Anherren, weylandt Kayßers Maximiliani I. [75] löblichster gedechtnuß, die Expectanz auf die Gülichsche Landt [76] gegeben, aber darfür niemahls, ob sich gleich seiter solcher Zeit die Lechen zweymahl eröffnet [77], die gewehr derselben auf des Reichs und unsers Haußes Unkosten gefordert; wie dan vor Zeiten hochgedachter Unser Uhranherr Kayßer Maximilian [78] das Herzogthumb zu Württenberg, alß ers das erste mahl wegen des Herzogen Verbrechens eingenommen [79], auch umb besseren friedens willen ohne entgelt gegen bloße Expectanz (die dan aufm Nothfall auch an Mechelburg beim anderen theil verhandlet werden khönte) abgetretten. Getrösten Unß daher, er werd alß ein vernünfftiger Fürsst den sachen selbst nachdenckhen, uber disem den geliebten friedt nicht dissipieren, noch das Reich und unsere Erbkönigreich und Lande zue grundt gehen lassen. Im fahl er aber ander Orthen, alß etwan im Reich und nicht in Unseren Erbkönigreich und Landen, eine Recompens mit aufrichtung eines landtsfr. stato, so immediate vom Reich dependierte, suechen thete, sollen Unsere Gesanten dem anderen theil es durch die Interponenten zu ihrer bewilligung fürtragen lassen und allen müglichen Vleiß anwenden, damit ihme dazue möcht verholffen werden.

[14] Wann auch vors Dreyzechende wohl zue besorgen, daß die Schwedische bey diser handlung sich einflechten und eine vermeinte satisfaction, in sonderheit mit denen Herzogthümbern Mechelburg und Pommeren oder etlichen derselben Landen, Stätten, Vehsten und Seehaffen begeren werden, so sollen unsere Gesanten, so vil mensch- und müglich, sechen, ob sie solche alß Außlender und die ufs Reichs Boden sich de facto eingedrungen, auch in disem werckh nicht alß die principales, sonderen nur alß assistierende und allijrte beider Churfürssten Sachßen und Brandeburg und ihrer Leipßigischen

[74] Nämlich an Wallenstein.

[75] Ks. Maximilian I. (1459–1519).

[76] I.e. Jülich; 1483, 1486, 1495 war dem sächsischen Gesamthaus die Anwartschaft auf dieses Hgt. zugesichert worden (vgl. Ritter II S. 29f., 291).

[77] 1508/1509 (vgl. Ritter II S. 29) sowie 1609 (s. o. S. 282, 291).

[78] Vgl. Anm. 75.

[79] Wohl Bezug auf Hg. Ulrich, der nach Ks. Maximilians I. Tod die Reichsstadt Reutlingen 1519 überfallen hatte und daraufhin durch Intervention des Schwäbischen Bundes vertrieben worden war; das Land fiel an Habsburg; 1534 erhielt Hg. Ulrich Württemberg als österreichisches Lehen; vgl. Territorien-Ploetz Baden-Württemberg S. 39f.

schlußverwanten[80], zu considerieren, von der handlung abzuesönderen; wo aber solches nicht zu erhalten, dennoch sie dazue nicht anders alß nah vorhergehender genuegsamer legitimation von der Kron Schweden admittieren, sodan denen Chur-Sechßischen und Brandeburgischen entweder durch die Interponenten oder andere Persohnen mit mehrem demonstrieren, wie ohne grosen praeiudiz des Reichs und ihrer selbst dißfahls den Schwedischen auf des Reichs Boden nichts gewilliget noch gelassen werden khönne, und daß das Reich von ihretwegen, alß einer streitbaren Nation, einen ewigen Krieg haben und khein Chur- noch Fürsst vor ihnen sicher sein, ja dise Nation entlich beiden Churheüßeren, Sachßen und Brandeburg, selbst zu haubten wachßen und ihre praeeminenz unnd hocheit unterdruckhen, die Anseestätt in ihren Gewalt bringen und alle commercien des Reichs schwer machen wurde. Unnd nachdem wir des Vetrauens leben, beide heüßer werden vielmehr dahin sechen, daß das Reich wider in den vorigen wohlstandt gebracht und die Hocheit des Keyßerthumbs bey der deütschen Nation erhalten wurde, so hetten sie iezt gelegenheit, bey diser friedstractation es würckhlich zu erzeigen, wan nemblich sie mit Unß und denen Unß assistierenden Churfürssten umbtretten und die schwedische Nation vonn ihrem begeren abwenden hielffen, auch die sachen dahin richten ließen, daß sie alle occupierte plez und Orth den vorigen Besizeren ohn entgelt restituierten, das Reich quittierten und die mit etlichen Stenden gemachte Bündtnussen relaxierten; den so lang sie einigen Fueßes bereit uf des Reichs Boden hetten, wurde nimmermehr khein rechter fried zu hoffen sein. Es solte auch die Stendt des Reichs, sich ihrer zu entschlagen, so vil mehr bewegen, weil die in Deütschlandt anwesende schwedische officier das Reich durch die darinnen occupierte feste ström und Lender erblich machen und der Kron Schweden unterwerffen, darneben aber dis Königs Tochter[81] vor eine Erbin solches Königreichs halten und consequenter die löbliche deütsche Nation einem Weib subiugieren wolte.

[15] Nachdem auch vors Vierzechende der Herzog von Pommeren[82] und seine Landtschaft die Schweden zum ersten aufs Reichs Boden eingenommen und mit ihnen sonderliche pacta und Confoederationen, welche nicht ohne merckhlichen praeiudiz des Reichs gehalten werden khönnen, aufgerichtet[83], so sollen Unsere Gesanten wegen dessen, und wann etwa sein, des Herzogen, und seiner Landtschafft halben begert würde, eine außöhnung mit unß zue

[80] Gemeint sind die evangelischen Reichsstände, die an der Leipziger Versammlung vom 20. Februar 1631 bis zum 12. April 1631 teilgenommen haben; vgl. Ritter III S. 480–483; Mann S. 726, 742–744, 749.

[81] I.e. Christina.

[82] Bogislaw XIV.

[83] Zu diesem, dem pommerschen Herzog aufgezwungenen Bündnis vgl. Ritter III S. 464–466. Der Vertrag ist gedruckt ST 5, 1 S. 380–388.

treffen, dahin laborieren, daß alles in vorigen standt gestelt, dz Herzogthumb Pommern beim Reich erhalten, Unß von außlendischen praesidiis und bündtnußen, so wider des Reichs sazung lauffen, erlediget werde; wann solches geschechen, seint wir gnedigist erbötig, disen Herzog und seine Landtschafft mit Kayl. gnaden wider auf- und anzunemmen und es mit ihnen wie mit anderen außgesöhnten Chur- und Fürssten, so dem Leipßigischen schluß[84] zugethan, zu halten.

Were aber sach, daß dieser Herzog und seine Landtschafft, für sich selben und ohne Schweden, sich gehorsamblich accommodieren wolte, sollen Unsere Gesanten es annemmen und ihnen hiezue alle billiche ersprießliche mittel und weg eröffnen helffen.

[16] Wann vors Fünffzechende von dem anderen theil etwa die widerstatten des Kriegs Kosten oder etwaß dergleichen an unß begert werden solte, sollen unsere Gesante opponieren, daß wir dise Kriege nicht angefangen, sonderen zu allen denenselbigen gleich mit den Haaren gezogen worden, wie solches unter anderen auch von Unß in einem langen schreiben an die Kron Franckhreich, Engellandt und Dennemark, insonderheit unser proposition zu Regenspurg[85], mit mehrern außgefüehrt, darauf wir Unß hiemit gnedigist referieren, und daß wir dannenhero zu erhaltung Unser Cron und Scepter, wie auch deß heil. Reichs selbst, alle unsere Erbkönigreich und Lender devastieren, etliche unsere und unsers Haußes Össterreich Erblender versezen und vergeben, viel million schulden drüber machen und alles über Unß gehen lassen müeßen, ganz ohne daß unß vor des Bethlehems, Manßfeldts, Halberstaters, Weimars[86] und anderer invasiones das wenigiste erstattet worden; wann auch ohne Unsere ansechliche Kriegsverfasßung und unsers Generals des Herzogen zu Mechelburg und Fridtlandt wachsame sorgfeltigkheit und eilenden Zuzug es gewesen were, hette der Türckh in Anno 1626 bey Belegerung der Vesstung Novigradt[87] sich der noch ubrigen Vormaur der Christenheit in der Cron Hungaren und deren angrenzenden össterreichischen Lenderen vollents genzlichen bemechtiget und dadurch das Reich deütscher Nation leichtlich in seine servitut gebracht. Wir haben aber solches mit Verleichung Gottes durch unserer Erbkönigreich und Lender schweiß und bluet auf unseren kosten abgewendet und damit biß anher den frieden beim Erbfeind der Christenheit erhalten. Über dises haben wir an allen orthen, wo man sich nur hat mit unß

[84] Vgl. Anm. 80.

[85] I.e. die am 3. 7. 1630 beim Kurfürstentag zu Regensburg erfolgte ksl. Proposition; vgl. Mann S. 707; Ritter III S. 449.

[86] Gemeint sind Bethlen Gábor; Peter Ernst II. Gf. von Mansfeld; Christian, Adm. von Halberstadt; Hg. Bernhard von Sachsen-Weimar.

[87] I.e. die Festung Neograd (Nógrád), nördlich Budapest; zum Ungarnfeldzug Wallensteins 1626 vgl. Ritter III S. 344–346.

vergleichen wollen, zu verhüettung weiters Christenbluets vergießens ohne allen Recompens unser erlittenen schaden und verursachten Kriegsuncosten, nur damit wir das Römische Reich zue ruehe sezen khönten, fried gemacht. Thuen auch noch iezo disen frieden eben darumb, daß unß an dem bluetigen Krieg khein gefallen geschicht und wir das Reich gern in vorigen wohlstandt wider gebracht sechen möchten, mit so gnedigen, wihlfehrigen gemüeth ohn alle schwere einmischung unsers Interesse tractieren, dz menigkhlich wohl spüren khan, daß unß bestendige beruehigung des Reichs von herzen angelegen, und verhoffen wir, das Zeügnus unserer sanfftmuet, lieb und begierde zu gemeinen wohlstandt auch bey unseren feinden zu haben, idem wir unsere Victorien so gnedig moderiert, daß wir viel gefangene Fürssten und Standts-Persohnen ohne einigen entgelt wider zu gnaden aufgenommen, auf freyen fueß gestelt und noch für etliche die schuldige Ranzion an unsere Obersten bezahlt, daß also gar unbillich were, von Unß einigen Kriegskosten zue begeren.

Derowegen sollen unsere Gesanten dißfals nichts bewilligen, sonderen vielmehr dahin bemüehet sein, wie etwa noch für Unß, alß das beleidigte Oberhaubt, eine rechtmeßige ergezligkheit zu widerlößung unserer versezten Lender möcht erhandelt werden.

[17] Vors Sechzechende, wan begert wurde, daß wir dem Reich caution de non amplius offendendo leisten und kheine Contribution vom Reich mehr per exactiones militares einforderen wolten, sollen unsere Gesanten der offension halben unsere gebührende Notturfft auß unser obigen Justification einwenden, der Contribution halben aber sagen, wir wusten deßwegen kheine krefftigere Caution zue stellen, alß welche albereit in Unser Keyl. Wahl-Capitulation (darinnen alle sachen, welche des Reichs Wohlfarth betreffen, genuegsamb begriffen sein) gemacht ist, deren wir Unß auch gar gernn betragen hetten, wann wir nur darbey gelassen worden weren. Nachdem aber sich das Reich in unterschidtliche factiones, eher wir noch zu dessen Regierung khommen, zertheilt und deren etliche selbst unsere Erbkönigreich und Lender angefallen, auch bißher durch ihre machinationes und hostiliteten verhindert, daß man zu kheiner rechten allgemeinen Reichsversamblung und ergiebigen guetwilligen Reichs- oder Kriegshülff gelangen khönnen: Alß hat beides, die Natur und aller Volckher Recht, sowohl die ratio belli mit sich gebracht, daß man die Contributionen suechen müeßen, wo man sie finden khönnen; massen auch der gegentheil sich solches Rechtens selbst, wiewohl mit wenigeren fueg und viel gröseren excess (sinthemahl die schwedische Nation iezt gar die Kreiß im Reich sambt Chur- und Fürssten eigenen gewalts auf neüe, vorhin unerhörte weiße zusammen beschrieben und ihnen starckhe Contributionen aufgelegt, auch etliche von ihnen occupierte Chur- und Fürsstenthumber der Kron Schweden erblich schweren lassen, dergleichen gleichwohl unserm Kriegsvolckh nicht khan zugemessen werden), angenommen. Solte nun daß

Reich sambt unseren Erbkönigreich und Landen widerumb zum frieden khommen, hat sich meniglich wohl zu versicheren, daß wir von kheinem Standt außer den ordentlichen Mitteln waß begeren und uber unser Wahl-Capitulation bestendig halten werden.

[18] Vors Siebenzechende, wan eine Caution begert wurde, daß wir kheinen Krieg ohne des Reichs oder der Churfürsten vorbewust und Einbewilligung inn- oder ausserhalb Reichs wider die Christliche gewält anfachen wolten, sollen unsere Gesanten erineren, daß deßwegen in der Keyl. Wahl-Capitulation, Art. 9, schon genuegsame Versechung geschechen, deren wir Unß auch iederzeit gehalten unnd kheinen Krieg alß nur auß Noth und defensive, wie es in bemelter Wahl-Capitulation begriffen, angefangen, den Mantuanischen auch einig und allein zu defendierung des Reichs hocheit und gerechtigkheit und unsers haußes stato in Italien wider Franckhreich, so unß für unsere und des Reichs Vasallen leges praescribiren wollen, zuegelassen[88], mit Schweden aber uf einhelligen Consens der sambtlichen Churfürssten zu Regenspurg[89] (daselbst sie ihn, wan er nicht güetlichen abziehen wurde, für einen feindt des Reichs erkhlert) zue unumbgenglicher nothwendiger beschüzung unser und deß Reichs antretten müeßen, Unß auch bißher in meris terminis defensivis gehalten, und wan die Leipßigischen Schlußverwanten[90] unß mit ihrer starckhen werbung nicht ursach gegeben oder, wie sich wohl gebührt gehabt, wider den König in Schweden beygestanden, were deren kheiner von unßerer undt der unß assistierenden Churfürsten und Stenden Armada angegriffen worden; derowegen man nicht Ursach hat, Unß etwas mehr, alß wir Unß in der Keyl. Wahl-Capitulation verbunden, zuezumuetten.

Hingegen aber ist notorium und billich zue bekhlagen, daß fast einem ieglichen ufs Reichs Boden jus armorum unter allerhandt geferbtem schein nachgesechen und dardurch außlendischen Potentaten ins Reich zu khommen und Unß und die getreüen Stende ihrs gefallens zu beleidigen anlaß und gelegenheit genuegsamb gegeben würdt. Es ist auch leider mehr alß zu vil bekhant, waßmassen alle dise Kriege auß der behemischen Rebellion ihren Ursprung hergenommen unnd allein zue unterdruckhung unser unnd unsers haußes angesechen, dannenhero wir Unß unumbgenglich opponieren müeßen.

Da wir nun die Krieg ablegen sollen, ist billich, das die Stendt des Reichs es vice versa thuen und Unß hinwiderumb versicheren, das sie weder für sich selbst noch auch durch andere einigen Krieg, durch welchen Unß und dem Heil. Reich oder desselbigen getreüen Chur-, Fürssten und Stenden, auch re-

[88] Zum Mantuanischen Erbfolgekrieg vgl. Diwald S. 439f.; Mann S. 644–649, 650–657, 688f., 691, 696; Ritter III S. 397–406, 458–460; Schmiedt S. 328–330.

[89] Vgl. Ritter III S. 460f.

[90] Vgl. Anm. 80.

spective Unseren und ihren Erbkönigreichen und Landen und derselbigen getreüen Unterthanen und Lehnleüthen khönte oder möchte praeiudiciert werden, ohne Unseren außtrückhlichen Consens erweckhen oder verursachen, noch auch anderen mit Verstattung und nachsechung einiger Werbung in ihren Landen und gebietten dazue Anlaß geben wollen.

Auf solche reciprocam obligationem haben wir khein bedenckhen, disen Punct von neüem zu versicheren uf maß und weiße, wie es die Handlung geben würdt.

Dabey dann Unsere Gesanten sich insonderheit wegen Abfüehrung deß Volckhs und wie solche beiderseits am füeglichisten geschechen möchte, mit Unserem General-Obersten Feldthaubtman werden zu vernemen haben.

[19] Zum Achtzechenden sollen unsere Gesanten bey stifftung der amnistiae drauf Acht geben, daß solche nicht zu weit extendiert, sonderen nur uf den lezten Krieg, der sich in Anno 1631 mit Chur-Sachßen und den Leipßigischen Schlußverwanten angefangen, restringiert, auch unter denen, welche nur bey demselbigen schluß blieben, und denen, so weiter gangen und mit den Schweden sich tieffer alß Chur-Sachßen selbst eingelassen, wie auch unter denen, welche hiebevor schon perdoniert und iezo widerumb ufs neüe gegen Unß gesündiget, ein Unterschiedt gemacht, insonderheit aber denenjenigen fürsstlichen, greflichen und anderen Standts-Persohnen, welche ihre Revers von sich geben, daß sie wider Unß und unser hauß, auch die Unß assistierende Chur-, Fürssten undt Stendt nicht weiter dienen wolten (welche Revers sie dann in copia mitnemmen sollen), nicht so leicht wider perdon versprochen werde, inmassen Unsere Gesanten dises alles auß der handlung besser werden discernieren khönnen.

Unnd wan einer und der andere etwa restituierung seiner confiscierten güeter und abolierung deren wider ihn ergangenen Proceß begeren wurde, sollen sie sich nach demienigen, waß oben in einem und anderen Haubt-Puncten würdt beschlossen werden, richten und hiebey unsere Erbunderthanen, weil dise Tractation nur zwischen Unß und Chur-, Fürssten und Stenden des Reichs und nicht mit Unseren Underthanen eingewilliget, außnemmen.

Es were dann sach, daß etwa Chur-Sachßen wegen Fürssten und Stende in Schlesien, insonderheit auch wegen des Herzogs zum Brieg[91] und der Statt Breßlau waß movierte, da sollen zwar Unsere Gesanten sechen, ob sie es abwenden könten; wan aber ohne ihrer aufnemmung der fried nicht wohl zue schließen were, mögen sie mit Rath unsers General-Obersten Feldthaubtmans, weil wir ihm die Confiscation zue Unterhaltung Unserer Armada eingeraumt, darinen handlung treffen.

[91] I.e. Johann Christian, Hg. von Brieg (1609–1639); vgl. Register zum Handbuch der historischen Stätten, Bd.: Schlesien.

[20] Zum Neünzechenden werden Unsere Gesanten sechen, ob der andere theil auch begeren würdt, Franckhreich unnd Engellandt oder andere mehr mit einzuschließen und nach demselben von unsertwegen Spania und Polen, und wer sich innerhalb zwey Monat weiter wolt zu disem friedensschluß bekhennen, gleichsfals mit einzunemmen, begeren, jedoch wegen Franckhreich vorher erinneren, daß wir mit demselben schon zue Regenspurg einen richtigen Fridenschluß getroffen[92]; und wan er dises Fridens mit genießen solt, wer billich, daß er auch dieienigen Orth, so er seiter dem Regenspurgischen Fried, demselben zu entgegen, Unß und dem Reich enzogen[93], restituire und sein Volckh darvon abfüehre und sich ins Reichs sachen weiter nicht einmische.

[21] Leztlich werden Unsere Gesanten auch drauf trachten, daß vor Unß und der Catholischen wegen nachfolgende Punct erhandelt und beschlossen werden möchten:

[21a] Erstlich daß Chur-, Fürssten und Stende des Leipßigischen schlußes[94] sich gebürlichen gegen Unß, alß ihrem Oberhaubt, submittieren, den Leipßigischen schluß cassieren und alle deßwegen gemachte büntnuß widerumb aufheben, alle Chur-, Fürsstenthumb und Lande, Päß und Vesstungen und alle Orth, nichts außgenommen, welche seiter Anno 1630 nach ankhunfft Königs in Schweden aufs Reichs Boden von ihm und der schwedischen Nation, wie auch Chur-Sachßen und Brandeburg und seinen Leipßigischen Schlußverwanten sowohl von dem König in Franckhreich unter disem wehrenden Krieg eingenommen worden, Unß und denen Unß assistierenden Chur-, Fürssten und Stenden, denen sie zuegehören, ohne entgelt restituieren;

[21b] zum Anderen alles inn- und außlendische Kriegs-Volckh abfüehren, auch ohne Unseren und deren Unß assistierenden schaden und gefahr licentieren;

[21c] insonderheit aber und zum Dritten die schwedische Nation von des Reichs Boden bringen;

[21d] zum Vierten Unß und denen assistierenden von wegen der erlittenen überauß großen schaden billiche satisfaction machen;

[21e] zum Fünfften pro restitutione der pfelzischen Kinder und Herzogen zu Mechelburg[95], wan es dazue khommen solte, für Unß und Unser hauß eine ergibige geltsumma zu befriedigung der Seren^{mae} Infantae und des Chur-

[92] I.e. der nicht ratifizierte Friedensvertrag von Regensburg vom 13. Oktober 1630, der z. T. in die Verträge von Cherasco vom 6. 4. resp. 19. 6. 1631 eingegangen ist; vgl. Repgen S. 192f.; Ritter III S. 460.

[93] Bezug vor allem auf die Festung Pignerolo.

[94] Vgl. Anm. 80.

[95] Vgl. Anm. 70.

fürssten zu Sachßen, wie auch unsers General-Feldthaubtmans wegen ihrer aufgewanten Kriegsuncosten und zu liberierung Unserer deßwegen versezten Erblande erlegen;

[21f] zum Sechsten des Churfürsten in Beirn Ld. uber dem, waß nach der handlung von dem pfelzischen Landen ihm verbleiben würdt, des Reichs schuz und schirm versprochen und deßwegen genuegsambe versicherung mit Unß und denen assistierenden thuen helffen.

[21g] Waß auch sonst unsere Abgesante Unß und gemeinem weesen zu guet dabey sonst zu erhandlen müglich und thuenlich befinden werden, daß sollen sie ihnen alles Vleißes zu beförderen und in Acht zu nemmen lassen angelegen sein, in allen und ieden aber mit Unserm General vleißig correspondieren und, waß das gemeine catholische wesen betrifft, mit der catholischen Gesanten vertreüliche Communication und unterredung pflegen und wo . . .[96]"

[In marg.:] Ad 26. Aug. 1633

102. Ksl. Mitteilung an B. Richel[1]

Aldringen wird der kurbayerischen Befehlsgewalt unterstellt; Informierung Wallensteins über diese Entscheidung.

Hallwich, Wallensteins Ende
II S. 305f.

[Wien] 29. August 1633

Die Röm. khai. Mt., Unser Allergdster herr, haben auf letzt deroselben in Nahmen der Churfr. Dr. in Bairn durch dero [titl.] v. Richel[2] beschehnes anbringen, dz nemblich fürthin Ihrer Mt. Veldmarschalchh herr Graf v. Aldringen auf Ihre Churf. Durchl. gewisen und derselben militarischen Ordinanzen allerdings geleben solte, solches dero General Veldhauptmann des Herzogen zu Meckelnburg und Fridland frl. Gnd. nit allein schrifftlich: sondern auch durch aigne absendung dero Raths, Cammerern und Hofkriegsraths Presi-

[96] Vgl. Hallwich, s. o. S. 276 Anm. 1: „Hier bricht das Manuskript ab; ein offenbar letztes Blatt scheint verlorengegangen zu sein."

[1] Vgl. zum Hintergrund dieses Schreibens Mann S. 977; Ritter III S. 566–568.

[2] Richel, Bartholomäus, Lic. iur. (1580–1649), seit 1621 in bayerischem Dienst, 1622 Hofratsvizekanzler, 1623 als Geheimsekretär Übernahme der Leitung der Geheimen Kanzlei; häufig auf Reisen, namentlich in Sachen der Liga, deren Präsidium er bei Ligatagen übernahm; entwarf 1636 die Wahlkapitulation für Ferdinand III.; 1639 Geheimratsvizekanzler; „daß Richel . . . bei Wallensteins endgültigem Sturz eine Rolle in Wien spielte, ist seit langem bekannt" (Albrecht, Maximilian, S. 11–13, 7f. – eine insgesamt positive Würdigung); vgl. auch Mann S. 1013–1015, 1061.

denten Herrn Heinrichen Schlick Grafen zu Passauen [etc.] neben andern hochwichtigen negotijs erinnern lassen, welche Ihrer Mt. durch bemelten Herrn Grafen referirn lassen, dz sie albereits ernennten Hr. Veldmarschalken bevelch gegeben hetten, sich Ihrer Churfr. Durchl. ordinanzen begehrter massen in allem zu accommodiren und zubequemen, allein mit diesem Vorbehalt, dz er herr Veldmarschalkh sich in kheine Hauptbelägerung einiges orths einlassen oder impegniren solte, weilen solches aus vielen erheblichen Ursachen Ihrer khaj. Mt. und des gemeinen catholischen Wesens angelegenen Diensten mehrers hinder: als fürträglich fallen dörfte, auch nit vermeint: noch seine des H. Gesandten proposition dahin verstanden wird, hochbemelter Churfr. Durchl. intention oder mainung daselbsthin gestellt sein werde: Und hat demnach ihme H. Abgesandten solches hiemit zur wissenschaft und Ihrer Churfr. Durchl. dessen berichten zu können notificirt werden sollen, denen beinebens Ihre Mt. mit beharlichen khaj. gnaden wohlgewogen verbleiben.

103. Wallenstein an die dänischen Gesandten

Ausbruch einer Seuche in Breslau; Prag als Verhandlungsort vorgeschlagen.

Hallwich, Wallensteins Ende
I S. 557.

Feldlager vor Schweidnitz, 9. September 1633

Wir stellen ausser allem Zweifel, es werden sich die Herren annoch guttermassen entsinnen, was uns Sie wegen fortstellung ihrer reyß nacher Preslaw unter dato den 20. July umb zuschickung eines trompeters und paßes zuegeschrieben, Wir auch ihnen darauff vom 10. nechstabgelauffenen monaths Augusti nebens Zufertigung begehrtes paßes und Trompeters geantwortet. Aldieweiln uns nun seit diesem von den Herren weiters keine nachricht zukommen und wir hierunter in den gedancken begriffen, das Sie wegen derer zu besagtem Preslaw eingerissenen infection solche ihre vorgehabte rayß fortzustellen bedencken tragen werden, welche Ursach wir dan auch unsers theils vor hoch erheblich befinden:

Alß haben wir nicht unterlassen wollen, Sie hirmit zu berichten, daß Ihr kayserl. Mayst. zu den Friedens tractaten deputirte Herren Gesandte bereits in Schlesien angelangt und sich in der nähe befinden, aldar erwartend, bis die Herren, als der königl. Würden zu Dennemarck Norwegen, wie interponentens, und anderer vom gegentheil interessirter gesanten in mehr benentem orth Breslaw ankommen, als dan sie sich gleicher gestalt hinein zu begeben intentioniret. Dafern aber den Herren nochmals wegen grassirender infection sich aldarhin zu erheben bedencklich fallen möchte, würde Unserer meinung nach nicht undienlich sein, das etwa ein anderer orth, wo aller theil Gesanten sicher zusammen kommen könten, ernennet würde; auff welchen fall wir die stadt Prag, so wol wegen der Stände im Reich als auch gänzlicher sicherheit der pest halber, am bequemsten zu sein vermeinen.

Ersuchen hierauf die Herren, uns ihre hierunter habende intention zu fernerer fortstellung dessen, was hierauff vonnöthen, zu notificiren[1], und verbleiben den Herren benebens zu angenehmer erweisung willig.

[1] Die Antwort erfolgte unter dem Datum 3./13. September 1633[a] (Hallwich, Wallensteins Ende I S. 566f.):

Durchleüchtiger, Hochgeborner Fürsst,
Gn. Herr.

E. Frl. Gn. unterm dato den 9. noch laufenden Monaths an Unß dirigiertes gnediges schreiben, worin Sie Unß der Röm. Kay. May. Abgesanten ankhunfft in hießiges Fürsstenthumb Schleßien notificieren, zugleich auch an statt der zu Breßlaw veranlaßeten Friedenstractaten wegen der an gemelten Orth eingerißenen pestilenzischen Infection die Statt Prag ernennen unnd vorschlagen, ist unß von dero Trompeter gestriges tages wohleingeliefert.

Verhalten darauf E. Frl. G. zur begerten Antwort hiemit underthenig nicht, daß, nach dem dieselbe unß für disem dero Paß unnd Trompeter (wofür wir nochmahlen underthenigen Danckh sagen) zugeferttiget, wir nichts liebers sechen oder wüntschen mögen, dann daß die von der zu Dennemarckh Norwegen Königl. Mey., unserm gdigsten Könnig und Herren, biß dato so eifferig urgierte Friedenstractaten ihren glückhlichen anfang an genantem Orthe durch unß gewinnen mögen, maßen wir dan zu dem ende die lossierung schon bestellet gehabt;

Wann aber auf angestelte erkhundigung, wie vom Rath offt gemelter Statt berichtet, daß annoch deren kheiner, so am Friedens werckh interessieret, sich daselbst eingestellet, der abscheülichen des Orths fast über hanndt nehmenden infection zu geschweigen:

Alß haben wir biß auf ferner eingezogene Kundtschafft unß alhier nieder zulassen rathsamb befunden, nunmehr aber ganz erfrewlich, daß der Röm. Kay. May. hochansehenliche Abgesanten sich genehert, verstanden. Weil dann zu Fortsezung, auch entlicher glückhlicher Vollfüehrung deß von Menigelich so hochbegerten Friedens negotij nichts mehr, dann daß die anndere interessierende sich eben wohl heran thuen unnd gebührlich finden lassen, ermangelt, also müeßen wir gleichst der Kay. Herrn Abgesanten derselben ankhunfft, alldieweil ohne deren præsenz nichts fruchtbarliches zu schaffen, mit gedult erwarten; unnd würdt man sich auf den Fahl deß Orths, jedoch mit gnedigistem Vorwissen unnd beliebung unsers gdisten Königs und Herren, so wohl auch der Interessierender ohn Zweifel wohl zuvergleichen haben, E. Frl. Gn. Göttlicher Obacht unnderthenig und getrewlich empfehlendt.

[a] Als Absendungsort ist angegeben Herrnstadt, i. e. vermutlich Herrnstadt a. d. Bartsch, ein Ort ca. 50 km n/w Breslau resp. s/ö Glogau.

104. Axel Oxenstierna an Hg. Bernhard von Sachsen-Weimar

Bericht über eine Unterredung mit Arnim über Wallenstein und dessen Vorstellungen (u. a. betr. Jesuiten, böhmisches Wahlrecht, begrenzte Friedensbereitschaft des Kaisers); gespanntes Verhältnis zwischen Wallenstein und dem Kaiser. Bitte um Ansicht des Herzogs zu den Mitteilungen Arnims.

Irmer II S. 309–312.

Frankfurt am Main, 2./12. September 1633

Durchlauchtiger, hochgeborener fürst, gnädig. herr!

Ich habe des generalleut. Arnheimbs zu Gelhausen [1] einen tag erwartet, alda er gestriges nachts spät umb 11 uhr angelanget und folgendes morgens bey mir gewesen. Ich mus seines anbringens summa e. f. gd. zu dero nachricht unterdienstl. eröffnen.

Erstl. hat er mir die ursachen und motiven, worumb er den vorigen stillstandt [2] getroffen, referiret, alles zu dem ende, sich alles wiedrigen nachdenkkens zu exculpiren; achte, dieselbe zu referiren, nicht nötig. Daruff berichtet er, welcher gestalt er wiederumb durch vielfältige beschickungen sey lange sollicitiret worden zu gespräch des herzogen von Friedlandt, ehe er habe darinnen bewilligen wollen. Zulezt wie ihme solches persuadiret worden mit einrathen der andern, habe er mit dem herzogen von Friedlandt zwischen beeden lägern geredet und anfangs viel discursen geführet wegen der friedenstractaten zu Breßlau und der denischen interposition, auch der friedensconditionen, habe jenes improbirt, bei den friedensconditionen aber dieses erinnert, das man die Jesuiten aus dem reiche bandisiren solte. Es seye auch der chron Böhmen gedacht, das sie in ihre freye wahl wiederumb gesezet werde. Er hette auch unter andern gesagt, der Keyser were geneiget und erbötig mit dem churfürsten von Sachsen und Brandenburg, auch denen fürsten und ständen im reich, so sich die zeit hero nicht gar zu wiederlich angestelt (wie seine formalia lauten), den frieden zu tractiren und schließen, von der crohn Schweden aber und Franckreich, auch etlich andern fürsten und ständen (nennete aber keinen) wolte er nichts hören.

Nachdem nuhn der general leutenant [3] über dieses lange hatte discurriret,

[1] I.e. Gelnhausen.

[2] Bezug auf den am 22. August 1633 geschlossenen vierwöchigen Schweidnitzer Waffenstillstand zwischen Wallenstein und Arnim; dieser Vertrag wurde anschließend bis zum 2. Oktober verlängert. Vorausgegangen war ein vierzehntägiger Waffenstillstand, geschlossen am 7. Juni 1633 und bis Anfang Juli verlängert; vgl. Mann S. 963f., 973 sowie 948–954; Ritter III S. 560.

[3] Arnim.

kam er zulezt zu dem hauptpunct, sagende, der herzog von Friedlandt hette noch nicht vergessen des affronts, so ihme vor 3 jahren wiederfuhre[4], were auch nicht im besten concept zu Wien und verdrieße ihn sehr und hefftig, das der duc de Feria[5] herausgefordert werde, zu keinem andern ende, dann ihme die stange zu halten; dahero er resolviret, wann er wüste, das er von uns uff allem fall adsistirt werden möchte, sich zu revangiren; gab auch so viel zu verstehen, das der herzog von Friedlandt vermeinte, ehr were des Holcken[6] und Gallas mechtig, auch mehrentheils officierer; hette schon etliche suspecte officierer abgeschaffet und ginge noch täglich damit umb, wie er eines und andern, so er nit trauete, quitt werden könte. Hette zu dem ende, damit er, Arnheimb, desto füglicher herausziehen dörffte und dieses werck bey mir unterbauen könne, diesen monahtlichen stillstandt geschloßen und ihme anvertrauet, diesen dessein zu formiren und dann anzuhalten, das im Fall einige regimenter unter dem Holcke in diesem dessein sich wiederlich anstellen werden, e. f. gd. mit ihrer armée so nahe anmarchiren wolten, damit sie uff erforderung des Holcken ihme adsistiren und die wiedrige zu gehorsamb bringen wolten. Er, Friedländer wolte dem Arnheimb untergeben 6 seine regimenter, so er am wenigsten trauete. Hielte darneben dafür, das, im fall er sich versichern könte, das er von uns solte werden adsistiret, das er sich in Böhmen mit seiner armée wolte retiriren und daraus in Österreich und Steirmarck avanciren. E. f. gd. solten mit dem Holcke gehen uff den herzog von Beyern und thuen ihr bestes, ihn zu ruiniren. Der feldmarschalck h. Horn[7] solte sich dem herzog von Feria opponiren; man solte auch suchen mittel, den könig in Franckreich zu poussiren, damit er den krieg in Italien wieder Spanien anfienge etc. Aus dieser meiner relation können e. f. gd. judiciren, was dieses für projecten sein; were es ein ernst, als hetten wir nechst gott gewonnen spiel, mir kompt es aber gar zu suspect für, weis nicht, was ich darvon soll judiciren. Habe mit ihme, Arnheimb, über ein und anders discurriret, umb den rechten grund zu erfahren, aber nach seiner art und natur ist er ziemlich verdecket gegangen, doch so weit ausgesaget, das er auch zwar dubitiren müste, wüste aber dieses versichert, das der Friedländer mercklich disgoustiert insonders über die ankunfft des duc di Feria; ob er aber des volcks so mechtig were, wie er sich einbildete, deßen zweifelte er sehr. Er, Arnheimb, were auch bey dem Holck gewesen und hette uff begehren des Friedtländers

[4] Bezug auf die Absetzung Wallensteins.

[5] I.e. der spanische Statthalter von Mailand, Hg. Feria, der im September 1633 mit spanischen Truppen im Reich erschienen war; vgl. Diwald S. 515f., 523f.; Mann S. 956–961, 1019f.; Ritter III S. 567.

[6] Holk.

[7] I.e. der schwedische Feldmarschall Gustav Horn (22. 10. 1592–10. 5. 1657), vgl. SMK III S. 535.

mit ihme geredet, könte nicht wohl sagen, wohin Holcke inclinirete, dan er ihme sehr wizig geantwortet, wüste nicht, ob ihme zu trauen oder nicht.

Nach gehaltenen discursen habe ich diesen abscheidt mit ihme genommen: Er soll den herzog von Friedlandt nur fort treiben und versichern ihm, das, wenn er seiner desseines wirdt fortsezen, soll er von uns nicht gelaßen werden.

Welcher gestalt aber das hauptwerck fürzunehmen, deswegen muß mehr tractiret werden. Wir sollen aber unsers theils allzeit fertig sein; bedarf Holcke hülfe wieder seine wiederspenstige, werden e. f. l. ihne nicht laßen; damit hat Arnheimb dißmahl seinen abschiedt.

E. f. g. haben aus dieser meiner relation gnugsam zu vernehmen, in waßerley terminis die sachen anjezo beruhen. Ich halte es uff correction dafür, das dieser handel uns nicht schaden könne, wann wir nur von unserm dessein nicht endern, sondern ziehen alles zu unserm besten. Ist es ein ernst, kan uns nichts gewünschters wiederfahren; ist es ein scherz, der ist zu grob und ist unmüglich, er mußte dann jalousie unter die andere partie erregen und kan uns nichts schaden, weil wir uns doch so vor untreuen freunden, als gewißen feinden wachten müßen und können.

Bitte unterdienstlich, e. f. g. wolten hierüber ihre gedancken mir zu communiciren unbeschwert sein, und inmittels, da sie von Holcken sollicitiret werden, in allem immer ihrer bekanten vorsichtigkeit nach behutsam gehen, aber nicht desto weniger solche occasion der gebühr in acht nehmen, von welchem allen m. f. gn. durch den h. Bonika[8] mehr unterricht haben werden. Habe dieses dannoch so in der eyle referiren wollen, mit wunsch, das gott e. f. gn. bewaren und dero consilia und actiones prosperiren wolle.

105. Hg. Bernhard von Sachsen-Weimar an Axel Oxenstierna

Zweifel an der Durchsetzbarkeit der Wallenstein zugeschriebenen Pläne; Militaria.

Irmer II S. 332–334.

Donauwörth, 9./19. September 1633

Wollgeborner, in sonders viell geliebter herr und freund!

Ich habe gestern die ehre gehabt, meins herrn handschreiben[1] zu empfan, in welchem mein herr mich gewürdiget und wissen gemacht, was des generals

[8] Wohl Bubna.
[1] I. e. Nr. 104.

von Arnheim anbringen gewesen. Thue deswegen gegen mein herrn mich zum allerfreunddinstlichsten bedancken, und nachdem mein herr deswegen meine wenigen gedanken begehrt, soll ich demselben in gebür nicht verhalten, wie das ich fast sehr zweifle, das Wallenstein an einem ohrt der officirer so mechtig, solg ein werk zu verrichten, dann unmüglich bey einem so großen werk und armee, die solang theils in diensten gewesen, nicht zum weinigsten der tritte theill sein solte, so des kaisers und der cattolicher partey dermassen zugethan, das sie auf dergleichen fall nicht solten mitt ihrem eusersten dargegen sein. Wo nuhn ein solge truppe oder partey sich finden solte, finde ich nicht, das müglich, solg ein werk zu verrichten sein, zumalen weiln er noch darzu vermeintt, aparte mitt ihnen zu marschiren; und düngt mich, er werde sicherer gehen, wen er die armee unter die unserige also vermengte, das man die verdechtigen gleich abschafen könnte und sie am ohrt haben, da man allezeitt ihr meister sein könnte.

2) Es kempt mir auch sehr verdechtig für, das Wallenstein vermeintt, des Gallas mechtig zu sein, dessen herkunft und aufnehmen [aufuehren?] mein herr auch sehr woll bekant. Hiebei wundere ich mich auch, was ich alhie aus intercipirten schreiben, so von Wien geschrieben worden, gesehen, wie das man zu Wien sich sehr besurgte, das Wallenstein aus noht mogte getrungen werden, das er sich in Böhmen retiriren mueste, auch weiln in Böhmen keinen ohrt, dar er woll mitt der armee bliben kente, sich woll gar nach der Tona[2] geben müste. Nuhn kan man auch woll aus sein actionibus sehen, wie er sucht durch diversione in Meißen die armee aus Schlesigen zu ziehen, und weiln dieses nicht will von statten gehn, zweifele ich nicht, das mängell und unwilln sürfelt, kan auch woll sin, das er sucht, durch diesen predext in Behmen zu gehen und die andern damitt vermeintt aufzuhalten, bis er sihet, wie die sachen mitt Altringer[3] und den Italienischen[4] ablauffen, dan die Baierischen und Wallenstein gleichwoll gewaltig weitt von einander elargiret sein[5]. Wan ich auch betrachte, wie Altringer sucht, mich hinauf in Schwaben zu ziehn, umb villeicht zeitt zu gewinnen, den angefangenen fortificationsbau bei Regenspurg auf dieser seiten der bruken, zu Hof[6] genannt, fertig zu machen;

Dan Altringer sunder zweifell auf den winter gedenkt und wird sich gewis diesen winter in die Ober-Pfaltz geben, alda Amberg zu fassen, welgs mann auch anfängt zu fortificiren ja so groß, das ich woll judiciren kan für ein läger;

[2] Donau.

[3] Aldringen; vgl. hierzu Nr. 102.

[4] Gemeint sind die aus Italien kommenden spanischen Truppen unter Hg. Feria; vgl. Ritter III S. 565–568.

[5] Vgl. Ritter III S. 564f.

[6] I.e. wohl Stadtamhof, links der Donau gegenüber Regensburg gelegen und heute zu Regensburg gehörend (vgl. Handbuch der Histor. Stätten Bd. VII S. 708f.).

alß wan Altringer und die Holckischen sich diesen winter nehben einander lagerten, wehren sie mir egall. Scherftenberg[7], welcher etliche regiment bei sich, könte Beuern woll defendiren. Das italienische volck[8] blieb in Ober-Schwaben gen den hern feldmarschalk, also könten sie den winter zubringen; auch Wallenstein werde sich in Bemen woll elargiren und ein oder den andern secundiren und etwas in Schlesigen behalten unter Gallas, . . .[9] Opelen, Glatz, auch in Mehrn, alls zu Olmitz[10] und andere platzen besetzed behalten und diesen winter practiciren, ob aus Nederland oder kunftig wieder aus Italia ihn könte wieder volck zukomen. Diesen alln aber nach wird der gefangene Doktor Wolff[11], wen man ihm etwas wird scharf zusetzen, können in anzeig geben, ob auf solgen fall er nicht hette sollen ein aufstand unter den stenden oder wieder . . .[9] machen; worzu nicht wenig helfen würde, wenn wir disen winter unser volk auf . . .[9] also erhalten solten. Diese anzeig nach oder mutmassen hilte ich gewis dafür, das Wallenstein sucht aufs neue zeitt zu gewinnen. Ohne ist zwar nicht, das recht gegen sein capitulation der duca de Feria herauskompt[12], weill er aber weitt von ihme ist, hatt so vill nicht zu beteuten und finden sich noch exceptiones. Halte gewis, wie mein herr selber hochvernünftig vermutt, wen wir von unserm dessin nichts abendonnirn, auch für dergleichen ihren vorhaben hüten, kan so groß nicht schaden; allein wehre nicht undienlich, wen man anitzo mitt den Sachsen auch den in Schlesien correspondirn könnte, im fall sich gegen ihnen dergleichen vorhaben in tempo presentiren wolte, das folges im gesampt und zugleich von allen ohrten pussiret würde; und währ mein unmasgeblich bedenken, wan man den chursachsischen durch einen expressen die sache lis presentirn, weiln zu befürchten, sie gar zu sehr hofnung auf Wallenstein sein betriegen machen, und zeitt und mittel verlohren werden. Ich habe mein schuldikeitt erachdet, mein herrn zu folge dise meine geringfuge gedanken aufzusetzen, in hofnung lebent, wo ich geirrt, es zum besten zu vermerken. [Korrespondenz mit Feldmarschall Horn; Aldringens militärische Bewegungen; Grußformel; Datierung.]

[7] Gemeint ist wohl der ksl. General der Artillerie Johann Ernst v. Scher(f)fenberg.

[8] Unter Hg. Feria; vgl. Anm. 4.

[9] Vgl. Irmer s. o. S. 333 Anm. 1: „Ein unleserliches Wort“.

[10] Oppeln, Glatz, Mähren, Olmütz.

[11] Dr. Johann Jakob Wolff, Abgeordneter der Reichsstadt Regensburg in Wien.

[12] Vgl. Ritter III S. 365–368.

106. C. Pauw [1] an die Generalstaaten (Auszug)

Gerüchte um Wallenstein.

Irmer II S. 370 (niederländ. Textvorlage).

Frankfurt am Main, 26. September/6. Oktober 1633

Hochmögende Herren!

[. . .] Die Gespräche und Mitteilungen über die Person und das Vorhaben des Generals Wallenstein, nämlich daß derselbe den Kaiser verlassen und sich dieser [der protestantischen] Seite angeschlossen haben solle, lauten so unterschiedlich und sind noch mit solchen Unsicherheiten vermengt, daß ich so wichtige weitreichende Angelegenheiten mehr nach dem allgemeinen Reden und Urteil [wiedergebe], als [daß ich] zur Zeit einen richtigen detaillierten Bericht davon geben kann; im allgemeinen melden die Briefe, daß man Frieden stiften und einen neuen böhmischen König erheben wolle, wozu die Krone mit großer Feierlichkeit nach Prag gebracht werde.

Der Oberst Cratz [2], der dem Kaiser gedient hat und hierher nach Frankfurt gekommen ist, bekräftigt das zuvor Gesagte vom General Wallenstein und von seiner großen Unlust gegenüber dem Kaiser, sonderlich [verursacht] durch die Ankunft des Herzogs von Feria und geheime Nachrichten, wonach man diesen Herrn zum Generalat befördern wolle, so daß viele der Meinung sind, dafür halten und darauf wetten, daß der General Wallenstein ihm selbst eine gute Partie bieten und die evangelischen Stände dazu zu Hilfe nehmen werde.

Ich habe zuvor Euer Hochmögenden berichtet, was zu meiner Kenntnis gekommen ist, wie es sich mit dieser Sache verhält – was ich zu derselben hohen und weisen Urteil stelle, wozu ich noch dies wenige hinzufügen will: Von dieser [der protestantischen] Seite spüre ich so viel, daß man grundsätzlich auf-

[1] Cornelis (Cornelius) Pauw (22. 5. 1593 Amsterdam–22. 6. 1668 ’s-Gravenhage), Diplomat der Generalstaaten; vgl. ADB 25 S. 302; NNBW IX Sp. 762f.

[2] Johann Philipp Kratz (Cratz), Gf. zu Scharffenstein, Frhr. von Riesenberg (6. Juli 1635 hingerichtet); Domherr zu Worms, Regimentführer der Liga 1620; 1623 ksl. Dienst; 1626 von Wallenstein seines Regimentes entsetzt; französischer Kriegsdienst; nach Wallensteins Entlassung wieder im ksl. Heer, 1631 als Generalwachtmeister von Wallenstein bestätigt, bald darauf in kurbayerischem Dienst, 1. 1. 1632 General der Artillerie, Kommandant der Oberpfalz, Desavouierung durch Wallenstein 1633; Übertritt zu den Schweden, 1634 schwedischer Feldmarschall; in der Schlacht bei Nördlingen von den Kaiserlichen gefangengenommen, entflohen, wiederaufgegriffen und in Wien hingerichtet; vgl. ADB 17 S. 56f.

paßt, sich durch derartige Aktionen nicht mißbrauchen zu lassen, was sehr verständlich ist. Von Wien vernimmt man, daß am kaiserlichen Hof über diese Sache große Perplexität sein solle.

107. C. Pauw an die Generalstaaten (Auszug)

Gerüchte um Wallenstein.

Irmer II S. 378f. (niederländ. Textvorlage).

Frankfurt am Main, 29. September/9. Oktober 1633

Hochmögende Herren!

[...] Die Gerüchte um General Wallenstein sind noch dieselben wie [diejenigen, die ich] in meinem jüngsten Schreiben vom 26. dieses Monats[1] berichtet [habe]; man hofft und zweifelt, da gibt es noch keine Sicherheit, aber man mutmaßt, und es werden täglich mehr Wetten abgeschlossen; es ist eine Sache von weiter Auswirkung, von der die Katholiken sehr ungern [sprechen] hören, gleichviel, [es] wird so davon gesprochen, daß die Angelegenheit nicht [gar] so unbekannt scheint. [...] Zur Zeit gehen die meisten Meinungen dahin, daß dieser Herr sehr nach Hoheit trachtet, mehr politisch als religiös [bestimmt] ist und seine Unlust gegenüber dem Kaiser nicht verwinden kann – und dies um so mehr nun durch die Ankunft des Herzogs von Feria –, [daß] Spanien sich weigerte, mehr Hilfe zu leisten, und [daß] auch der Graf von Schlick, der von Wien zur Armee mit besonderer Vollmacht geschickt worden war, zurückgewiesen worden [ist] und wieder abgereist sei; überdies hört man von einigen italienischen Obersten, die abgedankt worden und nach Wien gekommen seien.

Sonderbare Diskurse werden über Stimmung und Absicht [?] des Generals Wallenstein geführt und daß das wohl große Veränderungen in Böhmen hervorrufen werde: einen neuen König, Religionsfreiheit, Restitution der Verjagten und in der Folge viele Dinge, die daran hängen, wovon wegen der großen Unsicherheit noch wenig zu schreiben ist. [Truppenbewegungen.]

[1] Vgl. Nr. 106.

108. Auszug aus L. Nicolais (Tungels) Tagebucheintragungen[1] unter dem Datum 3./13. Oktober

Verhandlungsangebot Wallensteins.

Irmer II S. 388f.

[Dresden] 3./13. Oktober 1633

Am 3. [13.] Oktober[2] sandte Oberst Schlieff[3] mir einen Brief, den ihm der Hofmeister des Herzogs Franz Albrecht, Zacharias Perot, geschrieben hatte; darin steht der Satz: 'Gleich jetz verneme ich aus Bischofswerde[4], dass Wallsteins trompeter den h[errn] feltmarschalk[5] nachgevolgt. Des g[eneral]lieut[enant][6] aufwarter, der bei dem feltmarschalk gewesen, hat das auch berichtet. Wallstein soll bereuen, dass die tractaten nicht für sich gangen, und zu allen selbsteigenen conditionen sich offeriren, dan er von keinem krieg mehr hören will.'

109. Heinrich Matthias Graf v. Thurn an den Kommandanten der schwedischen Garnison zu Glogau

Bericht über Wallensteins Sieg bei Steinau/Oder; Befehl, Glogau den Kaiserlichen zu übergeben.

Doc. Boh. V S. 205f.

bei Steinau/Oder, 12.[1] Oktober 1633

Woledler, gestrenger Herr Oberster! Was Gott auf uns verhengt hat den 11. Octobris[2], ist wohl zu beseufzen und zu beklagen. I. F. Gn., der Herr

[1] Zu Nicolais/Tungels Tagebuch vgl. Nr. 89 Anm. 2, 4.

[2] Am Tag zuvor, dem 12. Oktober 1633, hatte Wallenstein seinen Sieg bei Steinau/Oder erzielt; vgl. Diwald S. 513f.; Mann S. 977f.; Ritter S. 563f.; Suvanto S. 274f.

[3] Anton von Schlief(f), (Schlieffen), 11./21. 7. 1576 Köslin–7./17. 9. 1650 Stettin; seit 1594 Militärdienst: zunächst kaiserlicher, anschließend ständisch-böhmischer, dann zur Sicherung seines böhmischen Besitzes wieder kaiserlicher bis 1627; 1628 im Dienst des pommerschen Herzogs, seit 1630 in Kursachsen, engere Verbindung zu Wallenstein bis zu dessen Tod, am 22. 2. 1634 verhaftet und nach Wien gebracht, 1635 Entlassung, Rückkehr nach Kursachsen, das er 1637 verläßt; über Breslau, Thorn, Danzig 1644 Rückkehr nach Pommern, schwedischer Dienst (seit 1647 Kriegsrat und Oberst).

[4] Bischofswerda, Ort zwischen Dresden und Bautzen.

[5] Hg. Franz Albrecht von Sachsen-Lauenburg.

[6] I.e. der kursächsische Generalleutnant von Arnim.

[1] Die in Doc. Boh. V S. 205 gegebene Datierung „1633 Oktober 22 (12)“ ist undurchsichtig; der Brief datiert vermutlich den 12. Oktober 1634 st. n., also den Tag der Kapitulation Thurns.

[2] Gemeint ist möglicherweise der 12. Oktober.

Generalissimus[3], ist mit solchen geheimen Anschlag auf uns kommen, dass wir kein einigen Nachricht gehabt, sondern als man nach vielfeltigen Bericht vermeint, das dieselbe mit den grösten Teil der Armee der Sächsischen gefolgt, haben sie uns auf beiden Seiten der Oder mit ihrer mächtigen Armee angegriffen[4]. Also und derogestalt der General von der Cavalerie, Herr Schaffgotsch[5], uber die Oder troppenweis mit ein acht tausent Mann geruckt, als nemblichen mit 14 Regimentern Reitern und mit sieben Regimenter Dragonern so eilends und geschwind, dass, da wir es vermeint zu verwehren, wir dieselben in völliger Bataglia gefunden, welche alsbald in uns gesezt, die ganze Reiterei und Tragoner getrent und bis an die Brucken gejagt. Es ist fast unglaublich, was für ein ansehnlige Armee der Herr Generalissimus bei sich gehabt, mit deren er gleich auf die Schanz, insonderheit mit dem Fussvolk und Stücken, gezogen, die Schanz in continenti aufgefordert. Unser weniges Volk auch die unverfertigte Schanz und manchament des Vivers hat kein Disputat gelitten, sondern wir haben alsbald accordiren. Die Fändl und Cornet haben wir alle niederlegen, die Stuck und Munition alle überlassen, die gemeine Soldaten sich alle unterhalten lassen müssen, den Befehlichthabern allein ist abzuziehen erlaubet worden. Besonders haben I. F. Gn., der Herr Generalissimus, als wir accordiret, kurzumb haben wollen, dass alda zu Glogau, ebenermassen wie hie beschehen, alle Fändl und Cornet niedergelegt und das Volk in der Röm. K. Mt Diensten sich begeben sollen. Weiln aber ich Graf von Thurn auf viel instendiges Anhalten endlich mit grosser Mühe diese Gnade erlangt, dass, wenn sie sich nicht opponiren würden, sie ein erhlichen Accord bekommen, mit Sack und Pack, auch fliegenden Fändl, Ober- und Unterwehr, brennenden Lunden und Kugeln im Mund, sowohl die Reiter und Knechte mit ihrer Pagaschi abziehen, auch an einen sichern Ort begleitet werden sollen, doch alle die Stücke absolutamente abgeschlagen worden. Dafern sie aber wider den Strom schwimmen und den Platz difficultiren wollen, so doch ihnen wissend, dass für einer solchen Armee sich zu manuteniren unmöglich, wehr hochgedachte I. F. Gn. keinem kein Quartir erteilen, ja auch das Kind im Mutterleibe nicht verschonen zu lassen, entschlossen, womit der Cron Schweden und andern interessirten Potentaten, wenn solch Volk auf die Schlachtbank geliefert werden solte, wenig geholfen sein würde. Als befehlen wir Euch kraft des über alles in Schlesien sich befindendes Volk

[3] Wallenstein.

[4] Zu Wallensteins Sieg bei Steinau/Oder am 12. 10. 1633 vgl. Diwald S. 513f.; Mann S. 977f.; Ritter III S. 563f.; Suvanto S. 274f.

[5] I.e. der kaiserliche General der Kavallerie Johann Ulrich von Schaffgotsch (25. 8. 1595–23. 7. 1635), nahm 1634 Wallensteins Partei, wurde deswegen zum Tode verurteilt und als einziger Verurteilter in Wien hingerichtet; vgl. ADB 30 S. 541–545; Mann S. 1149–1154.

habenden Commando in Betrachtung, das Euch einer solchen Macht zu widerstehen unmöglich, diese von hochgedachter I. F. Gn., dem Herrn Generalissimo, durch mich Grafen von Thurn erhaltene Gnad nicht auszuschlagen und Euch mutwilligerweise in die euserste Ruin zu sezen, besondern angesichts dieses Euch zu submittiren und des obgedachten ehrlichen Abzugs, den wir sampt allen hohen und niedern bei derer zu Steinaw gewesenen Armee sich befundenen Officiern accordirt und geschlossen, ohne einige Opposition teilhaftig zu machen und diesen unserm Befehlich und Ordinanz würklich und unfehlbar zu pariren.

110. Kg. Christian IV. von Dänemark an Ks. Ferdinand II.[1]

[1] Dänische Interposition und Hoffnung auf erfolgreiche Friedensverhandlungen in Breslau; [2] Klage über mangelnde Unterstützung; Rückberufung der dänischen Gesandten; [3] Angebot, Friedensbestrebungen weiterhin zu unterstützen; [4] Fortsetzung der Interposition an anderem Ort; Geleitsbriefproblematik.

Hallwich, Briefe und Akten
IV S. 408–410.

Kopenhagen, 21./31. Oktober 1633

[Anrede]

[1] E. L. werden sich gutermaßen erinnern, wasmaßen Wir uns, als ein benachbarter Potentat unnd vornehmer Interessent des Heyl. Röm. Reichs, in sorgfältiger betrachtung desselben recht elenden betrubten Zustandts unnd ferner christlich bluttvergiesen abzuwenden, zwischen E. Ldn. unnd andern kriegenden theilen guttliche Handlung zu pflegen offeriret unnd wie, nachdem Wir durch verschiedene schickung unnd schreiben deren gemühter dahin disponiret zu sein verhoffet, ein ansehenliche kostbahre Embassade nacher Breslau vor etzlichen vielen mönaten abgefertiget, der ungezweyffelten zuversicht, es würden alle theile, des Krieges uberdrüßig, solche zum frieden eröffnete occasion nicht aus händen laßen. [2] Wir haben aber nicht ohne geringe betrubnis unsers königl. gemüts vernemmen und erfahren mussen, das wir vor diesmahl in Unser zu errettung des gemeinen Vaterlandes teutscher nation angesehenen treuen, eyfferigen intention so wenigs secundiret werden, das Wir auch nunmehr nach verlierung so geraumer Zeit unnd groser unkösten unsere Gesandten gantz unverichteter sachen zu revociren genötigt. E. Kayß. Maytt. unnd Ldn. bezeigung hierbey haben wir billig zu ruhmen, bedancken iegen

[1] Vgl. Fridericia I S. 287.

dieselbe uns auch dienstfreundtlich, das Sie auff unser begehren dero geleitsbrieffe ertheilet, auch Ihre Gesandten (da einige andere sich eingestellet) an deputirten ort zu senden geneigt gewesen. [3] Unnd ob wir nun zwar unsere gesandten, wie gedacht, zu revociren entschloßen, auch allerhandt erhebliche ursach, dieses friedenwerck zu deseriren, hetten, so seindt wir dannoch mit hindansetzung anderer respecten unnd bedencken nicht gemeinet, die hand abzuziehen, besondern, wie einem getreuwen benachbarten geburet, mit beystandt des Allmechtigen ferner alle mittel, die greuliche Kriegsbrunst, so das Röm. Reich uberall leyder begriffen, zu löschen, anzuwenden, der gentzlichen hoffnung, die Gottliche almacht werde sich endtlich daruber gnedigst erbarmen unnd zu friedtlichen mitteln gnad und gedeyen dermahleins verleyhen. Haben derwegen auch E. Kayß. Maytt. unnd Ldn. dieses unser vorhaben freundtlich zu notificiren ein notturfft erachtet, des vesten vertrauwens, Sie werde diese unsere Liebe und treue zum Reich teutscher nation Ihr nicht allein gefallen laßen, sondern, wie ein hochst verstendiger Regent, deßen fur augen schwebenden weitaussehenden besorglichkeiten durch friedtliche mittel vorbauwen unnd nicht gestatten, das bloß dem unbestendigen und gantz ungewißen ausgangk des Krieges das wehe und woll so vieler Königreiche, Landt und Leutten committiret werde, sondern viellmehr, da beyde theill annoch sich auff die Waffen zu verlaßen, zu restabilirung des so hochnötigen algemeinen friedens Ihre hochvermugende assistenz leisten. [4] Wir sein nochmahl des erpietens, an unser muhe, fleis unnd unkosten hierin ferner nichts zu ersparen, auch den anderen theill zu gleicher intention, gestalt bey ausfertigung dieses schon geschehen, so viel muglich zu disponiren; unnd alldieweill wir vor diesem wegen des orts, Zeitt unnd geleitsbrieff grose verhinderung verspuret, auch allerhandt entschuldigung daher genommen worden, der zuvor vorgeschlagener ortt Breßlau wegen der infection gantz unsicher unnd unannehmlich: Als erfordert die notturfft, wie ungern E. L. wir auch hierein etwas ferner anmuteten. Sie der anderweiten ernennung des orts unnd ausfertigung berurter geleitsbrieffs halber dienstfreundtlich zu pietten, uns nicht allein nicht zu verdencken, das E. L. wir abermahll etzliche örter, benantlich Milhausen[2], Marpurgk unnd Lubeck vorschlagen (unter welchen verhoffentlich keiner E. Kayß. Maytt. unnd Ldn. zugegen), sondern auch dabeneben dem bemelten gleitsbrieff die Cron Schweden entweder ausdrucklich, mit zu inseriren oder auff dieselbe absonderlich zu richten sich gefallen laßen, damit gedachte Cron, wegen nicht observirten respect, sich nicht zu beschweren. Wir haben zwar hiebey leicht zu ermeßen, E. Kayß. Maytt. unnd Ldn. werden in diesem hohe bedencken beyfallen, verhoffen aber, die Liebe des gemeinen Vaterlandes teutscher nation unnd die begierde, so vieler armen millionen hochgeeng-

[2] Mühlhausen.

stigten hertzen zu helffen, werden alle beykommende respecten zurucksetzen, darumb Wir annoch E. Kayß. Maytt. unnd Ldn. wollen gebeten haben. Dero Wir dan auch negst befehlung Göttlichen schutzes zu aller behäglichen erweisung stets anerbietig.

111. Oñate an Kg. Philipp IV.

Betr. die Wallenstein in Göllersdorf zugestandenen Rechte [1].

Gindelý, Zweites Generalat S. 19f.

Wien, 2. November 1633

Allergnädigster Herr! Der Herzog von Friedland wirbelt soviel Staub in Deutschland auf, dass ich es für nothwendig hielt, über seine Machtvollkommenheit und die Art, wie er sie gebraucht, einen Bericht zu erstatten, um E. Mt. genaue Kunde über den gegenwärtigen Stand der Dinge zu verschaffen.

Nach dem Verlust der Schlacht bei Leipzig [2] bemächtigte sich des hiesigen Hofes infolge der geringen Vertheidigungsmittel die grösste Furcht, so dass, wie mich der Fürst von Eggenberg versicherte, die meisten Minister der Ansicht waren, der Kaiser solle sich nach Graz und eventuell nach Italien flüchten. Eggenberg rieth jedoch die Anwerbung eines neuen Heeres an, um mit demselben noch einmal das Glück zu versuchen. Allgemein war die Überzeugung, dass für dieses Unternehmen keine andere Person tauglich sei als allein der Herzog von Friedland. Ich hatte bisher nicht die Zeit den Vertrag auszuforschen, den er bei dieser Gelegenheit mit dem Kaiser abschloss, aber die Ereignisse beweisen, dass neben den Versprechungen, die er für seine Person erhielt und die ohne Zweifel ausserordentlich weitreichend waren, ihm der Oberbefehl über das Heer mit absoluter Gewalt und vollkommener Unabhängigkeit übertragen und ihm das Recht ertheilt wurde, Krieg oder Frieden zu schliessen, die Zahl und Grösse des anzuwerbenden Heeres zu bestimmen, sämmtliche erledigte Befehlshaberstellen ohne jede Ausnahme selbständig zu besetzen, über die Güter der Rebellen im Reich und in den Erbstaaten nach Belieben zu verfügen und sie zu verschenken, an wen und wie er wolle. Dazu ertheilte ihm der Kaiser das Recht in allen seinen Königreichen und Provinzen Musterplätze zu errichten, Contributionen auszuschreiben und zu erheben, den Soldaten Quartiere anzuweisen und überhaupt alles zu thun, was ihm

[1] Vgl. hierzu Nr. 69.

[2] Gemeint ist die Schlacht von Breitenfeld.

zweckentsprechend erscheinen würde, und zwar in jener Weise, welche er für gut finden würde. Von diesem Vertrage, von dem es kein zweites Beispiel in der Geschichte gibt, macht der Herzog von Friedland einen ebenso absoluten wie rücksichtslosen Gebrauch: er schreibt sehr selten an den Kaiser und wenn er dies thut, gibt er ihm nur einen oberflächlichen Bericht über seine Absichten.

112. Wallenstein an Questenberg

Bitte um Besuch des Adressaten.

Hallwich, Wallensteins Ende II S. 147.

[Neumarkt (Oberpfalz)] 5. Dezember 1633

Demnach wir wegen vieler Jh. Mai. dienst und das bonum publicum betreffender sachen nottwendig mit dem herrn zu reden haben: Als ersuchen wir ihn hiermit fleissig, seine zu uns anhero reyse aufs föderlichste zu matuiren.

113. Trauttmansdorff an Ks. Ferdinand II.

Unterredung mit Wallenstein über zwei Problemkreise; Ablehnung der militärischen Zusammenarbeit mit Spanien; Rücktrittsabsicht Wallensteins im Falle der Ernennung Ferdinands III. zum Oberbefehlshaber; Notwendigkeit eines Friedensschlusses; Wallensteins Klagen über feindliche Umtriebe gegen ihn am Wiener Hof.

Srbik S. 309f.

Pilsen, 16. Dezember 1633

Allergenedigister Kayser und Herr.

Ob wollen ich in nachfolgenden negotio khein commission an herzog von Fridtlandt gehabt, hat er doch gewolt, dass E. K. M. ich darinnen allerunterenigst zuschreibe: dass nemblich er mit dem Conte d'Onate alss auch Fürst v. Eggenperg F. D. sich zu abocciren vor unnotwendig halte, den er gedenkhe ihm wol, es möchten zween puncten dort tractirt werden wollen, einer dass er concurriren sol die Spanischen imprese unndt vorhaben ins werkh zu richten, der ander die armata mit Ir. Kön. May. zu Hungarn undt Beheimb zu theilen. Im ersten, wisse er wol, dass die mitel solche intentiones hinauss zu füren nicht vorhanden, E. K. M. würden sich allein in ewig khrieg undt intrighi einstekhen unnd khein frucht darvon haben, er herzog lasse sich vor sein person dort nicht ein, wan aber in Teutschland solle fridt werden, wolle er gern helffen, dass grössten theils E. K. M. volkhs, so man demittiren würdte, spänische dienst annäme; das seye, wass er im ersten punct prestiren und rathen khündte; im andern seye ihm der Künig sein herr gar zu guet zu einem gesellen, mit dem er theilen sol, wöl lieber den carico gar lassen, aber mit seinen eehren undt billicher satisfaction, die nicht schwär sein solle, alsdan wölle er gern dieses lasts los sein, Ihrer Kün. May. mit ordtnung alles übergeben undt auch mehr rathen, so gut ers verstehe, wass zu thun seye, selbsten aber blib er bey der armata nicht. Er sorge aber, wan man das werkh nicht gar dextre angreiffe, so müste hierauss ein grosse meuterey erfolgen, dan auff sein des herzogen credit seien die meisten geworben worden, werden sie sein abzug ohne ihr contentirung (darzu schlechte mitel vorhanden) sehen, derfft grosse confusion erfolgen undt wan er ietzo stürbe, besorgt er sich, das khriegsvolkh würdte gering gehorsam leisten. Helt also vor unnot dass obgedachte abboccamento anzustellen, es würdte eher einer oder anderseits disgusto dan satisfaction erfolgen; schliest, man muss fridt machen, sonsten werde alless unser seits verlohren sein.

Nach diesem hat sich der herzog bekhlagt, dass seltsame gefehrliche discurss wider ihm bey hoff vorüber giengen, so gar ihme herzog mit gift zu vergeben. Er verhoffe doch, man werde ihm nicht wollen per disgusti zur resignation treiben, weillen wol andere mitl, wan man vermeint, dass es E. K. M. also nützlich seye, darzu vorhanden, sich selbsten wöl er auch nicht precipitiren. Dieses hab ich also begerter massen E. K. M. allergehorsamist referiren sollen, dem ich mich zu beharlichen keyserlichen gnaden allergehorsamist befelche. Pilsen den 16. Xbris Ao. 1633 abendts.

E. Röm. Kay. May.
allergehorsamister
M. G. v. Trauttmansdorff.

114. Kf. Maximilian von Bayern an B. Richel

Militaria; Finanzmisere betr. Bezahlung der Truppen; Winterquartiere; wirtschaftliche Schwierigkeiten; [1] Scharfe Kritik an Wallensteins Kriegführung; [2] Schonung Württembergs, Ambitionen Wallensteins auf Württemberg; [3] Bemühungen um Wallensteins Absetzung; [4] Rat zu Einigung mit Kursachsen und Kurbrandenburg; [5] Militärische Belastung Bayerns; [6] satisfactio militum Aldringens; unterschiedlicher Zustand der Truppen Aldringens und derjenigen Wallensteins; [7] Wallensteins Versäumnisse im nördlichen Reich.

Irmer III S. 68–78.

[Braunau] 18. Dezember 1633

[Absender] Wir lassen dir hiemit unverhalten, daß eben, als uns dein vorbericht aus Nußdorf[1] von dem 11. dis eingelangt[2], der von Perlaching[3] alhier ankommen, welcher uns im namen und aus bevelch des feldmarschallchens grafens von Aldringen und unserer bei ihme anwesender hoher kriegsoffizier haubtsächlich referirt, daß, obwoln ihr intention und meinung gewesen, ihren herabzug an der Donau also anzustellen, daß sie etliche underschüdliche ort an selbigem stromb underhalb Ulmb, inmaßen in deiner mithabenden instruction ebenmeßig einkommen, occupirn, die quartir daselbst herumb an beiden seiten der Donau nemen und selbige bis in das Rieß[4] extendirn mechten; so seie es doch albereit ganz darvon kommen, indeme der feind als die Horn[5], Pirkenfelder[6] und Reingraf[7] mit ihrer ganzen macht nit allein über die Donau ebenmeßig passirt, sondern auch, weiln er ihnen an der reuterei weut überlegen und also maister im feld ist, so nachent an die seiten gangen, daß er albereit etliche ire herwerz der Iller gehabte quartir zu underschüdlich maln attaquirt und angefallen; und nach laut aller einkommender kundschaften und anzaig, auch nach gestalt des feinds angestelter march, gehe sein anschlag und intent praecise dahin, ihnen vor und über Augspurg in unsere landen herein zu kommen und sich folgends mit dem herzogen von Weimar[8] zu conjungiren: Dises gefehrliche vorhaben nun vorzukommen und zu verhueten, wie auch, weiln die armada selbiger orten nit zu leben hab und sich ganz consumiren mueste, seie der graf von Aldringen neben dem duca di Feria getrungen gewesen, von der Iller aufzubrechen und seinen march an den Lech und in unsere landen herein zu nehmen; darbei dan ermelter von Perlaching weuter auch dis referirt, daß die in vorigen von dem grafen von Aldringen und unsern kriegsministris eingelangten schreiben angezogne schwere inconvenientia bei der soldatesca und der armada übelstand, inmaßen in deiner mithabenden instruction hiervon albereit ebenemeßig die notturft umbstendig einkommen, sich nit allein allerdings ja gar zu wahr zu sein befünd, sonder daß die eingerüßne contagion, der mangel an geld und proviant und aus demselben, wie auch dahero umb, daß die soldatesca nunmehr in's dritte jahr keine bestendige winterquartir gehabt, under ihnen und den officirn erfolgte große unwillen, das elend der soldatesca, in summa alles unhail und übel teglich je lenger je mehr zue- und

[1] Nußdorf bei Wien.

[2] Nach Irmer III S. 68 Anm. 1 fehlt dieser Bericht.

[3] Nicht nachgewiesen.

[4] I. e. das Nördlinger Ries.

[5] I. e. der schwedische Feldmarschall Gustav Horn.

[6] Georg Wilhelm, Pfgf. zu Birkenfeld (6. 8. 1591–25. 12. 1669), folgt 1600.

[7] Otto Ludwig, Wild- und Rheingraf zu Salm in Mörchingen.

[8] Hg. Bernhard von Sachsen-Weimar.

überhand nemen thue, also daß der graf von Aldringen lenger nit mehr zu helfen noch zu remedirn wüsse, und anderst kein rechnung zu machen seie, als daß dise ansehliche armada, welche albereit und vül tausend mann abkommen, ganz und gar zu grund gehen und dissolvirt werden muesse, wan selbige nit unverlengt refrechirt, in die wünterquartir ausgetheilt, und die soldatesca mit geld und andern nothwendigen müttln wiederumb aufgeholfen werde[9].

Was sich nun aber hierbei in einem und andern für schwere und gleichsamb unüberwündliche difficulteten und hünderungen ereignen, das ist dir ohne weutleufige widererholung vorhero gnugsamb bekant und in deiner mithabenden instruction[10] guetentheils angedeutet, und bezaigt es der leidige augenschein genugsamb, was es mit unsern armen land und leuten für eine elende und bedauerliche beschaffenheit hat, mit was für einer schweren und unerträglichen last von freund und feind sie ohne das beladen, welchergestalt alle commercia und daraus flüeßende genueß sambt dem ackerbau ganz darnieder liegen, das wenige was disen sommer eingesamblet worden, von allerseits armeen fast allerdings aufgezöhrt, wie vül ort und flecken albereit ganz öed und in die aschen gelegt und die armen underthanen von haus und hof mit weib und kündern in das büttere elend vertrieben sein. Aus welchem allem nun leichtlich abzunemen, wie übel es mit unsern renten, geföllen und einkommen bestelt ist, indeme sonderlich unser böstes cleinod, der salzverschleiß, auch die noch übrige an und über die Donau gehabte gefäll nunmehr ganz und gar gespört, auch bei so beschaffnen sachen von den armen unterthanen weder steuer, contribution, noch sonsten das geringste mehr zu erhöben, dasjenige, was wir von vüllen jahren her zu einem vorrath zusammengebracht, irer kaiserl. maj. und dem gemeinen catholischen wesen zum bösten albereit lengst angrüffen und aufgezöhrt, ja nunmehr dahin kommen ist, daß wir sogar mit underhaltung unseres hofstaat bereit merklich anstehen. Nun stellen wir gleichwol außer zweifel, ire kaiserl. maj. werden alles dises, was wir unserm eußeristen vermögen nach bei deroselben ausgesezt, wie auch den unerschezlichen schaden, welchen wir umb unserer getreuisten und bestendigen, zu iro tragenden devotion wüllen, sambt land und leuten erlütten, ingleichen die eußeriste gefahr und den schweren unertreglichen last, deme wir noch auf dise stund underworfen sein, gnedigist erkennen. Wie schmerzlich und nachdenklich uns aber hingegen fallen und zu herzen gehen thuet, daß wir dises alles in effectu so wenig und schlechtlich zu genüeßen [sic], und was ire maj. uns, iro selbst und dem gemeinen wesen zu guetem disponirn, versprochen und schaf-

[9] Vgl. hierzu Ritter III S. 570f.

[10] Die Instruktion des Kurfürsten für Richel datiert den 6. 12. 1633 (Irmer III S. 53–60); in ihr wird breit auf die militärische und wirtschaftliche Lage Bayerns eingegangen.

fen, in dem werk mehr zu beklagen (weiln alles ohne effect ist), als zu erfreien haben, das lassen wir sie selbst vernünftig ermessen, dessen zu gezeugnus kunden vül bereit vorgangne begebenheiten, so dir ohne das bekant, angezogen werden. [1] Das frische exempel aber ist gnungsamb vor den augen, auch irer maj. und dero ministris vorhero gnunsamb bewußt, wie treuherzig wir alles dises jezige unheil und feindsgefahr bei zeiten und noch, ehe und zuvor der herzog von Weimar so weut an der Donau vorgebrochen oder Regenspurg occupirt gehabt[11], remonstrirt und gewarnet; wie instendig wir umb zeutlichen succurs und remedirung gebeten, wie stark und vülfeltig ire maj. uns solches versichert und versprochen, und was es für große müehe und arbeit mit schreiben und schicken bederft, bis sich der herzog von Fridland endlich (als es gleichwol mit Regenspurg schon gethan, auch die gefahr mit Passau und dem land ob der Ens vor augen gewesen) bewegen lassen[12]. Nun ist fast nit zu zweiflen, wan der Herzog mit disem succurs fortgesetzt und nach gestalt der zeit und occasion gleich strachs auf den feind, welcher den eingelangten sichern avisen nach dadurch in große forcht und periplexitet gerathen, zuegangen were, man hette nunmehr mit demselben fertig sein, Regenspurg leichtlich, und ehe es verbauet wird, widererobern und also dem gemeinen wesen zum bösten fürter etwas ansehliches ausrichten könden. Es ist aber weltkundig, wie unzeutig und ohne alle erhebliche ursachen herzog von Fridland ganz unverichter sachen, allein daß er den feind nur desto muethiger gemacht hat, aus unser landen widerumb zurück in Beheim gangen[13]. Dan, daß es ihme an dem proviant und fouragion nit, wie er sich ungleich beklagt, gemanglet, das ist in unserm den 16. dis an dich abgangnen schreiben[14] albereit gnungsamb dargethan. Daß er auch nit ursach gehabt, wegen des Arnheimbs anzug gegen Schlesien und wideroccupirten plazs Frankfurt an der Oder wider zurückzugehen, das erscheinet ja klärlich aus deme, daß man gewüsse nachrichtung hat, daß der von Arnheimb nit über die Elbe kommen, auch sein armada nit fort oder darüber bringen könden, sondern selbige auf instendiges und starkes begehren in die wünterquartier austheilen müessen, daß auch Frankfort nit übergangen, sondern noch bishero in ihrer maj. gewaltsamb und handen ist, so ist auch der feind ihme selbst, als wann man's hette wünschen sollen, mit seinem meisten volk auf Camb[15] und unsere ämter in dem

[11] Bezug auf die Eroberung Regensburgs durch schwedische Truppen am 14. 11. 1633.

[12] Vgl. Ritter III S. 569f.

[13] Vgl. Ritter III S. 570; Mann S. 990–998.

[14] Dieses Schreiben enthält nach Irmer III S. 68 Anm. 1 „nur Mittheilungen über die militärischen Maßnahmen Wallensteins".

[15] Cham (Oberpfalz).

wald[16] gleichsam selbst in die hand gangen und hett unser volk über die pruck zu Vieshofen[17] in den rücken kommen könden. Wie nun der herzog von Friedland hierdurch, weiln er dise nachrichtung gleich under seinen zurückzug bekommen und mit seinem volk von unsern landgrenizen erst etlich wenig meil hinwekgewesen, erwünschte gelegenheit gehabt hette, sich widerumb zu wenden und gegen den feind an der Donau annoch etwas fruchtbarliches auszurichten, als haben wir auch desto bössere hoffnung geschöpft, wan je der herzog nit selbsten und mit allem volk wiederumb gegen die Donau gehen wolte, er würde zum wenigsten den von Sterzhausen[18], deme wir, inmaßen dir vorhero bewust, mit solchem begehren, wie in deiner instruction albereit einkommen, zu ihme abgefertiget, mit einer gueten und gewürigen resolution versehen und darbei irer kaiserl. maj. so vülfältige und starke an ihne abgangne erinderungen gebürlich in acht nemen, auch sich unser ambter im wald unser offerta nach selbst bedient haben. Es bericht uns aber vermelter von Sterzhausen zu seiner gestrigen herwiderkonft, daß er sich gegen ihme öfters austrücklich und endlich erklert, er könnte und wolle uns nit einen mann mehr schicken, daß auch die soldatesca albereit würklich in die wünterquartier ausgetheilt worden und gezogen seie. [2] Als wir ihme auch durch ihne, von Sterzhausen, die noth und üble beschaffenheit der Aldringischen armada, insonderheit den mangel der winterquartir, und daß die obriste sowol als die soldaten sehr unwüllig sein, zu gemith führen, ihne auch ersuchen lassen, den grafen von Aldringen sowol als die kaiserische obristen durch schreiben zu ermahnen und ihnen zuzusprechen, daß sie doch etwas in geduld stehen und an praestirung ihrer schuldigkeit und valors in vorfallender occasion nichts erwünden lassen wolten, hat es der herzog nit allein rund verweigert und zu bezeigung seines resentiments vermeldt, wir solten es selbst thun, weil der von Aldringen sambt der kaiserl. soldatesca von irer maj. auf unsere ordinanzen angewisen, sonder er hat sich noch ferner auch gespöttsweise vernemen lassen (weiln er wol gewust, daß wir dem grafen von Aldringen mit irer kaiserl. maj. vorwissen und guetheißen gemessene ordinanz ertheilt, sich zu bewerben, daß er in Würtenberg einbrechen und daselbst die wünterquartier nemen solle) er habe gewüsse nachrichtung, daß ermelter von Aldringen schon in Würtenberg seie und daselbst quartier gemacht habe, da doch der von Perlaching im namen und aus bevelch des grafens von Aldringen under andern auch dis referiert, er habe von dem herzogen expresse ordinanz gehabt, Würtenberg zu verschonen, und darinnen nit quartier zu nemen, weil er gedacht, zu seinem vorhabenden zug in das reich selbsten mit seiner armada in Würten-

[16] I. e. wohl der Bayerische Wald.
[17] I. e. Vilshofen (Niederbayern).
[18] Gemeint ist wohl der bayerische Kriegsrat Hans Jakob von Starzhausen.

berg zu quartirn. Als sich auch der von Sterzhausen dieses dem von Aldringen beschehnen verbots und vorlaufend contradict gegen den grafen von Trautmanstorff und andere Friedländische generaloffizier vernemen lassen, ist ihm darauf zur antwort erfolgt, es seie zwar vorlengst dergleichen gedacht worden, aber widerumb darvon kommen; da man doch hingegen für gar gewiß weiß, daß der herzog von Friedland aller möglichkeit nach sich befleist, Würtenberg als seines, vor sich erküesten stück erdreichs zu verschonen, damit es in flore und guetem wolstand erhalten und solcher gestalt hernegst in seine possession bringen möge. Inmaßen wir dann berichtet werden, ob sollte ihme selbiges sambt underschüdlichen darumben ligenden reichsstättlein eigenthümblich geschenkt, und albereit eine ordentliche kaiserliche investitur darüber ausgefertiget und angehendiget sein worden.

[3] Dieweiln dan der augenschein und die erfahrung genugsamb an tag gibt, es auch obgedachte und andere vülfeltige nach und nach vorgangne begebenheiten überflüssig bezeugen, was aus disem des herzogens von Fridland eigensünigem und widerwertigem procedere und suchender occasion, sich mit uns zu pichieren, irer maj. dero getreuen assistirenden curfürsten und stenden und dem gemeinen wesen für höchster schaden, praejudiz, und gefahr zuewachset, indeme er keinen treumeinenden erinderungen und begehren statt-, ja umb irer maj. schreiben und geschäft selbst nichts gibt, sondern sich vülmehr darob resentirt, seine privat passiones alzuweit praedominirn last und nur seinem kopf, einbüldungen und affecten folgt, darbei aber nichts verrichtet, vül ansehliche guete occasiones versaumbt und aus handen gelassen, zeut, geld, und proviant umb sonsten verzöhrt, die soldatesca feirend consumirt, ja ganz ruiniret, auch sowol ihrer maj. als unsere landen vergebetlich zu grund richt, dem feind dardurch je lenger je größer vortheil gelassen, desselben macht alzu groß, und also die gefahr und das übel von tag zu tag ärger wird, dergestalt, wan man nit bald und mit würklicher handanlegung remedirt, daß ire maj., das ganze reich samt allen dero getreuen assistirenden stenden und der katholischen religion unfehlbarlich allerdings zu grund gehen werden, als befünden wir uns gewüssens halber schuldig und an sich selbst eine unvermeidenliche höchste notturft zu sein, den dekel anist [anjetzt] von dem hafen zu thuen und, ungeachtet der bei dem herzogen von Friedland und seiner favoriten besorgenden offension, irer kaiserl. maj. obgedachtes alles, und was dir zu disem proposito vorhero bewust, fein teutsch, ungescheucht und offenherzig zu repraesentirn. Inmaßen dan hiemit unser gnedigister wüllen und befelch an dich, daß du zu solchem ende bei ihrer maj. eine sonderbare audienz begehren und iro dieses alles in unserm namen mit beweglichen, ausführlichen umbstenden und remonstrationibus unserer beharlichen, treuherzigen, zu iro und dem gemeinen catholischen wesen habender affection und sorgfalt nach vor- und anbringen und zugleich mitlaufen lassen sollest: wir lassen ire maj. ganz treu-

lich und zum höchsten bütten, sie wollen dise sachen, so lieb iro dero selbst, des reichs, dero erbkönigreich und landen, und der catholischen religion conservation ist, in nothwendige reufe consideration nemen, sich von denen, so des herzogens höchstschädliche actiones umb ihres privatnuzens wüllen mit allerhand geferbten rationibus zu bementlen understehen, weiter kein gehör geben, sonder sich irer kaiserl. autoritet und gewalts gebrauchen und das hauptwerk, sonderlich die direction des kriegswesens in einen andern und solchen stand richten, damit sie selbst, dero getreue assistirende stende und die gemeine wolfahrt lenger nit also von einem solchen humor, auch dessen imaginationen und passionen dependirn, und also sambentlich zu grund gehen müessen, sondern daß man bei ihrer maj. selbs, wie büllich, nothwendige zuflucht, hülf und rath fünden, bei disem gemeinen anligen communicatis consiliis, wie vor disem beschehen, und man sich allerseits wol dabei befunden, und so lang man es continuirt, ire maj. das gemeine wesen und die catholische religion in höchster flor gestanden, handlen und also mit gesamten zuethuen jezigen höchstgefehrlichen und die unausbleibliche allgemeine ruin nach sich ziehenden übelstand auf einen bössern weg richten, in ein annemblichere harmoniam bringen, und negst göttlicher hülf und gnad aus disem schweren und verderblichen labyrint anist [anjetzt] widerumb auf ein grünes zweig kommen möge. Doch ehe und dann du dises, was wir dir wegen des herzogen von Fridlands anbefohlen, bei ihrer maj. vorbringen, sollest du vorher bei denen ministris, so der Friedlendischen faction nit sein, insonderheit auch bei dem grafen Schlikh[19], spanischen ambassciadorn[20] und etwan auch bei dem P. Lamormain und anderwerz mit allem fleiß zu ergründen und zu penetriren dich bearbeiten, ob nit villeicht schon vorhero mit verenderung des kriegsgeneralats und cassirung des herzogen von Fridlands etwas im werk und hierzu glaubliche hoffnung sei[21]. Dann solltest du dergleichen mit bestand in

[19] I. e. der Präsident des Hofkriegsrates Heinrich Gf. Schlick, einer der wichtigsten und einflußreichsten Feinde Walleinsteins.

[20] Castañeda und Oñate; vgl. Mann S. 1015–1018.

[21] Vgl. hierzu den Entwurf der Instruktion Richels (vgl. Anm. 10), wo es unter der Ziffer 13 (die aber nach Irmer S. 59 Anm. 1 gestrichen worden ist) heißt:

„Desgleichen soll er lic. Richl auch mit denen beden spanischen ambassadoren in geheimen und großer confidenz, so wir zu ihnen tragen, conferiren, wie doch aus vilen erheblichen ursachen, die er ihnen zu gemüet zu fihren wissen wird, der herzog von Fridland entweder ganz von seinem generalat amovirt[a], oder zum weinigsten daselb dahin restringirt werden möcht, daß er allein in den östreichischen erbkönigreich und landen und gar nichts mehr heraußer zu commandiren hette, sondern hierzu ein anderer, welcher ihrer kaiserl. maj. darzu annemblich und gefellig sein würde, zu gebrauchen were.

[a] Vgl. Ritter III S. 571 f.

erfahrung bringen, hettest du mit anbringung dessen, so hie oben steht, zu hinderhalten und gleichwol demjenigen, was im werk ohne das ist, seinen lauf zu lassen. Würdest du aber von einer verenderung nichts vermerken, oder daß es darmit schlechtlich und küel hergehen, verspüren, alsdann magst und sollst du gegen ihre maj. mit ablegung dises unseres befelchs wol, doch mit gebührender bescheidenheit verfahren, dieselbe gleichwol darbei ersuchen, daß sie solch unser treuherzige und angenötigte erinderung und repraesentation umb vermeidung noch mehren, auf uns wachsenden unglimpfs und verfolgung in bestem vertrauen und geheime conserviren wolten; [4] warbei du dann auch anhengen wöllest, weiln einmal notorium und ohnfehlbar, daß man durch müttel des kriegs und der waffen sich aus disem allgemeinen elend, menschlich davon zu reden, nit werde schwingen können, daß derowegen ihre maj. dero bishero jederzeit getragene und in vil weg contestirte höchstrühmbliche, fridfertige intention, auch inmitte diser trublen nit wollen sinken lassen, sonder eiferigist durch darzue qualificirte friedliebende instrumenta dahin nochmaln allaboriren, damit ein allgemeiner heilsamer friden und rhuestand im römischen reich widerumb gepflanzet, oder, wo solcher vorjetzt nit gleich zu erheben were, doch mit beiden curfürsten, Sachsen und Brandenburg ein particular accommodament getroffen, dieselben gewonnen, von dem gegentheil abgerissen, und alsofort darauf der weg zu angedeitem universalfriden desto besser gepaut werden möge[22]. Wie wir uns nun genzlich getrösten, daß ire

Jedoch soll unser abgeordneter hierbeneben besagten ambassadoren expresse bedeiten, daß wir solches generalat im reich keineswegs, da es uns schon offerirt wurde, anzunemen genzlich und endlich resolvirt, aber darneben erbietig sein, nichts destoweniger mit unserm und des bunds volk solcher kaiserischen armaden, wie und sovil die zeit und möglichkeit jedesmal zulassen würde, treulich zu assistiren und auch solchem general mit rath und vertraulicher correspondenz beizuspringen und an die hand zu gehen. Ueber dises soll unser abgeordneter auch begeren, daß sie, ambassadores, uns dises vorschlags halber, gegen niemands verwehnen noch im geringsten vermerken lassen wollen, daß solcher von uns herkommen."

Vgl. hierzu Mann S. 1014.

[22] Vgl. hierzu Richels Instruktion unter Ziffer 14:

„14) Soll unser abgeordneter gelegenheit suchen, der kaiserischen vornembsten geheimen und kriegsräth meinungen und intentiones zu penetriren, ob sie darfür halten, daß man catholischen theils dises kriegswesen mit den waffen werde hinausbringen und zu einem bestendigen frieden gelangen könde, oder ob nit ratsamber und sicherer zugleich auch durch güetliche mittel nach dem frieden zu trachten, und weil aus des Oxensterns schreiben, so er aus Frankfurt an die dennemarkische gesandte gethan, abzunehmen, daß die Schwedische zu den guetlichen friedenstractaten keine lust haben, sonder alles nur auf die waffen setzen, was etwan sonst für ander mittel hierzu dienst- und befürderlich sein möchten."

maj. dise unsere aufrechte und treuherzige erinderung anderst nit, als wie es von uns im bösten gemeint, aufnemen und sich der sachen importanz und notturf, auch unserm sonderbaren vertrauen nach darüber resolvirn und bezaigen werden, als sein wir hingegen auch geneigt, wüllig und erbietig, bei deroselben nit allein allen ungesparten fleiß, müehe und arbeit, sonder auch guet und bluet, und was wir noch an land und leuten übrig haben, mit getreuistem herzen und eufer beizusezen, dan wir sein nunmehr an der spüzen. [1] Und hast du irer maj. und dero ministris den großen und schweren last, so durch den herab- und hereinzug der armada in dise landen nit uns allein, sonder auch irer maj. und dero eigne landen auf den hals wachst, wol und sonderlich auch zu remonstrirn, daß einmal niemand als der herzog von Fridland und dessen widerwertige actiones an disem unheil schuldig. Wir haben alles zeutlich vorgesehen, gewarnet und auf müttel und weg gezeigt, solchem allem zu remedirn, Fridland hab aber alles verächtlich beiseitsgesetzt und seinen humor und passiones praevalirn lassen. [5] Anjezt gehet albereit der ganze schwal mit gewalt und unordnungen von freind und feind herein, und sollest du irer maj. und dero ministris, wie dir ohne das bewust, wol imprimirn und sie capaces machen, daß in unsern albereit mehrerntheils ruinirten landen und vorhin von freund und feinden darinnen habenden last der soldatesca eine purlautere unmöglichkeit seie, die ganze armada in unsern landen underzubringen, sondern es wird schwer und hart genug hergehen, daß wir nur unserm eignem und dem bundsvolk nothwendige quartier geben und zugleich auch dem spanischen etwas darinnen einraumen; und haben wir gleichwol auch irer maj. bei diser armada sich befündenden volk an und in dem wald[23] und der Obern-Pfalz auch etwas von quartirn assigniren lassen. Weiln wir aber für das übrige kaiserl. volk in unsern landen weder müttel, raumb, noch rath wüssen, so werden ja ire kaiserl. maj. iro nit zuwider sein lassen, sonder die nothwendige anordnungen thuen, inmaßen der graf von Aldringen selbsten darauf angetragen und durch den von Perlaching begehren lassen, derentwegen die notturft ehist an ire maj. zu gelangen, damit selbiges in dero erblanden accommodirt und undergebracht werde. Welches du dann an nothwendigen orten anzubringen und zu begehren hast, daß man dir hierzue unverlengte [sic], nothwendige verfigung thuen, dir auch hiervon zu nothwendiger nachrichtung, und damit wir das volk, welches sich ohne quartir nit aufhalten kann, dahin anweisen könden, parte geben wolle.

[6] Nachdem nun vornemblich auch zu conservation und wideraufhelfung der verarmten Soldatesca der graf von Aldringen ganz instendig sollicitirn lassen, weiln er allenthalben einen so starken anlauf derentwegen habe, der armada ein stück geld zu reichen oder aber ihne für entschuldigt zu halten,

[23] I. e. der Bayerische Wald.

wann ein übel und unheil daraus erfolgen würde, dir aber vorhero gnungsamb bewust und oben zum theil bereits angedeutet ist, was es mit unsern geldmütteln und geföllen für eine beschaffenheit hat, und dann er, graf von Aldringen, selbsten erkennt und bekennt, daß uns allein allen vorhandnen mangel zu ersezen, insonderheit mit einer so starken summa gelds, als zu etwas contentirung der soldatesca von nöthen ist, auch mit den quartirn in unsern landen, deren gelegenheit ihme zimlich bekannt, aufzukomen, eine pur lautere unmöglichkeit und derowegen selbsten vorschlägt und begehret, daß man derentwegen nit allein mit irer kaiserl. maj. sondern auch mit beiden spanischen, an dem kaiserl. hof anwesenden ambasciatorn[24] die notdurft und zumaln umb so vülmehrer conferirn und sie zu einer ergibigen beihülf disponirn müsse, weiln der duca di Feria, als wir ihne jüngst, wie dir albereit bewust, sowol durch unsere bei der armada anwesende ministris, als auch durch den don Diego Saavedra[25] beweglich ersuchen lassen, der nothleidenden soldatesca nur auf ein interim mit darschießung einer summa gelds beizuspringen, sich dessen allerdings entschuldiget und expresse vermeldt: er habe mit den geldsachen nichts zu disponirn, sonder es müessen dergleichen sachen mit vermelten beiden ambasciatorn conferirt und verglichen werden, inmaßen dann er, duca di Feria, zu einem andern nit und mit gar großer müehe und arbeit, kaumb dahin zu vermögen gewesen, daß er blos 3500 rt. zu erkaufung nothwendiger proviant hergeschossen, als ist dem allen nach umb so vülmehr von nöthen, daß du den fünften puncten deiner mithabenden instruction, darinen dir albereit, was du mit beiden spanischen ambasciatorn der geldmüttel halber tractirn sollest, die notturft anbevelchen, mit desto mehrerm fleiß und eufer in acht nemest, und wird es mit deme nit gnung sein, daß du nur allein in unserm namen mit ihnen handlest, sonder es erfodert die notturft, daß ire maj., inmaßen du es zu begehren, ebenmeßig zu dieser handlung jemand deputirn, man sie also mit gesamten zuethuen capaces mache und dahin vermöge, weiln besorglich irer maj. eben so schwer und unmöglich fallen wird, irem volk, als uns, dem bundsvolk, mit einer gelthülf beizuspringen, hingegen da der soldatesca disfalls nit geholfen wird, die unausbleibliche eußeriste gefahr der armada vor der thür, daß derowegen die von Spanien, deren conservation und wolfahrt bei disem teutschen unwesen so stark interessirt ist und consequenter nit weniger als ire maj. und das römische reich periclitirt, für dismal mit einer wolergibigen extraordinari hülf concurirn und darmit diejenige armada, welche dem von Spanien und dem haus Osterreich mit entsezung Costniz[26] und Prey-

[24] Vgl. Anm. 20.

[25] Saavedra Fajardo, Diego (6. 5. 1584–24. 8. 1648), spanischer Diplomat; vgl. Enciclopedia universal Bd. 52 S. 1033f.

[26] Konstanz.

sach[27], auch recuperirung der Waldstät[28] einen so ansehnlichen dienst geleist und eben dardurch in einen so schweren übelstand und gefahr der dissolution gerathen, conservirn und der verarmten soldatesca wieder aufhelfen wolte, daß auch diese armada vül mehrer hülf, als die Friedlendische von nöthen, das kannst du mit vülen rationibus gnungsamb demonstrirn, sonderlich aber andeuten, daß die Friedlendische soldatesca hin und wieder mit guten quartirn, aus denen sie nit allein ihr underhaltung, sonder auch ire contributiones haben und ein stück geld machen könden, vorsehen, die Aldringische aber in ein verarmtes und meistentheils ruinirtes land komt, alda der soldat an vülen orten nit wol ein stück brod, geschweigens eine mehrere hülf fünden und, da er nit zu grund gehen wüll, desto mehrer von nöthen haben wird, ihme mit einer geldhülf zu seiner nothwendigen bekleid- und ausstaffirung beizuspringen. So wird auch hierbei sonderbar zu considerirn sein, daß dannoch disfals under der soldatesca ein gleichheit gehalten und nit eine armada, als die Friedlendische, aller möglichkeit verschonet, auch mit geld und aller notturft versehen, hingegen die Aldringische armada, welche so vül und stark travaglirt und ihrer maj. und dero haus so ersprießliche dienst geleist, ganz hülf- und trostlos gelassen und gleichsamb vorsezlich zur dissolution und ruin gebracht werde. Und weiln dir selbsten bewust, wan an seiten der von Spanien der geldmüttel halber nit eine ehiste gewürige resolution erfolgt, daß anderwertig diezeut [derzeit] weder müttel noch rath zu fünden, als hast du dir auch mit desto mehrerm fleiß und eufer angelegen sein zu lassen, das werk zu verhoffendem guetem ausschlag zu treiben und zu dirigiren.

[4] Sonsten haben wir dir in unserm den 9. hujus an dich abgangnen schreiben under andern auch dis albereit an die hand geben, weil man siht, daß man mit dem kriegswesen, zumaln bei so gestalter direction desselben, je lenger je schwerer fortkommt, daß umb so vülmehr die notturft erfordert, auf andere müttel zu gedenken, wie ainst [anjezt] aus den sachen zu kommen. Nun machen wir uns die gedanken, Cur-Sachsen und -Brandenburg werden ohne zweifel selbsten gnungsamb wahrnemen und vorsehen, obwoln sie derzeut irerseits praevalirn, daß doch das römische reich solchergestalt unfehlbarlich zu grund gehen und den auslendern zum raub werden mueß, wan man nit beiderseits die extrema und privat passiones bei seits sezen und vülmehr auf die conservation des lieben vaterlands sehen und sich derowegen zur güete und büllichkeit etwas nährer wenden wüll. Dan es nunmehr mit der teutschen loblichen, bishero so theur erhaltenen libertet so weut kommen, daß cur- und fürsten sich von einem auslendischen schwedischen edelmann und privatperson

[27] Breisach.

[28] Gemeint sind die vier vorderösterreichischen Waldstädte Laufenburg, Rheinfelden, Säckingen, Waldshut.

mehrer constringirn, regirn und beherschen lassen, als sie von vülen römischen kaisern nit gelütten, ihnen auch von jeziger kaiserl. maj. niemaln zuegemuethet worden, zu geschweigens auch, daß die Schwedische bei disem krieg nur ihr privatinteresse auch in effectu und haubtsächlich nichts anderst als die vollige underdrückung des römischen reichs suchen, und dahero nit zu zweiflen, wan sie mit den catholischen fertig sein, daß es eben Cur-Sachsen und -Brandenburg und ander mit ihnen confederirten teutschen fürsten, welche sie aniezt zum instrument und execution irer bösen, weitaussehenden intentionen gebrauchen, nit anders und bösser gehen, sonder sie unfehlbarlich under das schwedische joch und dienstbarkeit, darunder sie sich anjezt selbst freiwüllig ergeben, vollends gebracht werden. Derowegen du dan irer maj. und dero ministris, ingleichen auch beiden spanischen ambasciatorn dise unsere wolmeinende gedanken zu gemith fihren, mit ihm darüber die notturft conferirn, und man also communicato consilio auf vertregliche müttel und weg gedacht sein wolle, dardurch bei Cur-Sachsen und -Brandenburg in geheimb und vertrauen mit guetlichen mütlen angebunden, sie beide aus dem spül und auf einen bößren weg gebracht, und also die sachen zu einer guetlichen accommodation und friedenshandlung incaminirt werden mechten. Was man auch in disen puncten für guet und rathsamb befünden und sich vergleichen wird, das hast uns sowol als deine verrichtung in den übrigen puncten jedesmals umbstendig zu berichten.

[7] Was uns sonsten von Cur-Mainz liebd.[29] abermaln für schreiben, so der Oxenstirn an den herzogen von Lüneburg[30], Kniphausen[31] und Cassel[32] abgehen lassen, communicirt worden, das hast aus nebenkommenden abschriften zu ersehen und selbige irer kaiserl. maj. und dero ministris, da sie nit vorhero schon darvon parte haben, zu communicirn und darbei zu erindern, es erscheine daraus gnungsamb, was der feind auf des herzogens von Friedland jüngst in der Schlesien erhaltne victori für eine starke reflexion gemacht, und was der herzog von Friedland, da er sich dieser occasion recht hett wüssen zu gebrauchen, für weutere guete progreß thuen, dem feind den compas merklich verrücken, anderwertig, sonderlich denen trouppen an der weser, luft machen und also das ganze hauptwerk leichtlich in einen bössern stand und gang hette bringen könden, da man anjezt, wie leider vor augen, in schwerern und gefehrlichern termino als vor jemaln begrüffen ist. [Grußformel.]

[29] Ebf. und Kf. Anselm Kasimir Wambold von Umstädt.

[30] Hg. Georg von Braunschweig-Lüneburg.

[31] Dodo von Innhausen und Knyphausen (2. 7. 1583 Lütetsburg/Ostfriesland–11. 1. 1630 Haselünne), 1629 Generalmajor unter Kg. Gustav II. Adolf; 1633 schwedischer Feldmarschall; vgl. ADB 16 S. 337–339; NDB 12 S. 234; SMK 4 S. 300.

[32] Wilhelm V., Lgf. von Hessen-Kassel.

115. Wallenstein an Ks. Ferdinand II.

Kritische Erwiderung auf ksl. Befehl, Truppen als Verstärkung nach Bayern zu entsenden; stärkere Gefährdung Böhmens als Bayerns; Beratungen mit hohen Offizieren über den ksl. Befehl

Doc. Boh. V S. 222f.

Pilsen, 29. Dezember 1633

E. K. Mt gnedigstes Schreiben vom 24. dieses[1], in welchem Sie mir die im Land ob der Ens logirende Regimenter, dann ein drei tausend Man zu Fuess nebenst ein tausend Pferden ausm Königreich Böhem nacher Bayern wegen der auf besorgende Coniunction des Horns und Kniephausens mit dem Herzogen Waimer[2] sich je mehr und mehr ereigenenden Gefahr zu schicken, gnädigst anbefehlen tun, habe ich gehorsambst empfangen. Worauf E. Mt ich in Antwort untertenigst zu berichten nicht unterlassen soll, das mir vom Grafen von Altringen ein Schreiben zukommen, in welchen er mir seine Ankunft in Bayern und benebenst die Beschaffenhait der unterhabenden Armada, insonderheit das dieselbe nach so vielem bereits ausgestandenem Travaglieren ohne Erfrischung langer herumbzuführen unmöglich, avisiret. Bei welcher Bewandnüs, denn ich in der gehorsamsten Meinung begriffen, wailn bai dieser Winterszeit nichts gegen dem Feind zu richten und defensive gegen demselben zu gehen, wen er auch noch sexmal so stark mehr Volk als vonnöten, zumaln ich auch die 11 Companien Reuter, so im Land ob der Ens logiret, zu dem Grafen Strozi[3] incaminiren lassen, bereits darinnen vorhanden, das man in Geduld bis gegen annahender Frülingszait stünde, da dann mitlerwail das Volk remittiret und hernach dem Feind mit Effect begegnet werden könte. Hingegen, wen dasselbe bei dieser ganz unbequemen Zait waiters strapazirt werden solte, es leicht in die euserste Desperation geraten und darauf unwiederbringliches Unheil erwachsen möchte. Inmassen denn aus sonderbarem sorgfälligen Eifer für E. Mt Dienst mir solcherwegen bemelter Graf von Altringen bereits zu zweienmalen zugeschrieben und die insgemein sowohl unter den Officiren als Soldaten einreissende Ungeduld repraesentiret, wie E. Mt Ihro aus den Beilagen referiren zu lassen gnädigst geruhen wolten. So seien auch Dieselbe darbei untertenigst zu berichten, das der Herzog von Waimer sich diesseits der Donaw begeben, ingleichem das sachsische Volk vom Elbestrom hinweg gegen Voidland[4] marchiret zweifelsohne in der Intention sich

[1] Vgl. Doc. Boh. V Nr. 668 S. 219f.

[2] Hg. Bernhard von Sachsen-Weimar.

[3] Giacomo (Jakob) Gf. Strozzi, ksl. Generalwachtmeister; vgl. ADB 36 S. 629f. im Artikel über Peter Gf. Strozzi.

[4] I. e. das Vogtland.

mit dem Waimer und Horn zu coniungiren. Gleichergestalt auch die andere des Feinds Armaden sich diesseits der Donaw befinden, so geschwind zusammenstossen und wenn sie etwas zu tentiren gemeint, solches allem Ansehen nach ehunder gegen Böhmen als Beyern zu Werk richten werden. Weswegen ich dann den Regimentern im Marggraftum Mähren Ordinanz hereinwarts zurucken, damit auf erhaischenden Notfall ich das Volk an der Hand haben und des Feinds Vorbruch begegnen könne, erteilen müssen. Wie deme aber allem, so habe ich nicht unterlassen, alsbald einen eigenen Courir zum Grafen von Altringen sowol zu dem Grafen Strozi abzufertigen und denselben mir ihr Parere wegen aller des Volks Beschaffenheit und was ohne Praeiudiz E. Mt Dienst gegen dem Feind vor die Hand zu nehmen tülich und möglich durch abgeschickte Officier eilfertigst zu eröfnen, anbefohlen. Wie auch den Generalwachtmeister de Suis[5] umb alle Sachen, was sich derzait tun lasse, mit ihm zu appontiren, durch einen Postritt sich zu mir zu erheben, erfordert. Was alsdann von allen Tailen für Guet befunden werden und ohne Nachteil E. Mt Dienst zu effectuiren sein wird, bitte Dieselbe ich gehorsambst sich gnädigst zu versichern, das ich solches zu Werk zu setzen mir alles Fleisses angelegen sein lassen werde[6].

[5] Ernst (Ernest) Roland Baron (Frhr.) de Suys, ksl. Generalwachtmeister.

[6] Vgl. zu diesem Brief den folgenden Auszug aus Richels Relation für Kf. Maximilian von Bayern vom 31. 12. 1633 (Irmer Bd. III S. 88–94), wo es heißt (S. 89f.):

„. . . Wie sonsten alhie des herzog von Fridland und seiner hohen und anderer officir erclerung[a] über ihre kaiserl. maj. wegen des zurückzugs in Beyren gegebene aufgenommen werden, werden ew. curfürstl. durchl. aus meinem nechstigen bericht und dessen beilagen gnedigst vernommen haben. Ich habe dem graf Schlick gesagt, daß ew. curfürstl. durchl. solches der herzog selbst communicirt, und alle fernere hülf rund abgeschlagen. Der graf hat sich ob disem abschlag nit, zumaln[b] er's dem kaiser gethan, aber ob dem wol vermundert [verwundert], daß er solchen schönen ratschlag, den sie sich alhie geschemt, mir zu communiciren, ew. curfürstlichen durchl. zuschicken derfen, als wenn er's so gar wol darmit getroffen hette; da er doch schier in keinen sachen als eben in diser sein böses gemüet mehrers an den tag geben. Desgleichen referir ich mich auf meinen nechsten bericht, was ihre maj. an den generalissimo wegen des baron de Suys haben gelangen lassen. Da er, baron, sich nit gescheicht, auch sogar an ihre kaiserl. maj. selbsten zu schreiben, daß deroselben ordinanzen der herzog wider abgeschrieben und ihme ein anders bevolen hab[c], so ihre maj. ser disgustirt und dem hernach vermeldenden werk gute befürderung geben hat.

Was ew. curfürstl. durchl. mir wegen des herzogen von Fridland gnedigst anbevolen bei ihrer kaiserl. maj. weiters vorzubringen und zu erinnern, das hab ich noch zur zeit

[a] Vgl. Nr. 115.

[b] Unklarer Wortlaut.

[c] Vgl. Diwald S. 518f.

116. B. Richel an Kf. Maximilian von Bayern [1]

Absicht des Kaisers, Wallenstein abzusetzen; Bemühung, führende Offiziere und ksl. Politiker für diese Absetzungspläne zu gewinnen; Mißtrauen gegenüber Wallenstein; dessen Kontakte zum Feind; Quirogas Reise zu Wallenstein; Anerbieten Walmerodes, den Kf. von Bayern mündlich zu informieren.

Irmer III S. 95–97.

Wien, 31. Dezember 1633

Durchlauchtigster curfürst, gnedigister herr!

Ew. curf. durchl. verbleiben meine underthenigist getreue dienst jederzeit billigist bereit. Derselben soll ich neben meinem mitkomenden umbstendigen bericht noch etliche andere sach, die alhie in höchster gehaim und darumben auch daroben in die canzleien komen zu lassen nit rathsamb ist, hiemit gehorsamst nit verhalten, daß ihre kaiserl. maj. sich nunmer haimblich gegen etlich wenig, welche der friedlandischen faction nit zugethan, allergnedigst resolvirt, dem herzog von Friedland die kriegsdirection und das generalat zu nemen, und bereits in volligem werk seind, noch vorher, ehe sie sich dessen offenlich ercleren, die vornembste generalpersonen bei derer armaden also zu gewinnen

mit rath und gutbefinden des graf Schlick eingestellt, weil dise sach vorhin schon in gutem terminis stehet, und ihre maj. numer allein in modo, wie man dero resolution ohne weiterung figlich in's werk richten mög, laborieren.

Wan sich aber das werk wider etwas sterken, und des herzogs favoriten obstacula machen wollen, hat sich er, graf Schlick, mich noch zeitlich zu avisiren erboten, und werde alsdann notwendiger und auch ersprießlicher sein, dem kaiser mit solchen ferneren neuen motiven und erinnerungen zuzusprechen und in seinem vorhaben zu sterken. Das ich dann auch also in acht nemen und dasjenig, was ew. curfürstl. durchl. mir unter dato des 22. decembris [d] hierin weiters gnädigst anbevolen, wann's die notturft erforderet, noch bei rechter zeit anbringen will. Wie dann auch des herrn teitschmeisters [e] hochfürstl. durchl., so in diesem werk eiferig cooperiren und mit dem graf Schlick correspondiren, und er, graf Schlick, für eine hohe notwendigkeit befünden, weil die sachen bereits, gott lob, so weit kommen, daß ich nit hinweg soll, bis sie zu völliger, endlicher resolution und richtigkeit gebracht ist, welches hoffentlich nit lang mehr anstehen wird. Bevelen aber ew. curfürstl. durchl. mir ein anders, komme ich demselben schuldigister maßen nach."

[1] Vgl. zu diesem Schreiben Mann S. 1018.

[d] Vgl. zu diesem Schreiben, das Richel erneut Order gibt, Wallensteins Absetzung zu betreiben, Mann S. 1014f.

[e] Johann Kaspar v. Stadion (21. 12. 1567–21. 11. 1641), 1619 Hofkriegsrat, 1627 Hoch- und Deutschmeister des Deutschen Ordens; vgl. ADB 35 S. 368–371.

und zu versichern, daß sie den herzog hernach, wen er was seiner entsezung halber anfangen wolte, kein gehör geben, sondern ihrer maj. devot und gehorsamb in allem verbleiben und auch andere officir, reiter und knecht darbei erhalten, wie dan der comenthur zu Blumenthal[2] herr graf Ulrich von Wolckhenstein[3], zu dem graf Gallas, und herr Walmerod[4] neben der commission, welche er sonsten an ew. curf. durchl. hat, zu dem grafen von Altringen, doch bede under andern prätexten verschickt worden. Ingleichen wird auch mit andern generalen, die nit so fest von dem herzog dependiren, in höchster geheim deswegen gehandelt, und ist auch dem cardinal von Dieterichstein geheime commission geben worden, mit den kaiserischen commandanten in Mähren zu tractiren. Wan man nur die vornembste, wie ganzlich zu hoffen, daß sie ihrer kaiserl. maj. nit aus der hand gehn werden, gewonnen und sich ihrer versichert, werden die überige bald volgen. An diesem stehn ihre kaiserl. maj. noch ser an, was sie mit des herzogs person vornemen wollen, dan ihne ganz frei zu lassen, sei aus vilen ursachen bedenklich; mit arrest oder ganzlicher captur, welches mittel etliche, und daraus ein rath ihrer maj. selbst, als das sicheriste und beste vorgeschlagen, gegen ihn zu verfahren, hab auch seine difficulteten. Daher ihr maj. sich noch zur zeit nichts gewiß resolvirt, sondern zuvor erwarten und vernemen wollen, was die generales sich ercleren und wie sie vermeinen, das kriegsvolk in devotione zu erhalten. Des herzogs favoriten wissen umb dise sachen nichts, wie mir her graf Schlickh gesagt, und ist auch im rath darvon nichts, sondern ad partem inter paucos confidentes alles tractirt und von ihrer maj. darauf obangeregte resolution genommen worden. Man ist auch dahin gedacht, den grafen von Trautmanstorff, der sonst ohne das nit gut friedlandisch, vorher von disem allem zu informiren, damit er dise intentiones mit seiner relation und erleiterungen, welche die friedlandische faction zu ihrem vorthl gesucht und vorgeschlagen, desto besser secondiren kann; er, graf, ist aber noch nit alhie.

Den kaiserischen ministris macht dis nit wenig nachgedenken, daß der von Elz[5], so ein calvinist, und des herzogs von Fridland canzler ist, herrn Maximilian von Wallstein hieher geschriben, daß mons. Torras[6], so vordem zu

[2] Schloß Blumenthal in Klingen bei Aichach (n/ö Augsburg), Sitz des Deutschordenskomturs (vgl. Handbuch der Histor. Stätten Bd. VII S. 99).

[3] Ulrich v. Wol(c)kenstein – i. e. Georg Ulrich Frhr. v. Wolkenstein (ca. 1584 bis 24. 4. 1663), 24. 10. 1630 Reichsgraf; Mitglied des Reichshofrates 12. 1. 1629 bis Juli 1634 sowie ab 3. 2. 1639; 14. 1. 1651 Vizepräsident des RHR, übernahm zahlreiche diplomatische Aufgaben im Reich; vgl. Gschließer S. 222f.

[4] Reinhard v. Walmerode, ksl. Hofkammerrat und Generalkommissar.

[5] Johann Eberhard v. d. Elz; vgl. Mann S. 1132f.

[6] Nicht nachgewiesen.

Casa[7] commandirt, von dem cardinal Richelieu disgostirt und deswegen vorhabens sein soll, zu dem Friedland zu verreisen, und ehist alda erwartet werde. Disen disgusto und zerworfenheit, daß der Torras Frankreich gar verlassen und sich zum kaiser schlagen werde, will man alhie nit glauben, sondern helt's mehr für eine finta, und daß ein haimblich practic darhinder steck. So komen auch von denen sachen, welche der herzog mit dem Arnheim tractirt, je lenger je mehrere herfür, welche directe wider den kaiser und das haus Österreich seind, und vermainen vil, wan dem herzog sein gewald benomen und sein person also versichert werde, daß er niemands mehr schaden könd, daß alsdan erst die rechte stücklein an tag kommen werden. Wie dan ihre kaiserl. maj. zu obgemelten grafen von Wolckenstein, als sie zum Gallas ihne abgefertigt, selbst vermeldt, sie haben dem herzog sich und ihre land und leut anvertraut, aber sie erfahren nunmehr, daß er's mit ihre und ihren assistirenden cur- und fürsten, darunder sie ew curf. durchl. in sonderheit genannt, nit treulich und wol gemaint habe, und derowegen konden sie ihme weiter nit trauen, sondern müßten ein verenderung vornemen. Der königin[8] beichtvater, pater Chyroga[9], welchen der Friedland bisher ganz auf sein seiten gebracht, und der auch seine proceduren cum offensione der spanischen ambassadorn[10] und des königs in Ungarn[11] selbsten ser defendirt, ist heit zu dem herzogen in Behaim verreiset[12], etliche sagen, er hab' seiner begert; andere aber halten dis für die rechte ursach, daß er, pater, mit dem herzog tractiren solle, wie der cardinal infante[13] von den behaimischen und schlesischen grenzen aus am sicheristen mit etlichen truppen reitern nacher Wolffenbüttel mächte gebracht werden[14]. Von dannen aus hofft man, ihne ohne sondere gefahr gen Netherland zu bringen. Dann weil die infanta gestorben[15], trachten die kaiserischen und spanischen auf alle mittel, ihne, hern cardinal[16], bald hinabzubringen. Und dis ist

[7] Gemeint ist Casale Monferrato, östl. Turin, westl. Pavia gelegen; vgl. zu den Vorgängen um Casale 1629 Ritter III S. 404.

[8] Gemeint ist die Gattin Ferdinands III., die Tochter des spanischen Königs Philipp III. und Schwester des Königs Philipp IV., Maria (1606–1646).

[9] I. e. Diego de Quiroga, OFM Cap., Beichtvater der Gattin Ferdinands III. seit 1631; vgl. Albrecht, Maximilian S. 24 mit Anm. 105.

[10] Castañeda und Oñate.

[11] Ferdinand III.

[12] Vgl. zu dieser Rede Diwald S. 523f.; Mann S. 1019f.

[13] Ferdinand, Sohn des spanischen Königs Philipp III.

[14] Vgl. zu diesem Problemkreis Diwald S. 515f., 523f.; Mann S. 956–961, 1019f.; Ritter III S. 573.

[15] Die spanische Statthalterin Isabella Clara Eugenie, Tochter des spanischen Königs Philipp II., war am 3. Dezember 1633 gestorben, vgl. Ritter III S. 573.

[16] I. e. der Infant Ferdinand, seit 1619 Ebf. von Toledo und Kardinal.

alhie auch noch im gehaimb, aber der Walmerod waiß wol davon und möcht ew. curf. durchl. ein mehrers sagen könnden. Dan er mir selbst angedeit, wan er nur derfte und wisse, daß es ew. curf. durchl. zu hören nit verdrießlich, wolte er von disen und dergleichen particulariteten, sonderlich was den herzogen und obgemelten Torras betrifft, deroselben gern parte geben. Derwegen stehet zu ew. curf. durchl. gnedigisten gefallen, ob sie ihme selbst hierüber vernemen oder es den herrn grafen von Wolckhenstein anbefehlen wollen. Dero mich darneben zu genaden underthenigist empfehlend.

117. Kf. Johann Georg von Sachsen an Arnim

Kontakte Kinskýs zu Wallenstein; Rückkehr des Obersten Schlieff von Wallenstein – dessen Friedenswille und Wunsch, Arnim zu sprechen

Gaedeke S. 220f.

Dresden, 5./15. Januar 1634

Vester lieber getreuer, wir zweifeln nicht, Ir werdet auß des auch vesten unsers bestalten Generalfeldtzeugmeisters und lieben getreuen Joh. Melchiors von Schwalbach [1], Ritters unlengst an euch abgegangenen Schreiben vernommen haben, welchergestalt wir Graff Wilhelm von Kinßky auf sein Guth Doeplitz [2] in Böhmen zu verreysen erlaubet und derselbe auf des hertzogs zue Friedlandt begehren, sich von dannen ferner nacher Pilßen begeben [3].

Mögen euch darauff gnädigst nicht bergen, daß aniezo der Oberst Schlieff, so mit ihm graffen dahin gezogen wieder zurück kommen und uns von einem und andern ausführliche relation gethan, insonderheit aber von des hertzogs zu Friedlandt Friedensbegierde hoch contestirt und darbey angedeutet, wie derselbe nichts liebers sehe als daß Ihr ehist bei ihm anlangen möchtet [4], inmaßen er dann gedachten Obersten zu dem ende beygefügten auf Euern Person gerichteten Paßbrief mitgegeben.

Weil nun diese sache von hoher und großer importanz und wichtigkeit, auch der Feder nicht wohl zu vertrauen, alß ermessen wirs vor eine hohe und unumbgängliche notturfft, uns mit Euch hierauß umbstendig und persönlich zu unterreden. [...]

[1] Nicht verifiziert.

[2] I. e. Teplitz (Teplice).

[3] Zur Verbindung Wallensteins mit Kinský und Schlieff vgl. Diwald S. 524; Mann S. 1018f., 1029–1032; Ritter III S. 572.

[4] Zu Wallensteins Wunsch nach einem Treffen mit Arnim und Arnims Zögern vgl. Mann S. 1034–1040; Pekař S. 665, 674, 682 in Verbindung mit S. 71, 124f.

118. Protokoll der Sitzung des kursächsischen Geheimen Rates betr. den Bericht des kursächs. Obersten Schlieff über seine Zusammenkunft mit Wallenstein in Pilsen

Unterredung Schlieffs und Kinskýs mit Wallenstein über Friedensmöglichkeiten; Wallensteins Äußerungen über Spanien, Frankreich, causa Palatina, Schweden, geistliche Territorien, Entschädigung des Herzogs Bernhard von Sachsen-Weimar, Bayern; Wunsch Wallensteins nach direkten Kontakten mit dem Kf. von Sachsen und Arnim; gespanntes Verhältnis zwischen Wallenstein und dem Kaiser; Abneigung Wallensteins gegenüber Spanien; engere Verbindung zu Kursachsen gewünscht; keine Allianz mit Schweden geplant; gespanntes Verhältnis zwischen Wallenstein und Bayern; Rat, Arnim zu Wallenstein zu senden.

Gaedeke S. 221–224.
(Auch: Wiegler S. 379–382; sehr stark gekürzt bei Paulus S. 75f.).

[Dresden] 5./15. Januar 1634

Registratur, Was den 5. January Anno 1634 in gegenwartt Irer Churf. Durchl. zu Sachsen dero geheimen Räthe, des von Miltiz und Herrn D. Timaei[1] sowohl des Obristen Schlieffs in der Geheimen Rathstube hora 10 mat. fürgangen.

Höchstgedachte Ihre Churfürstl. Durchl. haben dem Obristen Schlieff gnedigst vermeldet, Sie hetten zwar alles wohl eingenommen, was gestriges Tages nach seiner zurückkunft von Pilßen[2] dahin er sich unlengst neben dem Graff Kinßky begeben, er unterthenigst referirt, Ermeßen aber doch eine notturfft zu sein, noch einsten mit ihm darauß zu reden, damit dahin gedacht werden könne, wie der Graff Kinßky wieder zu beantworten. Ihre Ch. Durchl. würden nothwendig dero General Lieutenanten erfordern müßen, zumal weil Herzog Franz Julij von Sachßen Fürstl. Gn. von Friedenstraktaten auch etwas anbracht und Ihre Churf. Dchl. berichtet, daß Ire Kay. Mait. wohl geschehen laßen köndten, daß mit dem herzogk zu Friedlandt Sie sich in tractaten einlaßen möchte.

Hierauff hat der Obrist Schlieff Seiner Ch. D. unterthenigst zuerkennen gegeben, welchergestaldt er albereit vorgestern nach gehabter audienz dem Graff Kinßky geschrieben wie Seiner Churf. Durchl. von ihm alles fideliter hinterbracht, verspürte nochmals soviel, daß S. Ch. D. zum Frieden wol geneiget hetten alles wol aufgenommen und weren dem Herrn Graffen mit Churf. gnaden wohl gewogen, wolten auch weiter mit ihm dem Obersten

[1] Nicht verifiziert.
[2] Vgl. Nr. 117.

daraus reden, Er vermeinte wann er nicht selber wieder kommen möchte, wurden doch Ihre Ch. D. dem Herrn Graffen schreiben.

Was sonsten das Hauptwerk belanget, hette zu ihrer ankunfft der Herzog zu Friedland außführlicher mit dem Graff Kinsky geredet, die ursachen seiner erforderung ihm mit mehreren eröffnet und von seiner guten inclination zu einem sichern Frieden hoch contestirt, Endlich aber des andern tages Ihn, den Obersten, selbst zu sich erfordern lassen, Alß er nun zu Irer F. gn. kommen, hette er Sie liegende gefunden und sich zu Ihr auff einen Stul ans Bette sezen müssen. Do dann gedachter Herzog gefragt, ob der Graff Kinßky ihm entdekket, was er mit demselben geredet, ferner sich seines zustandes erkundiget und darbey angedeutt, Er wüste gar wol, daß er der Oberst bei dem König in Schweden were übel angeben und ihm dahero seine in Pommern liegende Gütter genzlichen verderbet worden, Bald darauff gemeldet, Sie müsten von etwas anders reden und folgents erzehlet, was er unlangsten vor eine gute intention gehabt und wie er betawre, daß sich die tractaten damahls so jehling zerschlagen, Es hieße aber doch: Homo proponit, Deus disponit, Er beharrete nochmals bey solcher seiner gefasten meinung, Wann Ire Churf. Dchl. zu Sachßen lust und beliebung zum Frieden hetten, wolte er sich also acommodiren, daß daraus zu verspüren, wie er inn der that ein Fürst des Reichs und alle sein absehn auf des heiligen Römischen Reichs wohlfarth führe. Spania ginge damit umb, eine Monarchi und Dominat auffzurichten, das wolte er nicht zugeben, so lange er lebete. So müste man auch den König in Franckreich, welcher ein mechtiger Potentat, nicht über den Rhein kommen lassen, sonsten stünde er den drey Geistlichen Churfürsten auf dem Halße. Pfalz müste vor allen Dingen restituirt werden, So könnte Franckreich wohl sonsten eine satisfaction erlangen. Er wolte die Spanier selber aus Italien, Artois und Hennegaw vertreiben helfen. Tyrol und was dem anhengig[3] solte allezeit bey dem Keyserthumb verbleiben. Mit Schweden würde es auch keine große difficulteten geben, Sie suchten die Meerporten, als Wißmar, Rostock, Stralsund und Colbergk zu behalten, Nun were Brandenburgk daran interessiret, es möchten aber noch wohl mittel gefunden werden, daß sie zu contentiren. Die Churfürsten, wie auch andere Bischoffe müßten ihre Stiffter, deren sie entsetzt, wieder haben, Herzog Bernhard müste in Elsaß oder Beyern (welchen Churfürsten, wie er vermercken können, er genzlichen zu vertilgen vorhabens) etwas gegeben werden. Bethe ihn, er wolte dieses und was er vom Graf Kinßky gehöret, Irer Churf. Dchl. nebenst vermeldung seiner willigen Dienste berichten, und Sie ersuchen, dero Herrn General Leutenant und einen Rath zu Ihm kommen zu lassen. Er wolte den Reichshoffrath D. Gebharden auch zu sich erfordern. Unter andern hatte er soviel verspüret, daß der Herzog zu Friedlandt sich

[3] Gemeint sind die vorderösterreichischen Gebiete am Oberrhein.

gerne von des Reiches wolfarth mit Irer Churf. Dchl. selbst unterreden möchte, würde sich zu derselben in der Ober Lausitz oder in Böhmen an einen bequemen ortt, wann Sie es begehren würden, begeben. Hette ferner erwehnt, es were ihm zwar des Herrn Feldmarschalchs ankunfft lieb, wünschte aber mit dem von Arnimb zu reden[4]. Dicursweise were von Ihm gemeldet, welchergestaldt unlengst der Graff von Trautmannsdorff von Ihrer Kay. Mai. zu Ihm gesendet worden, welcher fürbracht, Ire Kay. Mai. wolten gerne, daß der König in Böhmen[5] künfftigen Früling mit zu Felde zöge, es solte aber er, der Herzog, das völlige Commanto behalten, worauff er geantwortet, Ich sehe wohl, was Ir mir vor eine Maske für die Augen machen wollet, Ich will sie abziehn, Ich vermercke, daß man damit umbgehe, mir die Armée auß den Händen zu spielen, Ich sage euch, werdet Ir mir noch einmahl mit dergleichen sachen kommen, ich will euch auff stücken hawen lassen. Nach diesem hetten sie einen Geistlichen geschickt, welcher Ihm das Gesetz und Evangelium fürlegen sollen, der hette ihm angezeiget, wie am Kayserlichen Hofe ausgeben würde, als solte er, der Herzogk, den Staaden habe zu entbiethen lassen, er wolte nicht zugeben, daß Spania die Teuzsche Freyheit solte unterdrucken, welches aber die Kay. Mai. nicht hette glauben wollen. Worauf er geantwortet, Ja, Er hette es Ihnen nicht allein sagen lassen, sondern auch geschrieben, die Spanier hetten allezeit böse concilia geführet, hetten zur ungebühr den Herzog zu Mantua attaquirt[6] und darüber Herzogenbusch, Mastrich, Reinbergk[7] und andere Plätze verlohren. Wann der Herr Churfürst zu Sachsen Ihm trawen würde, were kein Zweiffel, die andern Stände würden alle herzutretten. Sobald ein Schluß gemacht, wolle er das in der Lausitz und an den grenzen liegende volck genzlich abführen. Das Erzstifft Magdeburgk, Halberstadt, Ober- und Niederlausitz solten Ihrer Churf. Durchl. erblich bleiben.

Wie er von dem von Ilaw[8], so sein alter guter Freund, verstanden, trüge der Herzogk zu Friedland keine beliebung zu einer alliance mit Schweden, denn das Röm. Reich dadurch in steter Unruhe sein würde. Der Beyerischen Armée were der Herzog mechtig, wie dann der Beyerische General über die Cavallerie, der von Scharffenbergk[9] und der Oberste Breda[10] alda gewesen

[4] Vgl. Nr. 117 Anm. 4.

[5] Ferdinand III.

[6] Bezug auf den Mantuanischen Erbfolgekrieg.

[7] 's-Hertogenbosch (Provinz Noord-Brabant; Maastricht (Provinz Limburg); Rheinberg (n/w Duisburg).

[8] Christian Frhr. v. Il(l)ow (um 1585 in der Neumark–25. 2. 1634, ermordet in Eger), ksl. Generalwachtmeister und Feldmarschall; vgl. ADB 14 S. 27–33 (Art. von Hallwich); Hallwich, Wallensteins Ende II S. CLVf.

[9] Gemeint ist möglicherweise der ksl. Artilleriegeneral Johann Ernst von Scherfenberg.

[10] Gemeint ist möglicherweise der ksl. Oberst Hans Rudolf Frhr. v. Bredau.

könnte nicht genugsamb sagen, wie hönisch vom Churfürsten in Beyern geredet würde.

Wobey der Herr Oberste erinnert, es were hochnötig, daß der Herr General Leutenant von Irer Churf. Durchl. erfordert würde, Könte ein Brandenburgischer Rath mitkommen, were es umb viel desto besser. Dem Kinßky, wann es Ire Ch. D. also gefellig, könte geschrieben werden, sich zu Pilßen zu gedulden, biß der Herr General Leutenant ankehme. Mit der Schickung were nicht zu seumen, denn sonsten leichtlich, wann es laut werden solte, etwas anderes darein kommen könte.

119. Wallenstein an Trauttmansdorff

Mitteilung, daß Kurbrandenburg und Kursachsen zu Friedensverhandlungen bereit seien.

Hallwich, Wallensteins Ende
II S. 183f.

Pilsen, 9. Januar 1634

Hoch: und Wolgeborner Graff.

Gestern ist der Graff Kynskhy dahie angelangt,[1] von welchem Ich so viel vernommen hab, daß beede Churfürsten die Friedstractaten wiederumb zu reassumieren nicht ungenaigt seindt. Ich hab ihm zur Antwortt geben, wenn sie von ihren Räthen darzue deputieren thetten, daß mans von Ihr. May. seithen nicht würdt außschlagen, er solle nur sehen, die apertur darzue machen.

Bitt, mein herr woll es Ihr May. vortragen, Ich hielts mehr alß vor nothwendig, auf daß wir dermahl ains zum Frieden gelangen möchten; es wäre auch nicht böß, auf daß der Dr. Gebhardt destwegen an der handt wehre; der Herzog Franz Julius ist ein schwaches Instrument zu diesem Werckh. Ich aber verbleib hiemit

meines herrn dienstwilliger
Alb. herzog zu Mechelburg [etc.]

[1] Vgl. Nr. 117.

120. Paß Wallensteins für Arnim [1]

Hallwich, Wallensteins Ende
II S. 184f.

Pilsen, 10. Januar 1634

Wir Albrecht von Gottes gnaden Hertzog zue Mechelburg [etc.] Geben allen und jeden der Röm. Kay. Mayt. hohen und niedern officiern, wie auch dem samentlichen Kriegsvolkh zue Roß und Fueß hiermit zuvernehmen: Demnach des herrn Churfürsten zue Saxen Ld. bestelter Gen. leuttenantt [tit.] arnimb wegen reassumirung der Fridenstractaten in diß Königreich Böhem zukommen vorhabens und wir demselben zue seiner versicherung und freyen Durchkommung diesen Unsern offenen Paßbrief ertheilet: Alß ist an alle und jede obbemelte Ihr Mayt. bestelte hohe und niedere officier und samentliches Kriegsvolckh zue Roß und Fueß unßer ernstlicher befehlich, daß sie (beyder bemelter herrn Churfürsten Ld. Ld. abgeordnete [2]) gedachten herrn Gen. leuttenantt [3] mit bey sich habenden Leuthen, Roßen und wagen, (samentlich) biß in hundert (auch gar Hundert und fünfzig) Pferdt starkh, aller ohrten, wo sich Kayl. Guarnigionen oder anderes Kriegs Volkh zue Roß und Fueß befindet, frey, sicher, ungehindert und unaufgehaltten passiren und repassiren lassen, auch ihme auf begehren mit genugsamer Convoy assistiren und sonsten allen befürderlichen geneigten gueten willen erweisen sollen. Geben im Haubtquartier Pilßen, denn zehenden Monathstag Januarij 1634.

121. Gutachten [1] des Fürsten Gundakar v. Liechtenstein [2] über Wallenstein

[1] Ursachen der schwierigen Lage Ferdinands II.; [2] Wallensteins Ungehorsam; [3] hypothetische Darlegung von Gefahren aus Wallensteins Ungehorsam für den Kaiser: Verlust der Mittel, um Krieg führen zu können; Bündnis katholischer Kurfürsten mit Frankreich; Wahl eines nichthabsburgischen Kandidaten zum römischen König; günstige Entwicklung des Protestantismus; [4] Notwendigkeit, diesen Gefahren vorzubeugen; [5] Kritik an Wallensteins Charakter; Verdachtsmomente gegen Wallenstein; [6] ksl. Gegen-

[1] Vgl. zum Hintergrund dieses Schriftstücks Nr. 117 mit Anm. 4.

[2] „Die hier und weiter unten in Klammern stehenden Worte sind im Original durchstrichen" (Hallwich S. 185 Anm. 6).

[3] „Die letzten vier Worte sind spätere Einschaltung" (Hallwich S. 185 Anm. 7).

[1] Vgl. hierzu Mann S. 1064f.

[2] Gunda(c)kar, Fürst von Liechtenstein (30. 1. 1580–5. 8. 1658), Reichsfürst 1623, Obersthofmeister Ferdinands II., befand sich bei diesem bis Ende 1633 in Ungnaden; vgl. Isenburg I T. 176.

maßnahmen: [6a] Ordnen des Justizwesens; [6b] einschneidende Maßnahmen gegen Wallenstein zur Beendigung des Ungehorsams; Begründung der Forderung nach Absetzung Wallensteins und Unterordnung des ksl. Heeres unter die ksl. Gewalt; [7] Schlußfolgerung: Gewinnung der Befehlshaber des ksl. Heeres, anschließend Absetzung Wallensteins; Rechtfertigung der Absetzung durch negative Interpretation des Verhaltens Wallensteins von 1625 bis 1633; [8] Rechtsverfahren gegen Wallenstein nach dessen Absetzung; [9] Notfallregelung: Todesurteil gegen Wallenstein durch Kommission weniger kaiserlicher Räte; Rechtfertigung eines solchen Verfahrens; [10] Nachfolge Wallensteins; [11] Rat zu baldigem Friedensschluß.

Mitis S. 103–110.

o. O. [am 11. Januar 1634 dem Ks. übergeben]

[1] Die Ursachen gegenwärtigen Eurer Kaiserlichen Majestät üblen Zustands seind zweyerley: Theils spirituales, als Unterdruckung der Armen und Mangel an Administrierung der Justiti (allgemeiner Clag nach), daher gemitus pauperum, der die Himmel durchdringt, und darauf die Straf Gottes erfolgt. [2] Theils politicae, als 1° Ungehorsamb des Generalissimi: 2do daß die Armada von ihm und nicht von Euer Kaiserlichen Majestät dependirt. Der Ungehorsamb erscheint aus dem, daß er zuwider Eurer Majestät Befelch nicht außer, sondern in dero Erblanden unnotwendigerweis quartiert und daß er den Weinmar[3] auf Euer Majestät so ernstlichen und so oft wiederholten Befelch nicht verfolgt. Daß die armata nicht von Eurer Majestät dependirt, das erscheint aus dem, daß sy nicht thuet, was Euer Majestät schaffen, und daß der Baron de Suis Eurer Majestät Ordinanz nach nicht fortziehen noch quartieren wöllen.

[3] Das Übel, so hieraus erwaxet, ist, daß die Erblande ganz erschöpft werden, das hochlöbliche Haus Österreich consummirt wird, daß Euer Majestät den Respect und die Authoritet bei Freund und Feind verlieren, hergegen der Generalissimo denselben bei ihnen erlangt, weil sie sehen, daß nicht Euer Majestät, sondern er mit den Waffen disponiren kann, daß er die Lieb der Soldaten an sich zieht und den Haß auf Euer Majestät ladet.

Aus diesen Übeln entstehen volgende Gefahren: daß Eurer Majestät die Mittel, den Krieg zue continuieren, benommen werden und der Feind kein beßern modum haben kann, Eure Majestät ohne Schwerdstreich zue überwinden, daß Sie sich dahero dem Feind untergeben und schwere Friedsconditiones eingehen müeßen, daß Chuer-Beyrn kleinmüetig werde und abweiche, daß Chur-Cöln und Maintz Bayern folge, alsdann zue Frankreich sich schlagen, und folgends Fran[kreich], oder einen der ihnen gefällt, zum Römischen König Eurer Kaiserlichen Majestät an die Seiten sezen, daß Euer Majestät entweder die Religion una und mitsambt den Ländern verlieren, oder aber durch

[3] Hg. Bernhard von Sachsen-Weimar.

die Friedstractation die Kezerey darinnen zuezuelassen genöthiget werden, daß Sie Meuterey zuegewarten, daß dero hochlöblichen Hauss ruina in des Generalissimi Händen stehet. Wenn Fra[nkreich] oder andere Eurer Majestät Feind mit ihme accordiren; denn wenn Fran[kreich], wie man sagt, das Hauss Oesterreich praetendirt zue ruiniren, dem Generalissimo vorschlägt, weil er nach hohen Würden trachtet und jetzt die Mittel in Händen und die armata zu seinem Commando hat, er soll sie vor sich gebrauchen, er und seine Adhaerenten wollen ihme helffen, sie wollen die Länder des Hauss Oesterreich unter sich theilen, ewige Verbundnus sich zue schützen mit einander machen, und damit die Verbündnus desto sterckher werde, Sachsen, Brandenburg, Schweden, Venedig und dem Ragoczy[4] jedem ein Theil davon geben. Er könne die Soldaten leicht an sich hängen, wenn er ihnen der Landleuth Herrschaften und Güeter einraumbt (welches ihme weder Ihre Majestät noch die Landleuth wehren khönnen), er habe sie groß gemacht und khönne ihnen zue mehrerm helfen, wenn sie ihme nur beistehen. Wenn ein Todfall, den Gott lang verhüeten wolle, beschehe, so wurd er ihm die armata noch mehrers verbinden khönnen, und dardurch obgemelte Zueständ viel gefährlicher werden.

[4] Hierauf entstehet die Frag, ob dergleichen vom Generalissimo zu vermuethen sei? Respondeo: Es ist zwar von allen das Beste zu praesumiren, in politicis aber soll man das Ärgste, was probabiliter beschehen kann, supponiren und providiren, wenn einer es in das Werk sezen will, daß er es nicht thun khönne. [5] Ich vermein, daß nicht in congrue dergleichen bey Fra[nkreich], bei andern Eurer Majestät Feinden, und bei dem Generalissimo zuvermuethen sei, und daß erstlich wegen der großen Gelegenheit, die er und sie an der Hand haben, 2do wegen seiner angebornen Unersättlichkeit und Ambition (welche auss dem erscheint, daß er als ein gewester Privat-cavagliere mit drei Herzogthumb[5] und dabei erlangten so hohen Privilegien, die keiner in all des Hauss Oesterreich Spanischen oder Teutschen Landen hat) nicht ersättiget ist, sondern mehr praetendirt. Nun ist kein Laster über den Geiz und Ambition, welches die Menschen in mehrere Enormitäten praecipiert (wie die geistlichen und weltlichen Historien ausweisen), indem sie Brueder wider Brueder, Sohn wider Vater, zuegeschweigen Diener wider Herrn aufzuestehen angedrieben. 3^io^ ist zuebesorgen, daß ihn hieran nicht verhindern werde weder sein Gewissen, welches also beschaffen wie seine actiones ausweisen, weder sein Lieb gegen Euer Majestät, weil er hoch ahndet, daß ihn Euer Majestät vom Generalat abgethon; 4° daß er den Respect gegen Euer Majestät verlohren, indeme er

[4] Georg I. Rákoczy (8. 6. 1593–11. 10. 1648), Fürst von Siebenbürgen 1630; vgl. Isenburg IV T. 102; Magyar Írók Bd. 11 (Budapest 1906) Sp. 483–486.

[5] Friedland, Sagan, Großglogau (als Ersatz für Mecklenburg).

den Baron Suis[6] wider Euer Majestät animirt[7], und indem er Euer Majestät die Disposition der Quartier heimbstellt und doch unterdessen das Volkh seinem Gefallen nach in die Länder einziehen laßt.

Diesen Verdacht vermehrt 1° da der Feind Prag und die Refier gehabt, daß er sein Fürstenthumb und Haus zue Prag verschont[8]; 2° daß er das Spanische Volkh, weil es nicht von ihm dependirt, im Reich nicht haben wollen[9], 3° daß er den Feind zweymal, wie er wol gekönnt, nach Aussag der Soldaten, in Schlesien nicht geschlagen[10]; 4° daß er, wie man sagt, einen vornehmen Franzosen ohne Rantion mit Verehrung 1$^{m.}$ Ducaten freigelassen und den Jaras[11] zue sich begert, etc.

Euer Majestät werden ohne Zweifel mehr Particularitäten wissen; diese habe ich allein melden wollen, damit Euer Majestät vernehmen, auf we[lche] ich meine Meinung gründe.

[6] Weil dann Euerer Majestät Person und Hauses Hochheit, dero Länder Wolfahrt, und die Religion in höchste Gefahr hierdurch gesezt ist, und dabey soviel Unschuldige untertruckht und in höchste Gefahr gebracht werden, also sein Euer Majestät Gewissens halber schuldig zu remidiren.

Das remedium ist, die causas mali wegzunehmen. Dessen sein zweierley, [6a] das eine geistlich, als nehmblich, daß Euer Majestät dero reine Intention gegen Gott erhalten, auf Gottes Gnad und Allmacht vertrauen (denn in der größten Noth ist die rechte Zeit der Prob der Hoffnung in Gott, der verlest niemands, der auf ihn vertrauet), die geistliche Obrigkeit vermüegen, daß sie die pia officia sowol in der Stadt als auf dem Land continuiren und vermehren, (welches ich allein anziehen wöllen, die Geistlichen aber mit mehrerm zu persuadiren und zu incaminiren wissen) Verordnung thun, daß die Justiti besser aministrirt werde (denn nach der Religion ist die administratio iustitiae das Gott wohlgefälligste Werkh und vornehmbste officium principis). [6b] Das andere remedium ist weltlich und zweyerley: das erste ist, des Generalissimi Ungehorsamb abstellen, welches ich vermeine mit Guetem nicht beschehen khönnen, weil er zue gehorsamben nicht gewohnt, darinnen verwehnt und

[6] Suys.

[7] Vgl. zu diesem Vorgang Diwald S. 518f.

[8] Bezug auf den kursächsischen Einfall in Böhmen, bei dem Wallensteins Eigentum geschont worden war; vgl. zu Arnims Böhmenfeldzug Diwald S. 458; Mann S. 775 bis 779.

[9] Bezug auf das spanische Verlangen, den Zug des Kardinalinfanten Ferdinand nach Brüssel militärisch zu sichern; vgl. Diwald S. 515f., 523f.; Mann S. 956–961.

[10] Bezug auf die Waffenstillstände vom 7. 6. resp. 22. 8. 1633; vgl. Diwald S. 502; Mann S. 950, 963.

[11] Gemeint ist möglicherweise Torras – vgl. Nr. 116 mit Anm. 6.

induriert ist also, daß er, da ihm Euer Majestät neulich praeter solitum jedoch gar gelind commandiert haben, er solches mit Worten und Werkhen geahndet.

Zue deme, wenn er gleich jezt gehorsambete und darneben in der iezigen Authoritet verbliebe, so were Euer Majestät nicht geholfen, sondern müeßten stets befürchten, daß wenn er wollte, er widerumb dergleichen Ungehorsamb mit Gefahr und Schaden Eurer Majestät und der Ihrigen verüeben khönnte, dardurch Euer Majestät in der iezigen stethen Gefahr bleiben, indem er sich also sterkhen möchte, daß man ihn darnach zum Gehorsamb nicht zwingen khönte, dannenher ich vor vergeblich und höchstgefährlich halte, zue tentirn, ihne mit Guetem zue dem Gehorsamb zue bringen. Das ander Mittel ist, daß die Armata in Euer Majestät Disposition khomme; dits kann beschehen durch das, daß ihme die Authoritet über dieselbe gemündert werde (insonderheit, daß die Gebung und Benehmung der hohen Befelch und Regimenter sowol auch die Einnamb der Contributionen und Confiscationen, dann auch die Quartier in Euer Majestät Disposition allein stehe). Wird ihme das zuegemuet, so wird er dardurch offendirt, und er kann solches mit Schaden und Gefahr Eurer Majestät anden, so lang er der Armata commandirt. Dannenhero kain anders Mittel, als daß er von dem Generalat abgesetzt werde; (denn wenngleich die Officiales und Obristen zu Euer Majestät Devotion sein, er aber der Armata commandirte, so könnte er dieselbige leichtlich in einen solchen Stand bringen, daß, wo nicht die ganze doch theils derselben entweder von dem Feind ruinirt wurde oder sich demselben untergeben müeste). Diese Absezung mit Guetem zue tentirn halte ich I° für vergebens, denn er liebt den Commando über die Armee allzusehr, wirds auch nie laßen, es sey dann, daß er sicht, wenn er mit Guetem nicht will, daß er es thun mueß; 2° vor gefährlich, denn wenn er solches vermerkhte, khönnte er sich darwider fortificiren und solches mit Eurer Majestät höchstem Nachteil resentiren.

[7] Schliese derowegen, daß er, weil summum periculum in mora, ehist wie man kann und mag, ohne Verlust seines Lebens, abgesetzt werde, und daß man sich zuvor der Kriegshäubter versichere, damit wann er sich dessen waigerte, er solches nicht mit Eurer Majestät Schaden resentiern khönnte, und damit er nicht Suspicion fasse, unterdessen den stilo oder procedere von Hof gegen ihm nicht mutiren, sondern wie zuvor und nicht weniger tractiren[12]. Dieser Absezung ist, meines Erachtens, kein Bedenkhen zu haben, weil er solche wol verschuld mit seinem Ungehorsamb und Despect und Euer Majestät, deroselben Hauss, Länder und Religion in solche Gefahr und Schaden per capricio und Passion gegen Beyrn gesezt; (denn es ist besser, daß er schuldi-

[12] Mitis S. 107 Anm. 1: „'Und damit ... weniger tractiren' am Rande von gleicher Hand nachgetragen."

gerweis leide, als daß nechstgemeldte unschuldigerweis leiden und in Gefahr verbleiben). Es kann auch Eurer Majestät nicht schaden, denn was verlieren Euer Majestät dardurch, was hat er gethon, weil er die Armata commandirt. (Mir gebürth zwar nicht, seine merita zue extenuiren, noch seine demerita zue exageriren, ist auch nicht mein Intention, sondern allein dieselben Euer Majestät vorzuestellen, sie gegen einander zue bedenckhen.) Der Generalissimus hat ein Armata auf ein neue Manier Eurer Majestät zum Besten auf den Fueß gebracht[13], dardurch aber die Chur- und Reichsfürsten hochlich offendirt, und dardurch Eurer Majestät Persohn und Hauß im Reich verhast gemacht mit seinen Extorsionen und Beschwerden wider die Reichs-Abschid und Privilegien der Chur- und Reichsfürsten, welches wol auf andere Weis hette beschehen khönnen. Dennemarckht hat er theils eingenohmmen, davon aber Euer Majestät nichts erlangt[14], sondern allein die Soldaten dasselbe ausgeblündert. Das Treffen bey Tessa[15] hat er glücklich vollend, darauf ist der Mansfeld[16] und Weinmar[17] bei 80 Meil in Eurer Majestät Länder geruckt, er gefolgt, mit dem Bethlehem nicht geschlagen, ungeacht er demselben vielfeltig überlegt gewesen, dardurch dem Bethlehemb bei dem Türckhen Credit gemacht, hergegen die Teutsche militia bei den Türckhen und Ungern discreditirt, die Armata consumiren lassen, in die Länder gelegt und sie verderbt[18]. Die Armata hat er zum andernmal widerumb Eurer Majestät zum Besten aufgebracht[19], doch mit Verderbung der Länder; den Schweden vor Nürnberg, wie man sagt, nicht angegriffen, als er schwach und seiner mächtig gewesen ist[20]; die Schlacht, darinnen der Khönig in Schweden geblieben[21], glückhlich geendet, die Länder abermal mit dem Quartiere ausgezört; den vergangenen Sommer[22], wie man sagt, den Feind in Schlesien, da er gekönnt, nicht geschla-

[13] Im 1. Generalat.

[14] Bezug auf den Feldzug nach Jütland und den für Dänemark glimpflichen Lübekker Frieden von 1629 (vgl. Nr. 58). Die Passage zeigt entweder Unkenntnis der Situation – die Unmöglichkeit, die dänische Hauptinsel einzunehmen – oder zeugt von Böswilligkeit.

[15] Gemeint ist die Schlacht an der Dessauer Brücke vom 25. April 1626; vgl. Diwald S. 344f.; Gindelý I S. 90; Mann S. 389f.

[16] Ernst Gf. v. Mansfeld.

[17] Johann Ernst, Hg. v. Sachsen-Weimar.

[18] Vgl. zum oberungarischen Feldzug von 1626 Diwald S. 346–355, 358–362; Mann S. 394–402, 440.

[19] Im zweiten Generalat.

[20] Vgl. hierzu Diwald S. 485–489; Mann S. 854–859.

[21] I. e. die Schlacht bei Lützen vom 16. 11. 1632; vgl. Diwald S. 492–496; Mann S. 876–892.

[22] 1633.

gen[23], dess Graf von Thurn und theils des Feinds Armata glückhlich mächtig worden[24]; Regenspurg nicht succurrirt[25], die Quartier zuewider Eurer Majestät Bevelch, per mero capricio ohne einzige Noth[26] im Reich nicht eingenohmen, dem Feind solche gelassen, und Eurer Majestät Länder damit occupirt.

[8] Wenn er abgesezt ist, so khönnen ihn Euer Majestät examiniren lassen, ob er proemium oder poenam verdient, und ihm dieselben nach Verdienst erfolgen lassen, damit denen Gueten durch Praemirung des Wohlverhaltens ein Herz gemacht, oder durch Bestraffung des Übels den Bösen das Herz benohmen werde.

[9] Wenn aber befunden wird, daß ohne Privirung seines Lebens Euer Majestät ihn nicht wol versicherter absezen khönnen, so vermeine ich, weil die iustitia omnes actiones nostras praecedere debet, wider dieselbe nicht gebührt zu rathen noch zu thun, und Menschenbluet nicht Oxenbluet ist, daß sie zwen oder drey deroselben confidentiores Räth, welche gewissenhaft und in Rechten gar wohl gegründet sein, lassen in Gehaimb recht und gründlich informiren, was der Generalissimus wider Eure Majestät gethon, was vor indicia sein seiner verern Intention, was vor particularia vorgeloffen, in was Gefahr Eurer Majestät Persohn, hochlöbliches Haus, Länder, und die Religion gesezt sein: darüber von ihnen Guetachten begern, ob Euer Majestät, wenn sie kein anderes gar sichers Mittel haben ihn abzusetzen, ihn, ohne Offension der iustiti[27], des Lebens priviren khönnen. Befindt sichs nicht, so ist nichts zue thun, es gehe gleich zue wie da wöll, denn umb keine Sachen in der Weld wider Gott zue handlen: permitirts aber die iustitia, so ists zue exequiren, Eurer Majestät Persohn, Haus, Länder, Religion, und so viel Unschuldige, Tyrannisirte aus der Gefahr und Bedrangnus dadurch zue salviren. Denn wenn Eurer Majestät ihn wider Recht des Lebens privieren ließen, so theten Sie, was Sie mit Recht nicht thun sollten, hergegen wenn Sie ihn desselben mit Recht priviren und dardurch Obgemeldtes meistentheils erlangen khönnten, und solches nicht theten, so unterließen Sie das, was Sie mit Recht nicht unterlassen khönnen, denn extremis malis extrema remedia adhibenda, und pro conservatione status soll man alles thun, was nicht wider Gott ist.

[23] Vgl. Anm. 10; Diwald S. 500, 502, 513f.; Mann S. 933, 947–950, 963, 966f., 977f., 986.

[24] Bezug auf Wallensteins Sieg bei Steinau; vgl. Nr. 137; Diwald S. 513f.; Mann S. 977f.

[25] Bezug auf die Einnahme Regensburgs durch Hg. Bernhard von Sachsen-Weimar; vgl. Diwald S. 517; Mann S. 987–990, 992f., 996.

[26] Mitis S. 108 Anm. 1: „'zuewider . . . Noth' am Rande von gleicher Hand nachgetragen".

[27] Mitis S. 109 Anm. 1: „'ihn ohne Offension der Justiti' von gleicher Hand am Rande nachgetragen".

[10] Ehe Euer Majestät aber den Generalissimum absezen, ist vonnöthen, sich auf ein anders Haubt zue resolviren, darzue ich vermein Ihr Königliche Majestät[28] am besten zue sein, pro authoritate zu Verhüetung Competenz unter den Kriegshäubtern; wird die Soldaten erfreuen ein so vornehmes Haubt zue haben, den Ländern ein Herz, und dem Feind ein terrorem machen, zuegeschweigen der Glori, die Ihr Königliche Majestät bei jedermann erlangen werden, indem sie auf Begern Eurer Kayserlichen Majestät sich dits Werckhs unterfangen. Dabei alsdann nothwendig zue berathschlagen sein wird de alio modo bellumgerendi, dann dieser tauget nichts.

[11] Schlieslich dem Wesen gründlich zue helffen und Eurer Majestät Haus zu stabiliren ist vonnöthen ehist wie Sie khönnen und mögen Fried machen. Ehist darumb, weil Eurer Majestät Condition immerzue schlechter wird, also daß wenn der Feind nur künfftigen Summer su la diffesa bleibt, so khönnen Euer Majestät das Volckh künftigen Winter nicht mehr unterhalten, wie dann heuer solches kümmerlich und ohne exterminio theils Länder nicht beschehen wird, darauff nichts anders als Meuterey und Brandschäzung der Stött zugewartten; und weil sie den Frieden nicht also machen khönnen wie Sie gern wollten, denselben also machen wie Sie khönnen, und obwol Sie schwere Conditiones dabei werden eingehen müeßen, so ist doch dabei zu erwegen, daß khein Friedschluß so praeiudicirlich und ignominiosus ist, (wenn man den statum durch kein anders Mittel dann durch den Fried erhalten kan) als der Verlust des status, und wenn man denselben nur erhelt, daß man leichter die ignominiam des Friedsschluß repariren, als den statum widerumb erlangen khan. Und haben Euer Majestät so schwere Conditiones müeßen eingehen gegen dem Bethlehem[29], einen so schwachen Feind, nur darumb, daß Sie Ihre Land vor Raub und Brand salviert, da Sie so victorios und Ihre Länder in guetem esse gewest, wie viel mehr haben Euer Majestät Ursach bei solcher Verheerung derselben gegen so vielen und mächtigen Feinden, welche nicht also ausgesaugt sein, wie Euer Majestät, und Mittel haben, sich mit Volckh, Geld und Profant zuerholen[30], zue Salvierung dero Länder und ganzes hochlöblichen Hauses schwerere Friedsconditionen einzugehen; denn das lezte und ergste Übel und der gröste Spott, so einem hohen Potentaten widerfahren kan, ist, den statum verlieren.

[28] Ferdinand III., Kg. von Ungarn und Böhmen.

[29] Bethlen Gábor; vgl. den Preßburger Frieden vom Dezember 1626; Diwald S. 362; Gindelý I S. 127.

[30] Mitis S. 110 Anm. 1: „'welche nicht . . . zu erholen' am Rande von gleicher Hand nachgetragen".

122. 1. Pilsener Schluß [1]

Verpflichtung Wallensteins, sein Amt nicht aufzugeben; Verpflichtung der unterzeichnenden Militärs, sich von Wallenstein nicht zu trennen.

Hallwich, Wallensteins Ende II S. 186f.
(Auch: Aretin S. 97f.; Wiegler S. 383–385; gekürzt bei Paulus S. 76f.).

Pilsen, 12. Januar 1634

Zuewießen hiemit undt inn Crafft dieses: Demnach wier hierunter beschribene sametliche General Officirer, Obriste undt andere der Regiemendter Commandanten [2] gewiße nachrichtung bekomben, waßgestalt der durchlauchtieger, hochgeborner Fürst undt Herr, Herr Albrecht Herzog zue Mechelburg, Friedlandt, Saagan undt Großglogaw [etc.] wegen vielfaltieg empfangener Disgusti Ihro zuegezogener hochschmertzlicher Injurien undt wieder sie angestelter gefehrlicher machinationen, sowohl verwegerter notwendieger, unentpörlicher unterhaltung der Armada die Waffen zue quittieren undt sich zue rettiriren gentzlich entschloßen, unndt aber wier in erwegung, daß durch solche Ihre Fürstl. Gn. vorhabende Resignation nicht allein Ihr Kays. Mat. dienst, das bonum publicum undt die Khay. Armaden leiden, ja gar unfeilbar zue grundt gehen, besondern wier auch sambtlich undt ein ieglicher innsonderheit, alß die wier unßer ainzige Hoffnung genedieger erkandtnüs unserer getreuen Dienste iederzeit zue Ihr Fürstl. Gn. gesetzet, auf deroselben Fürstl. Parola inn Hoffnung künftieger Recompens undt ergötzlichkeit all unßer Vermögen, zuesambt unserem Leben treuherzig dargestrecket, wan wier dergestalt Ihr Fürstl. Gn. Patrocinij undt allzeit versbürter gnedieger Vorsorg beraubet werden solten, in eüseriste ruin undt Verderben gerahten würden, deßen Unß auch kein andere Hoffnung machen dörfften; insonderheit wen wier, aller vielfältig deßwegen vorgangener exempel zuegeschweigen, Unß allein auf der unlengst von Herren von Questenberg dahie producirte Khays. Instruction undt deßen innhalt reflectiren, solches alles nicht allein mit hochbestürtztem Gemüth vernomben, besondern auch nicht unbillich, unßere undt der ganzen Armada unfeilbare gentzliche Zerrüttung undt untergang zuverhütten, Ihr Fürstl. Gn. [etc. etc.] durch solche vorhabende Resignation alle, unß undt unsere armen Soldaten, uber den Kopff schwebende noth,

[1] Vgl. zum 1. Pilsener Schluß (Revers) Diwald S. 524f.; Görlitz S. 223f.; Hildebrand, HT S. 427; Irmer III S. XXIV–XXIX; Mann S. 1021–1026; Parnemann S. 37f.; Pekař S. 598f., 603; Ritter III S. 573; Srbik S. 104, 113; Suvanto S. 326–329; Wagner S. 149.

Elendt undt ruin unterthanig durch [titul.] Herren Veldtmarschalchen von Ilow [etc.] undt demselben adjungirete vier Obriste, also Herren Obristen Mohrwaldt, Bredaw, Losi undt Hendersem remonstriren undt darauß dergestalt unß nicht zue laßen, besonderen weitters mit Ihrer Gnadt, Huldt, Protection undt väterlichen fürsorg [etc.] beyzuewohnen, sehnlich ersuchen undt pitten laßen, Ihr Fürstl. Gn. [etc.] auch leczlich auf unser unnachläßieges, sehnliches flehen undt Pitten Ihro zue mehrberürter Resignation statlich angeführte sehr beweglich motiven soweit zueruekgesezet, daß Sie nach ein Zeitlang, damiet Sie sehen, was vor mittell zue unterhaltung der Armada geschaffet werden mochten, bey unß zuvorbleyben undt ohne unser außtrücksliches Vorwißen undt willen von unß undt der Armada sich nicht zu begeben gnedieg sich resolviret: Alß thuen wier auch hingegen unß sambtlich undt ein ieglicher insonderheit crefftigster, bestendigster Form Rechtens undt anstadt eines corperlichen Aydts hiemit verpflichten, bey Hochgedachter Ihr Fürstl. Gn. [etc.] diesfalß erbar undt getreü zue halten, auf keinerlei weiß von deroselben unß zue separieren, zue trennen noch trennen zu laßen, besondern alles dasselbe, so zue Ihrer undt der Armada Conservation geraichet, nebenst Ihr Fürstl. Gn. [etc.] eüßerster möglichkeit zu beferdern undt bey, nebenst undt für dieselbe alles unßere bies den lezten Blutstropffen ungesbarter aufzuesezen, wie wir dan auch, im fahl einer oder der ander unßers mittelß diesem zuewieder handele unndt sich absondern wolte, sambtlich undt ein ieder innsonderheit den oder dieselbe wie treuloße, Aydts vergeßene Leuth zuverfolgen undt an deßen Haab undt Güethern, Leib undt Leben unß zurechnen schuldieg undt verbunden sein sollen undt wollen. Solches alles erbar undt ohn alle gefehrde aufrichtieg zue halten, haben wir zue mehrer bestettiegung dieses eygenhandlich unterschrieben undt besiegelt. So geschehen im Haubt Quartier Pilsen, den zwölfften Januarij Anno 1634. [Es folgen die Namen der Unterzeichner[2].]

[2] Das Schreiben ist unterzeichnet worden von:
dem ksl. Oberst Julius Heinrich, Hg. Von Sachsen-Lauenburg;
dem Feldmarschall Ilow;
dem General Hans Ulrich Frhr. v. Schaffgotsch und auf Trachenberg;
dem General Ottavio Piccolomini;
dem General Johann Ernst v. Scherf(f)enberg;
dem Generalwachtmeister Ernst Georg von Sparr-Trampe auf Greifenberg;
dem Feldmarschall-Leutnant Adam Erdmann Gf. Trčka auf Lipa;
dem Obersten Johann Rudolf v. Morzin;
dem Obersten Ernst Roland Baron de Suys;
dem General Johann Ludwig Hektor Frhr. v. Isolani/Isolano (1586–März 1640, seit 1619 in kaiserlichem Dienst, 1625 ksl. Oberst, 1632 General; vgl. ADB 14 S. 637 bis 640);

Anm. 2 (Forts.)

dem Obersten Gotthard v. Scherffenberg;

dem Obersten Franz Wilhelm Mohr vom/von Wald (Ritter des Deutschen Ordens; vgl. Mann S. 1022);

dem Obersten Hans Rudolf Frhr. v. Bredau;

dem Obersten Wilhelm Lamboy (gest. 12. 12. 1659; 1621 ksl. Oberst, im Februar 1634 Ernennung zum Generalwachtmeister durch Wallenstein, am 16. März 1634 durch den Kaiser; am 20. 5. 1634 Erhebung in den Freiherren-, 1649 in den Reichsgrafenstand; vgl. ADB 17 S. 557–564; NDB 13 S. 440f.);

dem Offizier Hannibal (Annibale) Fürst von Gonzaga, Marchese di Mantua (1602 bis 2. 8. 1668; 1634 Oberst, 1660 Feldmarschall, 1666 Präsident des Hofkriegsrates; vgl. ADB 9 S. 368);

dem Obersten Johann Beck (1588 Luxemburg–1648 Arras; 1637 geadelt, 1642 Generalmajor; vgl. ADB 2 S. 214f.);

einem Offizier v. Wolff;

dem Obersten Anton Webel;

dem Obersten Philipp Wiltberg;

einem Offizier Florent de la Fosse (möglicherweise Servatio Hardone v. d. Fossen, vgl. Doc. Boh. V S. 472);

dem Obersten John Henderson;

dem Oberstleutnant Walter Butler (gest. 25. 12. 1634; seit 1631 in kaiserlichem Kriegsdienst nachweisbar; vgl. ADB 3 S. 651–653; NDB 3 S. 79f.; Mann S. 1134; Srbik S. 162);

einem Offizier, der nach Hallwich 'Montar v. noyrel' heißen soll;

dem Obersten Fabio Diodati;

dem Obersten Burjan Ladislav z Valdšteina (gest. 1645; vgl. OSN XXVI S. 339);

dem Obersten Jan Karel Přichovský z Přichovic (gest. 1660; seit 1616 Militärdienst; vgl. OSN XX S. 681)

dem Obersten Baron de Torneta;

dem Oberstleutnant Johann Gottfried Rauchhaupt;

dem Obersten Peter Losy;

dem Obersten Sebastian Koscheski;

dem Obersten Markus Corpus;

dem Obersten John Gordon (gest. um 1649; 1632 Oberstleutnant; Kommandant von Eger; vgl. ADB 9 S. 372f.; ADB 45 S. 635; ADB 15 S. 795; Meyer Bd. 10 S. 597);

dem Obersten Georg Friedrich Mühlheim;

dem Oberstleutnant Johann Ulrich v. Bissingen;

dem Oberstleutnant Wolf Matthias Frhr. v. Teufel;

einem Offizier, der nach Hallwich 'de la moyilly' heißen soll;

dem Oberstleutnant Silvio Piccolomini;

dem Obersten Johann Wangler;

dem Oberstleutnant J. Heinrich Schütz;

von Offizieren, die nach Hallwich Tobias v. Gissenborg, Juan de Salazar, Lucas Notario, Hans v. Waldenfels, Bernhard Hamerl, J. Christoph Peucker unterzeichnet haben;

123. Kf. Maximilian von Bayern an B. Richel

[1] Problematik der Absetzung Wallensteins; [2] Widerstände dagegen; [3] Befürchtungen Bayerns; [4] Vorschläge Maximilians zu diesem Problemkreis: [4a] vollständige Absetzung Wallensteins; [4b] strikte Teilung der ksl. Armee und des Generalates; Beschränkung Wallensteins auf Böhmen und Schlesien; [4c] Bereitschaft, die bayerischen Truppen dem Kg. Ferdinand III. zu unterstellen.

Irmer III S. 130–135.

Braunau (Inn), 14. Januar 1634

[1] Lieber getreuer! Wir haben zwar aus demjenigen, so uns du in deinem handschreiben vom dato letsten decembris [1] negsthin communicirt und überschriben hast, kein schlechte hoffnung geschöpft, es werde sich mit dem herzogen von Fridland ein verenderung begeben, ihme sein generalat und kriegsdirection genommen und einem andern, benantlichen aber dem könig in Hungarn und Beheim [2] aufgetragen werden. Es hat auch dise hoffnung gemehrt, was wir enzwischen von andern gueten orten her vernommen, daß sich gedachter herzog, als der zweifelsohne durch seine favoriten von Wien aus diser seiner amotion halben etwas pracgusto empfangen, schon vermerken lassen, er wölle seinen carico resigniren, könde und wölle ferner nit dienen, weiln er übel auf seie. [2] Hingegen aber hat dein anders handschreiben vom 4. dis. dise amotion bei uns widerumb etwas zweifelig gemacht, indem wir aus dessen contentis, was dir nemblichen der marchese di Castagneda in vertrauen gesagt, schier verspüren müssen, daß die friedlandische faction nit feiret, allerlei griffel und gedicht wider uns und unsere mitvereinte auch in ander weg zu erdenken, wie angeregte des herzogen also wol schon incaminirte abkerung widerumben rückgengig und zu wasser gemacht werden könne, wie sie dann auch under andern darumben schwer hergehn würd, weiln seine des herzogen hohe und andere kriegsofficier wegen ihre noch verhoffender remunerationen oder recompensen das ohr auf ihne, herzogen, gewaltig hengen, als bei welchem sie deren mehrers, weder [= als] bei andern (weiln er in kraft ihme überlassener vollmacht der confiscationen hierzu vor andern die mittel hat) ver-

dem Oberstleutnant Don Felipe Corrasco;
dem Oberstleutnant Carlo Balbiani;
dem Oberstleutnant Jakob Rodel v. Rodel;
dem Oberstleutnant Felix Altmannshausen

(L. S.) Herr Veldtmarschalch von Ilow hat dieses im nahmen samttlicher Generalofficiren, Obristen undt anderen der Regiemendter Commandanten mit seinem größern Insiegell becrefftigt. So geschehen Anno, die et mense ut supra.

[1] Nr. 116.

[2] Ferdinand III.

sichert zu sein vermainen, sich auch zu dessen contestirung offentlich verlauten lassen: 'Ein schelm seie der, welcher weiter diene, wann ihr generalissimus sein carico resignirt hab!' So vernemen wir noch weiter, wann je gemelte friedlandische faction ihne, Friedland, bei seinem generalat über die ganze und vollige armada nit mechte erhalten können, daß sie doch auf dem umbgehe und den vorschlag thue, daß die armada gethailt und ain theil ihme, Fridland, mit demselben in das reich heraus zu gehn, der ander theil obgemeltem künig in Hungarn und Beheim, mit solchen in den kaiserlichen erbkönigreichen und landen zu verbleiben, assignirt werden solle. [3] Es gehe nun aber auf einen oder andern weg hinaus, das ist, es werde der Friedland in seinem generalat simpliciter und absolute fermirt, oder ihm dasselbe nur ex parte, aber dergestalt benommen und beschnitten, daß er mit seinem assignirten thail ins reich heraus gehen solle, so würde dem reich, auch uns und anderen getreuen und gehorsamen curfürsten und stenden, auch unsern und deren landen und leuten dardurch nichts geholfen, sonder haben wir und sie bisanhero seiner kriegsdirection nichts genossen, sonder nur schaden und verlust gehabt, werden wir uns noch fürterhin dessen zu getrösten, ja dessen umb so vil mehr und ohnfehlbarer zu gewarten haben, weiln ihme die geführte consilia über sein amotion, und daß sonderlich wir an unserm ort darunder cooperirt, nit verborgen bleiben können. Dahero wir dann nit allein durch seine fernere, auf einen oder andern weg gestalte kriegsdirection nit defendirt noch geholfen, sonder, als von einem auf's neu offendirten, zum heftigisten und zu volliger unserer depression verfolgt werden würden. Ob aber gleichwoln gesagt werden mecht, wir hetten noch eine starke armada auf den beinen und in unsern landen, und könten dahero nit allein uns und unsern mitverainten noch selbsten helfen, sonder uns auch wider die friedlandische verfolgungen darmit versichern, so haben wir uns doch auf das kaiserische volk, so bei unserer armada ist, je lenger je weniger zu verlassen, zum thail weil wir gleichsamb kein stund sicher sein, wann der Friedland dasselbige abfordern mecht, zum thail auch weiln es bishero einen schlechten lust und couragi für uns zu fechten erscheinen lassen, vorderist aber ist es an deme, daß wir durch die so langwürige krieg, und daß uns jezt auf die letst sogar unsere erblande durch den feind und unser aigne soldatesca auf den grad ruinirt worden ist und noch von tag zu tag mehrers ruinirt würde, an gelt und proviantmitteln also erschöpft sein und aufligen, daß uns unmüglich, das so schwere kriegsvolk ferner zu erhalten und den so unerschwinglichen last zu ertragen.

[4] Dises alles, und was uns sonsten noch in andere mehr weg sorgfeltig zu gemüth geht, macht uns allerhand schwere nachgedenken, was wir, bevorab da vilgedachter Fridland bei seinem absoluten, oder gleichwol auch auf obvermelte weis modificirten generalat verbleiben solt, für andere ersprueßliche consilia ergreifen mechten, damit wir der von ihme besorgenden neuen perse-

cutionen, wie auch unsers überschweren kriegslasts enthebt und doch zugleich mehrers, als bishero geschehen, defendirt werden, und was wir bereit verloren, recuperiren könden. Wohin wir nun aber mit unserer dismal gefasten gemüetsmeinung zilen, und was du noch ferner am kaiserlichen hof in unserem namen negotiren sollest, hast volglich zu vernehmen.

[4a] Und erstlichen zwar, weiln dem allgemeinen reichswesen und desselben anvertrauten gehorsamen mitgliedern, wie auch vornemblichen ihrer kaiserl. maj. und dero erblanden selbs, wann man's nur recht capiren und der friedlandischen faction nit so lang das gehör geben wolt, an dessen genzlicher cassir- und amovirung eusserist gelegen, so hast du solche an deinem ort nochmaln nach müglichkeit, auf maaß und weis, als dir hievor geschriben worden, doch in müglichister geheim, befürdern zu helfen und darmit nit auszusezen, so lang hierzu die hoffnung vorhanden ist.

[4b] Am andern aber, da du glaubwürdig vermerken solltest, daß dise des Friedlands totalamotion und transferirung des generalats auf den künig in Hungarn, nit gehn, sonder man dem Friedland dannoch einen exercitum und kriegsdirection noch in handen lassen wolt, alsdann und eher nit, sollest du mit gueten informationen und underbaungen dich befleißen, es dahin zu bringen, daß mehrbenannter herzog mit solcher ihme villeucht assignirten armada keineswegs in das reich heraus komme, sondern mit derselben in Beheim und Schlesien darinnen zu defension der kaiserischen erbkünigreichen und landen gelassen, hingegen aber eine absonderliche, und zwar die größere armada mit einem ganz absonderlichen hohen capo, das seie nun der künig in Hungarn, oder der graf Schlick, oder wer sonsten ihrer maj. hierzu gefellig und taugsamb sein würde, verordnet werde, dergestalt, daß die ins reich heraus destinirte armada und dessen hohes capo, von der anderen, so in den kaiserlichen erblanden verbleibt, oder dero capo keineswegs, sondern einzig und allein immediate von ihrer maj. selbs dependiren solle, allein ausgenommen, wann ein oder die andere armada eines succurs von nöthen hette, daß alsdann auf solchen nothfall eine der andern die hand zu bieten verbunden sein solt.

[4c] Drittens und letstens aber, auf den fal, da weder die genzliche cassirung des Friedlands, noch auch die absonderung der armaden auf die angedeitte gestalt ervolgen wolt, noch einiche probabel hoffnung hierzu überig were, alsdann und abermaln eher nit, hast du bei ihrer kaiserl. maj. vor- und anzubringen, weiln sein, Fridlands bishero geführte actiones, in seiner kriegsdirection begangene vilfeltige grobe fehler und die notorietas facti gnuegsamb zu erkennen geben, daß mit seiner kriegsdirection einmal nit fortzukommen und bei dero beschaffenheit weder des feinds fernere progreß zu verhueten, noch was an landen und leuten überig, zu defendiren, noch vil weniger das, so verloren, wider zu bringen, und sonderlich auch wir dardurch ohnfehlbarlich zu grunde gehen mueßten; daß wir demnach entschlossen, wann mehrgedachtem

könig das absolut commando und universalgeneralat aller armaden im reich überlassen werden sollt, ihme alsdann, als dem generalissimo, oder aufs wenigist, wann ihme im reich heraußen ein dergleichen absolut general[at] gegeben werden solt, (alsdann dem generalissimo) im römischen reich unser und des bunds volk demselben abzutreten und die armada in ihre maj. dienst und pflicht zu verlassen, genzlich und zu dessen freier direction anzuweisen gegen der einichen condition und ohne der gewisen zuversicht, seine königl. würde wöllen und werden hingegen die defension unserer landen und recuperation des verlornen ihro getreuistes vleiß angelegen sein lassen. Wöllen auch nit zweifelen ihr. kaiserl. maj. werden ihro dis unser vorhaben umb so vil mehr gefallen lassen, weiln sie daraus überflüssig zu verspüren, wie groß mein confidenz und vertrauen seie, welches ich in dieselbe und dero herrn sohne sezen thue. Sonsten gegen dir zu melden, warumben wir endlichen dise resolution ergriffen, ist die meiste ursach, daß wir verhoffen, wann je sonsten die amotion des Friedlands nit gehen wolt, durch solche unser offerta dieselbe umb so vil eher zu facilitiren und gengig zu machen, weiln nit allein dardurch ihre maj. umb so vil leuchter under die langgesuchte hievor von handen gegebene absolute kriegsdirection kommen und alle armada in ir hand allein bringen könne, sonder auch, da ihro wider uns ungleiche gedanken und suspiciones, deren kein end sein will, wegen Frankreich (wie du in obberürtem deinem andern handschreiben angedeitt) imprimirt werden wolten, sie dieselbige fallen zu lassen und umb so vil mehrer sich unserer gegen dero tragender gehorsamister affection und treue zu versichern, ursach haben sollen.

Was wir dir nun also per gradus in disem werk zu negotiren anbefohlen, zweiflen wir nit, du werdest alles, unserem zu dir habenden gnedigsten vertrauen nach, zu unserem contento verrichten, wie wir dann darüber deines gehorsamisten berichts zu seiner zeit gewertig. Und verbleiben wir darneben [etc.] [Datierung]

Gestern ist ein kaiserl. currir zum Aldringen alhie durchpassirt, so an uns ainiges schreiben nit gebracht. Wer nötig gewest, daß wir etwas nachricht, was er gebracht, hetten haben mögen.

PS: Frankreichs Vorgehen im Elsaß und gegen den Hg. von Lothringen.

124. Wallenstein an Trauttmansdorff

Friedensverhandlungen mit Kursachsen und Kurbrandenburg.

Hallwich, Wallensteins Ende II S. 193.

Pilsen, 20. Januar 1634

Hoch: und Wolgeborner, innsonders lieber herr Graff. Den herrn khan ich zuberichten nicht unterlassen, welcher gestalt des Hertzog Frantz Albrechts zue Sachßen Ld. dahier angelangt und mir zu vernehmen gegeben, wie der beyder Herrn Churfürsten zue Sachßen und Brandenburg Ld. Ld. die friedenstractaten wieder zu reassumiren begehren. Nun habe ich ein solches, weiln ich es ebenmessig von dem herrn Grafen Kinzky vernommen, dem herrn bereiths avisiret, hingegen bemeltes Hertzogs zue Sachßen Ld. beantwortet, daß Ihr Meyt. gleichergestalt anders nichts alß ruehe und friede im Reich zu suechen und zu stabiliren genaigt. Aldieweiln dann zu weitterer appoindirung dessen allen ich den Vorschlag gethan, wie ich ein solches sowol mündtlich alß hiernach durch schrifftliche erinnerungen an den herrn gebracht, das hochgedachter beyder herrn Churfürsten Ld. Ld. ettliche von ihren Räthen herein schikhen möchten, und dahero vorträglich und nottwendig, das der D. Gebhard, umb ihm, waß dahier vorgehet, zu communiciren und weitters, waß tractiret wirdt, Ihr Meyt. durch denßelben zuberichten, bey der Handt seye: Alß ersueche ich den herrn, solches dahin zurichten, das bemelter D. Gebhardt aufs föderlichst anhero expedirt werde, und ich verbleibe im übrigen dem herrn zu angenehmer erweißung willig. [Datierung; Grußformel.]

125. Kaiserliches Ächtungsdekret gegen Wallenstein [1]

Aufhebung der Verpflichtung der Militärs gegenüber dem ksl. Befehlshaber Wallenstein; Annullierung der Verpflichtung, die sich aus dem 1. Pilsener Schluß ergibt; ksl. Pardon gegenüber den meisten Unterzeichnern des 1. Pilsener Schlusses.

Im Orig. latein.; Paulus S. 77f.
(Auch: Wiegler S. 386–388).

Wien, 24. Januar 1634

Wir Ferdinand [etc.] sichern allen unseren [etc.] Generalen, Befehlshabern wie auch allen Obersten, Oberstleutnanten, Obersten Wachtmeistern, Ritt-

[1] Vgl. hierzu Diwald S. 525; Hallwich, Wallensteins Ende II S. CLXVIIIf.; Mann S. 1065f.; Parnemann S. 62–64; Ritter, Untergang S. 299f.; Weibull S. 19.

meistern, Hauptleuten und allen folgenden hohen und niederen Befehlshabern zu Roß und zu Fuß unsere Kaiserliche Gnade und Güte. Wir geben euch allen zur Kenntnis, daß wir aus hochwichtigen und dringenden Ursachen mit unserem gewesenen General-Obersten Feldhauptmann eine Veränderung vorzunehmen veranlaßt worden sind. Wir halten es für besonders wichtig, dieses unserer Kaiserlichen Armee und schon hohen und niederen Offizieren und Befehlshabern, sowie auch allen Soldaten mitzuteilen und öffentlich bekanntzumachen. Wir entlassen auch dieselben durch Kaiserliche Macht aus allen Verpflichtungen, mit denen dieselben an den endgenannten General gebunden waren [. . .] Wir haben schon erfahren, daß einige unserer Kriegs-Obersten und Offiziere bei ihrer am 12. Januar dieses Jahres in Pilsen abgehaltenen Versammlung etwas weit gegangen und sich in mehr eingelassen haben, als sich rechtmäßig gebührt[2]. Wir glauben aber, daß denen etwas anderes eingeredet und weisgemacht wurde, als es der uns durch Eid und Verpflichtung so sehr verbundenen Soldateska hatte geschehen dürfen. Wir tun dies, damit deswegen sich niemand zu unverantwortlichen, verzweifelten Entschlüssen verleiten lasse. Wir erklären hiermit allergnädigst alles, was in dieser Angelegenheit vorgefallen ist, nachzusehen und völlig zu vergessen, ausgenommen, daß wir von dieser Begnadigung den General und noch zwei andere Personen[3] ausgeschlossen haben wollen, die, wie wir wissen, sich zu diesem Werk als Rädelsführer für die übrigen gebrauchen ließen.

126. B. Richel an Kf. Maximilian von Bayern

[1] Undurchsichtige Haltung des Kaisers in der Wallensteinfrage; [2] 1. Pilsener Schluß; dessen Aufnahme am Wiener Hof; [3] Unterredung mit Eggenberg betr. Ersetzung Wallensteins durch Ferdinand III.; [4] Nachricht, wonach Wallenstein nach vier Monaten zugunsten Ferdinand III. abdanken wolle; [5] Trauttmansdorff macht Hoffnung auf baldige Lösung des Wallensteinproblems.

Irmer III S. 167–170.

Wien, 25. Januar 1634

[1] [. . .] Anlangend die verenderung und verbesserung der kriegsdirection hab ich mit allen möglichen nachfragen und solicitirn noch nit vernemen und penetriren konden, was ihre maj. hierin für ein resolution gefaßt, oder zu fassen gedenken. Etliche ministri, darunder auch herr graf Schlick, haben noch die hoffnung, ihre maj. werden und müessen auch den herzog amoviren, wollen sie anderst sich, ihr haus und das gemeine wesen salviren. Etliche aber, dar-

[2] Vgl. Nr. 122.
[3] Ilow und Adam Erdmann Trčka.

under auch so sonst nit der friedländischen faction feind, wollen es schier anfangen, für desperat [zu] halten, [2] nachdem vor wenig tagen gewisse avisi alhie eingelangt, daß alle officir, welche unlengst zu Pilsen gewesen, dem general mit mund, hand und sigl versprochen und sich verschriben haben, hinfürder keinem anderen, und wenn es auch der kaiser bevel, als ihme, herzog, zu obediren[1], und dise obligation hat er mit dem list erpracticirt, daß er den officirn eingebildt, daß man am kaiserischen hof nichts anders suche, als die soldatesca zu ruiniren, und zu dem end die quartier, gelt und andere underhaltsmittel abzustricken, derwegen er, weil er dise unbilligkeit lenger nit gedulden kond, resolvirt, das generalat zu resigniren. Als nun die officier darfür gebeten, und aus anstiftung etlicher, darunter Ilo und Terzki[2] die vornembste und das wort gefihrt, sich zu obbedeiter verschreibung offerirt, hat's der herzog simulirend, als wann er's ungern thet, endlich angenomen und ihnen dargegen versprochen, daß er ohne ihr vorwissen nicht resigniren wölle. Dis verstehen und halten die mehrern alhie für eine conspiration und sträfliche verbündnuß, hinförder dem herzog, und nit dem kaiser, zu obediren, andere aber, und zwar allein die friedländische faction, deiten es dahin aus, daß der herzog hierdurch sich allein der soldatesca, weil dieselbe etwas unwillig und schwierig, ihrer kaiserl. maj. selbsten und dem gemeinen wesen zum besten etwas mehrers versichern wollen. Welche aber nächer zum rechten zweck collimiren, wird der eventus noch zeigen und vielleicht balder, als etliche vermeinen. Dis ist aber gewiß, daß obangezogner verlauf dem kaiser, dem könig[3], den spanischen oratoren[4] und anderen nachgedanken machen, denen aber, so die kriegsdirection nit gern von des Friedlands in des königs[5] hand komen sehen, mehrern anlaß geben und argumenta subministriren thut, solches werk dem kaiser für gar zu gefährlich, ja unmöglich einzubilden. Graf Schlick sagt mir aber, daß die meiste, so es mit dem kaiser und gemeinen wesen gut meinen, sich darumb nit schrecken lassen, sonder das werk noch immerzu forttreiben und allein begehren, daß die spanische ambassadorn und ich in ew. kurfürstl. durchl. namen sie zu secondirn, nit aussetzen wollen, welches die Spanische, wie der fürst von Eggenberg selbsten mir gesagt, eiferig thun, und underlaß ich's auch nit, wo ich glegenheit darzu hab.

[3] Der fürst von Eggenberg hat erst vorgestert, als ich wegen des succurs wider den Horn und Weimar[6] bei ihme gewesen, gegen mir vermeldt, daß ihre

[1] Vgl. Nr. 125.

[2] Ilow und Trčka.

[3] Ferdinand III.

[4] Castañeda und Oñate.

[5] Ferdinand III.

[6] Gemeint sind die schwedischen Generäle Gustav Horn und Bernhard Hg. von Sachsen-Weimar.

kaiserl. maj. gar stark in diesem negocio laboriren und ihro der zeit nichts höhers angelegen sein lassen. Die resolution wer bald zu nemen, aber solche zu exequiren und zu behaupten, seind noch vil difficulteten am weg. Wie nun diese zu superiren, sei man im völligen werk, und wann ein verenderung des generalats geschehen solle, konden ihre kaiserl. maj. solches niemands billicher geben, als dero herrn sohn, dem könig. Doch kond auch derselbige nit also blos hinausgeschickt, sonder müeß alles vorher wol bedacht werden. Bei disem werk soll ew. curfürstl. durchl. ich auch nit verhalten, daß ich aus des herrn grafen Schlick discursen vernommen, daß der ander gradus, darvon ew. curfürstl. durchl. in dero schreiben vom 14.[7] dis genedigiste anregung gethan die abtheilung der armaden und kriegsdirection im reich und in den erblanden betreffend, derzeit niemals in consideration oder deliberation komen, sonder daß man bisher allein in primo gradu amotionis verbliben ist, und vermeint er, graf, es werde dem herzog eben so leicht die ganze, als die halbe kriegsdirection könde genomen werden, dann sein humor sei also beschaffen, daß er's ganz werde behalten oder ganz begeben wollen. Von dem dritten gradu der überlassung des volks hab ich mich bisher mit einigem wort gegen niemands merken lassen, sonder will dormit ew. curfürstl. durchl. genedigiste bevelch gemeß bis auf das eußerist hinderhalten. Dahero kann ich auch noch nichts berichten, ob man mit disem mittel den herzog von der kriegsdirection werde heben konden oder nit.

[4] Allein hab ich mich hiemit genedigisten bescheids erholen wollen, wenn ich für gewiß würd vernemen, daß ihre kaiserl. maj., wegen der von etlichen eingebildeten und besorgenden gefahr, den herzog nit amoviren, sonder sein resignation erwarten wollen, ob dannoch mit obberirtem dritten gradu so lang, bis man sieht, daß die resignatio nit ervolgen will, hinderhalten werden soll, dann ich hab erst gesterst verstanden, daß der herzog von Friedland hierher geschrieben, er woll nach 4 monaten das generalat selbst gutwillig resigniren[8] und immittels die armada wider auf einen rechten fuß bringen und in's veld ausristen. Nach solchem wöll er dieselbige dem konig[9] praesentiren und genzlich übergeben, ihre maj. in den sattel helfen, den stegreif küssen und sich zu ruhe begeben. Nun will ich mich befleißen, gründlich zu penetriren, ob dergleichen schreiben einkommen, und ob ihre kaiserl. maj. dis erbieten annemen, und auch die ministri dorzu rathen wollen. Was ich erfahren würd, will ich gehormbist hinach berichten. [Militaria: betr. militärische Vorschläge Maximilians.]

[5] [. . .] Zum beschluß soll ew. curf. durchl. ich noch dis underthenigst

[7] Vgl. Nr. 123.

[8] Zu Wallensteins Rücktrittsangeboten vgl. Mann S. 1005f., 1044f.

[9] Ferdinand III.

berichten, daß herr graf von Trautmannstorff erst heit vor wenig stunden, als ich von des herzogs zu Friedland vorhabenden und allzuweit hinausgestellten resignation etwas gewissere nachricht mir im vertrauen zu communiciren begehrt, darauf geantwort, ew. curf. durchl. solten eine gute hoffnung haben, ihre kaiserl. maj. seien schon im werk, noch bei rechter zeit zu remediren und es gar nit auf so vil monat hinaus zu verschieben. Mehr darf er mir nit sagen, dan es ihme ernstlich eingebunden, von disen sachen nichts zu offenbaren. [Grußformel; Datierung.]

127. Kaiserliche Ernennung O. Piccolominis zum Feldmarschall [1]

Hallwich, Wallensteins Ende II S. 451–453.

Wien, 1. Februar 1634

Wir Ferdinand der Ander [Titulatur] bekhennen mit diesem brief und thun khundt Menniglichen: Alß des Heilligen Römischen Reichs, unser und des Gemeinen wesens wohlfahrt und Nothurfft erfordert hat, so wohl auch zue defendier: und versicherung Unserer Erbkönigreiche, Landter und getreuen Underthanen und dan auf alle andere fääl ein Anzahl Khriegs volckh zu Roß und Fues in bestallung zu nehmen und versamblen zu lassen; dabej nun vonnöhten, zuerhaltung gutten Regiments, Khriegsdisciplin undt Ordtnung das Veldtmarschalch Ambt darüber zuerseczen und zubestellen:

So haben wir demnach mit guttem zeitigen Rath und rechtem wiessn Unsern Camerern, Generaln uber die Reüterey und bestelten Obristen, dem Würdigen, auch hoch: und Wolgebornen und lieben Getreuen Fra Ottavio Graven Piccolomini, Rittern [etc.] in gnedigister erwegung seines tapfern, redlichen Gemüths und in Khriegssachen erlangten gutten erfahrenheit, auch auf das sonderbahre gnedige vertrauen, so wir in sein Persohn stellen, ihn hierzu erkhiest, an: undt aufgenohmben; thun das auch hiemit wissentlich, in Crafft dieses briefs, also das er Graff Piccolomini auf diese unsere Bestallung unser Veldtmarschalch sein, von menniglichen darfür gehalten, geehrt und dem herkhommenden Khriegsbrauch nach gebierlich respectiert und ihmbe gehorsambt werden solle. Er Graff Piccolomini alß Unser Veldtmarschalch sol sein aufsehen und völligen gehorsamb nach Unß auf Unsern frl. geliebten Sohn, des Durchleichtigisten Fürsten und herrn Ferdinandi des dritten, gekrönten Königs zu Hungarn und Böhaimb [etc.] Ld., alß Unser besteltes

[1] Vgl. hierzu Mann S. 1042.

General Haubt uber unser ganczes hör und Khriegs Expedition, so dan nach derselben auf unsern Khriegs Rath, Camerern, General Leuthenandten und bestelten Obristen, den hoch: und Wohlgebohrnen, auch lieben Getreuen Mathiam Graven Gallas [etc.] haben und auf Ihrer Ld. und dessen erfordern und befelch alle und jede fürfallende Kriegssachen besten bejwohnenden verstandt, auch unser und unserer Landter hail und Nothurft nach trewlich erwegen und berathschlagen helffen und, was in versambleten Rath bey: oder abwesen seiner geschlossen oder sonst durch [unsern Generalis][2] wohlerwehntes unsers Sohns Ld. angeordnet und befehlen würde, in demselben seines theils, soviel diesen ihm aufgetragenen befelch berührt und sich deßwegen gebühren will, auch was sonsten ausser demselben ihme vertrauet und anbefohlen werden möchte, alles Fleißes daran und darob sein, damit eines und das ander mit geziemender Ordtnung wohlbedachtlichen und gehorsamblich verricht und vollzogen werde. Dann soll Er Unser Veldtmarschalch uber alles Unser Kriegs Volckh zu Rosß und fues dem löbl. Khriegsbrauch nach in fürfallenden des Khriegs Volks Spaltungen, so der Justitia zustehen, die gebier und billigkheit fürnehmen und handlen, sonsten auch in Allem unsern schaden warnen und wenden, den nuezen und fromben aber befördern und betrachten und summariè alles das thun, was einen getreuen Obristen und Veldtmarschalchen gebührt und zustehet.

Wie dann auch Unser andere ins Veldt bestelte hohe befelch, alß Veldtzeugmaister, Veldtmarschalch Leuthenants, Obristwachtmeister, Quartiermeister, Obristen und Befelchshaber von allerlej Nationen, nach [Unsern General und][2] vorbemeltes Königs Ld. und dessen Leuthenandt auf Ihne Veldtmarschalchen, [Ihme][3] denselben velliges gehör und gehorsamb zu laisten gewiesen sein sollen.

Inmassen Er Graff Piccolomini entgegen alles das Jehnig, waß diesen Veldtmarschalchen befelch anhängig und zustehet, Unserer gnädigsten Zuversicht und Khriegsbrauch nach getreuestes vleißes und eyfers verrichten solle, allermassen wir dessen kheinen Zweifel haben, auch ihme darumben gnädigst vertrauen.

Umb und für solche seine sorg, mühe und Arbeit, sollen und wollen wir ihme Graven Piccolomini alß Unserm Veldtmarschalch zu underhaltung auf sein Leib, Tafelgeldt, gerüste Pferdt, Trabanten, Wägen und für alles anders per Pausch monatlichen und jedes Monath besonder, wie dieselben in dem Calender begriffen, von heunt dato an, hernacher so lang Er solches Ambt auf

[2] Hallwich S. 452 Anm. 1: „Die unter Klammer stehenden Worte sind im Original durchstrichen und interlinear durch die folgenden (bis 'Ld.') ersetzt."

[3] Hallwich S. 453 Anm. 2: „Im Original durchstrichen und durch das folgende Wort ersetzt."

diese bestallung würckhlich bedienen und versehen und wir ihme darzu brauchen werden, aintausent fünfhundert Gulden Reinisch, jeden gulden zu funffzehen Paczen oder sechzig Khreuczer gereith, paßieren und dieselben reichen und bezahlen lassen. Alles getreulich und ohne gevehrde, mit uhrkhundt, diß bestalbriefs, mit unserer aignen handtschrift und Secret Insigil verfertigt. [Datierung.]

128. Sattler an Axel Oxenstierna

Gerüchte um Krankheit oder Tod Wallensteins; Ausbleiben von Kinský, dessen Bitte, eine Vertrauensperson nach Pilsen zu schicken; dissimulierende Antwort.

Irmer III S. 246.

Regensburg, 30. Januar/9. Februar 1634

[. . .] Wallenstein befindet sich noch zu Pilsen sehr krank, wo nit (wie die conjecturen geben) gar todt[1]; das volk ist in ganz Böheimb zerstreuet, und geben diesen quartieren sehr wenig, das land so ruiniret, daß das profiant bis aus Mehren nacher Pilsen geführt wird.

Herr Kinsky kompst nit, hat sich durch ein schreiben entschuldigt und die ursach auf das podagra gelegt, darbei begehrt, ihr fürstl. gn.[2] sollen einen vertraueten zu ihm schicken, weiln die sach von großer wichtigkeit und deroselben mehr gusto als dispiacere geben werde. Ist mit complementen beantwortet, und die schickung abgeleint worden. Scheint, er hat bedenkens, die leute offentlich zu betrigen oder in hac crisi, sonderlich wan Wallenstein todt werde, zu negotiren. Zum wenigsten macht er uns glauben, die sachen beim feind stehen nit wol, wie dan der leutenant, den herr Kinsky geschickt und zuvor unter Schaffmann[3] gedienet, auch noch zur zeit niemanden obligirt, solches bekennen müssen. [. . .]

[1] Entsprechende Gerüchte enthält schon der Brief des Herzogs Bernhard von Sachsen-Weimar an Feldmarschall Gustav Horn vom 19. Januar 1634 (Irmer III S. 150–153), wo es heißt (S. 152): „in sonderheit, da, wie man sagen, und fast allerhand conjecturen geben wollen, der general Wallenstein todt were, [. . .]".

[2] Gemeint ist wohl Hg. Bernhard von Sachsen-Weimar.

[3] Nicht verifiziert, unter Umständen Verschreibung für 'Schaffgotsch'.

129. Armeebefehl Gallas'[1]

Aussetzung der Geltung der Befehle Piccolominis, solange sich dieser in Pilsen befindet.

Irmer III S. 253.

Frauenberg[2], 16. Februar 1634

Obwol in denen ausgefertigten des herrn generallieutenanten, herrn grafen Gallassen, patenten und ordinanzen under andern die erinnerung beschehen, daß auch des kaiserl. veldmarschalken, herrn graven von Piccolomini, ordinanzen und befehlich angenommen und nachgelebt werden solle[3], so ist doch zu besorgen, als lang er sich noch bei dem herzogen von Friedland in Pilsen sich befindt, daß er gezwungen werden möchte, nach gemeldts herzogen befehlich und willen die ordinanzen auszuefertigen, dardurch manicher ehrlicher obrister und officierer verführt werden möchte. Derowegen sich alle und jede obristen, hoche und niedere officirer, auch menniglich wohl vorzusehen und dies in acht zu nehmen haben, als lang herr veldmarschalk, graf von Piccolomini, sich in Pilsen und bei dem herzogen von Friedland sich befinden würd[4], daß sie ganz keine ordinanz von ihme annehmen, viel weniger dem nachkommen. Wan er aber heraußen und zu Prag bei ihr kaiserl. maj. getreuen obristen, officier und regimenter sich befinden würd, wölle sich alsdann ein jeder nach seinen ordinanzen gehorsamblichen bequemen und alles das thun, was zue befürderung ihr kaiserl. maj. dienste geraicht, auch getreuen obristen und officieren gebürt und wohl ansteht.

130. Instruktion des Kf. Johann Georg von Sachsen für Arnim betr. Unterredungen mit Wallenstein

Kaiserliche Friedensbereitschaft; Problem des kursächsischen Verhandlungspartners: Kaiser oder Wallenstein; Problematik der Vollmachten Wallensteins (ksl., ligistisch oder sui generis) und daraus resultierende unterschiedliche Anweisungen für Arnim, insbes. für den Fall, daß Wallenstein sich gegen den Kaiser stellen wolle (Arnim solle in diesem Falle Wallenstein von seinen Plänen abbringen); Universalfrieden als kursächsisches Ziel; kursächsisches Verhandlungsziel und Friedensbedingungen; Unterrichtung des Kf. vor

[1] Vgl. hierzu Irmer III S. LIV; Mann S. 1077, 1080f.

[2] Frauenberg an der Moldau (Hluboká nad Vltavou), Ort nördl. Böhmisch Budweis (České Budějovice).

[3] Vgl. Nr. 127.

[4] Vgl. Anm. 1.

Vertragsabschluß; Friedensschluß als Bedingung für Vereinigung der kursächsischen und wallensteinischen Armee; satisfactio Saxoniae; Rekompens Wallensteins.

Gaedeke S. 274–279.

Dresden, 8./18. Februar 1634

Damit von Gottes gnaden Wir Johann Georg, Herzog zu Sachssen etc., den Vesten unsern bestalten General Leutenanten und lieben getreuen, Hanns Georgen von Arnimb zu Boizenburgk, zu dem Hochgebornen, Herrn Albrechten, Herzogen zu Fridlandt etc. gegen Pilßen, wegen der doselbst vorhabenden Güttlichen Tractaten, zu Herwiederbringung eines Christlichen, erbarn, auffrechten, redlichen, wolversicherten, allgemeinen Friedens im Heiligen Römischen Reich, abgeferttiget haben.

Demnach die Röm. Key. auch zu Hungarn und Böhmen Königl. Mait. sich kegen dem Hochgebornen Fürsten, unserm freundlichen lieben Oheim und Schwagern, Herrn Franz Julien von Saßen, zu Engern und Westphalen, Herzogen, mündlich und schrifftlich vernehmen laßen, daß, wie Ihre Key. Mait. einiges Mittel, dardurch der edle, von iedermann so hoch desiderirte Fried erlanget werden möge, niemaln ausgeschlagen, also derselben auch bißhero nichts mehrers angelegen gewesen, als auff alle mügliche wege zu gedencken, wie dem heiligen Römischen Reich ein erbarer sicherer, und allgemeiner nüczlicher Friede wieder zu erwerben, Worbey dann auch Iro Key. Mait. uns frey und anheimgestellet haben, ob Wir die Tractation mit Irer Key. Mait. Herrn Generalissimo, des Herzogs zu Fridlandt L. antretten, und biß auff Ire Key. Mait. ratification handeln und schließen laßen wolten, oder ob uns angenehmer und gefelliger seyn möchte, bei Irer Key. Mait. Hofe zu tractiren, Oder ob auff eine andere dienliche maß zu den nöthigen Friedenstractaten ehist getretten, und also der liebe Fried recuperirt werden möge. Auff welchen obverstandenen ersten fall, offthöchstgedachte Ire Key. Mait. zu bezeugung Ires friedferttigen Keyserlichen Gemüths mehrgedachtes Herzogs zu Fridlandt L. mit genugsamer Vollmacht versehen hetten, Alles nach mehrerm inhaltt des, von Seiner Herzogs Franz July L. ubergebenen schriftlichen Memorials, Inmaßen dann hierauff des Herrn Generalissimi L. durch den hochgebornen Fürsten, unsern freundlichen lieben Oheim, Sohne und bestalten Feldtmarschalln, Herrn Franz Albrechten von Sassen, zu Engern und Westphalen Herzogen, bey uns freundlich suchen laßen, Ihm, unsern General Leutenanten, zu erlauben, sich gegen Pilsen zu erheben, und der Friedenstractaten aldo abzuwartten. Und aber wie betrachtet, inn was betrübten Zustandt, confusion und Zerrüttung das heilige Römische Reich, durch die darinnen nun etliche Jahr nach einander geführte innerliche Kriege geseczt, also, daß endlich, wo nicht ohne einigem fernern Verzugk ein Christlicher, sicherer Friede gemacht, alles zu sumpff und Boden gehen müße, Alß haben wir mehrbesagtem unserm General-Leutenanten genugsame Vollmacht auffgetragen, mit des Keyserlichen Herrn Plenipotentiarij, des Herzogs zu Fridlandt L. sich in güttliche Tractaten einzulaßen, und biß zu unserer Ratification einer gewißen Meinung, zu der Ehre Gottes, der Christlichen Kirchen, zu trost, dem heiligen Römischen Reich zu nucz und Wolfarth, zu wieder- an- und auffrichtung des Reichs Grundgesecze, und anderer heilsamen Constitutionen, zur conservation der Teuczschen Libertet, auffhebung des hochschedlichen Mißtrawens, auch stifft- und fortpflanczung guter Einigkeit, harmoni und vertrawlichen Correspondentz, insonderheit aber zu unserm, und der andern Evangelischen Stände Auffnehmen und Gedeyen, zu vergleichen. Wirdt derowegen unser General-Leutenant sich ungeseumpt auff den wegk machen, und seine Reyse also maturiren und fortstellen, daß Er ehist zu Pilsen anlangen möge, Förder darauff bey Seiner L. sich gebürend angeben, Unsere Vollmacht, nebst Vermeldung unserer freundlichen dienste, exhibiren, seine Person dadurch legitimiren, und ferner anzeigen: Welchergestaldt die Röm. Key. Mait. gegen uns, durch Herzog Francz Julij von Saßen L. dero hohe Friedensbegierde nicht allein contestiren, sondern auch darbey berichten laßen, wie Sie Seine, des Herrn Generalissimi L. zur Handlung und Schluß biß uff Irer Key. Mait. ratification, Plenipotentz ertheilet. Nun vernehmen wir dasselbe gar gerne, Hetten unsers Theils die Rettungswaffen zu keinem andern ende ergriffen, als einen erbarn, redlichen, sichern, bestendigen Universal-Frieden dardurch zu erlangen. Weil wir dann vermercken, daß Seine L. darzu gar wol inclinirt, hette er, unser General Leutenant, befelch, von Sr. L. zu vernehmen, ob Sie gemeint, im Nahmen Ihrer Key. Mait. und als dero verordneter Keyserlicher Plenipotentiarius, die Handlung vorzunehmen, uff welchem fall er Bedenken haben würde, seine Vollmacht zu produciren, unnd Ihme davon beglaubte Abschrifft zukommen zu laßen. Stellete auch in keinen Zweiffel, da ferne der Herr Generalissimus im nahmen der Catholischen Liga mit zu tractiren gemeint, Er würde sich nicht beschweren, wie es umb derselben Vollmacht bewandt, gleichfalls anzudeuten. Do nun solche bey der handt, und unser General Leutenant befindet, daß sie sufficient, hat es darbey sein verbleiben, undt er wirdt umb eine vidimirte Copey bey des Herrn Generalissimi L. gleichergestaldt anhalten. Zum fall aber keine vorhanden, müste die Handlung und künfftiger Schluß auff der Catholischen Chur. Fürsten und Stände Ratification gestellet werden, und der Herr Generalissimus versprechen, dieselben binnen einer gewißen Zeit einzuschaffen. Wie wir dann, do es der Herzog zu Fridlandt also begehren wirdt, reciprocè des Erbiethens, uns zu bemühen, daß der Evangelischen Churfürsten und Stände ratification innerhalb gewißer Zeit gleichfalls eingebracht werden möge, Doran umb soviel weniger zu zweiffeln seyn wirdt, wann der Herzog zu Fridlandt, als Keyserlicher Gevollmächtigter, die Conditiones oder Media Pacis, wie sie vorm Jahre alhier bedacht, zusammen getragen, und von Chur-Brandenburgs L. und andern domals anwesenden Fürstlichen Personen approbirt worden, eingehen, und daß er die Keyserliche und der Catholischen Stände Ratification dorüber zu wege bringen wolle, zusagen wirdt. Solte dann unser General Leutenant aus verlesung der Keyserlichen Vollmacht warnehmen, daß die limitata were, es wolte aber der Keyserliche Generalissimus darüber schreiten und weiter gehen, und mit Ihme Unserm Generol Leutenant, uff ratification schließen, Laßen wir solches, weil es Ire Key. Mait. gewilliget, Zumahl wann es uns und der Evangelischen Parthey zum besten, und beförderung unserer Christlichen löblichen intention gerichtet, auch geschehen. Do dann der Herzog zu Fridlandt sich gewißer, zu unserm, und der sämptlichen Evangelischen und Protestirenden Churfürsten und Stände bestem, angesehener Puncten, mit unserm General Leutenanten vergleichen würde, und solche zu behaupten sich verobligiren wolte, hat unser General Leutenant solches zu acceptiren und von Ihme anzunehmen.

Ließe sich aber der Generalissimus soweit heraus, daß von Irer Keys. Mait. Er disgustiret, und wolte daher sein Vorhaben wieder dieselbe und dero Ercz-herzogliches Hauß richten, Soll sich unser General Leutenant bemühen, und hirunter keinen vleiß sparen, daß Er des Generalissimi L. darvon durch allerhandt hirzu dienliche persuasiones und rationes uffs glimpfflichste dehortiren und abhalten und uff beßere und verantwortlichere Wege führen und bringen müge. Sonsten ist uns von des Herzogs zu Fridlandt privatis offensis nichts wißend, Wir sehen und zielen allein auf die Ehre Gottes, die Wolfarth seiner Kirchen, tranguillirung des heiligen Römischen Reichs, und daß wir Salutem totius Populi rühmlich befördern. Darzu ist unsers ermeßens uff der Welt kein ander Mittel zu finden, als die restaurirung eines bestendigen, ehrlichen, auffrichtigen, wolversicherten Universalfriedens, zu welchem Zweck wir inn allen unsern Rathschlägen, Thuen und Vornehmen gezielet, Darbey Wir dann, vermittelst Göttlichen Beystandes, gedencken zu verharren. Dann ob wir wol hartt beleidiget, und also zu ergreiffung der Rettungs Waffe genottrenget worden, So ist doch darumb unsere intention nicht, einen perpetuirlichen Kriegk zu führen.

Sonsten versehen wir Uns, der Herr Generalissimus werde, in anerinnerung seines selbst gethanen, vielfeltigen Contestationen und Begierde zum Frieden, zu dem scopo alle seine Sorge und Bemühung richten und anwenden, damit das Oberhaupt und deßen Glieder wiederumb mitteinander vereiniget und das im Elend unnd Noth liegende Römische Reich inn Ruhe und Sicherheit möge gesezet werden.

Und alßdann zu erreichung dieses Christlichen Zwecks, hiebevor gewiße Puncta, als Conditiones consequendae et firmandae Pacis, verfaßet, und von unterschiedlichen Chur- und Fürsten des Reichs vor billich geachtet worden, Wünschten wir wol von Herzen, daß solche ingesampt von Haupt und Catholischen Gliedern möchten eingegangen, und placitirt werden. Inmaßen denn Unser General Leutenant hierinnen an seinem euserst müglichen Vleiß nichts wirdt erwinden noch abgehen laßen. Do aber unser General Leutenant vermerckete, daß des Herzogs zu Fridlandt L. einen und den andern Punct difficultiren möchte, Seind wir der Gedancken, es köndte unser General Leutenant die Puncta mit dem Herrn Generalissimo vornehmen, von einem Punct zum andern gehen, und was Er doran zu desideriren und zu difficultiren, auffzeichnen, Darvon Uns alsofort uff einmal uf der angelegtenn Post unterthenigst berichten, Sind wir des Erbiethens, uns in müglichster eil und also zu resolviren, daß die Tractaten darumb nicht sollen remoriret und auffgehalten, Weniger zu vielem hin und widerschicken, zu des Generalissimi verdruß und discommodirung, anlaß gegeben werden. Do aber uff seiten Irer Key. Mait. die Conditiones nicht solten angenommen werden wollen, und gleichwol das werck soweit gebracht, daß mit dem Generalissimo ein Schluß, nach vorgehender Unserer Beliebung, gemacht, Wollen wir uns laßen angelegen sein, denselben inn seine Krafft und Würcklichkeit bringen zu helfen, Dann wir gemeinet, vermittelst des Allmächtigen Gottes Beystandts, treulich zu cooperiren, daß in dem Römischen Reich der so lang desiderirte Friede wieder erlanget werde, Wünschen auch mehrers nicht, als daß alles durch friedliche, freundliche, güttliche und schiedliche wege componiret, und kein Theil zu neuer Empörung und Unruhe ursach geben möge.

Gebe dann der Allerhöchste glück und segen darzu, daß alles zu unserm und der andern Evangelischen und Protestirenden Stände gutem Contento, inn richtigkeit gesezt, und es erlangte bey der Key. Mait. des Herzogs zu Fridlandt L. des gemachten Schlusses Ratification, Zweiffeln wir nicht es werde ein und der ander Theil desto eher zu bewegen seyn, demselben sich zu accommodiren.

Do nun nach der Norm dieser unserer, dem General Leutenant ertheilter Instruction, durch gnedigen Beystandt Gottes ein Schluß gemacht, Soll uns derselbe zu vorher uff der angeordneten Post ubersendet werden, und Unser General Leutenant den Herzog zu Fridlandt dahin disponiren, Ihme einen kleinen Verzugk inn einer so hochwichtigen Sach nicht zuwieder seyn zu laßen. Gienge der Herzog zu Friedlandt gleich uff eine Vereinigung beeder Arméen, kann doch dieselbe nicht ehe geschehen, es sey dann erst der Friede gemacht, und etwas gewißes und bestendiges geschloßen. Welchermaßen wir uns nun des Commando halber mit der abgeleibten König. M. zu Schweden etc. hochlöblichen Andenckens, vereiniget Also wollen Wir uns hierinnen gleichergestalt, auff dem fall wenn es zum Schluß kommet und alles richtig, gegen des Generalissimi L. zu erzeigen wißen.

Schließlichen, wenn mann der Friedens Puncten einig, Wir auch vernehmen werden, was des Herzogs von Fridlandt L. sich auff unsere Postulata der begehrten satisfaction, wegen der Keyserlichen richtigen, gestandenen und versicherten Schuldforderung und sonsten, so absonderlich verzeichnet worden, sich resolviren wirdt, Wollen Wir Uns darauff wegen der Recompens, so Ire L. suchen möchten hinwiederumb zu dem ienigen, so Christlich, erbar, billich, unsern Mit Religionsverwandten unschädlich, thunlich und verantworttlich, der müglichkeit nach, willig erfinden laßen, Doch müsten Wir vor allen dingen Bericht haben, was dann Sr. L. vor eine Recompens begehren thue.

Uund weil diese Tractaten Gottes Ehre, der Kirchen wolfarth, vieler millionen Seelen Zeitliches und ewiges Heil, des geliebten Vaterlandes Teuzscher Nation Beruhigung, auch reducirung des Reichs Grund-Gesecze, und anderer heilsamen Constitutionen und Abschieden zu voriger observanz, betreffen und angehen, Wird unser General Leutenant sich das ganze Werck dermaßen Christlich, embsig, sorgfeltig, vorsichtig und getreulich angelegen seyn laßen, damit er deßen von Gott reiche Belohnung haben, und ein stetswehrenden Ruhm und Ehre darvon bringen müge.

Was sonst weiter vorfellet, darüber Er iezo nicht instruiret werden können, Wollen wir seiner Uns bekandten dexteritêt und Legalitêt heimbgestellet haben. Uns auch auff sein begehren, und eingeschickte unterthenigste Berichte, ferner gnedigst resolviren. [Grußformel; Datierung.]

131. Kaiserlicher Befehl an die hohen Offiziere der kaiserlichen Armee [1]

Entbindung vom Gehorsam gegenüber Wallenstein; Übertragung der Befehlsgewalt auf Gallas, Marradas, O. Piccolomini u. a.

Aretin S. 122–124.

Wien, 18. Februar 1634

Ferdinand [Titulatur] Wür mögen Dir nit pergen, waß massen Wür mit Unserem gewesten Veldhauptman, dem von Fridlandt, auß vilfaltig ganz erheblichen rechtmessigen Ursachen, Welche Dir und Meniglich mit ehistem Zur nachrichtung offentlich an tag gegeben, und publicirt werden sollen, eine Veränderung VorZunehmmen getrungen worden, Welches Wür dan Inmittelß Zu dem Ende Dir andeuten, undt darneben, alß Römischer Kaiser, und obrister Veldherr alles ernsts auferlegen wollen, daß Du mit sambt Deines Regiments Untergebnen officirn und Soldaten, gemeltem Unsern gewesten Veldhaupt-

[1] Vgl. Hallwich, Wallensteins Ende II S. CLXXI; Irmer III S. LIV; Mann S. 1084f.; Srbik S. 134; Suvanto S. 350; Weibull S. 20.

man, dem von Fridtland, ainigen gehorsamb Weitter nit mehr laistest, noch seinen, oder dessen Von Ilau, oder Tertzga[2], oder wehr sich sonsten dessen boßhafften beginnen und anschlögen Weitter anmassen und anhengig machen wolte, ergehenden ordinanzen auf Kainerlay Weiß noch weeg volgen Thuest, nachkhomest, und gehorsambest, Inmassen Wür dan Dich, und iezt gemeltes Deines Regiments Untergebne officir und Soldaten von dem Jenigen obligo und Gehorsam, damit Du und sye hiebevor an gemelten Unsern geweßten Veldhauptman gewisen worden, Alß Röm. Kayser, undt obrister Veldher, deme Ihr allein mit ayd und pflücht verbunden, hiemit genzlich loßZehlen, erledigen, und entbünden.

Damit Du aber gleichwohl Inmittelß, und biß Wür Unß weegen anderwehrter bestellung aines General Veldhauptmanns (so doch mit dem förderlichisten alß Imer möglich geschehen solle) resolvirn werden, wissen mögest, wessen du Dich Zuverlassen: Alß Bevelchen Wür Dir hiemit gnädigst, und wollen daß Du und obbesagte Deines anvertrautten Regiments officir und Soldaten von Nun an und ins Khonfftig biß Zu iezt angedeuter anderwehrter bestellung des obristen Generalats mit dem Schuldigen respect und gehorsamb an die Würdige hoch- und Wohlgeborne, auch Edle Unsere und deß Reichs liebe getreue, Mathias Graffen Gallaß, Unsern General-Veldmarschalkh, Wie auch Don Balthasar de Maradas[3], Unsers Erb-Königreichs

[2] Ilow und Trčka.

[3] Ebenfalls vom 18. Februar 1634 stammt der folgende Brief des Kaisers an Marradas (Hallwich, Wallensteins Ende II S. 464):

„Lieber Graff von Marradas.

Demnach Ich von meinem Veld Marschalken dem Grafen von Aldringen ausführlich bin berichtet worden, was er und der General Leutn. Graf Gallaß über dz sich erst eröffnete unwesen mit euch der Versicherung des königreichs Behaimb halber abgeredt undt verglichen haben, als nimb Ich solchem euren gegen mir und meinem Hauß erzeigenden rühmblichen eifer zu sonderbahren gnaden auf und bin hergegen genaigt, solches euch hin widerumben mit gdster erkandnus geniehsen zu lassen.

Zumahln aber diesen gefehrlichen bösen machinationen und Practicken in Zeiten vorzukommen und zu unterbauen die höchste notturfft erfordert, dz an allen seithen fleis angewendet und die benöthigten fürsehungen eilendts befördert werden:

Als ist man hier gleich damit im werkh, alles auf fürtraglichen weg und schlag zurichten, wie Ihr mit mehrem von dem Graven von Aldringen vernemmen werdet, Ich euch aber gleichwohl auch hiemit sorgfeltig ermahnen wolte, die aldorthigen andamenti, da nuhmehr alles bald mehrers aufbrechen wird, alles Fleisses zu observirn und die bewusten Posten, welcher halben Ihr euch mit vorbemelten beiden Grafen Gallassen und Aldringen beraits apuntirt habt, wohl zu verwahren und zu versichern, auch alle Verlauf von Zeith zu Zeith mir alhero zu überschreiben und auch zugleich vorbemelten General Veldtleut. und Veldt Marschalken alles zu berichten. Negst dessen zuverlässigen erwartung bin und bleibe Ich euch mit allen gnaden wohlgewogen."

Böhemb Generaln, Ottavio Graven Picolomini, Unsern General-Veldmarschalkhen, (doch der gestalt dafern sich derselbe nit mehr bey obgedachtem Unsern gewesten Veldhauptman befinden thuet) Rudolphen von Coloredo Graven Zue Walsee, auch Unsern General Veldmarschalkh, Melchiorn von Hatzfeld, Unsern General Zeugmaistern, Johan Götz[4], Freyherrn und Ernsten Baron de Suis, beeden Unsern General-Veldmarschalkh-Leitenants, hiemit gewisen seyest, gestalt Wür dan Dich und sye hiemit an dieselbe allergnädigst und dergestalt anweisen, Das Du alsobald nach empfang diß Unsers Kays. bevelhs derselben und Kaines andern ordinanzen allerdings nachlebest, und dabey das Jenige laistest, waß ainem aufrechten und redtlichen Obristen und Soldaten aignet, und gebüret, mit dem Kays. allergnädigsten Versichern, daß wie Wür biß dato über alle ordentliche und Mögliche Mittel so Wür im heil. Römischen Reich haben können, alle und Jede in Unsers Erb Königreich und Landen angelegte Contributiones und verfallene confiscationes, Unserer Kays. Armada Zu guetem, obangeregtem Unsern gewesten Veldhauptman hiebevor allerdings angewisen, und eingeraumbt haben, daß Wir auch hinfüro Unß noch mehrers angelegen sein lassen wollen, darmit durch Jetzt gehörte und alle andere Teuerliche Mittel Jetzt benenther Unserer Kays. Armada und allen deren Zugethanen getreuen und retlichen Obristen, officirn und Soldaten ganz Vatterlich und allergnädigst assistirn, beyspringen, und belohnen mögen, darauf Du und alle andere Euch bestendig Zuverlassen, und Kainen widrigen impressionibus und falsch erdichten boßhafftig unerfindtlichen einbildungen ainigen glauben Beyzumessen Ursach habt. Wür thuen Unß auch gegen Dir Kaines andern alß obligender schuldigkheit und gelaißtem Ayd und pflüchten nach allergehorsambste VolZiechung diser Unserer Kay. Verordnung willen und bevelchs versehen[5].

[4] Johann Frhr. v. Götz (1599–6. 3. 1645), bis 1626 Militärdienst unter Mansfeld, anschließend in Wallensteins Heer, 1636 Feldmarschall in bayerischem, 1640 in kaiserlichem Dienst; vgl. ADB 9 S. 510f.

[5] Vgl. zu diesem Schreiben auch folgende sechs Briefe:

(1) Ks. Ferdinand II. an Heinrich Julius, Hg. von Sachsen-Lauenburg, d. d. 18. 2. 1634 (Hallwich s. o. S. 465f.);

(2) Ks. Ferdinand II. an Oberst Johann Wangler d. Ä., d. d. 18. 2. 1634 (Hallwich s. o. S. 466):

„Nachdem du aus einem andern unsern schreiben zugleich vernemmen würdest, was gestalt Wir uns aus ganz erheblichen, rechtmessigen Ursachen resolvirt haben, mit Unsern gewesten Veldhauptman, Den von Fridland, eine Veränderung fürzunemmen:

Als haben wir Uns zugleich aus geschöpfter sonderbahren gdster Naigung gegen deiner Persohn entschlossen, dz du dich alsobaldt sambt deinem, dem Teuffenbachischen, Alt Breinerischen, Mohrwaldischen und Beckischen Regimetern in Prag begeben und, was du beinebens noch von getreuen kriegsvolkh wurdest zusambbringen können, das-

Anm. 5 (Forts.)
selbe an dich ziehen und über alles in bemelter Statt Prag dz Commando führen, auch dich selbiger Unserer königl. Residenz Statt also lang wohl versichern sollest, bis unser General leitn. der Graf Gallas, Don Balthasar, Veld Marschalckh Graf v. Aldringen, Piccolmini oder Coloredo entweder dahin kommen oder sonsten deines Verhaltens halber dir fernere ordinanzen zuschicken werden; zu welchem end wir dan bemelte Regimenter bei disen deswegen aigen abgefertigten auf dich mit dem respect und gehorsamb anweisen, und wirdest darauf dem gdst. gestelten Vertrauen nach allen sachen recht zu thun wissen, auch, was der orthen noch fürgehen möchte, uns und vorbenanten von uns ordinirten hohen Kriegs Commendanten alle mahl zur zeitlichen fürsehung berichten.

Dargegen Du Dich unserer gdsten khay. erkandnus zuverlessig zugetrösten, als die Wir vorhin Dir mit allen gnaden wohlgewogen sein und verbleiben."

(3) Ks. Ferdinand II. an Oberst Hans Gottfried Frhr. v. Breuner sowie mut. mut. an Oberst Johann Beck, Joh. Wangler d. J. u. a., d. d. 18. 2. 1634 (Hallwich s. o. S. 466f.) mit dem Auftrag, mit ihren Regimentern sich nach Prag zu begeben und sich dort dem Obersten Wangler d. Ä. zu unterstellen;

(4) Ks. Ferdinand II. an die Statthalter von Böhmen, d. d. 18. 2. 1634 (Hallwich s. o. S. 463f.):

„Hoch- und Wohlgeborne. Edle, liebe Getreue. Wir mögen Euch nit pergen, wasmassen wir mit unserm gewesten Veldhauptmann, den von Fridland, aus vielfeltigen, ganz erheblichen, rechtmäßigen Ursachen (welche euch und menniglich mit ehistem zur nachrichtung offentlich sollen an tag gegeben und publicirt werden) eine veränderung fürzunemen gedrungen worden. Und weilen dan bei solcher bewandnus die hohe notturfft erfordert, daß zuvorderist unser Königreich Behaimb und Königl. Residenz Statt Prag vor demselben, sowohl auch seinem anhang, dem Ilow und Trzka und wer sich sonsten deroselben boshaftigen anschlägen weitter anmassen und theilhafftig machen wolte, gesichert und wohl verwahret sein möge: Als habn wir Unserm General Leutn., Veld Marschalkhen und lieben getreuen Matthiae Graffen Gallasen, Johann Grafen von Aldringen, Don Balthasar de Marradas, Fra Ottavio Grafen Piccolomini und Rudolphen Grafen von Coloredo dis orths die militarische Direction und Commando hierüber allergdst. aufgetragen, inmittelst aber bis zu negster einlangung unserer oder deroselben ordinanzen dem Obr. Wangler gdst. anbevohlen, dz er alsobald die negstgelegenen Teuffenbachisches, seines, Mohr Waldisches, Breinerisches und Beckische Regimenter, und was er noch dazu in eil von andern Regimentern möchte bekommen können, in bemelte Statt Prag zusambführen und bis auf negst volgende fernere unsere oder ernenter hohen Kriegs Officier weittere Verordnung derselben defension und versicherung wohl in acht nemmen solle; des gdsten Vertrauens, Ihr mit demselben nit allein zu solchem ende bester massen correspondiren, auch ihm zu ihrer Verrichtung allen beförderlichen besten vorschub und hülff erweisen, sondern auch sonsten an eurem orth für euch selbsten auf alles unser und bemelten unsers Königreichs wolmeinende Interesse und dise darwider gestelte gefehrliche machinationes und böse practikken also ein wachtsames aug halten werdet, damit uns und unsern bemelten fürnemben kriegsofficiern alles, so Ihr in erfahrung werdet bringen khönnen, bei tag und Nacht notificirt und antrohenden gefehrlichkeiten dardurch in Zeiten möge vorkhommen und begegnet werden.

Anm. 5 (Forts.)

Solches, wie es nach Uns zu Euer und des gesambten unsers königreichs selbst aignen conservation und sicherheit sonderlich geraichet, als sind wir hingegen genaigt, es mit absonderlichen khay. gnaden gegen euch zuerkennen."

(5) Ks. Ferdinand II. an die Statthalter von Böhmen, d. d. 25. 2. 1634 (Hallwich s. o. S. 484f.):

„Liebe getreüe. Ihr werdet auß Unserm dieser tagen abgegangenenn gnädigsten Schreiben mit mehrern verstanden haben, waß gestalt Wir auß hochwichtigen ursachen bewogen worden, mit Unserm gewestem Veldthaubtman, Dem von Friedtlandt, eine änderung fürzunehmen und ihne deß Generalats der ihme auffgetragenen Veldthaubtmanschafft zuentsetzen. Und sintemaln Wir nicht weniger unß wolbedächtiglich resolvirt, deßen haab und gütter zu Unser und Unserer Armada besten, alß die Wir hierauff vertröstet, appraehendiren zu laßen: Alß haben Wir bereit zu diesem endt, nach laut der beylag, denen [titl.] Grafen Sdencko von Kolowrath[a] und Melchiorn von der Wahl[b] Commission auffgetragen; und weiln Wir auch ein notturfft befunden, Unß zugleich deß Adam Ertmans Trzka und Christian Iloo, alß seiner adhaerenten, in Unserm Königreich Beheimb habender Gütter zuversichern: Alß haben Wir Eüch hiemit gdst. anbefehlen wollen, daß Ihr alsobaldt bey erbrechung dieses mit der beheimischen Cammer alda hiervon communiciret, gewiße vertraute Persohnen zue Commissarien verordnet und denselben mitgebet, sich unverzüglich auff besagte gütter zuverfügen und alle und iede ihre gütter, so gedachte beyde Friedlandische adhaerenten in Unserm Königreich Beheimb ingehabt oder beseßen, unsaumblich zu appraehendirn, die Unterthanen in unsern gehorsamb zunehmen und der administration derselben biß auff unsere fernere verordnung treülich und fleißig vorzustehen, auch benebenß solche versehung zuthun, damit nicht allein gedachten beyden Friedtlandtischen adhaerenten nichts weiter von den einkommen gefolget noch sonsten einziger vorschueb beleistet sondern auch nichts davon distrahirt noch verändert werde; zu inventir: und beschreibung aber der daselbst etwa befindtlichen mobilien werden sie sich derienigen Persohn zubedienen wissen, so ihnen von der Buchalterey der behem. Cammer, alß welcher Wir deßwegen auch schon zugeschrieben, zugegeben werden wirdt.

Damit aber diese Commission von ihnen mit desto mehrerer sicherheit verrichtet werden könte, so werdet Ihr bey dem Commendanten aldort es dahin zurichten haben, damit ihnen etwas von unserm Volckh, soviel Ihr ein notturfft erachten würdet, zugegeben werden möchte. Ferner ist auch Unser gdster befehl, das Ihr daß Friedtlandische hauß daselbst[c] zu unsern handen einziehen und, daß Ihr sonst von seinem oder gedachter seiner beyder adhaerenten mobilien doselbst zu Prag oder sonst im Königreich in erkundigung bringen könnet, arrestiren laßet, von allen und ieden aber Unß des erfolgs unverlengt berichtet und zugleich daß Inventarium der verhandenen mobilien mit einschicket.

[a] Zdeněk Lev z Kolovrat, nach Doc. Boh. V Register „Unterkämmerer der k[gl]. Leibgedingstädte"; nach OSN XIV S. 601 „byl od r. 1638 podkomořím králové".

[b] Melchior v. Wahl, böhmischer Kammerrat.

[c] Gemeint ist das Palais Wallenstein (Valdštejnský palác a Valdštejnská zahrada) in Prag-Kleinseite (Malá Strana).

Anm. 5 (Forts.)

Maßen Ihr eüerer bekanten gueten discretion nach wol zu thun undt daran Unsern gdsten willen und meinung zuvolziehen wißen werdet."

(6) Einen Kommentar zu den Schreiben vom 18. Februar 1634 bietet ein Armeebefehl Wallensteins, kurz vor seinem Tode aus Eger erteilt (Hallwich s. o. S. 241–243; [vgl. ein ähnliches – stark gekürztes – Schreiben aus Pilsen d. d. 21. 2. 1634 bei Wiegler S. 401 f.]): *Bezug auf 1. Pilsener Schluß; Abfall von Offizieren und deren Befehlsverweigerung; Rückweisung der Verdächtigung, antikaiserlich zu handeln; Befehl, die Truppen zusammenzuziehen und persönlich nach Eger zu kommen.*

„Edler, Gestrenger, besonders lieber Herr Obrister. Welcher gestalt wir unlängst im abgewichenen Monat Januario dieses Jahrs auß gewißen, damalß zum theil angeführten motiven die waffen zue quittiern undt unß zu retirieren willens geweßen, doch aber auf unnachlößiges Flehen undt bitten der damalß zue Pilßenn beysammen gewesenen General officier, Obristen undt anderer der Regimenter Commandanten unß so weit bewegenn laßen, daß wir ihnen versprochen, bey unserm Carico so lanng zue continuieren, bis wir sehenn, waß für mittl zue contentier: undt unterhaltung der armada geschaffet werden möchten; hingegen aber obgedachte general officier, Obriste undt andere der Regimenter Commendanten vestiglich unndt anstatt eines cörperlichen Aydts, unnß hierunter nicht steckhen zu laßen, besonndern, weiln wir ihrent halbenn unß so weith engagieren thäten, biß denn letzsten bluets Tropfen bey unnß zu halten verobligieret, wie solches der unter dato den 12. January zue Pilßen aufgerichteter Schlueß[d] mit mehrem außweiset, solches erinnert sich der herr gueter maßen. Undt ob wir zwart niemahlen gezweifelt, auch noch nicht zweifeln thun, die hierbey interessierte sambt und sonders solches schlusses undt der darinn enthaltenen verpflichtung sich erinnern, auch in allen Puncten unndt Clausulen demselben, wie erbahrn Leuthenn zuestehet, nachlebenn undt sich auf keinerley weyße, unter waß praetext es auch immer sein könte, abwendig machen laßen oder sonsten davon schreitten werden: So müeßen wir dannoch nicht ohne besondere befrembdung vernehmmen, das etliche General Persohnen, umb welche wir doch viel ein anders verdiennt, auch ein solches unß keineswegs vermuethen können, gestalt wir dann auch solcher wegen an Ihr Kayl. Maytt., deroselben solches unterthänigst remonstrieren zu lasen undt unsere geführte actiones, wie sichs gebühret, zu justificiern, unterschiedliche abgeschicket und bis dahin unß auß erheblichen ursachenn, insonnderheit allen verdacht, ob wir mit dem feindt oder sonnsten Jemandts einige gefährliche conspiration hetten oder sonnsten etwas wider Ihr Kayl. Maytt. undt die Religion, wie villeicht etliche mit unwahrheit außgebenn, machiniern thäten, zu entladen, anhero in Eger, woselbst Ihr Kayl. Mayt. Guarnizion sich befinndet, begebenn, nicht allein solchen schluß zuewider zuehandlen, besondern sogar unß zue höchstem praejudiz unndt schimpff die Obriste undt Commendanten der Regimenter von ihrer schuldigen obedienz unndt respect gegenn Unß zu divertieren undt außtrücklich, weder unnß noch dem Veldtmarschalckh von Illaw unndt General vonn der Cavalleria Grafen Trzka zu obedieren[e], zuverbiethen, ihnen ohne einzigen fueg unterstehen dörffen.

Wann nun ein Jeglicher leicht zuermeßen, daß im fall der gestalt wir vonn allen wider

[d] Nr. 122.

[e] Nr. 131 mit Anm. 5: (2), (4), (5).

132. 2. Pilsener Schluß [1]

Interpretation des 1. Pilsener Schlusses als nicht gegen den Kaiser und die katholische Konfession gerichtet; Versprechen, nichts zu tun, was gegen Kaiser und Katholizismus gerichtet sei; Verpflichtung gegenüber Wallenstein.

Hallwich, Wallensteins Ende II S. 231–233.
(Auch: Wiegler S. 399–401; stark gekürzt Paulus S. 78f.; Inhaltsangabe bei Aretin S. 125 bis 127 sowie Hallwich, Wallensteins Ende II S. CLXXf.)

Pilsen, 19./20. Februar 1634

Demnach unlängst unterm dato den 12. Januarij zwischen Unß zu endt beschriebenen der Röm. Kay. Mt. respective Generalissimo und andern General Officieren, auch Obristen und der Regimenter Commandanten ein gewißer unwiederufflicher schluß folgender gestalt beständigst aufgerichtet [2] undt ge-

alle billigkeit undt erbahres versprechenn verlaßenn, Ihr Maytt. auch villeicht durch unser mißgönstiger fälschliches angeben eine unverdiente ungnadt wider unnß zu faßen verursachet werden möchten, also für unsere trewherzige, wohl gemeinte affection, indem wir der armada zum bestenn auf gewiße maße zupleiben versprochenn undt unß der officier, Obristen undt Commendanten halber so weith eingelaßen, eine schlechte remuneration geschehen würde, auch auß dergleichen rupturen, da denselben in der Zeit keine remedierung gefunden werden solte, nichts alß gännzlicher untergang der armada undt consequenter unfehlbahrer verlust Ihrer Kayl. Maytt. Erb Königreich undt Lannden, bevorab bey iezigen des feindts vielfältigen moti, erfolgen müste undt unß, ein solches in der Zeit zu praecavieren unndt darzue alle dienliche mittl zusuchen, obligen undt gebühren will; doch aber kein füeglichers mittl, alß die Regimenter an ein gewißes orth zusammenführen zu laßen unndt mit den Obristen unndt Commendanten unnß nochmalß aller nothurfft zu unterreden befinnden:

Alß thun wir dem herrn zuforderst des jenigen respects, mit welchem von Ihr Kayl. Maytt. an unß Er gewießenn, dann auch seiner so thewer unß gethanen verpflichtung erinnern undt darauf ernstlich befehlen, mit seinen Regiment gegen den . . . [unklar] bey Laun, wo selbst der general Rendezvous sein würdt, zu comparieren unndt lauth eingelegten Zettelß sich zu logieren, für seine persohn aber anhero zue unnß zue kommen undt darvon nichts in der welt unndt keines menschen ordre, zumahln wir nichts alß Ihr Kayl. Maytt. diennst unndt dero Erb Königreich unndt landen conservation suchenn thun, abhalten zulaßen. Gestalt wir dann daran nicht zweifeln unndt Er seiner schuldigkeit nach zuethun wißen würdt. [Datierung,]

[1] Vgl. hierzu Diwald S. 526; Irmer III S. LVI; Mann S. 1096–1099; Srbik S. 132, 138; Steuer S. 492; Suvanto S. 352f.; Wagner S. 160.

[2] Vgl. Nr. 122.

troffen, also, dz, dieweiln wier, die sämbtliche höchstgedachter Ihr Kay. Mat. General Officier, Obriste undt der Regimenter Commandanten, damalß gewiße nachrichtung erlanget, waßmaßen der Durchleuchtige, Hochgeborne Fürst undt Herr, Herr Albrecht Hertzog zu Mechelburg, Friedtlandt, Sagan undt Großglogaw [etc.] auß allerhandt im obberürten getroffenen schluß angeführten motiven die waffen zu quittiren und sich zu retiriren entschlossen;

Wir aber in höchstnothwendigster, pflichtschuldigster erwegung, waß durch sothane unzeitige Hochgedachter Ihr Fürstl. Gn. vorhabende resignation Ihr Kay. Mt. Dienst, dem algemeinen wesen undt der armada vor unersetzliches præjudicium, dan consequenter Ihrer Mt. Erbkönigreich undt Landen für unwiederbringlicher schaden und Unß allen sambt undt sonders für gefahr, ia gäntzlicher ruin alles obgesetzten unfeilbar, ia nothwendig erfolgen müßen, Hochgedacht Ihr Fürstl. Gn. durch gewiße, auß unserm mittel darzu deputirte solch Unser anliegen unterthänig undt gehorsamblich zu gemüth geführet undt flehentlich so weit erbeten, dz dieselbe solche ihro zu besagter resignation habende bewegliche, sowohl unsern deputirten eröffnete, alß hernachmalß in præsentz Unser aller wiederholte motiven zurukgesetzt; wie dan auch wier sambtlich und ein yeder insonderheit bey mehr hochgedachter Ihrer Fürstl. Gn. trew, erbar und redlich biß auf den letzten blutstropfen zuhalten undt von derselben auf keinerley weyse Unß zu separiren noch separiren zulaßen, Unß hingegen verbüntlich gemacht, gestalt solches offtbesagter schluß mit mehrem außweiset; ob nun zwar man keinesweges vermeint, daß sothaner schluß weder von einem noch dem andern teil, weder in universalj noch in particulary, ungleich solte aufgenomben oder in andern verstandt, alß er gemeint, torquirt werden: So vernimbt man dennoch, dz etzliche hievon ubel reden und so gar, ob solches wieder Ir Kay. Mat. undt dero Hoheit oder die religion angesehen, fälschlich außgeben undt dardurch allerhandt diffidentzen anzusbinnen ihnen unterstehen wollen. Wan aber es mit sothanen schluß eine solche meinung auf keinerley weyse hat, Unser Keinem auch niemalß in Sin, hertz noch gedanken gestiegen, wieder Ihr Kay. Mt. oder Unsere mehrenteilß eigene religion dz geringste zugedenken, weniger einige machination anzustellen: Alß ist deßwegen nicht allein den yenigen, so dergleichen falsche auflagen wieder Unß sämbtlich oder einen yeden insonderheit außzugeben ihnen unterstehen, hiemit per expressum zu contradiciren und an beyden theiln hingegen zu protestiren für nothwendig befunden. Undt thun zuforderst wier Albrecht Hertzog zue Mechelburg [etc.] dißfalß in optima forma hier wieder bedingen undt hiermit alle Ihr Kay. Mt. untenbeschriebene General Officier, Obriste und andere der Regimenter Commandanten nochmals versichern[3], dz Unß niemalß in sin komben, dz geringste Ihr Kay. Mt.,

[3] Der 'Zweite Pilsener Schluß' ist unterzeichnet worden von: Julius Heinrich Hg.

Dero Hoheit, weder der religion zuwieder zu gestatten, noch weniger selbst zu practiciren, besondern dz wier eintzig undt allein auf unnachläßiges bitten der Officier Ihr Kay. Mt. dienst undt der armada zum besten biß dato verblieben, yedoch, wegen der vielfältig wieder Unß angestellter machinationen Unß in guter sicherheit zuhalten, in solchen schluß gewilliget. Undt thuen solchem nach Unser voriges der armada und der Officierer gethanes versbrechen hiermit erwiedern, benebenst auch, im fall sie, dz wier dz geringste wieder Ihr Kay. Mt. undt dero Hoheit, sowol die religion, zu attentiren Unß unterstehen, vermorken würden, sie der yenigen obligation, wormit sie unß für diesem, so wol anyetzo, sich verbüntlich gemachet, sie sambtlich und einen ieglichen insonderheit Krafft dieses loßsbrechen, sonsten aber Unß vorsehendt, dz die Herrn General Officier, Obriste undt andere mit beschriebene ebenmäßig dz yenige, so sie Unserer sicherheit halber Unß versbrochen, würklich adimpliren werden. Wie dan gleichergestalt wier, die sämbtliche General Officier, Obriste undt der Regimenter Commandanten, ebenmäßig, dz Unser Keiner dz geringste wieder Ihr Kay. Mt. undt mehrenteilß Unsre eigene Religion gedacht, weniger zu machiniren Unß unterstanden, hiermit protestirn; sonsten aber alles daßelbe, so wier mehrhochgedachter Ihr Fürstl. Gn., alß welche auf Unser unnachläßiges bitten soweit sich heraußgelaßen undt bey Unß, Ihr Kay. Mt. Dienst und der armada, consequenter unß allen eintzig zum besten, zu bleiben gnädig versbrochen, Ihrer sicherheit halber schrifft: undt mündtlich Unß verobligiert, anhero wiederholen undt noch wie vor bey, nebenst undt vor Ihr Fürstl. Gn. biß den letzten blutstropfen unaußetzlich zuhalten, auch allem dem, so vorhin verschrieben, ohne einige gefehrde, mit Darstreckung leib, Ehr, guth undt bluts würklich undt ohne einige wiederredt undt behelf nachzukomben.

Urkündtlich haben wier Albrecht Hertzog zu Mechelburg [etc.] sowol die sambtliche General Officier, Obriste und der Regimenter Commandanten dieses mit Unsern eigenhändtlichen unterschrifften bekräfftiget. [Datierung.]

von Sachsen-Lauenburg; Ilow; Trčka; E. G. v. Sparr-Trampe; F. W. Mohr v. Wald; J. R. v. Morzin; W. Lamboy; G. H. Scherffenberg; H. Fürst v. Gonzaga; H. G. Frhr. v. Breuner; J. Beck; Karl Dietrich Frhr. v. Moriamez; Baron v. Torneta; Gf. Vilém Trčka; Peter Losy; Markus Corpus; Sebastian Koscheski; H. Schütz; Joh. Wangler; Joh. Adelshofen; J. K. Přichovský z Přichovic; Carlo Balbiani; Personen, die Hallwich in folgender Schreibweise mitteilt: Florent de la Fosse, Hans Khorl von P., Nicola Millj Droghi, Stephan Puttnick, Bernhard Hamerl.

133. B. Richel an Kf. Maximilian v. Bayern

Wallensteins Pläne; Verhaftung hoher wallensteinischer Offiziere.

Irmer III S. 267–269 (die mitgeteilte Textstelle: auf S. 269).

Wien, 20. Februar 1634

[Ksl. Ersuchen um gemeinsame bayerisch-kaiserliche Maßnahmen gegen Wallenstein; Verwendung Aldringens; ksl. militärisches Vorgehen gegen Wallenstein] Der Friedland ist willens gewesen, auf den 14. martii als könig von Behaim seinen einritt zu Prag zu halten, vorher zu Pilsen den Gallas, Altringen und Piccolomini, sobald er sie drei zusambgebracht hat, stranguliren zu lassen. Der Piccolomini ist schon in Pilsen gewesen, aber mit dem pretext wieder herauskommen, daß er den Gallas und Altringen mit hineinbringen wolle. Sobald er aber herauskommen, ist er auf Prag zugezogen [1], herr Gallas hat dem grafen von Altringen geschrieben, daß der Friedland die officier wieder von Pilsen hinweg gelassen [1] und zu den regimentern verschafft habe, zu was intent aber weiß man noch nit.

Ihre kaiserl. maj. haben vor 3 tagen den von Scherffenberg, veldmarschalkeleitenant, allhir in verhafft nemen lassen [2], und wird gar stark verwacht. So ist auch schon in Schlesien die anstalt gemacht, den Schaffgoz [3] bei dem kopf zu nemen und zu fangen. Man besorgt alhier, wie herr graf Schlick mir gesagt, der Fridland werd zu Pilsen nit warten, bis man ihne alda überziehe und einschließe, sonder mit etlichen volk und seine conjuranten ausreißen und zue Weimar [4] ziehen,

[1] Vgl. zu diesen Vorgängen Mann S. 1077–1081, 1092–1095, 1101–1106, 1109f.

[2] Zur Verhaftung des Feldmarschall-Leutnants Joh. Ernst v. Scherffenberg in Wien vgl. Mann S. 1082.

[3] Gemeint ist der General Joh. Ulrich Frhr. v. Schaffgotsch; zu seiner Gefangennahme, Verurteilung und Hinrichtung vgl. Mann S. 1100, 1150, 1153f.

[4] Bernhard v. Sachsen-Weimar.

134. Ilow an Hg. Franz Albrecht von Sachsen-Lauenburg [1]

Abfall der Generäle von Wallenstein; dessen Rückzug nach Eger; Bitte um Hilfe durch Hg. Bernhard und Hg. Franz Albrecht.

Irmer III S. 269f.

Pilsen, 21. Februar 1634

Durchleuchtiger, hochgeborner fürst, gnediger herr!

In Praga [2] geht es über und über, Don Balthaser, Gallas und Piccolomini haben ordre hin ertheilet, weder ihr fürstl. gn. herrn generalissimo, mir, noch herrn graf Terzky zue pariren [3]. Dannenhero ihr fürstl. gn. herr generalissimus mit etzlichen reutern und dragonern sich nacher Eger begeben [4]; und dieweilen es numehro zu der genzlichen rottura [gekommen], als begehren ihr. fürstl. gn. generalissimus, daß ew. fürstl. gn. herzog Bernhardts fürstl. gn. dahin disponiren, daß er eilfertigen seine cavallerie und dragoner gegen Eger avenziren lasse, in allem nothfall sich mit selbigen zu conjungiren.

Ew. fürstl. gn. [5] werden ihres theils die gleichmeßige gnedige verordnung thun, dann mit göttlicher hülfe seind die meineidige schelmen verloren. Dero zurückzugk muß nicht naher Dachau sondern Eger gerichtet sein. Dieses also in aller eil. [Datierung; Grußformel.]

[1] Vgl. zu diesem Schreiben Diwald S. 526f.; Mann S. 1100f.

[2] Prag.

[3] Vgl. Nr. 131 mit Anmerkungen.

[4] Vgl. Diwald S. 527; Mann S. 1104–1114.

[5] Vgl. Irmer III S. 270 Anm. 2:

„2) So; und nicht wie Droysen, Herzog Bernhard S. 360 liest 'Ihre fürstl. Gnaden' was keinen Sinn giebt; Herzog Franz Albrecht soll seinerseits als kursächsischer General bei den Sächsischen ein Gleiches veranlassen. Es geht das deutlich genug aus der Frage der Untersuchungsrichter Herzog Franz Albrecht gegenüber ad 46 hervor: 'Was Ilow an sie geschrieben, wäre dies gewesen: daß es zu Prag über und über gehe, und der Friedland abgesetzt wäre; dabei gebeten den von Weimar dahin zu disponiren, daß er sein volk an die beheimischen Gränzen führen wolte; item zu der kurfürstl. säxischen armee zu schreiben, solches gleichfalls zu thun.'“

135. Wilhelm Kinský an Arnim

Wallenstein nach Eger aufgebrochen, wünscht baldige Zusammenkunft mit Arnim in Eger oder – nach Postscriptum – in Kursachsen.

Irmer III S. 271 f.

Pilsen, 21.[1] Februar 1634

Wohlgeborner herr, großgönstiger herr generalleutenant!

Ew. excellenz hab ich in höchster eil bei diesem trompeter zue avisiren nit unterlassen sollen, daß ihr fürstl. gn. der generalissimus dero reis heit nach Eger zue nehmen[2], verlangen ohne allen verzug mit ew. excellenz an dem ort zuesammenzuekommen und sich mit ihr in hochwichtigen negotiis zue unterreden[3], werden also ew. excellenz nit mehr gegen Aussig, sondern den geraden weg durch ihr. curfürstl. durchl. zue Sachsen, unsers gnedigsten herrn, land besserer sicherheit halben nemen mögen, sintemal das negotium in solchen extremiteten (und gleichwol von großer importanz) stehet, daß keine minut darin zu verseimen. Zweifeln also ihr fürstl. gn. ganz nit, sie werden ja hirin kein verzug machen. Ich aber thue mich ew. excell. befehlen und verbleib deroselben dienstwilligster knecht W. Kinsky.

Pilsen, den 21. februarii st. novo.

P. S.

Zue desto ehehern und geschwinderen beferderung der zusammenkunft begehren ihr fürstl. gn. der generalissimus bei diesem trompeter einen paß vor dero person, so wollten sie mit gar weinig leuten zue ew. excellenz in ihr curfürstl. land persönlich kommen.

[1] Vgl. Irmer III S. 271 Anm. 2:

„Vergl. Gädeke Nr. 142 S. 288, dem wohl nur eine Abschrift vorlag, in der die wichtige Nachschrift weggelassen war. Bemerkenswerth ist, daß Kinsky bei diesen letzten Briefen sich des neuen Stils bedient, während er früher stets mit doppelter Stilangabe geschrieben hat. Vergl. dazu die Schreiben Arnims an Kursachsen vom 6. März 1634 bei mir Nr. 514 S. 323. Danach war dieser Brief offenbar aufgefangen, und man hatte ihn nach der Ermordung des Grafen neu gesiegelt, um dadurch Arnim in die Hände zu bekommen. So erhielt Arnim den Brief am 3. März, durchschaute aber den Betrug sogleich."

[2] Vgl. Nr. 136.

[3] Vgl. Mann S. 1112 in Verb. mit S. 1034–1040; Pekař S. 665, 674, 682.

136. Hg. Bernhard von Sachsen-Weimar an Hg. Wilhelm[1] von Sachsen-Weimar

Gerücht um Übertritt Wallensteins; Vorsorge für den Fall, daß Wallenstein protestantische Truppen angreifen wolle.

Hallwich, Wallensteins Ende
II S. 482f.

Regensburg, 14./24. Februar 1634

E. Ld. laßenn Wir nicht unverborgen, waß gestalt der Hertzog vonn Friedtlandt seine Trouppen gegen Eger zusammen zeücht unnd sich vernehmen lest, ob wolte er mit denselben hieherwarts gehen unndt mit den Unserigen sich der uhrsachen conjungiren, alldieweiln er am Kays. hoff gar disjustiret unndt daher solche Partie gentzlichen zuvorlaßen getrungen wurde.

Wann wir aber die beysorge tragen, er möchte under solchem fürwandt etwas anders sehen unndt vielleichten die umb Bamberg liegende Trouppen zu attaquiren undt dissipiren gedencken, alls langet ahn E. Ld. unser freundbr. Gesinnen, Sie wollen sich unbeschwerd selbsten in der Persohn zue gedachten Trouppes begeben, nothwendige Vorsicht daselbsten thun unndt auf den unverhofften fall der noth gegen Wurtzburg unndt Schweinfurth reiteriren unndt allso die ann Meinstrom gelegene örther außer gefahr unndt schaden setzen. Wie nun E. Ld. sorgfalt undt vigilantz uns vorhin zur genüge bekandt, allso verbleiben ihro wir freundbruderliche Dienste zuerzeigen bereitwillig.

137. Bericht über Ursachen und Verlauf der Ermordung Wallensteins und seiner Anhänger[1]

Trotz geringer Leistungen hohe Auszeichnung Wallensteins durch den Kaiser; Wallensteins Verschwörung gegen den Kaiser im 1. Pilsener Schluß; Wallensteins Plan, nach der böhmischen Krone zu greifen und führende ksl. Offiziere hinzurichten; Gegenmaßnahmen ksl. Offiziere, insbes. Gallas', Aldringens, Marradas'; Wallensteins Plan, sich eine starke militärische Position in Österreich, insbes. um Wien, zu schaffen (Scherffenberg)

[1] Wilhelm, Hg. von Sachsen-Weimar (11./21. 4. 1598–17./27. 5. 1662), Militärdienst unter Friedrich V. v. d. Pfalz (Teilnahme an der Schlacht am Weißen Berg), anschließend unter Mansfeld (bis 1622), danach zusammen mit Christian, Adm. von Halberstadt, bei der Niederlage von Stadtlohn (6. 8. 1623) Gefangennahme und ksl. Gefangenschaft bis Ende Dezember 1625; seit Ende 1630 in schwedischem Dienst, im Mai 1631 Ernennung zum Generalleutnant; Bruder des Herzogs Bernhard von Sachsen-Weimar.

[1] Vgl. zu Wallensteins Ermordung vor allem Srbik, Kap. 'Die Quellen für die Erkenntnis der Execution' S. 145–159; Kap. 'Die Exekution' S. 160–196; Steuer, Kap.

und das habsburgische Kaiserhaus auszurotten; Scheitern dieser Pläne; militärische Befehle Wallensteins; Rückzug nach Eger; kaiserfreundliche und antiwallensteinische Haltung von Offizieren in der Umgebung Wallensteins (Butler, Gordon, Leslie); Planung der Exekution der vier engsten Vertrauten Wallensteins, deren Tötung; Vorbereitung und Durchführung der Exekution Wallensteins; Behandlung der Leiche Wallensteins; Verhalten der Exekutoren in den Tagen nach dem Mord; Gefangennahme des Hgs Franz Albrecht von Sachsen-Lauenburg; Darstellung der Exekutierung Wallensteins als spontane, notwendige Handlung ohne Befehl und persönliche Interessen; Erstaunen darüber, wie leicht Wallenstein umzubringen gewesen sei, sowie über das Ausbleiben wallensteinfreundlicher Reaktionen bei den Regimentern; Tod Wallensteins auch als Sühne für die von Wallenstein veranlaßten Hinrichtungen des Vorjahrs aufgefaßt.

Irmer III S. 286–296.

o. O., ad 25. Februar 1634

Relationbericht des Wallensteinischen und seines anhanges tods verlauf, so den 24. februarii a. 1634 sich zu Eger verlofen.

Es ist menigklichen bewust, was maßen Albrecht von Wallstein, ein geborner boheimbischer edelmann, gewesner herzog von Fridlandt, von ir. rom. kaiserl. maj., unserm allergnedigsten herrn, ist von wegen seiner schlechten und geringen diensten zur furstenwurde und -dignitet erhoben und mit andern unzahlbaren wohlthaten und privilegien reichlich begabt und begnadt worden, daß man bald von einem andern solches in historiis nicht werde gehört haben, dormit er sich desto getreuer, dankbarer und demutiger gegen seinen herrn zue verhalten ursach haben sollte. Alles dieses ongeacht hat er sich understanden, nach vielen zuvor verüebten unredlichen bubenstücken und practiken, die er andern zue trutz, dem feind zue nutzen und seinem herrn zum höchsten schimpf, schaden und praejudicio mit verderbung viler land und leut verübt hat, den 12. januari dis 1634. jares alle obristen peremptorie nach Pilsen citiren lassen und inen wider ihre höchstgnädige kais. maj. mit falschen und erdichten praetexten und schein ohne einige gegeben ursach, eine liga und conspiration zue machen und dieselbige zue underschreiben[2], von den obristen begert, welche zum theil nicht gewust, worumb es angesehen gewesen, theils aber, die inen zuegethan gewesen, sich zue underschreiben, nicht gescheut,

'Wallensteins Tod in Eger' S. 497–504, auch Kap. 'Der letzte Tag in Pilsen' S. 480–486; Kap. 'Der Zug nach Eger' S. 486–497.

Die Vorlage enthält durch Moder verursachte Lücken, die im abgedruckten Text je mit drei Asterisci bezeichnet werden.

[2] Vgl. Nr. 122.

andere aber, die es thuen müssen, haben's gethan, ire höchstgn. röm. kais. maj. gelaiste aid und pflichten nichts benommen. Nachdem solches underschrieben gewesen, und er auf mittel und weg gedacht, wie er seinem vorhaben nach sich möchte zum behmischen könig kronen lassen, wie dann die sachen schon sowol auf seiner seiten, als auf des feindes in bereitschaft gestanden und den 24. februarii hat sollen vollzogen werden[3], so hat er allen kais. regimentern ordinanz ertheilt gehabt, daß sie den 22. februarii nit allein iren ober- und underwehren zue roß und fues sambt allen fahnen, cornet und pagagy[4] sollen auf dem generalrendevoue auf dem Waisen Berg bei Praag sich finden lassen, aldo er das kais. volk hat wollen ime in einem könig schwören lassen, und wer sich nicht hat wollen darzue bequemben, den het man auf guet fridtlendisch umb den kopf kürzer gemacht oder aber an einem hanfkortine erstickt, und alsdann stracks nach Praag gerückt, sein vermute kronung aldo zue volziehen. Underdessen aber hat sollen der feind mit ime sich zue conjungiren in Behaim ***. Alleweil er aber gedacht, daß ein solches hochwichtiges werk ohne bewilligung der fürnembsten kriegsheubtern würde schwerlich könden effectuirt und in's werk gebracht werden, so hat er sie nach Pilsen beschriben gehabt, alda mit inen in den gueten mit listigen politischen und erdichten falschen worten zue tractiren, als nemblich mit herrn graf von Gallas, als generallieutenambt, und herrn graf Octavio Piccolomini, gleichergestalt kais. veldmarschalk, sambt andern getreuen kais. obristen, von denen er wol gewust, daß, weil sie so ehrliche, aufrichtige, dapfere cavallieri seien, daß sie nicht würden bald in eine solche inen und iren ganzen adelichen geschlechtern höchstnachtheilige schandfleck und verrätherei wider iren von gott und dem ganzen röm. reich vorgesetzte gekrönte und gesalbte kais. und koningl. maj. consentiren und bewilligen, so hat er sie auf türkisch stranguliren und hinrichten lassen und das commando andern, ime gleichen gesellen, die es mit ime gar gern halte und ir eid und pflicht auf die seiten setzen wurden, auftragen lassen [wollen]. Weil aber herr graf von Altringen ime, Fridlandt, zue lang ausbleiben wollen, unangesehen er albereit auf dem weg gewesen, darüber er, Fridtlandt, ungedultig worden; welches herr graf Gallas an ime verspürt, so hat er wolgedachten herrn graf von Aldringen gewarnet, daß seine sachen nicht wol bei dem Fridtlender stunden, er soll bei leib nicht auf Pilsen kommen, sondern sich underwegs aufhalten und krank stellen; welches auch geschehen[5].

Underdessen aber, als Fridtlender je lenger je mehr nach ime verlangt und

[3] Vgl. Nr. 133.

[4] Gemeint ist 'Bagage'.

[5] Vgl. hierzu und zum folgenden Mann S. 1068–1077, 1080–1083, 1092–1095, 1101 bis 1106, 1109f.

seine, des Aldringers, entschuldigung vernommen, hat gedachter herr graf Gallas sich gegen den Fridlender, dem Altringer entgegen zue gehen und ine dohin alsobald zue bringen und zue den sachen zue bequemen, anerboten, welches er, Fridtlender, gar gern gehöret und ime befolchen, er soll seine leibgutsche nemen, daß er desto besser konte vortkommen, darauf er geantwortet, er könte besser und geschwinder auf seinem pferde vortkommen, als mit der gutschen. So ist er durch disen list mit ehren von Pilsen aus des Fridtlenders gewalt kommen und hat sich mit dem graf von Aldringen und herrn graf Don Balthasar[6] wegen des Fridtlenders vorhaben, und wie deme vorzuekommen und zue helfen wäre, in gehaimb unterredt und gestrackt obgedachten herrn graf von Aldringen zue ire kais. maj. mit disen zeitungen, und was sie für guet hielten, disem uebel vorzukommen, allerunterthenigst bericht zue holen abgefertigt.

Daaruf seind sie in aller eil von einander gescheiden und allen obristen und deroselben obristelieutenambten solch des Fridtlenders treulos procedere und intent entdeckt, und daß sie hinfüro auf bevelch röm. kais. maj. keine weitere ordinanz von dem mainaidigen Fridtlandt nicht empfahen noch pariren solten[7], und daß ein jeder in seinem quartier bis auf weitere ordinanz verbleiben solte, anbevohlen worden. Darauf ist herr graf Don Balthasar nach Thabor und Praag gezogen, die statt und das volk dem kaiser de novo schweren lassen und den meinaidigen Fridtlender öffentlichen zum schelmen erklärt; gleich daruf ist dem herr grafen Piccolomini nach Lintz und andern örter sich zue begeben, das volk und die statt in irer kays. maj. devotion wie bis dato getreu zue verbleiben, zue ermanen und des Fridtlenders untreue gedanken offenbar zue machen und mit theils cavallerie und fuesvolk in eil vor Pilsen zue rücken und den von Fridtlandt lebendig oder todt ir. kais. maj. zue bringen[8], *** [aufgetragen?] worden.

Dormit aber er, Fridtlender, zue gleicher zeit seinen verräterischen intent nach die execution konte desto schleuniger an die hand nemen, hat er seinen executores, praecursores und vorlaufer seines vorhabens, nemblich ein österreichischen landstender, einen von Schafftenberg[9], gewesenen general über die cavallerie, sambt seinem anhang als einen, der im land und in der statt zimblicher maßen wol bekannt und der sich gern zue solchen sachen hat brauchen lassen, nach Wien geschickt, dormit er seine underhabende cavallerie in 60 compagnie stark sambt etlichen regimentern zue fues solte in den österreich.

[6] Marradas.

[7] Vgl. Nr. 131 mit Anmerkungen.

[8] Vgl. Mann S. 1065–1068.

[9] Gemeint ist Johann Ernst von Scherffenberg; vgl. zu dessen Fall Mann S. 1082; Srbik S. 93.

landen und in der Steyermarkt und sonderlich umb die statt Wien herumb einquartiren und die darauf gehörige bestallung gleichsamb gmelter weis oder aber mit gewalt durch kriegsexecution herauspressen. Interim solle er, Schafftenberg, auf mittel suchen, wie er ein anzahl kriegsvolk in die statt bringen und nicht weit von Wien ein succurs und hinderhalt in den nechstliegenden dörfern in der bereitschaft halten, dormit, wann seine adharenten, die brenner, würden in die statt in etlichen örtern das feuer werfen, daß er sich inzwischen eines thor mit den seinigen inwendig bemächtigen konte, durch welches ime ein stärkerer succurs solte herein kommen, die statt zu plündern, den kaiser, konig [10] sambt dem unschuldigen neugebornen prinzen [11] und dem erzherzogen [12] und dem ganzen hochlöblichen haus Oesterreich in Teutschland zue extirpiren und auszurotten; zue diesem seind auch die heuser in der statt gezeichnet gewesen. Aber der allmechtige, barmherzige und ewige gott, ein beschützer aller gerechten und, die in ihm vertrauen, der solche unmenschliche greulichkeit und rache nicht hat wollen lenger zuesehen, hat solche seiner und seines anhanges gottlose practiken geoffenbaret und zue schanden gemacht, das geworfne feuer zeitig gelöscht und seine allmächtige, väterliche hand von ime abgezogen und als den lucifer, ein konig der hellischen teufel, in abgrund der hell gestürzet und andern zue einem exempel und spiegel wegen seines grosen übermuetes und hoffart, daß er mehr als sein aigner herr oder doch ime gleich hat sein wollen, fallen lassen, dorgegen der röm. kaiserl. maj. und deroselbigen getreuen diener ein wachendes aug auf iren feind zue haben, ursach geben, die nicht allein sein hochlöbliches haus auszuerotten begert, sondern das röm. reich teutscher nation under sein tyrannisch joch und dienstbarkeit zue underwerfen und einen frembden dominat herein zue fueren sich understehen wollen, dordurch der ganzen christenheit ein mächtiger abbruch beschehen wäre.

Als aber er, Fridtlandt, vermeinte, seine anschläg wurden nunmehr in's werk gericht sein, und es dörfte nichts mehr, als zue dem obgenannten generalrendevue und von dannen gleich stracks nachr Praag, sich kronen zue lassen, hinziehen, zue welchem end er sein schwager, den obristen Tirßky [13], nacher Praag geschickt [14], aldo das volk und die statt in seiner devotion zue halten und die praeparatoria zue machen, vorangeschickt. Als er aber drei meil weges von der statt kommen, ist ine angezeigt worden, was zue Praag fürübergangen, und daß man ime alda nicht werde einlassen. Darauf kert er widerumb

[10] Ferdinand III.

[11] Ferdinand Franz, ältester Sohn Ferdinands III., war am 8. 9. 1633 geboren worden.

[12] Ehg. Leopold Wilhelm.

[13] Adam Erdmann Trčka.

[14] Vgl. dazu Mann S. 1099–1101.

zuerück nacher Pilsen und berichtet dis seinem schwager, dem Fridtlender, welcher gesagt: „Weiln der Gallas, der Altringer, nocher Piccolomini nicht kommen, so seiend wir verrathen, sonderlich weil des obristen Diodat regiment auf Budweiß ohne einer ordinanz zuemarchiret!"

Darauf bevilt er allen regimentern von Pilsen herumb und die in des feinds grenzen zue Egger gewesen, nemblich den 1000 tragonern des obristen Büttlers[15], ein geborner Irrlender, und zue diesen nach 600 pferd des graf Tirtzky auch des herzog Julius zue Sachsen[16] seine 600 pferd, die in haben convoyren[17] müssen; des wolgemelten herzog Julius zu Sachsen regiment zue fues aber hat er zue Pilsen in der besatzung gelassen, und hat der obristlieutenant schweren müssen, daß er die statt keinem andern ohne sein ordinanz solle aufgeben, darneben befohlen, daß die 70 stück geschütz und munition sambt allen dorzue gehörigen wagen, so in der statt gelegen, sollen in der bereitschaft zue marchiren fertig stehen; im fall aber die kaiserlichen sollten dorfor ziehen, solle der das feuer in die munition stecken, das geschütz vernaglen und alsdann suchen, daß er sich mit accordo ergebe. Darnach hat er eilends seinen weg nach Egger genommen[18], da albereit 2 regimenter complet auf ine gewartet, eins des graf Tertzky, welches in der statt, das andere, des obristen Breiners[19], vor der statt gelegen.

Da nun der obriste Buttler die obgemelte 1000 tragoner convoyrte, gedacht er auf dem weg, wie er mochte seinen underhabenden officiere und landsleuten gott dem allmechtigen zuvorderist zue ehren und zue erhaltung seiner alleinseligmachenden catholischen kirchen und religion und dann der röm. kais. maj. und dem hochlöblichen haus Österreich, wie auch dem hochgeliebten vaterland teutscher nation zue guetem ein sehr nützlich werk und dienst leisten, wann er disen Fridtlandt ir. höchstgnädigen röm. kais. maj. sambt seinem anhang hatte konden gefangen bringen[20], wann er die gefahr, die daraus hätte mögen entstehen, wie die 2 andern regimenter, die ine gleichfals convoyrten, denen er nicht getraut, nicht hette vor augen gesehen. Deretwegen ja er dis sein vorhaben bis auf Egger gespart, da er dem obristelieutenant Gordon[21] des Tertztischken regiment, der die statt damals commandirte, angetroffen, der sein gueter freund war, mit welchem er die sachen, wie dann auch mit dem

[15] Oberst Walter Butler.

[16] Heinrich Julius, Hg. von Sachsen-Lauenburg.

[17] Auf der Reise nach Eger.

[18] Vgl. Diwald S. 527; Mann S. 1104.

[19] Gemeint ist wohl Philipp Friedrich Frhr. von Breuner.

[20] Vgl. zu der Nachricht vom 23. 2. 1634, die Butler hat Piccolomini zukommen lassen, Mann S. 1109.

[21] John Gordon, neben Leslie Kommandant zu Eger.

obristewachtmeister Leßl[22] des gedachten Tertzkischen regiments in gehaim conferirt und berathschlagt, wie solches anzugreifen wäre, in bedenkung, daß sie gespürt und gemerkt, daß er an seinem herrn, dem röm. kaiser, mainaidig und treulos worden, und daß er auf den feind alle stund wartete, wie dann er selbst ime zuegesprochen, bei ime zue halten, und er wolle sie stattlich recompensiren, sintemal der könig in Ungarn mit gewalt wider des kaisers willen in's veld ziehen wolte, er aber wolte dem kaiser beistehen, und der Franz Albrecht und Arnheim würden ime zue hülf kommen; und er hab noch wol gelt, ein armee von 30000 mann auf die bein zue bringen, und andere dergleichen discurs mehr, durch welche sie gar wol gemerkt, was er im schilt füre. So haben sie auch zue diser sachen berueft den obristewachtmeister des Buttlerischen regiment, Robert Geroldin[23] genant, sambt disen nachfolgenden haubtleuten, als haubtmann Walter de Ebrox[24], haubtman Dionysium Magdonal[25], haubtmann Edmund Bureck[26] und haubtman Hans Braun, welche ordinanz gehabt, die gassen zue verwahren, darein keiner under wehrender execution aus den heusern könde. Ehe und zuvor dise execution ist vorgenommen worden, haben obgedachte befelshaber zuesammen geschworen und sich resolvirt, eh bei einander zue sterben, als sie onverrichteter sach von einander zue ziehen, und sein zue disem werk ein obristewachtmeister und zwei haubtleut bestellt worden. Den obristewachtmeister Robert Geroldin hat sollen mit einer anzahl Irlender zue des Ilows haus gehen, der haubtman Dionysius Magdonal hat sollen mit 20 Irlendern zue des Fridtlenders behausung

[22] Walter Leslie (1606–3. 3. 1667), schottischen Ursprungs, seit dem Winter 1631/32 in kaiserlichem Dienst; nach Wallensteins Ermordung, die Leslie persönlich in Wien meldete, wurde er Oberst und Hofrat, trat anschließend militärisch kaum noch in Erscheinung, war allerdings versehen mit zahlreichen hohen militärischen und politischen Titeln, genoß die Gunst der Kaiser Ferdinand II., Ferdinand III., Leopold I. 1637 erwirkte er die Ernennung zum Reichsgrafen; das Grafendiplom enthält folgende Passage (ADB 18 S. 442): „indem Du damals zu Eger, als es galt, jenen abscheulichen, ruchlosen Aufruhr und Abfall des Friedländers zu unterdrücken (in foeda illa ac perfida Fridlandi rerum novarum molitione ac defectione Egrae vindicanda) und jene bereits den ganzen christlichen Staat und Uns selbst bedrohende ungeheuere Gefahr von Unserm und des Reiches Hals und Nacken abzuwenden, Deiner unbefleckten Treue gegen Uns, Deiner beharrlichen Unbescholtenheit, aufrichtigen Ergebenheit und pflichtschuldigen Ehrerbietung aller späteren Nachkommenschaft ein, den unvergänglichen Büchern der Geschichte einverleibtes, leuchtendes Denkmal überliefert, deutlich erkennbar dem gesammten Erdkreis."; vgl. Hallwich in ADB 18 S. 437–444.

[23] Robert Geraldin; vgl. Mann S. 1120; Srbik S. 182.

[24] Walter Deveroux.

[25] Dionysius Macdaniel; vgl. Srbik S. 146, 152–154, 156.

[26] Nach Mann S. 1107: Burgh.

gehen, und der haubtmann de Ebrox[24] mit eben so vil soldaten zu dem Tertzky und Kintzky, welche beisammen gewohnt, dann sie haben keiner andern nation getraut, noch auch der besatzung in der statt. Als sie nun gedacht, daß diese zertheilung möchte in der statt ein aufruhr machen und verursachen, so haben sie für guet angesehen, daß man sie zue nachts alle vier beisammen in dem schloß zue gast ladete[27], als nemblich den graf Tertzky, den obriste Ilo, den Kintzky und den rittmeister Neumann[28], gewesenen Fridtlendischen secretarium, welches durch den obristewachtmeister Leßl in namen des obriste Buttlers und des obristelieutenants Gordon geschehen, und sein alle 4 zum schloß in der gutschen gefahren, da alles albereit in bereitschaft gestanden und beschlossen gewesen, daß, wann man werde das confect auftragen, so solten sie die sach verrichten. So sein die 3 haubtleut, so die sach auf sich genommen, sambt den irigen, welche in allem 40 personen gewesen, drei und drei, vier und vier nach einander verstreut, zue dem schloß hineingangen, vor welchem thor ein wacht von einem leutenambt teutscher nation stunde, auf den sie kein sorg hatten, daß er inen den eingang zum schloß werde verhinderen, sintemal er schon von dem obristen, sie hereinzuelassen, angesprochen gewesen, aber doch nicht gewust, worumb die obgedachten 40 Irlender, under welchen auch ein Spanier gewesen, sambt iren officieren sein alle gewaffnet mit iren musqueten verborgen hinein kommen. Teils deren haben sich des andern thor bemechtigt und dasselbig gesperrt und bewahrt, daß keiner werde aus- noch einkommen mögen, und daß sie herrn des schloß sein könten. Der obgedachte obristwachtmeister Geroldin namb 8 soldaten zue sich, der haubtmann de Ebrox[27] 17, haubtmann *** welcher die wacht beim thor hielte, daß keiner hinaus noch herein kommen solte und, wann einer etwan wurde hinaus begeren, so sollen sie ime niedermachen. Der obristewachtmeister ging hinein in saal, wo sie zue tisch bei dem essen saßen, in welchem 2 thüren, do man aus- und einginge, waren, und nam ein thür mit den seinigen ein, der haubtmann de Ebrox[24] namb die andere mit 17 der seinigen ein. Als der obristewachtmeister darvor stunde mit blosen degen in der hand, sprach mit lauter stim: „Vivat keiser Ferdinand!“ Dorauf antwortet ime der Ebrox[24]: „Und das ganze haus Österreich!“ Do die gäst dise stim höreten, erschraken sie und standen vom tisch auf der obrist Buttler und obristelieutenant Gordon, der obristewachtmeister Lessel[29], der bei ime an der tafel saß, griffen zue den degen mit einander und wuschten über die her und riben’s alle auf. Der Tertzky, welcher ein dickes gollter anhatte und schon etlich stoß bekommen,

[27] Vgl. zur Ermordung Wallensteins und seiner engsten Vertrauten Diwald S. 529 bis 531; Mann S. 1119–1121, 1124f.

[28] Heinrich Niemann; vgl. Mann S. 1118–1121; Srbik S. 161.

[29] Leslie.

aber doch ohne schaden, lief zum saal hinaus, wo der haubtmann Dionysi die wacht hatte, und sprach: „Ir herren quartir!" „Was ist das wort?" sprach der haubtmann, er antwortet und gab dasselbig, welches der Fridtlender geben hatte, nemblich S. Jacob, der haubtmann antwortet ime: „Das gilt nichts mehr, 'Das haus Österreich' ist das wort!" und schlugen ime zue tod.

Etlich diener wolten sich irer herrn annemen, und kombt einer mit blosem degen und beschädigten 2 Soldaten. Die soldaten wischen über die diener her und erstechen zwei, und dormit waren die rebellen exequirt. Dis geschah den 24. februar am faßnachtsambstag[30].

Nachdem sie oberzälter maßen die vorgenommene execution vollzogen, ist der obristewachtmeister Leßl zue dem statthor hinausgangen und ließe 100 tragoner sambt 2 haubtleuten, davon einer ein Irrlender, der ander ein Schottlender, auf welche sie sich verlassen dorften, dormit sie die gassen wol verwahren solten, und daß keiner, weder bürger noch soldat, aus den heusern herauskommen möchte. Da nun gedachtes volk in der statt gewesen, ist gedachter obristewachtmeister Leßl zue der haubtwacht, die auf dem platz stunde, gangen, inen ordinanz zue geben, daß wann sie nur ein geschwetz oder tumult hören würden, sie sich nicht solten bewegen, und ist bei inen dort bliben, biß daß des Fridtlenders execution ist vollzogen worden, welcher sein quartir außer das schloß in der statt gehabt.

Zue volziehung diser friedtlendischer oftermelter excution sein der obriste Buttler und der obristewachtmeister Geroldin und haubtmann Walther de Ebrox[24], haubtmann Dionysius Magdonal gewesen. Zue verwahrung des schloß ist bliben der obristelieutenambt Gordon mit etlichen Irlendern, bis die andern sein wiederumb zurück von des Fridtlenders execution kommen. Als sie zue des Fridtlenders quartier kommen, haben sie auf dem platz hören des Tertzky und Kintzky weiber weinen und schreien, welche durch ein laqayen, der dorbei gewesen und mit den haubtleuten aus dem schloß herausgewischt, berichtet worden. Da nun solches der obriste Buttler gehört, hat er alsbald den obengedachten haubtleuten befohlen, sie solten eilends hingehen und des keisers dienst verrichten, und hat sie von einander ausgetheilt, den haubtmann Dionysium hat er zue dem obristewachtmeister zu der haubtwacht geschickt, zue befehlen, daß er den übrigen tragonern gebieten solle, daß sie, im fall sie noch nicht die gassen zue recognosciren und zue verwahren hingezogen wären, so sollten sie stracks hinziehen, dann es nunmehr zeit wäre. Den haubtmann de Ebrox[24] hat er zue des Fridtlenders zimmer geschickt, der bei dem fenster stünde und hörete der weiber heulen und geschrei zue. Allweil aber das haus, darin er gewohnt, etlich thor gehabt, so hat obriste Buttler seinen obristewachtmeister, dem Geroldin, befohlen, er solle an allen

[30] Vgl. Irmer S. 292 Anm. 1: „Februar 25".

thoren guete wacht stellen und dormit nicht hinaus weichen bis nach vollbrachter execution; und nach dieser fürsorg ist der haubtmann de Ebrox[24] zue dem Fridtlander hinaufgangen, der obriste aber ist herunder vor dem haus blieben.

Nachdem aber haubtmann Dionysius des *** des obristewachtmeister Leßl ausgericht, ist er zue dem *** des Fridlenders quartir kommen, welcher ime befolchen, er soll hinaufgehen und dem haubtmann de Ebrox[24] helfen die execution volbringen und guete obacht haben, daß er inen nicht entweiche, allweil das zimmer 2 thor hätte, dasselbig wol verwahren, wann es von nöthen sein würde. Als er nun hinaufgangen, hat er gesehen, daß die thur offen war, und daß gedachter haubtmann de Ebrox[24] die vorgenommene execution mit dem Fridtlender vollbracht hatte, der ine mit einer partasana entleibt und den fang als einem wilden thier gegeben hatte, daß der körper stracks nidergefallen. Wie gedachter haubtmann de Ebrox[24] ist hinauf zue des Friedtlenders zimmer gangen mit seinen mitconsorten, so stunden 2 cammerdiener vor dem zimmer, der eine sprach zue dem haubtmann, was seines begerens wäre, ir fürstl. gn. lägen in der ruhe, und sie solten nicht vil rumor machen, als solches ein soldat gehört, zieht er von leder und gibt im ein stich, da solches die andern gesehen, sein sie darvon gelofen und haben ir fürstl. gnaden allein gelassen. Darnach gehet der haubtmann zue der thür und findt sie gesperrt und stoßt sie mit dem fues auf und findt den Fridlender mitten in der stuben im hembt und spricht zu ime: „Bistu da, du verräther des keisers, jetz mustu durch meine hand sterben!" Darauf er kein einges wort geantwortet und ist also stracks todt bliben, weil der stich durch und durch gangen. Nachdem der körper zue boden gefallen, war ein langer irlendischer soldat dorbei, Nielcarff[31] genant, als er hat den Fridtlender liegen sehen, hat er in in beide arm genommen und zum fenster hinaus auf behamisch werfen wollen. Aber die haubtleut, die dorbei stunden, haben's nicht wollen geschehen lassen, sondern haben ein teppich von einem tisch herunder genommen und den körper darin gewickelt, auf einen karren gelegt und in das schloß zue den andern hineingefürt, wohin sie ir retirade und zueflucht gehabt. Der oftgedachte obrist Buttler ist stracks zue des Fridlenders canzlei gangen, dieselbe verbettschirt und *** genommen. Disem nach sein sie zue des Ilows behausung gangen und dieselbe gleichfalls verwachten lassen. Den von Schafftenberg[32], Fridtlendischen obristhofmeister, dessen bruder zue Wien noch im arrest liget, haben sie auch verwachten lassen und nach vollendter tragoedi haben sie sich in das schloß ritirirt, wo der Gordon inzwischen die wacht gehalten und auf sie gewartet, gleichergestalt hat sich der Leßl von seiner haubtwacht, dorbei er under wehrender execution gebliben, in das schloß ritirirt.

[31] Nicht verifiziert.

[32] Gotthard von Scherffenberg; vgl. Srbik S. 193.

Den tag hernach am fastnachtsontag sein alle thor in der statt gesperrt geblieben, und haben nimands hinaus gelassen, sondern haben alle officier rath gehalten, was sie thun sollen, sintemal sie den bürgern und der besatzung nicht getraut, und haben für guet gehalten, daß sie 400 musquetiere von dem Breunerischen regiment solten herein lassen, welche denselben ganzen tag mitten auf dem platz mit brennenden lunden und kugeln im maul in der wehr gestanden. An dem rosangen montag[33] ist der obriste Buttler mit etlichen seinen bevehlshabern zue der statt hinausgangen, mit des Tertzischken regiment zue roß befehlshabern und officier zue reden und inen die sach zue entdecken und sie zue befragen, ob sie ir. keis. maj. wulten getreu verbleiben, darauf sie geantwortet, sie wolten bei ir. höchstgn. maj. leben und sterben und nicht anderst. Darauf hat er 50 pferdt von demselbigen und von seinem regiment tragoner genommen und seind hinauf auf alle straßen und grenz gegen dem feind geritten und gesehen, ob sie kein zeitung von dem feind oder von herzog Franz Albrecht von Sachsen hätten, auf den sie stündtlich gewartet, welcher hat sollen kommen, sich mit dem Fridtlender zue unterreden. Als sie aber nimands angetroffen, sein sie wieder zurückkommen. Den lesten faßnachttag, das ist den 28. februarii, sein widerumb 50 pferde und tragoner under eines lieutenambts commando hinaus ***. Als sie nun etwan dreiviertl meil wegs *** haben sie Franz Albrecht von Sachsen angetroffen[34], der in seiner gutsche mit eltich weinig diener und 2 trombeter ohne einge gefar noch sorgen zue seinem gueten freund, dem Fridlender, zue kommen vermeint, von dessen tod er noch nichts wuste. Als denselben der lieutenambt empfinge, als wann er, ime entgegen zue ziehen, mit fleiß ausgezogen, sagt er ime, daß der von Fridtlandt auf ihne mit großem verlangen wartet. Da sie nun ungefehr ein virtl meil wegs von der statt waren, sprach der lieutenambt zum fürsten: „Wie wäre es ew. fürstl. gn., wann der Büttler ew. fürstl. gn. zum kaiser schickte?“ Er lachte darüber und wuste nicht, was es bedeutet. „So wisse er dann,“ sprach der lieutenambt, „daß er unser gefangner ist, dann der herzog von Fridtlandt sambt seinem anhang hat schon seinen gebürenden lohn empfangen!“ und visitirten die gutschen, zue sehen, was er mit sich brachte, und ob er keine wichtige schreiben bei sich hatte, die man ime abgenommen. Er aber hat vermeint, sie wolten ime plündern, und sprach, sie solten ine nur ein leinwantgewand lassen, daß er sich kondt sauber halten. Sie fuereten ine stracks fort in die statt und übergaben ine dem obristen Buttler; der hatte schon mit den vorigen zeitungen und Fridtlendischer execution den haubtmann Dionysius Magdonal nach Wien zum keiser abgefertiget. Als er nun disen Franz Albrecht bekommen, hat er stracks dem gedachten haubtmann nacheilen und,

[33] Rosenmontag.

[34] Vgl. Mann S. 1132f.

daß er soll widerumb zuerückziehn, sagen lassen, auf daß er zugleich die zeitung, wie daß er den herzog Franz Albrecht bekommen hätte, ihr kais. maj. bringen thäte. Als er wiederumb zurück zue dem obristen kommen, der sambt seinen gefangenen an der tafel saß, sprach der obriste zue ime, daß alle mit einander höreten: „Herr haubtmann, der herr sage ir. kais. maj., daß wir schon den vogel haben, und daß ine der herr mit seinen augen gesehen, und wollen ir. maj. noch für entschuldiget halten und allergnädigst verzeihen, daß ich deroselben weiter nicht schreibe, da *** die schreiben, die diser gefangner *** und himit sei gott mit euch."

Was man in dieser relation zue bedenken hat, [ist] daß alle die dapfern helden, die sich bei diser heroischen ritterlichen und sehr notwendigen execution befunden, (ist,) daß alle lauter frembte und schier unbekante nationes gewesen, die von keinem menschen ein solches zue volziehen, weder bestellt, noch gebeten worden, dann sie eigentlich noch nicht recht gewust, als was man in gemein von inen vermuetet hat, noch was ir. kais. maj. wider gedachten Fridtlender sich resolviert gehabt, für's erste; zum andern daß sie es auch von keines interesse wegen gethan, sintemal sie alle sein, Fridtlenders, sachen hätten konden preis geben, bei dem sie wol etwas gefunden hätten, aber solches nicht gethan, sondern alles in gute verwahrung bis auf ir. kais. maj. weitern befelch behalten. Zum dritten, daß es hoch zue verwundern, daß 40 personen allein sich haben understanden einen so schweren anschlag gegen einen so greulichen, rachgirigen menschen, vor dem mennigklich sich beforcht hat, und der bei sich und umb sich so viel volk, sowol freund als feind, und über die 200 diener gehabt und in ein versperrtes stattlein, da alle meistentheils mehr dem feind, als ir. kais. maj. affectionirt und gewogen sein und auch stündlich auf den gedachten feind gewartet haben.

Zum vierten, was hoch zue verwundern ist, daß keiner aus des Tertzkischen regimentern, da sie vernommen, daß ir obrister so schändlich umb's leben kommen, sich im geringisten weder in- noch außerhalb der statt, da sie es gar wol hätten thun könden, nichts geruert haben. Also abscheulich und verworfen ist die verrätherei und der verräther in den gemuetern und herzen der rechtschaffnen, erlichen und aufrechten, ehrliebenden befehlshabern *** wol in obacht nemen und *** mit leib, guet und blut, so lang sie leben, umbeflecht zue halten begeren; nach welches man augenscheinlich spüren mueß, daß solches ein sonderbare verhangnus gottes gewesen, der nichts guet onbelohnt, noch nichts böses ungestraft lasset. Sintemal diser mainaidische mensch, der von ir. höchstgen. röm. kais. maj. so grose ehr und wolthaten empfangen hat, ist an allen feinds progreß, land und leut verderben ursach gewesen und noch vilmehr übels angestift hätte, wann ime seine anschläg wären vortgangen. Vor alle diese wolthaten haben wir billich ursach, gott dem allmechtigen zue danken, zue loben und zue preisen, auf daß er uns ferner wolle väterlich beschützen.

Zum fünften ist auch zue merken, daß diser armselige mensch, der Fridtlender, ist eben in dem monat, in der wochen und auf die jarzeit, da er die unbarmherzige execution zue verdeckung seiner schand, die er vor einem jare in der schlacht von Lützen mit dem Schweden, da er dieselbige verloren, begangen hat, als wann die junge officier, die er hat hinrichten lassen[35], durch ir vorzeitige flucht wären daran schuldig gewesen; umb welcher ursach willen sie doch gleichsamb unschuldig gestorben, sonderlich der obrist Hagen[36] und der graf Grogla[37] sambt einem jungen herrn von Wobersnau[38] welche für gott und der ganzen welt protestirt und umb iren tod rechenschaft zue geben citirt haben, alweil er sich durch fürneme potentaten fürbitt und ersuchen, noch der billigkeit nach nicht hat wollen erweichen lassen.

138. Erklärung des kaiserlichen Obersten Feldgerichts, die Verschwörung Wallensteins betreffend

Qualifizierung der beiden Pilsener Schlüsse als Meuterei i. S. des Kriegsrechts, als crimen laesae maiestatis; Recht zur Verfolgung der an der Verschwörung Beteiligten trotz kaiserlichen Pardons.

Doc. Boh. V S. 251–254.

o. O., o. D. [1634 Ende Februar/Anfang März]

Generalprobationschrift des Obristen Feld-Prowosen und Capitan di Iustitia Zubehauptung, dass alle diejenige, so zu Pilsen eine oder alle beide aufgeruchte Verbündnissen[1] eingewilligt und unterschreiben, als meineidige, treulose, ehrvergessene Meutmacher Verräther und Beileidiger der K. M. gehandelt haben, dass halbes alles Rechtes gemäss nit allein am Leib und Leben zustraffen, sondern zuvorderis alle vorgeweste böse Consilia und Aufschläg zu offenbaren, wir auch die Complices namhaft zu machen, durch scharfe Frag anzuhalten und die Beklagten davon unter Praetext des allergnädigst erteiltes Perdons, in geringsten nicht zu eximiren sein.

Erstlichen ist bekanntlichen in den Kriegsarticulen, welchen wider dem Feldobristen und andere seine forgesetzte Obrigkeit eine Meuterei wird machen, den soll darum vor das Recht gestelt, und am Leib und Leben gestraft werden.

[35] Vgl. zum Prager Blutgericht vom 14. Februar 1633 Diwald S. 496; Mann S. 902–904.

[36] Johann Nikolaus v. Hagen, Oberst, Mitglied des Deutschen Ritterordens, am 14. 2. 1633 hingerichtet; vgl. Doc. Boh. V S. 126f. Nr. 353f.

[37] Nicht verifiziert.

[38] Hilmar (Hillmann) Staitz v. Wobersnau; vgl. Mann S. 903f.; Srbik S. 69.

[1] Vgl. Nr. 122, 132.

Dass nun obengerürte Verbündnissen eine rechte Meuterei gewesen, erscheint aus dem, dass die Conspiranten sich sambtlichen, und ein jeglicher insonderheit, kräftigsten beständigsten Form rechtens und ausstatt eines körpörlichen Aids verpflichtet, bei dem Friedländer (so sich angelassen als was Er wegen vielfältigen empfangen Disgusten, Ihm zugezogenen hochschmertzlichen Injurieren und wieder Ihme angestelten Machinationen, sowohl verweigerter notwendigen, unentberlichen Unterhaltung der Armada, die Waffen zu quittirn, und sich zu retirirn vorhabens – aber entlichen auf Ihrer vernachlässiges Flehen und Bitten, bei Ihnen noch eine Zeit lang zu verbleiben, und ohne Ihrer ausdrücklichen Vorwissen und Willen, von Ihnen und der Armada sich nit zubegeben resolvirt) erbar und getreu zuhalten, auf keinerlei Weise von denselben zu separirn, zu trennen, noch trennen zulassen, besonders alles dasselbe so zu seiner und zu der Aramada Conservation gewaichet, nebenst Ihm Friedländer eusersten Möglichkeit zu befördern, und beinebens und vor Ihm alles ihrig bis auf den letzten Blutstropfen ungesparter aufzusetzen, wie Sie dan auch im Fall einer oder ander Ihres Mittels diesem zuwider handlen und sich absondern wolte samtlich und ein jeder insonderheit, den oder dieselbe wie treulose Aidsvergessene Leut zu verfolgen und an dessen Hab und Gütern, Leib und Leben sich zu rechnen schuldig und verbunden sein sollen und wollen. Und das alles aus Ursachen wie sie am Anfang erklärt haben. Sie samtlichen und ein jeder insonderheit jederzeit ihre einzige Hoffnung, gnedigen Erkäntniss, ihr getreue Dienste zu Ihm gesetzt, auf seine Parola in Hoffnung künftigen Recompens und Ergötzlichkeit, all ihres Vermögen, zusamt ihren Leben treuhertzig dargestrekt und im Fall, Er resignirn sollte, sie in euserste Ruin und Verderben gerathen, auch keine andere Hoffnung machen dürften.

Ist also diese Verbündniss, als welche von Ihr entwegen auf die Bezahlung und Contentirung angesehen gewesen, für eine rechte Mutination zu erkenen und desto verantwortlichen, alldieweiln Ihre unterhabende Soldaten zu Ross und zu Fuss, keiner um die Bezahlung geschreien, oder selbige dergestalt zu willen suchen, sich hat vernehmen lassen. Hier, weils aber diese Verbündniss obenstandenermassen wegen dero prätextirten und niemalen geweigerten Contentirung (auch eben so wohl und vielleicht mit besseren Proportion Ihr K. M., die confiscirte Güter, unter ihnen hetten, durch andere als durch des Friedländer können austeilen lassen) ein weiters einsehen gehabt, nemlichen des Friedländer (so sich dermassen von Ihr Mai. und der Kaiserhof disgustirt, injurirt und gedrohet, falschlichen erzeigt hat) wider allerhöchst gedacht Ihr Kai. M. Ihren allergnädigsten Feldherrn eusristen Möglichkeit zu manutenirn und beinebens und für Ihm alle das ihrige bis auf den letzten Blutstropfen ungesparter aufzusetzen. Als ist diese Conspiration nit allein eine Mutination sondern eine Sedition und Crimen Laesae Majestatis gewesen, den ein jetweder von ihnen hat können und sollen wissen, dass Friedländer, sobald Er die Armada in Verfassung gebracht, unter Praetext Ihre Contentirung zu suchen, Er sich zu revangiren, Ihr Kai. M. und dero Erbkönigreich und Länder mit dero eigenen Waffen und der confoederirten Hülf afs euserste zu verfolgen, im Sinne gehabt.

Es möchte zwar etliche unter ihnen gewesen sein, so dass Friedländer hierunter habenden tyranischen Anschlag nit allerdings gewust, aber dass Sie sagen solten, nichts böses dahinden gespürt zu haben, ist (als wider allen Menschen Vernunft) nit zulässig, den weiln den Illo den Conspiranten vorgehalten, ingratis servire nefas, anstatt Dankbarkeit für des Friedländers wohlgeleistete servitia, wird Er vom Kaisers Hof vervolgt, disgustiert, hochschmertzlich injurirt, von den Spanischen mit Gift umzubringen nachgetracht. Derentwegen und anderen vielen erdichten und gegen Gott, den Röm. Kai. M. und der ganzen Welt unverantwortlichen, vorgewändten discoursenhalber, Er entschlossen seie zu resignirn, ehe dass Er mit Schimpf widerum (wie dan albereit einmal geschehen) von neuem abgesetzt und gestossen werde, doch im Fall Sie Ihm darfür hüten, neben Ihm stehen, auf keinerlei Weis sich von Ihm separirn und trennen, nachtrennen lassen, besonder alle das, was zu seiner und der Armada Conservation geraicht, neben Ihme euserster Möchlichkeit befördern und beinebens, und für denselben all das ihrige bis auf den letzten Blutstropfen, ungesparter aufsetzen, und denjenigen so, von Ihnen diesem zu widerhandeln solte, als treulose und aidvergessene an Hab und Gut, Leib und Leben vervolgen wollen. Er Friedländer gesinnet wäre, noch eine Zeit zuverbleiben, haben Sie leichtlich erachten können und sollen das solche Manutention, gegen keinem andern als der Röm. Kai. M., Ihrem allergnädigsten Feldherrn, von welchem Friedländer vergebenermassen disgustiert, und sonsten von keinem einigen Despect oder Verstossung zugewarten gehabt, angesehen gewesen. Zielet also diese Verbündniss sowohl auf die Contentirung der Armada als Erhaltung des Friedländers wider Ihr Kai. M., bei welcher und nit bei den Conspiranten zu judicirn gestanden, ob es dero und des boni publici Dienst gewesen, den Friedländer lenger bei der Armada zuhalten oder nit. Und ist diese in einem und andern Respect, so hochverbotene Verbündniss desto hochstrafmässiger, weil Sie so vorsetzlich, mit vernachlässigen Bitten und Flehen, und iterirten Instantien bei dem Friedländer, auch ohngeacht Sie gemerckt, dass die (wie wohlgefärbte) war so lang Er Friedländer in Ihr Kai. M. Diensten verbleiben und zu Beförderung deroselben Diensten Sie gebrauchen wurde, sein ausgelassen, dannoch durch Ihnen nit allein damahlen eingewilliget und unterschrieben, sondern am nachfolgenden 20. February, nach dem jedermenniglich gehört und gesahen, dass die vornemsten Generaloficirn dem Friedländer abgewichen[2], seine Pagagi

[2] Nicht nur Gallas, Piccolomini oder Diodati hatten seit Mitte Februar Pilsen verlas-

sowohl als die Artilleria Ross wegführen lassen, der Obriste Diodati mit seinem Regiment in Anzug[3], darauf Friedländer bei kalten Winterzeiten, und da kein Feind vorhanden die Armada in Verfassung zubringen gesucht, den Rendevous bei Prag anstellen, und allen andern auserhalb seiner, Illow und Tertzka, Ordinantzen zu parirn verbieten lassen, nochmahlen von mehrern Teil der Beklagten (wie wol mit einer verblaumten und nichtigen Protestation actui contraria) von neues schriftlichen erholt[4], also zum andermal freundlich und mutwilliger Weis, et animo plusquam deliberato, Ihrem allergnedigsten Kaiser, Landsfürsten und Feldherrn meineidig sein worden.

Und dieweiln unverantwortliche angestelte Mutination und Conspirationes, die Beleidigung der Kai. M. mit sich bringt, und davon keiner, ausserhalb derjenigen so sich des Werks gereuet, und den Handel treulichen anend und Ort, wohin Ihre Pflicht und Schuldigkeit Ihnen weisen tuet, zeitlichen eingebracht haben zu entschuldigen, als sein Sie alle indiferenter nit allein den dazu gehörenden Strafen, sondern auch die Complices und böse Anschläg umständlichen zu entdecken, der scharfen Frag unterworfen.

Und obwoln Ihr K. M. aus gewissen erheblichen Ursachen bei so beschaffenem Handel allen anstehenden Unheil so viel möglich zu verhüten, einen allergnedigsten Perdon haben ausgehen und publicirn lassen, dardurch die Gemüttern der Conspiranten zu einer Reu und Detestation solchen abscheulichen Werk zu bewegen und zu verhüten, dass Sie sich in weiteren unverantwortlichen, verzweifelten Consiliis nit verführen lassen. So kan solches, dannoch den Beklagten nichts vertragen, aus Ursachen die conditio sine qua non bei Ihnen keinen statt hat, zu bedenken, dass Sie alle sich zu unverantwortlichen, verzweifelten Consiliis nit allein verführen, sondern auch alle das jenige, was zu Beförderung der gemachten Conspirationen tauglich und die Zeit Ihnen zugelassen hat, mit Worten und in der Tat sich haben befliessen, zu effectuiren. Derentwegen als nit perdonirt zu erachten, und sowohl wegen des Verbündnisses, als andern zu Behauptung deren vorn und nachgefolgten Verbrechen concludiertermassen zu strafen sein. Non enim sunt digni beneficio legis, quia peccarunt in legem. Und ist Ihnen keine Notification des Perdons vernöthen gewesen. Sintemahlen der geschworne Articulsbrief, einem jetwedern Soldaten, und vielmehr den hohen Officiren genugsame Warnung ist, aus welcher Sie billig wissen, was Sie tun und lassen sollen.

sen, sondern auch Zahlmeister Gesser, der spanische Resident bei Wallenstein, Dr. Agustín Navarro Burena, und der Oberst der Leibwache Torrent samt seinen Gardisten; vgl. Diwald S. 526; Mann S. 1077, 1080; 1092–1095, 1101–1106.

[3] Pilsen wurde an Wallensteins Todestag von ksl. Truppen, den Regimentern Diodati und Tavigny, eingenommen; vgl. Schreiben Gallas' an Ks. Ferdinand II. vom 25. 2. 1634 (Hallwich, Wallensteins Ende II S. 485) und Mann S. 1109f.

[4] Vgl. Nr. 132.

139. Axel Oxenstierna an Kf. Johann Georg von Sachsen

Nachricht von Wallensteins Tod; dessen Folgen und Ausnutzung durch die Protestanten; Bitte um kursächsische militärische Unterstützung.

Gaedeke S. 297f.

Magdeburg, 3./13. März

Ewr Churfürstl. Durchl. haben sonder einigen Zweifel außführliche nachrichtung erlangt, wie eß mit des Herzogen zu Friedtlandt secession und darauf erfolgeten eylenden massacrirung in allem ab- und daher gegangen,

Ob nun woln billich zu bethauren, daß derselbe nit lenger daß leben haben sollen, sondern also schnel, und ehe dann Er seinen dessein inß werck richten, und sich mit der Evangelischen Parthy conjungiren, und die fundamenta zu einen sichern, bestendigen und durchgehenden Reichsfrieden legen helffen können, auß dem Weg gereumet worden, Nachdem eß jedoch durch Göttliche verhengnuß nunmehr also geschehen, so bleibt eß billich dahin gestelt. Ich zweifele aber daneben gar nit, E. Churfl. Durchl. werden dero Hocherleuchten verstandt nach ohnschwer gnedig selbst ermeßen können, daß dennocht auß diesem großen fall unter der Kaysl. Armée nit geringe confusiones und perturbationes entstanden sein müßen. Und ist eß wohl an dehme, daß schwerlich einer dem andern trawen, auch vermuthlich nit wenig sich finden sollen, welche die Friedtländische Parthy mainteniren, und mit den Unßerigen sich wohlmeinendt verstehen werden. Dahero dann den Evangelischen hinwiederumb billich obgelegen sein will, dieses tempo wohl in acht zu nemmen, in omnia momenta intent zu sein, und nach allen krefften und vermögen zu trachten, entweder den feindt zu schlagen, oder denselben Regimenter oder Trouppen weyß an Unß zu ziehen, oder zum wenigsten zuverhindern, daß er sich so balden nit recolligiren, verstercken, oder seinen Staat aufs new firmiren und stabiliren mög.

Wann dann deß Herrn Generals Herzogh Bernhardts Fürstl. Gn. auß Nabburgk[1] vom 22. verschienen Monats Mir zugeschrieben, daß Sie zu solchem ende Ihre trouppen zusammen gezogen, und nunmehr in Gottes nahmen in vollem march auf Eger begriffen sein, in meinung Ihr Heil an dem Feind zuversuchen, Mir aber gahr wohl wißent, waß für ein großes momentum sein würde, Wann E. Churfürstl. Durchl. Ihre trouppen dießfalls mit laboriren laßen wolten, So hab Ich meiner schuldigkeit zu sein erachtet, E. Churfl. Durchl. dieses in Unterthenigkeit zu erkennen zu geben, E. Churfürstl. Durchl. ganz gehorsamblich bittend, dieselbe wollen sich gnedig gefallen laßen, dero Herrn General Lieutenant dem von Arnim gnedig anzubefehlen, daß derselbe E. Churfürstl. Durchl. trouppen nit weniger zusammen ziehen,

[1] Nabburg, Ort sdl. Weiden (Oberpfalz).

und sich wo nit mit Hochermeltes Herzogh Bernhardts Fürstl. Gn. conjungiren, Jedoch eine absonderliche guhte diversion gegen Böhmen vornehmen, den feindt distrahiren, und also zu einem gemeinnützlichen Scopo cooperieren helffen soll, Allermaßen E. Churfürstl. Durchl. zu beforderung der Evangelischen wohlfart Ich vorhin Höchstlöbligst intentioniret weyß. Gleichwie nun durch den erfolgten schweren fall, die verhoffte Friedenserreichung nicht wenig rückgengig gemacht worden, Also und wann E. Churfürstl. Durchl. gegen dem gemeinen feindt alßo einmüthig mit arbeiten laßen werden, ist nit zu zweifeln, daß der Allmechtige nit allein die success umb so viel mehr segnen, sondern auch seine gnad verleihen werde, daß man dannocht den so hoch disiderirten scopum erreichen, und zu seiner Zeit den feindt zu einen erbarm, aufrichtigen und wohlversicherten frieden, auch wieder seinen willen bezwingen könne. [Grußformel; Datierung.]

140. Lamormaini an Vitelleschi [1]

Darstellung und Begründung des ksl. Vorgehens gegen Wallenstein.

Wagner S. 180–182.

Wien, 3. März 1634

Die geheimen Machinationen des Friedländers mündeten schließlich am 12. Januarii [2] in eine Verschwörung. Er wollte den Kaiser verderben, das Haus Österreich auslöschen, die Königreiche und österreichischen Lande in seine eigene Hand bekommen und die Güter und Herrschaften der getreuen Diener des Kaisers unter seine Mitverschworenen verteilen. So hatte er Heerführern, Hassern des Kaisers und hartnäckigen Ketzern, und denen, die wegen ihrer Empörungen in den letzten Jahren und wegen ihres Ketzertums Böhmen und die Erblande verlassen hatten, weitestgehende Hoffnungen gemacht, allerdings so vorsichtig, daß er nur wenigen die Umtriebe seines Herzens darlegte und auch nur denen, mit deren Treue er rechnen zu können glaubte, falls er ihnen ganze Fürstentümer verspräche. Mit der Heiligen Kaiserlichen Majestät verkehrte er jedoch inzwischen in der Weise, daß er alles anders vortäuschte. Sobald der Kaiser ganz insgeheim durch die, denen er sich geoffenbart hatte, die Tücke des argen und undankbaren Mannes durchschaut hatte, trachtete er

[1] Mutio Vitelleschi, Ordensgeneral der SJ seit 15. 11. 1615; geb. 2. 12. 1563, gest. 9. 2. 1645; vgl. Koch Sp. 1822f.
Vgl. zum vorliegenden Schreiben Duhr II 2 S. 708f.; Srbik S. 111–113.

[2] Datum des 1. Pilsener Schlusses; vgl. Nr. 152; Diwald S. 524f.; Mann S. 1021–1026.

ganz im stillen alle seine Ränke zu vereiteln und zunichte zu machen. Fürs erste nahm er selber fromme Zuflucht zur Hilfe Gottes; desgleichen ließ er auch, ohne Bekanntgabe des Anlasses, beim Klerus darauf hinwirken, daß sie Gott zu versöhnen suchten. Ich habe den Leuten unseres Hauses außerordentliche Gebete und Werke der Abtötung vorgeschrieben, das gleiche erbat ich vom Kolleg und dem Noviziat, und ich bat den Hochwürdigen Herrn Provinzial und Euch, Vater, daß man die gegenwärtigen Fährlichkeiten, die zwar höchst bedrohlich waren, aber nicht näher dargelegt werden konnten, durch das fromme Gebet der gesamten Sozietät abzuwenden versuche. Fürs zweite gab er einigen ganz Getreuen – Gallas, Aldringer, Piccolomini, Coloredo –, die taten, als ob sie für den Friedländer agiereten, Vollmacht und Auftrag, Hauptleute und Gemeine je nachdem von Abirrung zurückzuhalten, die die meisten gar nicht merkten, oder sie in der Ergebenheit gegen den Kaiser und in ihrer Pflicht zu halten, und, wenn irgend möglich, das Haupt und die vornehmlichsten Anhänger der Verschwörung gefangenzunehmen und nach Wien zu schaffen, oder sie, nachdem man sie beweiskräftig überführt hätte, aus der Zahl der Sterblichen zu eliminieren. Diese Weisungen wurden am 24. Januarii gegeben[3] und es gefiel der göttlichen Majestät, die Pläne des Kaisers zu segnen. Denn das Vorgehen blieb zur Gänze bis zum 22. Februarii geheim. An jenem Tage erfuhr der Friedländer nämlich zu Pilsen[4], wo er lag, zum erstenmal, daß in Prag ein Patent bezüglich der Vollmachten, die Gallas eingeräumt wurden, veröffentlicht worden war; waren doch damals schon fast alle Soldaten dem Kaiser gehorsam und in solcher Zahl nach Prag verlegt worden[5], daß man nichts mehr zu fürchten brauchte; denn Piccolomini, dem sich der Tyrann (tyrannus) immer ganz anvertraut hatte, bedrohte auf Befehl des Kaisers mit starker Reiterei, die er aus Oberösterreich herangeführt hatte, Pilsen[6], um den Tyrannen (tyrannus) und seine Anhänger zu überwältigen. Damals merkte der zum erstenmal, daß sich gegen ihn Unheil zusammenziehe. Deshalb verließ er selbigen Tags und selbiger Stund, da er das begriff, mit den weiter unten zu nennenden Freunden und mit 10 Reiterabteilungen Hals über Kopf Pilsen[7], die ganze Kriegsausrüstung und die Besatzung ließ er in Pilsen mit der Weisung zurück, daß die Feldgeschütze gegen Eger, wohin er selbst ging, gebracht würden; daß das

[3] Vgl. zum ksl. Ächtungsdekret und zu der 'Gerichts'verhandlung Eggenbergs, Trauttmansdorffs und Wolfradts vom 24. 1. 1634 Diwald S. 525; Mann S. 1065–1067.

[4] Vgl. Nr. 125; Mann S. 1100f.; Wallenstein erhält das Absetzungspatent erst am 24. 2. 1634 in Eger; vgl. Diwald S. 528; Mann S. 1115.

[5] Vgl. dazu Mann S. 1077, 1080, 1092–1095, 1101–1106.

[6] Vgl. dazu Mann S. 1109f.

[7] Vgl. zum Aufbruch Wallensteins von Pilsen am 22. Februar und zu seiner Reise nach Eger vom 22. bis 24. Februar Diwald S. 527; Mann S. 1104, 1108f.

nicht geschah, dafür sorgten die, denen die Verantwortung für das Ganze aufgetragen war: Die Pferde, welche dafür vorgesehen waren, wurden nämlich von ihnen zurückgehalten. Sobald das kaiserliche Heer tags darauf aus Oberösterreich vor Pilsen anlangte, ließ die Besatzung es in die Stadt ein[8]. Der Friedländer blieb mit Ilow, dem Feldmarschall, mit Graf Terszka und Wilhelm Kinski, dem Schwager Terszkas, in Eger und wartete auf die Hilfstruppen der Feinde (mit diesen konspirierte er nämlich bis dahin). Wie die Getreuen in der kaiserlichen Stadt erfuhren, daß diese kämen, drangen sie mit bewaffneter Hand in den Raum ein, in welchem der Friedländer mit den Seinen über die gesamte Lage Rates pflog, und erschlugen am 26. dieses ihn selber, Ilow, Terszka und Kinski[9]. An diesem Tage nahm der Kaiser mit der Kaiserin, dem König[10] und drei Erzherzogen in der Kirche dieses unseres Hauses vor- und nachmittags am Gottesdienste teil und auch am Frühstück. An diesem Tage hatten auch alle gebeichtet, um die göttliche Verzeihung zu erringen, und communiziert, obschon sie dasselbe am 24., dem Tage des hl. Matthias, getan hatten. Das Ende der Friedländischen Komödie ist sicherlich tragisch, und sobald heute die Kunde davon eintraf, schickte der Kaiser an alle Kirchen der ganzen Stadt, um Messen zu erbitten, und zwar gegen Zusicherung eines Entgeltes. Von unserem Hause erbat er 50 Messen, die ich auch anordnete. Bevor das gemeldet wurde, hatte der Kaiser schon angeordnet, daß im Namen des Fiscus alle Güter des Friedländers, Terszkas und Kinskis, die sehr groß sind, außerdem noch die Fürstentümer Glogau und Sagan in Schlesien eingezogen würden[11], die der Kaiser jenem noch vor gar nicht langer Zeit geschenkt hatte. Dem Heere in Schlesien hatte der Friedländer einen gewissen Schaffkotsch, einen nichtkatholischen, aber tüchtigen Heerführer, als Kommandanten gegeben, der bislang tatkräftig für den Kaiser gegen den mächtigen Sachsen gekämpft hatte. Diesen hatte er durch zweifellos glänzende Versprechungen dazu gebracht, sich mit ihm zusammen gegen die Kaiserliche Majestät zu verschwören und er hatte ihm aufgetragen, Coloredo gefangen zu nehmen, von dem er annahm, daß er dem Kaiser verbissen anhange. Andererseits aber hatte der Kaiser Coloredo aufgetragen, Schaffkotsch zu fangen und in Gewahrsam setzen zu lassen, wenn er ihn nicht zur Treue gegen den Kaiser zurückführen könne. Während jener nach Glogau kam, um im Auftrag des Friedländers Coloredo zu verhaften, nahm Coloredo, der die Truppe durch

[8] Vgl. Anm. 6.

[9] Lamormaini ist schlecht unterrichtet; vgl. zur Ermordung Wallensteins Nr. 137; Diwald S. 529–531; Mann S. 1119–1121, 1124f.

[10] Ferdinand III.

[11] Auch hier ist Lamormaini nicht gut informiert; die Konfiskation von Wallensteins Besitz datiert den 20. 2. 1634; vgl. Mann S. 1084; auch Diwald S. 526.

die Bloßstellung der Verschwörung schon für die Treue zum Kaiser gewonnen hatte, seinerseits Schaffkotsch gefangen [12].

141. Lamormaini an Vitelleschi

Berichtigung des Schreibens vom Vortag.

Wagner S. 182f.

Wien, 4. März 1634

Heute erhielt ich teils von Seiner Kaiserlichen Majestät selbst, teils von jenem selbst, der dabei eine große Rolle spielte und gestern abends eintraf – vom Schotten Leslie [1] – einen genaueren Bericht über die Wallensteinische Tragödie (tragoedia Valsteniana) und sehe mich gezwungen, etliches in meiner gestrigen Niederschrift [2] zu ändern.

Zuvörderst, daß jene Verräter nicht am 26., sondern am 25. Februarii getötet worden sind, und zwar alsbald nach dem Abendessen vier: Trezka, Ilow, Kinski und Neuman; der Friedländer selber aber drei Stunden später in einem anderen Quartier; damals sei die Ruhe der Bürgerschaft schon gewährleistet und das Heer infolge der Aufdeckung der Verschwörung in der Ergebenheit gegen den Kaiser bestärkt gewesen. Diejenigen, welche die Sache zu Ende brachten, waren alle entweder Schotten oder Iren: drei Hauptleute – Leslie, Gordon und Butler; von diesen hatte an dem Tage der Friedländer den Eid verlangt, sie hatten ihn aber nicht geleistet, sondern um Aufschub bis zum nächsten Tag gebeten; bis dahin hatten sie sich entschlossen, lieber zu sterben, als sich arger Weise zu Teilnehmern an Verrat herzugeben. Die gesamte Abfolge und Anordnung seiner Verschwörung gegen den Kaiser eröffnete der Friedländer selber Leslie und Gordon, die von der ganzen Sache überhaupt nichts gewußt hatten (Butler wußte von der Sache durch Gallas und Piccolomini); er glaubte nämlich, daß er sie durch gewaltige Versprechungen noch auf seine Seite bringen werde oder sie schon auf seine Seite gebracht habe. Siehe wo doch Gott von den äußersten Enden Europas Leute beruft, welche den mit Gott zu Werke gehenden, Gott vertrauenden Kaiser verteidigen und seine Verräter ausmerzen. (En ubi ab ultimis Europae finibus Deus evocat, qui imperatorem cum Deo agentem. Deo fidentem defendant, proditores exterminent.)

[12] Vgl. hierzu Mann S. 1100.

[1] Das Faktum der Ermordung Wallensteins war in Wien am 2. März 1634 bekannt geworden (vgl. Mann S. 1128); die genaue offizielle Unterrichtung geschah erst durch Leslie einen Tag später (vgl. Mann S. 1128).

[2] Vgl. Nr. 140.

Schaffkotsch ist wohl gefangen genommen worden, aber nicht ganz in der Weise, wie ich gestern geschrieben habe. Auch der Herzog Franz Albert von Sachsen-Lauenburg, Marschall des kurfürstlichen[3] Heeres, wurde gefangen genommen[4], nicht jedoch auf einem Kriegszuge oder bei militärischer Gelegenheit, sondern bei verräterischem Vorgehen als Mitwisser und Genosse des Verrates.

142. B. Richel an Kf. Maximilian von Bayern

Informierung über den Tod Wallensteins und seiner Anhänger; Reaktion in Wien auf Wallensteins Tod; Absetzung Vertrauter Wallensteins am Hof; Wallensteins Korrespondenz; Gefangennahme Hg. Franz Albrechts von Sachsen-Lauenburg; Ankunft des Herzogs Franz Julius von Sachsen-Lauenburg im Auftrag der Kurfürsten von Brandenburg und Sachsen; Freibergeraffäre; Gefangennahme des wallensteinischen Kanzlers; geringes Interesse Kursachsens und Kurbrandenburgs an Partikularfriedensverhandlungen.

Irmer III S. 325–329.

Wien, 8. März 1634

Betr.: Bayerische Forderung nach Auslieferung Memminger und Kemptener Bürger sowie nach Rückzahlung von 300 000 Gulden, die Bayern für die ksl. Armee in Nürnberg ausgegeben habe. Diverse offizielle Schreiben, Wallenstein betreffend, sind Richel am 2. März zugestellt worden.

Desgleichen haben ihre kaiserl. maj. mich den 2. dis zu sich erforderet und angezeigt, daß der obrist Butlar ihro mit diesem formalibus ohne einige andere weitere umbstend geschrieben: Er hab den Friedland, Ilo, Terzki, Kinzki und Neumann getödt. Derwegen begerten ihre maj., ich soll's ew. curfürstl. durchl. alsbalden berichten, das ich auch zu thun mich anerboten. Nachdem ich aber mir leicht die gedanken machen konden, dieselbe werden es eher, als man's alhie gewißt, von dem herrn graven Gallas und Altringen bericht worden sein, als hab ich zu ersparung des unkostens auch deswegen keinen aignen geschickt, jedoch es hiemit zu dem end unterthenigist berichten wollen, damit ew. curfürstl. durchl. gnedigst vernemen, daß ihrer kaiserl. maj. will und bevelch gewesen, in dero namen dis factum zu berichten.

Meniglich hohen und nideren standes hat sich alhie über dise zeitung erfreit, nit anderst, als wan man ein große victori erhalten, und auch die, denen umb's herz sonst anderst gewesen, haben dergleichen gethan, als wan sie sich

[3] Kursächsisch.

[4] Vgl. Mann S. 1132.

miterfreiten. Vil, als herr Teitschmeister[1], herr marggraf von Brandenburg, gewester administrator zu Magdeburg[2], herr graf von Meggau, Trautmannstorff, Schlick und andere graven und herren seind in der kaiserlichen anticamera selbst ultro zu mir gangen und congratulando sich erfreit, daß einmal derjenige hin sei, welcher ew. curfürstl. durchl. und dero landen so vil schaden und leids zugefigt und verursacht. Jezt rett [redet] jedermann offenlich und liberrime von ihm, und sonderlich in anhörung derer, welche des Friedlands patroni oder creaturen gewesen, und derfen doch diese nichts darwider sagen, sie wolten sich dan selbst verdechtig machen. Wie dann in's gemein zu hof und sonst ohne scheich offenlich gesagt wird, es werden noch hie zu Wien etliche mit in das spil kommen. Und dies und anders müssen die, welche sich etwan schuldig wissen, anhören, und derfen doch nichts dargegen sagen. Der Questenberg und obrist St. Julien[3] seind schon von dem kriegsrath ausgeschlossen, auch dem Questenberg die geltcassa und generalcommissariat genommen, die cassa zur hofcamer gezogen und das generalcommissariat dem von Walmerodt aufgetragen worden.

Der fürst von Eggenberg hat mir diser tagen, als ich der Memming- und Kemptischen sachen halber bei ihrer fürstl. gn. gewesen, selbst gesagt, daß zu Eger bei dem Friedland vil schreiben gefunden worden, daraus des Friedlands correspondenz und practicen, so er inner- und außerhalb des reichs auch vielleicht mit etlichen (ista fuerunt formalia) an dem kaiserischen hof alhie gefirt, an das licht kommen werden. Ich besorg aber, es werden vil schreiben und sachen in der finsternis bleiben, wan man nit leit dorzu deputirt und es solchen under die hand giebt, die gerad ohne respect hindurch gehen.

Der fürst von Eggenberg hat mir gesagt, daß auch Franz Albrecht von Saxen-Lauenburg in Beheim gefangen worden, als er von dem Weimar zurück zu dem Fridland nach Eger reisen wollen[4], wie ohne zweifel ew. curfürstl. durchl. vor gewiß wissen werden. Der soll nacher Neustatt[5] in die gewohnliche fürstliche custodie geführt werden und numer auf der reis sein. Was ich aber neulich in meinem schreiben vom 1. dis ex relatione eines curriers in der eil per postscriptum gemeldt, daß der Friedland, Ilo und Terzki gefangen, hat man mir den anderen tag auf weiter nachfragen also erleiteret, daß sie zwar noch nicht in wörklicher verhaft, aber in der statt Eger also eingesperrt und umbringt seien, daß sie gleichsamb als gefangene nit mehr entfliehen konden, wie es auch der ervolg bezeugt.

[1] Joh. Kaspar v. Stadion.
[2] Christian Wilhelm Mgf. v. Brandenburg, 1632 Konversion zum Katholizismus.
[3] Frhr. Heinrich Sankt Julian.
[4] Vgl. Mann S. 1132.
[5] Wiener Neustadt.

Gestert ist herzog Franz Julius von Saxen wieder hieher komen, was er aber von Cur-Saxen und -Brandenburg der friedenshandlung halber für antwort mitgebracht, hab ich noch nit erfahren konden. Will mich jedoch dessen noch bevleißen und hienach berichten. Sonst seind die kaiserische räth alhie in's gemein der meinung, daß sich jetzt hochgedachte bede curfürsten hoffenlich eher zu einem friden bequemen werden als vorher, da sie auf des Friedlands practiciren und cunctiren ihr absehen gehabt. [. . .][6]

Vor wenig tagen hat des Schaffgoz[7] obristerleitenant einer, Freiberger[8] genannt, so mit seinen kompagnieen zu Troppau in Schlesien gelegen, wie er vernommen, daß sein obrister vom Coloredo[9] gefangen, mit des feinds guarnison zu Oppel heimbliche correspondenz gepflogen, dieselbe in Troppau eingelassen, und sich alsbald darzu geschlagen, und die andere officier, reiter und knecht, welche nit mit ihm zum feind umbtreten wollen, theils niedergemacht, theils gefangen.

Des Friedlands canzler, der von Elz[10], ist zu Eger, als er von Arnheim mit schreiben an den Friedland, darin er ihme in wenig tagen zu succurriren versprochen, wieder zurück nacher Eger kommen und vermeint, sein herr leb noch, alda auch gefangen worden und wird jez herzog Franz Albrecht von Saxen auf Neustatt[11] nachgefirt, alda sie bede durch commissarios, so man von hie aus dahin schicken wird, werden examinirt werden, und verhofft man durch sie zu erfahren, welche bei des Friedlands conspiration außer denen, so albereit hingericht, noch mehr interessirt seind.

Ungarischer Landtag. Schreiben der Kurfürsten von Sachsen und Brandenburg von Hg. Franz Julius überbracht.

Der herr von Stralendorff, an den ich in diser sachen gewisen worden, hat mir gesagt, daß auf die particularaccommodation mit Cur-Saxen und -Brandenburg fast kein hoffnung zu machen, dann der geweste friedländische canzler, obgedachter von Elz, hab zu Pilsen gegen den Gebhardten, reichshofrath, als er ihme, Elz, deswegen gefragt, noch im leben des Friedlands fein rund gemelt, es sei auf solche particularhandlung mit Saxen und Brandenburg kein fundament zu machen aus disen vier ursachen: 1) Weil dise bede curfürsten

[6] Irmer S. 328 Anm. 1: „Folgt eine längere Stelle wegen des österreichischen Geleits und des spanischen Heeres, die ohne Bedeutung und deshalb weggelassen ist."

[7] Gemeint ist: „des gefangengenommenen Generals Johann Ulrich v. Schaffgotsch".

[8] Oberstleutnant Albrecht von Freiberger. Vgl. zu dieser Episode Doc. Boh. V Nr. 816 S. 269; Mann S. 1135f.

[9] Ein Brief Schaffgotschs an Trčka vom 23. Februar 1634 war von Colloredo aufgefangen worden; am 24. 2. 1634 nahm dieser Schaffgotsch gefangen; vgl. Mann S. 1100.

[10] Johann Eberhard v. d. Elz; zu dessen Verhalten nach seiner Verhaftung vgl. Mann S. 1132f.

[11] Vgl. Anm. 5.

mit dem abgeleibten konig in Schweden schon vor, ehe er einigen fueß auf des römischen reichs boden gesezt, sich so weit eingelassen und verbunden, daß sie ohne der cron Schweden wissen und willen kein frieden machen und schließen wollen. 2) Weil eben dise bede curfürsten sich zu Leipzig mit anderen protestirenden fürsten und stenden des reichs gleichermaßen so stark verbunden, daß sie kein particularfrieden eingehen und die andere darvon excludiren kenden. 3) Hab Cur-Brandenburg in privato sich mit der cron Schweden also interessirt gemacht, daß er sich darvon durch einige guetliche mittel nit mehr separiren lassen werde; benebens sei auch Cur-Saxen mit Brandenburg in particulari solcher gestalt obligirt, daß er sich von ihme so leicht auch nit werd separiren. 4) Haben die protestirende die oberhand im reich so weit erhalten und solchen anhang von ausländischen potentaten, daß sie nit ursach, diser zeit einen anderen frieden einzugehen, als der ihnen wol annemblich. Der von Stralendorf vermeldt weiter, obschon diese vierte ursach wegen des Friedlands seidher, als der Elz dis gesagt, ervolgten tods wenigern nachtruck hat, und Cur-Saxen und -Brandenburg sich villeicht jez necher zum zil legen möchten, so stehen doch die drei andere ursachen noch stark am weg, und sei daher zu besorgen, man werde mit diesen beden curfürsten ad partem zue keinem vergleich kommen; doch sei darumb die handlung mit ihnen nit abzubrechen. [. . .]

143. Gutachten deputierter Räte und Kommissare für Ks. Ferdinand II. zur juristischen Würdigung der Tötung Wallensteins und seiner Vertrauten

Rechtfertigung des Vorgehens gegen Wallenstein; Rechtmäßigkeit des angewandten Verfahrens.

Hallwich, Wallensteins Ende II S. 527–533.

[Wien] April 1634

Allergnädigster Kayser und Herr.

Bey jüngster Abhörung dieses Berichts ist under andern durch dero geheimbe Räth auch diese Frag movirt worden, ob nemblich nit besser ein ordentliche declaratoriam et condemnatoriam sententiam zu schöpfen und zu publiciren, darinnen der hingerichten memoria condemnirt würde, und ob solches nit einen Weg als den andern, wann gleich diese historica relatio [1] anstehen solle, noch werde beschehen müßen. Darzu dann sonderlich Anlaß

[1] Gemeint ist der 'Ausführliche und Gründtliche Bericht der vorgewesten Fridtlän-

und Ursachen geben, daß noch hievor bey Ewer Mtt. selbsten, als auch seithero bei dero geheimben Räthen und zu den Friedenstractaten abgeordneten Commissario, dem Grafen von Trautmannsdorf, des hingerichten Wilhelmben Künzky Wittib[2] gar schriftlich einkommen und angehalten, wider die executores der Meuchelmörder ihres Mannes die justitiam ihr zu ertheilen und ergehen zu laßen[3], welches sie zweifelsohne nit für sich selbsten sondern aus Anstiftung und Rath etlicher rachgieriger, böser Leuth, die nichts anders als Ewer Kay. Mtt. selbsten hierunder zu verschimpfen und ein maculum anzuhankhen suchen, gethan, auch wol hinfüro ferners zu thun nicht underlaßen wirdt.

Nun haben die zu dieser Sachen deputirten Räth und Commissarii dieses seithero in allerunterthenigste weitere Berathschlagung gezogen, und befindt sich zwar für sich selbsten, daß dieser Bericht oder historica relatio für kein Urtheil oder sententiam declaratoriam zu halten noch derselben effectus habe, und daß auch kraft deßen mit einigen actu executionis oder confiscationis bonorum verfahren werden könnte, alldieweiln dieselb weder von Ihr Kay. Matt. selbsten noch einigen tribunali justificirt wirdt, in forma einer Sentenz verfaßt oder aber publicirt wirdt.

Sie erachten aber auch beinebens allerunterthänigist, daß dieser casus und factum also qualificirt, daß, gleich wie anfangs keiner declaratori oder condemnatori Urthel vonnötten gewesen, ja auch gar per rerum naturam nicht fürgenommen werden können noch sollen, also auch anjetzo keines mehr von nöthen und nach bereit fürgegangener Execution wider die Personen sich dergleichen auch nicht wohl mehr schicken würde, wie dann auch baldt anfangs in diesen Sachen in dem völligen Reichshofrath solches für rathsamb befunden und vormahls in dergleichen Fragen und casibus mehrmalen decidirt und erkennt worden, anjetzo aber in diesem gegenwärtigen casu aus nachfolgenden begründten Motiven und Ursachen:

Dann erstlich haben Euer Kay. Mitt. in dem untern dato des vierundzwanzigisten [24.] Januarii dem General Leutenant Graffen Gallasen zuegeschickten Patent[4], welches er nachmahlen aller Orthen ausgetheilet und ausgeschickt und publicirt und seine Ordinanzen darauf fundiert, der ganzen Soldatesca die mit dem Friedlandt, als dero gewesten General Feldthauptmann, aus

dischen und seiner Adhaerenten abschewlichen Prodition' (vgl. Hallwich s. o. S. 528 Anm. 1).

[2] Die Gattin des Wilhelm Gf. Kinský, Elisabeth Magdalena (Alžběta Majdaléna), war Schwester des Adam Erdmann Trčka; sie starb vor 1645 in Greifswald (vgl. Jelinek II S. 32).

[3] Vgl. zu diesem Sachverhalt Mann S. 1150f.

[4] Vgl. Nr. 125.

hochwichtigen und dringenden Ursachen fürgenombenen Veränderungen dergestalt notificirt und sie von allen Obligationen, mit welchen sie bishin an ihm anhängig gewesen, liberirt, dieweilen auch theils Commendanten und Officier bei der Pilsnerischen Versamblung[5] etwas zu weit gangen, selbiger, außer zweier Personen, die sich als Radelsführer gebrauchen laßen, perdonirt.

Alß haben Ewer Kay. Mtt. für das andere underm dato des 18. Februarii wiederumb an die ganze Soldatesca und alle dero Officier und Commendanten andere patenta ausgehen und aller Orthen publiciren laßen[6], die auch nunmehr in ganz Teutschland spargiert, und darinnen nit allein zu Pilßen gemachte Verbündtnuß[7] als ohne das ipso jure unbündig, ungültig und null erklärt, cassirt und aufgehebt, sondern auch die Ursachen der mit ihm Friedlandt vorgenommene Veränderung inseriren laßen, wie sie nemblich die gewisse Nachrichtung erlanget, waßmassen derselb Ewer Kay. Mtt. und dero hochlöbl. Hauß von dero Erbkönigreich, Landt und Leuth zu vertreiben, Cron und Scepter ihme selbst eidtbrüchiger weis zuzueignen Vorhabens gewesen und zu solchem die Generaln und Officier ihme anhängig machen und zu diesem seinen boshaften Intent gebrauchen und dardurch umb Ehr und Reputation bringen wollen, dero getrewen Diener Güter anderwerts zuerwenden gelusten, sie selbsten und dero hochlöbliches Haus ganz auszurotten sich vernemben laßen und solche so meineydige Trewlosigkeit und barbarische Tyranney würcklich zu vollziehen sich eußeristen dieses bemühet hab. Deßgleichen seindt für das dritte:

auch gewisse patenta gedruckht, welche der zu Hungarn und Böheimb Königl. Majestät aufgetragenen Generalats halber in das ganze Römische Reich publicirt werden sollen[8], die sich auf diesen Bericht albereit lenden und ziehen und allein nur deßhalben biß dato zuruckbehalten worden, darinnen gleichsfalls die Clausula begriffen und zu all Ewer Kay. Matt. bißhero undergeloffenen Widerwertigkeiten entlich auch noch dieses kommen, daß dero gewester Feldthauptmann der von Friedtlandt an Ewer Kay. Mtt. meineydig worden und under dem Schein des Friedens andere falsche consilia und gefährliche Verrätherey practicirt, ja auch Ewer Kay. Mtt. und dero Haus umb Cron, Scepter, Land und Leuth bringen wollen, dannenhero sie verursacht worden gegen demselben die Execution fürzunehmen, maßen in dem darüber

[5] Gemeint ist die dem 1. Pilsener Schluß vorausgegangene Versammlung der Offiziere; vgl. Diwald S. 524 f.; Mann S. 1023–1026.

[6] Vgl. Nr. 131 mit Anmerkungen.

[7] Gemeint ist der 1. Pilsener Schluß.

[8] Gemeint sind nach Hallwich (s. o. S. 529 Anm. 1) die 'Intimationsschreiben an alle Obristen etc., dz sie Ihr Khönl. Mat. zue dero General haubt auf: und annehmen sollen', die am 27. 4. 1634 expediert worden seien.

ausgegangenen Bericht (darunder dieser verstanden) mit mehrern zu befinden, bey welcher Beschaffenheit es dann nunmehr an Ewer Kay. Mtt. öffentlichen Declaration oder Denuntiation, ob es zwar nit in Formb eines Urtheils beschehen, gar nit ermanglet.

So ist weiter über dieses alles und viertens auf Ewer Kay. Mtt. Befelch und denen damaligen Umbständen nach mit würklicher Execution gegen den Personen als in manifesto et permanente crimine laesae Majestatis, rebellionis et perduellionis albereith verfahren, nachmahlen approbirt und remunerirt und also ipso facto, für wen sie zu halten, der ganzen Welt declarirt worden. Wie nun hierinnen der Personen halber es kein Citation, Process oder auch declaratori Urthel vonnötten gehabt, ja auch damahliges Umbstands und eußerister Gefahr halber gar nicht sein können noch sollen, als ist auch anjetzo fernerer Declaration oder Condemnation in ordine effectuum confiscationis bonorum oder anderer effectus mehr vonnötten, dann diese für sich selbsten folget als necessarium und necessaria sequela (alldieweiln das crimen rebellionis et perduellionis nit allein die Lebensstraf sondern auch die damnationen memoriae et confiscationem omnium bonorum als consequentia rechtswegen auf dem Rucken tragt).

Und ist dieser processus fünftens in der natürlichen Vernunft, den gemeinen geschriebenen Rechten, auch Reichsconstitutionen gar stattlich fundirt, in dergleichen Fällen auch vielmahlen practicirt und statuirt worden, daß, ob es ja wohl mehrers ein Ansehen eines Gewalts als Rechts, wo man ohne Erkanntnuß und Gehör hingericht wirdt, auch sonsten die Defension juris naturalis ist und derohalben Niemandts benomben werden soll, so hat doch solches billig allein bey den reis ordinariis statt, deren man sich ohne große Gefahr gewaltigen und mächtig sein mag; wo aber die Verbrecher potentiores ipsis legibus und judiciis seindt und die nechste eversio status publici darauf beruht, in tali casu legi illi naturali altera etiam naturalis merito praecaleat, vim vi repellere. Dannenhero und weilen der Friedland so boßhaftig gewesen und Ewer Kay. Matt. und dero hochlöblichen Haus nit allein mit Gewalt ohne alles Gericht und Recht, sondern auch ganz eidtbrüchig und tyrannischer Weiß von Cron und Scepter, Landt und Leuth vertreiben, ganz und gar ausrotten und den ganzen statum publicum evertiren wollen, damit auch albereit im eußeristen Gradt und dem letzten actu executionis gestanden, darzu die Mittel auch schon in Händen gehabt, wann durch absonderliche Schickung Gottes er nicht were verhindert worden: alß ist auch gar nicht von nöthen, mit ihme einiges Gerichts oder Rechts zu halten, denselben viel zu citiren, processiren oder sententiern, sondern ganz billig in der von der Natur erlaubten Defension sein tyrannisch Gewalt mit andern billich und rechtmäßigen Gewalt widertreiben und abgewendet, darauf dann nun all anderß für sich selbsten folgt, und heißt es in dergleichen Fällen billich: melius est occurrere in tempore quam post exitum vindicare, und wie Cicero sagt: silent leges inter arma nec se exspectari jubent cum ei qui exspectare velit ante injusta poena luenda sit quam justa repetenda.

Wie dann, so viel die gemeine geschriebene Rechten anbelangt, ein ganzer titulus in. Codice, quando liceat unicuique sine judice se vindicare, vel publicam devotionem alda constituirt ist, daß ein jeder nocturnus depopulator et aggressor itinerum de facto et propria auctoritate möge vorgebracht werden, scilicet ut mortem quam minitatur excipiat et id quod intentabat incurrat; und seind dergleichen anderer casus mehr in jure viel geschehen.

Wann nun dieses einem jeden privato zugelaßen, warumb sollte es nit in causis publicis totum publicum concernentibus können fürgenomben werden, ubi ad haec remedia interdum pervenire necesse est non poenae festinatione sed periculi causa, cum aut seditio praerupta factione cruenta vel alia justa causa moram non recipit; und könnte mit gar guten fundamentis juris beigebracht werden, daß dergleichen traditores, perduelles und affectirte Tyrannen ein jeder privatus ohne einigen obrigkeitlichen Befelch oder gerichtliche Declaration, bevorab wo es die Umbständ also erfordern, daß omnis mora periculosa, mit gueten Fueg umbbringen können; und soll auch derentwegen niemandts zu bestrafen sondern noch zu belohnen sein, allermaßen und vor Zeiten dergleichen, pro liberatoribus patriae celebrirt worden.

Deßgleichen ist auch in den Reichsabschieden de a. 1559, §. damit der für: und anderer Orthen mehr, wider die offene beharrliche Friedbrecher, die Vergatterung machen, Volk aufführen und wider die Kay. Mtt. und das Römische Reich oder einigen Stand desselben zusammenführen, verordnet, daß aber alle andere auch ipso facto in des Kay. Röm. Reichs Acht gefallen sein solln, darinnen sie diese alle weithere Erklärung hoc ipso schon erkennt und daß ein jeder unerwart aller Declaration gegen sie exequiren und de facto verfahren mög und soll, befohlen, und zwar nit in diesem crimine rebellionis allein, sondern dieß ist auch in dem crimine falsae monetae de anno 1566, §. auf den Fall dann constituirt; und obwohlen sonsten ein allgemeine regula licet bannum ipso jure incurratur, quod tamen nihilominus quoad poenam corporalem et bonorum publicationem sententia declaratoria super delicto commisso requiratur eo quod nemo rebello habendus sit, nisi talis declaretur, und dieses viel Rechtsgelehrte gemeiniglich auch ad ipsum crimen laesae Majestatis immo etiam ad notoria extendiren; siquidem licet dominium ipso jure admittatur, attamen ad hoc, ut possessio auferatur, necesse sit, ut sententia declaratoria interveniat, praeterea quod judicia de notorie factis constare debeant, imo non sufficiat solum factum esse notorium nisi etiam qualitate facti delictum inferentes sint notorii, in quod delinquenti nulla possit defensio vel excusatio competere. So haben durch diese Lehren all in einem manifesto proditore und crimine rebellionis actu permanenti, allermaßen er Friedland mit seinen hingerichten complicibus wenigstens mit Zusammenraffung der Militiae und Aufrichtung der meyneydigen Verbündtnuß, und dann daß er endtlich zu Ewer Kay. Mtt. Feindten hinumbtreten und sich conjungiren wollen, welches alles weltkündig und darin sie einige Defension oder Entschuldigung haben können, nit statt, sondern in dergleichen Fällen, cum sit periculum in mora, voce accusatoris et longa tela judiciaria non requiritur sed absque ulla sententia declaratoria statim ab executione initium fieri potest et bona delinquentis fisco addicuntur, wie dieses neben andern der Andreas Gayl[9] lib. 2. de pa. publ., cap. 3., mit mehrern ausführet.

Und seint solche Process in dergleichen Fällen bey allen Völkern und Königreichen zu allen Zeiten practicirt, wie bei den historicis underschiedlich zu finden.

Alß Ao. 1617 in Frankreich der Marschal von Ancre[10] (welcher doch bei weitem in so keiner offentlichen und gefährlichen Conspiration wie Friedlandt begriffen gewesen, sondern allein deßen imputirt worden, daß er die königliche Auctorität an sich gezogen und durch heimbliche Consilia verhindert, daß der König nit zu der Regierung gelangen sollen) ohne alle Citation oder Sentenz umbgebracht worden, hat der König darauf ganz kein andere declaratoriam ergehen sondern nur ein Ausschreiben an alle Gubernatores und Ständ, wie auch die Residenten bey fremden Herrschaften, ablaufen laßen und darinnen allein das factum und die Ursachen notificirt, allermaßen auch dießfalls albereit an die Soldatesca beschehen. Deßgleichen ist auch in Siebenbürgen der Cardinal Georgius[11], umb willen er mit den Türken gefähr-

[9] Andreas v. Gail(l), geb. 12. 11. 1526, gest. 11. 12. 1587, 1573 geadelt; 1555 Dr. iur., 1557 Assessor des RKG zu Speyer; Mitglied des RHR von 1569 bis 1583; Kanzler des Erzstiftes Köln; vgl. NDB 6 S. 38f.; ADB 8 S. 307–311; Gschließer S. 125f.

Die erwähnte Passage ist gedruckt in: Andreas Gaill, Practicarum observationum, tam ad processum iudiciarium, praesertim imperialis camerae, quam caysarum decisiones pertinentium libri duo, De pace publica et proscriptis sive bannitis imperii libri II, De pignorationibus liber singularis, De manuum iniectionibus sive arrestis imperii tractatus; Köln 1640 S. 96–100.

[10] I. e. Cosme-Jean-Baptiste Concini (um 1575 Florenz–24. 4. 1617, ermordet zu Paris), kam 1600 mit dem Hochzeitsgesinde der Maria von Medici an den französischen Hof; Aufstieg nach Heinrichs IV. Tod als Günstling: 1610 Staatsrat, Marquis d'Ancre und Chef der Hofverwaltung, 1613 Marschall von Frankreich; vgl. Meyer I S. 148; DBF Bd. 9 Sp. 433–435; NBG Bd. 11 (Paris 1855) Sp. 392–395.

[11] Georg Martinuzzi (Georgius Martinusius) geb. 1482, gest. 17. 12. 1551; Ordo Sancti Pauli I. Erem.; 30. Mai 1539 Bf. v. Varadien (i. e. Nagy-Várad resp. Großwardein); 1551 Kardinal 'ad Transsilvaniam' (so Bucholtz S. 270), am 17. 12. 1551 auf Befehl des ksl. Oberbefehlshabers in Ungarn und Siebenbürgen, Castaldo, nach vorheriger ksl. Anordnung ermordet. Die Instruktion Ferdinands I. für Castaldo von 1551

liche correspondentias gehabt, von dem Castaldo[12] ohn all declaratoria expedirt worden; und ob man wohl selbiges factum auf allen Orten fast ungleich auslegen wollen, so hat doch weil. Kayser Ferdinand I., hochsel. Gedächtnuß, Ewer Kay. Mtt. Ahnherr, anders nicht als ein Schreiben an die Ständt in Hungarn und Siebenbürgen abgehen laßen und sie des ganzen Verlaufs erinnert, deßgleichen auch gegen dem Curia chomouae [sic] selbsten, die es gar hoch aufnehmen wollen, anderst nichts gethan als dieselb umbständiglich damit informiren laßen. Und dergleichen exempla seindt aller orthen vorhanden; sonderlich aber ist diese Frag auf Ao. 1622 bey dero Reichshofrath wegen des Markgraf von Baaden[13] stark movirt undt endtlich geschlossen, auch also gegen demselben mit Confiscirung der Güter ohne alles declaratori Urtheil exsequirt worden, darwider biß dato nit das geringste movirt.

Über dieses alles hat man auch sechstens erwogen, wo man allererst anjetzo absonderlich die memoriam condemniren und der Confiscation halber ein Urtheil sprechen sollte, daß darbey alsbaldt diese Difficultät fürfallen wirdt, ob darzu nit auch vorhero die Interessirten und Befreundten ad contradicendum et purgandum sollen citirt werden, da sonsten zu solchem Endt dieses ordinarie die jura auch erfordern. Sollten nun solches beschehen, so würde man auch alle einkommene probationes communiciren und damit diesen ganzen processum, auch die fürgangene Execution in ein Contradiction

besagt in der Wiedergabe bei Bucholtz (S. 269): „Er möge, wie es auch der Secretär (Caspar von Pesth) selbst gerathen, so lange er wahrnehme, daß Georg seine bösen Anschläge noch aufschiebe, mit ihm dissimuliren, um ihm so wenigeren Anlaß zur Ausführung seines verrätherischen Vorhabens zu geben; er möge ferner mit dem Kriegsvolk bei Tag und Nacht seine Wachsamkeit verdoppeln und dasselbe zu allen nöthigen Unternehmungen bereit erhalten; wenn er aber inne würde, daß die Sache anders nicht geschlichtet werden könne, als daß er entweder erdulde, daß Hand an ihn gelegt werde, oder daß er an den Bruder Georg, indem er so gottloses betreibe, selbst Hand anlege, dann solle er vielmehr demselben zuvorkommen und ihn aus dem Wege räumen, als den ersten Stoß abwartend, sich von ihm zuvorkommen lassen mit großem Schaden des Reichs und der ganzen Christenheit."

Vgl. Bucholtz VII S. 235–292; betr. Ermordung S. 283–286; betr. posthumen Prozeß gegen Martinuzzi S. 287–290; Révai Nagy Lexikona VIII (Budapest 1913), S. 130f. unter Fráter György; Hier. Cath. III S. 326 unter Varadien in Ungaria; Hallwich S. 532 Anm. 1; Srbik S. 114, 120f., 206.

[12] I. e. János Castaldo, Mgf. v. Cassiano (1500–1562), 1551 ksl. Oberbefehlshaber in Ungarn und Siebenbürgen; vgl. Bucholtz VII S. 253 sowie passim S. 253–292; Révai Nagy Lexikona IV (Budapest 1912) S. 314.

[13] Georg Friedrich, Mgf. v. Baden (30. 1. 1573 Durlach–14. 9. 1638 Straßburg); vgl. ADB 8 S. 596–600; NDB 6 S. 197–199; Mann S. 270; vgl. zur Baden-Problematik Dickmann S. 32; Ritter III S. 131f., 244.

ziehen laßen; darbey aber Ewer Kay. Mtt. an dero Reputation, wie auch diejenigen, welche solche Execution gethan, an ihren Ehren nit wenig leiden würden. Es seindt aber die befreundten alleinig in denen Fällen ad contradicendum et purgandam memoriam defuncti zu citiren, wo das crimen eintweder nit notorium oder erst post mortem erfahren, oder da noch ante mortem der processus albereith angefangen worden.

Ja es würde Ewer Kay. Mtt. Fiscus damit unfehlbarlich gar auf ein weiters mehr hinauß geführt und demselben ohne alle Noth ein schweres Disputat aufgetrungen, allermaßen in einem gleichmäßigen casu vor wenig Jahren in causa nostra contra nostra fürgeloffen.

Siebendten bewegt die deputirten Räth und Commissarios dieses fürnehmlich, ob man schon in etlichen Punkten, alß wegen Zusammenberufung der militia, darbey aufgerichten Verbündtnuß, der unterschiedlich wider Ewer Kay. Mtt. außgangenen Ordinanzen, und daß er endtlich gar wirklich zu dem Feindt umbtreten wollen, zu einer Declaratory umb der unwidersprechlichen Notorität wegen schreiten sollte, daß gleichwohl noch viel andere particular actus und puncta mehr, daran auch mächtig viel gelegen und die nit weniger gewiß und wahr, allein so plene und specifice noch nit erwiesen seindt, nit würden können inserirt werden, sonderlich aber daß Ewer Kay. Mtt. er nach Landt und Leuth gestrebt, auch dero ministrorum Güter albereith ausgetheilet gehabt und gar in das Geblüet grassiren wollen; welches, weilen es gleichwol denen patenten nunmehr einverleibt und alda in einer declaratory Sentenz sollte außgelassen werden, würde es allerhandt Nachdencken verursachen und er wenigist in diesem Punkten für absolut und unschuldig gehalten werden, da er doch in diesem aller Umbständ nach eben so wenig als in dem andern für unschuldig zu halten.

Dieweilln dann, wie vorgemelt, gegen den Personen als offene und in flagranti crimine begriffene Schelmen und proditores ohne einige declaratory Urtheil albereith wirklich und ganz billich verfahren, darauf die confiscatio bonorum auch gefolgt und die damnatio memoriae auch nur ein sequela und für sich selbsten das factum auf dem Ruckhen tragt, als seindt die deputirte Räth und Commissarii der allerunterthänigsten Meinung, es seye in diesem casu nit allein keiner declaratory Urtheil oder Denunciation weiter mehr von nötten, sondern daß auch gar unrathsamb, aldieweilln dardurch gleichsamb praeposterirt, allererst judicirt und declarirt würde, daß die bereith fürgenombene Execution mit Recht und Billigkeit fürgenomben worden. Damit aber gleichwol diese schändtliche Machination nit gleichsamb vergriffen bleibt, sondern der ganzen Welt nit nur stuckweiß sondern, wie eines auf das andere gefolgt, völig kundt gemacht werde, darauß dann ein jeder Verständiger die Billichkeit der Execution, und daß keiner weitern Declaration vonnötten gehabt, für sich selbst leicht wirdt urtheilen können, alß möchte dieser Bericht oder historica relatio, damit nun auch mehr die getrewe Churfürsten und andere Ständ unterschiedlich vertröstet, in offenen Druckh verfertiget und publicirt werden, zwar nit zu dem End, als ein Sentenz oder aber daß dergleichen effectus haben sollte, sondern allein zur mäniglichen Nachrichtung und viel temeraria judicia, wie darinnen auch gemelt, damit abzustellen. Doch wirdt alles zu Ewer Kay. Mtt. Resolution allerunderthenigst und unmaßgebig anheim gestellt.

144. Ks. Ferdinand II. an seinen Sohn Ferdinand III.

Problematik von Äußerungen über Intrigen am ksl. Hof gegen Wallenstein.

Hallwich, Briefe und Akten
IV S. 753f.

Wien, 5. Mai 1634

Ferdinand der ander, von Gottes gnaden erwelter Römischer Kaiser,
auch zu Hungern und Beheimb König.

Durchleüchtigster Fürst, freündtlich geliebeter Sohn. Wir mögen Ewr. Ld. freündt-vätterlich nicht bergen, das Wir gewisse nachricht erlangt, welcher gestalt der Adam Ertman Trzka den neünzehenden February jungsthin zu Pilsen sich vernehmen lassen, das er von seinem Vattern [1] Schreiben bekommen, das der Friedlander und seine Adhaerenten sich wol fürsehen solten, denn man was gefährliches wider dieselbe bey Hoff practicire, er auch, der Trzka, darauff ihme, seinem Vattern, zu wissen gemacht, das der Gallas und Piccolomini ihnen abtriniig worden, destwegen er sich dann nicht säumen solle, sondern mit seinen fürnembsten und besten sachen sich nach Prag begeben [2], alda dann der Friedländer auff den Donnerstag, dreyundzwainzigsten eiusdem, hernach auch sein werde. Wie nun eine Aussage der andern immer die Handt gibt, also zweiffeln Wir nicht, daß auß dieser auch waß mehrers am Tag kommen werde. Haben derowegen der Notturfft befunden, E. Ld. freündt-vätterlich zu erinnern, ob Ihr geliebt, gedachten alten Hanß Rudolff Trzka durch gewisse Commissarien darüber und was ihne darzu bewogen, von wem er die nachricht gehabt, das waß gefährliches bey Hoff wider den

[1] Jan Rudolf Trčka z Lípy.

[2] Vgl. zu Trčkas Versuch, am 21. Februar 1634 nach Prag zu kommen, Mann S. 1100f.

Friedlandt practicirt; was er unter solchem practiciren gemeint und verstanden unnd waß er sonst weiter für correspondentz mit seinem Sohn oder andern des Friedlanders Adhaerenten geführt; auch ob er nicht ehender von desselbigen tradiment gewust und warumb unß, alß seinem natürlichen König und Erbherrn, es verhalten und nicht angezeigt, bey seinem Aydt und Pflicht, damit er uns verbunden ist, güetlichen abzuhören: wie E. Ld., deren Wir alles heimbstellen, wol zu thuen wissen würdt. Und Wir verbleiben Ihro mit vatterlicher Affection vorters wol beygethan. [Datierung.]

145. Bericht des Rašín von Riesenburg[1] über seine Kontakte zu Trčka, Wallenstein, Thurn und Kg. Gustav II. Adolf zwischen August 1630 und Februar 1634

[1] Erste Kontakte zwischen Rašín und Trčka; [2] Wallensteins Neigung, sich mit Schweden zu verbinden; [3] Aufenthalt Rašíns im Gefolge Trčkas in Wien 1631; schwedenfreundliche Äußerungen Trčkas; [4] Aufforderung Trčkas, Rašín solle bei Thurn Verhandlungen zwischen Gustav II. Adolf und Wallenstein über dessen Übertritt zu

[1] Jaroslav Sezima Rašín z Ryzemburka (Jaroslaw Sezima Rašín Ritter von Riesenburg), gestorben 1638, hatte sich zwar am böhmischen Aufstand beteiligt, wurde aber als Gefolgsmann der Trčka nicht verurteilt. 1628 wanderte er infolge der Gegenreformation in Böhmen nach Kursachsen aus und schloß sich dem Grafen Thurn an; in dessen Auftrag hielt er Kontakt zu Trčka und Wallenstein. Obwohl Rašín an den Feldzügen nach Böhmen teilgenommen hatte und 1631 verurteilt worden war, ließ er sich 1635 zu einem Gnadengesuch an den Kaiser überreden. Nach erfolgter Begnadigung ging Rašín nach Wien und verfaßte dort den „Gründlichen und wahrhaftigen Bericht" über Wallensteins Kontakte zu den Feinden des Kaisers – und zwar unter Beihilfe des Grafen Slavata, der hierüber am 13. Oktober 1635 an Martinic schreibt: „[. . .] Herr Rašín hat seine Relation niedergeschrieben; es sind mehrere Bogen, und es ist auch schon von Adam, Konzipisten bei der böhmischen Kanzlei, ins Deutsche übersetzt worden; ich habe aber, ehe ich es S. K. M. zum Lesen gebe, angeordnet, daß Herr Prickelmayer und Herr Freisleben einige Dinge in dieser Materie genanntem Herrn Rašín vortragen und sozusagen in Erinnerung bringen sollen, wodurch sein Bericht um so vollkommener werden wird. Wenn dies ans Licht kommt, möchte ich doch wissen, ob sich noch jemand finden wird, der sich dafür einsetzen möchte, daß dem Friedland Unrecht geschehen ist [. . .]" (Pekař S. 19). Auf Grund seines Berichtes wurde Rašín vom Kaiser belohnt und am 9. September 1638 in den böhmischen Herrenstand erhoben.

Vgl. zur Biographie Rašíns: Jelinek II S. 79f.; OSN XXI S. 315f.; weiterhin Diwald S. 460f.; Gaedeke S. 11f.; Hildebrand HT S. 382–385; Mann S. 764, 766; Pekař S. 18 bis 21; Suvanto S. 82–85).

Vor allem auch auf Grund der Umstände des Zustandekommens des 'Gründlichen und wahrhaftigen Berichtes' ist der Wert der Darlegungen Rašíns in der Forschung umstritten (vgl. Überblick bei Suvanto S. 84). Während Gaedeke (S. 3, 13, 19–23, 28f., 38, 41, 44f., 57f.), Görlitz (S. 171), Hildebrand (HT S. 387f., 390–392, 397, 421, 428, 430,

Schweden lancieren; [5] Unterredungen mit Thurn und Gustav II. Adolf in Berlin und Spandau über Wallenstein; Resolution Gustavs II. Adolf; [6] Unterredungen mit Trčka und Wallenstein über die Resolution des schwedischen Königs (Mitte Juni 1631); dissimulierende Antwort Wallensteins; [7] 2. Reise nach Berlin; Unterredung mit Thurn; schriftliche Resolution für Kg. Gustav II. Adolf ausgearbeitet; [8] Reise mit Thurn zu Gustav II. Adolf nach Tangermünde, dort Unterredung mit dem schwedischen König; Schreiben Gustavs II. Adolf an Wallenstein und Trčka; [9] Wallensteins vorsichtige Reaktion auf Schreiben Gustavs II. Adolf; Geheimhaltung; [10] Wallensteins Resolution für Gustavs II. Adolf – Bedingungen für einen Anschluß an Schweden; [11] 3. Reise (zusammen mit

---

wonach Rašíns „Bericht – wie mir zu beweisen gelungen sein dürfte – nicht abgetan werden kann als ein bloßes Lügengewebe", 385: „es sind indessen von verschiedener Seite aus Archiven Aktenstücke beigebracht worden, die auf eine höchst eigentümliche Weise Rašíns Aussagen bestätigen"), Wagner (S. 93–98, 2. Teil 'Konspiration und Exekution. Eine Chronik' passim) an der Zuverlässigkeit des Rašín-Berichtes nicht zweifeln, kontrastiert bei Pekař die Behauptung von der Solidität der Quelle (S. 21: „daß seine Relation im ganzen aber eine, obschon bisweilen unvollständige und anderwärts wieder naive, so doch in hohem Maße zuverlässige Arbeit darstellt"; vgl. auch S. 65, 78, 82–86, 93–95, 98f.; 101–103, 110, 154, 186, 231, 274, 326, 331, 365, 647, 649; vgl. ähnlich Irmer I S. XX, XLII) mit einer ganzen Reihe Nachweisen von deren nicht unerheblichen Fehlerhaftigkeit, die weitgehend auf das Eingreifen des Gf. Slavata zurückzuführen sei (Pekař S. 155–159, 283, 306–308; vgl. auch Irmer I S. XXXIIf., XLII; Hildebrand HT S. 400–402, wonach vor allem die wörtlichen Zitate Wallensteins problematisch seien, wie dies auch Mann S. 766 konstatiert: „Er [Rašín] sprach häufig mit Adam Trčka, selten mit Wallenstein. Soviel ist sicher; unsicherer der Wortlaut der Gespräche; am dunkelsten, was Wallenstein mit ihnen wollte"). Seit der akribischen Studie 'Zur Kritik Sezyma Rasín's' von Max Lenz, der einerseits feststellt, daß „bis zuletzt [...] die zeitlichen und örtlichen Angaben Rasins eine wirklich überraschende Sicherung durch die Urkunden finden, so daß wir uns diese Genauigkeit bloß durch die Annahme irgendwelcher Aufzeichnungen, und wenn es nur ein Reisejournal oder Ausgabenbuch gewesen wäre, erklären können [...]" (S. 21, vgl. dazu S. 5–20), der andererseits aber erhebliche Fehler und eine tendenziöse Grundhaltung in Rašíns Darstellung – bisweilen ungefähr das Gegenteil der Aktenlage – aufdeckt (vgl. u. a. S. 43 bis 45, 49, 54, 61, 65f., 68), ergibt sich als Folgerung, den Rašín-Bericht nur dann als solide Quelle anzuerkennen, wenn deren Aussage durch anderweitige zuverlässige Zeugnisse gestützt wird (vgl. Mann S. 765; Irmer I S. XXVI, XLII; Suvanto S. 85, 111, 346; vgl. auch Diwald S. 465, 508; Schwarz – allgemein S. 38–40, speziell S. 42–50, 53, 58f., 65; Srbik S. 33, 275f.).

Vgl. zur Kontroverse zwischen Pekař einerseits und Lenz resp. Srbik andererseits in der Rašín-Frage die Würdigung Pekařs durch Schieche S. 389f.

Vgl. zum Rašín-Bericht zusammenfassend Diwald S. 460–465, 508; Mann S. 765 bis 771, 775, 777, 811, 975; Suvanto S. 82–85, 93f., 111–113, 119f., 346; Ritter (III S. 525, 528–530, 561–563) fußt mit seiner Darstellung kaiserfeindlicher Kontakte Wallensteins allem Anschein nach weitgehend auf dem Rašín-Bericht.

Thurn) zu Gustav II. Adolf; Informierung über Wallensteins Resolution; Reaktion des schwedischen Königs; [12] Unterrichtung Wallensteins über die 3. Reise; [13] enge Kontakte zur Familie Trčka; Kontakte zu Schweden und Thurn; Geschenk der alten Gfin Trčka für Thurn; Verbindung zwischen der Familie Trčka und Thurn seit 1620; [14] erneute Audienz bei Wallenstein; lobende Äußerung über die alte Gfin Trčka; Geschenk für Thurn; [15] Reaktion Wallensteins und seiner Umgebung auf Tillys Niederlage bei Breitenfeld; Jesuiten; betr. Zusammengehen mit dem schwedischen König; Wallensteins Haltung zu Slavata und Martinic; [16] Wiener Reaktion auf Tillys Niederlage; ksl. Bitte an Wallenstein, das Generalat erneut zu übernehmen; [17] Racheverlangen Wallensteins gegenüber Habsburg und Bayern; [18] enge Verbindung zwischen Trčka und Wallenstein; [19] betr. Zusammengehen mit dem schwedischen König; Ratschläge für das politische und militärische Handeln des schwedischen Königs, insbes. Warnung vor einem Friedensschluß mit dem Kaiser; [20] 4. Reise Rašíns zu Gustav II. Adolf; Resolution auf Wallensteins militärische Forderungen – von Thurn für unzureichend gehalten; Verweis Thurns an Kursachsen, dort erfolglose Intervention (Arnim als Ursache); [21] Rašíns Bericht über die Gespräche mit Gustav II. Adolf; Unzufriedenheit Wallensteins, dessen Absicht, sich Kursachsens für seine Pläne zu bedienen; [22] neue Reise Rašíns zu Thurn: Bemühungen, einen kursächsischen Einfall in Böhmen zu veranlassen; [23] furchtsame Stimmung in Prag und Wien; ksl. Bitte an Wallenstein, das Generalat erneut zu übernehmen; Streben nach der böhmischen Krone; Ausfälle Wallensteins gegen den Kaiser und Generäle; [24] erneute Reise zu Thurn; Einfall kursächsischer Truppen in Böhmen sowie deren Stoßrichtung auf Prag von Wallenstein gefördert; Einnahme Prags; [25] Wallensteins Abreise aus Prag aus Opportunitätsgründen; [26] Sicherung des Besitzes der Familie Trčka während der kursächsischen Besetzung Prags; [27] Zusammentreffen Arnims, Bubnas, Rašíns mit Trčka und Wallenstein auf Besitzung Trčkas am 30. 11. 1631; Unterredungen Wallensteins mit Arnim und Bubna; erneute Übernahme des Generalats durch Wallenstein begründet; mangelnde Informierung Rašíns; freundliche Behandlung Trčkas durch die kursächsischen Befehlshaber in Prag; [28] Kritische Äußerungen der alten Gfin Trčka über Wallenstein; Sicherung des Trčka-Besitzes; Unterschlagungen des Gf. Adam Erdmann Trčka; Beschlagnahme des nach Kursachsen überführten Trčka-Eigentums durch den Kf. von Sachsen; [29] Rašín in der Umgebung des schwedischen Königs, dessen fehlgeschlagene Versuche, erneut Kontakte zu Wallenstein aufzunehmen; [30] erneute Kontakte zwischen Thurn und Wallenstein im Frühjahr 1633; Unterredung zwischen Wallenstein und Rašín Ende April 1633: Beleg für ungeänderte Haltung Wallensteins in dessen Verhalten bei der Rückeroberung Prags und Nordböhmens; Änderung in Stellung Wallensteins positiv für Durchsetzung seiner Pläne; Bemerkungen zum Tode Gustavs II. Adolf; Bubnas Besuch erwünscht zur Aufnahme von Kontakten mit Oxenstierna; Holk; [31] Reise Rašíns zu Thurn; Rückkehr mit Bubna nach Böhmen; Unterredung mit Wallenstein; rasche Abfertigung Bubnas zu Axel Oxenstierna mit Wallensteins Resolution: Streben Wallensteins nach der böhmischen Krone; Frage schwedischer Unterstützung hierbei; Abreise Rašíns und Bubnas; Unterrichtung Thurns, Weiterreise Bubnas zu A. Oxenstierna; [32] Rückreise Rašíns zu Wallenstein im Auftrag Thurns; Vereinigung der kursächsischen und schwedischen Streitkräfte; beabsichtigter Aufbruch Wallensteins; Tod der alten Gfin Trčka; [33] Rašín erneut im Auftrag Thurns zu Wallenstein gereist (5. Juni 1633); Waffenstillstandsverhandlungen zwischen Wallenstein und Arnim; Bubna von

A. Oxenstierna zurückerwartet; Mißtrauen Thurns gegenüber Arnim; [34] Zusammenkunft Rašíns mit Wallenstein: Wallenstein rechtfertigt Zug nach Schlesien mit politisch-taktischen Gründen; Waffenstillstandsverhandlungen; militärische Scharmützel; [35] Unterredung zwischen Thurn und Wallenstein am 12. 6. 1633; Ankunft Bubnas mit Oxenstiernas Resolution: schwedische Hilfe, wenn Wallenstein wirklich handele; Mißtrauen A. Oxenstiernas gegenüber Wallenstein; ausweichende Reaktion Wallensteins; [36] Enttäuschung Bubnas über Wallensteins Haltung, Beschwerde darüber bei Trčka, der Wallensteins Aufrichtigkeit betont; Wallensteins Horoskopglaube; [37] Thurns schwere Enttäuschung über Wallensteins Haltung; Abschluß eines neuen Waffenstillstandes zwischen Wallenstein und Arnim; erneut Hoffnung auf Wallensteins Griff nach der böhmischen Krone bei böhmischen Emigranten; [38] Arnim als Beauftragter Wallensteins zu Oxenstierna gereist, Verärgerung Thurns darüber; Wallensteins Befehl an Holk, die ksl. Truppen aus Kursachsen abzuziehen; desolate militärische Lage Kursachsens; [39] Unterredung Rašíns mit Wallenstein: Taktieren Wallensteins, Verachtung des Kaisers, aber auch der anderen Seite; mangelnder Ernst betr. die geplanten Breslauer Friedensverhandlungen; [40] Arnims Rückkehr von Oxenstierna zu Wallenstein, dessen abermalige Kehrtwendung; Aufforderung an Arnim, mit seinen Truppen zu Wallenstein überzulaufen und gegen Schweden zu kämpfen; Abbruch der Kontakte; Reaktion Thurns; [41] Wallensteins Sieg bei Steinau/Oder; Behandlung der Gefangenen, insbes. des Gf. Thurn, durch Wallenstein; [42] Wallensteins Einladung an Kinský (Dez. 1633), dessen Reise mit Zustimmung des Kf. von Sachsen, zusammen mit Rašín; Erwartung Kinskýs und Trčkas, Wallenstein werde nun vom Kaiser abfallen; Trčkas Entschuldigung für Wallensteins Verhalten in Schlesien im Oktober 1633; Äußerungen, wonach Wallenstein König von Böhmen und Römischer König werden wolle; Wiederherstellung der böhmischen Freiheiten; Einnahme Regensburgs durch Hg. Bernhard nur mit Willen Wallensteins möglich gewesen; kein persönliches Gespräch Rašíns mit Wallenstein, dessen Auftrag an Rašín, zusammen mit Bubna zu Oxenstierna zu reisen (ebenfalls Gesandtschaft an Hg. Bernhard und Feuquières): Bereitschaft zum Abfall vom Kaiser und zur Übernahme der böhmischen Krone; Bitte Wallensteins um Unterredung mit Vertreter Oxenstiernas; Trčkas Mitteilung, Wallenstein werde nach Abschluß einer Vereinbarung mit Oxenstierna gegen Wien marschieren lassen; [43] Hg. Franz Albrecht in Pilsen; Arnims Zögern, zu Wallenstein zu reisen; A. Schlieff; [44] Reise Rašíns und Bubnas zu Oxenstierna Anfang Februar 1634, Unterredung mit Gf. Solms; Audienz Bubnas bei Oxenstierna: Mißtrauen gegenüber Wallenstein; Informierung Oxenstiernas durch Hg. Bernhard; Oxenstiernas Resolution: Voraussetzung für schwedisches Interesse an Wallenstein dessen öffentlicher Abfall vom Kaiser; [45] Informierung Rašíns auf Rückreise von Oxenstierna über Wallensteins Aufbruch nach Eger, dessen Abfall und Tötung; Urteil über Erfolgsaussichten der Rebellion, Ursachen von deren Scheitern; Haltung Arnims; [46] Zufriedenheit Rašíns mit der Tötung Wallensteins; Haltung Bubnas; [47] Wallensteins Kontakte mit Frankreich; [48] Rašín im Sommer 1634 mit kursächsischen Truppen in Böhmen; Schutz der Trčka-Güter; [49] Trennung Rašíns von Arnim; ksl. Pardon für Rašín; dessen Rückkehr nach Böhmen; Denunzierung der Gfin Kinský; Dank an Ferdinand.

Gaedeke S. 309–333.
(Nachdruck aus Franz Dvorský, Historické doklady k záměrům Albrechta z Valdštýna a jeho spojencu. Prag 1867, S. 18–39).

Wien, 20. Oktober 1635

Gründtlicher und wahrhaftiger bericht von mir Jaroslav Sezyma Rasín von Riesenburg[1], was seit Ao. 1630 von selbiger Zeit an, als von Ihr. Kays. Mjst. der Herzog zu Friedlandt seines Generalats erlassen, bis auf Ao. 1634, da er umbkommen, Erstlich zwischen dem Adam Erdmann Trcka, ihm dem Friedländer, Heinrich Mathias Grafen von Thurn und dem König in Schveden auch andern ihren Adhærenten durch mich tractirt worden, und was mittler Zeit vorgeloffen, und ich mich vor diesmahl erinnern können.

[1] Anno 1630 habe ich von dem Herrn Graff Adam Ertmann Trczka von Regenspurk auß, eben umb dieselbe Zeit, alß der Herzog von Friedlandt resignirt gehabt[2], ein schreiben bekommen, darinnen er mich gebeten, ich wollte mich nicht auß Meißen[3] weg begeben, noch in frembden Diensten gebrauchen lassen, Er habe mit mir viel wichtige Sachen zu reden, Er wolle mir seine ankunfft, sobald er in Böhmen kommen würde, wissen lassen; alsdann sollte ich zu ihm kommen. – Wie dann auch beschehen, daß er hernach ungefähr im Monath Februari des 1631 Jahrs mir geschrieben und begert, eilfertigst in Behmen zu kommen, worauf ich den 16. februarii, gleich als er Adam Trczka zu Opotschna[4] Kindstauf[5] gehalten, und der alte Trczka und alte Trczkin[6] sambt dem Friedländer alda gewest, dahin nacher Opotschna ankommen; da hat der Adam Trczka mit mir ad partem geredet[7], und mich gefragt: [2] was ich vom König in Schweden höre, wo er sei, und ob auch der Graf von Thurn bei ihme sey. Alß ich ihme nun auf solche generalia geantwortet, hat er entlich

[2] Also Ende August 1630.

[3] Meißen ist wohl als pars pro toto benutzt worden und meint Kursachsen.

[4] Opočno, n/ö Königgrätz (Hradec Králové); sdl. Náchod; vgl. OSN XVIII S. 813f.: „Opočno 1 také Opočen Červený, město nad Zl. Potokem ve vých. Čechách v hejtm. novoměstském."

[5] Vgl. dazu Diwald S. 463; Mann S. 767.

[6] Gemeint ist die Mutter des Adam Erdmann, Magdalena (Maří Majdaléna) geborene z Lobkovic, die protestantisch geblieben war; eine allem Anschein nach hervorragende Geschäftsfrau, die es verstand, umfangreiche Ländereien an sich zu bringen, von denen sie bei der Eheschließung ihres Sohnes diesem einige überschrieb (vgl. OSN XXV S. 679).

[7] Vgl. dazu Mann S. 767.

diese wort vermeldet: Er halte gewiß dafür, daß wann die andere part mit dem von Friedland tractiren sollten, Sie ihne auf ihr Seiten bringen würden, mir dabey zu verstehen gebende: das er gerne sehe, das es auf der andern Seite anbracht würde; jedoch befohlen, ich sollte nicht sagen, als wann der Friedtland davon wüßte, sondern daß er solches ad partem vermorket, dann der Friedland wollte mit solchen Traktaten nicht den anfang machen, es müßte dasselbe das ander theil thun; hat mich aber entlich gebeten, ich wollte mit ihm nacher Wien auf des Königs Hochzeit[8] reisen, und gleichsam sein Hofmeister sein, so ich auch gethan. – [3] Alß wir zu Wien gewest, ist die Zeitung kommen, wie das der König in Schweden einen vornehmen Paß in Pommern, Garz genannt, eingenommen[9]; gleich alß Ihr Königl. Mast. das turnier gehalten, ist der Adam mit Freuden zu mir geritten, und hat mir diese Zeitung erzehlt und gesagt: „Ey, das ist gut vor unß." – [4] Alß wir von Wien zurückhkommen, bin ich nach der Sitta[10] verreist, und folgents den 17. May auf sein erfordern wiederumb zu ihme nacher Dimokur[11] kommen; da hat er Graf Trcka umbständlich des Friedländers halber discuriert, und erzehlt: wie er so heftig disgustirt sei von dem Kaiser, und weiln ich den Grafn von Thurn wol können thete, so sollte ich zu ihm reißen, und ihme von ferne zu verstehen geben, daß wann der König in Schweden mit dem Friedländer tractiren ließe, er wüße, daß er ihn auf sein Seiten bringen würde; Er sei ein großer Herr, habe bei den Soldaten große Lieb, und sei alles an ihm gelegen, Er könnte dem König viel gute dienst thun. Dabey hat er mir auch gesagt: der Friedländer hätte ihm befohlen, mir solches zu sagen und aufzutragen; jedoch müßte ich dissimulirn, und nichts davon melden, sondern es dem Grafen von Thurn, alß käme es allein von dem Adam Trczka hern erzehlen, dabey auch angehenckt: „die Kayserlichen hetten doch kein Glück mehr, der König in Schweden nehme einen Ort nach dem andern ein"; Maßen damals gleich von den Schwedischen Frankforth an der Oder eingenommen worden[12], Welches ich dann auf sein Bitt angenommen, [5] mich auf die Reise begeben[13], und den Grafen von Thurn zu Perlin[14] angetrofen und ihme alles dies referirt, und ob er zwar vor diesem von der alten Frau Trczkin wegen etlicher Geldt, so sie ihm schuldig geworden,

[8] Die Hochzeit Kg. Ferdinands III. mit der Infantin Maria wurde am 26. Februar 1631 begangen (vgl. Pekař S. 64).

[9] Gemeint ist die Einnahme der Oderübergänge bei Greifenhagen und Gartz Anfang Januar 1631 (vgl. Barudio S. 470; Diwald S. 449; Mann S. 737f.; Ritter III S. 474f.).

[10] Zittau.

[11] Dymokury, Ort n. Poděbrady resp. n/w Městec Králové.

[12] Frankfurt a. d. O. fiel am 13. April 1631; vgl. Diwald S. 450; Mann S. 744 (3. April); Ritter III S. 478f.

[13] Vgl. Diwald S. 463.

[14] Berlin.

und nicht gerne zahlen wollen, wie auch und deßwegen sie ihme eine schartecen[15] zugeschikt, sehr disgustirt gewesen; So hat er doch alß er diese Zeitung von dem Herrn Adam Trczka vernommen, das vorige beiseits gesetzt und ist alsobaldt selbige stundt mit mir zu dem König in Schweden (so damahl zu Spandau gelegen), verreist. Da haben wir alle beide bei dem König in die 2 stundt lang audienz gehabt, und dem König alles, was oben der Adam Trczka erzehlet, vorgetragen. Darüber sich der König anfänglich sehr verwundert und deme fast nicht glauben geben wollen, Entlich aber gesagt: er vernehme sehr gerne, daß der Fürst resignirt het, es wäre sein glückh; Was aber anlangt, das der Herr Trczka ihm zuentbethe, das mit ihme tractirt werden solte, der König könnte ihn auf seine Seiten bringen, hat er alles angehört und mich außgefragt: was der Trczka vor eine Person sey, wie alt, ob er verständig sey, und ob sich der Fürst ihme in solchen gewichtigen Dingen vertraut haben sollte; da habe ich mit dem Grafen von Thurn (der zugegen war) geantwortet: er sei des Fürsten Schwager und könne viel bei dieser sachen thun, der Fürst traue ihm, die alte Frau Trczkin sei auch ein verständiges Weib und ihres gleichen nit und eine gewaltige Pracktikantin; Er Graf von Thurn wüße, sie werde auch das Ihr stattlich bei der sachen thun. Auf diesen bericht hat mich der König alsobald wiederumb in Behmen mit mündlichem beschaidt aller maßen oben verstanden expedirt: der Graf von Thurn hat dem Adam sagen lassen: er solle ja sehen, daß er den Friedländer auf des Schweden seiten bringen. – [6] Worauf ich fortgeraist, und den 18. Juni zu Prag, alda der Friedländer und Adam Trczka gewest, ankommen und dem Trczka, was ihm der König und Graf von Thurn zuentbothen, angedeutet. Nemblich: er sollte mit dem Fürsten reden, weiln er so sehr disgustirt sei, da er auf seine Seiten treten wollte, So wolle der König ihm alles thun, was er begehren würde, Er sollte es ihme andeutten. Alß solches der Fürst gehört, hat er mich vor sich erfordern lassen, und umbständlich von der sach mit mir geredet[16], auch benebens angezeugt, wie Er von Ihr Mst. dem Kaiser disgustirt sei, und daß der Kaiser gern wollte, daß er das Generalat wieder über sich nehmen möge, Er aber thue es nit, hat sich hoch vermessen, auch unter andern diese Wort geredet: „Wann seine seel in Abgrundt der Höllen were, und er selbige dadurch, daß er dem Kaiser dienen sollte, erlösen könnte, so wollte Er es nit thun" und hat dem König in beisein des Adam Trczka, wieder durch mich zuentbothen: er befehle sich zu königlichen Gnaden und veroffenbare sich, daß er dem König alles thun wolle, jedoch wann er seine Zeit und gute gelegenheit sehen werde, Er könne in so wichtigen Sachen nit so plump hinein tappen, und dies darumb, dann es hette sich der König mit dem Churfürsten noch nit conjungiret, dabey auch dies gesagt: „Dies was mir durch Euch zuentboten worden, ist

[15] Hier i. S. 'Wisch' (als Schreiben).

[16] Vgl. Diwald S. 465.

mir lieber, alß die ganze Welt", Mir dabei verbothen, ich sollte die sachen je in höchster geheim halten, dann ich hette nichts zu verlieren, Er und Trczka aber sehr viel. Benebens so hat mir der Trczka anlaittung geben, Es könnte nit schaden, wann der König selbst ihm Fürsten ein briefl zuschriebe, es werde nur zur besseren beglaubigung gereichen, [7] worauf ich mich also wiederumb auf die Reise begeben. Bin den 7. Julii zu Perlin bei dem Grafen von Thurn angelangt, alda habe ich die sachen zuvorderist dem Grafen von Thurn erzehlet, welches in eine schriftliche Relation gebracht, [8] Nachmals seindt wir von dannen mit einander bis nacher Tangermünden zu dem König gereist, da haben wir dem König wiederumb alles, was mir von dem Fürsten gesaget und schriftlich verfasset worden, erzehlet; Inmaßen dann der König, sobald er meine Ankunft erfahren, mich vor allen andern vorgelassen; Gegen den Grafen von Thurn aber hat er sich entschuldigt, daß er mich nicht zur Tafel ließe, er müßte es zur Verhütung alles Verdachts unterlassen. Und hat damals der Graf von Thurn den König dahin gebracht, daß er dem Friedländer und dem Grafen Trczka mit eigener Handt zugeschrieben, dies Inhalts: „Weiln er Fürst von Ihr. Kays. Mast. disgustirt sei, so wolle er ihm wider seine Feinde beistehen, und Ihn in allen manutenirn," [9] und solche Schreiben habe ich ihme Friedländer und Trczka zugebracht: und als der Fürst solch schreiben gelesen, hat er gesagt: es beschehe ihm vom Könige große gnadt, und könne ihm nach Gott nichts lieber sein, alß solch schreiben; hat sich aber entschuldigt, dass er dem König darumb keine schriftliche Antwort darauf geben könne, wann mich die Kaiserlichen überkommen theten, daß sie mich würden spiessen lassen, Er und der Trczka aber würden umb all das Ihre und den Kopf darzue kommen, mit diesem weitere vermelden: „Ihr habt Euch viel unterstanden, es ist nunmehr nit von Nöthen mehres zu schreiben, dann ich glaube an jezo dem Könige alles, was er mir bei Euch zuentbiethen wirdt, Es ist allhier nur umb Euch zu thun, dann wann Euch die Kaiserlichen mit diesem des Königs Schreiben überkomben hetten, so hette der Kaiser mir nichts anhaben können, ob er zwar einen argwohn auf mich gefaßt haben würde, so hette er doch nichts darthun können: ich wollte mich schon allenthalben entschuldigt haben, wann er gleich das Schreiben, so der König mir gethan, überkommen hette; dadurch hette er drumb nit Ursach gehabt, auf mich zu greifen, dann ich hette gesagt: der König begehre mit mir zu practicirn, und wolle mich auf seine Seiten bringen, wer könne ihm dies wehren? aber umb euch würde es zu thun sein," und hat mich hiebei vermahnet, ich sollte in den sachen verschwiegen sein und niemanden nichts vertrauen, dann es laufe auch umb ihn und den Trczka, wann es der Kaiser erfahren sollte; Im übrigen wisse hievon niemandt, außer der Fürst, der König, Graf von Thurn, Graf Adam Trczka und die alte Frau Trczkin (der alles wol zu trauen sey) Und er wollte viel darumb geben, daß sie ein Mann, oder Ihr Mann der alte

Trczka so wizig were als Sie. Worauf er mich dann abgefertigt und nochmals gesagt: Er könne dem König keine schriftliche Antwort geben, dann wann ich gefangen werde, oder mir Unglück begegnen sollte, würde dem König nichts damit gedient, sondern alles dadurch verderbt sein. Gestalt dann der König viel darumb geben hette, wann er von des Friedländers Hand nur ein Zeil hette haben können. [10] Nachmals hat er Friedländer mir befohlen, ich sollte Papier nehmen, und mir auf ein klein Zettlein ein memorial machen, was er mit mir rede, damit ich es dem König vortragen könne, und da ich mich etwa in einer Gefahr befände, sollte ich es entweder wegwerfen oder verschlingen und in mich fressen, hat mir aber bald wieder gesagt: „schreibt nit, ihr könnt es wol gedenken, nemet es wol in Kopf," und hat sich erstlich wie breuchlich dem König zu königl. Gnaden empfohlen, dan weiter gesagt: „Ich gebe dem König meine resolution und versichere den König mündtlich durch Euch, daß wann ich meine Zeit sehen werde, von dem Kaiser ganz abfallen und zu ihme fallen will. Es ist aber das Oesterreichische und das Spanische Hauß noch starkh, und habe sich der König mit dem Churfürsten nit conjungirt, darumb soll er sehen, sich mit dem Churfürsten von Sachsen umb alles zu vergleichen und sich zu conjungiren; wann solches geschicht, so werden sie auf den Feind den Tylli gehen können, und dann weiter ins Reich. Ihm Fürsten aber sollte der König, wann sie sich conjungiert haben würden, 10 oder 12 tausend Mann in Behmen schicken und den Grafen von Thurn mit, der könne sein General-Leutnant, wie dann der Graf von Thurn sich darzue erklärt, sein, mit ihm wolle er schon über einkommen: Er sei ein gewaltiger Practikus, wann er gleich zu Zeiten unpaßt wäre, so hette er doch einen guten Kopf, aber die Artalerey müßte er bei sich haben, und werde alßdann der König sehen, waß sie vor sachen thun werden, den Grafen Trczka mit seinem Regiment und die meiste armada in Schlessien wolle er an sich ziehen. Item, sollte der König sehen, daß er Tamnitz[17], Rostokh und Wißmarn überkäme, das Volkh sollte er nit abziehen lassen, sondern daß sie das Gewehr und die Fahnen niederlegen und dem König schwören sollten, und da die Befehlshaber nit würden dienen wollen, solle er sie bei den Köpfen nehmen, und seine Officiere an Ihre stat geben; seinen Vetter den Perchtoldt von Waldtstein solle er gleichfalls arrestirn, jedoch ihme am Leben nicht schaden; wann der König dieß thun werde, so könne er sich gewiß auf ihn verlassen, dann er müßte die sach mit gueter manier führen, daß es mit seiner reputation und des Königs guten Nutz beschehe." – [11] Mit dieser Antwort bin ich wieder von Prag zu dem König verreißt, habe den Grafen von Thurn zu Berlin angetroffen, mit deme bin ich zum König nach Brandenburg, dahin er gleich von Werben[18] zurückhkom-

[17] Bei der Kombination mit Wismar und Rostock möglicherweise Ribnitz-Damgarten.
[18] Werben an der Elbe (s/ö Wittenberge).

men und sich mit mehrern Volk conjungirt, und habe alles, was ihm der Fürst zuentbothen hinter Brandeburg in einem Dorff da er gefrühstückt im Beisein des Grafen von Thurn referirt. So der König mit sondern Freuden vernommen, mich auf die Achsel klopfent gefragt: „Monsieur Rasín ich wünsche ihm viel Glück, ich will ein gnediger König sein und ihn wohl recompensiren," ist auch auf dem Roß so lang sitzen blieben, bis sein secretair Satler[19] mir den Paß verfertiget, welchen er auch auf dem Rosse unterschrieben, und mich darauf alsobaldt wieder abgefertigt und den Fürsten zuentbothen: weiln er sich an jezo mit dem Churfürsten[20] bei Wittenberg conjungirn sollen[21], so wolle er gerade auf den Tylli zugehen[22], und wann ihm Gott Glück verleihe, so wolle er dem Fürsten das Volk wie er begehrt, schicken. – [12] Damit bin ich wiederumb von dem König nacher Behmen und habe dem Fürsten alles referirt, der Fürst hat mich alles außgefragt, wie stark der König sei? habe ihm allen Bericht geben; hat es gerne gehört und mir befohlen: ich sollte auß behmen nit wieder weg, sondern mich vorher bei ihm anmelden. Er wollte noch mehrers mit mir reden. [13] Inmittelst bin ich mit dem Grafen Adam Trczka zu Swietla[23] gewest, und hat die alte Gräfin Trczkin von diesen schwedischen Correspondencien gegen mir anfangen zu reden und mich allen Umbständen nach, außgefragt; Ich habe ihr auch von allem, waß bishero vorgegangen, bericht geben auch erzehlt, daß der alte Graf von Thurn nunmehr, weiln man sich zu einerley intent verstünde, die vorige offension vergesse; über welchem allen sie sich hocherfreut und darüber ein sonderbahres gewaltiges gefallen gehabt, und zu mir gesagt: „Mein, gehet nur mit den sachen fein behutsamb umb und thuet gegen den frembden schweigen, dann wann man es allhier erführe, kehmen wir allhier umb unsere Köpf und Gütter. Der alte Graf Trczka ist hernach auch bei der Tafel mit mir lustig gewest und hat getrunken, und habe ich wohl merken und muthmaßen können, daß er ebenfalls von den Sachen weiß und sich also stellete. Als ich nun mit dem Adam wiederumb verreißen sollen, hat die alte Frau mir eine Ketten von 500 Ducaten, dieselbe dem Graf von Thurn zu überbringen, zugestellet, und ihm zu entbiethen lassen, Er solle ihme des Friedländers intention je eifferig angelegen sein lassen, wan es

[19] I. e. Philipp Sattler.

[20] I. e. der Kf. von Sachsen.

[21] Bezug auf das schwedisch-kursächsische Bündnis vom 11. 9. 1631 (vgl. Diwald S. 452; Mann S. 751 f.), geschlossen nach Tillys Einmarsch in Kursachsen am 5. 9. 1631 (vgl. Diwald S. 452); Mitte September vereinigten sich die schwedischen und kursächsischen Truppen bei Düben (Mulde) – östl. Delitzsch, s. Wittenberg.

[22] Eine präzise Datierung ist nicht möglich, doch wird vermutlich auf die bevorstehende Schlacht bei Breitenfeld (17. Sept. 1631) angespielt.

[23] Gemeint ist Světla nad Sázavou s. Kuttenberg (Kutná Hora), n/w Deutsch Brod (Havlíčkův Brod); vgl. OSN XXIV S. 427 f.

einmahl zum effect komt, will sie sich schon anderst gegen ihn verhalten und erzeigen. Massen sie dann auch unterschiedlich Uns, alß den Wenzel Rabenhaupt[24] und Maternin[25], alß derer Güttel[26] sie unter heimblichen Verstand, alß wehren sie Ihr, gehalten, geldt hinaußgeschickt. Bey Schweidnitz hat der alte Herr auch etwaß den Rabenhaupt zu handen geschickt, davon er dem Grafen von Thurn etlich hundert Ducaten geliehen. (Ich habe auch gehört, daß baldt nach der pragerischen Schlacht[27] die Frau Trczkin den Grafen von Thurn durch einen Jager an geldt etwas nachgeschickt; wie viel es aber gewesen, weiß ich nicht) [14] darnach seind wir mit dem Graf Adam wiederumb zu dem Friedländer nacher Prag; da habe ich bei Ihme Fürsten audienz gehabt, da hat er mir die alte Trczkin abermals gerühmet, und gesagt: es sei ihr wohl zu vertrauen, sie sei ein wiziges Weib; es hette auch der Fürst vom Grafen Adam erfahren, daß die alte Trczkin dem Grafen von Thurn ein Ketten von 500 Dukaten durch mich schicke, und gesagt: „es sey zu wenig", hat alsobald 1000 Ducaten dem Graf Adam geliehen, daß er sie dem Grafen von Thurn schicken solle, die hab ich von dem Grafen Adam empfangen mit befelch, ich sollte sagen: seine Frau Mutter schicke ihm selbe, wie dann auch dieselben den Fürsten sie wiederumb gutmachen müßte, so auch geschehen sein solle. [15] Und darauf ist gleich die Zeitung kommen; daß der Tilly bei Leipzig[28] geschlagen sei: da hat mir der Fürst wiederumb befohlen, ich sollte mich in des Graffen Maxen[29] Garten bei Bubentsch[30] finden lassen, Er werde mit dem Adam Trczka dahin kommen, und wolle mit mir weiter reden, so ich auch gethan. Nachmittag umb 3 Uhr seindt sie mit einander dahin kommen; es seind aber etliche Jesuiter im garten gewesen, welche als der Trczka gesehen, hat er

[24] Wenzel (Václav) Robmháp ze Suché (gestorben 1642) verließ infolge der Gegenreformation Böhmen, nachdem er die Verwaltung seines Besitzes Joh. Rudolf Trčka anvertraut hatte; 1633 traf er mit Wallenstein auf Schloß Kounice zusammen, leitete die Unterhandlungen mit Feuquières in Frankfurt a. M. Nachdem nach Wallensteins Tod Robmháps Besitz enteignet worden war, unternahm er zusammen mit Sezima Rašín von Schlesien aus einen Rachezug nach Böhmen; Robmháp sollte – wie Rašín – 1635/1636 für den Kaiser gewonnen werden, was Robmháp, anders als Rašín, ablehnte; vgl. Jelinek II S. 82; OSN XXI S. 864f.; Pekař S. 17.

[25] Hanuš (Johann, Jan) Jiři (Georg) Materna z Květnice (gefallen 29. 8. 1631 bei Wittenberg), verließ infolge der Gegenreformation Böhmen, nachdem er seine Güter an Wallenstein verkauft hatte, lebte in Freiberg (Kursachsen), trat als Rittmeister in die schwedische Armee ein; vgl. Jelinek II S. 58; OSN 16 S. 973f.

[26] Wohl 'Gütl', d. h. 'kleines Gut', oder – weniger wahrscheinlich – i. S. 'Gössel'.

[27] I. e. die Schlacht am Weißen Berg (8. 11. 1620).

[28] Gemeint ist die Schlacht bei Breitenfeld am 17. 9. 1631.

[29] Gf. Maximilian v. Wallenstein.

[30] Bubentsch (Bubeneč), heute Teil Prags (nordwestl. Stadtteil).

gefragt: ob ich sie und sie mich gesehen hetten? Darauf hab ich gesagt: „Sie hetten mich nit gesehen." Bin darauf mit ihm zum Fürsten gangen, der hat dem Fürsten angezeigt, es weren Jesuiter da, der geantwortet: „das ist statlich, wir könnten sie mit zu Rath nehmen, würdens wol treffen." Und da hat er mit mir geredet und gesagt: „Wißt Ihr, daß der Tilly bei Leipzig aufs Haupt geschlagen? ist eine schreckliche Sach vorgangen, wie ist Gott so mächtig; wie hat er Tilly allezeit so einen guten namen gehabt, ist aber jetzt umb alle sein reputation komben, es ist nit möglich, wann mir das begegnete, ich nehme mir selbst das Leben, aber es ist gut vor unß. Ihr wißt, daß ich dem König[31] vorhin meine resolution gegeben, jezo ist es hohe Zeit, damit mir der König das Volkh je eher je besser schicke, so baldt ich etwas vom Volk überkomme, will ich viel Officierer an mich ziehen von der kaiserlichen Armada; Ihr wißts, daß ich vielen guts gethan und noch tue", die gütter der Jesuiter, des Smetschansky[32], Slawata[33] und anderer, die den Jesuiten geneigt sein, will er den Soldaten geben, auf den p. Lamermann[34] heftig scheltend, auch vom Herrn Grafen Slavata und Martiniz[35] gesagt: das wären die größten Schelmen, „warumb haben sie die narrischen Behmen auß dem Fenster geworfen[36] und nit stracks ihnen die Degen durch den Leib gestoßen, dann ein todter Hund beiße nit und weren diese beide nit, so würde es viel anders stehen". Er wolle sich befleißen, daß er Sie, sonderlich aber den Martiniz (dann der Slawata doch mit dem Kaiser außreisen wirdt) in seinen gewalt zu bekommen, wollte ihn alsßdann gewiß nit zum Fenster hinauswerfen, sondern anderst mit ihme procedirn. „Ich weiß, daß ich der Kriegsoffiziere viel an mich bringen will, und welche nit also werden zu mir wollen, denen will ich die Köpf laßen herunter schmeißen und also will ich den Kaiser auß allen diesen Landen biß in Walschlandt[37] jagen, dann er meiner zu Wien nit erwarten wirdt, der König soll alsbaldt ins Reich ziehen und den Tilly verfolgen, daß er sich nit wieder recolligire, [16] zu Wien fürchtet sich alles, daß sie nit wißen, was sie thun sollen; der Kaiser schreibt mir zu und bittet: ich wollte das Generalat wieder auf mich nehmen, allhier zu Prag gehen sie auch zu mir umb Rath und bitten, ich wollte ihnen Rath mittheilen; [17] wann die schelmen aber wüsten, sie würden nit

31 Gemeint ist Kg. Gustav II. Adolf.

32 Gemeint ist Jaroslav Bořitas z Martinic (Smečanská pošlost), 6. 1. 1582–11. 11. 1649; 23. 5. 1618 Defenestration, 1621 Reichsgraf, 1628 Obersthofmeister von Böhmen; vgl. ADB 20 S. 515–517 (Martinitz); OSN XVI S. 919f.

33 Vilém Slavata z Chlumu a Košumberka (1. 12. 1572–19. 1. 1652), 23. 5. 1618 Defenestration; 1628 Obersthofkanzler; vgl. OSN XXIII S. 341f.

34 Lamormaini.

35 Vgl. Anm. 32.

36 Bezug auf den Prager Fenstersturz vom 23. Mai 1618.

37 Welschland, i. e. Italien.

viel kommen; Ich wills ihnen baldt geben, dan jezt ists Zeit, und ich will, daß das Haus Österreich und der König in Hispanien von Grundt auß verderbet werde; über den Bayern habe ich auch gar guetten Appetit, Ich will ihn gewiß ein guets geben, man muß ihnen durchauß nichts glauben. Er wiße wohl, daß er seinen Schatz bei dem Erzbischoff zu Salzburg[38] in einer Vestung habe, alda auch der Erzbischoff seinen Schatz dabey hat, er wolle schon denken, wie er dieselben bekommen und sich dadurch stärken könne, [18] den Grafen Adam Trczka habe er an der Hand, der will alles bei Ihme thun, und alles was er hat, bei ihme aufsetzen. Wie ers dan auch selbst gesagt: Er wolle das seinige und was sein Mutter hat, bei dem Friedland aufsetzen; Er frage nichts nach dem Kaiser, wann er nur an dem Friedländer einen gnädigen Herrn hat, dann er werde ihm mehr thun, als der Kaiser. [19] Ferner hat Friedland gesagt: „dem Könige in Frankreich kann man gute Worte geben, aber auch zu viel nit trauen, sprecht: der König soll überall werben laßen und sich stärcken, damit er ihrer mächtig sein und sie mit der Wurzel ausrotten könne,“ zum Exempel sagende: „ein Waide, wann sie nit mit der Wurzel außgerißen wirdt, bekleibt baldt und last wieder aussprießen.“ Dabei noch ferner weitläufig erzählt: wie er Behem, Mähren und Österreich einnehmen werde, daselbst ein ansehnliche Anhang finden und sich je lenger je mehr sterken, folgents auch die inner Österreichischen Ländr, Steyer, Carndten und Crein[39] einnehmen werde. In Summa man werde mit Wunderung sehen, was er dem König vor Dienst leisten werde, er werde mit ihm wohl content sein, jezo begehre er nichts vom König; bis es geschenen sein werde, wolle er sich schon mit dem König umb alles vergleichen; den Papenheimb wolle er sehen auf seine Seiten zu bringen. Mit dem König von Denemark[40] stehe er in gutem Vernehmen[41], der sey ihm holdt, günstig und wann er Friedländer nit wär, so würde ihm[42] der Kaiser das Wort nit halten[43], insonderheit wegen der Festung Krempe[44], die hette ihm[45] der Kaiser wol nit abgetreten; ich soll dem König in Schweden sagen:

[38] Lodron, Paris Gf. von L. (13. 2. 1586–15. 12. 1653), 13. 11. 1619 zum Ebf. von Salzburg gewählt, 16. 12. 1619 päpstliche Bestätigung, doch erst 3. 3. 1621 Regierungsantritt; vgl. ADB 19 S. 80–83; Hier. cath. IV S. 302.

[39] Steiermark, Kärnten, Krain.

[40] Christian IV.

[41] Daß Wallenstein im Zusammenhang mit Kg. Gustav II. Adolf mit seinem guten Verhältnis zum dänischen König renommiert, spricht nicht für ein großes diplomatisches Geschick Wallensteins resp. für dessen Verständnis für die Machtverhältnisse in Skandinavien – oder aber zeugt von einer Fälschung Rašíns.

[42] Gemeint ist Kg. Christian IV.

[43] Bezug auf den Lübecker Frieden vom 22. 5. 1629 (vgl. Nr. 58).

[44] Krempe in Holstein.

[45] Vgl. Anm. 42.

Er solle ja mit dem Kaiser keinen Frieden machen und zu dem Volk, das er ihm schicken solle, solle er ein baar Regiment Sachsisch Volkh geben, damit er so viel desto besser versichert sein möge, daß der Churfürst keinen Frieden mache; dem Kaiser soll er nicht glauben, wann er gleich jezo Frieden machen wollte, dann wann er nirgendt hin könne, so verheißt er viel, halte aber nichts. – [20] Hiemit bin ich wieder zum König fort, den ich den neunten October mit dem Grafen von Thurn bei Schleisny[46] hinter dem Türinger Waldt angetroffen, da er in Frankenland gezogen; habe ihm alles referirt, daß der Fürst das Volk mit dem allerehisten begehre, darauf hat der König dem Grafen Thurn zur Antwort geben: Er wiße, daß er im Reich noch einen starken Feind vor ihm habe, und daß er jezo ins Reich ziehe und darumb so könne er ihm nit so viel Volk geben; drey Regimenter wolle er ihm geben, benanntlich des Obrist Leutenambts Schaffmans, Obrist Leutenambts Druchses[47] und noch eines, so mir entfallen, haben allesamt sich kaum in 1500 Mann beloffen; aber der Graf von Thurn hat geantwortet; es were damit wenig geholfen, der Fürst nehme es nicht an; darauf der König wiederumb gesagt: weiln der Churfürst eine schöne und starke Armada hätte und keinen starken Feind vor ihm, so soll er Graf von Thurn zum Churfürsten und Arnheimb reisen und ihnen dies communicirn, er werde ihm etwas Volk geben. So der Graf von Thurn auch gethan und ist im Lager beim Arnheimb gewest, der ihne an dem Churfürsten remittiert und wie der von Thurn von dem Arnheimb nach Dreßen[48] angelangt, viel böhmische emigranten den Grafen zu Churfürstlichen Hof begleitet und ihm aufgewartet, daselbstet der Graf dem Churfürsten sowohl alß dem Arnheimb des Königs willen und intention und was bishero zwischen ihm und dem Friedländer vorgangen und in was terminis es noch stünde, angezeugt; hat aber nichts außgericht[49], allem Vermuthen nach auf des Arnheimb disvasion; und wann der Graf von Thurn damals nur etwas wenigs von Volkh überkommen hette, so hette er in Behmen eingefallen, und die Hoffnung gehabt, in Behmen sich genugsamb zu stärken, und Anhang zu bekommen; dann damals war kein kaiserliches Volk (außer des Don Balthasar)[50] in Böhmen, sondern in Schlesien, und der General Arnheimb zöge mit seiner Armada in die Sechs Städte[51] nach der Sitta[52]. [21] Da bin ich von dem König wieder zum Fürsten kommen, und ihm angezeuget, warumb ihm der König

[46] Gemeint ist nach Lenz (S. 5) Schleusingen.

[47] Schwedischer Offizier, nicht verifiziert.

[48] Dresden.

[49] Vgl. hierzu Ritter III S. 504.

[50] I. e. Marradas.

[51] 'Sechsstädte' als Stand der Oberlausitz (seit 1346), bestehend aus Bautzen, Kamenz, Löbau, Zittau, Görlitz, Lauban.

[52] Zittau.

dießmahl kein Volk schicken könne; das hat den Fürsten hoch verdrossen und gesagt: „Weiln der König nicht will, da doch die Sachen so weit kommen, so muß es anders gehen: Er müsse sehen, daß der Arnheim mit dem Sachsisch Volk hereinrücke." [22] Wie er dann mich alsobaldt wieder zu dem Grafen von Thurn abgefertigt und sagen lassen: weiln das nit geschehen sey, so solle der General Arnheimb aufs allerschleunigste mit dem Churfürstlichen Volk nit in Schlesien, sondern in Beheimb ziehen[53], [23] dann es sey große Forcht untern Leuten, und es laufft alles von Prag weg, es werde ihn auch der Hundtsv.[54] Don Balthasar[55] nit erwarten; der Kaiser aber schriebe ihm und bethe, er wolle wieder General werden[56], sie wußten zu Wien nicht, waß sie vor Furcht thun sollen, die Cron sei von Prag auch schon weggeführt, schade aber nichts, er könne ihme schon ein andere machen lassen. Wiewohl Er selbst zuvor nie gesagt, daß er nach der Cron trachte, sondern der Trczka allein hat mir davon gesagt. Damals hat er Friedländer unnter anderen schandtlichen und schmählichen Reden auch dieses gesagt: „Ich will mich an der Bestia, den Kaiser meinent, und den andern Hundtsv. rechen, und will ihnen wizig genug sein; ich habe mehr wiz als sie alle mit einander, und Sie wissen nit, wo sie sollen die Köpf anjezo hinstecken", den Tieffenbach[57] achte Er nichts, die meisten Officiern wären ihm zugethan, des Trczka 2 Regimenter wehren zu seinen Diensten, und hoffe dasselbe Volk alles wol zu bekommen. Und ist eben damals vor meiner der Graf Paul Michna[58] bey ihm gewest, nach welchem ich vorkommen und audienz gehabt, darauf mich der Fürst gefragt: „Kennet ihr den, so bey mir gewest?" ich sagte: ja, so sprach er: „Es ist ein guter Mensch." [24] Bin darnach wieder nacher Dreßen zum Grafen von Thurn verreist, der hat mich darauf zum General Arnheimb, so zu Schluckenau[59] schon gewesen, geschickt, mit dem was der Fürst entbieten lassen, nemblich daß er in Beheimb ziehen solle, so ich auch dem General Arnheimb angezeiget; habe aber wol vermerkt, daß der Friedländer schon ihm was geschrieben haben müsse. Darauf ist der Arnheimb in Behmen gezogen. Hat den 5. Novembris Tetschen, folgents Leitmeritz und Aussig eingenommen, aber nit willens gehabt,

[53] Zu Arnims Böhmenzug November 1631–Mai 1632 vgl. Diwald S. 458, 483; Mann S. 755f., 775–779; 839; Ritter III S. 504.

[54] Hundsfott.

[55] Vgl. Nr. 43.

[56] Vgl. hierzu Diwald S. 468; Mann S. 774 in Verbindung mit 732, 781f., 784f.

[57] Rudolf Frhr. v. Tiefenbach, ksl. Oberst.

[58] Pavel Michna z Vacínova (Gf. Michna v. Weizenhofen), gest. 1632, ksl. Rat; Generalkommissar der Armee, böhmischer Statthalter; vgl. MSN IV S. 937; OSN XVII S. 285; Mann S. 158, 205, 238, 801.

[59] Schluckenau (Šluknov), böhmischer Ort, unmittelbar südlich der kursächsisch-böhmischen Grenze, südl. Bautzen gelegen.

weiter gegen Prag zu gehen. So haben aber der Fürst und der Graf Adam Trczka ohne Unterlaß geschickt, wir sollten gradten auf Prag zuziehen; Sie wollten ihre Köpfe zum Pfand geben, die kaiserlichen würden unser alda nit erwarten. Und leztlich haben sie noch einen Fendrich vom Trczkischen Regiment (so anfenglich beim Herrn Adam Hofmeister gewest, auf dies aber bald zum Rittmeister gemacht worden), einen Peczka[60] von Geschlecht, geschickt und sagen lassen: daß sie bereit von Prag außreisen theten. Da hat sich der Arnheimb erst mit der Armada gegen Prag gewendet, Und seindt Unß, alß wir gegen Prag kommen, die Prager alßbaldt entgegen kommen, und haben die Prager Städt[61] aufgegeben[62]. [25] Der Herr Trczka ist hernach zu Unß auf Prag kommen und berichtet: daß der Fürst hette Unser daselbst zu Prag erwarten wollen, aber er Trczka het es ihm widerrathen und gesagt: er sollte von Prag fort weg[63], Es wurde ihm nit reputirlich sondern verdächtig sein, wann er alldorten verbleiben thete. [26] Inwehrend occupirung hab ich baldt 3. Salvaguardien auf die Trzkischen Häuser, deren sich die alte Trczkin angemaßt, und mir geschrieben, daß sie ihr weren. Alß erstlich auf das große Haus auf dem Hradtschin, das andere des Herrn Wrzesowetzen[64], das dritte des Herrn von Tallenberg[65], Ich sollte mir solche Häuser lassen befohlen sein, der Wein der darinnen, sey aller Ihr, Sie hette ihn gekauft. Wie auch auf alle ihre Güter auf ihr Begehren Salvaguardien zuweg gebracht, sonderlich aber nacher Kaunitz[66] eine lebendige und geschriebene Salvaguardi geschickt, und ist mir auf der Frau Trczkin befelch Proviant von Kaunitz gefolget worden, wie der Pickfa[67] von diesem allen guete wissenschaft hat. [26] Den 30. November ist der General Arnheimb, Herr von Bubna und ich nacher Kauniz[68], dann der Fürst solches begert: Wir sollten mit einander dahin kommen. Und als wir dahin kommen, ist der Trczka bereit da gewesen und uns entgegen kommen, der Fürst aber ist erst nach ihm kommen, hat etliche stunden mit dem Arnheimb geredet, waß es gewesen, kann ich nit wissen. Alß aber der Arnheimb bei der Tafel gewesen, hat der von Bubna bei dem Fürsten audienz gehabt, und als er von der audienz kommen, gesagt: der Fürst habe sich aller verändert, und

[60] Nicht verifiziert.

[61] Altstadt (Staré Město), Neustadt (Nové Město), Kleinseite (Malá Strana) und Hradschin (Hradčany).

[62] Prag wird am 15. 11. 1631 besetzt; vgl. Mann S. 777.

[63] Wallenstein hatte Prag am 10. 11. 1631 verlassen; vgl. Diwald S. 458.

[64] Es ist nicht klar, welchem Mitglied der Familie z Vřesovic das Prager Haus gehörte.

[65] Es ist nicht klar, welchem Mitglied der Familie z Talmberka das Prager Haus gehörte.

[66] Schloß Kaunitz (Kounice), ca. 30 km östl. Prag gelegen.

[67] Nicht verifiziert.

[68] Vgl. Diwald S. 465.

habe ihm eben das, was Er mir durch den Grafen Trczka zuentbiethen lassen, gesagt, Nemblich: weiln er das Volkh von dem Könige nicht bekommen, und das Sachsische Volk in Behmen geruckt, so müste er das Generalat auf sich nehmen, und die Sach müste auf eine andere Formb gehen, und da werde Er das Regiment in handen haben, und es alßdann beßer thun können, woß er bishero in seiner intention gehabt. Ist also wiederumb der General Arnheimb nach Ausche[69], der Graf Adam Trczka aber darauf nach Prag kommen und vollents gar zu dem Arnheimb nacher Ausche verreist, bin zwar mit ihm gezogen, er hat mir aber nichts vertrauet, waß mit dem Arnheimb gehandelt worden, sondern allezeit gesagt: die sach würden schon gut gehen. Und als ich mit dem Herrn Trczka wieder nacher Prag kommen, hat er ihme von dem Hofkircher und Grafen von Solm[70], so damals daselbst commandiert, einen Paß, daß ihme seine Wägen, so er von Prag weggeführt, passirt werden, zu wegen gebracht. [28] Damals hat mir die Frau Trczkin nacher Prag geschrieben: Es komme ihr so wunderlich vor, gegen den Worten, die der Fürst hievor geredet und sich vermessen. Er wolle dem Kaiser nit mehr dienen, jetzo krieche er wie ein Krebs wiederumb zurück; Sie sehe es sehr ungern, daß das, was er mit dem Könige von Schweden angefangen, zuruckh gehe. Sie hette sich dessen zum Fürsten nit versehen, daß Er das thun solle; und der Graf von Thurn het gern in Behmen werben lassen, aber die Sachsischen hetten es ihme nit verwilligen wollen. Ferner hat mich auch die alte Frau gebeten: weiln die Churfürstlichen alle Häußer in Prag blündern, Ich wollte das beste auß den Häußern nacher Meißen wegführen, oder wo ich sonsten ein sicher ort wuste, führen lassen; (da haben sie schon wissen müssen, daß sie Prag nit mehr lang werden halten können), Und hat er Graf Adam erstlich selbst in seinem Hauß auf dem Hradschin frembde ihm anvertraute Kästen aufgemacht, Undt etliche sachen, so ihm gefallen, ob sie wohl nit sein gewest, weggenommen, und die truhen wieder zugesperrt; dabey der Hanns Kuchelsky[71] auch gewesen. Die überigen sachen hab ich nacher Birn[72] in Meißen[73] führen lassen, dies hat

[69] Auscha (Úštěk), Ort n/w Leitmeritz.

[70] Gemeint sind der kursächsische Oberst Lorenz von Hoffkirchen und Philipp Reinhard Gf. v. Solms-Lich in Lich etc. (24. 7. 1593–18. 4. 1635), schwedischer Geheimer Rat; vgl. Isenburg V T. 77.

[71] Johann Christoph (Jan Kryštof) Chuchelský z Nestajova (geb. 1600), Beteiligung am böhmischen Aufstand, anschließend in dänischem und schließlich schwedischem Kriegsdienst (Rittmeister); hielt sich beim Einfall kursächsischer Truppen 1631 in Prag auf (als Ordonnanzoffizier Thurns); 1633 in ksl. Gefangenschaft geraten, wurde er von Adam Erdmann Trčka gerettet, indem er ihn zu seinem Stallmeister machte; Kontakte zu Wallenstein, floh nach dessen und Trčkas Tod außer Landes; vgl. Jelinek II S. 12f.

[72] Pirna.

[73] I. e. Kursachsen.

der Churfürst erfahren und mir alles wegnehmen lassen, wardurch ich viel Ungelegenheit gehabt, daß ich gewünscht, ich hette nie nichts damit zu thun gehabt; habe die Salva quardien vorgewiesen, die ich von dem General auf die Häußer gehabt, und das ich das mit des Herrn Grafen Trczka Verwilligung weggeführt habe, habe auch von dem Grafen von Thurn, Herrn von Bubna, Herrn Chinsky[74], daß ich alle sachen mit des Trczka willen weggeführt, Zeugniß vorgewiesen; darzu hat mir der Gubernator Hofkircher den Paß geben, daß ich also bestanden, habe auch solche sachen wegen des Grafen Adams, welcher damals mit dem Arnheimb in gutem Vernehmen gestanden, wiederumb bekommen sollen; Ist mir aber lezlich nichts gefolget worden, sondern der Churfürst alles vor sich behalten. Und da ist weiter zwischen dem König und dem Fürsten nichts tractirt worden. [29] Ich aber bin hernacher mit dem Grafen von Thurn gen Nürnberg dem König nachgezogen und bei Nürnberg hette der König gerne wieder angefangen mit dem Fürsten zu tractiren[75]. Nachdem der König von Nürnberg abgezogen, so hat er den Grafen von Solm zu dem von Bubna geschickt, und sagen lassen: Er sehe je gerne, daß er zu dem Fürsten, alß der Ihn vor anderen lieb het, vor sich selbsten reisen, und dem Fürsten zu verstehen geben thete, daß er die tractation mit dem König wieder reassumirn sollte, mit Versicherung, daß der König Ihme würde alle assistenz thun, damit er König in Behmen wurde, Er wurde Ihm auch dabey manutenirn. Es hat aber der Bubna damahl nit zum Friedländer reissen wollen und gesagt: der Friedländer ist so wizig, daß er es wol merken würde, der König müßte ihm solches auftragen. Er hat sich aber verzogen, bis die Schlacht bei Lützen vorgangen, darinnen der König umbkommen; wann dies nit beschehen were, hetten die tractaten wieder angefangen. [30] Nach dieser Schlacht, alß der Graf von Thurn über das Volk in Schlesien das Generalat auf sich genommen[76], sich nach Schlessien begeben und die Schwedische armada daselbsten commandirt, hab ich wieder ein Schreiben von dem Grafen Adam Trczka durch Grafen Wilhelmb Chinsky, deme unzweifentlich der Lorenz Kunz[77], so stets hin und wieder geschickt worden, zugebracht, überkommen, dabey er mir von dem Fürsten einen Paß zugeschickt und begert: Ich sollte stracks zu ihm in Behmen kommen, und hat damals der Kinsky schon alles in diesen sachen gewußt. Des schreibens Inhalt aber war: er habe mit mir etwas zu reden, daran dem gemeinen Wesen viel gelegen sey, mit angehefter commination, da ich nit kommen und etwas diesfalls verabsäumt werden

[74] Kinský.

[75] Vgl. Diwald S. 483–490; Mann S. 857f.; Ritter III S. 549 in Verbindung mit S. 529, 538f.; vgl. Nr. 107, 115.

[76] Vgl. Ritter III S. 554.

[77] Nicht verifiziert.

sollte, mir solches alles zugemessen werden würde. Bin derohalben den 26. Aprill zum Fürsten nacher Prag kommen; der hat von allem, was hievor fürgangen, von neuem umbständig mit mir geredet und auch der Pragerischen recuperirung[78] gedacht und gesagt: er habe den Hofkirch wol abziehen sehen, hette ihn auch wol schlagen können, hatte ihn aber passiren lassen; sonsten aber hat sich der von Hofkirchen verlauten lassen: Er wolle sich auf den letzten Mann wehren und ehe alles in Brandt stecken, ehe er abziehen wolle. Ich muthmaße aber, der Arnheimb so einen tag oder zwei vorhero mit dem Friedländer zu Smetschna[79] beisammen gewest, habe sich also mit dem Friedländer unterredet. Ferner hat in selbiger audienz ungefähr umb 11 Uhr in der Nacht der Friedländer seinen discurs continuirt und gesagt: „Es hette sich in einem Jahr viel verändert, und das sei vor sie besser, jezo habe er erst den rechten Vortheil zu dem, was er im Sinn gehabt", – hat angefangen, den König in Schweden zu rühmen, was er von[vor] ein gewaltiger Soldat gewesen sei, es sey aber gar wohl geschehen, daß Er also umbkommen sei, dann es könnten doch zwei Hannen auf einem müst sich nit vertragen. So habe der Graf von Thurn auch die Schwedische Armada in Schlessien anjezo in seinen Händen, also daß die Sachen anjezo viel leichter gehen könnten als vorhero; der von Bubna müste zu ihm kommen, Er wollte ihn zum Ochsenstern[80] expedieren. Der Feldmarschalk Holkha[81] ist dazumahl als ich dahin kommen, auch zu Prag gewest; der Herr Trczka hat mir gesagt: er wisse von mir, daß ich anhero kommen sey, so wisse er auch von allen diesen Sachen und tractaten; Es hat mir auch Er Holkha bei ihm Trczka zu entbieten lassen, Er wollte gern mit mir reden, Er müsse aber anjezo von Prag wegreisen, und erfreue sich über diesen dingen, wolle auch vor seine Person treulich darzue helfen. [31] Darauf bin ich wiederumb zu dem Grafen von Thurn nacher Lignitz und habe ihm alles angezeugt, da hat er mich mit dem Herrn von Bubna alsobaldt zu dem Fürsten abgefertigt, und als wir zu Dimokur angelangt, ist der Herr Trczka zu uns kommen und mit uns nach Gitschin gereist; seindt Abendts alßgleich vorhero der Gran Prior[82] und Wolf Wrzesowitz[83] bei dem Herzog, alda sie auch etlich Tag gewesen, audienz gehabt, bei dem Fürsten fürgelossen worden. Da hat der Friedländer die vorigen tractaten repetiert, sich seiner intention nachzusezen, nochmals resolvirt, und alßbaldt, wie wir da nur 2 stundt aldorten

[78] Prag wurde am 25. Mai 1632 von ksl. Truppen zurückerobert; vgl. Diwald S. 483; Mann S. 839; Ritter III S. 536.

[79] Smečno, Ort n/w Kladno.

[80] Axel Oxenstierna.

[81] Holk.

[82] I. e. Vilém Vratislav z Mitrovic; vgl. Nr. 15 Anm. 2.

[83] Wohl Volf starší Vřesovec z Vřesovic a z Doubravské Hory; vgl. Pekař S. 17.

verblieben, den z Bubna zu dem Schwedischen Canzlern Ochsenstern nach Frankfurth am Main geschickt, und ihm wissen lassen, daß er anjetzo das, waß er hinbevor im Sinn gehabt, zu wirklichem effect bringen, und König in Böheimb werden wolle, ob er sich dessen versichern könne, daß Er Ochsenstern sambt seinen Schwedischen Adhaerenten Ihne dabey manutenirn wollen. Auch solche Reise hat der Fürst dem Bubna 1000, Mir aber 500 dukaten absonderlich gegeben; darauf bin ich mit dem von Bubna zu dem von Thurn, und hab ich solches alles angezeiget. Von dannen ist er von Bubna eilendts bei Tag und Nacht zu dem Ochsenstern fortgereist[84]; [32] Ich aber bin von ihme Grafen von Thurn wiederumb in Böheimb zu dem Fürsten geschickt worden, zu diesem Ende, daß ich ihm anzeigen sollte, daß unsere Schwedische Armada sich mit der Sachsischen bei der Schweidnitz conjungire[85]. Hierauf bin ich von dem Fürsten baldt wieder abgefertigt worden; der hat dem Grafen von Thurn sagen lassen: Er wolle auch baldt aufbrechen und sehen daß er mit ihme zusammen kommen möge[86]. Mittler Zeit ist aber die alte Trczkin todtes verblichen[87], welches alß es der Graf von Thurn erfahren, hat er sie höchlichen betrauert, und gesagt: es werde nun das ganze Trczkische Hauß zu Grundt gehen[88].

[33] Anno 1633 den 5 Junii alß unsere Armada bei langen Ölß[89] in Schlesien in der battalia gehalten (der Graf von Thurn aber leibesschwachheit halber nit zugegen gewesen, sondern sich zu Liegnitz befunden) hat mich der Graf von Thurn wiederumb zu dem Fürsten geschickt. Und demnach er verstanden, daß der Arnheimb und Friedländer wegen eines stillstandt tractirn[90], ihne erinnern lassen: waß zwischen ihnen durch den z Bubna abgeredet worden. Der Bubna sei noch nit wieder zurückh kommen, würde aber stündtlich erwartet; Und weiln er Thurn diesen tractaten des Arnheimb nicht getrauet, hab ich penetrirn sollen, was es vor ein Gelegenheit damit habe. [34] Hierauf bin ich ein Meil von dem Stadtlein Nimsy[91] so der Fürst gleich einen Tag vorhero abbrennen lassen, zu ihm kommen, da hat er mir gesagt: „das ist gut, daß ihr

[84] Vgl. zu Bubnas Kontakten mit Oxenstierna im Mai 1633 Diwald S. 506f.; Mann S. 927f.; Nr. 93–96.

[85] Vgl. Ritter III S. 559f.

[86] Vgl. Ritter III S. 559f. Der Satz ist eine recht ironische Bemerkung Wallensteins bei seinem unmittelbar bevorstehenden Aufbruch nach Schlesien.

[87] Vgl. OSN XXV S. 679.

[88] Diese Bemerkung paßt als 'Weissagung' allzu gut zu den Ereignissen nach der Ermordung Wallensteins und des Adam Erdmann Trčka.

[89] Wohl Langenöls, ca. 25 km s/ö Schweidnitz (Niederschlesien).

[90] Vgl. zu dem Waffenstillstand Diwald S. 502; Mann S. 950; Ritter III S. 560.

[91] Wohl Nimptsch, Ort östl. Reichenbach (Niederschlesien).

kommen seit, Morgen will ich den Trczka zu dem Arnheimb schicken, umb einen stillstandt zu tractiren; unter dessen wird der von Bubna von dem Ochsenstern zurückh kommen. Ich will aber nichts desto weniger mit der Armada Euch unter die Augen ziehen. Und mich allda logieren, damit man bei Hoff kein Verdacht auf mich werfe, sondern meniglich vermeinte, daß wir feindt weren, aber ich will Euerm Volck darumb nichts thun." So auch beschehen, und ist auf den Morgen der Trczka mit mir zu dem Arnheimb unterm prætext stillstandt zu tractirn gereist. Allda er bei ihm das Mittagmahl eingenommen. Nachmals hat der General Arnheim dem Fürsten eine schriftliche Antwort, so ich selbst gesehen, aber zu lesen nit bekommen, zugeschickt[92], mit welcher er Trczka zu dem Fürsten gereist. Und damals hat der Fürst mit der ganzen Armada gegen Unss, und wir gleichfalls in battalia gehalten, der Trczka aber ist alsbaldt wieder von dem Fürsten zurück zu dem Arnheimb kommen, und vermeldet: Es warte der Fürst alda seiner im Feldt, und bitt er wolle zu ihm kommen, Er wollte selbst gerne mit ihm reden, und sei niemand anders bei ihm als der General Gallas. Darauf ist der General Arnheimb alsobaldt mit dem Trczka, Obrst Purckersdorff den Eltern[93] und ich mit ihnen fortgeritten, und hat er Fürst in die zwei Stundt lang sowol mit dem Arnheimb, alß auch ihm Purkersdorff geredet. Wir aber sein nit weit davon gestanden[94], Und haben uns hernach wieder zu unserer Armada begeben. Damals gleich haben des Obristen Isolan Croaten angefangen gegen unß zu scharamuzirn, welches der Herzog hoch empfunden, Und es ihme ernstlich verbieten, auch sagen lassen: Er soll davon abstehen. Er kenne ihne Herzog wol. Auf den Morgen aber hat der Arnheimb erst mit seinen und den schwedischen Obristen und dann dem Herrn General Gallas und Adam Trczka (weil der Fürst selbigen Tag übel auf gewest und selbst nit dabey sein können) den stillstand eben am selbigen Orth geschlossen[95], hernacher ist der General Arnheimb bei dem Fürsten gewest, auch da beim Mittagmahl blieben. – [35] Den 12 Junij ist der Graf von Thurn von Liegnitz ins Lager kommen, ist auch beim Fürsten in seinem Quartier beim Essen gewesen, vor dem Essen aber seindt sie beide zwei Stundt lang allein im Zimmer gewest, und haben mit einander geredet, und hat mir der Graf von Thurn hernach gesagt: es stünden alle sachen bei dem Fürsten wol; wann nur der von Bubna baldt zurückh käme. Baldt darauf ist er von Bubna von dem Canzler Ochsenstern angelangt, hat alles was der Fürst begert wol außgericht, auch zu besserer beglaubigung dem Fürsten eine, mit des Ochsenstern

[92] Aus diesem Satz ergibt sich, daß Rašín gar nichts weiß.

[93] Johann Heinrich Prolhoffer v. Purkersdorf und Rosina (geb. 1610); vgl. Jelinek II S. 103.

[94] Vgl. Anm. 92.

[95] Zum Waffenstillstand vom 7. Juni 1633 vgl. Anm. 90.

eigener Handt geschriebene resolution und Antwort mitgebracht[96], nemblich: wann ihme Friedländer ein Ernst wäre, sich zum König in Böheimb aufzuwerfen, und er solches in effectu thun würde, so wolle er Ochsenstern dem Fürsten helfen und ihn dabey manutenirn, sonderlich weiln er wol wisse, daß eben dies seines Königs Wille noch bei seinen Lebzeiten gewesen wäre, dann er Ochsenstern hat besorget[97], Er Friedland möchte ihn eben also wie seinen König betriegen. Solche schriftliche resolution und mit des Ochsenstern eigener Handt geschriebene antwort, hat der Bubna dem Fürsten eingeliefert, und als er solche gelesen, hat er in beisein meiner und des Bubna gesagt: „Gewiß das schreiben hatt Händt und Füss, der Ochsenstern muß ein verständiger Mann sein, es ist aber noch nit Zeit; wann die Zeit vorhanden sein wirdt, will ich alles thun." – [36] Da bin ich mit dem Bubna weggangen, und hat uns der Fürst ein Frühstückh zu geben befohlen, der von Bubna aber hat sich gegen den Adam Trczka beschwört: daß der Fürst abermahl wider sein vorige gefaßte resolution andern sinnes geworden sey, und die Sachen verschieben thäte, Er von Bubna werde bei dem Canzlern Ochsenstern in lügen stecken bleiben, Er wolle viel darumb geben, daß er nie zu ihm kommen wäre, und ihme dergleichen vorbracht hette, dann also hette er kein lügner werden derffen, mit Vermelden: „Er Trczka wisse, was er Fürst in seiner Gegenwart geredt, und daß er mit Fleiß nacher Gitschin umb uns geschickt hätte; da hat sich der Trczka vermessen, es sollten Ihn alle Teufel holen, der Fürst meine es treulich, allein daß er denen nativität stellern so viel glaube, die Stern-Kucker sagten ihm so viel vor: was er vor ein großer Herr werden solle, es würde alles geschehen, wann die Zeit kommen würde." – [37] Nachmals hat der Fürst alsbaldt den Trczka mit uns zu dem Grafen von Thurn nach Strigaw[98] geschickt und Ihme zuentbothen: er sei willens, seiner intention unaußgesetzt nachzusetzen, aber es sei noch nit Zeit. Hernach ist den 2 Julii der stillstandt außgangen[99] und der Graf von Thurn ist mit General Arnheimb nacher Strellen[100] gereist; dahin von dem Fürsten abgeordnet worden: der Ilo, Trczka und andere, unterm Vorwand, Friedt zu tractirn. Wir seindt aber widerumb von einander und nach der Schweidnitz gezogen[101], worab sich der Graf von Thurn dermaßen disgustiert befunden, daß er gegen den Trczka gesagt: weiln anjetzo auß den Sachen nichts worden sei, so wolle er damit,

[96] Vgl. Nr. 95.

[97] Zum schwedischen Mißtrauen gegenüber Wallenstein vgl. Nr. 89, 105; vgl. Diwald S. 507, 509.

[98] Striegau (Niederschlesien).

[99] Vgl. zum Waffenstillstand vom 7. Juni und seinen Verlängerungen Anm. 90.

[100] Strehlen (Niederschlesien).

[101] Vgl. Ritter III S. 560.

wanns der Fürst schon gern haben wollte, weiter nichts zu thun haben; wiewol er hievor öfters gesagt: Er wolle dem Friedländer die behemische Kron selbst auf den Kopf setzen. Und als die Armada bei Schweidnitz gelegen, bin ich in meinen geschäften nacher Dreßden verreist, in meinung, daß nunmehr nichts auß den Sachen werden wirdt, und hat in meinem abwesen der Fürst abermahl einen Stillstandt mit dem Arnheimb gemacht[102], jedoch mit des Grafen von Thurn willen, ob sonsten wol der von Thurn damals mit dem Fürsten nit geredet gehabt, dann der Fürst dasselbigemahl auf ihn wegen dessen, so er wie obgemelt zu dem Trczka gesagt, etwas ungehalten gewesen; Ist aber leztlich durch den Trczka so weit vermittelt worden, daß sie wiederumb eins worden. Alßdann ist der Friedländer mit Herzog Franz Albrecht und andere Officirn lustig gewesen, und haben auß den hüeten getruncken; ich aber bin nit dabei gewesen[103], sondern allererst zu Liegnitz zu dem Grafen von Thurn kommen, alldahin auch der Kratz[104] kommen, deme der Graf von Thurn alles vertraut: wie dann der Kratz selbst zu mir gesagt: es stünde nun alles wol, der Friedländer müsse König werden, alßdann bekäme er seine güter wieder, er wolle ihm gerne alles verzeihen. Hat auch beteuert, daß der Herzog Bernhardt ihme die stundt nit gehalten, welches wann er gethan hät, so het er die Festung Ingolstadt bekommen. – [38] Unter dessen ist der Arnheimb auf des Friedländers begehren selbst zu dem Canzlern Ochsenstern nacher Frankfurth am Main verreist, welches der Graf von Thurn empfunden und beklagt: daß er als ein Schwedischer general von dem Friedländer hierinnen præterirt worden. Es hat auch der Fürst dem Holka zu dem Ende, damit der Arnheimb desto leichter abkommen könnte, ordinantz geben: Er sollte wiederumb von Leibzig wegziehen, und des Churfürsten Landt ganz und gar quittirn[105], welches unß trefflich wol zu statten kommen; dann damals hätte uns der Fürst von Schweidnitz nicht allein schmeißen, sondern auch ohne schwertstreich ganz und gar ruinirn können, dann wir höchsten Mangel an Proviant gehabt und uns der Croaten halber nit auf ein halbe vierd meil vom Lager blicken lassen dürffen, und alle Proviant mit 4 und 5/m Reutern einbringen müssen, dadurch dan endlich unsere Cavagleria gar sehr abgenommen; hat auch der General Arnheimb selbsten gesagt: „Wann der Holka nit avociert worden wäre, hätte er nit allein Torgau wegnehmen können, sondern es were auch mit Wittenberg sehr gefährlich gestanden sein, und sollte er Wittenberg wegbekommen haben, so wäre es um beede Churfürsten geschehen gewesen. In-

[102] Dieser 2. Waffenstillstand datiert den 22. 8. 1633; vgl. Diwald S. 502; Hildebrand HT S. 417; Mann S. 963; Ritter III S. 560; Suvanto S. 239.

[103] Vgl. Anm. 92.

[104] Johann Philipp Kratz, Gf. zu Scharffenstein, Frhr. von Riesenberg.

[105] Vgl. Ritter III S. 560.

maßen dazumahl nit allein das ganze Landt, sondern auch sie beede Churfürsten in großen Schrecken und Forchten gestanden; wie dann auch der Friedländer selbst gesagt: Er hette sie wol schmeißen können, aber er spielete mit ihnen, wie die Katz mit der Mauß. [39] – Hernach bin ich wiederumb von dem Grafen von Thurn zu dem Fürsten nach der Schweidnitz geschickt worden, einen Behmen von Adel bey dem Bayrischen Volkh loß zu machen, da hat er mir abermahl gesagt: was hiebevor hette beschehen sollen, das wurde anjezo gewißlicher ins Werk gesetzet werden, sobaldt nur der General Arnheimb von dem Ochsenstern wieder zurückkommen würde. Bin damahl in die drei Tag lang bei ihm verblieben, unter anderen Reden, hat er auch diese formalia vermeldet: „Sie und Kaiser selbst wissen von Euch, daß ihr zu mir zu kommen pflegt, aber ich schreibe dem Kaiser alles anders, samb wollte ich dem Kaiser zum besten einen Frieden schließen. Und jetzo hab ich den Kaiser also angefasset, daß er ohne meinen willen niemandt perdonieren noch auch jemandten einiges gut geben kann. Wann ich wollt, so könnte ich Euch meinem gefallen nach schmeißen, aber ich spiele mit Euch wie die Katz mit der Mauß; der Aldringer könnte auch wol diesen Sommer im Reich etwas praestirn, ich geb ihm aber order, daß er nichts thue, und daraus könnt ihr erkennen, daß ich es mit Euch treu meine;" – dabei hat er mit lachendem Mund gesagt: „der Trautmansdorff und der Andre[106] sollen Friedt tractirn[107], dort liegen sie in einem Dörfel, seindt logirt an einem Orth, wo die Infection stark grassirt, sein ihnen schon drey Diener gestorben", gleich als wollte er sagen, er habe sie mit Fleiß dahin logirt. – [40] Dazumahl ist der General Arnheimb mit guter Verrichtung von Ochsenstern wiederumb zurückkomben und bei dem Fürsten im Lager gewesen[108]; was sie mit einander vor discurs geführt, kann ich nit wissen[109], Allein seindt auf den anderen Tag alle vorigen Tractaten zuruckgangen, und hat er Arnheimb alßbaldt dem Grafen von Thurn mit eigener Hand geschrieben: der Fürst habe ihm alles wiederumb zu nichte gemacht[110]; der Fürst habe gewöllt, Er sollte sich mit seiner Armada mit ihm conjungirn und auf die Schweden ziehen, Er Arnheimb aber hette ihm gesagt: das wäre kein redlich stuckh, sondern ein Schelmstuck; und darauf ist der Arnheimb alsbaldt mit seiner Armada nacher Meissen[111], der von Thurn aber nacher Stei-

[106] Dr. Justus Gebhard.

[107] Bezug auf die von Dänemark vorgeschlagenen Breslauer Verhandlungen; vgl. Mann S. 923, 953, 972f.; Nr. 102, 106, 117, 126–128, 130.

[108] Vgl. zu dieser Zusammenkunft von Ende September 1633 Mann S. 966f.; Ritter III S. 563.

[109] Vgl. Anm. 92.

[110] Vgl. Diwald S. 512.

[111] Gemeint ist Kursachsen.

nau gezogen[112]. Worüber sich der von Thurn nit genugsamb verwundern können, sich jedoch erfreuet, daß des Arnheimbs Verrichtung bei dem Friedländer so schlechtlich abgangen. – [41] In wenig Tagen darauf ist das meiste Volk des Grafen von Thurn geschlagen und zerstreuet worden[113], Er Graf von Thurn ist selbst unter dem Schein eines accords zum Fürsten kommen[114]; damals war es ganz nicht von Nöthen gewesen, daß der Fürst einen accord mit dem Grafen von Thurn und andern, so in der Schantzen bey Steinau gewesen, gemacht hette, dann er sie alle in seiner Macht gehabt, hätte mit ihnen thun können, was er gewöllt, so ich von vielen gehört. Damals soll der Friedländer auch gesagt haben: Von den Gefangenen allen, so er bey Steinau bekommen, soll dem Kaiser keiner zu Theil werden. – Hat sie darauf nach Sagan geschickt und alldort einen nach dem anderen loß zu lassen befohlen, und wie ich verstanden, so hat der Fürst dem Grafen von Thurn noch etwas geschenkt, und ihn mit allen seinen sachen gar stadtlich und reputatisch nit als Seiner kaiserlichen Majestät Feindt, sondern als seinen allerliebsten Freundt fort und an sicheren Orth convoiren lassen. –

[42] Hernacher in Decembri anno 1633, alß ich mich zu Pirna aufgehalten, hat der Fürst dem Graf Wilhelmb Chinsky mit eigener Handt zugeschrieben und gebeten: er wolle zu ihm nacher Pilsen kommen[115]; So er auch, und zwar mit des Churfürsten Verwilligung gethan[116], hat auch vom Churfürsten einen Paß bei sich gehabt. Damals hat der Chinsky zu mir gesagt: Nunmehr glaub er dem Friedlandt, daß es ihm ein Ernst sey, weiln er nunmehr sein eigene Handt da hätte. Und ich bin auf des Grafen Trczka begehren gleichfalls mit ihme Chinsky auf Pilsen gereist, allda habe ich von allem ausführlich mit dem Trczka geredet, wie es nemblich nun etlichmal darauf gestanden, daß der Fürst hätte König werden sollen, aber alle Zeit wieder zuruckhgangen; Und daß es bei Schweidnitz gar wol hette beschehen können, darauf der Trczka gesagt: „Es ist damals nit möglich gewesen, dann es were damals der Graf Schlickh[117] mit dem Grafen von Trautmannsdorff zum Fürsten kommen; daß

[112] Vgl. Ritter III S. 563f.

[113] Bezug auf Wallensteins Sieg bei Steinau/Oder am 12. 10. 1633; vgl. Diwald S. 513f.; Mann S. 977f.; Ritter S. 563f., Suvanto S. 274f.

[114] Bezug auf Thurns 'Befehl an die Festungskommandanten [in Schlesien] zur Übergabe ihrer anvertrauten Plätze' (Ritter III S. 572); vgl. Nr. 109.

[115] Bezug auf Wallensteins Einladung an Kinský, formuliert in einem Schreiben des Adam Erdmann Trčka an Kinský vom 26. 12. 1633; vgl. Diwald S. 522; Mann S. 1028f.; Ritter III S. 572.

[116] Kinský, dessen Gattin und der kursächsische Oberst Schlieff besuchten Wallenstein am 9. 1. 1634; vgl. Mann S. 1018f.; Ritter III S. 572.

[117] Zu des Hofkriegsratspräsidenten Schlick Visite im schlesischen Hauptquartier vgl. Diwald S. 511f.; Mann S. 962f.

er Fürst billiche Ursach gehabt, worumb es kein möglichkeit gewesen, weder bei der ersten, andern noch dritten tractation die intention ins Werk zu richten[118]; dem auch ein jeder, der nur solche Ursachen vernehmen sollte, statt und recht geben werde; würde sich auch der Fürst deßwegen beim Ochsenstern und anderen genugsamb zu purgirn nit unterlassen, aber anjezo würde es gewiß geschehen; der Fürst habe schon alle Officierer an sich gezogen, daß sie ihm versprachen, auch sich verschrieben, „bei ihm zu leben und zu sterben“[119]. Und hat da wieder angefangen große Sachen wider Ihre kayserl. Majst. zu reden, und wie er in Böheimb den Jesuiten, Smetschansky, Slavata, Schlickh und anderen, wie auch in anderen kaiserlichen Landen die Güter nehmen und unter die Officierer außtheilen wollen, damit sie ihm mehrers affectionirt sein möchten, und da hat er auch gesagt: wie der Fürst ein großer Herr und nit allein Behemischer sondern auch Römischer König werden würde, Und daß er deren Behmen wiederumb alle Privilegio confirmiren werde, also daß wann er auch gleich sterben sollte, die Böhmen dannoch die Freiheit haben würden, ihnen selbsten einen König zu wählen; mit diesem noch weiteren Vermelden: „Ich weiß nit, wann der Fürst sterben sollte, wer wol darnach König in Behemb sein könnte.“ In Summa, er hat damahl viel geredet, wie auch dies gemeldet: Wann der Fürst gewöllt hät, der Fürst Bernhardt[120] würde schwerlich Regensburg eingenommen haben[121], es sey aber also gut und recht geschehen, dann sie hätten also einen gueten Paß in diese Länder: sagte auch noch weiter zu mir: der Fürst lasse mir sagen, Er wolte zwar gerne selbst mit mir reden, weiln es aber seiner leibsindisposition halber (dann er dazumahl gar übel aufgewesen) nit sein könne, so lasse er mich mit abermaliger Zusage eines stattlichen recompenses durch ihn bitten: Ich wolle eine Reiß zu dem Ochsenstern (wie dann auch der Wenzl Rabenhaupt zu dem französischen Ambasciadorn[122] abgefertigt werden sollte) auf mich nehmen, weiln er jezo zu Halberstadt sey und der Herr Bubna zu Halla[123], so sollte ich mich bei demselben aufhalten, und sollten dann beide mit einander zu dem Canzlern Ochsenstern reisen; ob Er wol auch zu dem Herzog Bernhardt dieser sachen halber schicke[124], so sollten wir mit dem von Bubna nichts desto weniger auch zum Ochstenstern reisen und ihme anzeigen, der Fürst sei an-

[118] Bezug auf die Kontakte zwischen Wallenstein und Kg. Gustav II. Adolf und A. Oxenstierna 1632, Mai 1633, September 1633.

[119] Bezug auf den Pilsener Revers vom 12. Januar 1634; vgl. Nr. 122.

[120] Hg. Bernhard von Sachsen-Weimar.

[121] Regensburg war am 14. November 1633 gefallen; vgl. Diwald S. 517; Mann S. 987–990; Ritter III S. 568f.

[122] Feuquières; vgl. Ritter III S. 572f. in Verbindung mit S. 563.

[123] Halle a. d. Saale.

[124] Vgl. Ritter III S. 575.

jetzo endlich resolvirt von dem Kaiser abzufallen und König in Böheimb zu werden. Jezo sei eben die rechte Zeit, und darumb soll er Ochsenstern einen aus seinen vornehmbsten Officieren, welcher den Sachen gewachsen und deme auch zu vertrauen wäre, zum Fürsten schicken: da wollte Er Fürst sich cathegorice veroffenbahren, wie er die Sache vornemben wolle und mit demselben sich eines gewissen vergleichen, was sie weiters thun sollten. Im Fall aber der Ochsenstern nit wollte zu ihm nacher Pilsen schicken, da solle er nur nacher Kaudt[125] etliche wenige Meilen von Pilsen, alda ein schwedischer Obrist Dubartl[126] genandt gelegen, schicken, so wolle der Fürst jemandt zu ihm schikken, daß er alles gründtlich werde vernehmen können, dann er sei einmal entlich resolvirt, von dem Kaiser abzufallen. Und da hat mir der Trczka gesagt: Es würden die Armaden zusammenstoßen, so baldt sich nur diese verglichen haben würden. Der Fürst werde mit der Armada, die er bei sich habe, gradt auf Wien zu nach den kaiserlichen Landen ziehen: [43] der Herzog Albrecht[127] ist damahl auch auf des Fürsten begehren nach Pilsen kommen[128]; der Arnheimb aber, welchen der Fürst zuvorderist gern gesehen hätte (dann der Trczka gesagt, daß er mit großem Verlangen auf ihn warte) ist durch des Fürsten vorige Unbeständigkeit disgustirt gewesen, hat nit recht traut und mit seiner Ankunft so lang verzogen[129], daß ermelter Franz Albrecht zu ihme zuruckh geraist und wieder nacher Pilsen kommen. Der Anthoni Schiff ist auch zu Pilsen und stettigs sowohl bei dem Fürsten als dem Kinsky gewest, und hat von diesen sachen allen gewust[130]. [44] Ich aber bin den 4 Februarii 1634 von Pilsen weg, habe den Herrn von Bubna zu Hall[131] angetroffen und ihme dies alles erzählt, welcher es aber anfangs nit glauben wollen, sondern gesagt: der Fürst wäre ein Lügner. Es hat ihn aber endlich dies confirmirt, daß er verstanden, daß der Herr Graf Kinsky bei dem Friedländer gewesen und selbst in den Sachen eiferig laborire, auch ihme von Bubna und Ochsenstern bei mir zuentbothen: Sie sollten sich jezo gewiß darauf verlassen, der Fürst thue ihm anjezo anders nit. Und seindt also mit einander forth zu dem Ochsenstern, welcher gleich von Magdeburg dahin nacher Halberstadt angelangt gewesen[132]. Alda hat der von Bubna erstlich mit dem Grafen Solms (welcher damahln, wie man mich berichtet, schwedischer Kriegspräsident war und der Ochsenstern ihm

[125] Kauth (Kout na Šumavé), Ort s/ö Taus (Domažlice), n/ö Furth i. W.

[126] Duwall.

[127] Franz Albrecht, Hg. von Sachsen-Lauenburg.

[128] Vgl. zum Besuch des Hgs Franz Albrecht von Sachsen-Lauenburg bei Wallenstein am 19. resp. 20. 1. 1634 Mann S. 1019, 1033f.; Ritter III S. 575.

[129] Vgl. Mann S. 1039f., 1095f.; Ritter III S. 572.

[130] Vgl. Anm. 116; Mann S. 1100.

[131] Halle a. d. Saale.

[132] Vgl. Mann S. 1047.

alle geheimen Sachen zu communicirn pflegte) geredet, und ihm alles dies angezeigt, welches ihm dann überauß wolgefallen, daß er gesagt: Er wollte ihm wünschen, daß er von dem Ochsenstern zu dem Fürsten verschickt werden möchte. – Auf den Morgen hat der Bubna bei dem Ochsenstern audienz gehabt und ihme alles vorgetragen, welcher aber diesem nicht glauben geben wollen[133] und gesagt: „Wisset ihr, womit ihr vormals zu mir kommen[134] und wie ich Euch mit meiner eigenen Handt eine Certification geben, daß ich ihm darzue verhelfen will: daß er König in Böhmen werden solle; Er hat mir aber auß solchen allen nichts gemacht, hat auch hiebevor den König ebner gestalt betrogen und den Arnheimb deßgleichen, und ihr habt selbsten gesagt: Er möge thun, was er wollte, und sich vermessen, wie er wollte, so wollt ihr ihm weiter nit glauben. Dann dies seindt große Sachen, dergleichen nirgents zu finden." Darauf der Bubna wieder geantwortet: „Es sei alles wahr, aber weiln der Herr Chinsky so ein verständiger Herr sei und nit wenig hiebei zu verlieren habe, dann Ihre kaiserliche Majst. Ihn bei allen seien gütern gelassen hetten, sich der sachen anmaße und das seinige nicht so leicht in die Schanz setzen würde, so bestätige ihm dasselbe, daß er glaube, der Fürst meine es gut." Darauf der Ochsenstern weiter gesagt: „Ob ich zwar den Kinsky nit kenne, doch von ihme, daß er ein verständiger Cavallier sein solle, gehöret, So besorge er doch, Er dörffte sich dardurch verführen. Der Herzog Bernhardt schreibe ihm auch, daß ihme eben mit diesen worten von dem Friedländer zugeschrieben worden: wie sie es referirt hetten. Er Herzog Bernhardt aber hette ohne seinen des Ochsenstern willen nichts gethan, sondern alßbaldt zu ihm geschickt, und ihn dessen berichtet. Endlich hat sich der Ochsenstern dahin resolvirt und erklärt: Er wolle dem Fürsten von Friedland nichts mehr glauben, auch niemand zu Ihme schicken, so lang er vom Kaiser nit recht und offentlich abfallen werde; wann er aber dasselbe thun würde, so solle er sich versichern, daß er nit allein zu ihm schicken, sondern selbsten zu ihm kommen, und wegen alles dessen, was er begehren würde, sich mit ihm vergleichen wolle. – [45] Inmittelst bin Ich mit obbemelter resolution von dem Ochsenstern wiederumb zu dem Fürsten zurück gereist, und als ich gegen Dreßden kommen, des Herrn Chinsky Cammerling[135] angetroffen, welcher mir gesagt: daß der Fürst, Herr Trczka, Ilo und sein Herr schon von Pilsen nach Eger raissen und vorhabens wären, mit ehistem bei dem Herzog Bernhardt von Weimar zu sein. Der General Arnheimb ist denselben Tag von Dreßden aufgebrochen; da man sich allenthalben erfreuet gehabt, daß der Fürst von

[133] Vgl. zu Oxenstiernas skeptischer Haltung gegenüber Wallenstein Mann S. 1035f., 1047.

[134] Bezug auf Bubnas Reise zu Oxenstierna im Mai 1633; vgl. Mann S. 927f.

[135] Wohl Kammerherr; nicht verifiziert.

Ihrer Majst: abgefallen. Ich aber habe meinen weg auf Zwickau zu genommen, und zwei Meil von Zwickau hab ich erfahren, daß der Fürst umbkommen sei; der General Arnheimb aber ist etliche Tag zu Zwickau verblieben [136], hat etwas Reuterey bei sich gehabt; sonsten aber wann er Arnheimb alsobaldt auf des Fürsten begehren ohne so lange Verzueg zu ihm kommen wäre, so wäre dazumahl, menschlicher Vernunft nach davon zu reden, alles außgebrochen und zu werkh gesetzt worden. Inmaßen dann Er Arnheimb bereuet, daß er nicht zeitlich nacher Pilsen kommen, es hette die sachen wol anders und mit besserer Sicherheit gehen sollen; sich auch verwundert, daß der Friedländer ein so wiziger, hochverständiger Mensch gewesen und die sachen so narrisch angriffen, wie er ihn dann noch dato, wo er an ihne gedenkt, hoch beklaget. Aber sie seindt mit dem zuvorderist verführet worden, daß sie, insonderheit der Chinsky, wie ich von seinen Leuten gehört, auf den Cordan [137] sich verlassen und verhofft, weiln er Calvinisch gewesen und zu Eger das Commando gehabt, Er ihnen zuthätig sein werde; dahero sie auch sambtlich sobaldt Ihnen von Ihr Kays. Majst. absetzungspatenten [138] wissent worden, dahin nacher Eger resolvirt. [46] Ich kann aber selbsten bei mir nichts anders ermessen, alß daß Gott der Allmechtige selbsten, wie hiebevor alßo auch dießmahl, Ihr Kaiserl. Majst. protegiert, solche ihre betrügliche böse Anschläg verhindert und zu keinen effect kommen lassen wollen. Inmaßen ich dann auch eben mit dem von Bubna von diesen Dingen in discurs gerathen, der seines theils selbsten auch gezweifelt, daß dieses alles ihrem Wunsch nach ausschlagen würde, mit vermelden: daß es alles sehr gut vor sie angestellt were, aber wann gleichwohl Gott einmahl einen salbe, so könne man ihn so leicht nit vertilgen; So sei des Friedländers, der einmahl dem Kaiser geschworen, und von demselben so groß gemacht worden, und dannenhero billich treu bleiben sollen, intention, man sag was man wolle, ein Schelmstuckh. –

[47] Waß den Wenzel Rabenhaupt betrifft, nachdem kurz darvor, wie ich verstanden die tractaten mit dem Franzosen, durch den Ambasciador Freguirs [139] angefangen und derselbige dem König umb genugsame Vollmachten zu allen Dingen, damit er mit dem Fürsten tractirn und absolute schließen könnte, geschrieben, auch solche Vollmacht überkommen [140], hat er dem Wenzel Rabenhaupt so in des Fürsten namen von dem Chinsky zu ihm mit schreiben abgefertigt gewesen, noch mit besserer Resolution von Frankforth

[136] Vgl. Mann S. 1137.

[137] Gordon.

[138] Vgl. Nr. 125; Wallenstein erfährt von seiner Absetzung erst in Eger (vgl. Diwald S. 528; Mann S. 1115).

[139] Feuquières.

[140] Vgl. Ritter III S. 572f.

am Main, alß mich der Ochsenstern, abgefertiget, indem er mit ihme einen auß seinen Vornembsten Cavalliern, seinen nahen bluetsfreundt alle sachen zu vernemben und zu schließen, zu dem Fürsten abgesandt[141]; dann er wie obbemelt, Volmacht vom König gehabt mit ihm zu schließen und ihn zu assecurirn: daß ihn der König bei allem, was sie schließen würden, manutenirn wolle. Und ist der Wenzel Rabenhaupt mit diesem französischen Cavaliier albereit zu Zwickau angelangt, weil aber der Fürst gleich damahl umbkommen, so ist er mit des Arnheimbs Trompeter widerumb zu dem Frequir nacher Frankforth gereist. [48] Alß hernacher anno 1634 die Chursächsisch und schwedische Armada in Behem gezogen[142], hab ich mich zu dem Arnheimb begeben, und bin stets bei ihm verblieben. Als wir nun mit den Partheien bis gegen Königgrätz kommen, habe ich mit 150 Mann Königgratz eingenommen und alsbaldt auf Opotschna[143] nicht allein ein geschriebene Salva quardia sondern auch etlich Reuter zu Salva quardia geschickt; dann ich mit dem Wenzel Rabenhaupt von der Frau Chinskyn Wittib Vollmacht gehabt: daß wir uns alle Trczkischen Güter anmaßen sollen. Habe also Opotschna und Königgratz erhalten, daß sie nit geplündert worden; dann sonst fast kein Orth in Behmen, wo die Sachsisch und Schwedische Armada hinkommen, unauspolierter blieben, außer wo ich gewesen. Und als wir hernacher wieder aus Beheimb weggezogen, bin ich wiederumb stets bei dem Arnheimb verblieben. Alß einmahl das manifest ihm zu Handen kommen, hat er es gelesen und zu mir gesagt; „Es ist ein wunder, daß ihr nicht darinnen mitgenannt seit, dann ihr seit so schwartz als ich", und darzue gelacht. [49] Ferner da Ihr Kayserl. Majst. den accort mit Chursachsen geschlossen[144], habe ich alsbaldt von dem General Arnheimb Urlaub genommen. Gleich wie es mir nun bei den Schwedischen an gueten und stadtlichen Conditionen [. . .] (welche sie mir offerirt auch alles was mir der König zugesagt, zu halten und würkliche satisfaction zu geben, versprochen,) also habe ich mich auch entschlossen gehabt, mein Weib, Kind, und meine Sachen auß Meißen wegk und an sichern Ort zu bringen und mein Glück weiter zu versuchen; hat auch nunmehr darauf gestanden, daß ich inner 6 Tagen von Dreßden aufbrechen sollen. So ist aber der Hans Lipnizky von Przibeni[145] zu mir kommen, hat ihme von Herrn

[141] Vgl. Ritter III S. 573.

[142] Vgl. zum Böhmenfeldzug schwedischer und kursächsischer Truppen des Jahres 1634 (Juli) Ritter III S. 579f.

[143] Gemeint ist der ehemalige Trčka-Besitz Opočno.

[144] Gemeint ist der Vertrag von Pirna (24. 11. 1634) resp. der Prager Friede vom 30. 5. 1635 (vgl. Ritter III S. 588–596).

[145] Jan (Johann) Hanuš Lipnický z Přiběnic, Patrizier der Prager Neustadt; Emigration infolge der Gegenreformation in Böhmen; schwedischer Militärdienst; nach Wallensteins Tod Rückkehr nach Böhmen; vgl. Jelinek II S. 56; Pekař S. 18.

Heinrich Kustos [146] ein mit eigener Handt an mich gethanes sehr Beweglich und tröstliches schreiben mitgebracht, so ich nit einmahl überlesen: je mehr und öfter ich aber dasselbe angesehen und gelesen, je mehr bin ich durch ermeltes Herrn Kustos (mit deme ich sonst von vielen Jahren hero bekannt und hiebevor alle Vertreulichkeiten gepflogen) so freundtliche Ermahnung und Vertröstung Ihr Kays. Majst. milder Gnaden und daß mir das meinige werden soll, bewogen worden, Ihr Kays. Majst. Gnade zu amplectirn, mich frembder Dienste weiter zu entschlagen, zu ihme zu begeben und deme, was er mir weiter vorschlagen, rathen und einrathen werde, folge zu leisten. Worauf ich das Schreiben, so in behmischer Sprach gewesen, in das Deutsche versetzt und darmit zum Arnheimb nacher Beizenburg [147] gereist; ihm dasselbe, sambt der eingeschlossenen abschrifft des Perdons gewiesen und sein Rath gesucht. Der hat mit dem Kopf geschüttelt und sich über dem, daß ich perdoniert sein solle, verwundert, sagent: „Ihr seidt bei ihrer Majestät sehr schwartz, sehet euch wol für: könnt ihr Perdon und das Eurige wieder haben, so ists gut, dann hier sein die Mittel schon weg, und ihr werdet auch, wann der Fried fortgehet in diesen Landen nicht sicher bleiben können, sondern in Schweden oder Türkey euch salviren müssen. Daß ihr aber auf den Perdon gar in Ihrer Mjst. Landen kommen sollet, rathe ich Euch nit, dann es ist nit zu trauen." Ich solle mit dem Kustos anderswomit alß in dem brandenburgischen gebiet, alß wo noch brandenburgische Garnison were, zusammen kommen. Worauf ich solches in acht zu nehmen vermeldet, und fort gereist. – Als ich nacher Dreßden kommen, hat mich undterschiedlich die Kinskyn zu sich geladen, und weiln der Wenzel Rabenhaupt (deme der Herr Kustos ebenfalls geschrieben) ihr die Sach vertrauet, hat sie angefangen darvon erwähnung zu thun und mir hoch widerrathen: ich sollte nit hieher, dann Ihr Majst. hetten noch keinen rechten grundt der sachen, aber von mir würden sie alles erfahren; dann sie Kinskin so wol und mehr von allen den sachen, so im werk gewest, gewußt als ihr Herr; wie sie dan stettigs bei ihn angetrieben, daß er zu dem Friedländer reißen soll, gestalt sie dann auch selbst dahin nacher Pilßen kommen.

Ich aber habe Ihrer Majestät Worten getrauet und mich an diese persuasiones nichts gekert, sondern mich alsbald auf den Weg und zu dem Herrn Kustos begeben. Nachmals alß ich Ihr Mjst. intention ferner verstanden, mich wieder nach Dreßden verfügt und meine Sachen an sichern Ort verwahrt, theils verkauft, und umb ein leichtes, damit ich mich nur nicht saumete, dahin geben; volgents, obwohl die Frau Chinskyn mich nochmals, alda zu verbleiben bereden wollen, habe ich doch daßelbe nicht geachtet, sondern wiederumb zu

[146] Jindřich (Heinrich) Kustoš z Zubři a Lipka, Präsident der friedländischen Kammer (Mann S. 995, 1041; vgl. auch Pekař S. 18).

[147] Boizenburg (Elbe), der Familienbesitz Arnims.

Herrn Kustossen und mit ihm vollendts hieher verreißet und zu unterthenigsten Ehren und Wohlgefallen alhier bei Hof gehorsamblich eingestellt; auch nunmehr von denen Dingen davon Ihr Kays. Majst. allergnedigst zu wissen begert, gegenwärtigen meinen schriftlichen wahrhaften Bericht verfasset, zu höchstgedacht Ihr Kais. Mayst. ferner der unterthenigst demüthigsten Zuversicht lebend, Sie mich diesfalls, kraft dero mir allergnedigst ertheilten Perdons vor jedermeniglichen, deme etwan dieser mein wahrhafter bericht mißfallen und zuwider sein möchte, in dero Allergnedigsten Schutz und Verspruch zu nehmen, wirklich zu protegirn und mein allergnädigster Kaiser König und Herr verbleiben. Auch dero Allergnedigsten Vertröstung nach mich (der ich mein an der andern Seite verhofftes Glück, und mich und die meinigen mit Ehren zu erhalten gehabt, guete mittel außgeschlagen) in kays. und königl. milden gnaden zu bedenken, und mir zu meinen und meines Weibs (besagt meines hiebeygefügten unterthenigsten memorials) hin und wieder austendig habenden gerechtigkeiten, gebetener maßen zu verhelfen geruhen werden; damit unter Ihr Kays. Mjst. allergnädigsten Schutz und mildreichisten Adlersflügeln ich mit meinem Weib und den meinigen mich zu erhalten, mittel haben möchte. So umb Ihr Kays. Majs. und dero hochlöbliches Erzhauß Ich gewißlichen die Zeit meines Lebens in Unterthenigster, standthaftister treuer devotion äußerister Möglichkeit nach zu verdienen geflissen sein will. Im übrigen bin ich erböttig, diesen meinen wahrhafften Bericht auf allen Nothfall, wann man es begert, mit einem Cörperlichen Eidt zu bestättigen.

Wien den 20. Octobris 1635.

REGISTER

Das folgende Register ist als Personennamen- und Ortsregister konzipiert.

Für das Personennamenregister gilt:

1. Sind Personennamen durch Anmerkungen im Text erläutert worden, wird diese Stelle im Register durch Halbfettdruck hervorgehoben.
2. Für die Daten, die Personennamen im Register beigegeben werden, gilt, daß Daten hinter dem Namen die Lebensdaten, Daten hinter der Amtsbezeichnung die Regierungszeit o. ä. bezeichnen.

Die im Abkürzungsverzeichnis genannten Abbreviaturen gelten auch für das Register; zusätzlich sind zu vermerken: A = Anmerkung, Mt. = Majestät, RKG = Reichskammergericht, s. d. = siehe dort.